제4판

WinAVR 컴파일러를 사용한

AVR ATmega128 마이크로컨트롤러 활용

이인석 지음

도서출판 홍릉

저자소개

이인석

- 서울대학교 공과대학 항공공학 학사
- 서울대학교 공과대학 항공공학 석사
- University of Texas at Austin 공과대학 항공우주공학 박사
- 한국기술교육대학교 메카트로닉스공학부 교수

[제4판]
WinAVR 컴파일러를 사용한
AVR ATmega128 마이크로컨트롤 활용

2010년 3월 19일 초 판 1쇄
2021년 8월 20일 제4판 1쇄
2022년 8월 31일 제4판 2쇄
2025년 2월 26일 제4판 3쇄

저 자: 이인석
발행인: 송 준
발행처: 도서출판 홍릉
주 소: 01093 서울시 강북구 인수봉로 50길 10
등 록: 1976년 10월 21일 제5-66호

전 화: 02-999-2274~5
팩 스: 02-905-6729
e-mail: hongpub@hongpub.co.kr
http://www.hongpub.co.kr
ISBN: 979-11-5600-876-7(93560)

정 가: 36,000원

실제 시스템을 구동한 동영상 파일은 도서출판 홍릉을 통해 신청하시면 받을 수 있습니다.
hongpub@hongpub.co.kr

머리말

지난 10여 년간 대학에서 마이크로컨트롤러를 강의한 저자가 Atmel사의 AVR 계열 마이크로컨트롤러를 접하면서 교육에 가장 적합한 마이크로컨트롤러라는 생각을 가지게 되었다. 저가의 8비트 마이크로컨트롤러이지만 임베디드 시스템에서 필요한 대부분의 기능을 제공하면서도 사용하기 무척 쉽다는 장점이 있다. 성능 또한 산업 현장에서 사용하는데 전혀 무리가 없다. 이러한 연유로 AVR 계열 마이크로컨트롤러는 많은 대학과 산업 현장에서 사용되어 왔고 앞으로도 계속 사용될 것으로 보인다.

ATmega128은 AVR 계열의 마이크로컨트롤러 중 가장 상위 클래스에 속하기 때문에 이를 이해하면 AVR 계열의 모든 마이크로컨트롤러를 사용할 수 있어 교과목에서 대상 마이크로컨트롤러로 채택하였다. 이 책은 ATmega128을 사용하여 강의한 마이크로컨트롤러 교과목의 강의록을 바탕으로 집필하였다. 지난 4년여에 걸쳐 수업을 진행하면서 강의록에 미흡한 점을 추가하고 잘못된 점을 수정하여 이제는 내용이 적절히 구성되었다는 확신이 들어 책으로 출간을 하게 되었다.

기존 출간된 책들은 독자들이 어느 정도 C-언어를 잘 사용한다는 가정하에 마이크로컨트롤러의 기능과 구동 프로그램을 설명을 하고 있다. 그러나 마이크로컨트롤러를 교육하면서 C-언어 관련 과목을 수강한 학생들 중 소수만이 겨우 주어진 문제를 프로그램으로 작성할 수 있고 나머지는 C-언어의 문법만을 아는 정도라는 것을 경험하였다. 이것은 마치 영어 문법만 알뿐 그것을 응용해서 제대로 된 영어 문장을 구사하지 못하는 것과 같다. 이런 C-언어 초보자들에게 마이크로컨트롤러 교육을 위해서는 기능 구사에 필요한 C-프로그램의 테크닉에 대한 교육도 아울러 필요로 하다. 영어를 잘하기 위해서 미국인과 직접 부딪혀 영어를 사용해보는 것이 가장 좋은 방법인 것처럼, C-언어로 소통을 하여야 하는 마이크로컨트롤러를 직접 다루어 보는 것이 C-언어를 배우는 좋은 방법이 아닐까 생각한다.

마이크로컨트롤러 응용 능력의 많은 부분은 프로그래밍과 같은 소프트웨어 능력에 크게 좌우된다. 프로그램이 복잡해짐에 따라 적절한 프로그래밍 기법을 사용하지 않으면 문제를 해결할 수 없다. 복잡한 프로그램 개발에 있어서 C++언어와 같은 객체 지향 언어는 객체지향 프로그래밍(Object Oriented Programming) 기법을 사용하지만 객체지향 언어가 아닌 C-언어에서는 구조화 프로그래밍(Structured Programming) 기법을 사용하는 것이 일반적이다. 이러한 기법은 C-언어를 갓 터득한 사람이 처음 프로그래밍 기법을 배울 때 몸에 익히는 것이 적절한 것으로 생각되어 이 책에서는 구조화 프로그래밍 기법에 기반을 두고 프로그램 예제를 작성하였다.

개발 소프트웨어인 C-컴파일러는 마이크로컨트롤러 교육에 있어서 어려움을 초래하는 주요 원인 중 하나였다. 상용 C-컴파일러는 고가이며 다수의 학생을 위한 시스템 구축을 하려면 상당히 많은 투자가 필요하다. 컴파일러 개발사에서는 교육용으로 무료 평가판을 제공하지만 이는 기능이 매우 제한되어 있어 마이크로컨트롤러 기초 교육 이상은 할 수가 없다. 다행히 AVR 계열의 마이크로컨트롤러에는 WinAVR이라는 무료 개발 툴을 얻을 수 있다. WinAVR은 GNU gcc C-컴파일러를 가지고 있으며 기능에 제한이 없고, Atmel사에서 제공하는 무료 개발 툴인 AVR Studio와 함께 사용하면 통합 개발 환경(Integrated Development Environment)을 구축할 수 있어 교육용으로는 가장 적합한 개발 툴이라 할 수 있다. 전문적인 시스템 개발용에도 WinAVR을 사용할 수 있음은 물론이다. 이 책에서는 WinAVR을 개발 툴로 선택하여 ATmega128의 모든 기능을 활용할 수 있도록 하였다.

이 책의 목적은 마이크로컨트롤러를 배우면서 동시에 C-언어 프로그래밍 능력 향상을 이루는 것이다. ATmega128 마이크로컨트롤러가 제공하는 기능을 설명하기 위한 예제는 마이크로컨트롤러의 하드웨어적인 기능뿐 아니라 다양한 C-언어의 프로그래밍 테크닉을 사용할 수 있도록 심혈을 기울여 작성하였다. 전체 구성은 3부로 이루어져 있다. 각 부별 특징을 서술하면 다음과 같다.

- **1부 AVR ATmega128 마이크로컨트롤러**
  - ✓ 마이크로컨트롤러를 이해하기 위한 일반적인 사항, 실습 보드에 대한 설명 및 컴파일러 사용법을 기술하였다.

- **2부 C-언어를 사용한 마이크로컨트롤러 활용 기초**
  - ✓ ATmega128에서 제공하는 거의 모든 기능을 다루고 있다. 각 장에서는 마이

크로컨트롤러의 기능을 설명하기 위해 대표적인 응용 예를 제시하였다.

- ✓ 응용 예는 간단한 것부터 설명하고 예제의 내용을 점점 부가해가면서 마지막에는 실제 응용에서도 사용할 수 있는 단계로까지 확장하였다. 예제에서 요구하는 기능이 확장될 때마다 이를 구현하기 위한 C-프로그램은 프로그래밍에서 사용되는 많은 테크닉을 활용하고 이에 대한 설명은 별도로 각 장에서 설명하였다.
- ✓ 구조화 프로그래밍 기법 기반의 예제 프로그램을 개발하여 실제 응용에서도 재사용이 가능하도록 하였다.
- ✓ C-프로그램 초보자가 가능하면 많은 C-언어 프로그램 테크닉을 접할 수 있도록 예제를 개발하였다.
- ✓ 2부는 활용 기초에 대한 부분이지만 실제 응용에서 다루는 내용을 많은 부분 포함하고 있다. 따라서 여기서 다루는 내용만으로도 고난도 응용을 제외한 대부분의 응용문제는 해결할 수 있을 것이다.

- **3부 ATmega128 고급 활용**
  - ✓ 마이크로컨트롤러를 사용한 시스템의 기능이 복잡해짐에 따라 외부장치 확장, 외부장치 인터페이스, 메모리 관리, 코드 최적화, 인터럽트 관리 등에 대한 고려가 필요하다. 3부의 각 장에서는 ATmega128 마이크로컨트롤러에 대해 이러한 사항을 기술하고, 나타날 수 있는 문제점 및 이에 대한 문제 해결 방법을 예제를 통해 제시하였다.

끝으로 메카트로닉스공학부에서 마이크로컨트롤러 교과목을 강의하면서 이 책의 내용에 많은 조언을 해주신 정동택교수, 강기호교수와 책의 출간에 물심양면으로 많은 도움을 주신 E^2-반도체인재양성센터의 정종대교수, 류길하교수께 감사드린다. 그리고 공압장치 구성에 도움을 주신 허준영교수와 실습장치 구성에 많은 도움을 준 장헌탁선생에게도 감사드린다.

2010년 4월

개정판 머리말

책을 처음 집필하면서 가장 주안점을 둔 것은 마이크로컨트롤러로 주어진 기능을 구현하고자 할 때 독자가 단계적으로 기능을 향상 시켜나갈 수 있도록 내용 및 예제를 서술하는 것이었다. 초보자가 생각할 수 있는 간단한 방법을 제시하고 이에 대한 문제점을 서술하고 해결 방법을 단계적으로 제시하여 궁극적으로 실제 시스템에 적용할 수 있는 하드웨어 및 소프트웨어를 구성할 수 있도록 하였다. 초판을 출간한 후 강의를 진행하면서 실제 시스템을 구동하여 문제점이 나타나는 현상을 보여준 다음 해결책을 제시하곤 했었는데 이 방법이 이해를 돕는 데 매우 효과적이었다. 이에 개정판에서는 실제 시스템을 구동한 동영상을 CD로 제공하여 독자들이 문제점들을 체험할 수 있도록 하였다.

센서, ADC, DAC와 같은 주변장치들의 디지털 인터페이스로 과거에는 병렬 인터페이스가 많이 쓰였으나, 요즘은 간편성 때문에 직렬 인터페이스인 SPI(Serial Peripheral Interface) 또는 TWI(Two-wire Serial Interface)가 많이 쓰이고 있다. 개정판에는 이 중 초판에 누락되었던 TWI의 기능과 실제 시스템에서 중요하게 사용되는 Watchdog Timer 기능에 대한 내용을 추가하였다. 아울러 초판에서 제시한 프로그램 중 개선이 필요한 것은 재작성하여 프로그램의 완성도를 높이고자 하였다.

2011년 6월

제3판 머리말

초판을 출간한 지 9년여가 지났다. 생명주기가 짧은 디지털 분야에서 8비트 AVR Atmega 프로세서가 아직도 현장에서 많이 사용되는 것을 보면 책을 처음 집필할 때 느낀바와 같이 매우 유용하면서 쉽게 쓸 수 있는 프로세서임에 틀림이 없는 듯하다. 그 동안 윈도즈 시스템이 Windows XP에서 Windows 10으로 변경되면서 개발 환경인 AVR Studio 4를 더 이상 사용할 수 없게 되었다. 이에 최신 개발환경인 Atmel Studio 7을 사용하는 것으로 내용을 변경하였고 개발환경 변경에 따라 동작하지 않는 일부 프로그램을 수정하였다. 아울러 현재 각광을 받고 있는 드론에서 필수적으로 사용하는 모션 센서에 관한 내용을 21장과 22장에 추가하였다.

2019년 2월

제4판 머리말

처음 교재를 집필할 때 Atmega128의 범용 출력 핀이 제공하는 전류의 양이 충분하지 않은 것으로 판단되어 9장에서 7-세그먼트의 스위칭 장치로 쌍극 트랜지스터를 사용하였다. 그러나 수업을 거듭하면서 범용 출력 핀으로 7-세그먼트의 모든 LED를 켜고/끄는 스위칭을 할 수 있음을 인지하였고 트랜지스터를 사용한 회로는 복잡하여서 회로 구성에 많은 시간이 소비되어 수업에 많은 어려움이 있었다. 이에 4판에서는 7-세그먼트를 범용 출력 핀으로 직접 스위칭하는 회로로 단순화하고 이에 맞도록 해당 프로그램을 수정하였다.

2021년 8월

목차

제1부 AVR ATmega128 마이크로컨트롤러

C-언어 관련 설명

영상 목차

제 1 부

AVR ATmega128 마이크로컨트롤러

CHAPTER

01

개요

현재의 세상은 디지털 세상이라 한다. 일상생활에서 사용하고 있는 많은 기기들이 디지털 방식으로 바뀌고 있다. 아날로그 TV는 성능 좋은 디지털 TV로 바뀌고, LP 레코드는 디지털 방식을 쓰는 CD로, VHS 비디오는 DVD, 등등. 그렇지만 많은 사람들이 디지털을 사용하면 기기들이 왜 좋은 성능을 갖는지는 정확히 알지 못한다. 그냥 디지털을 쓰면 아날로그보다 좋은 줄 안다.

디지털의 핵심은 단순성이다. 디지털 시스템에선 신호선 하나는 단 두 개의 상태를 가진다. 두 상태를 1과 0으로 표시하기도 하고 True/False 또는 HIGH/LOW로 표시한다. 얼마나 간단한 표시 방법인가. 그러면 이 간단한 신호로 무엇을 할 수 있을까. 이런 신호선 2개를 사용하여 보자.

신호 1	신호 2
0	0
0	1
1	0
1	1

2^2=4가지를 표현할 수 있다. 아직도 표현 가능한 개수는 좀 적어 보인다. 신호선을 여러 개 사용할 때 표현 가능한 개수는 2의 누승으로 표현된다. 신호선 3개를 사용하면 2^3=8가지, 10개를 사용하면 2^{10}=1024가지, 20개를 사용하면 $2^{20}=1024\times1024$로 약 100만 가지를 표현할 수 있다. 신호선이 늘어남에 따라 표현 가능한 개수는 기하급수적으로 늘어난다. 가장 간단한 신호를 조합함으로써 어마어마한 양의 정보를 표현할 수 있다.

디지털에서는 이처럼 여러 신호선을 사용하여 매우 복잡한 정보를 표현한다. 그러나 아무리 많은 신호선을 사용하더라도 표시할 수 있는 정보의 수는 유한하다. 이는 각 정보를 유한한 숫자로 표시할 수 있다는 것이다. 디지털의 사전적 의미는 숫자이다. 즉 디지털은 모든 정보를 숫자로 표현하여 전달하는 것이다. 만약 4가지 정보를 전달하려면 신호선 2개, 100만 가지 정보를 전달하려면 신호선 20개를 사용하면 된다.[1]

이에 비해 아날로그 신호는 신호선 하나로 무한한 수를 표시한다. 그럼 왜 무한한 수를 표시할 수 있는 아날로그 신호보다 유한한 수를 표시할 수 있는 디지털 신호가 왜 우월할까?

아날로그 신호에서 전달되는 신호는 무한히 많은 것 중에 하나이므로 받는 곳에서는 이를 100% 정확하게 판독하는 것은 불가능하다. 약간의 오차가 있을 수밖에 없다. 그러나 디지털에서는 1/0만 사용하는 신호선을 여러 개 사용하지만 각 신호선에서는 보내는 정보가 1/0으로만 표시되므로 이것을 받는 곳에서 잘못 판독할 확률은 거의 없다. VHS 비디오테이프와 DVD를 비교해 보라. 아날로그 신호를 담고 있는 VHS 비디오테이프는 복사를 여러 번 할수록 화질이 떨어지지만 디지털 신호를 담고 있는 DVD는 아무리 복사를 하여도 화질이 떨어지지 않는다.

마이크로프로세서는 이러한 디지털 신호를 고속으로 처리하는 두뇌 역할을 하는 장치이다. 디지털 신호를 처리하는 거의 모든 기기에는 마이크로프로세서가 들어 있다고 생각하면 된다. 어린이용 장난감, TV, 냉장고, 에어컨 등 가정용 기기에서부터 산업체의 생산 장비, 자동차, 선박, 항공기, 미사일, 인공위성 등 최첨단 시스템에 이르기까지 거의 모든 시스템에서 마이크로프로세서가 핵심적인 장치로서 사용되고 있다.

마이크로프로세서가 보유한 능력이란 매우 단순하다. 고속으로 수의 연산을 처리하는 것이다. 능력을 어떻게 사용할 것인가는 사람이 부여한다. 같은 마이크로프로세서로 DVD를 만들 수도 있고 인공위성의 제어 장치를 만들 수도 있는 것이다.

마이크로프로세서가 어떤 일을 하도록 하는 것을 "마이크로프로세서를 프로그램한다."라고 한다. 사람에게 일을 시킬 때 언어를 사용하는 것처럼 마이크로프로세서에게 일을 시킬 때도 언어를 사용한다. 이러한 언어를 컴퓨터 언어라 한다(마이크로프로세서는 컴퓨터를 구성하는 주요요소이므로 마이크로프로세서와 컴퓨터가 구별없이 사용되기도 한다).

마이크로프로세서는 엄청나게 많은 종류가 있지만 기본적인 개념은 거의 흡사하므로 하나의 마이크로프로세서를 배우면 다른 마이크로프로세서를 접하더라도 쉽게

1 20개의 신호선이 필요하다고 해서 20개의 신호선을 다 쓸 필요는 없다. 예를 들어 1개의 신호선을 사용하면서 시간을 나눠서 처음에는 신호선 1의 정보, 다음은 신호선 2의 정보 이런 식으로 20번에 걸쳐서 보내면 20개의 신호선을 사용하는 것과 같은 효과를 낼 수 있다. 단 시간이 좀 더 걸릴 뿐이다.

응용할 수 있다. 여기서는 마이크로프로세서로 산업 현장에서 많이 쓰고 있는 Atmel AVR계열의 ATmega128을 선택하였으며 프로그램 언어로 C-언어를 선택하여 마이크로프로세서의 프로그램을 배워보도록 한다.

CHAPTER 02

미리 알아두어야 할 일반적 사항

2.1 이진수(Binary Number), 16진수(Hexadecimal Number)

우리가 일반적으로 사용하는 숫자는 십진법 숫자이다. 십진법은 수를 셀 때 0~9까지 세고 십이 되면 한자리를 올려서 표시하는 방법을 말한다. 이런 방법으로 0~9의 수를 나열하면 모든 수를 표시할 수 있다. 십진수는 십진법을 사용하여 표시한 수를 말한다. 십진법은 수를 표시하는 한 가지 방법일 뿐이다. 0~1까지 세고 2가 되면 한자리를 올리는 방법으로 수를 표시할 수도 있다. 2가 되면 한자리를 올리므로 이런 방법을 이진법이라 하고 이 방법으로 표시한 수를 이진수라 한다.

십진법이 사용된 것은 사람의 손가락이 10개이므로 사용하는데 매우 익숙하기 때문이다. 마찬가지로 0, 1 두 종류를 신호의 기본으로 하는 디지털 세계에서는 2진법을 사용하는 것이 자연스러운 선택이다. 여기서는 마이크로프로세서에서 많이 사용하는 이진수, 10진수 및 16진수에 대해 설명한다.

▸ 십진수(Decimal Number)

각 자리의 수로 0~9까지 사용한다. 십진수로 표시된 수 123은 다음과 같은 의미를 가진다.

$$123 = \underbrace{1 \times 10^2}_{100\text{자리}} + \underbrace{2 \times 10^1}_{10\text{자리}} + \underbrace{3 \times 10^0}_{1\text{자리}}$$

각 자리는 10의 누승(10^0, 10^1, 10^2,...)으로 표시된다.

▸ 이진수(Binary Number)

각 자리의 수로 0, 1만을 사용한다. 이진수로 표시된 1011_2는 다음과 같은 의미를 가지며, 십진수로 환산하면 11과 같다.

$$
\begin{aligned}
1011_2 &= 1 \times 2^3 + 0 \times 2^2 + 1 \times 2^1 + 1 \times 2^0 \\
&= 8 + 0 + 2 + 1 = 11(\text{십진수})
\end{aligned}
$$

위에서 아래첨자 "2"는 이진수를 나타낸다. 각 자리는 2의 누승(2^0, 2^1, 2^2,..)으로 표시된다.

▸ 16진수(Hexadecimal Number)

각 자리의 수로 0, 1, ..., 9, A, B, C, D, E, F를 갖는 수이다. 여기서 10 이상의 수는 십진수로 나타낼 수 없어 A~F로 나타낸다. A~F는 십진수로 환산하여 10~15를 나타낸다. 16진수로 표시된 숫자 $AB38_{16}$은 다음과 같은 의미를 가지며 십진수로 43832이다.

$$
\begin{aligned}
AB38_{16} &= 10 \times 16^3 + 11 \times 16^2 + 3 \times 16^1 + 8 \times 16^0 \\
&= 10 \times 4096 + 11 \times 256 + 3 \times 16 + 8 \times 1 \\
&= 43832(\text{십진수})
\end{aligned}
$$

위에서 아래첨자 "16"은 16진수를 나타낸다. 각 자리는 16의 누승(16^0, 16^1, 16^2, 16^3, ...)으로 표시된다.

수를 어떤 진법으로 표시하여도 연산은 십진법과 같은 방법으로 수행한다.

예

십진수	이진수	16진수
1 <== 올림	11 <== 올림	1 <== 올림
151	011_2	$A8_{16}$
+ 63	+ 110_2	+ $B18_{16}$
214	1001_2	$BC0_{16}$

예

십진수	이진수	16진수
10 <== 빌림	2 <== 빌림	16 <== 빌림
71	10_2	$A8_{16}$
− 63	− 01_2	− 19_{16}
8	01_2	$8F_{16}$

※ 올림은 영문으로 Carry, 빌림은 Borrow라 한다.

2.2 데이터의 단위

앞에서 언급한 바와 같이 디지털 세계에서는 하나의 신호선이 0 또는 1(False 또는 True)의 두 가지 경우만 표시하므로 신호를 표시하기 위해서는 이진수를 사용하는 것이 가장 편리하다. 따라서 데이터의 단위는 이진수를 사용하여 나타낸다.

- **비트(Bit)** : 이진수(**Bi**nary Digi**t**s)의 약자로서 0 또는 1을 가진다.
- **니블(Nibble)** : 4비트를 니블이라 부른다. 니블로 $2^4 = 16$개의 수를 표시할 수 있으므로 1자리의 16진수를 표현할 수 있다.
- **바이트(Byte)** : 8비트를 바이트라 부른다. 이는 데이터의 크기를 표시할 때 가장 기본적인 단위이다. 1바이트로 $2^8 = 256$개의 수를 표시할 수 있다.
- **워드(Word)** : 2바이트를 워드라 부른다. 1워드로 $2^{16} = 65536$개의 수를 표시할 수 있다.
- **패러그래프(Paragraph)** : 16바이트를 말한다.
- **페이지(Page)** : 256바이트를 말한다.
- **Kbyte** : 일반적으로 Kilo는 $10^3 = 1000$배를 뜻하나, 컴퓨터에서 Kilo는 $2^{10} = 1024$배를 가리킨다. 따라서 1Kbyte = 1024byte이다.
- **Mbyte** : 일반적으로 Mega는 $10^6 = 10^3 \times 10^3 = 1000000$배를 뜻하나, 컴퓨터에서는 $2^{20} = 2^{10} \times 2^{10}$배를 가리킨다. 1Mbyte = 1024Kbyte이다.
- **Gbyte** : 일반적으로 Giga는 $10^9 = 10^3 \times 10^3 \times 10^3$배를 뜻하나, 컴퓨터에서는 $2^{30} = 2^{10} \times 2^{10} \times 2^{10}$배를 가리킨다. 1Gbyte = 1024Mbyte이다.

Kilo : 10^3을 나타낸다. 접두어로 k를 쓴다. **예** kg, kW, kHz
Mega : 10^6을 나타낸다. 접두어로 M을 쓴다. **예** MW, MHz
Giga : 10^9을 나타낸다. 접두어로 G을 쓴다. **예** GHz
milli : 10^{-3}을 나타낸다. 접두어로 m를 쓴다. **예** msec, mm, mA
micro : 10^{-6}을 나타낸다. 접두어로 μ를 쓴다. **예** μsec, μm, μA
nano : 10^{-9}을 나타낸다. 접두어로 n를 쓴다. **예** nsec, nm, nF

2.3 데이터의 표시

컴퓨터에서 메모리의 기본 단위는 바이트로 주어지므로 수를 표시할 때 2의 누승 바이트인 2^0=1바이트, 2^1=2바이트, 2^2=4바이트, 2^3=8바이트 등을 사용한다. 바이트를 구성하는 기본요소인 비트는 다음 그림과 같이 정의된다.

1바이트 수 :

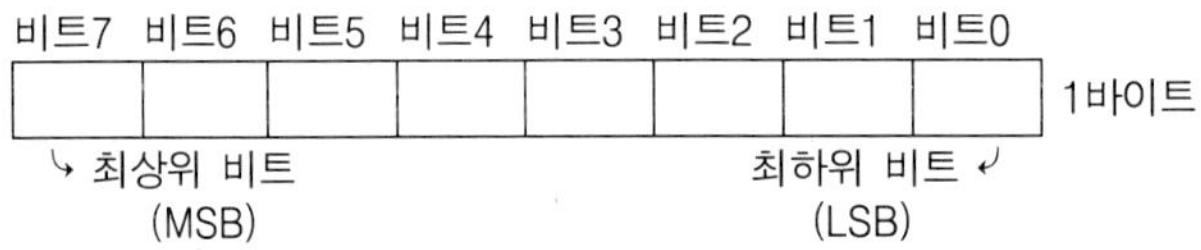

2바이트 수 :

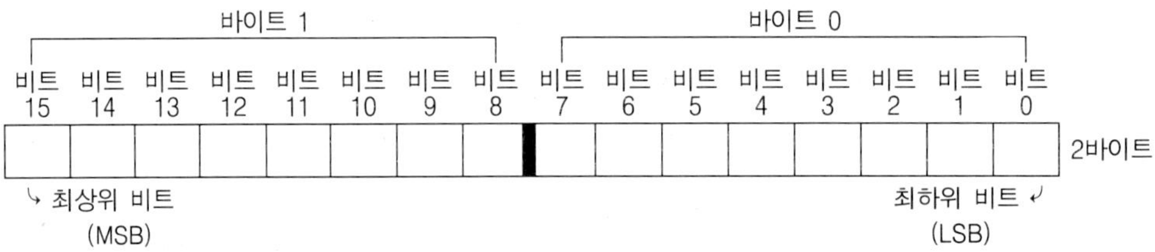

- 비트 또는 바이트를 셀 때는 우측 최하위 자리를 0으로 하여 왼쪽으로 세어 나간다.
- 비트 0은 항상 최하위 비트이며 이를 LSB(**L**east **S**ignificant **B**it)로 표시한다.
- 1바이트(8비트) 수에서는 비트 7이 최상위 비트이고 2바이트(16비트) 수에서는 비트 15가 최상위 비트이다. 최상위 비트는 MSB(**M**ost **S**ignificant **B**it)로 표시한다.
- 4바이트 수와 8바이트 수에도 같은 방법이 적용된다.

앞에서 말한 바와 같이 컴퓨터에서 데이터의 표시는 이진수로 표시하는 것이 바람직하나 숫자를 표시할 때 자리수가 매우 커져 사용하기에 불편하다. 네자리의 이진수는 다음과 같이 한자리의 16진수로 표시가 가능하므로 컴퓨터에서는 16진수를 많이 사용한다.

이진수		16진수	이진수		16진수
0000	==>	0	1000	==>	8
0001	==>	1	1001	==>	9
0010	==>	2	1010	==>	A
0011	==>	3	1011	==>	B
0100	==>	4	1100	==>	C
0101	==>	5	1101	==>	D
0110	==>	6	1110	==>	E
0111	==>	7	1111	==>	F

한 바이트로 표시된 수는 여덟자리 이진수이므로 이를 16진수로 표시할 때 니블 단위로 끊어서 표시하면 된다.

예 이진수 11101001_2를 16진수로 표시하면 다음과 같이 $E9_{16}$가 된다.

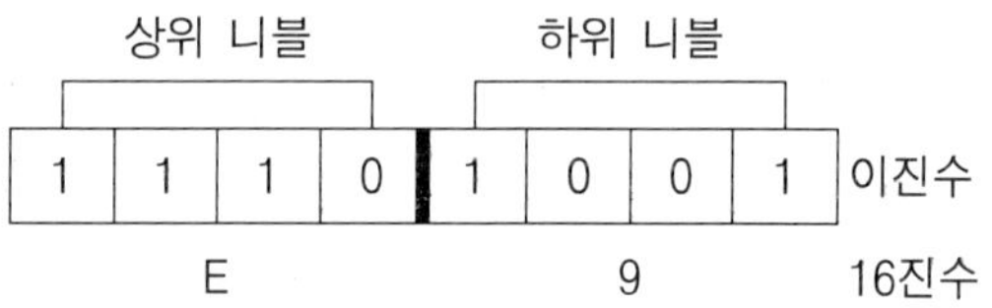

이진수 1111111011000010_2를 16진수로 표시하면 $FEC2_{16}$가 된다.

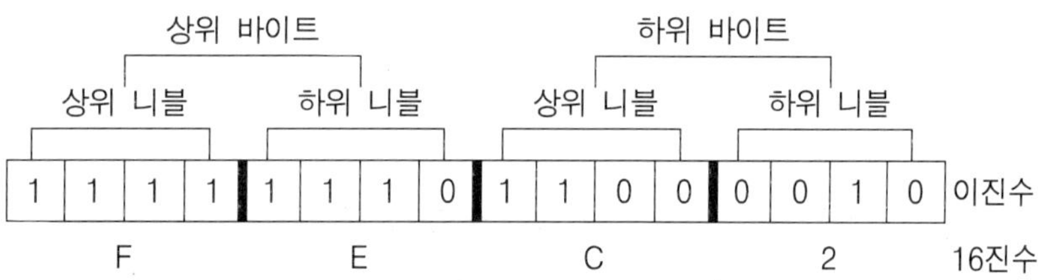

2.4 보수를 사용한 음수의 표시

컴퓨터에서 신호는 1과 0만 사용하기 때문에 양수만 표현한다. 음수를 표현하기 위한 다른 신호를 사용하지 않는다(만약 음/양을 표시하려면 하나의 신호 상태가 더 필요할 것이다). 그러면 컴퓨터에서 음수를 어떻게 표시하는지 살펴보자.

십진수에서 한자리 수의 십의 보수(Ten's Compliment)는 10에서 그 수를 뺀 수를 말한다. 3의 십의 보수는 10-3=7이다. 보수를 사용한 다음 계산을 보자.

```
     9          9
 -   3      +   7 <== 3의 10의 보수
 -----      -----
     6         16
               ↳둘째자리수의 올림을 무시하면 왼쪽 계산과 동일
```

두자리 십진수의 빼셈을 고려해보자. 두자리 십진수의 보수는 100에서 그 수를 뺀 수이다.

```
    29          29
 -   3      +   97 <== 3의 10의 보수
 -----      ------
    26         126
               ↳셋째자리수의 올림을 무시하면 왼쪽 계산과 동일
```

위와 같이 보수를 사용한 덧셈을 한 후 연산 자리수보다 한자리 수 위의 올림을 무시하면 빼셈의 결과와 같다. 이처럼 보수를 사용하여 빼셈을 수행할 수 있다. **보수 계산에서 주의하여야 할 것은 사용하는 자리수에 따라 보수가 다르다는 것이다.** 위의 예와 같이 십진수 3에 대해 십의 보수는 사용하는 자리수에 따라

	십진수 3의 보수		
한자리 계산 :	10−3	=	7
두자리 계산 :	100−3	=	97
세자리 계산 :	1000−3	=	997
. . .			

와 같이 계산된다. 이는 모든 진법에 대해 적용된다.

앞 예의 한자리 수 연산 9-3을 세자리 수를 사용한 연산으로 고려하면 다음과 같다. 단 세자리 연산을 하였으므로 넷째자리의 올림을 무시한다.

```
     9            9
 -   3      +   997 <== 3의 10의 보수
 -----      -------
     6         1006
               ↳ 넷째자리수의 올림을 무시하면 왼쪽 계산과 동일
```

즉, 자리수에 따라 보수를 달리 사용하여야 함을 알 수 있다.

다음은 16진수의 빼셈을 고려해보자. 16진수 $7A_{16}$의 16의 보수는 다음과 같이 계산된다.

16진수 $7A_{16}$의 보수

2자리 계산 : $100_{16} - 7A_{16} = 86_{16}$
3자리 계산 : $1000_{16} - 7A_{16} = F86_{16}$
4자리 계산 : $10000_{16} - 7A_{16} = FF86_{16}$
. . .

세자리의 16진수 뺄셈 88_{16}-$7A_{16}$을 하여 보면

$$\begin{array}{r} 88_{16} \\ -\ 7A_{16} \\ \hline 0E_{16} \end{array} \qquad \begin{array}{r} 88_{16} \\ +\ F86_{16} \\ \hline 100E_{16} \end{array} \Leftarrow 16의\ 보수$$

넷째자리의 올림을 무시하면 왼쪽 계산과 동일

이진수의 뺄셈을 고려해보자. 이진수의 2의 보수(Two's Compliment) 역시 십진법과 유사하게 계산된다. 여덟자리 연산에 대하여 이진수 00101100_2의 보수는

101100_2의 보수 : $100000000_2 - 101100_2 = 11010100_2$

이다. 하지만 2의 보수는 좀 더 쉽게 계산할 수 있다. 이진수에서 0은 1로 1은 0으로 바꾼다. 이를 1의 보수(One's Compliment)라 한다. 1의 보수에 1을 더하여 2의 보수를 얻는다.

$$00101100_2 \implies \begin{array}{r} 11010011_2 \\ +\ \ \ \ \ \ \ \ 1 \\ \hline 11010100_2 \end{array} \begin{array}{l} :1의\ 보수 \\ \\ :2의\ 보수 \end{array}$$

101100_2의 1의 보수를 취할 때 여덟자리를 모두 채운 00101100_2에 대해 1의 보수를 취하여야 한다.

여덟자리 이진수의 뺄셈과 보수를 사용한 덧셈을 고려하여 보자.

$$\begin{array}{r} 11001001_2 \\ -\ 00101100_2 \\ \hline 10011101_2 \end{array} \qquad \begin{array}{r} 11001001_2 \\ +\ 11010100_2 \\ \hline 110011101_2 \end{array} \Leftarrow 2의\ 보수$$

아홉째자리 수의 올림을 무시하면 왼쪽과 동일

아홉째자리의 올림을 무시하면 보수를 사용한 덧셈과 뺄셈의 결과가 같다.

이상으로 보수를 사용한 덧셈으로 뺄셈을 수행할 수 있음을 알 수 있다. 컴퓨터에서는 보수를 사용하여 음수를 표현한다. 단 앞에서 언급한 바와 같이 보수는 사용하

는 자리수에 따라 달라짐을 유의하여야 한다. 컴퓨터에서 -3의 표현을 보자.

1바이트 수일 때 : 3을 1바이트 이진수로 표시하면 00000011_2
2의 보수 : 11111101_2 ==> −3을 1바이트 수로 표시
16진수로 표시하면 FD_{16}

2바이트 수일 때 : 3을 2바이트 이진수로 표시하면 0000000000000011_2
2의 보수 : 1111111111111101_2 ==> −3을 2바이트로 표시
16진수로 표시하면 $FFFD_{16}$

같은 음수라도 사용 바이트의 수에 따라 완전히 다름을 알 수 있다.

1바이트로 부호 있는 수를 표현하여 보자. -1은 보수로 표현되므로 1바이트 이진수로 표시하면 11111111_2이다(이는 부호 없는 수일 때 십진수 255를 표시한다). 따라서 부호가 있을 때는 십진수로 -128~127까지 표시할 수 있다.

음수 : 10000000_2(−128) ~ 11111111_2(−1)
양수 : 00000000_2(0) ~ 01111111_2(127)

2바이트로 부호있는 수를 표현하면

음수 : 1000000000000000_2(−32768) ~ 1111111111111111_2(−1)
양수 : 0000000000000000_2(0) ~ 0111111111111111_2(32767)

음수는 최상위 비트가 1이고 양수는 0임을 알 수 있다. 즉 최상위 비트를 보면 음수/양수를 판별할 수 있다. 이런 이유로 최상위 비트를 **부호 비트(Sign Bit)**라고 한다 : 1바이트 수일 때는 비트 7이, 2바이트 수일 때는 비트 15가 부호 비트이다.

2.5 오버플로와 언더플로

두 개의 부호 없는 1바이트수의 덧셈을 고려해보자. 200 + 58 = 258, 그러나 258은 1바이트로 표시할 수 없는 수이다.

258 =	1	0	0	0	0	0	0	1	0	2

↳ 1바이트를 벗어남

연산 200 + 58의 결과에서 1바이트를 벗어나는 비트는 무시되어 200 + 58 = 2인 잘못된 연산 결과를 얻는다. 이처럼 덧셈의 결과가 수를 표현하기 위해 사용한 바이트로 표시할 수 없어 결과가 틀리게 나오는 것을 **오버플로(Overflow)**라 한다.

두 개의 부호 없는 1바이트 수의 뺄셈을 고려해보자. 1-2 = -1, 그러나 -1은 부호 없는 1바이트 수로 표시할 수 없는 수이다. -1은 보수로 표시되므로

$$-1 = \boxed{1\,|\,1\,|\,1\,|\,1\,|\,1\,|\,1\,|\,1\,|\,1}_2$$

부호 없는 1바이트 수에서 11111111_2는 255이므로 결과적으로 1-2 = 255인 잘못된 연산이 수행된다. 이처럼 뺄셈의 결과가 수를 표현하기 위해 사용한 바이트로 표시할 수 없어 결과가 틀리게 나오는 것을 **언더플로(Underflow)**라 한다.

오버플로와 언더플로가 발생하는 수는 사용하는 바이트 그리고 부호가 있음과 없음에 따라 서로 다르다.

<u>오버플로 발생 시점</u>

부호 없는 1바이트 수	덧셈 결과가 255(FF_{16})보다 클 때
부호 있는 1바이트 수	덧셈 결과가 127($7F_{16}$)보다 클 때
부호 없는 2바이트 수	덧셈 결과가 65535($FFFF_{16}$)보다 클 때
부호 있는 2바이트 수	덧셈 결과가 32767($7FFF_{16}$)보다 클 때

<u>언더플로 발생 시점</u>

부호 없는 1바이트 수	뺄셈 결과가 0(00_{16})보다 작을 때
부호 있는 1바이트 수	뺄셈 결과가 -128(80_{16})보다 작을 때
부호 없는 2바이트 수	뺄셈 결과가 0(0000_{16})보다 작을 때
부호 있는 2바이트 수	뺄셈 결과가 -32768(8000_{16})보다 작을 때

2.6 마이크로컴퓨터의 구조

일반적 마이크로컴퓨터의 구조는 그림 2.1과 같이 3대 요소로 나뉜다.

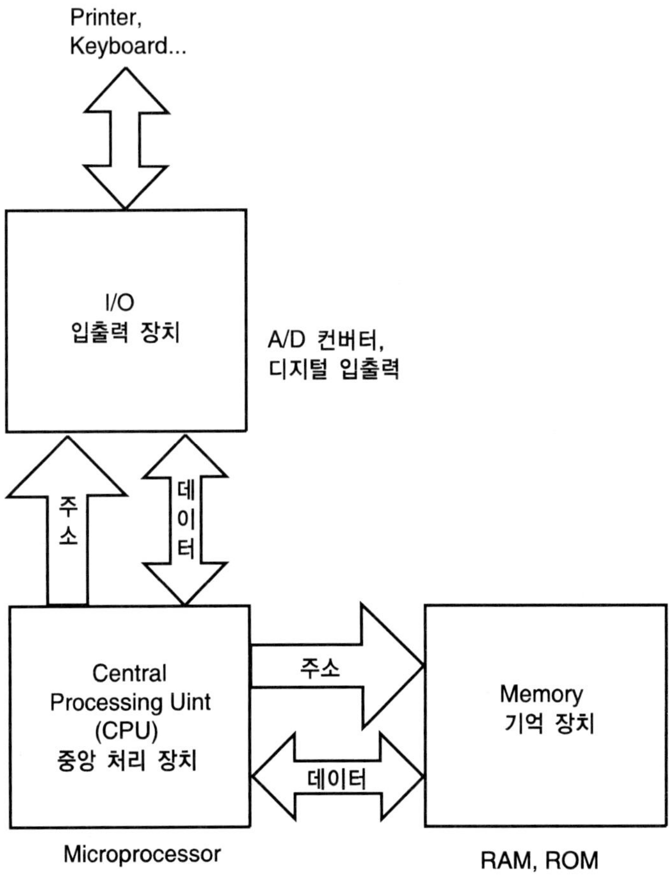

그림 2.1 일반적 마이크로컴퓨터의 구조

● 중앙 처리 장치(Central Processing Unit; CPU)

마이크로프로세서라고도 하며, 연산(사칙연산, 비교 등)을 수행하는 장치로서 내부에는 연산에 필요한 제한된 개수의 레지스터(일종의 메모리)를 가지고 있다. 일반적인 마이크로프로세서(Pentium Processor 등)는 많은 양의 데이터를 저장할 메모리를 가지고 있지 않을뿐더러 입출력을 위한 장치(디지털 입출력 장치, 타이머 등)를 가지고 있지 않다. 따라서 마이크로컴퓨터를 구성하기 위해서는 마이크로프로세서 외부에 메모리와 입출력 장치를 장착하여야 한다.

● 메모리(Memory)

프로그램과 데이터를 저장하는 장치이다. 프로그램은 CPU에 내리는 명령의 집합으로 메모리에 저장된다. CPU는 메모리에 있는 명령어를 읽고, 이에 따라 작업을 수행한다. 프로그램 수행에 필요한 데이터 역시 메모리에 저장된다. 메모리는 크게 두 가지로 분류된다.

- RAM(Random Access Memory) : 읽기/쓰기가 가능한 메모리로서 전원이 꺼지면 내용이 사라진다.
- ROM(Read Only Memory) : 읽기만 가능한 메모리로서 전원이 꺼지더라도 내용이 보존된다.

PC에서는 대부분이 RAM이며, ROM은 아주 작은 부분을 차지한다. ROM은 전원이 꺼지더라도 내용이 남아 있으므로, 전원을 켰을 때 처음하는 작업은 ROM에 저장한다. PC의 BIOS는 전원을 켰을 때 하드디스크에 들어있는 Windows를 메모리에 옮기는 작업을 하는 프로그램으로 ROM에 들어있다(이와 같은 작업을 부팅이라 한다).

● 입출력 장치(Input/Output Device)

외부 장치로부터 입력을 받거나, 외부 장치에 데이터를 출력하는 장치이다. 예로서 A/D 컨버터, 디지털 입출력 장치 등이 있다.

마이크로프로세서를 말할 때 흔히 8비트 또는 16비트 마이크로프로세서라는 용어를 쓴다. 이때 8비트 마이크로프로세서라 함은 CPU에서 연산을 처리할 때 기본적인 단위가 1바이트(8비트)임을 나타낸다. 8비트 마이크로프로세서의 기본 연산 단위는 1바이트이므로 2바이트 연산을 위해서는 2번의 계산이 필요하게 된다. 그러나 16비트 마이크로프로세서의 기본 연산 단위는 2바이트이므로 1번의 계산으로 2바이트 연산을 수행할 수 있어 8비트 마이크로프로세서보다는 빠른 처리 속도를 보인다. 참고로 현재 PC에서 사용되고 있는 Pentium은 64비트(8바이트) 마이크로프로세서이다.

마이크로프로세서의 또 하나의 사양으로 CPU 클록 속도가 있다. CPU의 모든 작동은 클록에 연동되어 수행되므로 클록 속도가 빠르면 당연히 수행 속도가 빨라진다. 그러나 CPU마다 장착할 수 있는 최대 클록 속도는 제한된다. 참고로 ATmega128

은 최대 16MHz 클록을 사용하고 현재 PC의 Pentium CPU에는 수 GHz 클록을 사용한다.

2.7 메모리

메모리는 데이터를 읽고 쓸 수 있느냐 읽기만 할 수 있느냐에 따라 읽고 쓰기 메모리(일반적으로 RAM이라고 하나 정확한 표현은 Read Write Memory가 맞다)와 읽기 전용 메모리(ROM : Read Only Memory)로 나뉜다. 그림 2.2는 기억 장치로 사용되고 있는 메모리의 종류를 보여준다.

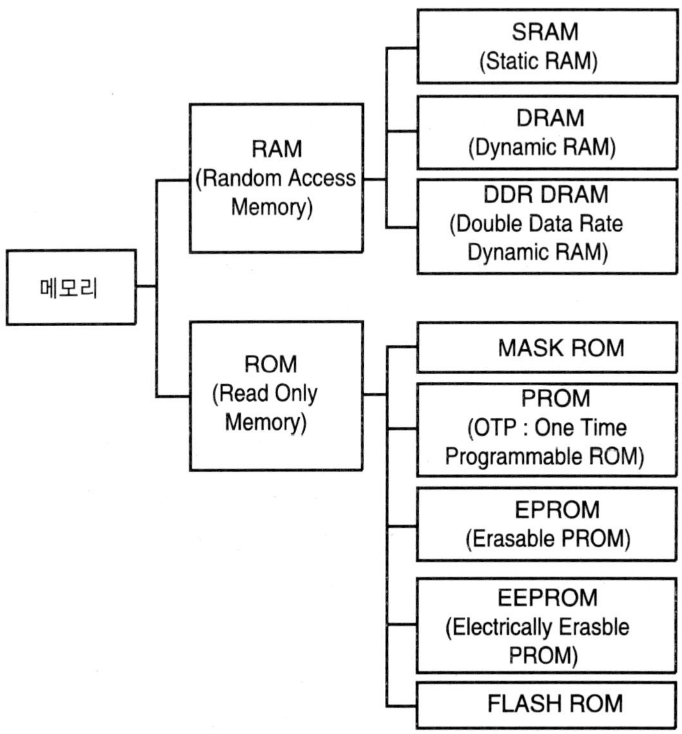

그림 2.2 메모리의 종류

(1) RAM(Random Access Memory)

RAM은 전원이 꺼지면 기억이 소멸되는 메모리이므로 휘발성 메모리(Volatile Memory)라고도 한다.

● SRAM(Static RAM)

전원이 투입되어 있는 동안 기억을 유지하는 메모리이다. 사용이 간단한 장점은 있지만 각각의 기억 비트(기억 장소의 최소 단위로 cell이라 한다)를 구성하는데 여러 개의 반도체 소자가 사용되어 한 메모리 칩당 구성할 수 있는 기억 용량이 적다는 단점이 있다. 많은 용량의 메모리가 필요하지 않는 제어 시스템에서는 주로 SRAM을 사용한다.

● DRAM(Dynamic RAM)

이것은 메모리의 한 셀을 구성하는데 단 한 개의 반도체 소자를 사용하기 때문에 같은 면적의 칩에 많은 용량의 기억 장소를 구성할 수 있어서 주로 대용량의 메모리 시스템을 구축하는데 사용되지만 전원이 투입되어 있어도 일정 시간(보통 4msec)이 경과되면 저절로 기억 내용이 소멸되기 때문에 주기적으로 기억 내용을 다시 충전(refresh라 한다)시켜야 하는 단점이 있다. 이 리프레시를 위해 메모리 칩 외부에 리프레시를 위한 별도의 복잡한 회로가 필요하여 간단한 시스템에서는 사용하기 힘들고 주로 대용량의 메모리가 필요한 컴퓨터 시스템에서 사용된다. PC의 주기억 장치는 거의 전부 이 DRAM을 사용하고 있다.

(2) ROM(Read Only Memory)

전원이 꺼져도 기억이 소멸되지 않는 메모리이다. 비휘발성 메모리(Nonvolatile Memory)라고도 한다.

● 마스크(Mask) ROM

ROM 제조 시 프로그램 코드에 맞게 내부 회로를 고정시켜 제작하는 것으로서 읽기만 가능하고 더 이상의 지우기와 쓰기는 불가능하다. 메모리 제조회사에서 대단위로 판박이처럼 만들기 때문에 가격이 저렴하지만 소량의 주문은 받지 않아 소규모 생산에는 적합하지 않다.

● PROM(Programmable ROM) : OTP(One Time Programmable)

내부 메모리 셀들에 전기적으로 녹일 수 있는 퓨즈를 달아 두고 외부에서 프로그래밍을 통해 퓨즈를 녹일 수 있으며 해당 비트의 퓨즈가 녹아떨어지면 1, 그대로 있으면 0이 기억되는 식으로 단 한 번의 프로그래밍이 가능하다. 일단 프로그램이 써지면 ROM 외부에서의 어떤 작업으로도 내부에 있는 녹은 퓨즈를 다시 붙일 수가 없기 때문에 다시 지우고 쓰기가 불가능하다. 이런 특성 때문에 OTP라고도 하며 가격이 싸서 마스크 ROM을 제작할 수 없는 소량의 제품 개발 시 주로 사용된다.

● EPROM(Erasable PROM)

ROM 모듈에 투명한 창이 달렸으며 이 창에 자외선을 쪼이면 내부 메모리 셀들의 기억이 지워지고 초기 상태로 돌아가서 새로운 쓰기가 가능하다. 이런 지우기/쓰기가 수십만 번 반복적으로 가능하여 과거에 주로 사용되었던 형태이다.

● EEPROM(Electrically Erasable Programmable ROM)

위의 EPROM은 기존의 기억을 지우기 위해 기판에 삽입된 ROM을 빼내서 전용의 자외선 소거기에 넣어 기억을 지운 후 다시 전용의 쓰기 장치(ROM Writer라 한다)에 넣어 새로운 프로그램을 써 넣어야 하는 불편한 점이 있었다. 반면 EEPROM은 ROM이 기판에 삽입된 상태로 전기적인 신호에 의해 기억을 지울 수 있고 새로운 내용을 써 넣을 수 있어서 아주 편리하다.

● FLASH 메모리

EEPROM의 한 종류로서 요즘 가장 널리 사용되는 ROM 메모리이다. EEPROM과 마찬가지로 회로에 삽입된 채로 지우고 쓸 수가 있고, 특히 메모리 전체 내용을 한 순간에 지우고 다시 쓸 수 있어서 종래의 EEPROM보다 속도가 훨씬 빠르다. 종래의 EEPROM은 한 순간 한 바이트씩 지우거나 쓸 수 있었다.

> ROM은 한 번 프로그램하면 거의 변경하는 일이 없다. 이런 의미로 흔히 하드웨어와 소프트웨어의 중간 개념인 펌웨어(Firmware)라 한다.

2.8 CPU와 메모리의 데이터 교환

● 주소(Address)

메모리에 데이터를 쓰려면 저장할 장소의 위치를 지정하여야 한다. 마찬가지로 메모리의 데이터를 읽어 오려면 데이터가 있는 위치를 지정하여야 한다. 이러한 메모리의 위치를 주소라 한다. 메모리의 기본 단위는 바이트이므로 바이트별로 주소가 지정된다. 메모리의 주소는 숫자로 표시되며 이진수로 표시된 수가 그림 2.1의 주소 버스를 통해 메모리에 전달된다(버스는 다수의 선을 말하며 주소를 지정하기 위해 다수의 선이 나가므로 주소 버스라 부른다). 이때 주소 버스의 크기, 즉 비트 수가 CPU에서 지정할 수 있는 메모리의 주소의 최대 크기를 정한나.

> **예** 주소 버스가 16bit일 때 지정 가능한 주소는 0000_{16}번지부터 $FFFF_{16}$번지로서 메모리 크기로는 2^{16}byte = $2^6 \times 2^{10}$byte = 64Kbyte이다. 따라서 장착할 수 있는 메모리의 최대 크기는 64Kbyte이다.
>
> **예** 주소 버스가 32bit이면 장착 가능한 메모리 크기는
>
> $$2^{32}\text{byte} = 2^2 \times 2^{10} \times 2^{10} \times 2^{10}\text{byte} = 4\text{Gbyte}$$
>
> 이다.

● 주소 디코딩

CPU와 메모리 또는 입출력 장치 간의 데이터 교환은 그림 2.1에서 데이터 버스를 통하여 이루어진다. 이 데이터 버스는 모든 메모리와 입출력 장치가 공유하므로, CPU가 지정한 장치만이 데이터 버스를 사용하도록 교통정리가 필요하다. 이는 주소를 사용하여 이루어지며, CPU가 주소를 지정하면 해당 주소를 가진 장치만 데이터 버스를 사용하도록 회로를 구성한다. 이를 주소 디코더(Address Decoder)이라 한다.

● 데이터 교환

메모리에서 데이터를 읽어 들일 때 CPU는 주소 버스를 통해 메모리의 위치를 지정하게 되고, 주소 디코더에 의해 해당 메모리는 데이터 버스에 데이터를 보낸다. CPU는 데이터 버스의 내용을 읽게 된다. 메모리에 데이터를 쓸 때 CPU는 메모리의

위치를 주소 버스로 전달하고, 데이터 버스에 데이터를 보낸다. 해당 메모리는 데이터 버스의 데이터를 받아 저장한다.

2.9 CPU와 입출력 장치의 데이터 교환

● I/O mapped I/O

CPU와 입출력 장치의 데이터 교환 역시 메모리와의 데이터 교환과 마찬가지로 주소 버스와 데이터 버스를 사용하여 이루어진다. 여기서 사용되는 주소 버스 및 데이터 버스를 메모리도 역시 사용하므로 현재 CPU가 수행하는 데이터 교환 대상이 입출력 장치인지 메모리인지를 구분하기 위해 또 하나의 신호선을 사용한다. 이처럼 입출력 장치의 주소와 메모리의 주소를 구분하여 사용하는 입출력 장치를 I/O mapped I/O라고 한다.

● Memory mapped I/O

메모리와 입출력 장치는 기능이 서로 다르지만 CPU의 입장에서 보면 주어진 주소에 데이터를 쓰기/읽기를 한다는 면에서 동등하다. 따라서 입출력 장치를 하나의 메모리로 간주할 수 있다. 이처럼 메모리와 입출력 장치의 주소를 구분하지 않고 하나의 주소 영역으로 사용하며, 메모리 주소 범위의 일정 부분에 입출력 장치의 주소를 할당하여 사용하는 것을 Memory mapped I/O라고 한다.

2.10 메모리 액세스의 구조

메모리 액세스를 방법에는 기본적인 두 가지 구조(Architecture)가 있다.

● Von Neumann Architecture

미국의 수학자 John Von Neumann이 제안한 구조로 그림 2.3과 같이 프로그램과 데이터를 하나의 메모리에 저장한다. 프로그램과 데이터는 같은 데이터 버스와 주소 버스를 사용한다. PC는 이 구조를 사용한다.

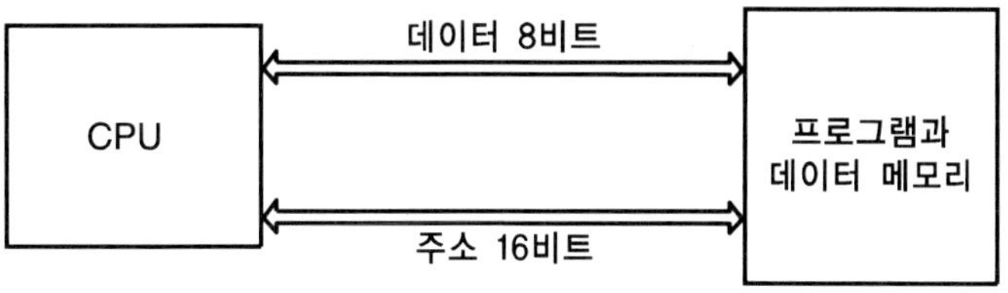

- 버스의 비트 수는 예로서 제시한 것뿐임

그림 2.3 Von Neumann Architecture

● Harvard Architecture

그림 2.4와 같이 프로그램과 데이터를 각각 물리적으로 다른 메모리에 저장한다. 프로그램과 데이터는 서로 다른 데이터 버스와 주소 버스를 사용하므로 프로그램과 데이터에 대해 다른 비트 수를 사용할 수 있다. 또한 프로그램과 데이터를 동시에 읽어 들일 수 있다. 제어용 마이크로프로세서에서는 이 구조를 많이 쓰고 있다. 여기서 다루는 ATmega128 역시 이 구조를 사용한다.

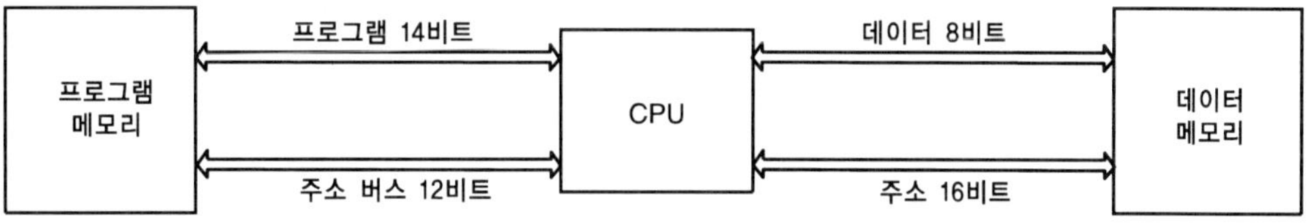

- 버스의 비트 수는 예로서 제시한 것뿐임

그림 2.4 Harvard Architecture

2.11 프로그램의 수행 및 프로그램 언어

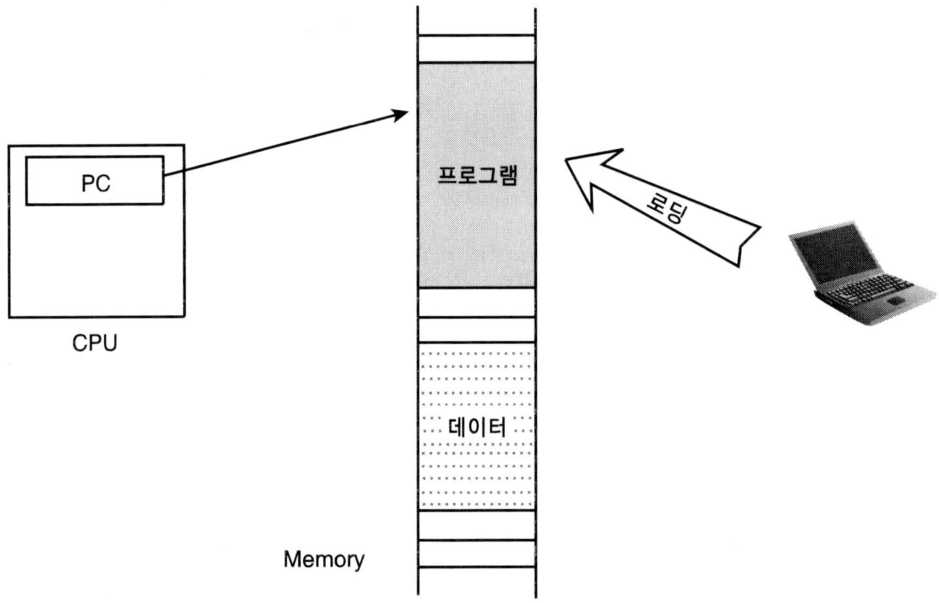

그림 2.5 프로그램의 로딩 및 수행

● 프로그램의 수행

프로그램은 CPU가 수행할 명령어들의 집합이며 프로그램과 프로그램 수행에 필요한 데이터는 그림 2.5와 같이 메모리에 저장된다. CPU 내에는 Program Counter(PC)라는 레지스터가 있어 수행하여야 할 명령어가 위치한 메모리를 가리킨다. CPU는 PC가 가리키는 명령어를 읽어서 명령을 수행한다. 명령 수행이 끝나면 PC는 자동적으로 다음 명령어가 있는 메모리를 가리킨다. 따라서 프로그램을 수행하기 위해서는 PC가 프로그램의 초기 위치를 가리키도록 하면 된다.

● 프로그램의 로딩 및 수행

PC와 같은 일반적인 컴퓨터에서는 여러 종류의 프로그램을 필요에 따라 수행하여야 하므로, 모든 프로그램을 미리 메모리에 저장할 수가 없다. 따라서 필요에 따라서 프로그램을 메모리에 로딩을 하고 수행시켜야 한다. 보통의 프로그램은 하드디스크에 저장되어 있다. 윈도즈는 아이콘을 더블클릭하면 해당 프로그램을 하드디스크에서 읽어 들여 메모리에 로딩하고 Program Counter 레지스터가 프로그램의 초기 위치를 가리키도록 하여 프로그램을 수행한다. 이러한 일을 수행하는 윈도즈 같은 프로그램을 운영체제(Operating system)라고 한다.

제어용 마이크로컴퓨터인 경우 하나의 전용 프로그램이 수행된다. 따라서 프로그램을 메모리에 미리 저장해 놓는다. 이때 전원이 꺼지더라도 프로그램이 없어지지 않도록 메모리는 ROM을 사용한다.

그러나 프로그램을 개발할 때는 프로그램이 계속 변경되므로 이 방법을 사용할 수 없다. 이 경우 프로그램 개발은 개인용 컴퓨터에서 하고 이를 마이크로컴퓨터의 메모리에 다운로드한 다음 수행한다. 그러나 ROM으로 FLASH 메모리를 사용하기 전에는 ROM에 프로그램을 저장하는 것은 ROM Writer를 사용하여야 하는 매우 번거로운 작업이었다. 그래서 개발 중에는 프로그램을 RAM에 저장하고 개발이 끝나면 ROM Writer로 완성된 프로그램을 ROM에 굽는 방법을 사용하였다. 그러나 FLASH 메모리를 ROM으로 사용하면서 개인용 컴퓨터에서 손쉽게 프로그램을 FLASH 메모리에 다운로드를 할 수 있게 되었다. ATmega128은 In System Programming(ISP) 기술을 사용하여 프로그램을 ATmega128의 FLASH 메모리에 직접 다운로드하고 즉시 프로그램을 수행할 수 있다.

● 프로그램 언어

마이크로프로세서에게 작업을 시키려면 컴퓨터 언어를 사용하여 마이크로프로세서가 수행할 작업을 프로그램으로 작성하여야 한다.

- 기계어(Machine Language) : CPU에 대한 명령어는 숫자로 표기된다. 이렇게 숫자로 표기된 명령어를 기계어라 하며 프로그램은 기계어 형태로 메모리에 저장된다. 마이크로프로세서마다 고유한 기계어를 가지고 있다.

- 어셈블리 언어(Assembly Language) : 숫자로 표시된 기계어를 보고 명령을 이해하는 것은 거의 불가능하므로 마이크로프로세서 제작사에서는 각 기계어 명령에 1:1 대응하여 명령의 의미를 내포하고 있는 어셈블리 언어를 제공한다. 예를 들어 CPU 내의 A 레지스터의 내용을 B 레지스터에 이동하는 명령이 기계어로 038H(16진수)라고 하여 보자. 038H로부터는 명령의 내용을 이해하기 힘드나, 이를 다음과 같이 표현하면 의미가 명확해진다.

```
기계어      : 038H
어셈블리    : MOV A, B
```

어셈블리 명령어는 기계어에 1 : 1 대응하므로 이 역시 마이크로프로세서마다 고유하다.

- 어셈블러(Assembler) : CPU가 이해할 수 있는 명령어는 기계어이므로 어셈블리 언어로 작성된 프로그램은 기계어로 번역되어야 한다. 어셈블러는 어셈블리 언어로 작성된 프로그램을 기계어로 번역하는 소프트웨어를 말한다.
- 고급언어(High Level Language) : 어셈블러 명령어가 수행 명령의 의미를 내포하고 있다고는 하나, 이를 이용해서 프로그램을 하는 것 역시 매우 번거로운 일뿐 아니라, 마이크로프로세서마다 고유한 어셈블리 언어를 가지고 있으므로 마이크로프로세서의 종류가 바뀌면 어셈블리 프로그램은 재작성하여야 한다. 이에 비해 고급언어는 수학적인 연산이나 논리를 사용자가 이해하기 쉽도록 또한 사용 마이크로프로세서와는 무관하도록 정의하여 프로그램 작성을 좀 더 쉽도록 한다. C-언어, FORTRAN 등이 대표적인 고급언어이다.
- 컴파일러(Compiler) : 고급언어로 작성된 프로그램을 마이크로프로세서가 수행가능한 기계어로 번역하는 소프트웨어를 컴파일러라 한다(C-컴파일러는 C-언어를 기계어로 번역하는 소프트웨어이다). 고급 언어는 마이크로프로세서에 무관하도록 정의되었으므로 컴파일러만 있으면 프로그램의 수정 없이 다른 마이크로프로세서에도 사용할 수 있다(경우에 따라서 약간의 수정이 필요).

다음 장부터는 이진수와 16진수를 번거로운 아래첨자를 사용하여 표현하지 않고 C-언어나 어셈블리 언어에서 사용하는 법을 채용하여 다음 두 가지 방법을 혼용해서 표현할 것이다.

- **어셈블리에서 사용하는 방법**

11110000B - 뒤의 B는 Binary Number(이진수)를 나타낸다.
0ABH - 앞의 0은 숫자임을 나타내고, 뒤의 H는 Hexadecimal Number(16진수)를 나타낸다.

- **C-언어에서 사용하는 방법**

0b10010011 - 앞의 '0b'는 이진수임을 나타낸다.
0xAB - 앞의 '0x'는 16진수임을 나타낸다.

연습문제

1. 다음 수를 십진수로 표시하라.

   (1) 11001000_2　(2) 10_{16}　(3) $1A0_{16}$　(4) 213_8

2. 다음 수를 16진수로 표시하라.

   (1) 11001000_2　(2) 111011000111_2　(3) 102

3. 다음 연산을 수행하라(16진수 연산 결과는 16진수로, 이진수 연산 결과는 이진수로 표시할 것).

   (1) $AB_{16} + 48_{16}$　(2) $1AB_{16} - 3A_{16}$

   (3) $11001001_2 + 01000110_2$　(4) $11001000_2 - 01000110_2$

4. 24비트의 주소 버스를 사용할 때 사용 가능한 주소의 범위를 16진수로 표시하라. 이때 장착할 수 있는 메모리의 크기는 몇 바이트인가?

5. −11을 표현하려고 한다.

   (1) 이를 2바이트로 나타낼 때 이진수와 16진수로 표시하라.

   (2) 이를 4바이트로 나타낼 때 이진수와 16진수로 표시하라.

6. 1바이트 부호 없는 두 값의 연산을 하였을 때 결과 값이 1바이트로 표현된다고 하자. 다음 연산의 결과 값은 얼마인가(모두 16진수로 표시할 것)?

   (1) $AB_{16} + 55_{16}$　(2) $AB_{16} + B8_{16}$　(3) $AB_{16} - B8_{16}$

7. 16진수 CB_{16}로 주어진 데이터가 있다고 하자.

   (1) 데이터가 부호 있는 1바이트 수라고 하면 이 데이터가 나타내는 십진수는 무엇인가?

   (2) 데이터가 부호 없는 1바이트 수라고 하면 이 데이터가 나타내는 십진수는 무엇인가?

   (3) 데이터가 부호 있는 2바이트 수라고 하면 이 데이터가 나타내는 십진수는 무엇인가?

   (4) 데이터가 부호 없는 2바이트 수라고 하면 이 데이터가 나타내는 십진수는 무엇인가?

CHAPTER 03

AVR ATmega128 마이크로컨트롤러

마이크로프로세서는 2.6절에서 언급한 바와 같이 메모리와 입출력 장치를 갖추어야 컴퓨터 역할을 할 수 있다. 이를 제어전용으로 사용할 때는 대용량의 메모리가 필요하지 않으며 제어 대상에 따라 필요한 입출력 장치가 정해진다. 따라서 이들을 하나의 칩에 집적하는 것이 가능하다. 마이크로컴퓨터의 3대 구성요소를 하나의 칩에 집적하여 칩 하나만으로 컴퓨터 기능을 하도록 함으로써 별도의 부가장치 없이 제어장치를 구성할 수 있다. 이런 종류의 칩들은 주로 제어전용으로 사용되므로 마이크로컴퓨터 대신 마이크로컨트롤러라 부른다. 그러나 본 교재에서는 편의상 마이크로컨트롤러와 마이크로프로세서를 혼용해서 사용하기로 한다.

어떤 마이크로프로세서든 그의 특징을 알려면 제조사의 관련 매뉴얼을 보는 것이 가장 좋다. 그러나 내용이 방대하고 마이크로프로세서를 입문하는 사람에게는 이해하기 어려운 부분이 많다. 여기서는 마이크로프로세서를 처음 접하는 사람을 위해 앞으로의 내용에 필요한 부분만 발췌하여 설명하고자 한다. 이 과정을 통하여 마이크로프로세서에 대해 어느 정도의 지식을 습득한 후 제조사 매뉴얼과 관련 응용 노트(Application Note)를 보면 많은 부분을 이해할 수 있으리라 믿는다.

3.1 ATmega128의 특징

그림 3.1은 ATmega128 제조사에서 제공하는 ATmega128 마이크로컨트롤러 매뉴얼의 첫 페이지로서 ATmega128의 특징을 기술한 것이다. 상당히 많은 특징을 기술하고 있다. 이 중에서 가장 보편적으로 필요한 사항에 대해서만 설명을 하고자 한다.

그림 3.1에서 마이크로컨트롤러를 선택할 때 가장 먼저 보는 사양은 다음 네 가지이다.

(1) 마이크로프로세서의 비트 수
(2) 프로세서의 속도
(3) 메모리 용량
(4) 제공하는 입출력 장치

(1) 마이크로프로세서의 비트 수 : AVR® 8bit Microcontroller

AVR® : AVR은 제조사에서 등록한 이름이며 AVR 시리즈를 나타낸다. 시리즈에는 여러 종류의 마이크로컨트롤러가 있다.

8bit Microcontroller : 8bit 마이크로프로세서를 내장하고 있음

(2) 프로세서의 속도

16MHz 클록을 사용할 때 16MIPS의 연산 속도를 가진다. MIPS는 **M**illion **I**nstructions **p**er **S**econd의 약자로서 16MIPS이면 초당 1,600만개의 명령어를 수행하는 속도이다.

(3) 메모리

프로그램 메모리와 데이터 메모리가 별도로 구성된 Harvard Architecture를 채택하고 있다. 각 메모리는 다음과 같이 구성되어 있다.

- 128Kbyte In-system-Reprogrammable Flash Memory
  : In-system Programming 방법으로 10,000번 읽기/지우기가 가능
- 4Kbyte EEPROM
  : 100,000번 읽기/지우기가 가능
- 4Kbyte 내부 SRAM
- 64Kbyte까지 외부 메모리 장착 가능
- In-system Programming을 위한 SPI 인터페이스 제공

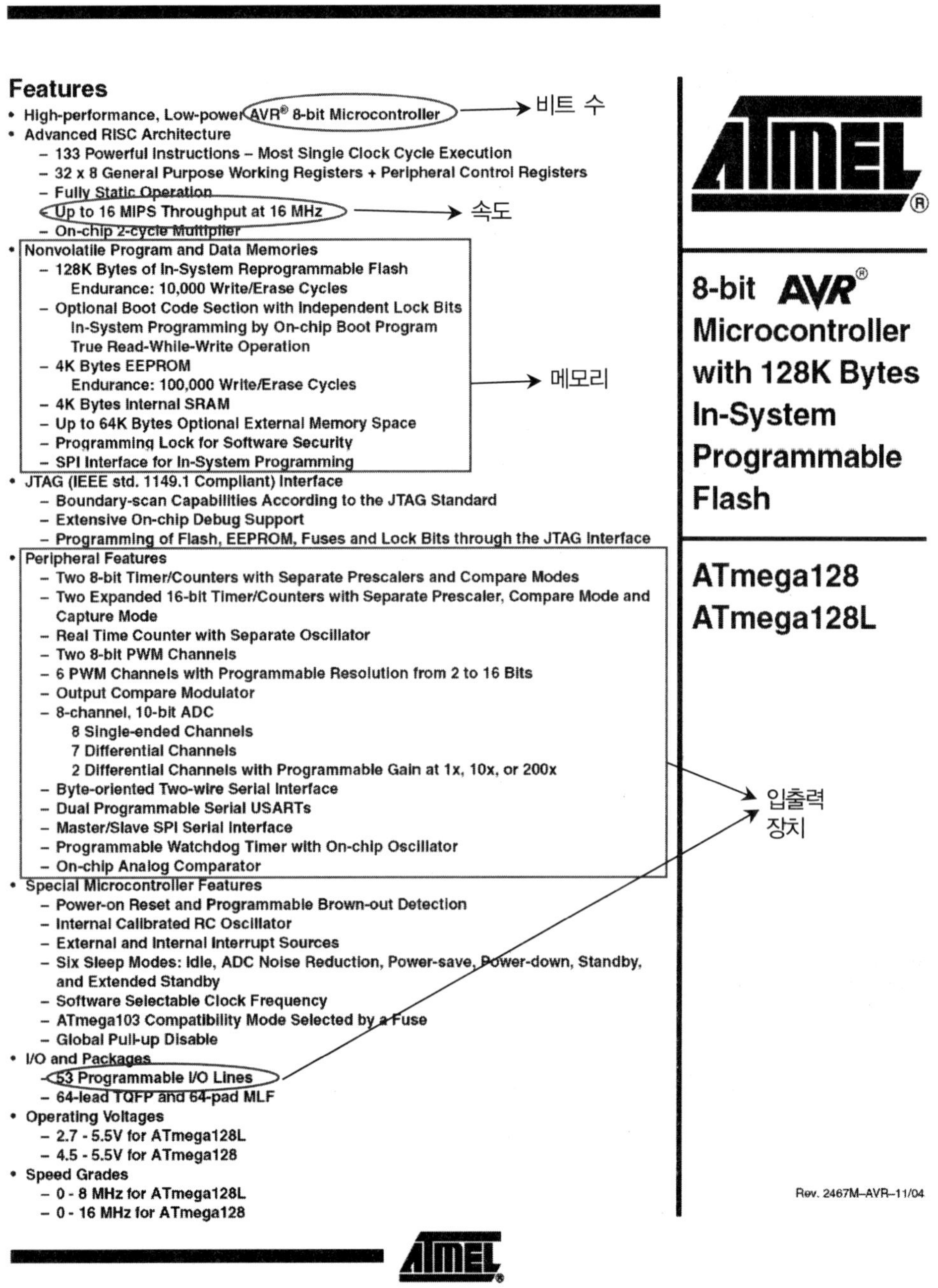

Features

- High-performance, Low-power AVR® 8-bit Microcontroller
- Advanced RISC Architecture
  - 133 Powerful Instructions – Most Single Clock Cycle Execution
  - 32 x 8 General Purpose Working Registers + Peripheral Control Registers
  - Fully Static Operation
  - Up to 16 MIPS Throughput at 16 MHz
  - On-chip 2-cycle Multiplier
- Nonvolatile Program and Data Memories
  - 128K Bytes of In-System Reprogrammable Flash
    Endurance: 10,000 Write/Erase Cycles
  - Optional Boot Code Section with Independent Lock Bits
    In-System Programming by On-chip Boot Program
    True Read-While-Write Operation
  - 4K Bytes EEPROM
    Endurance: 100,000 Write/Erase Cycles
  - 4K Bytes Internal SRAM
  - Up to 64K Bytes Optional External Memory Space
  - Programming Lock for Software Security
  - SPI Interface for In-System Programming
- JTAG (IEEE std. 1149.1 Compliant) Interface
  - Boundary-scan Capabilities According to the JTAG Standard
  - Extensive On-chip Debug Support
  - Programming of Flash, EEPROM, Fuses and Lock Bits through the JTAG Interface
- Peripheral Features
  - Two 8-bit Timer/Counters with Separate Prescalers and Compare Modes
  - Two Expanded 16-bit Timer/Counters with Separate Prescaler, Compare Mode and Capture Mode
  - Real Time Counter with Separate Oscillator
  - Two 8-bit PWM Channels
  - 6 PWM Channels with Programmable Resolution from 2 to 16 Bits
  - Output Compare Modulator
  - 8-channel, 10-bit ADC
    8 Single-ended Channels
    7 Differential Channels
    2 Differential Channels with Programmable Gain at 1x, 10x, or 200x
  - Byte-oriented Two-wire Serial Interface
  - Dual Programmable Serial USARTs
  - Master/Slave SPI Serial Interface
  - Programmable Watchdog Timer with On-chip Oscillator
  - On-chip Analog Comparator
- Special Microcontroller Features
  - Power-on Reset and Programmable Brown-out Detection
  - Internal Calibrated RC Oscillator
  - External and Internal Interrupt Sources
  - Six Sleep Modes: Idle, ADC Noise Reduction, Power-save, Power-down, Standby, and Extended Standby
  - Software Selectable Clock Frequency
  - ATmega103 Compatibility Mode Selected by a Fuse
  - Global Pull-up Disable
- I/O and Packages
  - 53 Programmable I/O Lines
  - 64-lead TQFP and 64-pad MLF
- Operating Voltages
  - 2.7 - 5.5V for ATmega128L
  - 4.5 - 5.5V for ATmega128
- Speed Grades
  - 0 - 8 MHz for ATmega128L
  - 0 - 16 MHz for ATmega128

8-bit AVR® Microcontroller with 128K Bytes In-System Programmable Flash

ATmega128
ATmega128L

Rev. 2467M–AVR–11/04

그림 3.1 AVR ATmega128의 특징

(4) 입출력 장치

제공하고 있는 입출력 장치는 다음과 같다. 각 입출력 장치는 이후 실습을 통하여 설명할 것이다.

- 독립적인 프리스케일러와 비교 모드를 갖는 8비트 타이머/카운터 2개
- 독립적인 프리스케일러, 비교 모드와 캡처 모드를 갖는 확장 16비트 타이머/카운터 2개
- 독립적인 오실레이터를 갖는 실시간 카운터
- 2개의 8비트 PWM 채널
- 2비트~16비트로 프로그램 가능한 분해능을 갖는 6개의 PWM 채널
- Output Compare Modulator
- 8채널의 10비트 A/D 컨버터
- Byte-oriented Two Wire Serial Interface
- 2개의 프로그램 가능한 직렬 USARTs
- Master/Slave SPI 직렬 인터페이스
- 내장 오실레이터를 갖는 프로그램 가능한 와치독 타이머
- 내장 아날로그 비교기
- 53개의 프로그램 가능한 입출력 선

3.2 핀의 기능

그림 3.2는 ATmega128의 핀 형상을 보여준다.

각 핀의 기능은 다음과 같다.

- Vcc　　전원 핀
- GND　　접지
- PORT A(PA.7..PA.0)　　내부 풀업이 있는 8비트 양방향 I/O 포트이다. 그림 3.2의 특별한 기능도 수행한다.
- PORT B(PB.7..PB.0)　　내부 풀업이 있는 8비트 양방향 I/O 포트이다. 그림 3.2의 특별한 기능도 수행한다.

- PORT C(PC.7..PC.0) 내부 풀업이 있는 8비트 양방향 I/O 포트이다. 그림 3.2의 특별한 기능도 수행한다.
- PORT D(PD.7..PD.0) 내부 풀업이 있는 8비트 양방향 I/O 포트이다. 그림 3.2의 특별한 기능도 수행한다.
- PORT E(PE.7..PE.0) 내부 풀업이 있는 8비트 양방향 I/O 포트이다. 그림 3.2의 특별한 기능도 수행한다.
- PORT F(PF.7..PF.0) 내부 풀업이 있는 8비트 양방향 I/O 포트이다. A/D 컨버터의 입력 핀으로도 동작한다.
- PORT G(PG.4..PG.0) 내부 풀업이 있는 5비트 양방향 I/O 포트이다.

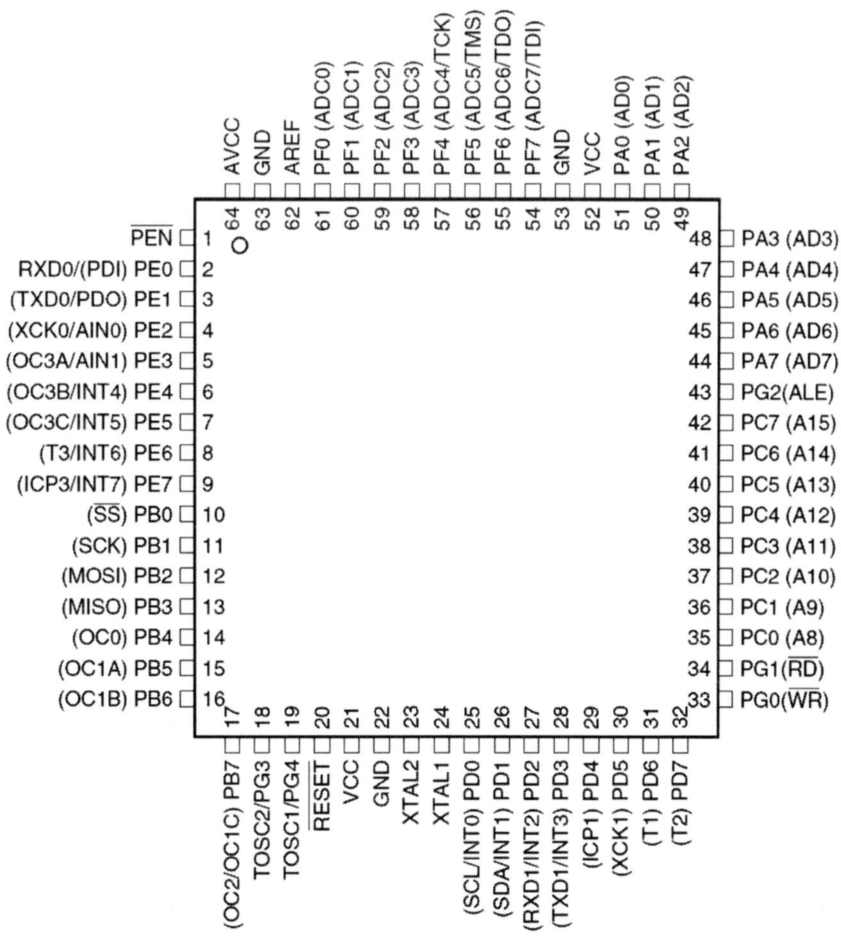

그림 3.2 ATmega128 핀 형상

- /RESET　리셋 입력이다. 최소 펄스폭보다 긴 LOW 레벨 신호를 인가하면 프로세서가 리셋된다.
- XTAL1　반전 오실레이터 증폭기에 대한 입력이며 내부 클록 동작 회로에 대한 입력이다.
- XTAL2　반전 오실레이터 증폭기의 출력이다.
- AVCC　A/D 컨버터의 전원이다. A/D 컨버터를 사용하지 않을 때에도 Vcc에 연결하여야 하고, A/D 컨버터를 사용할 때는 저주파 통과 필터를 거쳐 Vcc와 연결되어야 한다.
- AREF　A/D 컨버터의 기준 전압이다.
- PEN　SPI 직렬 프로그래밍 모드에서 프로그래밍을 가능하게 하는 핀이다. 내부적으로 풀업되어 있다.

• PORT A~PORT G가 공유해서 가지는 특별한 기능은 기능을 사용할 때 설명할 것이다.

그림 3.2에서 $\overline{\text{RESET}}$과 같이 핀 기호 위에 '−'가 표시되었거나 /RESET과 같이 핀 기호 앞에 '/'가 붙으면 이 신호는 LOW일 때가 활성화(Active)된다는 뜻이다. 즉 LOW 신호가 가해지면 CPU에 리셋이 걸린다. 유사하게 그림 3.2의 핀 34는 $\overline{\text{RD}}$ 신호가 LOW일 때 CPU가 데이터를 읽어 들인다.

3.3 레지스터

레지스터는 메모리처럼 임시 또는 중간 결과를 저장하는데 사용된다. 하지만 메모리와는 별도로 구성된다. 대부분의 명령어에서 레지스터를 사용하는 것이 메모리를 사용하는 것보다 실행 속도가 빠르고 명령어 크기도 작다. 따라서 레지스터에 데이터를 저장하여 사용하는 것이 가장 우수하지만 개수가 매우 한정되어 있어 데이터를 임시로 저장하는 데 사용된다. 일반적으로 레지스터는 C-언어에서 사용자가 직접 제어할 수는 없으나 ATmega128은 레지스터에 주소를 부여하여 사용자가 C-프로그램으로 레지스터를 제어할 수 있도록 하였다. 주소를 부여한 레지스터를 Memory Mapped Register(MMR)라 한다.

여기서는 ATmega128이 가지고 있는 레지스터 중 C-프로그램을 이해하는데 필요한 몇 개만 설명하도록 한다.

● 상태 레지스터(Status Register) : SREG

비트	7	6	5	4	3	2	1	0	
	I	T	H	S	V	N	Z	C	SREG
읽기/쓰기	R/W	R/W	R/W	R/W	R/W	R/W	R/W	R/W	
초기값	0	0	0	0	0	0	0	0	

상태 레지스터는 읽기/쓰기가 가능한 레지스터로 연산 결과에 대한 상태를 나타내고 있다. C-언어 프로그램에서 비트 7만 관련이 있으므로 이 비트만 설명한다.

- 비트 7 - I : Global Interrupt Enable(전역 인터럽트 가능)
  CPU 인터럽트를 전역으로 제어하는 비트이다. 이 비트를 1로 세트하여야 인터럽트를 사용할 수 있다. 이 비트가 0이면 모든 인터럽트가 불능이 된다.

● 범용 레지스터 파일(General Purpose Register File) : R0~R31

그림 3.3과 같이 32개의 1바이트 범용 레지스터를 가지고 있다. 여러 레지스터가 순서대로 쌓여 있어서 레지스터 파일이라 부른다.

	7 0	주소	
	R0	00H	
	R1	01H	
	R2	02H	
	...		
	R13	0DH	
	R14	0EH	
	R15	0FH	
범용 레지스터	R16	10H	
	R17	11H	
	...		
	R26	1AH	X-레지스터의 하위 바이트
	R27	1BH	X-레지스터의 상위 바이트
	R28	1CH	Y-레지스터의 하위 바이트
	R29	1DH	Y-레지스터의 상위 바이트
	R30	1EH	Z-레지스터의 하위 바이트
	R31	1FH	Z-레지스터의 상위 바이트

그림 3.3 범용 레지스터 파일

앞에서 언급한 바와 같이 연산에 있어서 레지스터를 사용하는 것이 메모리를 사용하는 것보다 효율적이다. C-언어에서는 `register` 키워드를 사용하여 레지스터 사용을 지정할 수 있다. 특히 R26~R31은 주소 지정에 사용되며 다른 이름으로 X, Y, Z 레지스터라 불린다.

원래 레지스터는 주소를 가지고 있지 않으나 그림 3.3과 같이 각 레지스터에 SRAM 영역의 주소를 지정하였다. 비록 SRAM 영역의 주소를 레지스터가 차지하고 있지만 물리적으로 SRAM과는 별도로 구성되어 있다. 단지 주소를 부여함으로써 어셈블리 프로그램의 유연성을 높인다.

3.4 메모리

마이크로컨트롤러를 프로그램하는데 있어서 메모리의 구조는 매우 중요하다. 일반적으로 마이크로컨트롤러는 매우 제한적인 데이터 메모리를 가지고 있으므로 이 한계 내에서 프로그램이 가능하도록 하여야 할 뿐 아니라 사용하는 메모리의 특징에 따라 수행 속도가 크게 차이가 나므로 **사용자가 스스로 메모리를 관리할 수 있어야 한다.**

ATmega128은 프로그램 메모리와 데이터 메모리가 별도로 구성되는 Harvard Architecture를 채택하고 있다.

3.4.1 In-system Reprogrammable FLASH 프로그램 메모리

마이크로컨트롤러의 주용도는 제어전용 내장형(Embedded) 시스템이므로 프로그램은 전원을 꺼도 지워지지 않는 비휘발성 메모리에 저장된다. ATmega128은 비휘발성 메모리로 FLASH 메모리를 사용하고 있으며 프로그램 메모리는 모두 FLASH 메모리로 구성되어 있다. 특히 이 메모리는 ISP(In-System-Programming)기술을 사용하여 PC에서 직접 프로그램을 다운로드할 수 있도록 되어 있다.

일반적으로 메모리의 기본 단위는 바이트이며 주소 역시 각 바이트당 부여된다. 그러나 ATmega128의 프로그램 메모리의 기본 단위는 워드(2바이트)이다. 주소 역시 워드 단위로 부여된다. 이는 ATmega128의 모든 명령어가 2바이트의 배수로 되어 있어 효율성을 높이기 위해서이다. 그림 3.4는 프로그램 메모리의 구조를 보여준다. 프로그램 메모리의 크기는 64Kword = 2 × 64Kbyte = 128Kbyte이다. 그림 3.1을 보면

ATmega128의 명칭은 128Kbyte FLASH 메모리를 가졌음을 표시한다.

ISP를 사용하여 FLASH 메모리에 데이터를 다운로드 한 후에는 프로그램에서 FLASH 메모리의 내용을 변경할 수 없고, 읽기만 가능하다. FLASH 메모리에는 10,000번의 쓰기, 즉 다운로드가 가능하다.

- ◆ 휘발성 메모리(Volatile Memory) : 이름 그대로 전원을 끄면 내용이 사라지는 메모리를 나타낸다. RAM을 나타낸다.
- ◆ 비휘발성 메모리(Nonvolatile Memory) : ROM 종류와 FLASH 메모리와 같이 전원을 끄더라도 내용이 사라지지 않는 메모리를 나타낸다.

3.4.2 데이터 메모리

데이터 메모리는 쓰기/읽기가 가능한 메모리이다. 그림 3.5는 데이터 메모리 맵을 보여준다. 데이터 메모리는 바이트 단위로 주소가 지정된다.

● 레지스터 파일

주소 0000H~001FH는 그림 3.3의 레지스터 파일이 사용하고 있다. 실제로 이 부분은 SRAM이 아니지만 메모리의 주소 영역을 사용하고 있다.

● 내부 SRAM

주소 0100H~10FFH에 4Kbyte의 SRAM이 내부에 장착되어 있다.

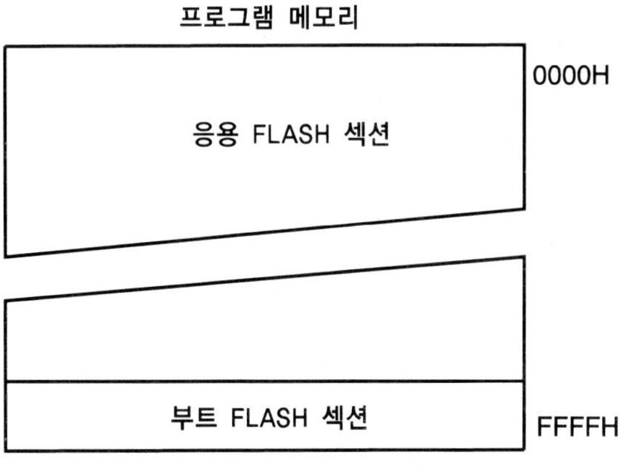

그림 3.4 FLASH 프로그램 메모리

▌표 3.1 ▌ I/O 레지스터

Register Summary

Address	Name	Bit 7	Bit 6	Bit 5	Bit 4	Bit 3	Bit 2	Bit 1	Bit 0
($FF)	Reserved	–	–	–	–	–	–	–	–
..	Reserved	–	–	–	–	–	–	–	–
($9E)	Reserved	–	–	–	–	–	–	–	–
($9D)	UCSR1C	–	UMSEL1	UPM11	UPM10	USBS1	UCSZ11	UCSZ10	UCPOL1
($9C)	UDR1	USART1 I/O Data Register							
($9B)	UCSR1A	RXC1	TXC1	UDRE1	FE1	DOR1	UPE1	U2X1	MPCM1
($9A)	UCSR1B	RXCIE1	TXCIE1	UDRIE1	RXEN1	TXEN1	UCSZ12	RXB81	TXB81
($99)	UBRR1L	USART1 Baud Rate Register Low							
($98)	UBRR1H	–	–	–	–	USART1 Baud Rate Register High			
($97)	Reserved	–	–	–	–	–	–	–	–
($96)	Reserved	–	–	–	–	–	–	–	–
($95)	UCSR0C	–	UMSEL0	UPM01	UPM00	USBS0	UCSZ01	UCSZ00	UCPOL0
($94)	Reserved	–	–	–	–	–	–	–	–
($93)	Reserved	–	–	–	–	–	–	–	–
($92)	Reserved	–	–	–	–	–	–	–	–
($91)	Reserved	–	–	–	–	–	–	–	–
($90)	UBRR0H	–	–	–	–	USART0 Baud Rate Register High			
($8F)	Reserved	–	–	–	–	–	–	–	–
($8E)	Reserved	–	–	–	–	–	–	–	–
($8D)	Reserved	–	–	–	–	–	–	–	–
($8C)	TCCR3C	FOC3A	FOC3B	FOC3C	–	–	–	–	–
($8B)	TCCR3A	COM3A1	COM3A0	COM3B1	COM3B0	COM3C1	COM3C0	WGM31	WGM30
($8A)	TCCR3B	ICNC3	ICES3	–	WGM33	WGM32	CS32	CS31	CS30
($89)	TCNT3H	Timer/Counter3 – Counter Register High Byte							
($88)	TCNT3L	Timer/Counter3 – Counter Register Low Byte							
($87)	OCR3AH	Timer/Counter3 – Output Compare Register A High Byte							
($86)	OCR3AL	Timer/Counter3 – Output Compare Register A Low Byte							
($85)	OCR3BH	Timer/Counter3 – Output Compare Register B High Byte							
($84)	OCR3BL	Timer/Counter3 – Output Compare Register B Low Byte							
($83)	OCR3CH	Timer/Counter3 – Output Compare Register C High Byte							
($82)	OCR3CL	Timer/Counter3 – Output Compare Register C Low Byte							
($81)	ICR3H	Timer/Counter3 – Input Capture Register High Byte							
($80)	ICR3L	Timer/Counter3 – Input Capture Register Low Byte							
($7F)	Reserved	–	–	–	–	–	–	–	–
($7E)	Reserved	–	–	–	–	–	–	–	–
($7D)	ETIMSK	–	–	TICIE3	OCIE3A	OCIE3B	TOIE3	OCIE3C	OCIE1C
($7C)	ETIFR	–	–	ICF3	OCF3A	OCF3B	TOV3	OCF3C	OCF1C
($7B)	Reserved	–	–	–	–	–	–	–	–
($7A)	TCCR1C	FOC1A	FOC1B	FOC1C	–	–	–	–	–
($79)	OCR1CH	Timer/Counter1 – Output Compare Register C High Byte							
($78)	OCR1CL	Timer/Counter1 – Output Compare Register C Low Byte							
($77)	Reserved	–	–	–	–	–	–	–	–
($76)	Reserved	–	–	–	–	–	–	–	–
($75)	Reserved	–	–	–	–	–	–	–	–
($74)	TWCR	TWINT	TWEA	TWSTA	TWSTO	TWWC	TWEN	–	TWIE
($73)	TWDR	Two-wire Serial Interface Data Register							
($72)	TWAR	TWA6	TWA5	TWA4	TWA3	TWA2	TWA1	TWA0	TWGCE
($71)	TWSR	TWS7	TWS6	TWS5	TWS4	TWS3	–	TWPS1	TWPS0
($70)	TWBR	Two-wire Serial Interface Bit Rate Register							
($6F)	OSCCAL	Oscillator Calibration Register							
($6E)	Reserved	–	–	–	–	–	–	–	–
($6D)	XMCRA	–	SRL2	SRL1	SRL0	SRW01	SRW00	SRW11	
($6C)	XMCRB	XMBK	–	–	–	–	XMM2	XMM1	XMM0
($6B)	Reserved	–	–	–	–	–	–	–	–
($6A)	EICRA	ISC31	ISC30	ISC21	ISC20	ISC11	ISC10	ISC01	ISC00
($69)	Reserved	–	–	–	–	–	–	–	–
($68)	SPMCSR	SPMIE	RWWSB	–	RWWSRE	BLBSET	PGWRT	PGERS	SPMEN
($67)	Reserved	–	–	–	–	–	–	–	–
($66)	Reserved	–	–	–	–	–	–	–	–
($65)	PORTG	–	–	–	PORTG4	PORTG3	PORTG2	PORTG1	PORTG0
($64)	DDRG	–	–	–	DDG4	DDG3	DDG2	DDG1	DDG0
($63)	PING	–	–	–	PING4	PING3	PING2	PING1	PING0
($62)	PORTF	PORTF7	PORTF6	PORTF5	PORTF4	PORTF3	PORTF2	PORTF1	PORTF0

▌표 3.1 ▌ I/O 레지스터(계속)

Register Summary

Address	Name	Bit 7	Bit 6	Bit 5	Bit 4	Bit 3	Bit 2	Bit 1	Bit 0
($61)	DDRF	DDF7	DDF6	DDF5	DDF4	DDF3	DDF2	DDF1	DDF0
($60)	Reserved	–	–	–	–	–	–	–	–
$3F ($5F)	SREG	I	T	H	S	V	N	Z	C
$3E ($5E)	SPH	SP15	SP14	SP13	SP12	SP11	SP10	SP9	SP8
$3D ($5D)	SPL	SP7	SP6	SP5	SP4	SP3	SP2	SP1	SP0
$3C ($5C)	XDIV	XDIVEN	XDIV6	XDIV5	XDIV4	XDIV3	XDIV2	XDIV1	XDIV0
$3B ($5B)	RAMPZ	–	–	–	–	–	–	–	RAMPZ0
$3A ($5A)	EICRB	ISC71	ISC70	ISC61	ISC60	ISC51	ISC50	ISC41	ISC40
$39 ($59)	EIMSK	INT7	INT6	INT5	INT4	INT3	INT2	INT1	INT0
$38 ($58)	EIFR	INTF7	INTF6	INTF5	INTF4	INTF3	INTF	INTF1	INTF0
$37 ($57)	TIMSK	OCIE2	TOIE2	TICIE1	OCIE1A	OCIE1B	TOIE1	OCIE0	TOIE0
$36 ($56)	TIFR	OCF2	TOV2	ICF1	OCF1A	OCF1B	TOV1	OCF0	TOV0
$35 ($55)	MCUCR	SRE	SRW10	SE	SM1	SM0	SM2	IVSEL	IVCE
$34 ($54)	MCUCSR	JTD	–	–	JTRF	WDRF	BORF	EXTRF	PORF
$33 ($53)	TCCR0	FOC0	WGM00	COM01	COM00	WGM01	CS02	CS01	CS00
$32 ($52)	TCNT0	Timer/Counter0 (8 Bit)							
$31 ($51)	OCR0	Timer/Counter0 Output Compare Register							
$30 ($50)	ASSR	–	–	–	–	AS0	TCN0UB	OCR0UB	TCR0UB
$2F ($4F)	TCCR1A	COM1A1	COM1A0	COM1B1	COM1B0	COM1C1	COM1C0	WGM11	WGM10
$2E ($4E)	TCCR1B	ICNC1	ICES1	–	WGM13	WGM12	CS12	CS11	CS10
$2D ($4D)	TCNT1H	Timer/Counter1 – Counter Register High Byte							
$2C ($4C)	TCNT1L	Timer/Counter1 – Counter Register Low Byte							
$2B ($4B)	OCR1AH	Timer/Counter1 – Output Compare Register A High Byte							
$2A ($4A)	OCR1AL	Timer/Counter1 – Output Compare Register A Low Byte							
$29 ($49)	OCR1BH	Timer/Counter1 – Output Compare Register B High Byte							
$28 ($48)	OCR1BL	Timer/Counter1 – Output Compare Register B Low Byte							
$27 ($47)	ICR1H	Timer/Counter1 – Input Capture Register High Byte							
$26 ($46)	ICR1L	Timer/Counter1 – Input Capture Register Low Byte							
$25 ($45)	TCCR2	FOC2	WGM20	COM21	COM20	WGM21	CS22	CS21	CS20
$24 ($44)	TCNT2	Timer/Counter2 (8 Bit)							
$23 ($43)	OCR2	Timer/Counter2 Output Compare Register							
$22 ($42)	OCDR	IDRD/OCDR7	OCDR6	OCDR5	OCDR4	OCDR3	OCDR2	OCDR1	OCDR0
$21 ($41)	WDTCR	–	–	–	WDCE	WDE	WDP2	WDP1	WDP0
$20 ($40)	SFIOR	TSM	–	–	–	ACME	PUD	PSR0	PSR321
$1F ($3F)	EEARH	–	–	–	–	EEPROM Address Register High			
$1E ($3E)	EEARL	EEPROM Address Register Low Byte							
$1D ($3D)	EEDR	EEPROM Data Register							
$1C ($3C)	EECR	–	–	–	–	EERIE	EEMWE	EEWE	EERE
$1B ($3B)	PORTA	PORTA7	PORTA6	PORTA5	PORTA4	PORTA3	PORTA2	PORTA1	PORTA0
$1A ($3A)	DDRA	DDA7	DDA6	DDA5	DDA4	DDA3	DDA2	DDA1	DDA0
$19 ($39)	PINA	PINA7	PINA6	PINA5	PINA4	PINA3	PINA2	PINA1	PINA0
$18 ($38)	PORTB	PORTB7	PORTB6	PORTB5	PORTB4	PORTB3	PORTB2	PORTB1	PORTB0
$17 ($37)	DDRB	DDB7	DDB6	DDB5	DDB4	DDB3	DDB2	DDB1	DDB0
$16 ($36)	PINB	PINB7	PINB6	PINB5	PINB4	PINB3	PINB2	PINB1	PINB0
$15 ($35)	PORTC	PORTC7	PORTC6	PORTC5	PORTC4	PORTC3	PORTC2	PORTC1	PORTC0
$14 ($34)	DDRC	DDC7	DDC6	DDC5	DDC4	DDC3	DDC2	DDC1	DDC0
$13 ($33)	PINC	PINC7	PINC6	PINC5	PINC4	PINC3	PINC2	PINC1	PINC0
$12 ($32)	PORTD	PORTD7	PORTD6	PORTD5	PORTD4	PORTD3	PORTD2	PORTD1	PORTD0
$11 ($31)	DDRD	DDD7	DDD6	DDD5	DDD4	DDD3	DDD2	DDD1	DDD0
$10 ($30)	PIND	PIND7	PIND6	PIND5	PIND4	PIND3	PIND2	PIND1	PIND0
$0F ($2F)	SPDR	SPI Data Register							
$0E ($2E)	SPSR	SPIF	WCOL	–	–	–	–	–	SPI2X
$0D ($2D)	SPCR	SPIE	SPE	DORD	MSTR	CPOL	CPHA	SPR1	SPR0
$0C ($2C)	UDR0	USART0 I/O Data Register							
$0B ($2B)	UCSR0A	RXC0	TXC0	UDRE0	FE0	DOR0	UPE0	U2X0	MPCM0
$0A ($2A)	UCSR0B	RXCIE0	TXCIE0	UDRIE0	RXEN0	TXEN0	UCSZ02	RXB80	TXB80
$09 ($29)	UBRR0L	USART0 Baud Rate Register Low							
$08 ($28)	ACSR	ACD	ACBG	ACO	ACI	ACIE	ACIC	ACIS1	ACIS0
$07 ($27)	ADMUX	REFS1	REFS0	ADLAR	MUX4	MUX3	MUX2	MUX1	MUX0
$06 ($26)	ADCSRA	ADEN	ADSC	ADFR	ADIF	ADIE	ADPS2	ADPS1	ADPS0
$05 ($25)	ADCH	ADC Data Register High Byte							
$04 ($24)	ADCL	ADC Data Register Low byte							
$03 ($23)	PORTE	PORTE7	PORTE6	PORTE5	PORTE4	PORTE3	PORTE2	PORTE1	PORTE0
$02 ($22)	DDRE	DDE7	DDE6	DDE5	DDE4	DDE3	DDE2	DDE1	DDE0

Address	Name	Bit 7	Bit 6	Bit 5	Bit 4	Bit 3	Bit 2	Bit 1	Bit 0
$01 ($21)	PINE	PINE7	PINE6	PINE5	PINE4	PINE3	PINE2	PINE1	PINE0
$00 ($20)	PINF	PINF7	PINF6	PINF5	PINF4	PINF3	PINF2	PINF1	PINF0

CHAPTER

04

ATmega128 보드

4.1 실습 보드

그림 4.1의 ATmega128 보드[2]를 교재에서 사용한다. 보드의 특징은 다음과 같다.

- 사용 CPU : ATmega128-16AI
- 사용 클록 : 16MHz
- 32Kbyte 외부 SRAM 장착 : 내부 SRAM 영역을 제외한 1000H~7FFFH까지 사용
- 두 채널 RS232C 가능(Max232 내장)
- RTC-32(RealTime Clock), 32.768KHz 내장
- Memory-mapped I/O 방식으로 LCD 구동

  명령 읽기/쓰기 주소 : 8000H

  데이터 읽기/쓰기 주소 : C000H
- Atmel ISP 포트, JTAG 포트 지원
- 동작 전원 : 4.5V~5.5V

2 "ATMEGA128 Board V3.3" 을 검색하면 판매사이트를 알 수 있다.

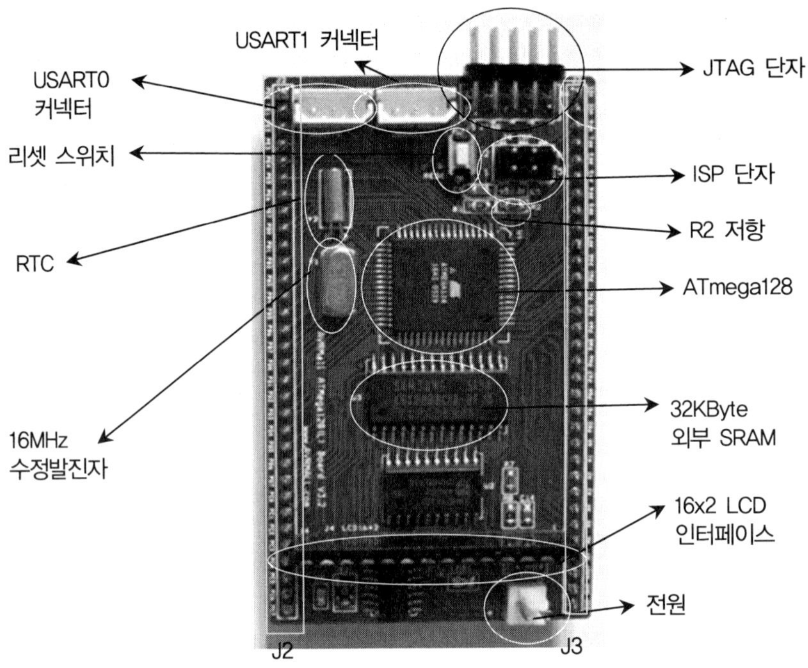

그림 4.1 실습 보드

보드 양편의 32핀 단자 J2와 J3를 사용하여 외부 장치와 연결할 수 있다. 각 핀의 기능은 표 4.1과 같다.

> 교재의 예제 프로그램은 16MHz 클록을 사용하는 것으로 가정하여 작성하였다. 따라서 8MHz 클록이 장착된 보드를 구입하면 예제 프로그램이 오동작을 할 수 있다.

표 4.1 단자 J2, J3의 핀 기능

J2		J3	
핀 번호	기능	핀 번호	기능
1	PE0(RXD0/PDI)	1	Vcc
2	PE1(TXD0/PDO)	2	Vcc
3	PE2(XCK0/AIN0)	3	PF0(ADC0)
4	PE3(OC3A/AIN1)	4	PF1(ADC1)
5	PE4(OC3B/INT4)	5	PF2(ADC2)
6	PE5(OC3C/INT5)	6	PF3(ADC3)
7	PE6(T3/INT6)	7	PF4(ADC4/TCK)
8	PE7(ICP3/INT7)	8	PF5(ADC5/TMS)
9	PB0(/SS)	9	PF6(ADC6/TDO)
10	PB1(SCK)	10	PF7(ADC7/TDI)
11	PB2(MOSI)	11	PA0(AD0)
12	PB3(MISO)	12	PA1(AD1)
13	PB4(OC0)	13	PA2(AD2)
14	PB5(OC1A)	14	PA3(AD3)
15	PB6(OC1B)	15	PA4(AD4)
16	PB7(OC2/OC1C)	16	PA5(AD5)
17	PD0(SCL/INT0)	17	PA6(AD6)
18	PD1(SDA/INT1)	18	PA7(AD7)
19	PD2(RXD1/INT2)	19	PG0(/WR)
20	PD3(TXD1/INT3)	20	PG1(/RD)
21	PD4(ICP1)	21	PG2(/ALE)
22	PD5(XCK1)	22	A0
23	PD6(T1)	23	A1
24	PD7(T2)	24	A2
25	PC0(A8)	25	A3
26	PC1(A9)	26	A4
27	PC2(A10)	27	A5
28	PC3(A11)	28	A6
29	PC4(A12)	29	A7
30	PC5(A13)	30	AREF
31	PC6(A14)	31	GND
32	PC7(A15)	32	GND

그림 4.2는 실습보드의 메모리 맵을 나타낸다. 32Kbyte의 외부 SRAM이 장착되어 있고 메모리 주소 영역 8000H와 C000H에 LCD가 위치하고 있다. 외부 SRAM과 LCD를 사용하려면 프로그램 상에서 외부 메모리를 사용하도록 설정하여야 한다.

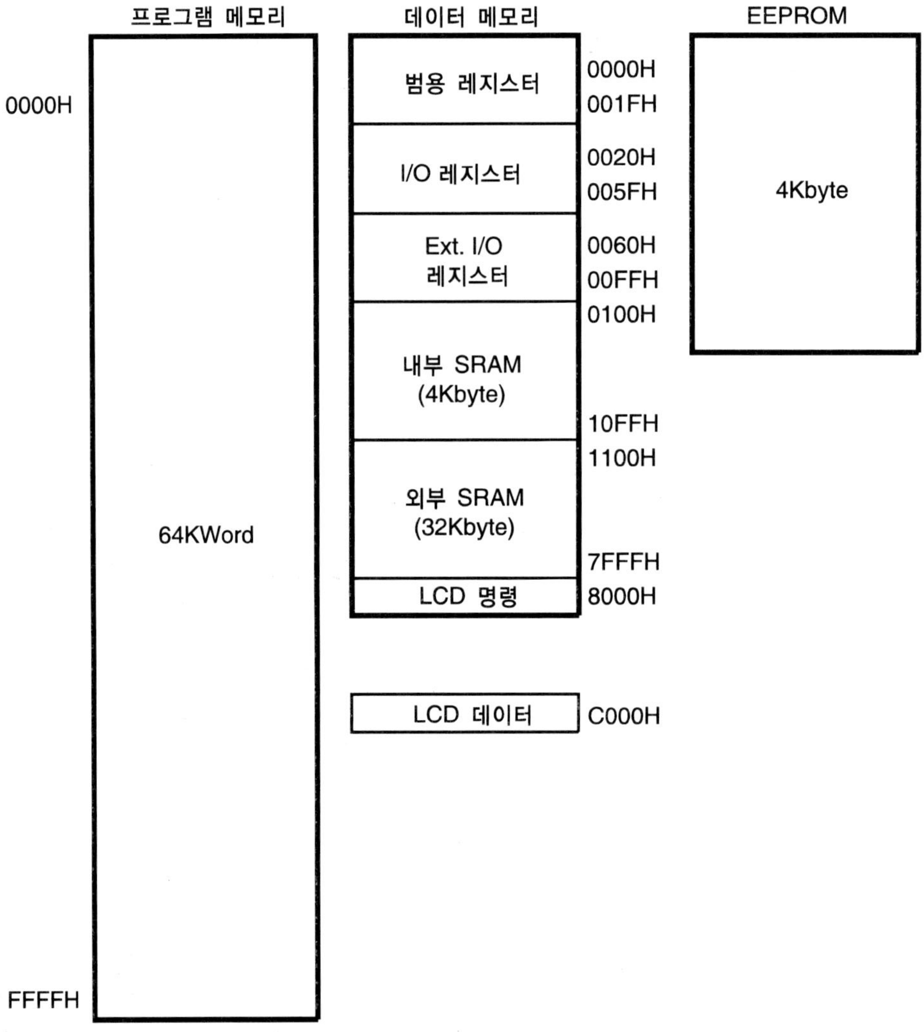

그림 4.2 ATmega128 보드의 메모리 맵

4.2 AVR Programmer

FLASH 메모리에 프로그램을 다운로드하는 장치이다. 그림 4.3은 PC의 USB 포트를 이용하여 AVR 마이크로컨트롤러에 프로그램을 다운로드하는 USBISP MK2이다. 이는 MICROCHIP사의 AVRISP MKII와 호환되는 Programmer이다.

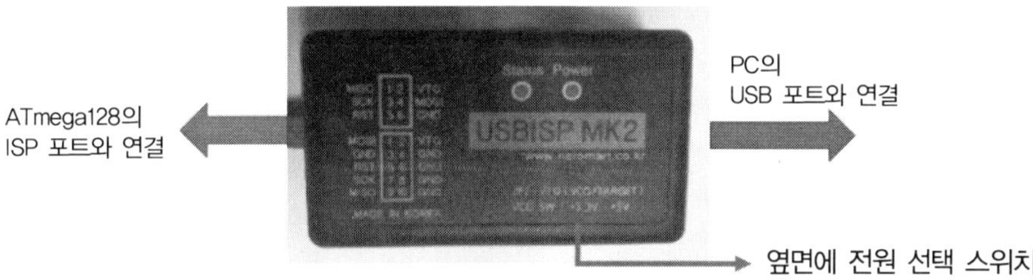

【 그림 4.3 】 USBISP MK2 Programmer

그림 4.4와 같이 6핀 플랫케이블로 ATmega128 보드와 USBISP MK2를 연결한다. PC와 USBISP MK2는 USB 케이블을 사용하여 연결한다. 연결 이후 PC의 전원이 ATmega128 보드에 공급되어 보드의 전원 핀에 전원을 공급하지 않아도 보드를 동작시킬 수 있다. 보드에 공급되는 전원은 그림 4.3에서 MK2의 옆면 스위치로 3.3V 또는 5V를 선택할 수 있다. 교재에서는 5V를 사용한다.

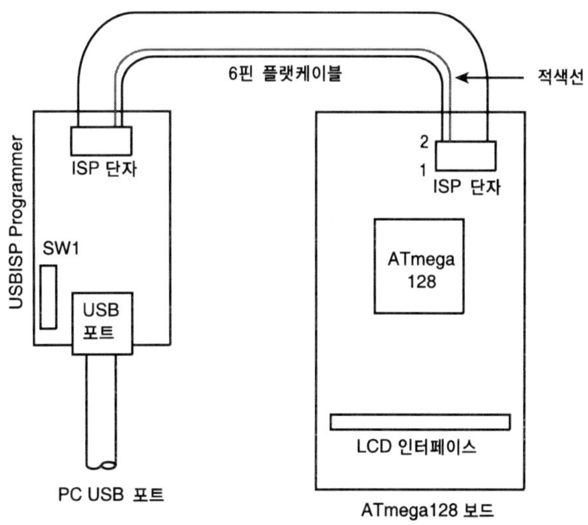

【 그림 4.4 】 ATmega128 보드와 USBISP MK2의 연결

CHAPTER 05

개발 환경

5.1 개발에 필요한 소프트웨어

● 컴파일러(Compiler)

고급언어로 써진 프로그램을 기계어로 번역하는 소프트웨어를 말한다. 일반적으로 컴파일러가 수행되는 컴퓨터의 기계어로 번역한다.

> **예** C-컴파일러 : C-언어로 작성된 프로그램을 기계어로 번역
> Windows Visual C++: 윈도즈 환경에서 C 또는 C++언어를 Pentium 마이크로 프로세서의 기계어로 번역

● 교차 컴파일러(Cross Compiler)

컴파일러가 수행되고 있는 컴퓨터의 마이크로프로세서가 아닌 다른 종류의 프로세서의 기계어로 번역하는 컴파일러 ==> 과목에서 사용하는 교차 컴파일러는 PC(pentium 마이크로프로세서 사용)에서 동작하며 ATmega128 마이크로컨트롤러의 기계어로 프로그램을 번역한다.

● 교차 어셈블러(Cross Assembler)

마이크로컨트롤러의 어셈블리를 기계어로 번역하는 프로그램이다.

● 링커(Linker)

프로그램은 여러 개의 파일로 나누어질 수 있다. 각 파일은 각각 컴파일되며 링커가 컴파일된 각 파일을 합쳐서 하나의 기계어 프로그램으로 만들어 준다.

● Hex파일 컨버터

링커로 만들어진 기계어 프로그램을 FLASH 메모리에 전송할 때는 Intel-Hex Format을 사용한다. Hex파일 컨버터는 기계어를 Intel-Hex Format으로 전환하여 준다.

● 디버거(Debugger)

프로그램 실행 중 여러 변수, 레지스터의 상태 등을 보여주고, 사용자가 문장별로 프로그램 수행을 제어할 수 있게 하여 프로그램 오류를 찾기 쉽게 도와주는 프로그램이다.

● ISP(In-System-Programmer)

ISP 포트를 사용하여 Hex파일을 마이크로컨트롤러의 FLASH 메모리에 다운로드한다.

컴파일러는 소프트웨어이므로 여러 회사에서 제공을 한다. 각 제품마다 기계어 번역이 다르므로 번역된 실행파일의 성능은 제 각각이다.

ATmega128의 개발에 사용할 수 있는 교차 컴파일러 중 대표적인 것들은 다음과 같다. 모두 다 컴파일러 외에 링커, Hex파일 컨버터, 디버거를 동시에 사용할 수 있는 통합 환경을 제공한다.

(1) Atmel Studio 7

ATmega128 제조사인 MICROCHIP사의 홈페이지 http://www.microchip.com/avr-support/atmel-studio-7에서 다운로드받을 수 있는 무료 소프트웨어이다. 어셈블러, 디버거, ISP를 제공한다. 아울러 공개 소프트웨어인 gcc C-컴파일러를 내장하고 있어 프로그램 사이즈 제한이 없다. 단 무료이므로 소프트웨어에 대한 보장이 없다. AVR계열 마이크로컨트롤러용 gcc C-컴파일러는 WinAVR이라 부르기도 한다.

(2) CodeVisionAVR

HP Info Tech사의 교차 C-컴파일러이다. CodeVisionAVR은 ISP 다운로더를 내부에 탑재하고 있는 통합 환경을 제공한다. AVR Studio 4와 함께 사용하여 프로그램 디버깅을 할 수 있다. 무료 평가판을 http://www.hpinfotech.ro/html/download.htm에서 다운로드받을 수 있다. 평가판으로 프로그램 사이즈 2Kbyte 내의 프로그램을 실행시킬 수 있다. 프로그램 사이즈 제한이 있지만 교재의 예제 프로그램은 충분히 수행시킬 수 있다.

(3) IAR EWAVR C

IAR사의 교차 C-컴파일러이다. ISP 다운로더는 AVR Studio 4를 사용한다. http://www.iar.com에서 교육용을 무료로 다운로드받을 수 있다. 이 역시 프로그램 사이즈가 2Kbyte로 제한되어 있다.

본 교재에서는 무료 공개소프트웨어인 Atmel Studio 7과 내장된 gcc C-컴파일러(WinAVR C-컴파일러)를 사용하도록 한다.

5.2 Atmel Studio 7 설치

최신 버전은 Microchip사의 홈페이지에서 다운로드 받을 수 있으며 2021년 현재 버전은 Atmel Studio 7.0.2542이다.

교재에서 사용하는 프로그램 다운로더인 USBISP MK2는 호환 제품으로 설치된 Atmel Studio와 버전이 다를 수 있으므로 이에 대한 옵션을 설정하여야 한다. 우선 Atmel Studio 7을 설치/실행하고 [도구]→[옵션] 메뉴를 선택한다.

다음 옵션 창에서 [Tools]→[Tool settings] 항목을 선택하고 "Check firmware" 항목을 "False"로 선택한다.

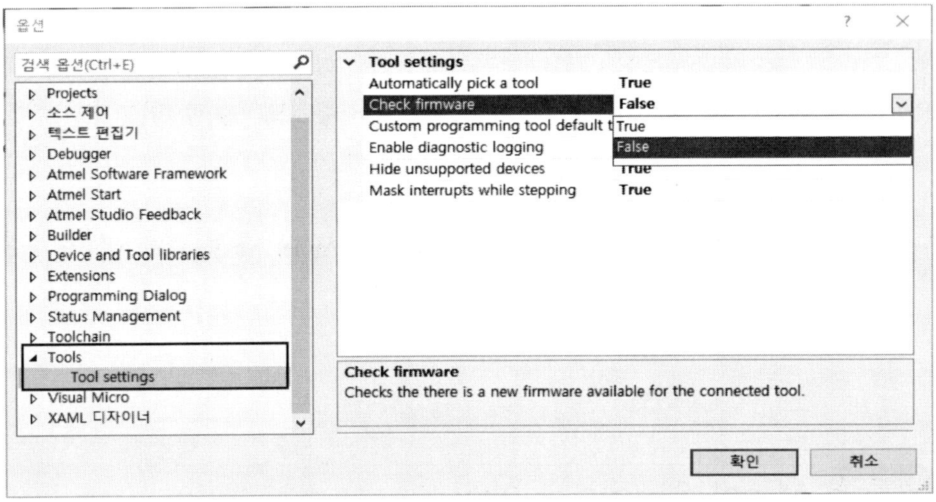

5.3 프로그램 개발 과정

일반 PC용 프로그램(Visual C++, Visual Basic 등)과 가장 큰 다른 점은 소스 프로그램의 작성은 PC에서 하지만 실행은 마이크로컨트롤러 보드에서 해야 한다는 것이다. 그러므로 소스 프로그램을 기계어로 번역할 때에 마이크로컨트롤러 ATmega128에 맞는 기계어로 번역해야만 하고, 실행 프로그램도 PC에서 마이크로컨트롤러 보드상의 프로그램 메모리인 FLASH 메모리로 옮겨 놓아야만 실행될 수가 있다. 기계어로 번역하는 것을 "컴파일(Compile)"이라 하고 프로그램을 PC에서 마이크로컨트롤러로 옮기는 것을 "다운로드(Download)"라 한다. 프로그램을 다운로드할 대상인 마이크로컨트롤러 보드를 타깃 보드(Target Board)라 부른다.

프로그램 개발 과정을 요약하면 그림 5.1과 같다.

- **1단계** : PC에서 편집기를 사용해서 C나 어셈블리 소스파일을 작성한다.
  C 파일의 확장자는 'c'이고 어셈블리 파일의 확장자는 "asm"이다.
  예 ctest.c, asmtest.asm
- **2단계** : 교차 컴파일러를 사용하여 소스파일을 컴파일한다.
  컴파일 결과 생성되는 파일을 오브젝트파일이라 하며 확장자는 WinAVR

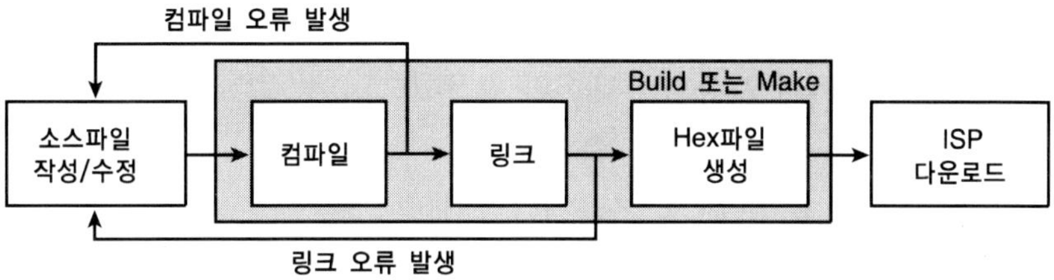

그림 5.1 소프트웨어 개발 과정

에서는 "o"이다. **예** ctest.o
오브젝트파일은 주소 관련 부분을 제외하고 모두 기계어로 번역된 파일이다. 주소 관련 부분은 링커가 정리하여 준다.

- **3단계** : 링커를 사용하여 실행파일을 만든다.
  실행파일의 확장자는 "elf"이다.
- **4단계** : Hex파일 컨버터를 사용하여 Hex파일 생성한다.
  Hex파일의 확장자는 "hex"이다.
- **5단계** : Hex파일을 ISP를 사용하여 FLASH 메모리에 다운로드한다.

Atmel Studio와 CodeVisionAVR 같은 통합 환경에서는 앞의 2,3,4단계를 "Build" 또는 "Make"라는 명령으로 한 번에 수행된다.

5.4 WinAVR 컴파일러

AVR계열 마이크로컨트롤러용 gcc C-컴파일러는 WinAVR이라 부른다. WinAVR C-컴파일러를 사용하는 자세한 방법은 사용자 매뉴얼을 참고하기 바라며 여기서는 ATmega128 마이크로컨트롤러를 사용하기 위해 필요한 몇 가지만 언급한다.

5.4.1 데이터 형

제한된 메모리를 가지고 있는 마이크로컨트롤러의 프로그램에 있어서 메모리의 효율적인 사용은 매우 중요하며 이를 위해 C-언어에서 사용하는 변수의 데이터 형을 정확히 이해하여야 한다.

WinAVR에서 사용되는 데이터 형은 표 5.1과 같다.

표 5.1 WinAVR C-컴파일러의 데이터 형

데이터 형	비트 수	바이트 수	값 범위
char	8	1	-128 ~ 127
unsigned char	8	1	0 ~ 255
signed char	8	1	-128 ~ 127
int	16	2	-32768 ~ 32767
short int	16	2	-32768 ~ 32767
unsigned int	16	2	0 ~ 65535
signed int	16	2	-32768 ~ 32767
long int	32	4	-2^{31} ~ $2^{31}-1$
unsigned long int	32	4	0 ~ $2^{32}-1$
signed long int	32	4	-2^{31} ~ $2^{31}-1$
float	32	4	±1.175e-38 ~ ±3.402e38
double	32	4	±1.175e-38 ~ ±3.402e38

- "int"형과 "double"형을 제외한 모든 데이터 형에 대해 대부분의 컴파일러가 동일한 바이트수를 사용한다. 그러나 "int"형과 "double"형은 컴파일러에 따라 사용 바이트수가 다를 수 있다. PC의 윈도즈 프로그램에 사용되는 Visual C++ 컴파일러는 "int"형과 "double"형에 대해 각각 4바이트와 8바이트를 사용한다.
- "int"형은 컴파일러에 따라 바이트 수의 차이를 보일 수 있으므로 2바이트 변수를 지정하려면 "int"를 사용하는 것보다는 "short int"형을 쓰는 것이 바람직하다.

5.4.2 I/O 레지스터 읽기/쓰기

ATmega128의 입출력 장치의 조작은 표 3.1의 I/O 레지스터와 확장 I/O 레지스터를 통하여 수행된다. 이들 레지스터에는 표 3.1과 같이 메모리 주소가 할당되어 있으므로 C-언어의 메모리 읽기/쓰기 조작으로 각 레지스터에 데이터를 읽기/쓰기 할 수 있다. 헤더파일 "avr/io.h"를 소스파일에 포함시키면 표 3.1에 정의된 레지스터 이름을 마치 변수인 것처럼 사용할 수 있다.

예 표 3.1에서 메모리주소 22H에 있는 레지스터를 DDRE라 부른다. 이 레지스터에 데이터를 읽기/쓰기하려면 헤더파일 "avr/io.h"를 소스파일에 포함시킨 후 DDRE를 마치 unsigned char형 변수인 것처럼 사용하면 된다(DDRE는 1바이트 레지스터이고 부호가 없으므로 C-언어의 형으로는 unsigned char형에 해당한다).

```
#include <avr/io.h>
. . .
unsigned char data;
DDRE  = 0x01;           // 레지스터에 쓰기
data  = DDRE;           // 레지스터 값 읽기
DDRE += 0x01;           // 레지스터 값 읽고/쓰기
```

5.5 Atmel Studio 7 사용하기

Atmel Studio 7은 파일 편집기, 어셈블러, C-컴파일러, 디버거, 다운로드 작업을 모두 관리할 수 있는 통합 개발 환경을 제공한다.

> 소프트웨어 버전에 따라 한글을 인식하지 못할 수 있으므로 파일명 및 파일이 위치하는 폴더의 이름에는 한글을 쓰지 않도록 한다.
>
> c:/usr/프로그램/abc.c ==> 이처럼 폴더명에 한글이 들어가지 않도록 한다.

5.5.1 프로젝트 만들기

하나의 실행파일을 만들기 위해서는 여러 개의 소스 파일이 필요하며 여러 가지 속성을 설정해야 한다. 이들의 집합을 프로젝트(Project)라 부르며 Atmel Studio는 프로젝트별로 관리한다.

(1) 새 프로젝트 만들기

1. [파일]→[새로 만들기]→[프로젝트] 메뉴 선택하면 그림 5.2가 나타난다.
2. 창에서 [C/C++]를 선택하고 "GCC C Executable Project" 항목을 선택한 다음 아래에 4항목을 기입하고 <확인> 버튼을 누르면 새 프로젝트가 만들어진다(C++ 언어를 사용할 경우 "GCC C++ Executable Project"를 선택한다).

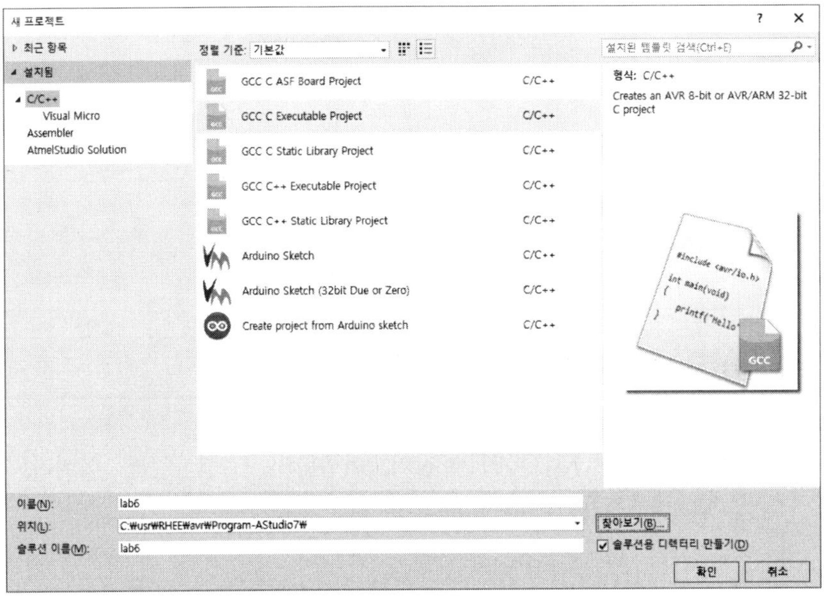

그림 5.2 새 프로젝트 생성 창

- 이름 : 사용하고자 하는 프로젝트명을 기입한다. 여기서는 설명을 위해 프로젝트명으로 lab6을 사용하였다고 하자(**오동작할 수 있으므로 프로젝트 명으로 한글명을 사용하지 말 것**).
- 위치 : 프로젝트가 위치한 폴더를 나타낸다. 직접 기입하거나 우측 찾아보기 버튼을 눌러 원하는 폴더를 선택할 수 있다.
- 솔루션 이름 : 유사한 프로젝트가 여러 개 존재하는 경우는 이들을 묶어서 솔루션으로 관리할 수 있다. 즉 솔루션은 여러 프로젝트로 구성된 윗 단계의 관리단위이다. 솔루션 내에 프로젝트가 하나인 경우는 프로젝트 이름과 솔루션 이름을 동일하게 선택한다.

3. <확인> 버튼을 누르면 사용하고자 하는 마이크로컨트롤러를 선택하도록 다음 창이 나타낸다. 교재에서 사용하는 마이크로컨트롤러는 ATmega128이므로 "Devide Family"로 "ATmega"를 선택하고 리스트에서 "ATmega128"을 선택한 후 <OK> 버튼을 누른다.

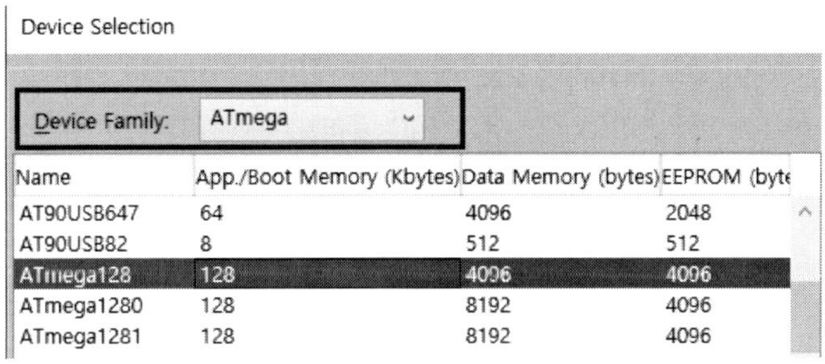

4. 다음 그림은 프로젝트가 생성된 후 Atmel Studio 화면을 나타낸다.

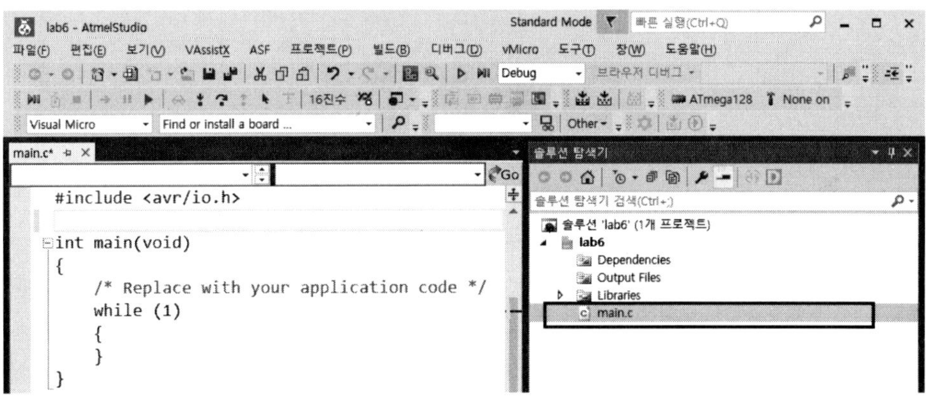

5. 새 프로젝트가 만들어지면 [단계 2]에서 설정한 프로젝트 위치 아래 프로젝트 이름과 같은 폴더가 생성된다. 위의 예에서는 폴더 이름은 "lab6"이다. lab6폴더 밑에 다음 두 가지가 생성된다.
   - "lab6" 폴더 : 프로젝트에서 사용되는 소스파일 및 헤더파일이 위치한 다. [단계 4]에서 "main.c"파일이 위치하는 폴더이다.
   - lab6.atsln : Atmel Studio의 프로젝트 파일을 나타낸다. 이 파일을 클릭하면 Atmel Studio가 "lab6" 프로젝트를 연다.

(2) 새 프로젝트 속성 설정

새 프로젝트를 생성한 후 교재의 프로그램을 사용하기 위해 기본적으로 설정하여야 다음 세 가지 프로젝트 속성이 있다.

- **char형 변수의 부호 특성** : 교재에서는 char형 변수의 부호를 구분하도록 프로그램이 작성되므로 이에 대한 설정 변경을 하여야 한다.
- **마이크로컨트롤러에 공급되는 클록 주파수** : 16Mhz 클록으로 설정
- **ISP 다운로더의 주파수** : ISP 주파수는 클록 주파수의 1/4이하로 설정하여야 한다. 교재에서는 이를 2Mhz로 설정한다.

[프로젝트] 메뉴를 선택하면 맨 아래에 [프로젝트 속성]메뉴가 있다. 메뉴명은 현재 열려있는 프로젝트 이름이 포함된다.(여기서는 "lab6 속성")

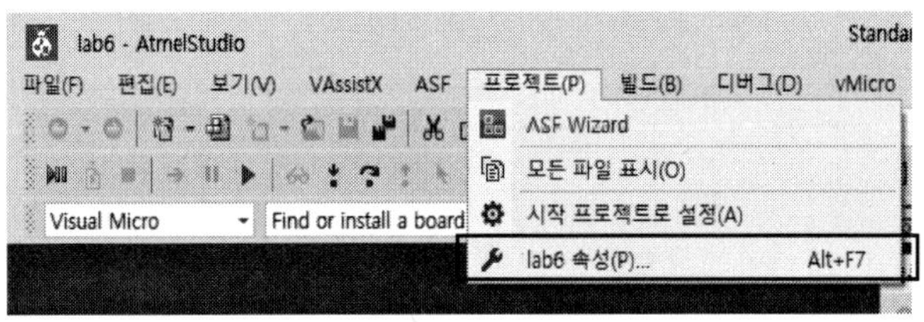

1. 프로젝트 속성 창에서 구성 항목을 "모든 구성"으로 선택하고 왼쪽 항목 리스트에서 "Toolchain"항목을 선택한다. 가운데 창에서 "AVR/GNU C Compiler"항목 아래 "General"항목을 선택한 후 오른 쪽 항목들 중 "Default char type is unsigned"항목을 선택 해제한다.

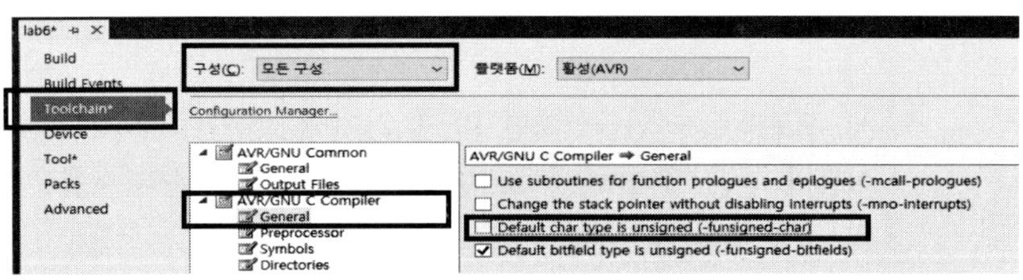

그림 5.3 프로젝트 속성 창

2. 가운데 창에서 "AVR/GNU C Compiler"항목 아래 "Symbols"항목을 선택한 후 오

른 쪽 창에서 "Add Item" 버튼을 누른 후 "F_CPU=16000000L"을 기입하고 <OK>버튼을 누르면 컴파일러가 마이크로컨트롤러에 인가되는 클록 주파수를 16MHz로 인지한다.

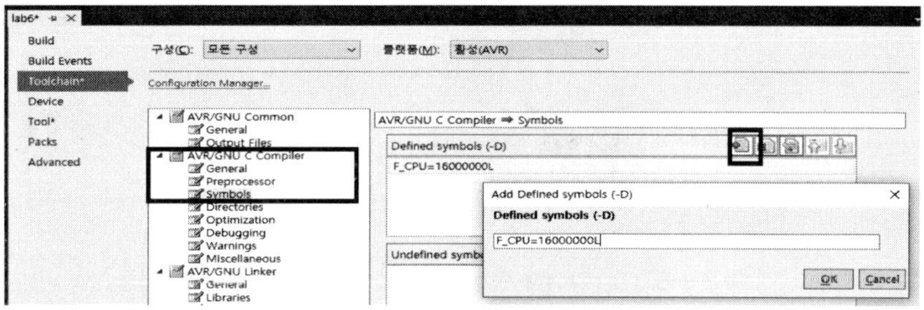

3. 왼쪽 항목에서 "Tool"항목을 선택한다. 선택 후 나타나는 창에서 "Selected debugger/programmer" 리스트에서 "AVRISP mkII"를 선택한다. 이 항목이 없을 때는 그림 4.3의 USBISP MK2 Programmer를 PC에 연결한 후 다시 리스트를 확인한다. 그리고 "ISP Clock" 설정 화면에서 knob를 이동하여 2MHz로 ISP clock를 설정한다.

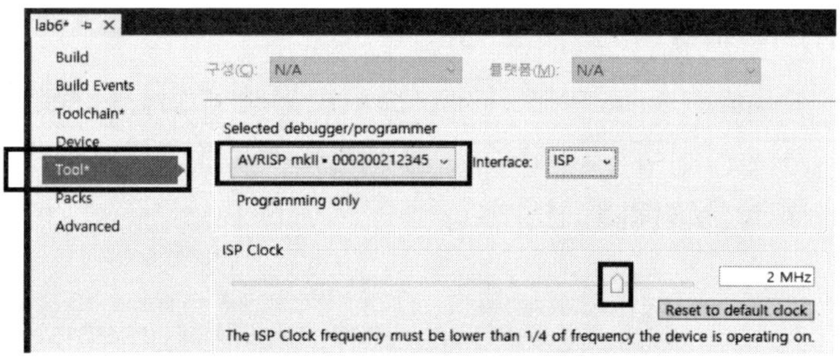

4. 설정을 변경하고 나면 반드시 설정을 저장하여야 한다. 이는 [파일] → [선택한 항목 저장] 메뉴를 선택하거나 바로가기 버튼 을 누르면 된다.

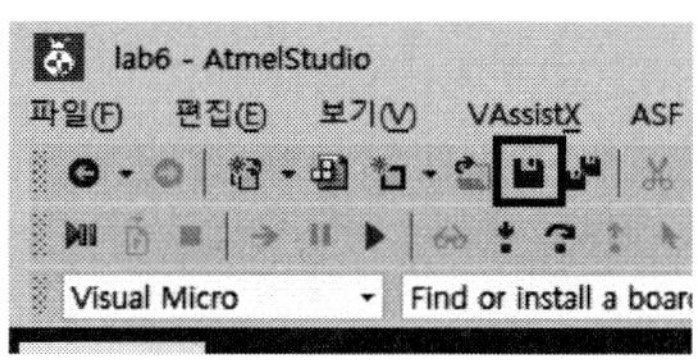

(3) 기존 프로젝트 열기

1. [파일]→[열기]→[프로젝트/솔루션] 메뉴 선택하면 "프로젝트 열기" 창이 나타난다. 열고자 하는 프로젝트 파일이 있는 폴더로 이동한 후 프로젝트 파일을 연다. 프로젝트 파일의 확장자는 "atsln"이다.

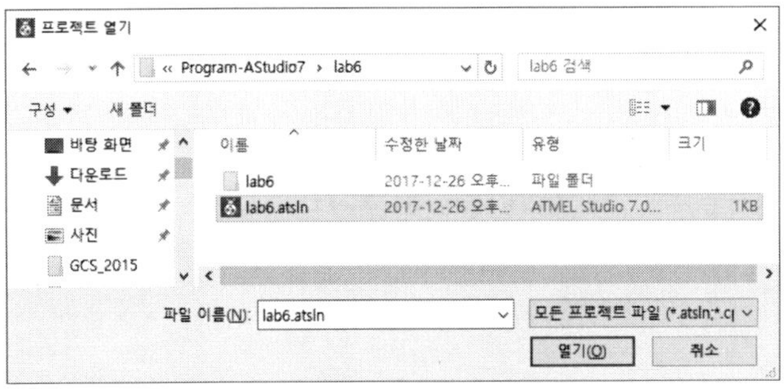

(4) 열려 있는 프로젝트 닫기

1. [파일]→[솔루션 닫기] 메뉴를 선택한다.

5.5.2 프로젝트에 파일 추가/삭제/수정하기

(1) 새 파일 추가

1. Atmel Studio의 오른 쪽 "솔루션 탐색기"창에서 프로젝트(여기서는 lab6)에 마우스를 위치시키고 오른 쪽 버튼을 누르면 그림과 같은 메뉴가 나타난다. [추가]→[새 항목]을 선택한다.

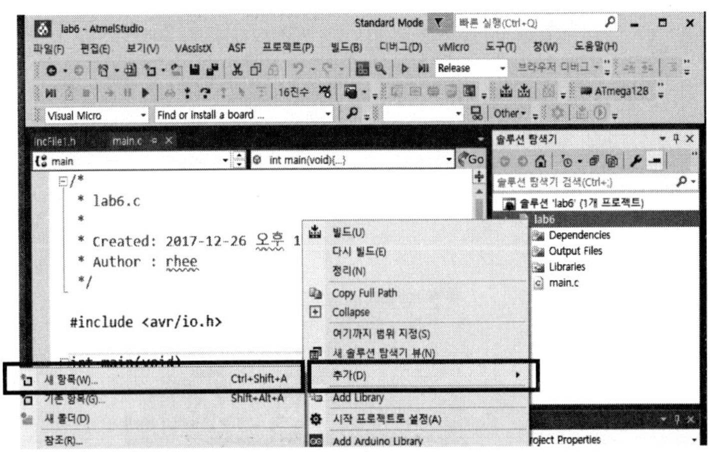

2. 새 항목 추가 메뉴를 선택하면 다음 창이 나타난다. C 소스파일을 추가하려면 "C File"항목을 헤더파일을 추가하려면 "Include File"을 선택하고 이름에 파일명을 부여하고 추가버튼을 누른다. 파일명을 부여할 때 C 소스파일의 확장자는 ".c"이고 헤더파일의 확장자는 ".h"이다. 파일들이 저장되는 폴더는 프로젝트의 소스 폴더로 이장의 예제에서는 "c:/usr/RHEE/avr/Program–Astudio7/lab6/lab6" 폴더이다.
(※오동작을 할 수 있으므로 한글 이름을 사용하지 않도록 한다.)

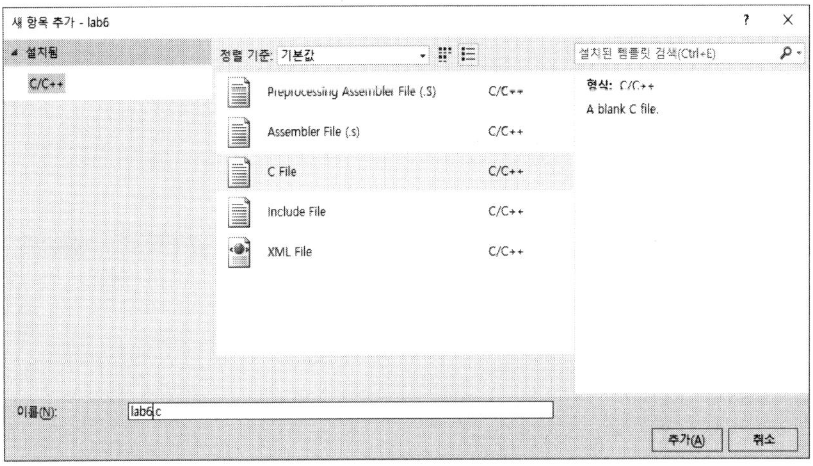

3. 새 파일이 추가되면 파일에 프로그램 내용을 수록하고

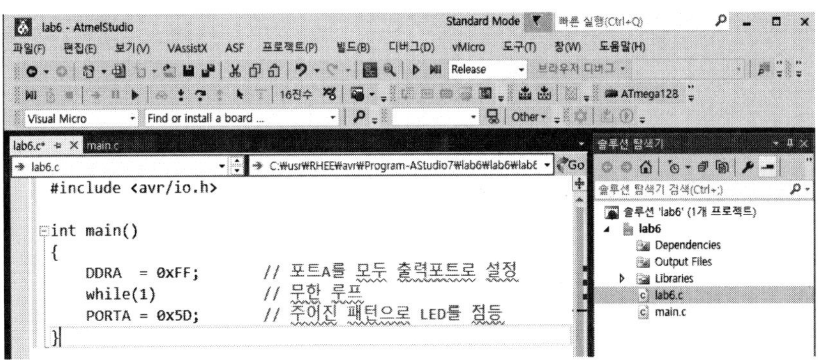

4. 입력이 완료되면 [파일] →[lab6.c 저장] 메뉴를 선택하여 파일을 저장한다. 메뉴에 나타나는 이름은 현재 선택된 파일의 이름을 나타낸다.

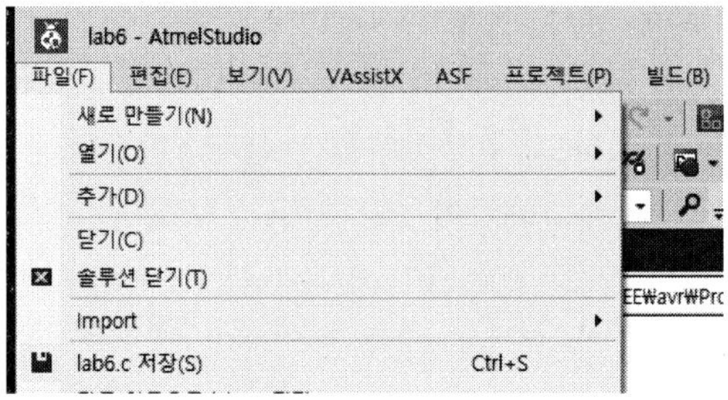

(2) 기존 파일을 프로젝트에서 삭제하기

1. 프로젝트에서 삭제하고자 하는 파일을 <솔루션 탐색기> 창에서 마우스로 선택하고 오른쪽 마우스를 눌러 나타나는 화면에서 [제거] 메뉴를 선택하면 된다. 예에서는 소스파일 main.c를 제거한다.

(3) 기존 소스파일 편집하기

1. <솔루션 탐색기> 창에서 편집하고자 하는 파일을 선택하면 편집할 파일이 활성화된다.
2. 편집 후 [파일] → [저장하기] 메뉴를 선택한다.

(4) 기존 파일을 프로젝트에 추가하기

1. Atmel Studio의 오른 쪽 <솔루션 탐색기> 창에서 프로젝트(여기서는 lab6)에 마우스를 위치시키고 오른 쪽 버튼을 누르면 그림과 같은 메뉴가 나타난다. [추가]

→[기존 항목]을 선택한다. 파일 선택 창에서 추가할 파일을 선택한다.

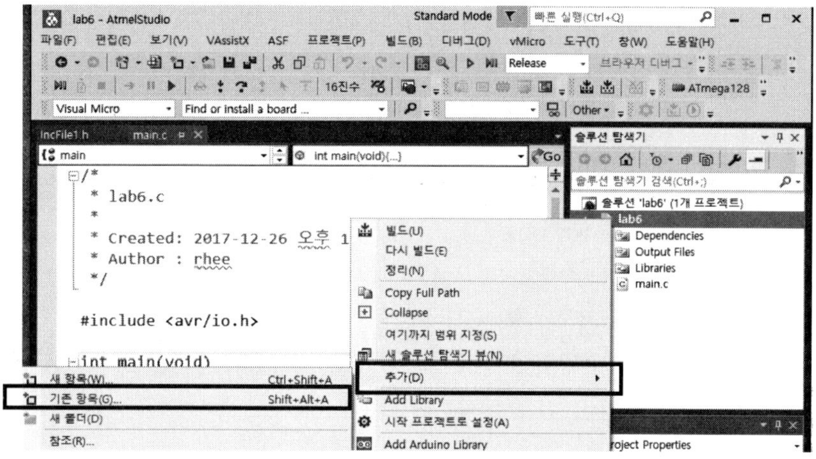

5.5.3 프로젝트 컴파일/빌드하기

실행파일을 생성하려면 소스 파일들의 컴파일/링크/HEX파일 변환을 거쳐야 한다. 빌드는 세 가지를 한꺼번에 수행하는 것을 말한다. 컴파일은 개개 소스 파일에 대해 수행되고 빌드는 프로젝트 단위로 수행이 된다.

(1) 컴파일(Compile)하기

솔루션 탐색기 창에서 소스 파일을 두 번 클릭하면 소스 파일이 편집 창에 뜬다.

1. 컴파일 할 소스 파일을 편집 창에서 선택한다.
2. [Build]→[Compile] 메뉴를 선택한다. 오류가 있으면 <출력> 창에 오류 메시지가 표시된다.

컴파일은 소스 파일을 오브젝트 파일로만 만들기 때문에 실행파일을 생성하려면 빌드 과정을 또 거쳐야 한다.

(2) 빌드(Build) 하기

빌드는 프로젝트 내의 모든 소스 파일을 컴파일/링크한 후 Hex파일을 한 명령으로 생성하는 과정이다. 빌드를 수행할 때는 앞의 컴파일 과정을 수행할 필요가 없다.

1. [Build] → [프로젝트 Build] 메뉴를 선택한다. 컴파일/링크 도중 오류가 있으면 <출력> 창에 표시된다.

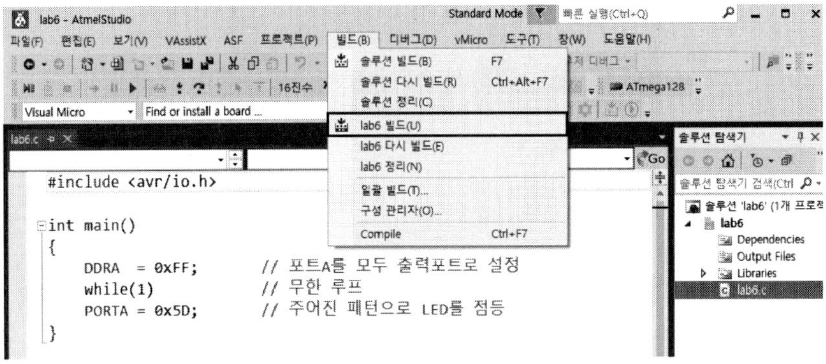

2. 빌드 결과 생성되는 실행파일과 Hex파일의 이름은 프로젝트명과 같다.

5.5.4 타깃 보드에 프로그램 다운로드

프로젝트의 빌드가 오류 없이 수행되면 타깃 보드에 프로그램을 ISP Programmer를 통하여 다운로드할 수 있다. 우선 그림 4.4와 같이 타깃 보드와 USBISP를 연결하고 다음 순서에 따른다.

1. [도구] → [Device Programming] 메뉴를 선택한다.

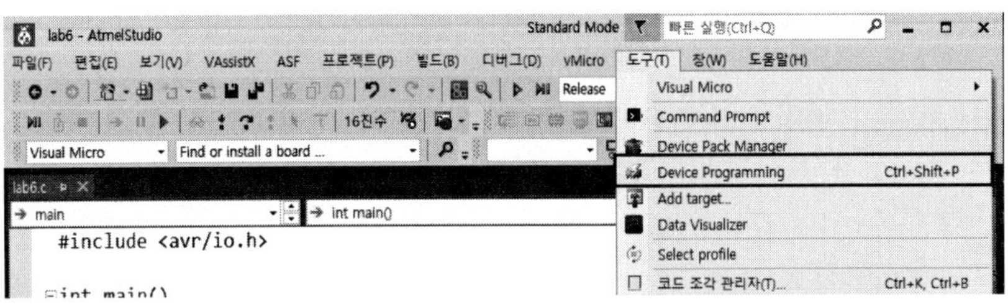

2. Device Programming창이 뜨면 Tool은 "AVRISP mkII", Device는 "ATmega128", 그리고 Interface는 "ISP"를 선택한 다음 [Apply]버튼을 누르면 다음 화면이 나타난다. 왼쪽 창에서 "Memories"항목을 선택한 후 Flash [Program] 버튼을 누르면 프로그램을 타깃보드에 다운로드한다.

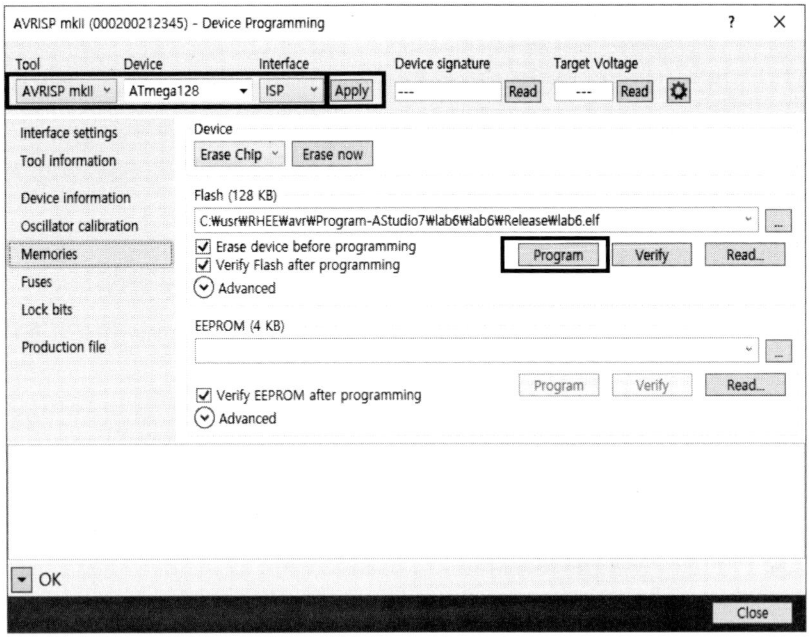

그림 5.4 Device Programming 창

만약 다운로드가 느리면 5.5.1-(2)절의 [단계 3]에 따라 ISP clock을 다시 설정한다.

3. 다운로드 중 다음 화면이 나타나면 ISP Programmer의 버전이 맞지 않으므로 5.2절의 과정을 수행한다.

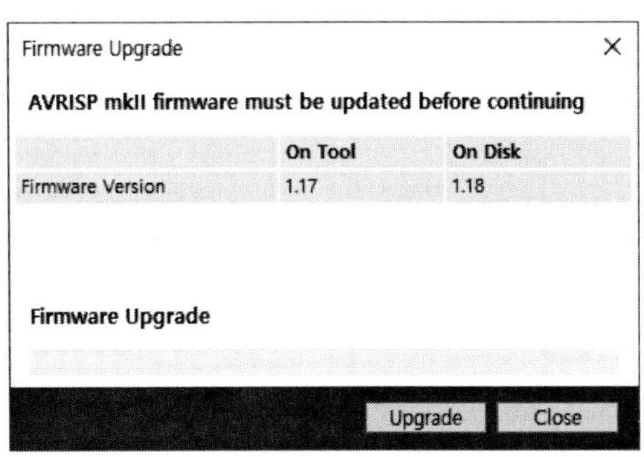

5.5.5 타깃 보드의 Fuse 세팅

ATmega128 마이크로컨트롤러는 Fuse와 Lock Bit라는 것이 있어 클록, Security 모드, Bootloader 모드 등을 설정할 수 있다. 교재에서는 이들 중 몇 개를 제외하고 디폴트 상태로 사용하고 있다. 그림 5.7은 퓨즈 중 예외로 설정 해제하여야 할 항목을 나타내고 있다.

1. 그림 5.4에서 [Fuses] 탭을 선택하면 그림 5.5와 같다.
2. "M103" 항목은 ATmega128의 이전 버전인 ATmega103의 호환을 설정하는 항목으로 체크를 해제한다.
3. "JTAGEN" 항목은 입출력 포트 F와 JTAG 핀의 공유를 설정하는 것으로 교재에서는 포트 F를 사용하므로 해제하여야 한다.
4. "SUT_CKSEL"항목은 사용 클록을 설정하는 것으로 그림 5.5와 같이 외부 클록으로 설정한다.
5. [Program] 버튼을 눌러 퓨즈를 프로그램한다.

- 퓨즈 프로그램은 단 한번만 하면 된다.
- Fuse와 Lock Bit 설정은 교재에서는 다루고 있지 않다.

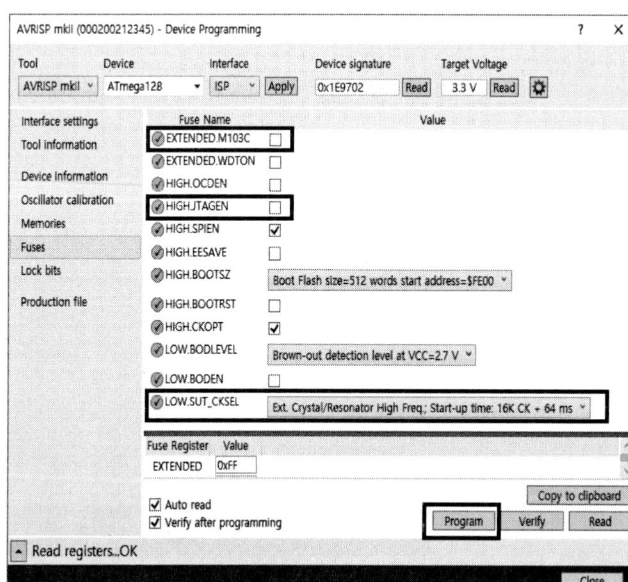

그림 5.5 퓨즈 설정

5.6 타깃 보드 설치 및 실습 회로 구성

그림 4.1의 ATmega128 타깃 보드는 빵판(Bread Board)에 설치할 수 있는 구조로 되어 있고 교재에서 수행하는 실습에 필요한 전자회로는 비교적 간단하여 빵판 위에 손쉽게 구성할 수 있다. 그림 5.6은 빵판에 타깃 보드, 스위치 4개, 7-세그먼트 그리고 LCD를 설치한 것을 보여준다.

우선 ATmega128 타깃 보드를 그림 5.6과 같이 설치하고 실습을 진행하면서 빵판에 실습 회로를 구성하도록 한다.

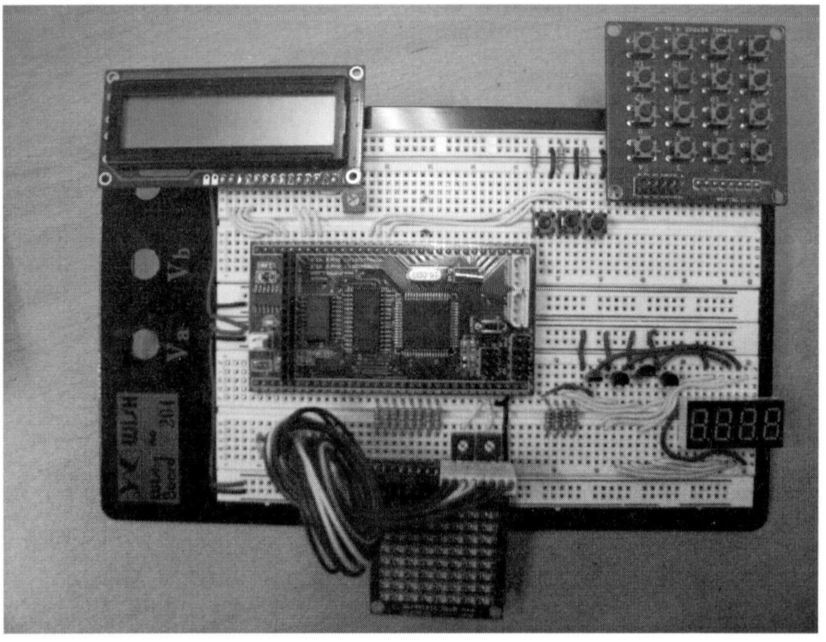

그림 5.6 실습 보드 구성

제 2 부

C-언어를 사용한 마이크로컨트롤러 활용 기초

C-언어는 수학 계산을 위해 개발된 FORTRAN 같은 고급언어들과 달리 Unix 운영체제를 개발하면서 같이 개발된 고급언어이다. 운영체제의 특성상 C-언어는 다른 고급언어에 비해 컴퓨터의 하드웨어를 직접 제어할 수 있는 능력이 탁월하여 마이크로프로세서의 프로그램에 있어서 어셈블리와 더불어 가장 많이 쓰이는 언어이다.

일반적으로 어셈블리 프로그램이 C-언어 프로그램보다 실행파일의 크기뿐 아니라 실행 속도 면에서도 우월하다고 알려져 있으나 이는 두 종류의 프로그램이 최적화되었을 때 비교일 뿐이므로 항상 옳다고 할 수는 없다. 일반적으로 어셈블리가 C-언어보다 사용하기 어렵기 때문에 보통 사용자가 최적의 어셈블리 프로그램을 작성하기 어렵다. 아울러 요즘의 C-컴파일러는 성능이 매우 우수하여 C-언어 프로그램이 웬만큼 잘 작성한 어셈블리 프로그램보다 크기뿐 아니라 속도 면에도 우월하다.

프로그램을 어셈블리로 작성하면 C-언어로 작성된 프로그램에 비해 프로세서의 모든 기능을 사용할 수 있으므로 실행 속도가 빠르고 프로그램 크기가 작게 작성할 수 있다. 그러나 고급언어에 비해 프로그램을 작성하기 어려울 뿐 아니라 프로세서마다 문법이 다르기 때문에 프로세서가 바뀌면 어셈블리를 다시 익혀야 한다. C-언어와 같은 고급언어의 문법은 사용하는 프로세서와는 무관하게 정의되어 있어서 프로세서의 특징만 파악하면 어느 프로세서에도 사용할 수 있다. 이런 면에서 가장 효율적인 방법은 C-언어와 같은 고급언어를 사용하여 프로그램을 개발한 후 빠른 실행 속도가 필요하거나 코드의 크기를 줄이고 싶은 부분만을 어셈블리로 작성하는 방법이다. 이 방법을 효율적으로 사용하면 C-언어의 간편함과 어셈블러의 강력함을 잘 조화시킬 수 있기 때문에 전문가들이 즐겨 사용하는 방법이다. 이러한 방법을 혼합 언어 프로그래밍(Mixed-Language Programming)이라 한다. 그러나 이 방법을 이용하려면 어셈블리뿐 아니라 C-컴파일러의 상세한 부분에 대해서도 해박한 지식이 있어야 함은 물론이다. 이런 고난이도의 프로그램 방법은 이 교재의 범위를 벗어나므로 여기서는 다루지 않고 C-언어를 사용하는 프로그램 방법만 다룬다.

2부에서는 ATmega128 마이크로컨트롤러의 기초적인 활용법을 C-언어를 사용하여 배워보도록 하자.

CHAPTER

06

입출력 포트(I/O Ports)

6.1 LED 점등 회로 및 스위치 입력 회로

마이크로컨트롤러를 배우면 제일 처음 해보는 것이 디지털 입출력 포트를 사용해서 스위치 입력을 받고, LED를 점등하는 것이다. 이는 마이크로컨트롤러의 입출력 장치를 이해하기 위한 여러 가지 실습을 간단하게 구성할 수 있기 때문이다.

6.1.1 LED 점등 회로

LED 점등 회로를 고려하여 보자. LED는 Light Emitted Diode의 약자로 전류가 흐르면 점등되는 다이오드이다. 입출력 장치로 LED를 구동할 때 두 가지 회로를 구성할 수 있다.

첫 번째는 출력 장치를 다음 그림과 같이 전류의 싱크(Sink)로 사용하는 것이다.

출력	LED
0 (0V)	켜짐
1 (5V)	꺼짐

- 마이크로컨트롤러에서 논리 0을 출력하면 출력 단의 전압은 0V이고 따라서 다이오드에 순방향 바이어스가 걸리고 전류가 흘러 LED가 켜진다.
- 논리 1을 출력하면 출력 단의 전압은 5V가 되어 전류가 흐르지 않아 LED가 꺼진다.
- 위 표와 같이 부논리로 동작한다.

두 번째 방법은 다음 그림과 같이 출력 장치를 전류의 소스(Source)로 사용하는 것이다.

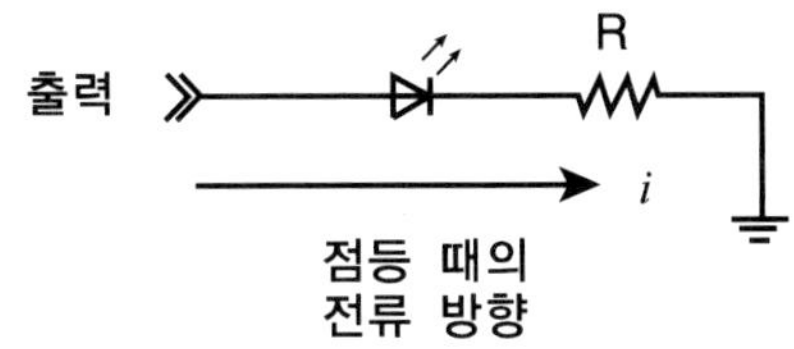

출력	LED
0 (0V)	꺼짐
1 (5V)	켜짐

- 마이크로컨트롤러에서 논리 0을 출력하면 출력 단의 전압은 0V이어서 전류가 흐르지 않고 LED가 꺼진다.
- 논리 1을 출력하면 출력 단의 전압은 5V가 되어 순방향 바이어스가 걸려 LED가 켜진다.
- 위 표와 같이 정논리로 동작한다.

LED의 밝기는 전류에 비례한다. LED의 전압 강하(약 1.5V)를 고려하면

$$i = (5 - 1.5)/R$$

이므로 저항이 작을수록 밝아진다. R=330Ω을 사용하면 흐르는 전류는 약 10mA이다.

- ATmega128의 각 I/O의 최대 싱크/소스 전류는 40mA이므로 어느 경우를 사용하더라도 LED를 구동할 수 있다.
- TTL을 사용하여 LED를 구동할 때는 소스형으로 LED를 구동하지 않는다. TTL의 소스 전류는 매우 적기 때문이다.

6.1.2 스위치 입력 회로

입력 장치의 입력 핀에 0V가 걸리면 마이크로컨트롤러는 논리 0을 읽고 입력 핀에 5V가 걸리면 논리 1을 읽는다. 다음 스위치 입력 회로를 고려해보자.

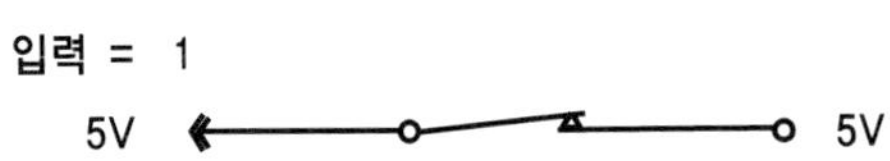

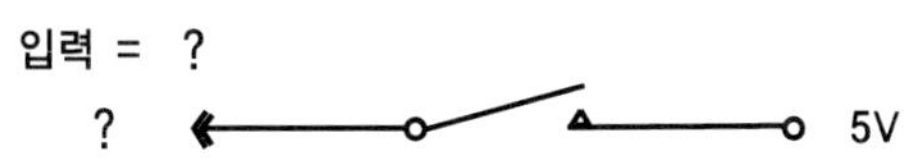

- 스위치가 닫히면 입력 단에 5V가 걸려 논리 1이 입력된다.
- 스위치가 열리면 입력 단의 전압이 0V가 아니라 떠 있는(Float) 상태가 된다. 이때 마이크로컨트롤러의 입력은 정의되지 않아서 값을 알 수 없다.

위 회로로는 정확한 스위치 상태를 파악할 수 없으므로 다음 그림과 같이 풀업 저항(Pull-up Resistor)을 사용해서 스위치 회로를 구성한다.

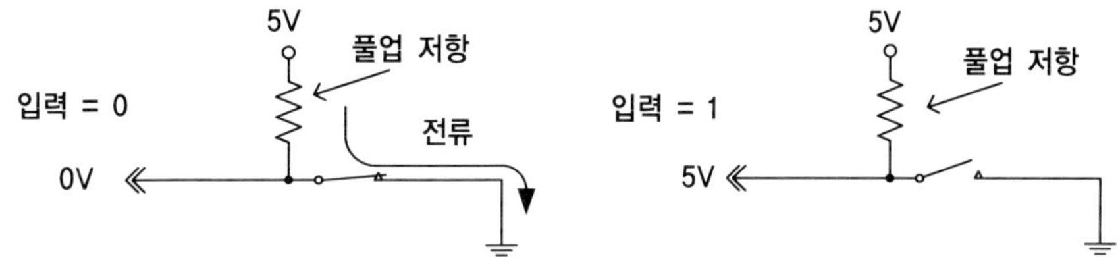

- 스위치가 닫히면 전류가 접지로 흐른다. 입력 단은 접지와 연결되어 있으므로 0V가 되고 마이크로컨트롤러는 논리 0을 읽는다.
- 스위치가 열리면 전류가 흐르지 않는다. 따라서 풀업 저항 사이의 전압 강하가 발생하지 않아 입력 단에는 5V가 걸린다. 마이크로컨트롤러는 논리 1을 읽는다.
- 다음 표와 같이 부논리로 입력을 받는다.

스위치	입력
닫힘	논리 0
열림	논리 1

- 어떤 경우에도 Float 상태는 발생하지 않는다.

6.2 입출력 포트 관련 레지스터

ATmega128은 6개의 양방향 8비트 포트(포트 A, B, C, D, E, F)와 1개의 양방향 5비트 포트인 포트 G를 가지고 있다. 내부에서 제공하는 모든 입출력 기능은 표 3.1의 I/O 레지스터를 통하여 제어된다. 입출력 포트 제어와 관련된 I/O 레지스터는 다음과 같다.

● 특수 기능 IO 레지스터(Special Function IO Register): SFIOR

비트	7	6	5	4	3	2	1	0	
	TSM	–	–	–	ACME	PUD	PSR0	PSR321	SFIOR
읽기/쓰기	R/W	R	R	R	R/W	R/W	R/W	R/W	
초기값	0	0	0	0	0	0	0	0	

- 비트 2 - PUD : 풀업 불능(Pull-up Disable)

이 비트가 1이면 I/O 포트의 풀업이 불능이 된다.

◆ **레지스터의 비트 속성**

레지스터를 표시할 때 각 비트에 대해 두 가지 속성을 표시한다. 각 속성의 의미는 다음과 같다.

▸ 읽기/쓰기(Read/Write)

R/W	: 읽기/쓰기가 가능한 비트
R	: 읽기만 가능한 비트
W	: 쓰기만 가능한 비트

▸ 초기값 : 마이크로컨트롤러가 전원이 공급된 직후 또는 리셋 직후 각 레지스터 비트가 갖는 값을 나타낸다. N/A(Not Available)로 표시된 것은 정의되지 않은 경우로 0 또는 1 어떤 값을 가지는지 모른다.

◆ **레지스터 이름과 각 비트의 이름**

ATmega128의 사용자 매뉴얼은 모든 레지스터에 이름을 부여하고 있으며 레지스터의 각 비트에도 이름을 부여하고 있다. WinAVR C-컴파일러는 헤더파일 "avr/io.h"을 소스파일에 포함시키면 레지스터와 비트 이름을 프로그램에서 직접 사용할 수 있도록 하였다.

각 포트에 대해서 3개의 레지스터가 연관되어 있는 데 각 포트에 대해 같은 역할을 한다. 다음 레지스터의 표기에 있어서 x는 포트 A, B, C, D, E, F, G를 나타내고 n은 비트 0, 1, 2, ..., 7을 나타낸다. 단 포트 G에 대해서는 n에 비트 0, 1, 2, 3, 4만 지정된다.

● 포트 데이터 레지스터(Port Data Register): PORTx

비트	7	6	5	4	3	2	1	0	
	PORTx7	PORTx6	PORTx5	PORTx4	PORTx3	PORTx2	PORTx1	PORTx0	PORTx
읽기/쓰기	R/W	R/W	R/W	R/W	R/W	R/W	R/W	R/W	
초기값	0	0	0	0	0	0	0	0	

● 데이터 방향 레지스터(Data Direction Register): DDRx

비트	7	6	5	4	3	2	1	0	
	DDx7	DDx6	DDx5	DDx4	DDx3	DDx2	DDx1	DDx0	DDRx
읽기/쓰기	R/W	R/W	R/W	R/W	R/W	R/W	R/W	R/W	
초기값	0	0	0	0	0	0	0	0	

● 포트 입력 핀 레지스터(Port Input Pins Address): PINx

비트	7	6	5	4	3	2	1	0	
	PINx7	PINx6	PINx5	PINx4	PINx3	PINx2	PINx1	PINx0	PINx
읽기/쓰기	R	R	R	R	R	R	R	R	
초기값	N/A	N/A	N/A	N/A	N/A	N/A	N/A	N/A	

*N/A : Not Available

표 6.1은 각 레지스터의 비트에 따른 입출력 포트의 상태를 보여준다.

- 포트의 핀을 출력으로 하려면 방향 레지스터 DDRx의 해당 비트를 DDxn=1로 설정하면 된다. PORTxn 비트를 0으로 리셋하면 포트 핀에 0V가, PORTxn 비트를 1로 세트하면 5V가 출력된다.
- 방향 레지스터 DDRx의 비트 DDxn=0으로 하면 포트의 해당 핀은 입력으로 된다. 신호 입력을 위한 풀업으로 6.1.2절과 같이 외부 풀업을 이용하거나, 표 6.1 및 그림 6.0에 따라 비트를 설정하여(PORTxn=1, PUD=0) 내부 풀업을 사용할 수 있다. 핀에 0V가 걸렸을 때 PINxn을 읽으면 0이 읽히고, 핀에 5V가 걸렸을 때는 PINxn의 값으로 1이 읽힌다.

표 6.1 포트 입출력 핀의 형태

DDxn	PORTxn	PUD (in SFIOR)	입출력	내부 풀업	비고
0	0	X	입력	No	Hi-Z 상태†: 외부 풀업 필요
0	1	0	입력	Yes	입력
0	1	1	입력	No	Hi-Z 상태†: 외부 풀업 필요
1	0	X	출력	No	LOW 출력 - Sink
1	1	X	출력	No	High 출력 - Source

† 전기적인 절연 상태로 Tri-State라고도 한다. Z는 Impedance를 뜻한다.

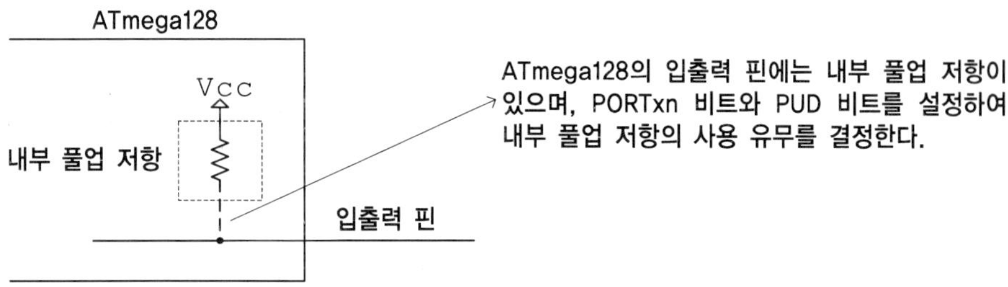

그림 6.0 내부 풀업 설정

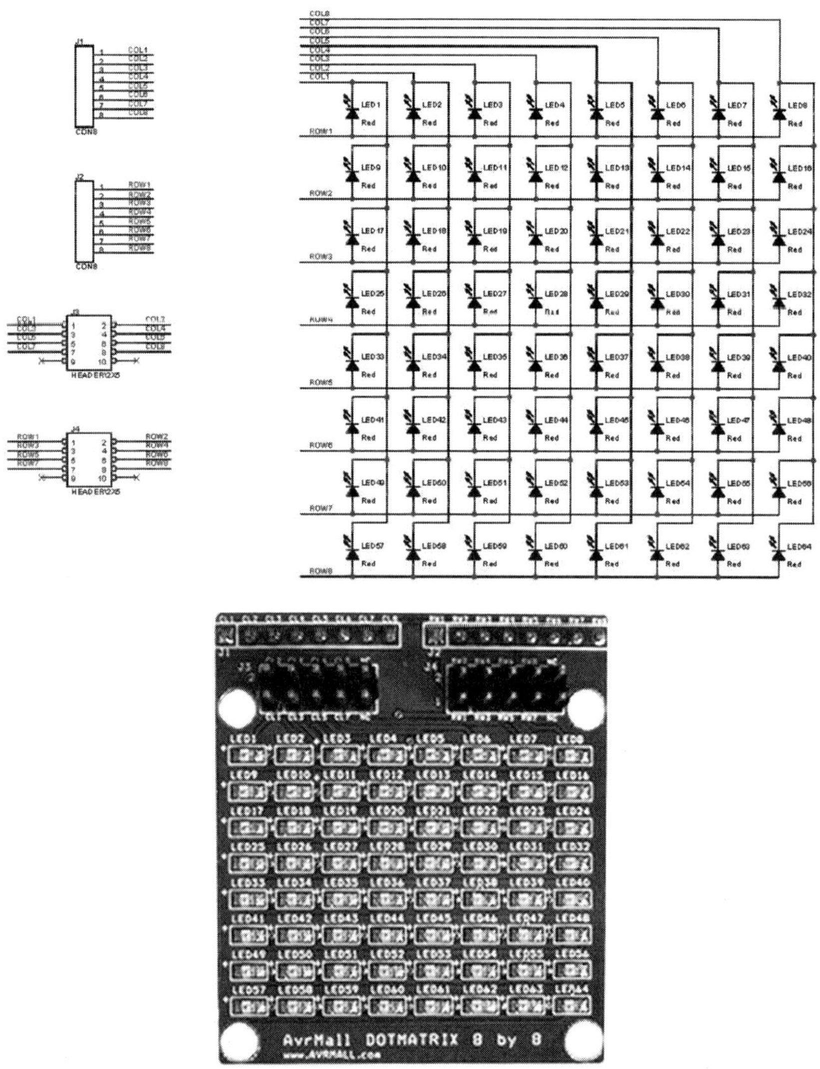

그림 6.1 8×8 LED 도트 매트릭스(Dot Matrix)

6.3 단순 LED 점등 실습

6.2절에서 설명한 바와 같이 ATmega128에서 제공하는 입출력 포트는 출력 또는 입력으로 사용할 수 있다. 여기서는 입출력 포트의 출력 기능을 배우도록 하자.

그림 6.1은 LED가 8x8 행렬로 장착된 도트 매트릭스를 나타낸다. 도트 매트릭스 1행의 LED들을 원하는 패턴으로 점등하여 보자. 이를 위해 그림 6.2와 같이 8x8 도트 매트릭스의 LED를 포트 A에 연결하자. 도트 매트릭스의 1행만 점등하기 위해서 1행(ROW1)에 5V 전원을 연결하고 나머지 행에는 전원을 공급하지 않는다. 그림 6.1의 도트 매트릭스에서 열의 순서는 맨 왼쪽부터 COL1→COL8순이고 바이트에서 비트를 지정하는 순서는 맨 오른쪽부터 비트 0→비트 7이어서 그림 6.2에서 포트 A와 도트 매트릭스의 열은 역순으로 연결하였다.

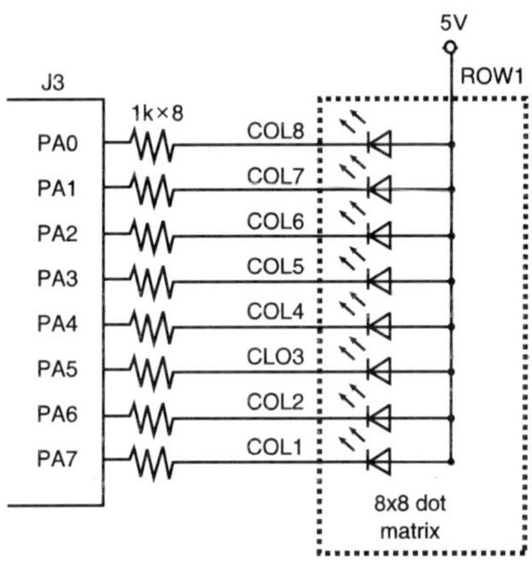

그림 6.2 LED 연결 회로

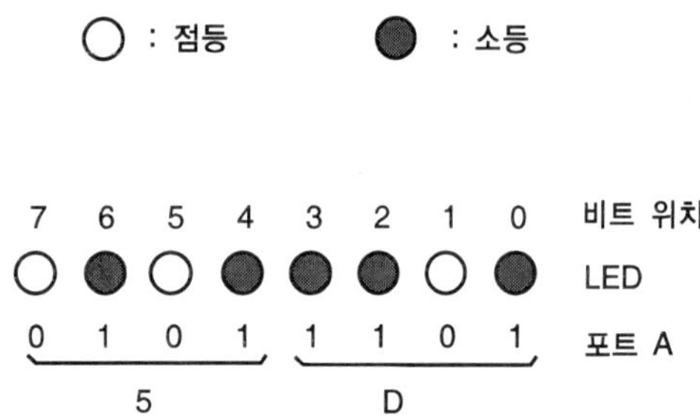

그림 6.3 출력 패턴

6.1절에서 설명한 바와 같이 점등하고자 하는 LED의 핀에는 논리 0을, 소등하고자 하는 LED의 핀에는 논리 1을 출력하면 된다. 그림 6.3과 같은 패턴으로 LED를 점등하려면 포트 A를 출력 포트로 설정하고 출력 패턴에 해당하는 데이터를 출력 포트에 출력하면 된다. 그림 6.3에 따라 포트 A에 출력할 데이터는 0x5D이다.

◆ **프로그램 언어에서 메모리에 데이터 쓰기/읽기**

- 프로그램 언어에서 '='의 의미는 수학에서 의미와는 다르다.
  x = y : 수학에서는 "x와 y가 같다."는 의미
  x = y : 프로그램 언어에서는 "y 값을 x에 넣는다."는 의미
- "x = y"를 다시 해석하면
  y 값을 읽어서 x에 쓰라는 의미.
- 모든 변수에는 메모리가 할당된다. 따라서 변수에 데이터를 쓰는 것은 해당 메모리에 데이터를 쓰는 것과 동일하고, 변수를 읽는 것은 해당 메모리의 데이터를 읽는 것과 동일하다.
- 데이터를 메모리에 쓸 때
  '='의 왼쪽에 변수를 두면 그 변수의 메모리에 데이터를 쓴다.
  예 x = 10 : 10을 변수 x(실제는 변수 x가 있는 메모리)에 쓴다.
- 데이터를 메모리로부터 읽을 때
  '='의 왼쪽에 변수가 위치하는 경우를 제외하고 모든 경우는 변수를 읽는다.
- ATmega128의 I/O 레지스터는 모두 메모리 번지를 가지고 있으므로 메모리(변수)를 읽는 것과 같은 방법으로 읽기/쓰기를 할 수 있다.

  예 PORTA = 0xFF : 0xFF를 PORTA 레지스터에 쓴다.
  예 if(PINA == 1) : PINA 레지스터를 읽어서 1과 같으면 ...
  예 while(x){} : 변수 x를 읽어서 그 값이 참이면 루프를 돈다.
  예 x = x + 2 : 변수 x를 읽어서 그 값에 2를 더해 x 변수에 쓴다. 결과적으로 변수 x를 2 증가시킨다.
  예 x +=2 : 이는 x=x+2와 동일함

포트 A의 방향을 설정하려면 1바이트 방향 레지스터인 DDRA에 방향 데이터를 쓰면 되고, 포트 A에 데이터를 출력하려면 1바이트 데이터 레지스터인 PORTA에 데이터를 쓰면 된다. WinAVR C-컴파일러에서는 레지스터에 데이터를 쓰려면 헤더파일 "avr/io.h"을 소스파일에 포함시키고 DDRA와 PORTA가 마치 변수인 것처럼 사용하면 된다(5.4.2절 참조). 따라서 포트 A를 출력 포트로 설정하고 데이터 0x5D를 출력하려면 다음과 같이 작성하면 된다(두 레지스터 모두 1바이트 변수이므로 unsigned char형 변수처럼 사용한다).

```
#include <avr/io.h>
. . .
DDRA  = 0xFF;  // 포트 A를 모두 출력 포트로 설정
PORTA = 0x5D;  // 점등 패턴으로 LED를 점등
```

따라서 점등을 위해 프로그램 6.1을 작성할 수 있다. <동영상 6.1>은 실행결과를 보여준다.

프로그램 6.1

```
#include <avr/io.h>

int main()
{
    DDRA  = 0xFF;                   // 포트 A를 모두 출력 포트로 설정

    while(1)                        // 무한루프
        PORTA = 0x5D;               // 점등 패턴으로 LED를 점등
}
```

마이크로프로세서에서 프로그램 실행은 PC와는 달리 전원이 꺼질 때까지 종료되면 안 된다. 따라서 마지막에 while문을 사용하여 무한루프를 구성한다.

◆ while문은 다음과 같은 문법을 가진다.

```
while(expr1)
        expr2;
```

while문은 expr1이 참값이면 expr2를 수행하고 아니면 while문에서 빠져나가게 된다. 그러나 if문과는 달리 expr2의 수행 후 다시 while문으로 올라가 expr1을 평가하는 반복적 루프를 구성한다. 프로그램 6.1에서는 expr1=1이므로 expr1은 항상 참값이다. 따라서 while문을 빠져나가지 못하고 무한루프를 구성하여 LED 패턴으로 점등하는 것을 무한히 반복한다.

실습 : 다음 순서에 따라 실습을 수행한다.

○ **ATmega128 보드의 사용 준비 :**

(1) 그림 4.4에 따라 ATmega128 보드와 USBISP MK2를 연결한다.

(2) USBISP와 PC를 USB 케이블로 연결한다.

(3) ATmega128 보드에 전원을 공급한다. 전원을 공급하는 방법은 2가지가 있다.

(가) ATmega128 보드의 전원 단자에 5V 외부 전원을 직접 공급한다.

(나) PC에서 USBISP MK2에 공급되는 USB 포트 전원을 사용한다.

※ 프로그램 개발 단계에서는 USBISP를 사용하므로 외부 전원이 필요 없는 방법 (나)가 매우 편리하다. 교재에서는 방법 (나)를 사용한다.

○ **5.5절에 따라 프로젝트 구성하고 프로그램 실행 :**

(1) 사용자 작업 폴더를 생성하고 그 곳에 lab6라는 프로젝트를 새로 생성한다. 같이 생성되는 main.c파일은 삭제하도록 한다(5.5.2절).

(2) 새로운 소스파일 program6-1.c를 추가하고 프로그램 6.1의 내용을 입력한다(5.5.2절).

(3) 프로젝트 lab6을 빌드한다(5.5.3절).

(4) 프로그램을 타깃 보드에 다운로드한다(5.5.4절). 다운로드 완료와 동시에 프로그램이 실행된다.

※ 프로그램은 FLASH 메모리에 저장되므로 전원을 꺼도 지워지지 않는다. 따라서 전원을 껐다 켜거나, 리셋 버튼을 누르면 프로그램이 처음부터 다시 수행된다.

○ **다른 패턴 점등 :**

다음 두 가지 패턴으로 LED를 점등하여 보라.

(패턴 1) ○ ○ ● ● ○ ● ● ○ LED

(패턴 2) ○ ○ ● ○ ○ ● ○ ○ LED

6.4 패턴을 변경해 가면서 LED 점등

여기서는 그림 6.4와 같이 패턴을 연속적으로 변경하면서 LED를 점등하여 보자. 각 점등 패턴에 대해 포트 A에 출력해야 할 데이터를 써보면

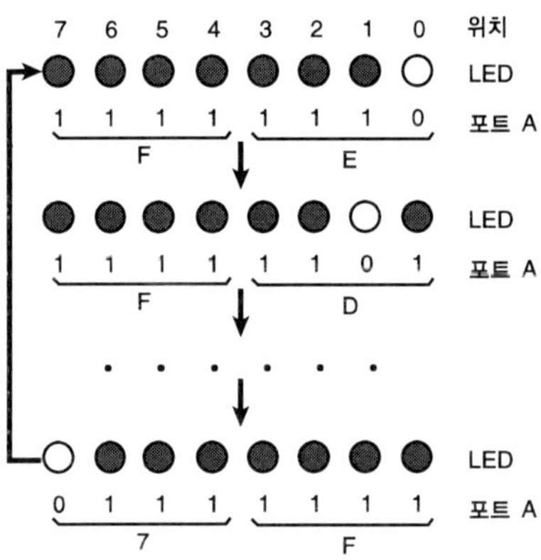

그림 6.4 연속 출력 패턴

```
PA0 점등 ==> 0xFE
PA1 점등 ==> 0xFD
PA2 점등 ==> 0xFB
. . . .
PA7 점등 ==> 0x7F
```

이다. 계속적으로 순환하여 이 패턴들을 점등하여야 하므로 프로그램 6.2와 같이 while문 내에 위 데이터를 출력하도록 하면 된다.

프로그램 6.2

```
#include <avr/io.h>
int main()
{
    DDRA  = 0xFF;                // 포트 A를 모두 출력 포트로 설정

    while(1)                     // 무한루프
    {
        PORTA = 0xFE;            // PA0을 점등
        PORTA = 0xFD;            // PA1을 점등
        PORTA = 0xFB;            // PA2를 점등
        . . .
        PORTA = 0x7F;            // PA7을 점등
    }
}
```

◆ while 루프 내에서 수행되어야 할 문장이 여러 문장인 경우는 중괄호 짝 { } 내에 수행될 문장을 위치시킨다.

```
while(expr1)
{
        expr2;
        expr3;
        ...
}
```

◆ for 루프는 문법은 다음과 같다.

```
for(expr1; expr2; expr3)
        expr4;
```

위 for 루프문은 다음 while 루프문과 동일하다.

```
expr1;          // 루프의 초기화
while(expr2)    // 루프의 판단
{
        expr4; // 루프의 몸체
        expr3; // 루프의 처음으로 가기 전 수행문
}
```

◆ C-언어에서는 while 루프, for 루프 외에 do-while 루프를 제공한다. 이의 문법은 while 루프문과 비교해서 다음과 같다.

```
while(expr1)   |      do{
        expr2; |          expr2;
               |      }while(expr1);
```

while문는 expr1을 먼저 평가하여 루프를 판단하지만 do-while문은 우선 expr2를 수행한 다음 expr1로 루프를 판단한다.

시간 지연 함수의 구성

프로그램 6.2를 수행한 <동영상 6.2>를 보면 LED 점등 패턴이 변하지 않고 희미하게 모두 켜져 있는 것처럼 느껴진다. 이는 패턴 이동이 너무 빨라 패턴의 변화를 눈으로 거의 감지할 수 없기 때문이다. 따라서 점등 패턴의 이동 사이에 시간 지연을 주어야 한다. 정확한 시간 지연이 필요할 경우는 마이크로프로세서의 타이머를 사용하여 시간을 측정하여야 하나 현재 실습과 같이 대략의 시간 지연이 필요한 경우는 다음과 같은 반복루프를 사용한다.

```
for(i=0; i<2000; i++)
{
        asm("nop"::); asm("nop"::);
}
```

여기서 asm("nop"::)은 단순히 1 클록을 쉬는 어셈블리 nop 명령을 C-프로그램에서 수행하도록 하는 것이다. 위 반복루프를 수행하는데 사용 키트에서 약 1msec가 걸리므로 이를 이용하면 사용자가 원하는 시간만큼 시간 지연을 줄 수 있는 함수를 다음과 같이 작성할 수 있다.

```
void msec_delay(int n)
{
      int i;
      for(; n >0; n--)                    // 1msec 루프를 n회 반복
      {
           for(i=0; i<2000; i++)          // 1msec 시간 지연 루프
           {
                asm("nop"::); asm("nop"::);
           }
      }
}
```

시간 지연 함수

- 1msec 시간 지연 루프를 n회 반복한다.
- msec_delay(5)와 같이 함수를 호출하면 msec_delay() 함수 내의 변수 n에 5가 전달된다. 따라서 1msec 시간 지연 루프를 5회 반복하므로 5msec 시간 지연 후 함수가 리턴된다.
- **시간 지연은 실습 환경에 따라 다를 수 있으므로 시간이 맞지 않는 경우는 루프 횟수를 조정하여야 한다.**

프로그램 6.2를 패턴이 1초마다 이동하도록 하려면 프로그램 6.3과 같이 while 루프의 패턴 출력 문장 사이마다 msec_delay(1000)을 호출하면 된다. <동영상 6.3>은 프로그램 6.3을 실행한 결과를 보여준다.

프로그램 6.3

```
#include <avr/io.h>
void msec_delay(int n);

int main()
{
    DDRA  = 0xFF;               // 포트 A를 모두 출력 포트로 설정
    while(1)                    // 무한루프
    {
        msec_delay(1000);
        PORTA = 0xFE;           // PA0을 점등
        msec_delay(1000);
        PORTA = 0xFD;           // PA1을 점등
        msec_delay(1000);
        PORTA = 0xFB;           // PA2를 점등
        . . .
        msec_delay(1000);
        PORTA = 0x7F;           // PA7을 점등
    }
}
void msec_delay(int n)                    // 시간 지연 함수
{
    int i;
    for(; n >0; n--)                      // 1msec 루프를 n회 반복
    {
        for(i=0; i<2000; i++)             // 1msec 시간 지연 루프
        {
            asm("nop"::);  asm("nop"::);
        }
    }
}
```

- 프로그램 6.3에서 `main()` 앞에 시간 지연 함수를 다음과 같이 선언하였음을 유념하라.

  `void msec_delay(int n);`

  이는 msec_delay의 정의는 "함수이며 인자로서 int형 변수 하나를 받으며 반환값이 없다."이며 이를 컴파일에게 알려주어 msec_delay()를 만나면 이 정의에 따라 컴파일하라는 의미이다.
- 프로그램에서 사용하는 함수는 이를 호출하기 전에 미리 이의 속성을 컴파일러에게 알려주어야 한다.

배열을 사용한 점등 패턴 테이블 구성

프로그램 6.3에서 LED에 표시되는 형태가 바뀌면 while문 내의 LED 점등 부분을 일일이 변경하여야 할 뿐 아니라 패턴의 형태가 8가지보다 더 많게 되면 while 문 내에 패턴 점등 부분을 추가하여야 한다. 패턴의 형태가 100개 정도 된다고 생각해보자. 이 경우 프로그램 6.3과 같이 작성하는 것은 매우 번거로운 일이다.

프로그램 6.3과 같이 일정 형태의 패턴을 반복적으로 사용하여야 하는 경우는 패턴을 배열을 사용한 테이블에 저장하면 편리하다. 출력하고자 하는 패턴은 테이블의 인덱스로 지정하면 된다.

프로그램 6.4는 배열을 사용하여 프로그램 6.3을 다시 작성한 것이다.

프로그램 6.4

```
#include <avr/io.h>
void msec_delay(int n);
unsigned char pattern[8]
    = {0xFE, 0xFD, 0xFB, 0xF7, 0xEF, 0xDF, 0xBF, 0x7F};
int main()
{
    int i=0;                    // 패턴 인덱스
    DDRA  = 0xFF;               // 포트 A를 모두 출력 포트로 설정
    PORTA = pattern[i];         // 처음 패턴으로 LED를 켠다.
    while(1)                    // 무한루프
    {
        msec_delay(1000);       // 1초 시간 지연
        if(++i==8)i=0;          // i를 증가하고 결과가 8이면 리셋
        PORTA = pattern[i]; // i-번째 패턴으로 LED를 켠다.
    }
}
```

- 그림 6.3의 점등 패턴은 1바이트(8비트)로 표시되고 부호가 없으므로 점등 패턴을 저장할 배열 pattern[]을 unsigned char로 선언하였다.
- LED 점등 패턴은 8개의 형태를 가지므로 배열 pattern을 8개의 요소를 가지도록 하였다. 배열과 점등 패턴은 그림 6.5와 같이 순서대로 대응된다. 따라서 배열의 인덱스로서 점등 패턴을 지정할 수 있다.

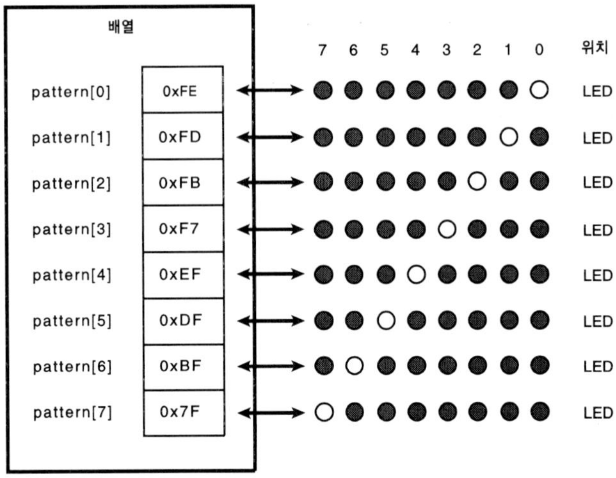

그림 6.5 LED 점등 패턴과 배열

- `PORTA=pattern[i];`는 포트 A에 `patter[i]` 값을 출력하라는 것이므로 포트 A에 연결된 LED는 i-번째 패턴으로 점등된다.
- `++i`는 속한 문장을 평가하기 전에 i를 1 증가시키라는 것이므로 `if(++i==8) i=0;`는 다음과 동일하다.

```
i++;
if(i==8) i=0;
```

- 변수 i는 배열의 인덱스이고 while 루프 내에서 인덱스만 증가한다.
- 8개의 점등 패턴을 순환시키므로 인덱스가 8이 되었을 때 다시 0으로 리셋하여야 한다.
- 패턴의 형태가 변하면 패턴을 구성하는 테이블만 변경하면 된다. 또한 패턴의 개수가 변하여도 쉽게 프로그램을 변경할 수 있다. 패턴의 개수가 8개에서 16개로 변한 경우를 보면 테이블을 크기를 변경하여 구성한 다음 while 루프 내에서 인덱스 회전을 다음과 같이 하면 된다.

```
unsigned char pattern[16] = {...};        // 16개의 패턴
. . . .
while(1)                                  // 무한 루프
{
   if(++i==16)i=0;                        // i를 증가하고 결과가 16이면 리셋
   PORTA = pattern[i];                    // i-번째 패턴으로 LED를 켠다.
}
```

과제

1. 프로그램 prac6-4.c는 프로그램 6.4를 완성한 것이다. 키트에 다운로드하여 프로그램을 수행한다(5.4.3절을 참조하여 6.3절에서 작성한 프로젝트 lab6에서 소스파일 program6-1.c를 제거하고 prac6-4.c를 추가한다). 시간 지연 시간을 1000msec부터 5msec까지 점점 감소시켜 가면서 패턴의 이동을 관찰하고 관찰된 현상을 설명하라.
2. 다음 패턴으로 LED를 점등하도록 프로그램을 작성하라. 단 패턴의 이동은 500 msec로 할 것.

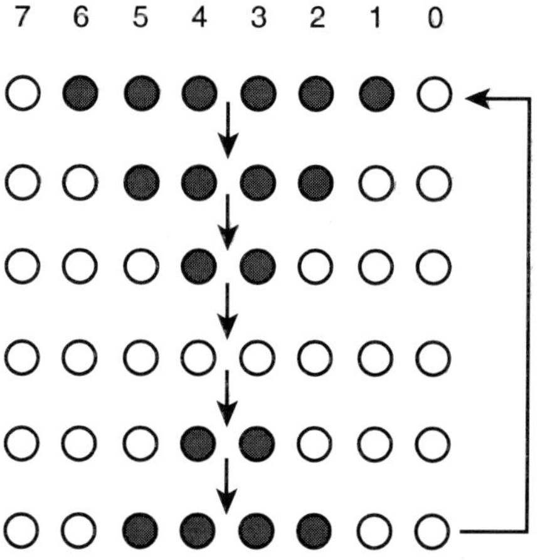

프로그램 prac6-4.c

```
//=====================================================
// 실습 6.4 배열을 사용하여 LED를 순차적으로 켠다.
//=====================================================

#include <avr/io.h>                        // I/O 레지스터 정의
void msec_delay(int msec);                 // 시간 지연 함수 선언
//-------------------
// LED 점등 패턴 테이블
//-------------------
unsigned char pattern[8]
    = {0xFE, 0xFD, 0xFB, 0xF7, 0xEF, 0xDF, 0xBF, 0x7F};

int main()
{
    int i=0;

    DDRA = 0xFF;                           // 포트 A를 출력으로 설정
    PORTA = pattern[i];                    // 처음 패턴으로 LED를 켠다.
    while(1)
    {
        msec_delay(1000);                  // 약 1sec 지연
        if(++i==8) i = 0;                  // 마지막 패턴에서 인덱스 리셋
        PORTA = pattern[i];                // i-번째 패턴으로 점등
    }
}

//--------------
// 시간 지연 함수
//--------------
void msec_delay(int n)                     // msec 단위 지연
{
    int i;
    for(; n>0; n--)
    {
        for(i=0; i<2000; i++)
        {
            asm("nop"::);      asm("nop"::);
        }
    }
}
```

6.5 라이브러리 함수를 사용한 시간 지연 함수 구성

시간 지연은 마이크로컨트롤러 프로그램에서 빈번히 사용되는 기능 중에 하나이다. 6.4절에서 사용한 시간 지연 함수 msec_delay()는 헛루프를 돌려 시간 지연을 얻었다. 그러나 이때 얻는 시간 지연은 컴파일러의 코드 최적화 또는 사용 클록 속도에 따라 많은 차이를 보인다. 즉 사용 환경에 따라 지연 시간이 변경되므로 좋은 방법은 아니다.

좀 더 신뢰도 높은 시간 지연을 얻기 위해 컴파일러의 라이브러리가 제공하는 시간 지연 함수를 사용하는 것이 바람직하다. WinAVR C-컴파일러는 avr-libc라는 라이브러리를 제공하고 여기에는 msec 단위 시간 지연 함수와 μsec 단위 시간 지연 함수를 제공한다.

```
void _delay_ms(double ms);      // msec 단위 시간 지연
void _delay_us(double us);      // usec 단위 시간 지연
```

avr-libc 라이브러리의 매뉴얼을 참조하면 위 함수를 사용하기 위해서는 헤더파일 "util/delay.h"를 소스파일에 포함시켜야 한다. 매뉴얼에 따르면 이 함수는 16MHz 클록을 쓸 때 각각 최대 16msec와 48μsec를 지연시킬 수 있다. 16msec 이상의 시간 지연과 48μsec 이상의 시간 지연을 위해서는 이를 이용해 시간 지연 함수를 구성할 필요가 있다.

앞에서 작성하였던 시간 지연 함수 msec_delay()를 _delay_ms() 함수를 사용해서 재구성하고 이를 16msec 이상의 시간 지연에 사용하도록 하자.

```
#include <util/delay.h>
void msec_delay(int n)
{
    for(; n >0; n--)                    // 1msec 시간 지연을 n회 반복
        _delay_ms(1);                   // 1msec 시간 지연
}
```

새로운 시간 지연 함수

실습

프로그램 prac6-4.c의 시간 지연 함수를 새로운 시간 지연 함수로 대체하고 6.4절 과제 1과 과제 2를 수행하여 본다.

◆ **라이브러리**

- Library가 책을 한 곳에 모아놓고 책을 대여하는 곳이라면 프로그램 언어에서 라이브러리는 함수를 작성하여 모아놓은 함수의 집합을 말한다. 라이브러리에 있는 함수를 사용하려면(도서관에서 책을 대여하는 것과 유사함) 프로그램에서 라이브러리가 제공하는 함수를 사용하고, 실행파일을 만드는 빌드 과정에서 라이브러리를 링크(Build에서 Link 과정)하여야 한다.
- C 컴파일러에서는 libc.a(확장자 a는 archives를 나타낸다)라는 기본 라이브러리를 제공한다. 이는 별도의 링크 과정 없이 사용할 수 있다. C-언어에서 많이 쓰는 `printf()`와 같은 함수는 모두 라이브러리 libc.a에서 제공하는 함수이다. 이외의 라이브러리를 사용하고자 할 때는 반드시 링크를 하여야 한다. 17.5.2절에는 기본 라이브러리 이외의 라이브러리를 링크하는 방법을 보여준다.
- 라이브러리의 함수를 사용할 때는 반드시 매뉴얼의 사용법에 따라야 한다.
- WinAVR에서 제공하는 라이브러리를 모두 통틀어 avr-libc라 한다. avr-libc가 제공하는 함수는 avr-libc 매뉴얼을 통해 사용법을 알 수 있다. 매뉴얼은 Atmel Studio에서 [도움말]→[도움말 보기] 메뉴를 선택하면 나타나는 다음 웹페이지에서 "AVR Libc Reference Manual"을 선택하면 참조할 수 있다.

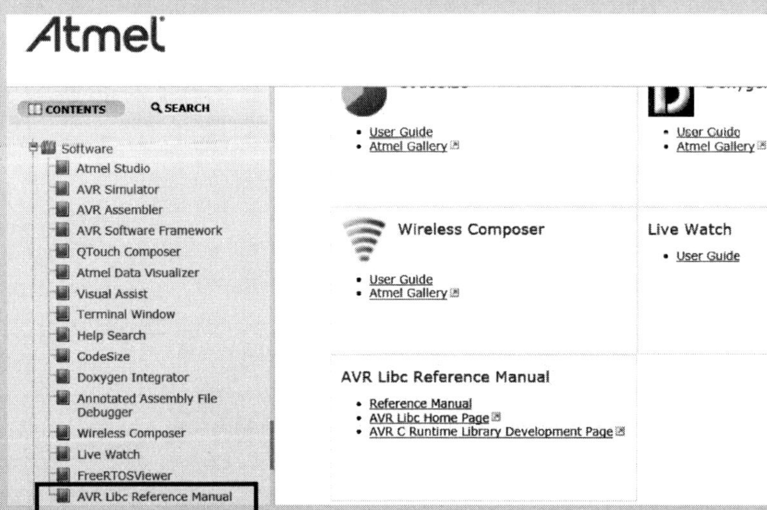

◆ 논리 연산

AND, OR, NOT과 같은 연산을 말한다. 논리 연산을 수행하는 대상에 따라 두 가지 연산자로 구분된다.

1. 논리연산자(Logical Operator)
   - 변수를 대상으로 하는 연산자이며 &&, ||, !가 있다.
   - 변수가 0이면 거짓(False), 변수가 0이 아니면 참(True)

x && y : 변수 x와 변수 y의 논리곱(AND)을 수행한 결과
x || y : 변수 x와 변수 y를 논리합(OR)을 수행한 결과
!x : 변수 x의 논리부정(NOT)을 수행한 결과

예 x=0, y=-1이면 x는 0이므로 False, y는 0이 아니므로 True를 나타냄.

z = x && y : (False AND True)이므로 결과는 False이고 z에는 False인 0이 저장됨.
z = x || y : (False OR True)이므로 결과는 True이고 z에는 True인 1이 저장됨.
z = !x : (NOT(False))이므로 결과는 True이고 z에는 True인 1이 저장됨.
z = !y : (NOT(True))이므로 결과는 False이고 z에는 False인 0이 저장됨.

◆ 비트별 논리연산자(Bitwise Logical Operator)

- 변수의 각 비트를 대상으로 하는 연산자이며 &, |, ^, ~가 있다.
- 비트가 0이면 비트는 거짓(False)을, 비트가 1이면 참(True)을 나타낸다.

x & y : 변수 x의 각 비트와 변수 y의 각 비트의 논리곱(AND)을 수행한 결과
x | y : 변수 x의 각 비트와 변수 y의 각 비트의 논리합(OR)을 수행한 결과
x ^ y : 변수 x의 각 비트와 변수 y의 각 비트의 배타적 논리합(XOR)을 수행한 결과
~x : 변수 x의 각 비트의 부정(NOT)을 수행한 결과

예) x=0x33, y=0x84일 때

```
비트별 AND(x&y)                      비트별 OR(x|y)
비트        7 6 5 4 3 2 1 0          비트        7 6 5 4 3 2 1 0
x=0x33      0 0 1 1 0 0 1 1          x=0x33      0 0 1 1 0 0 1 1
y=0x84      1 0 0 0 0 1 0 0          y=0x84      1 0 0 0 0 1 0 0
     &      -------------                 |      -------------
결과        0 0 0 0 0 0 0 0          결과        1 0 1 1 0 1 1 1
논리값:     거짓(False)              논리값:       참(True)

비트별 XOR(x^y)                      비트별 NOT(~x)
비트        7 6 5 4 3 2 1 0          비트        7 6 5 4 3 2 1 0
x=0x33      0 0 1 1 0 0 1 1          x=0x33      0 0 1 1 0 0 1 1
y=0x84      1 0 0 0 0 1 0 0
     ^      ---------------               ~      ---------------
결과        1 0 1 1 0 1 1 1          결과        1 1 0 0 1 1 0 0
논리값:       참(True)               논리값:       참(True)
```

6.6 스위치 입력 실습

스위치를 그림 6.6과 같이 연결하고 스위치의 조작에 따라 LED 패턴을 이동시키도록 하자.

프로그램 6.4에 시간 지연 함수를 삽입하는 것 대신 다음과 같이 스위치의 누름을 감시하는 프로그램을 삽입하면 스위치를 누를 때마다 패턴을 이동시킬 수 있을 것이다.

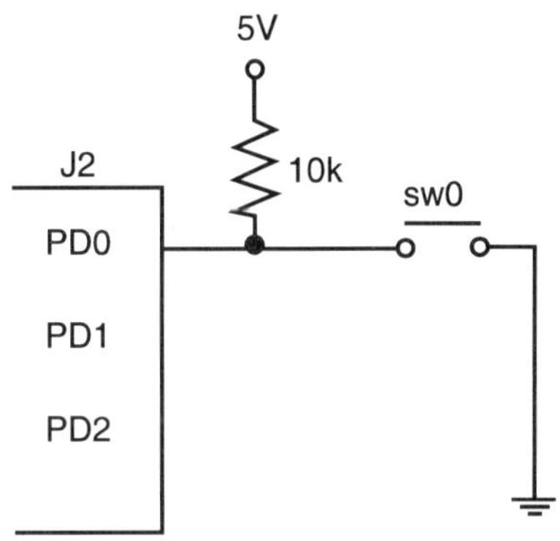

그림 6.6 스위치 회로

프로그램 6.5

```
#include <avr/io.h>
unsigned char pattern[8]
     = {0xFE, 0xFD, 0xFB, 0xF7, 0xEF, 0xDF, 0xBF, 0x7F};

int main()
{
     int i=0;                    // 패턴 인덱스
     DDRA  = 0xFF;               // 포트 A를 모두 출력 포트로 설정
     DDRD  = 0x00;               // 포트 D를 모두 입력 포트로 설정
     PORTA = pattern[i];         // 처음 패턴으로 LED를 켠다.

     while(1)                    // 무한루프
     {
          while(!(~PIND  & 0x01));   // 스위치 누름을 기다림
          if(++i==8)i=0;             // 인덱스가 8이면 리셋
          PORTA = pattern[i];        // i-번째 패턴으로 LED를 켠다.
     }
}
```

- 스위치를 외부 풀업하여 포트 D에 연결하였으므로 포트 D를 입력 포트로만 설정하면 된다.
- 포트 D의 스위치에 연결된 0-번째 핀 외에 다른 핀은 아무런 연결이 없으므로 입력으로 읽어들인 값들은 의미가 없다. 따라서 스위치의 상태에 따른 입력 값은 다음과 같다. 다음에서 'x'는 어떤 값인지 모른다는 뜻이다(스위치가 닫힐 때 PIND의 비트0은 0이 읽히므로 비트별 NOT을 취하여(~PIND) 스위치가 닫힐 때 비트0이 1이 되도록 하였다).

```
         핀(비트)       :      7 6 5 4 3 2 1 0
    ~PIND(스위치 열림)  :      x x x x x x x 0
    ~PIND(스위치 닫힘)  :      x x x x x x x 1
```

- 위에서 sw0의 개폐를 판단할 때 의미 없는 핀의 입력을 판단에서 배제하고 sw0의 입력을 받는 핀0의 데이터만 사용하는 것이 필요하다. 이를 위해 의미 없는 부분을 항상 0으로 리셋하고 핀0의 데이터는 그대로 보존하도록 하자. 이는 다음과 같이 비트별 AND를 사용하여 이룰 수 있다.

```
               sw0 스위치 열림          sw0 스위치 닫힘
핀             7 6 5 4 3 2 1 0          7 6 5 4 3 2 1 0
~PIND          x x x x x x x 0          x x x x x x x 1
 0x01          0 0 0 0 0 0 0 1          0 0 0 0 0 0 0 1
비트별 AND     ---------------          ---------------
               0 0 0 0 0 0 0 0          0 0 0 0 0 0 0 1
                 모두 리셋    ↳보존        모두 리셋    ↳보존
```

- 핀0은 ~PIND에서 비트0에 해당한다. 비트별 AND할 데이터는 판단에 사용할 비트0을 1로 하고, 판단에서 배제할 비트들인 비트1~비트7은 0으로 설정하여 0x01이 된다.
- 따라서 포트 D의 입력은 PIND를 읽으면 되므로 (~PIND & 0x01)의 상태(True, False)를 검사하면 스위치 sw0의 상태를 알 수 있다. True이면 스위치가 닫힌 상태이고 False이면 스위치가 열린 상태이다.

프로그램 6.5를 수행하면 스위치를 누르고 있는 동안 패턴이 회전하나 너무 빨라 감지할 수가 없고, 스위치를 떼면 회전이 멈추게 된다(동영상 6.4). 이를 보완하기 위하여 스위치를 뗐다 누르면 패턴이 회전하도록 하자. 프로그램 6.5에서 스위치가 떨어짐을 점검하는 부분을 첨가하여 while() 루프 안을 프로그램 6.6과 같이 변경하자.

프로그램 6.6

```
while(1)
{
    while(!(~PIND & 0x01));  // 스위치 누름을 기다림
    if(++i==8) i=0;          // i를 증가하고 8이면 리셋한다.
    PORTA = pattern[i];      // 현재 패턴을 출력한다.
    while(~PIND & 0x01);     // 스위치 떨어짐을 기다림
}
```

◆ **데이터 마스크(Mask)**

위와 유사하게 특정 비트를 0으로 리셋하고 나머지는 원상태를 보존하려면 특정 비트가 0이고 나머지는 1이 되는 수와 비트별 AND를 하면 된다. 변수 var의 비트1과 비트6을 리셋하고 나머지를 보존하려면 :

```
    7 6 5 4 3 2 1 0          비트 위치
    x x x x x x x x          var
    1 0 1 1 1 1 0 1          0xBD = ~0x42 = ~0b01000010
---------------------        비트별 AND
    x 0 x x x x 0 x          var & ~0x42
      ↳리셋     ↳리셋
```

x: 이 비트들은 연산 후에도 그대로 보존됨

위와는 달리 특정 비트를 1로 세트하고 나머지는 원상태를 보존하려면 특정 비트가 1이고 나머지는 0이 되는 수와 비트별 OR를 하면 된다. 변수 var의 비트1과 비트6을 1로 세트하고 나머지를 보존하려면 :

```
    7 6 5 4 3 2 1 0          비트 위치
    x x x x x x x x          var
    0 1 0 0 0 0 1 0          0x42
---------------------        비트별 OR
    x 1 x x x x 1 x          var | 0x42
```

위와 같이 필요한 비트만 선별적으로 뽑아내는 것을 **"마스크한다"**라고 한다. 마치 가면의 구멍을 통해 제한된 영역만을 외부에 알려주는 것과 같다.

스위치 입력 채터링 방지

프로그램 6.6을 수행하면 스위치를 누르고 뗄 때마다 패턴이 회전하는 것을 쉽게 알 수 있다(동영상 6.5). 그러나 한 번의 스위치 동작에 두 번 이상의 패턴 회전이 자주 발생한다(동영상 6.6). 이런 현상은 필히 방지하여야 한다.

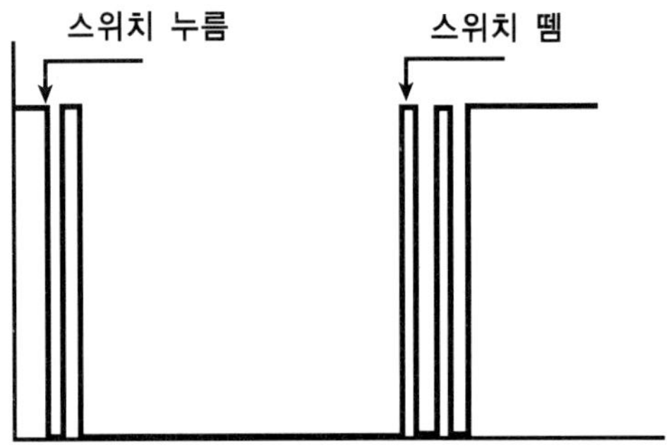

그림 6.7 스위치 입력 신호의 채터링

스위치를 조작하게 되면 그림 6.7과 같이 한 번의 기계적인 개폐 동작에 대해 진기적으로는 여러 번 개폐 동작이 발생하기도 한다. 이러한 것을 채터링이라 한다. 마이크로프로세서가 아주 빠른 속도로 포트 입력을 읽으면 스위치 조작을 한 번 하지만 마이크로프로세서는 여러 번의 개폐 동작이 일어난 것으로 판단하게 된다. 이런 현상이 발생하면 한 번의 스위치 조작에 2번 이상의 패턴 회전이 발생하게 된다.

채터링을 방지하는 것을 스위치 디바운싱(Debouncing)이라 하고 하드웨어적인 방법과 소프트웨어적인 방법이 있다. 여기서는 소프트웨어적으로 처리하는 방법을 고려한다.

그림 6.7에서 보면 스위치 상태 변화가 일어난 후 신호가 얼마간 채터링을 한 후 안정화된다. 이를 이용하여 신호의 변화가 감지되면 입력이 안정화될 때까지 기다린 후 다음 신호 입력을 검사하도록 한다. 안정화될 때까지는 아무런 입력을 받지 않으므로 채터링 신호를 읽지 않을 수 있다. 이와 같은 채터링 방지 기능을 프로그램 6.6에 삽입하여 프로그램 6.7을 작성한다.

- 안정화될 때까지 기다려야 하는 시간은 일정하지 않으므로 테스트를 통하여 경험적으로 설정하여야 한다.
- 디바운싱을 위한 지연 시간의 설정을 길게 하면 확실히 채터링을 방지할 수 있다. 그러나 스위치 입력 감도가 떨어진다. 지연 시간을 짧게 하면 스위치 입력

이 민감해지는 대신 디바운싱이 완전하지 않을 수 있다.

프로그램 6.7

```
while(1)
{
    while(!(~PIND & 0x01)); // 스위치 누름을 기다림
    msec_delay(20);         // 디바운싱을 위한 시간 지연

    if(++i==8) i=0;         // 패턴을 회전한다.
    PORTA = pattern[i];

    while(~PIND & 0x01);    // 스위치 떨어짐을 기다림
    msec_delay(20);         // 디바운싱을 위한 시간 지연
}
```

프로그램 prac6-6.c는 프로그램 6.7을 완성한 것이다. <동영상 6.7>은 실행결과를 보여준다.

실습
프로그램 6.6, 프로그램 6.7, 프로그램 prac6-6.c를 수행하여 차이점을 확인하라.

과제

1. 프로그램 prac6-6.c에서 디바운싱을 위한 시간 지연을 짧게 변경하면서 채터링 방지 효과를 관찰하라(매크로 DEBOUNCING_DELAY의 값을 변경하면 시간 지연이 변한다).
2. 스위치 회로에 풀업 저항을 제거하면 신호가 Floating 상태가 된다. 프로그램을 수행하고 현상을 관찰하라. 표 6.1을 참조하여 내부적으로 풀업이 되도록 프로그램을 작성하여 수행하고 정상적으로 작동함을 관찰하라.

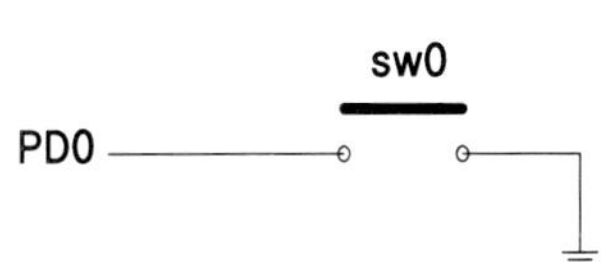

풀업 저항을 제거하면 스위치 off일 때 floating 상태가 됨

◆ **C-언어에서 매크로(Macro)의 사용**

매크로는 매우 다양한 용도로 사용될 수 있으나 여기서는 문장을 대체하는 용도에 대해 프로그램 prac6-5.c를 예로 들어 설명한다.

매크로는 선행처리기 #define 키워드를 사용하여 정의한다.

```
#define DEBOUNCING_DELAY  20    //디바운싱 지연 시간(msec)
```

여기서 DEBOUNCING_DELAY를 매크로라고 한다. 매크로를 정의한 후 다음의 왼쪽 문장은 오른쪽 문장과 동일하다.

```
msec_delay(DEBOUNCING_DELAY); <==> msec_delay(20);
```

- 매크로 DEBOUNCING_DELAY는 20으로 대체되었음을 알 수 있다.
- 위의 좌우 문장은 동일한 것이지만 왼쪽 문장의 의미가 더욱 확실하다. 왼쪽은 디바운싱을 위한 지연 시간(DEBOUNCING_DELAY) 동안 지연하는 의미를 알 수 있지만, 오른쪽 문장에서는 20이라는 수의 의미를 알기 힘들다. **즉 매크로를 사용함으로써 프로그램의 의미를 확실하게 전달할 수 있다.**
- 프로그램 prac6-6.c에서 디바운싱을 위한 시간 지연은 스위치 떨어짐과 누름을 검사할 때 두 번 사용된다. 시간 지연을 50msec로 변경하는 것을 고려해보자. 매크로를 사용하지 않으면 지연 시간을 변경하기 위해 두 문장의 값을 바꾸어야 한다. 그러나 매크로를 사용하면 매크로를 정의한 한 문장만을 변경하면 된다.

```
#define DEBOUNCING_DELAY      20
          ==> #define DEBOUNCING_DELAY      50
```

이처럼 하나의 상수를 여러 군데 사용할 때는 매크로를 사용하는 것이 편리하다.

- 매크로는 변수가 아니므로 메모리를 차지하지 않는다.
- C-언어에서 변수는 주로 소문자를 많이 사용하므로 매크로를 일반 변수와 구분하기 위해 대문자를 사용하여 정의하는 것이 일반적이다.

프로그램 prac6-6.c

```
//==========================================================
// 실습 6.6 스위치 입력을 사용하여 LED를 순차적으로 켠다.
//==========================================================

#include <avr/io.h>                  // I/O 레지스터 정의
#include <util/delay.h>              // 시간 지연 함수용 헤더파일

#define  DEBOUNCING_DELAY    20      // 디바운싱 지연 시간(msec)
void msec_delay(int n);              // 시간 지연 함수
//==========================================================
// LED 점등 패턴 테이블
//==========================================================
unsigned char pattern[8]
    = {0xFE, 0xFD, 0xFB, 0xF7, 0xEF, 0xDF, 0xBF, 0x7F};

int main()
{
    int i=0;

    DDRA = 0xFF;                      // 포트 A를 출력으로 설정
    DDRD = 0x00;                      // 포트 D를 입력으로 설정
    PORTA = pattern[i];               // 처음 패턴으로 LED를 켠다.
    while(1)
    {
        while(!(~PIND & 0x01));       // 스위치 누름을 기다림
        msec_delay(DEBOUNCING_DELAY);      // 시간 지연

        if(++i==8) i=0;               //마지막 패턴에서 인덱스 리셋
        PORTA = pattern[i];           // i-번째 패턴으로 점등

        while(~PIND&0x01);            // 스위치 떨어짐을 기다림
        msec_delay(DEBOUNCING_DELAY);      // 시간 지연
    }
}

void msec_delay(int n)
{
    for(; n >0; n--)                  // 1msec 시간 지연을 n회 반복
        _delay_ms(1);                 // 1msec 시간 지연
}
```

6.7 도트 매트릭스에 글자 표시하기

6.4절에는 8x8 도트 매트릭스의 1행에 위치한 LED를 주어진 점등 패턴으로 점등을 하였다. 여기서는 그림 6.8과 같이 LED의 점등 패턴을 변경할 때 도트 매트릭스의 행을 이동시켜보기로 하자.

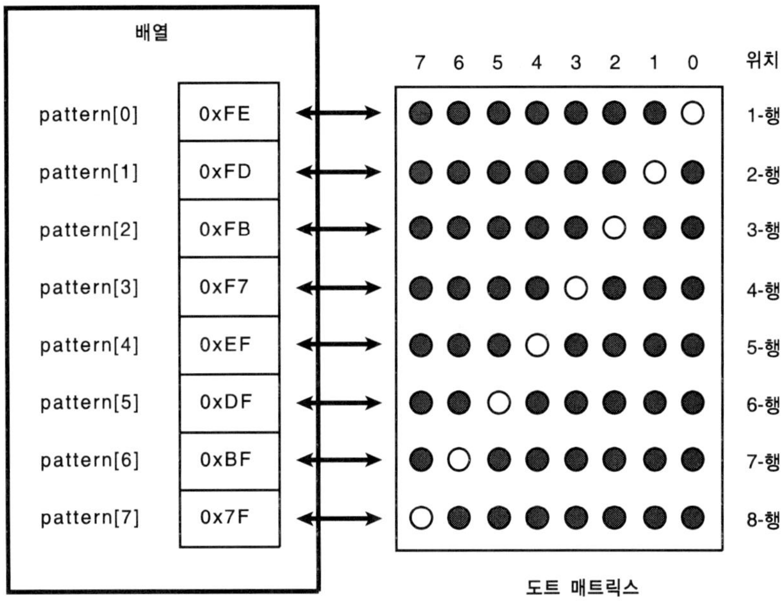

그림 6.8 도트 매트릭스 패턴 표시

이를 위해 도트 매트릭스와 ATmega128을 그림 6.9와 같이 연결한다.

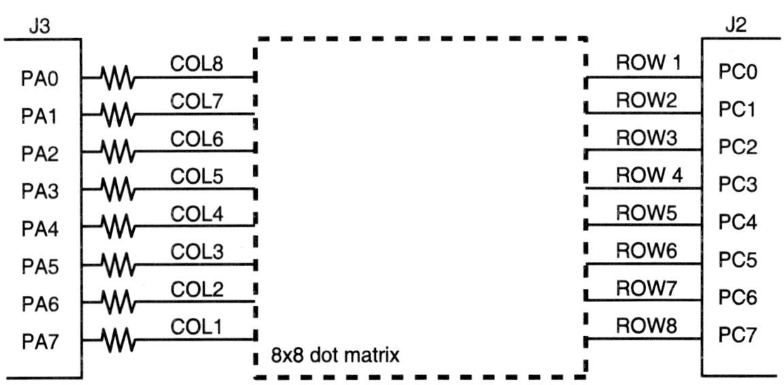

그림 6.9 글자 표시를 위한 도트 매트릭스 연결

도트 매트릭스의 ROW1핀이 5V에 연결된 그림 6.2와 달리 ATmega128의 PC0 핀에 연결되어 있으므로 PC0에 논리1(5V)을 출력하면 도트 매트릭스의 1행에 원하는 패턴으로 LED를 켤 수 있다. 2행을 사용하려면 PC1 핀에 논리1을 출력하면 된다. LED 패턴을 변경할 때 행을 이동하려면 LED를 켤 행에 논리1을 출력하고 원하는 패턴을 포트 A에 출력하면 된다. prac6-7.c는 (i+1)-번째 행에 i-번째 패턴을 순차적으로 점등하는 프로그램이다.

- (i+1)-번째 행을 켜려면 포트 C의 i-번째 비트에 논리 1을 출력하면 된다.
- i-번째 비트를 1로 세트하려면 왼쪽 시프트연산자 '<<'를 사용하면 편리하다.

```
0-번째 비트를 세트 : 0b00000001   <==>   0x01 << 0
1-번째 비트를 세트 : 0b00000010   <==>   0x01 << 1
          . . .
i-번째 비트를 세트 :                     0x01 << i
```

- 포트 C의 i-번째 비트를 1로 세트하려면

```
PORTC = 0x01 << i;               // (i+1)행을 켠다.
```

실습

프로그램 prac6-7.c의 시간 지연은 1000msec로 설정되어 있다. 이를 50, 20, 10, 5msec로 줄이면서 프로그램을 수행한다. 시간 지연이 줄어들면서 도트 매트릭스의 모든 행이 켜져 있는 것처럼 보인다(동영상 6.8).

과제

1. 도트 매트릭스에 나타나는 패턴의 깜박거림이 없어지는 시간 지연을 구하라. 그리고 이를 이용하여 도트 매트릭스에 깜박거림이 없이 문자 'A'를 표시하도록 프로그램을 작성하라.
2. 도트 매트릭스에 문자 'A'를 1초간 깜박거림이 없이 표시하고, 다음 1초간은 COL8을 끈 'A'를 표시, 다음 1초간은 COL7을 끈 'A'를 표시하며, 같은 방법으로 COL6, COL5, COL4, COL3, COL2, COL1을 각각 끈 'A'를 1초간 표시한 후 다시 COL8을 끈 'A'를 표시하는 것으로 돌아가서 같은 동작을 반복하도록 프로그램을 작성하라.

프로그램 prac6-7.c

```
//=============================================================
// 실습 6.7 도트 매트릭스 켜기
//=============================================================
//
#include <avr/io.h>                   // I/O 레지스터 정의
#include <util/delay.h>
void msec_delay(int msec);            // 시간 지연 함수 선언

unsigned char pattern[8]
     = {0xFE, 0xFD, 0xFB, 0xF7, 0xEF, 0xDF, 0xBF, 0x7F};

int main()
{
     int i=0;

     DDRA = 0xFF;                     // 포트 A를 출력으로 설정
     DDRC = 0xFF;                     // 포트 C를 출력으로 설정
     PORTC = 0x01 << i;               // 1-행을 켠다.
     PORTA = pattern[i];              // 처음 패턴으로 LED를 켠다.

     while(1)
     {
          msec_delay(1000);           // 약 1sec 지연
          if(++i==8) i = 0;           // 마지막 패턴에서 인덱스 리셋
          PORTC = 0x01 << i;          // (i+1)-번째 행을 점등
          PORTA = pattern[i];         // i-번째 패턴으로 점등
     }
}

void msec_delay(int n)                // msec 단위 지연
{
     for(; n >0; n--)                 // 1msec 시간 지연을 n회 반복
          _delay_ms(1);               // 1msec 시간 지연
}
```

CHAPTER 07

인터럽트(Interrupt)

7.1 인터럽트 메커니즘

우리가 어떤 가게의 주인이라고 생각해보자. 가게에 누가 들어왔는지 아닌지 판단하기 위해서 두 가지 방법을 쓸 수 있다. 하나는 일을 하다가 가끔씩 계속적으로 문을 점검하는 것이고, 다른 방법은 문에 종을 달아놓아 소리가 나면 문을 점검하는 것이다. 전자와 같이 계속적으로 어떤 사건의 발생을 점검하는 방법을 폴링(Polling)이라 하고, 후자와 같이 어떤 사건이 발생하면 그때 CPU에 알려서 처리 요구를 하는 것을 인터럽트라 한다. 인터럽트를 사용하면 사건이 발생할 때만 CPU가 대응하므로 매우 효과적인 방법이라 하겠다.

그림 7.1은 인터럽트가 발생하였을 때 작업 수행 경로를 보여준다. 인터럽트가 발생하면 미리 지정된 위치로 분기하여 인터럽트 처리를 한다. 이때 인터럽트를 처리

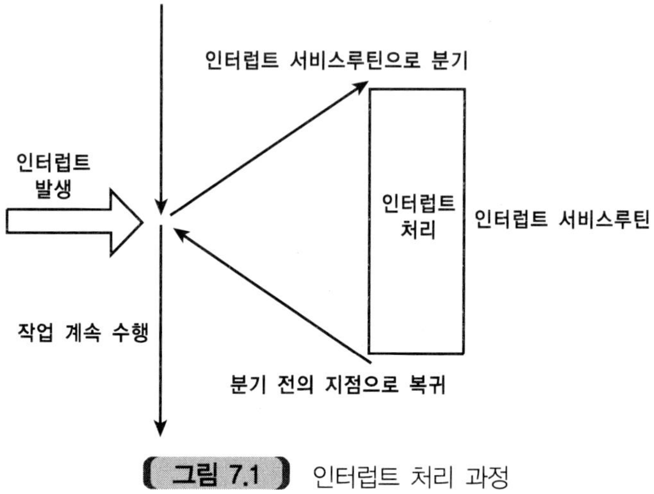

그림 7.1 인터럽트 처리 과정

하는 코드를 인터럽트 서비스루틴이라 한다. 처리가 끝나면 인터럽트 서비스루틴으로 분기하기 전의 위치로 복귀하여 작업을 계속적으로 수행하게 된다.

일반적인 함수도 작업 수행 중 다른 곳으로 분기한다는 면에서 인터럽트와 유사하다. 그러나 함수는 그림 7.2와 같이 함수의 호출에 의해서 분기를 한다. 함수를 호출할 때 그림 7.2처럼 어셈블리로 “CALL func”을 사용하는데 이때 func가 함수가 있는 위치, 즉 주소를 나타낸다(C-언어에서 함수의 주소는 함수명과 동일하다. 함수가 func()이면 함수가 위치한 주소는 func이다). 즉 함수 호출에 의해 프로그램은 함수로 분기하여 작업을 수행한 후 함수 호출 다음 문장으로 복귀한다. 함수의 호출은 언제 분기할지를 사용자가 명확히 알고 있으므로 확정적이라 할 수 있다.

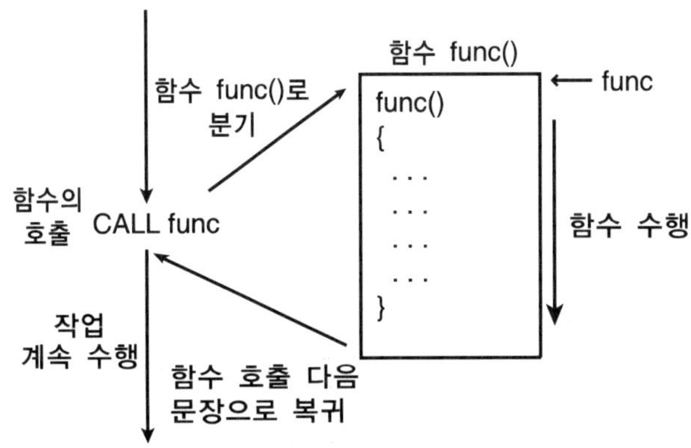

그림 7.2 함수의 수행

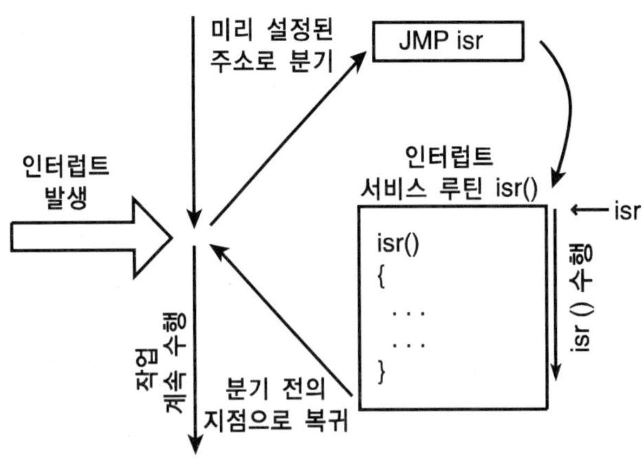

그림 7.3 인터럽트 서비스루틴 수행

이에 비해 인터럽트를 발생시키는 사건은 언제 발생할지 모르는 불확정적인 것이다. 이러한 것을 컴퓨터에서는 비동기적(Asynchronous)이라 말한다. 또한 인터럽트를 발생시키는 사건 자체는 어디로 분기할 것인가를 말해주지 않는다. 대신 그림 7.3과 같이 특정 인터럽트가 발생하면 미리 정해진 주소를 분기하게 된다. 사용자는 인터럽트 처리를 위해 이 주소의 메모리에 사용자가 작성한 인터럽트 서비스루틴 `isr()`로 분기하라는 어셈블리 명령어 "JMP isr"을 저장한다. 그러면 그림 7.3과 같은 과정을 거쳐 `isr()`을 수행한 후 인터럽트로 인해 중단되었던 지점으로 복귀하게 된다.

- 보통 CPU는 여러 종류의 인터럽트를 처리할 수 있으며 각 인터럽트에 고유한 번호가 부여된다. 이를 **인터럽트 벡터(Vector)**라 부른다.
- 인터럽트가 걸리면 프로그램은 **인터럽트 벡터 테이블**이라는 메모리에 지정된 한 부분으로 분기한다. 벡터 테이블에는 "각 인터럽트에 대한 인터럽트 서비스루틴으로 점프"하라는 어셈블리 명령어를 위치시킨다.

7.2 ATmega128의 인터럽트

7.2.1 인터럽트 벡터

ATmega128은 35개의 인터럽트 소스에 대해 반응한다. 표 7.1은 각 인터럽트에 대한 인터럽트 벡터와 분기 주소를 나타내고 있다.

- 각 인터럽트 벡터에 대해 설정된 분기 주소가 모여 있는 메모리 블록 0000H~0044H를 인터럽트 벡터 테이블이라 한다.
- 이 주소는 프로그램 메모리의 주소이다. 테이블에서 각 인터럽트 벡터에 대해 2워드(ATmega128의 프로그램 메모리는 기본 단위가 워드로 구성되어 있다)씩 할당되어 있다. 이 2워드 메모리에 2워드 명령어인 "JMP xxxx"를 써 넣을 수 있다. 여기서 xxxx는 인터럽트 서비스루틴의 주소이다.

표 7.1의 각 인터럽트에 대한 설명은 이 후 실습 중 필요할 때 설명할 것이다.

퓨즈 비트 BOOTRST와 MCUCR 레지스터를 사용하여 분기 주소를 부트로더 번지로 하는 모드는 교재에서 다루지 않는다.

표 7.1 리셋 및 인터럽트 벡터

우선순위	벡터 번호	분기 주소	인터럽트 원인	인터럽트 정의
높음 ⇑ 우선순위 ⇓ 낮음	1	0000H	RESET	리셋
	2	0002H	INT0	외부 인터럽트 요구 0
	3	0004H	INT1	외부 인터럽트 요구 1
	4	0006H	INT2	외부 인터럽트 요구 2
	5	0008H	INT3	외부 인터럽트 요구 3
	6	000AH	INT4	외부 인터럽트 요구 4
	7	000CH	INT5	외부 인터럽트 요구 5
	8	000EH	INT6	외부 인터럽트 요구 6
	9	0010H	INT7	외부 인터럽트 요구 7
	10	0012H	TIMER2 COMP	타이머/카운터 2 비교일치
	11	0014H	TIMER2 OVF	타이머/카운터 2 오버플로
	12	0016H	TIMER1 CAPT	타이머/카운터 1 캡처
	13	0018H	TIMER1 COMPA	타이머/카운터 1 비교일치 A
	14	001AH	TIMER1 COMPB	타이머/카운터 1 비교일치 B
	15	001CH	TIMER1 OVF	타이머/카운터 1 오버플로
	16	001EH	TIMER0 COMP	타이머/카운터 0 비교일치
	17	0020H	TIMER0 OVF	타이머/카운터 0 오버플로
	18	0022H	SPI, STC	SPI 전송 완료
	19	0024H	USART0, RX	USART0 수신 완료
	20	0026H	USART0, UDRE	USART0 데이터 레지스터 빔
	21	0028H	USART0, TX	USART0 송신 완료
	22	002AH	ADC	ADC 변환 완료
	23	002CH	EE READY	EEPROM 준비
	24	002EH	ANALOG COMP	아날로그 비교기
	25	0030H	TIMER1 COMPC	타이머/카운터 1 비교일치 C
	26	0032H	TIMER3 CAPT	타이머/카운터 3 캡처
	27	0034H	TIMER3 COMPA	타이머/카운터 3 비교일치 A
	28	0036H	TIMER3 COMPB	타이머/카운터 3 비교일치 B
	29	0038H	TIMER3 COMPC	타이머/카운터 3 비교일치 C
	30	003AH	TIMER3 OVF	타이머/카운터 3 오버플로
	31	003CH	USART1, RX	USART1 수신 완료
	32	003EH	USART1, UDRE	USART1 데이터 레지스터 빔
	33	0040H	USART1, TX	USART1 송신 완료
	34	0042H	TWI	Two-wire Serial Interface
	35	0044H	SPM READY	Store Program Memory 준비

7.2.2 인터럽트의 허용/금지

아주 중요한 일을 수행할 때는 외부로부터 방해(인터럽트)를 받지 않도록 할 필요가 있다. 마이크로컨트롤러에서도 경우에 따라서 모든 인터럽트 또는 특정 인터럽트로부터 CPU가 방해받지 말아야 할 필요가 있다. 이것은 그림 7.4에서 보여주는 ATmega128의 인터럽트 허용/금지 메커니즘을 통해 제어된다.

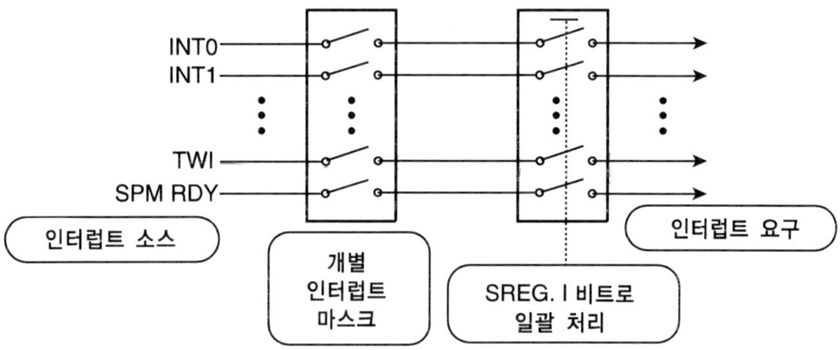

그림 7.4 인터럽트 허용/금지 메커니즘

- 각 인터럽트에 대해 인터럽트 마스크 비트가 존재하며 이를 사용하여 개별적으로 인터럽트의 허용/금지를 제어할 수 있다.
- 상태 레지스터의 비트 SREG.I를 리셋하면 모든 인터럽트가 금지된다.
- SREG.I를 세트하면 개별적으로 허용된 인터럽트만 허용된다.
- WinAVR에서는 헤더파일 "avr/interrupt.h"를 포함하고 다음 함수를 호출하면 인터럽트를 허용/금지할 수 있다.

```
sei();          // 인터럽트 허용
cli();          // 인터럽트 금지
```

7.2.3 인터럽트 처리 과정과 인터럽트 플래그(flag)

표 7.1을 보면 각 인터럽트에 대해 우선순위가 정해져 있다. 우선순위는 인터럽트 처리가 동시에 요구될 때 처리되는 순서를 말한다.

- 여러 인터럽트가 동시에 처리를 요구하면 우선순위가 가장 높은 인터럽트가 가장 먼저 처리된다.
- 인터럽트가 발생하면 인터럽트에 해당하는 플래그 비트가 세트된다. 이 플래그

비트는 (1) 프로그램에서 비트를 강제로 리셋할 수도 있고 또는 (2) 해당 인터럽트 서비스루틴이 시작되면 자동으로 리셋된다.

- 인터럽트 서비스루틴을 수행할 때 CPU는 자동적으로 SREG.I를 리셋하여 모든 인터럽트를 금지하고 서비스루틴의 종료와 함께 인터럽트를 허용한다. 따라서 인터럽트 수행 중 우선순위가 더 높은 인터럽트가 발생하더라도 이의 처리는 이미 수행하고 있는 서비스루틴의 종료까지 연기된다.
- 인터럽트 서비스루틴 수행 중에 발생하는 인터럽트는 당장 처리되지는 않으나 플래그 비트를 세트한다. CPU는 현재 수행 중인 인터럽트 서비스루틴을 종료한 후 모든 플래그 비트를 조사하여 플래그가 세트된 인터럽트 중 가장 우선순위가 높은 인터럽트를 처리하게 된다.
- 인터럽트 서비스루틴의 시작과 동시에 CPU가 인터럽트를 금지시키므로 한 번 시작된 인터럽트 서비스루틴은 다른 인터럽트에게 선점(Preempt)되지 않는다. 경우에 따라서 다른 인터럽트의 선점을 허용해야 하는데 이는 인터럽트 서비스루틴 내에서 모든 인터럽트를 허용하는 어셈블리 명령 sei를 수행하면 된다. 물론 마스크 비트가 세트된 인터럽트만 허용이 된다.

7.3 WinAVR에서 인터럽트 사용

7.1절에서 설명한 것처럼 함수와 인터럽트 서비스루틴의 수행은 차이점이 있어서 인터럽트 서비스루틴을 일반 함수처럼 작성할 수 없다. WinAVR 컴파일러에서는 다음과 같이 인터럽트 서비스루틴을 작성하여야 한다.

```
#include <avr/interrupt.h>   // 인터럽트 헤더파일
ISR(vector)
{
        // 여기에 인터럽트 서비스루틴 코드를 삽입할 것
}
```

- 인터럽트 서비스루틴에는 인터럽트 벡터 외에 어떠한 정보도 인자를 사용하여 전달할 수 없다.
- 인터럽트 서비스루틴은 반환값이 없는 void형으로 작성된다.
- 인자인 vector는 표 7.2에 정의된 매크로를 사용한다.

표 7.2 WinAVR에서 인터럽트 벡터의 매크로

벡터 번호	매크로	벡터 번호	매크로
2	INT0_vect	19	USART0_RX_vect
3	INT1_vect	20	USART0_UDRE_vect
4	INT2_vect	21	USART0_TX_vect
5	INT3_vect	22	ADC_vect
6	INT4_vect	23	EE_READY_vect
7	INT5_vect	24	ANALOG_COMP_vect
8	INT6_vect	25	TIMER1_COMPC_vect
9	INT7_vect	26	TIMER3_CAPT_vect
10	TIMER2_COMP_vect	27	TIMER3_COMPA_vect
11	TIMER2_OVF_vect	28	TIMER3_COMPB_vect
12	TIMER1_CAPT_vect	29	TIMER3_COMPC_vect
13	TIMER1_COMPA_vect	30	TIMER3_OVF_vect
14	TIMER1_COMPB_vect	31	USART1_RX_vect
15	TIMER1_OVF_vect	32	USART1_UDRE_vect
16	TIMER0_COMP_vect	33	USART1_TX_vect
17	TIMER0_OVF_vect	34	TWI_vect
18	SPI_STC_vect	35	SPM_READY_vect

7.4 외부 인터럽트

ATmega128은 8개의 외부 인터럽트 INT0~INT7을 제공한다. 표 7.3과 같이 각 인터럽트에 연관되어 있는 외부 핀들이 인터럽트 소스가 된다.

표 7.3 외부 인터럽트 소스 핀

인터럽트	핀의 다른 용도	보드 핀	인터럽트	핀의 다른 용도	보드 핀
INT0	PD0, SCL	J2,17	INT4	PE4, OC3A	J2,5
INT1	PD1, SDA	J2,18	INT5	PE5, OC3C	J2,6
INT2	PD2, RXD1	J2,19	INT6	PE6, T3	J2,7
INT3	PD3, TXD1	J2,20	INT7	PE7, IC3	J2,8

- 인터럽트를 사용할 때 INTn 핀과 공유하는 입출력 핀의 방향은 입력으로 설정하여야 한다(예: INT0을 사용할 때 DDRD.0=0).
- 인터럽트를 사용하더라도 공유하는 입출력 핀을 읽으면 인터럽트 신호의 상태를

알 수 있다.

외부 인터럽트와 관련된 레지스터를 요약하면 다음과 같다.

● 외부 인터럽트 제어 레지스터 A (External Interrupt Control Register A) : EICRA

비트	7	6	5	4	3	2	1	0	
	ISC31	ISC30	ISC21	ISC20	ISC11	ISC10	ISC01	ISC00	EICRA
읽기/쓰기	R/W	R/W	R/W	R/W	R/W	R/W	R/W	R/W	
초기값	0	0	0	0	0	0	0	0	

- 비트 7:0 - 외부 인터럽트 0~3의 인터럽트 감지 방법을 제어한다. 각 비트의 선택에 따른 인터럽트 감지 방법은 표 7.4와 같다.

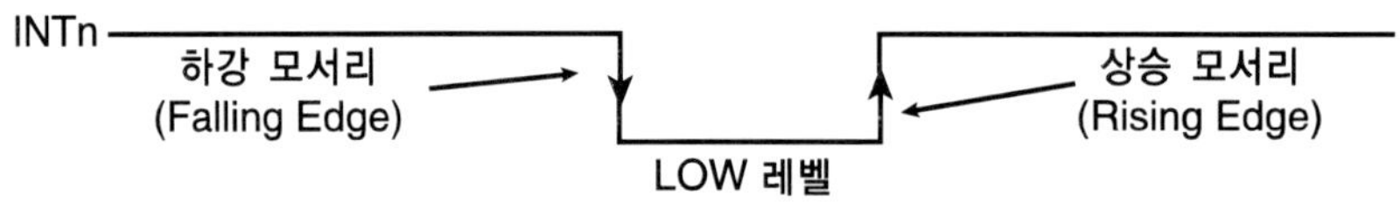

그림 7.5 신호 형태

표 7.4 인터럽트 감지 제어(n=0, 1, 2, 3)

ISCn1	ISCn0	설명
0	0	INTn 핀의 Low 레벨 신호가 인터럽트 요구
0	1	사용하지 않음
1	0	INTn 핀의 하강 모서리가 비동기적으로 인터럽트 요구
1	1	INTn 핀의 상승 모서리가 비동기적으로 인터럽트 요구

● 외부 인터럽트 제어 레지스터 B (External Interrupt Control Register B) : EICRB

비트	7	6	5	4	3	2	1	0	
	ISC71	ISC70	ISC61	ISC60	ISC51	ISC50	ISC41	ISC40	EICRB
읽기/쓰기	R/W	R/W	R/W	R/W	R/W	R/W	R/W	R/W	
초기값	0	0	0	0	0	0	0	0	

- 비트 7:0 - 외부 인터럽트 4~7의 인터럽트 감지 방법을 제어한다. 각 비트의 선택에 따른 인터럽트 감지 방법은 표 7.5와 같다.

표 7.5 인터럽트 감지 제어(n=4, 5, 6, 7)

ISCn1	ISCn0	설명
0	0	INTn 핀의 Low 레벨 신호가 인터럽트 요구
0	1	INTn 핀의 하강 모서리/상승 모서리 모두 인터럽트 요구
1	0	INTn 신호의 두 샘플 사이의 하강 모서리가 인터럽트 요구
1	1	INTn 신호의 두 샘플 사이의 상승 모서리가 인터럽트 요구

여기서 하강 모서리와 상승 모서리를 인터럽트의 소스로 사용하는 3가지의 감지 방법은 I/O 클록을 사용하여 신호변경을 감지하므로 I/O 클록이 동작을 멈추는 SLEEP 상태에서는 이들을 인터럽트 소스로 사용할 수 없다. 따라서 SLEEP 상태를 깨우는 인터럽트로는 레벨 트리거 방법을 사용하여야 한다(단 SLEEP 상태 중 IDLE 모드에서는 I/O 클록이 동작한다).

● 외부 인터럽트 마스크 레지스터(External Interrupt Mask Register) : EIMSK

비트	7	6	5	4	3	2	1	0	
	INT7	INT6	INT5	INT4	INT3	INT2	INT1	INT0	EIMSK
읽기/쓰기	R/W	R/W	R/W	R/W	R/W	R/W	R/W	R/W	
초기값	0	0	0	0	0	0	0	0	

- 비트 7:0 - 비트 n을 세트하면 전역으로 인터럽트가 허용되었을 때(SREG.I가 세트) 외부 인터럽트 INTn이 허용된다. 리셋하면 해당 인터럽트가 금지된다.

● 외부 인터럽트 플래그 레지스터(External Interrupt Flag Register) : EIFR

비트	7	6	5	4	3	2	1	0	
	INTF7	INTF6	INTF5	INTF4	INTF3	INTF2	INTF1	INTF0	EIFR
읽기/쓰기	R/W	R/W	R/W	R/W	R/W	R/W	R/W	R/W	
초기값	0	0	0	0	0	0	0	0	

- 비트 7:0 - INTn핀의 로직 변경 또는 신호 모서리가 인터럽트를 요구하면 해당 플래그 비트가 세트된다. 이 플래그가 세트되어 있을 때 전역으로 인터럽트가 허용되고(SREG.I가 세트) EIMSK 레지스터의 해당 마스크 비트가 세트되어 있으면 인터럽트 벡터로 분기하여 인터럽트 서비스루틴을 수행한다. 이 플래그는 인터럽트 서비스루틴을 수행하면 자동적으로 리셋된다. 또한 해당 플래그에 논리 1을 쓰면 플래그가 지워진다. 레벨 트리거 모드에서는 이 플래그는 항상 0으로 리셋되어 있다.

7.5 인터럽트를 사용한 LED 패턴 이동

LED의 패턴을 이동시키기 위해 6.6절에서는 스위치를 계속적으로 감시하는 폴링 방법을 사용하였다. 여기서는 스위치를 누를 때 인터럽트가 발생되도록 하는 방법을 사용하여 패턴을 이동시키도록 한다. 그림 6.2의 LED 회로를 사용하고 스위치는 그림 7.6과 같이 연결한다.

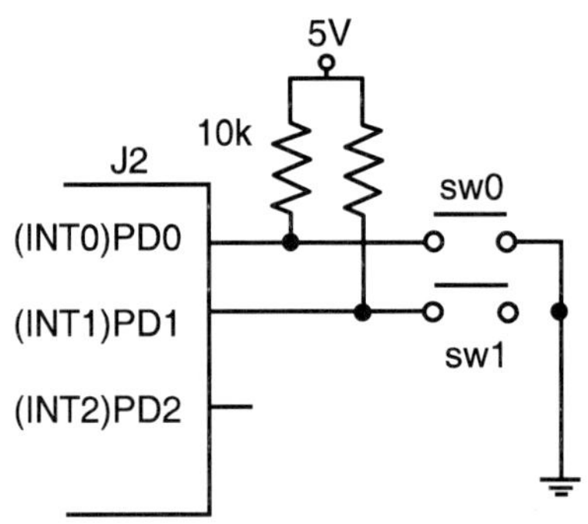

그림 7.6 스위치 회로

그림 7.7 스위치 조작에 따른 INT0, INT1 신호 변화

7.5.1 스위치 인터럽트를 사용한 LED 패턴 이동(I)

(1) 외부 인터럽트를 사용하기 위한 준비

- 포트 D의 입출력 핀 PD0은 인터럽트 INT0과 공유해서 사용하므로 스위치 입력 sw0을 인터럽트 INT0의 소스로 사용할 수 있다.
- 그림 7.7로부터 스위치를 누를 때 인터럽트를 걸려면 하강 모서리 트리거를 사용하고, 스위치를 뗄 때 인터럽트를 걸려면 상승 모서리 트리거를 사용하면 된다. 여기서는 스위치를 누를 때 인터럽트를 건다.
- 외부 인터럽트 INT0을 사용하기 위한 순서는
  (1) INT0와 공유하는 입출력 핀 PD0은 입력으로 설정되어야 한다. 그러나 마이크로컨트롤러의 리셋 후 입출력 핀들은 입력으로 초기화되므로 다시 설정을 하지는 않는다.
  (2) 트리거 모드 선택 : EICRA 레지스터를 하강 모서리에서 인터럽트 요구하도록 설정한다(스위치를 누를 때 인터럽트 발생).

(3) 인터럽트 마스크 레지스터 EIMSK의 해당 비트를 세트하여 외부 인터럽트 0을 허용하도록 한다.

(4) SREG 레지스터의 I비트를 세트하여 인터럽트를 허용한다.

```
EICRA = 0x02;          // ISC01:0=2(하강 모서리 트리거)
EIMSK = 0x01;          // INT0 비트 세트(INT0 허용)
sei();                 // 전역 인터럽트 허용
```

◆ **I/O 레지스터의 비트 사용**

설명을 위해 다음 EIMSK 레지스터를 고려하자.

	7	6	5	4	3	2	1	0
EIMSK	INT7	INT6	INT5	INT4	INT3	INT2	INT1	INT0
	R/W	R/W	R/W	R/W	R/W	R/W	R/W	R/W
	0	0	0	0	0	0	0	0

앞에서 언급한 바와 같이 헤더파일 "avr/io.h"를 소스파일에 포함시킴으로써 레지스터명 EIMSK를 unsigned char 형 변수처럼 사용할 수 있다. 여기에 더해 모든 레지스터의 각 비트명도 헤더파일에 정의되어 있다. 예를 들어 EIMSK 레지스터에 대해 각 비트명은 다음 매크로로 정의되어 있다.

```
#define INT0   0
#define INT1   1
#define INT2   2
. . .
```

이에 대해 왼쪽 시프트연산자 "<<"를 사용하여 다음을 고려하여보자.

```
1<<INT2    <==>    1 << 2    <==>    0b00000100
```

즉 EIMSK의 INT2 비트가 1로 세트됨을 알 수 있다. 따라서 레지스터 EIMSK의 비트 INT2를 세트하려면 다음과 같이 프로그램하면 된다.

```
EIMSK  = (1<<INT2);
```

위 항목 (4)의 레지스터는 다음과 같이 프로그램할 수 있다.

```
EICRA = 0x02;  <==> EICRA = (2<<ISC00);
EIMSK = 0x01;  <==> EIMSK = (1<<INT0);
```

- 다수의 비트를 1로 세트할 때는 비트별 OR 연산자를 사용하면 된다. 다음 문장은 비트 INT2와 비트 INT4를 세트한다.

```
(1<<INT2)|(1<<INT4)  <==> (1<<2)|(1<<4)
                     <==> (0b00000100)|(0b00010000)
                     <==> (0b00010100)
```

따라서 다음과 같이 작성한다.

```
EIMSK = (1<<INT2)|(1<<INT4);  // 비트 INT2, INT4 세트
```

이는 INT2와 INT4 비트를 제외한 나머지 비트를 모두 0으로 리셋한다.

- EIMSK의 각 비트 중 INT2와 INT4를 세트하고 나머지 비트는 원래 값을 보존하도록 하여보자. 6.6절에서 설명한 데이터 마스크를 참고하여 다음과 같이 작성하면 된다.

```
EIMSK = EIMSK | ((1<<INT2)|(1<<INT4));
```

EIMSK를 먼저 읽고 6.6절에서 설명한 바와 같이 이를 ((1<<INT2)|(1<<INT4))와 비트별 OR함으로써 INT2와 INT4 비트를 세트하고 나머지 비트는 보존한다. 위 문장은 다음과 동일하다.

```
EIMSK |= ((1<<INT2)|(1<<INT4));
```

- EIMSK의 각 비트 중 INT2와 INT4를 0으로 리셋하고 나머지 비트는 원래 값을 보존하도록 하여보자.

```
~((1<<INT2)|(1<<INT4))     <==> ~(0b00010100)
                           <==> 0b11101011
```

이므로 6.6절에서 설명한 것을 참고하여 다음과 같이 작성하면 된다.

```
EIMSK &= ~((1<<INT2)|(1<<INT4));
```

(2) 지역 정적 변수를 사용한 인터럽트 서비스루틴

외부 인터럽트 INT0이 발생할 때마다(즉 스위치를 누를 때) 패턴을 회전시켜 LED를 켜야 하므로 인터럽트 서비스루틴에서 LED의 패턴을 이동시키도록 한다. 6장의 프로그램 6.5 중 `while` 루프 내에서 LED 패턴을 이동시키는 부분을 인터럽트 서비스루틴으로 이동시켜 프로그램 7.1을 작성하여 보자.

프로그램 7.1 불완전한 동작

```
#include <avr/io.h>
#include <avr/interrupt.h>
unsigned char pattern[8]        // LED 패턴 테이블
    = {0xFE, 0xFD, 0xFB, 0xF7, 0xEF, 0xDF, 0xBF, 0x7F};
ISR(INT0_vect)                  // 외부 인터럽트 0 서비스루틴
{
    int i=0;                    // 패턴 인덱스

    if(++i==8) i=0;             // 증가 값이 8이면 0으로 리셋
    PORTA = pattern[i];         // i-번째 패턴으로 LED를 켠다.
}
int main()
{
    DDRA = 0xFF;                // 포트 A를 출력 포트로 설정
    PORTA = pattern[0];         // 처음 패턴으로 LED를 켠다.

    EICRA = (2<<ISC00);         // ISC01:0=2(하강 모서리 트리거)
    EIMSK = (1<<INT0);          // INT0 비트 세트(INT0 허용)
    sei();                      // 전역 인터럽트 허용

    while(1);                   // 무한루프
}
```

- 외부 인터럽트 INT0에 해당하는 매크로는 표 7.2에서 `INT0_vect`이다.
- `main()` 함수는 인터럽트 사용하도록 한 다음 무한 헛루프를 돌고 있다. 이는 패턴을 회전시키는 작업을 모두 인터럽트 서비스루틴에서 수행하고 `main()` 함수는 종료해서는 안 되기 때문이다.
- 스위치를 누르면 외부 인터럽트 INT0이 발생하여 인터럽트 서비스루틴 `ISR(INT0_vect)`가 수행되므로 인덱스 `i`는 1증가하고 `pattern[i]`의 변수 값으로 LED가 점등된다.

프로그램 6.3과 프로그램 7.1을 비교하면 `while()` 루프 내 문장이 그대로 인터럽트 서비스루틴으로 이동되었음을 알 수 있다. 그러나 이 프로그램을 수행하여 보면 스위치를 눌러도 점등 패턴이 이동하지 않는다(동영상 7.1). 이유는 무엇일까?

- 인터럽트 서비스루틴 내의 변수 `i`를 지역 자동 변수로 선언하였기 때문이다. 지역 자동 변수는 변수가 선언된 중괄호(여기서는 인터럽트 서비스루틴)를 벗어나

면 소멸되므로 인터럽트 서비스루틴인 ISR(INT0_vect) 함수의 수행이 끝날 때 변수 i는 소멸된다(변수의 범위, 변수의 수명 설명 참조). 변수 i는 인터럽트가 발생하여 인터럽트 서비스루틴으로 들어올 때마다 새로 생성되고 0으로 초기화된다. LED 패턴을 출력하기 전에 변수 i는 1 증가하므로 스위치를 누르면 프로그램 7.1은 항상 pattern[1]의 패턴으로 LED를 점등한다.

- 이를 해결하려면 변수 i는 인터럽트 서비스루틴이 종료되더라도 소멸되지 않고 값을 유지하여야 한다. 이에 적합한 변수 형태는 지역 정적 변수이다. 다음과 같이 인터럽트 서비스루틴 ISR(INT0_vect) 내의 변수 i를 지역 정적 변수로 변경하면 프로그램 7.1은 스위치의 누름에 따라 패턴을 이동시킨다(동영상 7.2).

```
int i=0;  ==>  static int i=0;
```

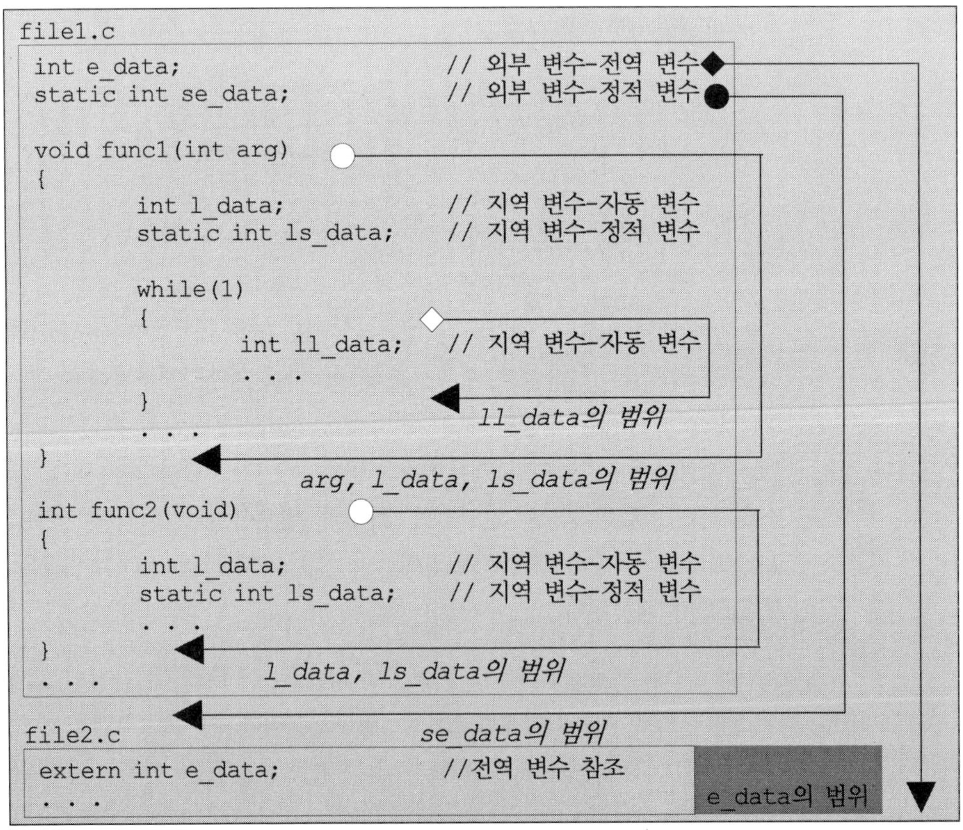

그림 7.8 변수의 범위

◆ 변수의 범위

그림 7.8에는 여러 가지로 선언된 변수들과 그들의 통용 범위를 보여준다. 선언된 변수들은 크게 두 가지로 분류된다.

1. 지역 변수

중괄호 { } 내에서 선언된 변수는 모두 지역 변수이다. 이들 변수는 변수가 선언된 중괄호 { } 내에서만 통용이 된다. 그림 7.8에서 다음 변수들은 모두 지역 변수이다.

함수 func1()의 l_data, ls_data, ll_data, arg
함수 func2()의 l_data, ls_data

- func1() 내의 l_data와 func2() 내의 l_data는 같은 이름을 가졌지만 통용되는 범위가 각각 func1(){ }와 func2(){ } 내이므로 전혀 다른 변수이다.
- 함수 func1()의 변수 ll_data는 func1(){ }에 있지만 선언된 부분이 while(){ } 내부이므로 while(){ }에서만 통용되고 func1()의 다른 부분에서는 존재를 알지 못한다.
- func1()의 arg 변수와 같이 함수의 인자로 넘어오는 변수는 함수의 지역 변수로 간주된다.

2. 외부 변수

중괄호 { } 밖에서 선언된 변수로서 두 가지로 나뉜다.

2.1 전역 변수 : 프로그램의 모든 영역에서 통용되는 변수이다.

e_data : 전역 변수로 모든 파일에서 통용된다. 단 file1.c에서 선언된 전역 변수를 file2.c에서 사용하려면 그림 7.8과 같이 extern 키워드를 사용하여 참조하여야 한다.

2.2 정적 변수 : 변수를 선언할 때 static 키워드를 사용한다. 통용 범위는 같은 파일 내에서 변수가 선언된 아래 부분 모두이다.

se_data : 외부 정적 변수로 file1.c에서 선언되었으므로 파일 file2.c에서는 변수의 존재를 모른다. file1.c의 맨 처음에 선언되었으므로 file1.c 모든 부분에서 통용된다.

◆ **변수의 수명**

변수는 변수의 선언과 함께 생성된다. 생성된 변수는 static으로 선언되어 있으면 프로그램이 끝날 때까지 소멸하지 않고, 그렇지 않은 변수는 변수가 선언된 중괄호 { } 내에서만 존재한다. 즉 프로그램이 변수가 선언된 중괄호의 닫는 부분 "}"를 만나면 해당변수는 소멸된다.

1. 지역 변수

지역 변수는 이의 수명에 따라 두 가지로 구분된다.

1.1 자동 변수 : 변수가 선언된 중괄호 { } 내에서만 존재한다.

ex) func1()의 l_data, arg : 변수가 선언된 중괄호는 함수 func1()의 중괄호이므로 함수 func1()을 벗어나면 소멸된다. 이 변수는 함수 func1()에 들어올 때마다 새로 생성된다.

ex) func1()의 ll_data : 변수가 선언된 중괄호는 함수 while() 루프의 중괄호이므로 while() 루프를 벗어나면 소멸된다.

1.2 정적 변수 : 지역 변수 중 static으로 선언된 변수이다. static으로 선로언되어 있으므로 프로그램이 끝날 때까지 존재한다.

ex) func1()의 ls_data : 이 변수는 함수 func1()에 처음 들어올 때 생성된다. 이 변수는 한 번 생성되면 소멸되지 않으므로 func1()에 다시 들어올 때는 변수를 새로 생성하지 않고 이미 생성된 변수를 사용한다.

2. 외부 변수

외부 변수는 정적 변수와 전역 변수 모두 이를 감싸고 있는 중괄호가 없으므로(즉 중괄호의 닫는 부분을 만나지 않으므로) 한 번 생성되면 소멸되지 않는다. 외부 변수는 프로그램이 시작될 때 한 번만 생성된다.

◆ **참고사항**

- 변수의 범위와 수명은 항상 일치하는 것은 아니다.
  - 지역 정적 변수 ls_data의 범위는 함수 func1()이지만 이 함수를 벗어나더라도 소멸되지 않는다.
- 변수를 선언할 때 부득이 한 경우를 제외하고는 지역 자동 변수를 사용하는 것이 바람직하다.

- 그림 7.8에서 "extern int e_data;"는 변수 선언을 하는 것이 아니다. extern은 변수 e_data가 외부파일에 선언되어 있으므로 참조하라는 뜻이다. 따라서 변수가 새로 생성되지 않는다.
- 프로그램 7.1에서 LED 패턴 테이블, pattern[]은 소멸되지 말아야 하므로 외부 변수로 선언하였다.
- 전역 변수는 가능하면 사용하지 않는 것이 바람직하다. 전역 변수를 꼭 사용해야 할 경우 "i"와 같이 자주 사용하는 이름은 전역 변수로 사용하지 말아야 한다(전역 변수로 사용된 이름이 지역 변수 이름과 같을 때는 프로그램에 혼란을 초래할 수 있다).

(3) 채터링 방지 대책

수정된 프로그램 7.1을 수행하면 채터링이 발생함을 알 수 있다(동영상 7.2). 신호에 채터링이 발생하면 신호의 하강 모서리가 여러 번의 인터럽트를 발생시키게 되므로 인터럽트 신호 역시 디바운싱하여야 한다.

- 이를 위해 그림 7.9와 같이 스위치를 누를 때(인터럽트 서비스루틴 진입) 시간지연을 두어 디바운싱을 한다.
- 누를 때만 디바운싱하면 스위치를 뗄 때 채터링에 의해 다시 인터럽트가 걸릴 수 있으므로 스위치를 누를 때와 뗄 때 모두 디바운싱한다.

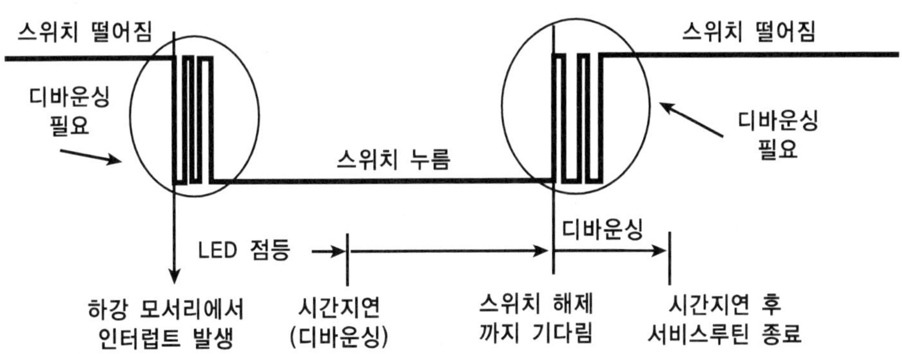

그림 7.9 인터럽트 신호의 채터링

프로그램 7.2는 이를 고려하여 i를 지역 정적 변수로 변경하여 프로그램 7.1의 인터럽트 서비스루틴 부분을 다시 작성한 것이다.

프로그램 7.2 불완전한 채터링 방지

```
ISR(INT0_vect)                    // 외부 인터럽트 0 서비스루틴
{
    static int i=0;               // 패턴 인덱스

    if(++i == 8) i=0;             // 증가 값이 8이면 0으로 리셋
    PORTA = pattern[i];           // i-번째 패턴으로 LED를 켠다.

    msec_delay(20);               // 스위치 누름에 대한 디바운싱
    while(~PIND & 0x01);          // 스위치 해제를 기다림
    msec_delay(20);               // 스위치 뗌에 대한 디바운싱
}
```

그러나 스위치 입력을 해보면 디바운싱에도 불구하고 채터링 방지가 완전하지 않은 것이 LED 패턴의 이동에서 관찰된다(동영상 7.3). 이는 인터럽트 처리 방식 때문이다. 그림 7.10은 불완전한 채터링 방지의 원인을 보여준다.

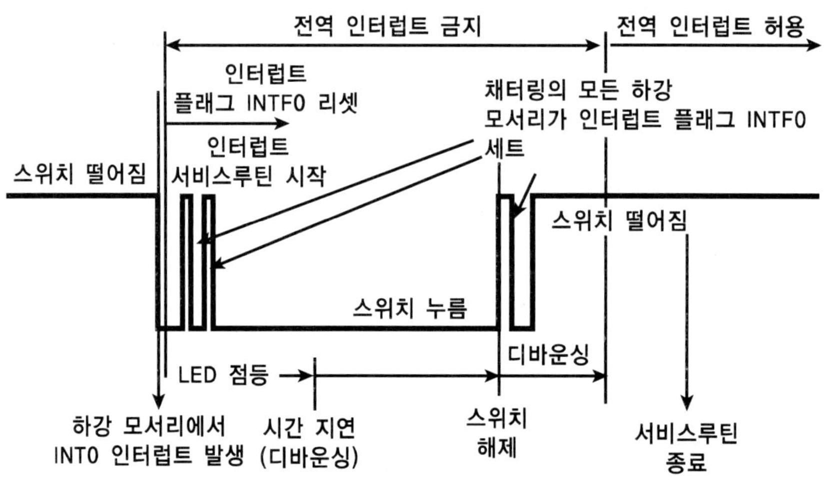

그림 7.10 인터럽트 플래그에 의한 불완전한 채터링 방지

- 인터럽트 플래그는 인터럽트가 발생하면 세트되지만 인터럽트 서비스루틴이 시작되면서 자동적으로 리셋된다. 아울러 인터럽트 서비스루틴이 시작되면 자동으로 인터럽트는 전역으로 금지된다.
- 인터럽트가 금지되어 있어도 신호의 하강 모서리에서 인터럽트 플래그 INTF0는

세트된다. 따라서 채터링에 따른 모든 하강 모서리에서 INTF0이 세트된다.

- 현재 수행 중인 인터럽트 서비스루틴이 종료된 후 인터럽트는 다시 허용된다. 이때 채터링에 의해 인터럽트 플래그 INTF0이 세트되어 있으므로 인터럽트가 발생하게 된다. 즉 스위치를 누르지 않았음에도 불구하고 인터럽트 서비스루틴으로 재 진입하게 되어 채터링이 방지되지 않는다.
- **인터럽트 플래그** INTF0**을 리셋하고 인터럽트 서비스루틴을 종료**하면 이를 방지할 수 있다.
- 외부 인터럽트 INT0의 플래그는 EIFR 레지스터의 0-번째 비트에 1을 쓰면 플래그를 리셋할 수 있다(플래그 비트는 해당 비트에 1을 써야 리셋된다).

```
EIFR = 0x01;   // 또는 EIFR = (1<<INTF0);
```

프로그램 prac7-5l.c는 채터링 방지를 하면서 외부 인터럽트 INT0을 사용하여 LED의 패턴을 이동시키는 프로그램이다(동영상 7.4).

실습

1. 프로그램 7.1을 수행하면서 스위치 입력에 따른 LED 패턴의 이동을 관찰하라.
2. 변수 i를 지역 정적 변수로 변경한 프로그램 7.1을 수행하면서 스위치 입력에 따른 LED 패턴의 이동을 관찰하라.
3. 프로그램 7.2를 수행하면서 스위치 입력에 따른 LED 패턴의 이동을 관찰하라. 디바운싱의 지연 시간을 길게 하면 채터링이 방지되는지 관찰한다.
4. 프로그램 prac7-5l.c를 수행하면서 스위치 입력에 따른 LED 패턴의 이동을 관찰하라.

과제

1. 프로그램 7.1에서 배열 pattern[]은 어떠한 변수인가?
   (1) 지역 자동 변수　　(2) 지역 정적 변수
   (3) 외부 정적 변수　　(4) 전역 변수

2. 프로그램 prac7-5l.c에서 배열 pattern[]은 어떠한 변수인가?
   (1) 지역 자동 변수　　(2) 지역 정적 변수
   (3) 외부 정적 변수　　(4) 전역 변수

프로그램 prac7-5l.c

```
//=============================================================
// 실습 7.5.1 외부 인터럽트 INT0을 사용하여 LED 패턴 이동
//=============================================================
#include <avr/io.h>
#include <avr/interrupt.h>
#include <util/delay.h>

#define DEBOUNCING_DELAY     20
void msec_delay(int n);                    // 시간 지연 함수
static unsigned char pattern[8]            // LED 패턴 테이블
    = {0xFE, 0xFD, 0xFB, 0xF7, 0xEF, 0xDF, 0xBF, 0x7F};

ISR(INT0_vect)                             // 외부 인터럽트 0 서비스루틴
{
    static int i=0;                        // 패턴 인덱스
    if(++i==8) i=0;                        // 증가 값이 8이면 0으로 리셋
    PORTA = pattern[i];                    // i-번째 패턴으로 LED를 켠다.
    msec_delay(DEBOUNCING_DELAY);          // 디바운싱
    while(~PIND & 0x01);                   // 스위치 해제를 기다림
    msec_delay(DEBOUNCING_DELAY);          // 디바운싱

    EIFR = (1<<INTF0);                     // 인터럽트 플래그 INTF0을 리셋
}
int main()
{
    DDRA = 0xFF;                           // 포트 A를 출력 포트로 설정
    PORTA = pattern[0];                    // 처음 패턴으로 LED를 켠다.

    EICRA = (2<<ISC00);                    // ISC01:0=2(하강 모서리 트리거)
    EIMSK = (1<<INT0);                     // INT0 비트 세트(INT0 허용)
    sei();                                 // 전역 인터럽트 허용
    while(1);                              // 무한루프
}
//============================================
// msec 단위 시간 지연 함수
//============================================
void msec_delay(int n)
{
    for(; n >0; n--)                       // 1msec 시간 지연을 n회 반복
        _delay_ms(1);                      // 1msec 시간 지연
}
```

프로그램 7.2와 프로그램 prac7-5I.c의 인터럽트 서비스루틴은 인터럽트 메커니즘을 설명하기 위해서 작성한 것으로 인터럽트 서비스루틴으로 적합하지 않다는 것을 명심하여야 한다.

- 인터럽트 서비스루틴이 수행되는 동안 다른 프로세스가 중단이 되므로 인터럽트 서비스루틴은 아주 짧은 시간 내에 종료가 되도록 작성하여 다음 동작에 영향을 미치지 않는 것이 중요하다.
- 프로그램 7.2와 프로그램 prac7-5I.c에서는 스위치의 채터링에 대응하기 위해 디바운싱과 함께 스위치가 떨어질 때까지 기다린다. 이를 위해 인터럽트 서비스루틴에서 소요되는 시간은 디바운싱을 위한 수십 msec와 스위치를 누르고 있는 시간을 합한 시간이다. 인터럽트 서비스루틴으로 동작하기에는 너무 긴 시간을 소비하고 있어 인터럽트 서비스루틴으로 적합하지 않다.
- 스위치의 경우 채터링이 발생하여 인터럽트 서비스루틴에서 인터럽트 플래그를 리셋하였다. 채터링이 발생하지 않는 신호처리는 인터럽트 플래그를 리셋할 필요가 없다.

7.5.2 스위치 인터럽트를 사용한 LED 패턴 이동(II)

7.5.1절에서 작성한 prac7-5I.c를 보면 인터럽트 서비스루틴에서 패턴 인덱스 증가와 포트 A에 LED 패턴의 출력 두 가지를 수행하고 있다. 이를 살펴보면

(1) 스위치를 누를 때마다 패턴을 이동시켜야 하므로 인덱스의 증가는 인터럽트 서비스루틴에서 이루어져야 한다.

(2) 현재의 인덱스만 알면 포트 A에 패턴을 출력하는 것은 `main()` 함수에서도 할 수 있다.

위의 관점에 따라 인터럽트 서비스루틴에서 포트 A에 패턴을 출력하는 부분을 `main()` 함수로 넘기기로 하고 프로그램 7.3과 같이 작성하여 보자.

프로그램 7.3

```
ISR(INT0_vect)                    // 외부 인터럽트 0 서비스루틴
{
    static int i=0;               // 패턴 인덱스

    if(++i==8) i=0;               // 증가값이 8이면 0으로 리셋

    msec_delay(20);               // 버튼을 누른 것에 대한 디바운싱
    while(~PIND & 0x01);          // 스위치 해제를 기다림
    msec_delay(20);               // 버튼을 뗀 것에 대한 디바운싱

    EIFR = 0x01;                  // 인터럽트 플래그 INT0을 리셋
}
```

- main() 함수에서 패턴을 출력하려면 인덱스 값 i를 알아야 하나 이는 지역 정적 변수이므로 통용 범위가 ISR(INT0_vect) 함수 내부이고 main() 함수에서 i값을 알 수 없다.
- 인터럽트 서비스루틴으로 사용되는 함수는 인수를 받지 못할 뿐 아니라 데이터를 반환할 수도 없으므로 인덱스 i를 main() 함수에 전달할 수 없다.

인터럽트 서비스루틴의 인덱스를 main() 함수에 전달하는 방법은 인덱스 변수 i의 통용 범위를 main() 함수까지 넓히는 것이다. 이를 위해 인덱스 변수를 다음과 같이 변경하자.

(1) 인덱스 변수를 외부 변수로 선언하여 범위를 파일 전체로 확장한다. 한 파일 내에서만 사용되면 되므로 외부 전역 변수보다는 외부 정적 변수로 선언한다(static 키워드 사용).
(2) 인덱스 변수의 범위가 확장됨에 따라 변수명을 i와 같이 범용으로 사용하는 이름은 쓰지 않는 것이 좋다. 변수명을 index로 변경한다.

이에 따라 인터럽트 서비스루틴을 작성하면 프로그램 7.4와 같다.

프로그램 7.4

```
static int index=0;              // 패턴 인덱스

ISR(INT0_vect)                   // INT0 인터럽트 서비스루틴
{
    if(++index==8) index=0;  // 증가 값이 8이면 0으로 리셋

    msec_delay(20);              // 버튼을 누른 것에 대한 디바운싱
    while(~PIND & 0x01);         // 스위치 해제를 기다림
    msec_delay(20);              // 버튼을 뗀 것에 대한 디바운싱
    EIFR = 0x01;                 // 인터럽트 플래그를 리셋
}
```

변수 index는 외부 정적 변수이므로 main() 함수에서도 값을 알 수 있다. 프로그램 prac7-5II.c는 완성된 프로그램을 보여준다.

- 배열 pattern[] 역시 외부 정적 변수이므로 main() 함수에서 값을 알 수 있다.

프로그램 prac7-5II.c

```
//=========================================================
// 실습 7.5.2 외부 인터럽트 INT0을 사용하여 LED 패턴 이동
//=========================================================

#include <avr/io.h>                  // I/O 레지스터 정의
#include <avr/interrupt.h>           // 인터럽트 정의
#include <util/delay.h>              // 시간 지연 함수 헤더파일

#define DEBOUNCING_DELAY      20

void msec_delay(int n);              // 시간 지연 함수

static int index = 0;                // 패턴 인덱스
static unsigned char pattern[8]      // LED 패턴 테이블
    = {0xFE, 0xFD, 0xFB, 0xF7, 0xEF, 0xDF, 0xBF, 0x7F};

ISR(INT0_vect)                       // 외부 인터럽트 0 서비스루틴
{
    if(++index==8) index=0;          // 증가 값이 8이면 0으로 리셋
    msec_delay(DEBOUNCING_DELAY); // 디바운싱
```

```
    while(~PIND & 0x01);           // 스위치 해제를 기다림
    msec_delay(DEBOUNCING_DELAY);  // 디바운싱

    EIFR = (1<<INTF0);             // 인터럽트 플래그 INT0을 리셋
}

int main()
{
    DDRA = 0xFF;                   // 포트 A를 출력 포트로 설정
    PORTA = pattern[0];            // 처음 패턴으로 LED를 켠다.

    EICRA = (2<<ISC00);            // ISC01:0=2(하강 모서리 트리거)
    EIMSK = (1<<INT0);             // INT0 비트 세트(INT0 허용)
    sei();                         // 전역 인터럽트 허용

    while(1)                       // 무한루프
    {
        PORTA = pattern[index];
    }
}

//==============================================
// msec 단위 시간 지연 함수
//==============================================
void msec_delay(int n)
{
    for(; n >0; n--)               // 1msec 시간 지연을 n회 반복
        _delay_ms(1);              // 1msec 시간 지연
}
```

과제

1. 7-세그먼트는 그림 7.11과 같이 LED를 배열하여 글자를 표현할 수 있도록 한 장치이다. 7-세그먼트는 Anode 공통형과 Cathode 공통형이 있다. 포트 A에 Anode 공통형 7-세그먼트를 그림 7.12와 같이 연결하고 sw0을 누를 때마다 7-세그먼트의 글자가 0→1→2→...→9→A→b→c→d→E→F로 순환하고 sw1을 누르면 반대방향으로 순환하는 프로그램을 작성하고 수행하라.

2. 그림 6.9와 같이 연결된 도트 매트릭스에 sw0을 누를 때마다 도트 매트릭스에 표

시되는 글자는 A→B→C→D로 순환하도록 프로그램을 작성하라.

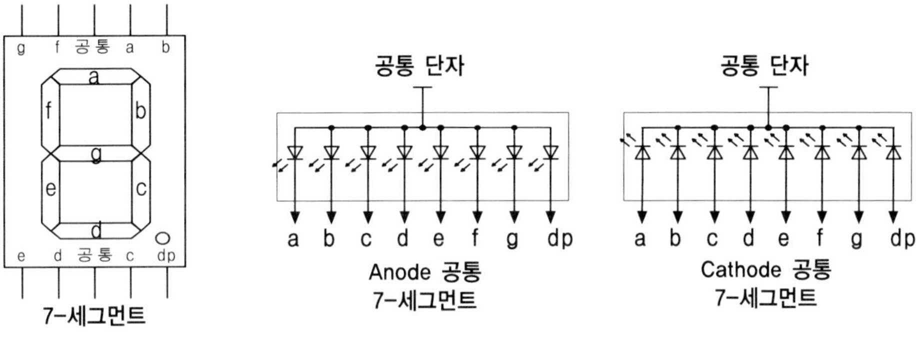

그림 7.11 7-세그먼트

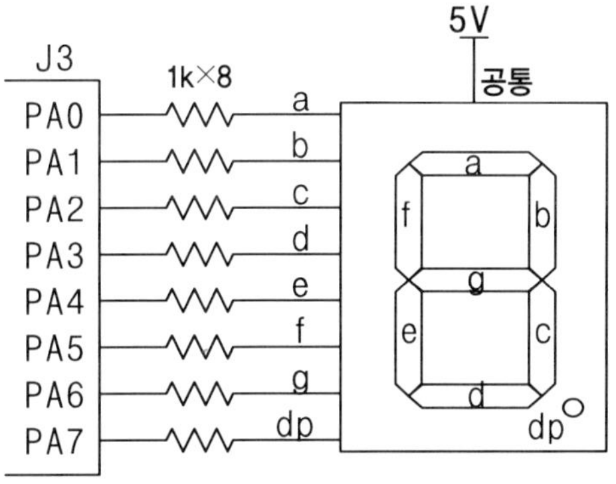

그림 7.12 Anode 공통 7-세그먼트 연결

CHAPTER 08

타이머/카운터(I) : 8비트 타이머/카운터

8.1 ATmega128의 타이머/카운터

마이크로컨트롤러에서 타이머/카운터는 입력되는 펄스를 세는 장치, 즉 카운터이다. 그러나 주기가 일정한 펄스가 입력되면 펄스의 개수로 시간을 측정할 수 있으므로 타이머 역할도 한다. 내부 클록은 주기가 일정하므로 일반적으로 타이머로 사용할 때는 내부 클록을 사용한다.

ATmega128은 8비트 타이머/카운터 2개와 16비트 타이머/카운터 2개를 제공한다. 타이머/카운터 0과 타이머/카운터 2는 8비트이며 타이머/카운터 1과 타이머/카운터 3은 16비트 타이머/카운터이다. 각 타이머/카운터는 독립적인 프리스케일러(prescaler)를 가지고 있다. 프리스케일러는 설정 분주비로 타이머의 입력 클록의 주파수를 낮춘다. 16MHz 클록을 사용하는 보드에서 분주비를 8로 설정하면 타이머/카운터에 입력되는 펄스의 주파수는 2MHz이다.

ATmega128은 타이머/카운터에 비교 유닛(Compare Unit)을 제공한다. 이를 이용하여 파형 및 PWM 신호를 생성할 수 있다.

8.2 Pulse Width Modulation(PWM) 신호

PWM 신호는 그림 8.1과 같이 톱니파와 비교하여 비대칭형으로 구현하거나 그림 8.2와 같이 삼각파와 비교하여 대칭형으로 구현할 수 있다.

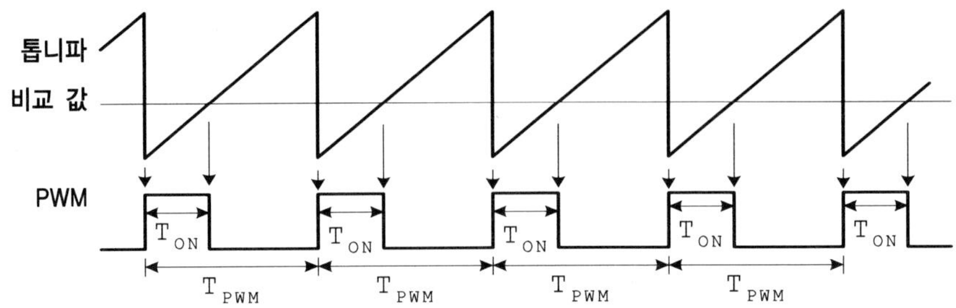

그림 8.1 비대칭형 PWM 신호

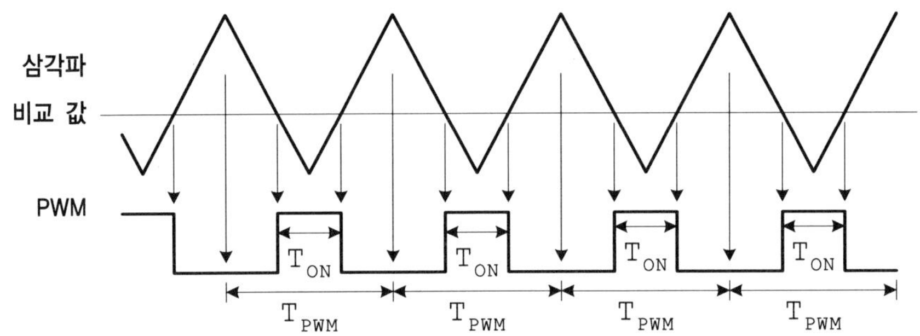

그림 8.2 대칭형 PWM 신호

- 두 모양 모두 톱니파(삼각파)가 비교 값보다 작을 때 HIGH를 출력하고 비교 값보다 클 때 LOW를 출력한다. 물론 출력을 반대로 할 수 있다.
- T_{PWM}은 일정하며 PWM 신호의 반송주기(Carrier Period)라 한다. 반송주파수(Carrier Frequency)는 $1/T_{PWM}$이다.
- 그림 8.2는 반송주기 내의 파형이 대칭이므로 대칭형 PWM 신호이다.
- T_{ON}은 펄스가 ON이 되는 시간을 말하며 비교 값의 크기에 비례한다. 전체 주기 중에 ON이 되는 시간의 비를 듀티비(Duty Ratio)라 하며 단위는 %를 사용한다.

$$\text{듀티비}(\%) = T_{ON} / T_{PWM} \times 100\% \tag{8.1}$$

- PWM 신호의 주기는 일정하므로 T_{ON} 또는 듀티비를 사용하여 정보를 전달한다. 즉 비교 값의 크기에 대한 아날로그 정보를 디지털 신호인 펄스 형태로 전달할 수 있다.
- 듀티비 100%인 PWM 신호는 DC 신호가 된다. $T_{ON} = 0.3T_{PWM}$이면 즉 30% 듀티비일 때 시간당 가해지는 신호의 평균값은 DC 신호의 30%가 된다. 즉 30%의 DC 신호가 가해지는 것과 거의 유사한 효과를 갖게 된다. PWM 신호의 장점은

ON-OFF 신호만으로 신호의 크기를 조절할 수 있고(따라서 D/A 컨버터가 필요 없음), 전력 소모가 작아진다.

8.3 8비트 타이머/카운터 0과 타이머/카운터 2

8비트 타이머/카운터로 타이머/카운터 0과 타이머/카운터 2를 제공한다. 즉 타이머/카운터 값과 출력 비교 레지스터는 8비트이다. 두 타이머/카운터는 프리스케일러의 값과 외부 클록을 사용하는 방법을 제외하고 같은 동작을 한다. 설명을 위해 몇 가지 용어를 정의하자.

BOTTOM	카운터값이 0이 되면 카운터가 BOTTOM에 도달했다고 한다.
MAX	8비트 타이머/카운터에 대해 카운터값이 0xFF(255)가 되면 MAX에 도달했다 말한다.
TOP	카운터값이 최대값이 되었을 때 카운터가 TOP에 도달했다 말한다. 최대값은 0xFF이거나 비교 레지스터 OCRn(n=0,2)으로 설정할 수 있다.

8.3.1 8비트 타이머/카운터 0, 2의 개략도

그림 8.3은 ATmega128 매뉴얼의 8비트 타이머/카운터 개략도이다.

- 레지스터 TCCRn(n=0,2)으로 제어 로직을 설정한다.
- 타이머/카운터 TCNTn과 비교 레지스터 OCRn을 서로 비교하여 파형을 재생하고 출력 핀 OCn에 파형이 출력된다.
- 타이머/카운터 0과 타이머/카운터 2는 클록의 소스 선택에서 차이를 보인다.
- 타이머/카운터 0은 내부 클록 또는 TOSC1/TOSC2 핀에 연결된 T/C Oscillator를 클록 소스로 선택할 수 있다. 클록 소스는 ASSR 레지스터의 AS0 비트로 선택한다. TOSC1/TOSC2 핀은 타이머/카운터 0 내부의 T/C Oscillator와 최적화된 32.768KHz 크리스털을 연결하는 것이 좋다. TOSC1 핀에 외부 클록을 직접 가하는 것은 바람직하지 않다.
- 타이머/카운터 2에서는 TCCR2 레지스터의 Clock Select 블록에서 외부 클록과 내부 클록을 선택한다.

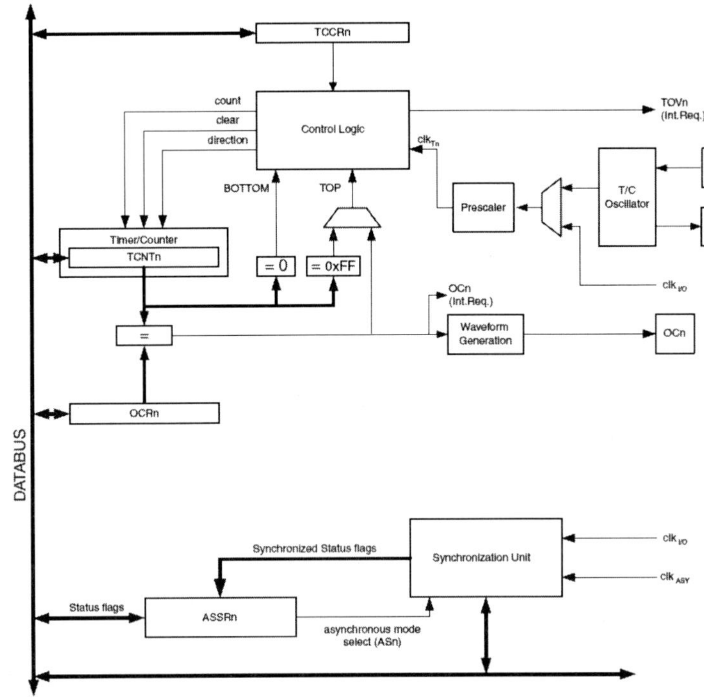

(a) 8비트 타이머/카운터 0 개략도(n=0)

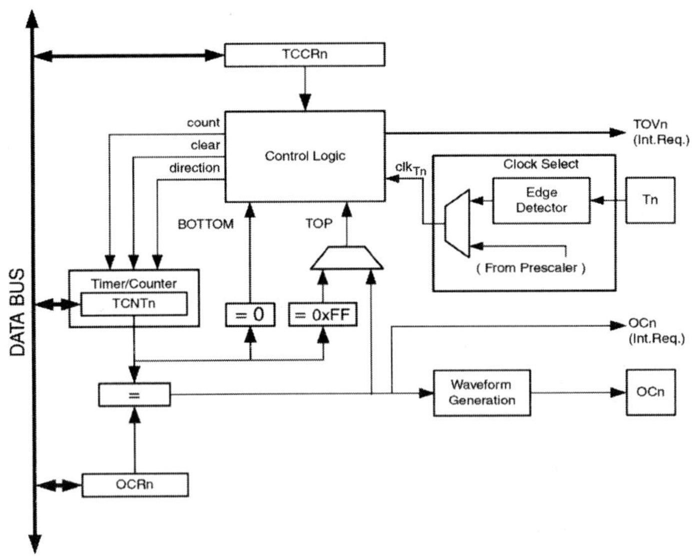

(b) 8비트 타이머/카운터 2 개략도(n=2)

그림 8.3 8비트 타이머/카운터

8.3.2 관련 레지스터

● **타이머/카운터 제어 레지스터(Timer/Counter Control Register): TCCRn(n=0,2)**

비트	7	6	5	4	3	2	1	0	
	FOCn	WGMn0	COMn1	COMn0	WGMn1	CSn2	CSn1	CSn0	TCCRn
읽기/쓰기	W	R/W	R/W	R/W	R/W	R/W	R/W	R/W	
초기값	0	0	0	0	0	0	0	0	

- 비트 7 - FOCn : 강제 출력 비교(Force Output Compare)
  비 PWM 모드로 선택되었을 때 이 비트는 활성화된다. 이 비트에 1을 쓰면 파형 생성 유닛(Waveform Generation Unit)에 즉각적인 비교일치(Compare Match)를 전달한다. 출력 핀 OCn의 값은 COMn1:0 핀 세팅에 따라 변한다. FOCn 비트의 세트는 인터럽트를 발생시키지 않는다.
- 비트 6, 3 - WGMn1:0 : 파형 생성 모드(Waveform Generation Mode)
  이 비트는 카운터의 계수 순서, TOP 값을 설정하는 방법 그리고 파형 생성 모드를 표 8.1과 같이 설정한다.

표 8.1 **파형 생성 모드 비트 설명**

모드	WGMn1	WGMn0	타이머/카운터 동작 모드	TOP	OCRn 갱신 시점	TOVn 플래그 세트 시점
0	0	0	Normal	0xFF	즉시	MAX
1	0	1	PWM, Phase Correct	0xFF	TOP	BOTTOM
2	1	0	CTC	OCRn	즉시	MAX
3	1	1	Fast PWM	0xFF	TOP	MAX

- 비트 5:4 - COMn1:0 : 비교일치 출력 모드
  이 비트는 출력 핀 OCn의 동작을 제어한다. 이 비트들 중 하나 이상의 비트가 세트되면 OCn은 공유하는 범용 I/O 핀의 기능을 대신한다(OC0은 PB4와 OC2은 PB7과 공유한다). 그러나 OCn **핀을 사용하기 위해서는 공유 범용 I/O 핀의 방향을 출력으로 설정**하여야 한다.

표 8.2는 비 PWM 모드(Normal 모드와 CTC 모드)일 때 비트의 설정에 따른 출력 핀 OCn의 동작 모드를 나타낸다.

표 8.2 비 PWM 모드일 때 비교 출력 모드

COMn1	COMn0	설명
0	0	범용 I/O로 동작한다. OCn 핀은 연결되지 않음.
0	1	비교일치가 될 때 OCn 핀의 상태를 반전시킴.
1	0	비교일치가 될 때 OCn 핀에 0을 출력함.
1	1	비교일치가 될 때 OCn 핀에 1을 출력함.

표 8.3은 Fast PWM 모드일 때 비트의 설정에 따른 출력 핀 OCn의 동작 모드를 나타낸다.

표 8.3 Fast PWM 모드일 때 비교 출력 모드

COMn1	COMn0	설명
0	0	범용 I/O로 동작한다. OCn 핀은 연결되지 않음.
0	1	예약됨.
1	0	비교일치가 될 때 OCn 핀을 0으로 하고 TOP에서 1을 출력함.
1	1	비교일치가 될 때 OCn 핀을 1로 하고 TOP에서 0을 출력함.

표 8.4는 Phase Correct PWM 모드일 때 비트의 설정에 따른 출력 핀 OCn의 동작 모드를 나타낸다.

표 8.4 Phase Correct PWM 모드일 때 비교 출력 모드

COMn1	COMn0	설명
0	0	범용 I/O로 동작한다. OCn 핀은 연결되지 않음.
0	1	예약됨.
1	0	카운터 증가 모드일 때 비교일치가 되면 OCn 핀에 0을 출력함. 카운터 감소 모드일 때 비교일치가 되면 OCn 핀에 1을 출력함.
1	1	카운터 증가 모드일 때 비교일치가 되면 OCn 핀에 1을 출력함. 카운터 감소 모드일 때 비교일치가 되면 OCn 핀에 0을 출력함.

- 비트 2:0 - CSn2:0 : 클록 선정

  이 비트로 타이머/카운터 n이 사용하는 클록을 표 8.5와 8.6과 같이 선정한다(타이머/카운터 0과 타이머/카운터 2가 서로 다르다).

▌표 8.5 ▌ 타이머/카운터 0의 클록 선정

CS02	CS01	CS00	설명
0	0	0	타이머/카운터 정지(클록 사용하지 않음)
0	0	1	clk_{TOS}(프리스케일링 없음)
0	1	0	clk_{TOS}/8(프리스케일링 입력)
0	1	1	clk_{TOS}/32(프리스케일링 입력)
1	0	0	clk_{TOS}/64(프리스케일링 입력)
1	0	1	clk_{TOS}/128(프리스케일링 입력)
1	1	0	clk_{TOS}/256(프리스케일링 입력)
1	1	1	clk_{TOS}/1024(프리스케일링 입력)

clk_{TOS}는 프리스케일러 입력 클록을 말한다. ASSR 레지스터의 AS0이 0일 때는 내부 클록, 1일 때는 TOSC1/TOSC2 핀의 수정발진자 주파수이다.

▌표 8.6 ▌ 타이머/카운터 2의 클록 선정

CS22	CS21	CS20	설명
0	0	0	타이머/카운터 정지(클록 사용하지 않음)
0	0	1	$clk_{I/O}$(프리스케일링 없음)
0	1	0	$clk_{I/O}$/8(프리스케일링 입력)
0	1	1	$clk_{I/O}$/64(프리스케일링 입력)
1	0	0	$clk_{I/O}$/256(프리스케일링 입력)
1	0	1	$clk_{I/O}$/1024(프리스케일링 입력)
1	1	0	T2핀의 외부 클록 사용. 하강 모서리에서 클록을 함
1	1	1	T2핀의 외부 클록 사용. 상승 모서리에서 클록을 함

$clk_{I/O}$는 내부 클록을 말한다.
외부 클록 사용 모드를 사용하면 T2 핀이 출력 방향으로 설정되더라도 클록으로 동작한다.

● 타이머/카운터 레지스터(Timer Counter Register): TCNTn(n=0,2)

비트	7	6	5	4	3	2	1	0	
	TCNTn[7:0]								TCNTn
읽기/쓰기	R/W	R/W	R/W	R/W	R/W	R/W	R/W	R/W	
초기값	0	0	0	0	0	0	0	0	

타이머/카운터 레지스터로서 읽기/쓰기를 직접 할 수 있다.

● 출력 비교 레지스터(Output Compare Register): OCRn(n=0,2)

비트	7	6	5	4	3	2	1	0	
	OCRn[7:0]								OCRn
읽기/쓰기	R/W	R/W	R/W	R/W	R/W	R/W	R/W	R/W	
초기값	0	0	0	0	0	0	0	0	

OCRn은 타이머/카운터 레지스터 TCNTn과 지속적으로 비교된다. 비교일치는 출력 비교일치 인터럽트를 발생할 때 또는 OCn 핀에 파형을 출력할 때 사용된다.

● 타이머/카운터 인터럽트 플래그 레지스터 (Timer/Counter Interrupt Flag Register): TIFR

비트	7	6	5	4	3	2	1	0	
	OCF2	TOV2	ICF1	OCF1A	OCF1B	TOV1	OCF0	TOV0	TIFR
읽기/쓰기	R/W	R/W	R/W	R/W	R/W	R/W	R/W	R/W	
초기값	0	0	0	0	0	0	0	0	

- 비트 1,7 - OCFn(n=0,2) : 출력 비교 플래그(Output Compare Flag)
  타이머 값 TCNTn과 비교 레지스터 값 OCRn이 같을 때 플래그 OCFn이 세트된다. 이 플래그는 해당 인터럽트 서비스루틴이 수행되면서 자동으로 지워진다. 이 비트를 지우는 다른 방법으로 OCFn 비트에 1을 쓰면 플래그가 지워진다.
- 비트 0,6 - TOVn(n=0,2) : 타이머/카운터 n 오버플로 플래그 (Timer/Counter Overflow Flag)
  타이머 값 TCNTn에 오버플로가 생길 때 플래그 TOVn이 세트된다. 이 플래그는 해당 인터럽트 서비스루틴이 수행되면서 자동으로 지워진다. 이 비트를 지우는 다른 방법으로 TOVn 비트에 1을 쓰면 플래그가 지워진다. PWM 모드에서는 TCNTn이 0x00될 때 플래그가 세트된다.

● 타이머/카운터 인터럽트 마스크 레지스터 (Timer/Counter Interrupt Mask Register): TIMSK

비트	7	6	5	4	3	2	1	0	
	OCIE2	TOIE2	TICIE1	OCIE1A	OCIE1B	TOIE1	OCIE0	TOIE0	TIMSK
읽기/쓰기	R/W	R/W	R/W	R/W	R/W	R/W	R/W	R/W	
초기값	0	0	0	0	0	0	0	0	

- 비트 1,7 - OCIEn(n=0,2) : 출력 비교일치 인터럽트 허용
  (Output Compare Match Interrupt Enable)

  OCIEn 비트가 1이고 SREG 레지스터의 I비트가 1이면 출력 비교일치 인터럽트를 허용한다. 출력 비교일치 인터럽트는 타이머 값 TCNTn과 비교레지스터 값 OCRn이 같을 때, 즉 출력 비교 플래그 OCFn가 세트될 때 발생한다.
- 비트 0,6 - TOIEn(n=0,2) : 타이머 오버플로 인터럽트 허용
  (Timer/Counter Overflow Interrupt Enable)

  TOIEn 비트가 1이고 SREG 레지스터의 I비트가 1이면 타이머 오버플로 인터럽트를 인터럽트를 허용한다. 타이머 오버플로 인터럽트는 타이머 값 TCNTn가 오버플로가 생길 때 즉 타이머/카운터 오버플로 플래그 TOVn이 세트될 때 발생한다.

● 비동기 상태 레지스터(Asynchronous Status Register): ASSR (타이머/카운터 0에만 해당)

비트	7	6	5	4	3	2	1	0	
	–	–	–	–	AS0	TCN0UB	OCR0UB	TCR0UB	ASSR
읽기/쓰기	R	R	R	R	R/W	R	R	R	
초기값	0	0	0	0	0	0	0	0	

- 비트 3 - AS0 : 비동기 타이머/카운터 0

  비트가 0으로 설정되면 타이머/카운터 0의 입력은 내부 클록이다. 비트가 1로 설정되면 타이머/카운터 0은 비동기 모드로 설정된다. 이때 타이머/카운터 0의 입력은 TOSC1 핀에 연결된 수정발진자의 펄스이다.
- 비트 2 - TCN0UB : Timer/Counter0 Update Busy
- 비트 1 - OCR0UB : Output Compare Register0 Update Busy
- 비트 0 - TCR0UB : Timer/Counter Control Register0 Update Busy

● 특수 기능 IO 레지스터(Special Function IO Register): SFIOR

비트	7	6	5	4	3	2	1	0	
	TSM	–	–	–	ACME	PUD	PSR0	PSR321	SFIOR
읽기/쓰기	R/W	R	R	R	R/W	R/W	R/W	R/W	
초기값	0	0	0	0	0	0	0	0	

- 비트 7 - TSM : 타이머/카운터 동기 모드(Timer/Counter Synchronization Mode)
  ATmega128에는 두 개의 프리스케일러가 있다. 타이머/카운터 0이 프리스케일러 하나를 사용하고 타이머/카운터 1, 2, 3은 다른 하나의 프리스케일러를 공유한다. TSM 비트를 1로 세트하면 타이머/카운터 동기 모드가 된다. 이때 PSR0와 PSR321에 써진 값을 보존하므로 PSR0와 PSR321 리셋 신호가 그대로 유지된다. 따라서 이 모드를 사용하면 해당 타이머/카운터를 정지시키고 같은 타이머/카운터 값을 설정할 수 있다. TSM 비트를 0으로 지우면 PSR0와 PSR321이 하드웨어에 의해 0으로 지워지므로 타이머/카운터를 동시에 시작시킬 수 있다.
- 비트 1 - PSR0 : 프리스케일러 리셋 타이머/카운터 0(Prescaler Reset Timer/Counter0)
  이 비트가 1로 세트되면 타이머/카운터 0의 프리스케일러가 리셋된다. 표준적으로 이 비트는 하드웨어에 의해 즉시 0으로 지워진다. 타이머/카운터 0이 비동기 모드로 동작 중에 이 비트에 1이 써지면 이 비트는 프리스케일러가 리셋될 때까지 1이 유지된다. TSM 비트가 1로 세트되어 있을 때 이 비트는 하드웨어에 의해 0으로 지워지지 않는다.

8.3.3 동작 모드

8비트 타이머의 동작 모드는 TCCRn 레지스터의 WGMn1:0 비트와 COMn1:0 비트로 설정한다.

(1) 표준 모드

- TCCRn 레지스터의 WGMn1:0=0으로 설정하는 가장 간단한 동작 모드이다.
- 타이머/카운터 값 TCNTn은 항상 증가하며 값이 8비트의 최대값(TOP=0xFF)을 지나면 바닥(BOTTOM=0x00)부터 다시 카운트를 시작한다.
- TCNTn이 0xFF에서 0x00으로 변할 때 0x00이 되는 시점에서 오버플로가 발생하고 오버플로 플래그 TOVn이 세트된다.
- 출력 비교 레지스터를 사용하여 주어진 시점에 출력 비교일치 인터럽트를 발생시킬 수 있다. 그러나 출력 비교 레지스터를 사용하여 파형을 생성하는 것은 과도한 CPU 시간을 소비하기 때문에 권고되지 않는다.

(2) CTC(Clear Timer on Compare Match) 모드

- TCCRn 레지스터의 WGMn1:0=2로 설정하는 동작 모드이다.
- 타이머/카운터 값 TCNTn은 출력비교 레지스터 OCRn과 일치될 때까지 증가하고 이후 TCNTn은 0으로 지워지고, 출력 비교 인터럽트 플래그 OCFn 비트가 세트된다.
- 출력 핀 OCn의 동작은 COMn1:0의 값으로 제어한다(표 8.2). OCn 핀에 출력을 하려면 공유 범용 I/O 핀의 방향을 출력으로 설정해야 한다.

그림 8.4는 CTC 모드에서 COMn1:0=1로 설정되었을 때 출력 핀과 비교일치 인터럽트의 동삭을 보여준나. 그림에서 조그만 수평바는 TCNTn이 OCRn과 일치할 때를 나타낸다. TCNTn이 OCRn과 일치하면 TCNTn이 0으로 지워지고 비교일치 인터럽트 플래그 OCFn이 세트된다. 동시에 COMn1:0 세팅에 따라 출력 핀 OCn의 값은 반전(Toggle)된다.

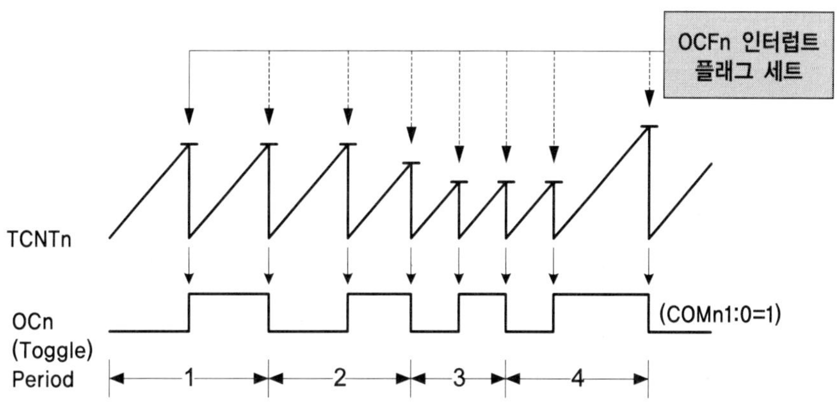

그림 8.4 CTC 모드의 동작

- 생성되는 파형의 주파수는 비교 레지스터 OCRn으로 설정할 수 있다.
  - 프리스케일러 값이 N이면 내부 클록 N개마다 TCNTn이 1씩 증가한다. 따라서 TCNTn이 1 증가하는데 필요한 소요시간 t_t는

$$t_t = N / f_{clk\_I/O} \tag{8.2}$$

  여기서 $f_{clk_I/O}$는 내부 클록 주파수를 말한다.

- TCNTn은 0부터 OCRn까지 증가하였다가 0으로 리셋되므로 OCRn부터 다음 OCRn까지 소요 카운트 값은 OCRn+1이다.
- TCNTn이 OCRn이 될 때마다 출력 OCn 핀의 상태가 반전되고 한 파형을 만드는 데 TCNTn이 OCRn이 되는 경우가 두 번 일어나야 하므로 소요 카운트 값은 2·(OCRn+1)이다.
- 따라서 파형의 주기 T_{OCn}과 주파수 f_{OCn}은

$$T_{OCn} = 2 \cdot (OCRn+1) \cdot t_t = 2 \cdot N \cdot (OCRn+1) / f_{clk\_I/O} \quad \text{sec} \tag{8.3}$$

$$f_{OCn} = 1/T_{OCn} = f_{clk\_I/O} / (2 \cdot N \cdot (OCRn+1)) \quad \text{Hz} \tag{8.4}$$

- 각 타이머의 프리스케일러 값은 표 8.5와 표 8.6을 참고하여 설정한다.

예 내부 클록 16MHz를 사용, 프리스케일러 값이 8, OCRn=15로 설정되면 파형의 주파수 및 주기는 다음과 같다.

$$t_t = 8/(16\times10^6) = 0.5\times10^{-6}\text{sec} = 0.5\mu\text{sec}$$
$$T_{OCn} = 2 \cdot 8 \cdot (15+1)/(16\times10^6)\text{sec} = 16\mu\text{sec}$$
$$f_{OCn} = 16\times10^6/(2 \cdot 8 \cdot (15+1))\,\text{Hz} = 0.0625\text{MHz}$$
$$= 62.5\text{kHz}$$

(3) Fast PWM 모드

이 모드는 그림 8.1과 같은 비대칭형 PWM 신호를 만들어낸다.

- TCCRn 레지스터의 WGMn1:0=3으로 설정하는 동작 모드이다.
- 타이머/카운터 값 TCNTn은 항상 증가하며 8비트의 최대값(MAX=0xFF)을 지나면 바닥(BOTTOM=0x00)부터 다시 카운트를 시작한다. 이때 오버플로 플래그 TOVn이 세트되고 OCRn 값이 업데이트된다. 타이머/카운터 값이 PWM 생성을 위한 톱니파를 형성한다.
- 타이머/카운터 값 TCNTn이 출력 비교 레지스터 OCRn과 일치될 때와 TCNTn이 0이 될 때 COMn1:0 값의 설정(표 8.3)에 따라 핀 OCn에 신호가 출력된다. 그리고 비교일치 인터럽트 플래그 OCFn이 세트된다.

그림 8.5는 Fast PWM 모드에서 출력 핀의 동작을 보여준다.

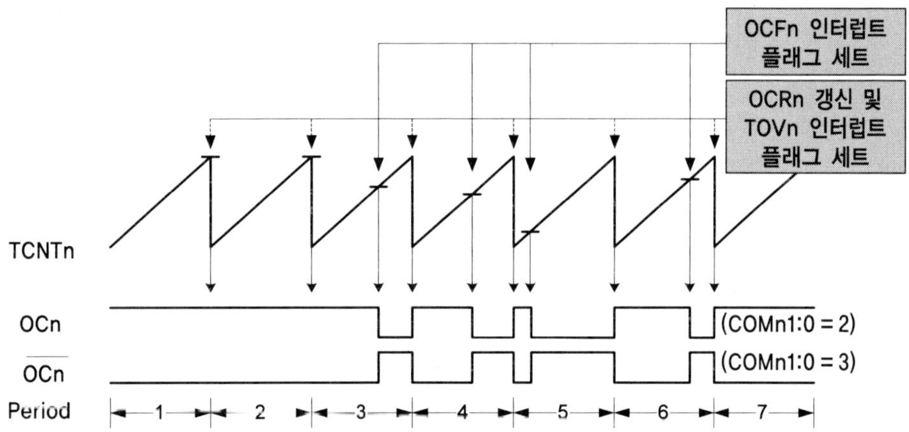

그림 8.5 Fast PWM 모드의 동작

- TCNTn의 값이 MAX가 되는 시점이 PWM 신호의 시작시점이다. 따라서 PWM 신호의 반송주기는 카운터의 값이 MAX부터 다음 MAX까지이고 256 카운트에 해당한다. 따라서 반송주기와 주파수는

$$T_{OCnPWM} = 256 \cdot t_t = 256 \cdot N / f_{clk\_I/O} \quad \text{sec} \tag{8.5}$$

$$f_{OCnPWM} = 1 / T_{OCnPWM} = f_{clk\_I/O} / (256 \cdot N) \quad \text{Hz} \tag{8.6}$$

- COMn1:0=2일 때 신호가 ON이 되는 시간은 MAX로부터 다음 OCRn까지이므로 PWM 신호의 듀티비는 출력 비교 레지스터 값으로 설정할 수 있다.

$$\text{듀티비}(\%) = (OCRn+1) / 256 \times 100(\%)$$

- FAST PWM 모드의 해상도는 8bit 즉, 256등분이다.

(4) Phase Correct PWM 모드

이 모드는 그림 8.2와 같은 대칭형 PWM 신호를 만들어낸다. 신호의 대칭 특성으로 모터의 구동에 적합하다.

- TCCRn 레지스터의 WGMn1:0=1로 설정하는 동작 모드이다.
- 타이머/카운터 값 TCNTn은 최대값(MAX=0xFF)까지 증가하였다가 BOTTOM까지 감소하며 삼각파를 형성한다. 타이머/카운터 값이 0이 될 때 오버플로 플래그 TOVn이 세트된다. OCRn은 TCNTn이 최대값이 될 때 업데이트된다.

• 타이머/카운터 값 TCNTn이 출력 비교 레지스터 OCRn과 일치될 때 증가 모드와 감소 모드에서 COMn1:0 값의 설정(표 8.4)에 따라 핀 OCn에 신호가 출력된다.

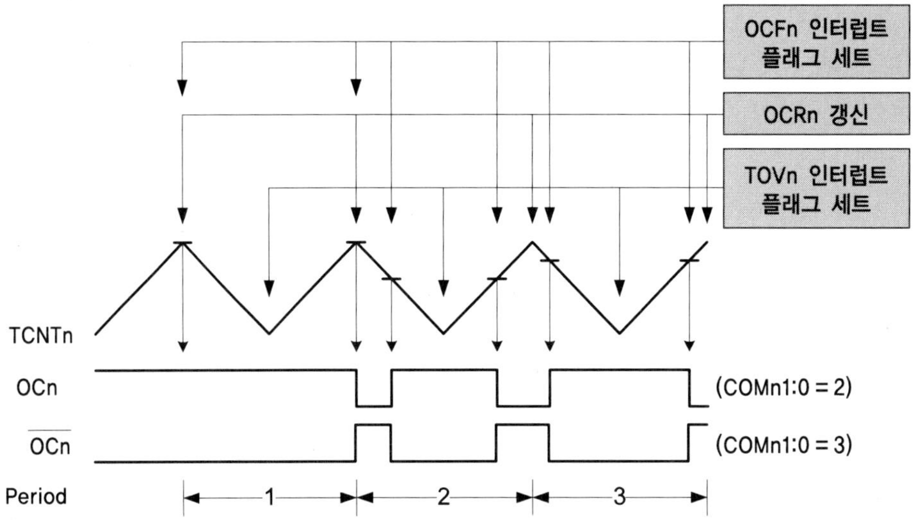

그림 8.6 Phase Correct PWM 모드의 동작

그림 8.6은 Phase Correct PWM 모드에서 출력 핀의 동작을 보여준다.

• TCNTn의 값이 MAX가 되는 시점이 PWM 신호의 시작이므로 PWM 신호의 반송주기 동안 카운터의 값은 0xFF(255)→0x00→0xFF로 변한다. 카운트로는 510에 해당한다. 따라서 반송주기와 주파수는

$$T_{OCnPWM} = 510 \cdot t_t = 510 \cdot N / f_{clk\_I/O} \quad \text{sec} \tag{8.7}$$

$$f_{OCnPWM} = 1 / T_{OCnPWM} = f_{clk\_I/O} / (510 \cdot N) \quad \text{Hz} \tag{8.8}$$

• COMn1:0=2일 때 PWM 신호의 듀티비는 출력 비교 레지스터 값으로 설정할 수 있다.

$$\text{듀티비}(\%) = \text{OCRn} / 255 \times 100(\%)$$

• Phase Correct PWM 모드의 해상도는 8bit 즉, 256등분이다.
• Phase Correct PWM 모드의 PWM 신호 반송주기는 Fast PWM 모드의 약 두 배이다.

8.4 8비트 타이머/카운터 실습

8.4.1 주기적으로 LED 패턴 이동하기

여기서는 6.4절에서 수행하였던 LED 패턴 이동 실습을 타이머/카운터를 사용하여 수행하여 보자. 6.4절에서는 시간 지연을 위해 `msec_delay()` 함수 또는 `_delay_ms()` 함수를 사용하였으나 이 절에서는 정확한 시간 지연을 위해 타이머/카운터를 사용한다. LED 회로는 그림 6.2를 사용한다.

다음 방법을 통해 LED 패턴을 주기적으로 이동하도록 하자.

- 주기적으로 인터럽트를 발생시키고, 인터럽트 서비스루틴에서 LED 패턴을 이동시킨다.
- 주기적으로 인터럽트를 발생시키는 방법은 타이머 오버플로 인터럽트와 출력 비교일치 인터럽트를 사용할 수 있다.
- 표준 모드에서는 타이머 오버플로 인터럽트와 출력 비교일치 인터럽트 중 하나를 사용하면 되고, CTC 모드에서는 출력 비교일치 인터럽트를 사용한다.

우선 각 프리스케일러의 분주비에 따라 인터럽트의 최대 발생주기를 계산하여 보자. 프리스케일러 출력 클록 당 소요 시간은 식 (8.2)로 주어진다.

$$t_t = N / f_{clk\_I/O}$$

여기서 N은 프리스케일러의 분주비이고 $f_{clk_I/O}$는 내부 클록 주파수이다. 8비트 레지스터인 TCNTn 또는 OCRn은 0~255까지 셀 수 있으므로 최대주기는

$$T_{max} = 256 \cdot t_t = 256 \cdot N / f_{clk\_I/O} \tag{8.9}$$

이다. 표 8.7은 16MHz 클록을 사용할 때 프리스케일러 분주비에 따른 인터럽트 최대 발생주기를 나타낸다.

표 8.7 분주비에 따른 인터럽트 최대 발생주기

분주비(N)	1	8	32†	64	128†	256	1024
최대주기 (msec)	0.016	0.128	0.512	1.024	2.048	4.096	16.384

† 타이머/카운터 2는 제공하지 않는 분주비임

가장 큰 분주비를 선택하여도 최대주기가 약 16msec이다. 이 주기로 패턴을 이동하면 너무 빨라 모두 켜져 있는 것처럼 보인다. 느린 주기로 패턴을 이동하여 패턴 이동을 보기 위해 다음 방법을 고려하자.

- 10msec 주기로 인터럽트를 건다.
- 인터럽트 서비스루틴에서 인터럽트가 걸린 회수를 계산하여 긴 시간을 측정하고 시간이 되면 패턴을 이동시킨다(예: 200msec 주기로 패턴을 이동하려면 인터럽트가 20번 걸렸을 때 패턴을 이동하면 된다).

우선 주어진 시간 간격으로 인터럽트를 거는 방법을 생각해보자.

(1) 표준 모드에서 타이머/카운터 오버플로 인터럽트를 이용하는 방법

타이머에 적절한 초기값을 쓰면 타이머 시작부터 타이머 오버플로가 발생할 때까지의 시간을 조절할 수 있다.

예 타이머에 0xF0를 쓰고 타이머를 시작하면 0xFF에서 0x00으로 넘어가는 시점에서 오버플로 인터럽트가 발생하므로

$$0xFF - 0xF0 + 1 = 0x10 = 16$$

클록 후에 타이머 오버플로 인터럽트가 발생한다.

예 16 클록 후에 타이머 오버플로 인터럽트를 걸려면 타이머에

$$0xFF - 16 + 1 = 0xF0$$

를 설정하고 타이머를 동작시키면 된다.

Ts msec 후에 인터럽트를 발생시키려면 Ts msec에 해당하는 클록 수를 계산하여야 한다. 이를 변수 icount라 하면

$$\begin{aligned} \text{icount} &= T_s \times 10^{-3} / t_t \qquad \Longleftarrow \text{식 (8.2)} \\ &= T_s \times 10^{-3} / (N / f_{clk\_I/O}) \\ &= T_s \times 10^{-3} \times 16 \times 10^6 / N \\ &= T_s \times 16 \times 1000 / N \end{aligned} \tag{8.10}$$

여기서 N은 분주비이고 $f_{clk_I/O} = 16\,MHz$이다. 따라서 타이머에

$$\text{TCNTn} = 0xFF - \text{icount} + 1 = 256 - \text{icount} \tag{8.11}$$

을 설정하고 타이머를 동작시키면 Ts msec 후에 인터럽트가 발생한다.

프로그램 8.1은 10msec마다 타이머/카운터 0 오버플로 인터럽트를 걸고 인터럽트 횟수가 20일 때, 즉 200msec가 되었을 때 LED 패턴을 이동시키는 프로그램이다.

프로그램 8.1 오버플로 인터럽트를 사용한 주기적 LED 패턴 이동

```
#include <avr/io.h>
#include <avr/interrupt.h>
static unsigned char pattern[8]       // LED 패턴 테이블
    = {0xFE, 0xFD, 0xFB, 0xF7, 0xEF, 0xDF, 0xBF, 0x7F};

ISR(TIMER0_OVF_vect) // 타이머 0 오버플로 인터럽트 서비스루틴
{
    static int  index=0;       // 패턴 인덱스
    static char n_enter=0;     // 인터럽트 횟수

    TCNT0 = 100;               // 10msec 후에 인터럽트 발생
    n_enter++;                 // 인터럽트 횟수 증가

    if(n_enter == 20)          // 200msec
    {
        n_enter=0;
        PORTA = pattern[index++]; // 패턴 이동
        if(index==8) index=0;
    }
}
int main()
{
    DDRA  = 0xFF;              // A 포트를 출력으로 설정
    PORTA = 0xFF;              // LED를 끈다.

    // 타이머/카운터 0 설정
    TCCR0 = 0x00;              // 표준 모드, 타이머 정지
    TCNT0 = 100;               // 타이머 초기값 설정

    // 인터럽트 설정
    TIMSK = (1<<TOIE0);        // 타이머 0 오버플로 인터럽트 허용
    sei();                     // 전역 인터럽트 허용

    TCCR0 |= (7<<CS00);        // 분주비 1024로 타이머 시작

    while(1);
}
```

- 타이머/카운터 0 오버플로 인터럽트의 매크로는 표 7.2로부터 TIMER0_OVF_vect이다.
- 분주비 1024를 선택하였을 때 10msec 후에 인터럽트를 걸려면 타이머 0에 설정하여야 할 값은 식 (8.10)과 (8.11)로부터 다음과 같다.

  식 (8.10) ⟹ icount = 10 × 16 × 1000 / 1024 = 156
  식 (8.11) ⟹ TCNT0 = 256 - 156 = 100

- 타이머 오버플로 인터럽트가 20번 발생할 때 LED 패턴을 이동시키면 200msec 마다 패턴이 이동하게 된다.
- 타이머/카운터 0을 표준 모드, OC0 핀을 사용하지 않을 때 타이머 제어 레지스터 TCCR0의 각 비트는

  WGM01=0, WGM00=0, COM01:0=0, CS02:0=0(타이머 정지)
  ⟹ TCCR0=0x00;

- 타이머 0 오버플로 인터럽트를 허용한다. ⟹ TIMSK=(1<<TOIE0)
- 분주비 1024로 타이머를 동작시키려면 CS02:0=7로 설정하면 된다.
  TCCR0의 CS02:0 핀들만 0x07로 변경하여야 하므로
  ⟹ TCCR0|=(7<<CS00);   // TCCR0=(7<<CS00)이 아님
- 그림 8.7과 같이 인터럽트 서비스루틴에서 다시 10msec 후에 인터럽트를 발생시키므로 주기적으로 인터럽트가 걸린다.

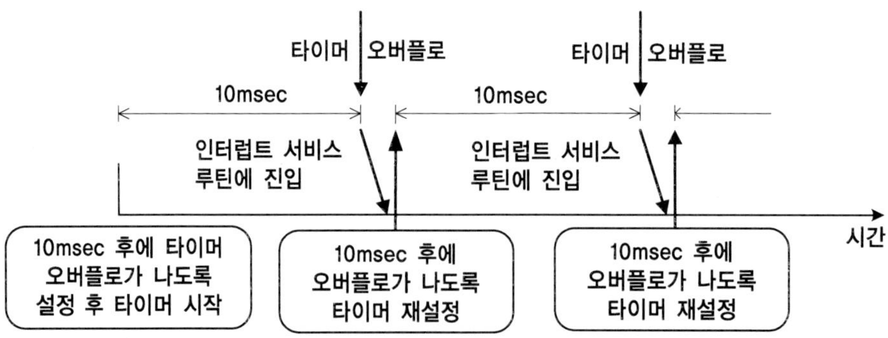

그림 8.7 오버플로를 이용하여 10msec 주기 인터럽트 걸기

- 그림 8.7에서 보여주듯 인터럽트가 걸린 후 인터럽트 서비스루틴에 진입하는 데 시간이 걸리므로 오버플로 발생 후 약간 시간이 지난 후 타이머 재설정이 이루어진다. 따라서 타이머 오버플로 사이의 시간 간격은 10msec보다 약간 길다.

(2) 표준 모드에서 출력 비교일치 인터럽트를 이용하는 방법

비교일치 인터럽트는 비교 레지스터 OCR0과 타이머 레지스터 TCNT0이 일치할 때 발생한다. 그림 8.8은 비교일치 인터럽트를 사용하여 주기적 인터럽트를 발생시키는 방법을 보여주고 있다.

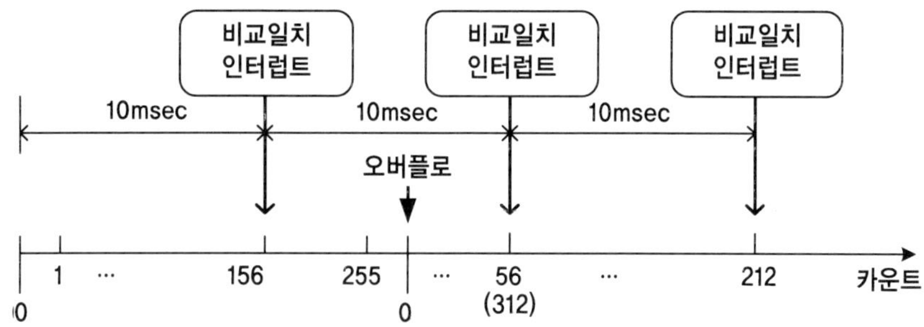

그림 8.8 비교일치를 이용하여 10msec 주기 인터럽트 걸기

- 타이머를 동작시키면 그림 8.8과 같이 8비트 타이머는 0→255까지 세고 다음에는 오버플로가 발생하면서 다시 0부터 값을 센다.
- 분주비 1024일 때 10msec에 해당하는 카운트는 156이므로

  첫 인터럽트가 발생하는 TCNT0의 값 :

  ```
  TCNT0 = 0 + 156(0x9C)
  ```

  둘째 인터럽트가 발생하는 TCNT0의 값 :

  ```
  TCNT0 = 156 + 156 = 312(0x138)
  ```

  ▸ 타이머 0은 8비트 타이머이므로 255(0xFF)에서 오버플로가 발생하여 이 값은 312-256 = 56(0x38)이 된다.

  셋째 인터럽트가 발생하는 TCNT0의 값 :

  ```
  TCNT0 = 56 + 156 = 212(0xD4)
  ```

- 따라서 OCR0을 0x9C, 0x38, 0xD4 ... 순으로 설정하면 10msec마다 비교일치 인터럽트가 발생한다. 이는 다음과 같이 계산하면 된다.

```
OCR0 = OCR0 + 156;
```

TCNT0과 같이 두 번째 인터럽트에 대해서는 OCR0=0x138이 되나 OCR0은 8비트 레지스터이므로 하위 바이트 0x38이 OCR0에 저장된다.

프로그램 8.2 비교일치 인터럽트를 사용한 주기적 LED 패턴 이동

```
#include <avr/io.h>
#include <avr/interrupt.h>
static unsigned char pattern[8]      // LED 패턴 테이블
     = {0xFE, 0xFD, 0xFB, 0xF7, 0xEF, 0xDF, 0xBF, 0x7F};
ISR(TIMER0_COMP_vect)                // 비교일치 인터럽트 서비스루틴
{
     static int  index=0;       // 패턴 인덱스
     static char n_enter=0;     // 인터럽트 횟수
     OCR0 += 156;               // 10msec 후에 인터럽트 발생
     n_enter++;                 // 인터럽트 횟수 증가
     if(n_enter == 20)          // 200msec
     {
          n_enter=0;
          PORTA = pattern[index++]; // 패턴 이동
          if(index==8) index=0;
     }
}

int main()
{
     DDRA  = 0xFF;              // A 포트를 출력으로 설정
     PORTA = 0xFF;              // LED를 끈다.
     // 타이머/카운터 0 설정
     TCCR0 = 0x00;              // 표준 모드, 타이머 정지
     OCR0  = 156;               // 10msec 후에 비교일치 발생
     // 인터럽트 설정
     TIMSK = (1<<OCIE0);        // 타이머 0 비교일치 인터럽트 허용
     sei();                     // 전역 인터럽트 허용
     TCCR0 |= (7<<CS00);        // 분주비 1024로 타이머 시작
     while(1);
}
```

프로그램 8.2는 비교일치 인터럽트를 사용하여 LED 패턴을 이동시킨다.

- 타이머 0 비교일치 인터럽트의 매크로는 `TIM0_COMP_vect`이다.
- 타이머 0 비교일치 인터럽트를 허용한다. ==> `TIMSK=(1<<OCIE0)`
- 프로그램 8.2는 그림 8.8에서 보여주듯 정확히 10msec마다 비교일치 인터럽트가 발생한다.

(3) CTC 모드를 이용하는 방법

그림 8.4의 CTC 모드를 설정하면 카운터값 TCNTn이 비교값 OCRn까지 증가하였다가 리셋되고 비교일치 인터럽트를 발생한다. 한 번 비교값 OCRn을 설정하면 계속적으로 인터럽트가 발생한다(방법 (2)에서는 인터럽트 서비스루틴에서 계속적으로 OCRn을 재설정하여야 한다).

여기서는 10msec 주기로 비교일치 인터럽트를 발생시키고 인터럽트 횟수를 세어 20번(200msec)마다 LED 패턴을 이동하도록 한다. 아울러 타이머 0의 출력 핀인 OC0 (PB4와 공유)에 비교일치 인터럽트가 발생할 때마다 상태가 반전되는 펄스를 출력하여 보자.

- 1024 분주비를 사용하였을 때 10msec는 156 카운트에 해당한다. CTC 모드에서 비교일치가 일어나는 주기는 OCRn+1이므로

  `OCR0+1 = 156 ==> OCR0 = 155`

- CTC 모드의 설정 : `WGM01 = 1, WGM00 = 0`

  출력 핀 OC0를 반전 모드로 설정 : `COM01:0 = 0x01`

  타이머 정지: `CS02:0 = 0x00`

  `==> TCCR0 = (1<<WGM01)|(1<<COM00); // (=0b00011000)`

- OC0(PB4) 핀을 출력으로 설정 : PB4를 제외한 PORTB의 핀은 방향을 보존한다.

  `==> DDRB |= (1<<DDB4); // (= 0b00010000)`

- 타이머 0 비교일치 인터럽트 허용

  `==> TIMSK = (1<<OCIE0); // (= 0b00000010)`

- 타이머를 1024분주비로 시작 : `CS02:1=0x07`

  TCCR0의 CS02:0 핀들만 0x07로 변경하여야 하므로

  `==> TCCR0 |= 0x07; // TCCR0 = 0x07이 아님`

CTC 모드에서는 인터럽트 서비스루틴에서 OCR0를 다시 설정할 필요가 없다. 프로그램 8.3은 CTC 모드로 LED 패턴을 200msec 주기로 이동시키는 프로그램이다. 출력 핀 OC0를 CTC 모드와 연계시켰으므로 OC0 핀에 인터럽트 주기의 두 배인 20msec의 주기를 갖는 펄스가 생성된다(동영상 8.1).

실습
프로그램 8.1, 8.2, 8.3을 수행한다. 단 프로그램 8.3을 수행할 때는 OC0(PB4) 핀의 출력을 오실로스코프로 관찰한다.

프로그램 8.3 CTC 모드를 사용한 주기적 LED 패턴 이동

```
#include <avr/io.h>
#include <avr/interrupt.h>
static unsigned char pattern[8]      // LED 패턴 테이블
    = {0xFE, 0xFD, 0xFB, 0xF7, 0xEF, 0xDF, 0xBF, 0x7F};
ISR(TIMER0_COMP_vect)                // 비교일치 인터럽트 서비스루틴
{
    static int  index=0;      // 패턴 인덱스
    static char n_enter=0;    // 인터럽트 횟수

    n_enter++;                // 인터럽트 횟수 증가
    if(n_enter == 20)         // 200msec
    {
        n_enter=0;
        PORTA = pattern[index++]; // 패턴 이동
        if(index==8) index=0;
    }
}
int main()
{
    DDRA  = 0xFF;             // A 포트를 출력으로 설정
    DDRB |= (1<<DDB4);        // PB4(OC0)를 출력으로 설정
    PORTA = 0xFF;             // LED를 끈다.
    // 타이머/카운터 0 설정 : CTC 모드, 타이머 정지, OC0 핀 사용
    TCCR0 = (1<<WGM01)|(1<<COM00);
    OCR0  = 155;              // 10msec마다 비교일치 발생
    // 인터럽트 설정
    TIMSK = (1<<OCIE0);       // 타이머 0 비교일치 인터럽트 허용
    sei();                    // 전역 인터럽트 허용

    TCCR0 |= (7<<CS00);       // 분주비 1024로 타이머 시작
    while(1);
}
```

과제

6장 프로그램 prac6-7.c는 main()에서 주어진 시간 간격으로 도트 매트릭스의 행을 바꾸어가면서 주어진 LED 패턴을 켠다. 이를 5msec마다 타이머 인터럽트 서비스루틴에서 행을 바꾸며 LED 패턴 변경하도록 변경하라.

8.4.2 PWM 신호로 LED 밝기 조절하기

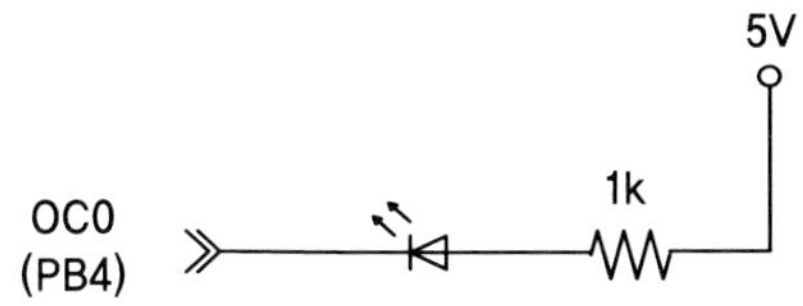

그림 8.9 PWM 출력에 LED 연결

8.2절에서 언급한 바와 같이 PWM 신호의 듀티비를 조절하면 DC 신호의 평균값을 조절할 수 있으므로 LED를 PWM 신호로 구동하면 밝기를 조절할 수 있다(동영상 8.2). 실습을 위하여 그림 8.9와 같이 OC0 핀에 LED를 연결한다.

표 8.8은 분주비에 따른 각 PWM 모드의 주파수 및 주기를 보여준다.

표 8.8 분주비 따른 PWM 신호의 주파수 및 주기

분주비(N)		1	8	32†	64	128†	256	1024
Fast PWM	주파수 (KHz)	62.5	7.8125	1.9531	0.9766	0.4883	0.2441	0.0610
	주기 (msec)	0.016	0.128	0.512	1.024	2.048	4.096	16.384
P.C PWM	주파수 (KHz)	31.348	3.9216	0.9804	0.4902	0.2451	0.1225	0.0306
	주기 (msec)	0.0319	0.255	1.020	2.040	4.080	8.160	32.64

† 타이머/카운터 2는 제공하지 않는 분주비임

프로그램 prac8-4.c는 분주비 8을 사용하여 FAST PWM 모드로 OC0(PB4)에 연결된 LED의 밝기를 조절하는 프로그램이다. PWM 신호의 듀티비는 외부인터럽트 INT0과 INT1을 사용하여 증가/감소시킨다.

- FAST PWM 모드의 설정: WGM01 = 1, WGM00 = 1
  출력핀 OC0의 모드 설정: COM01:0 = 0x02
  타이머 정지: CS02:0 = 0x00
  ==> TCCR0=(1<<WGM01)|(1<<WGM00)|(2<<COM00);//(=0b01101000)

- OC0(PB4) 핀을 출력으로 설정 : PB4를 제외한 PORTB의 핀은 방향을 보존한다.

  ==> `DDRB |= (1<<DDB4);     // (=0b00010000)`

- 타이머를 분주비 8로 시작 : `CS02:0 = 0x02`

  TCCR0의 CS02:0 핀들만 0x02로 변경하여야 하므로

  ==> `TCCR0 |= (2<<CS00);    // TCCR0 = (2<<CS00)`이 아님

- 듀티비는 변수 `duty`로 표시하며 외부 인터럽트 서비스루틴에서 변경한다. 이 값을 OCR0에 설정하면 듀티비가 변한다.

과제

1. 프로그램 prac8-4.c를 수행하면서 스위치 입력에 따라 변화되는 OC0 핀 출력의 PWM 듀티비를 오실로스코프로 관찰하고 아울러 연결된 LED의 밝기를 관찰하라.
2. 출력 핀 OC0의 모드 설정을 `COM01:0 = 0x03`이도록 프로그램 prac8-4.c를 변경하고 스위치 입력에 따른 PWM 신호와 LED의 밝기를 관찰하라.
3. Phase Correct PWM 모드로 프로그램 prac8-4.c를 수정하고 과제 1을 수행하라.
4. 그림 8.8에서 LED 대신 소형 DC 모터를 그림 8.10과 같이 연결하고 프로그램 prac8-4.c를 수행하면서 스위치 입력에 따른 DC 모터의 속도를 관찰하라.
   - NPN 트랜지스터가 스위치 역할을 한다.
   - NPN 트랜지스터 스위치는 입력 신호가 5V일 때 ON이 되고 입력 신호가 0V일 때 OFF가 된다.
   - 모터의 전원은 외부 전원을 인가하고, 외부 전원의 접지와 보드의 접지를 연결한다.

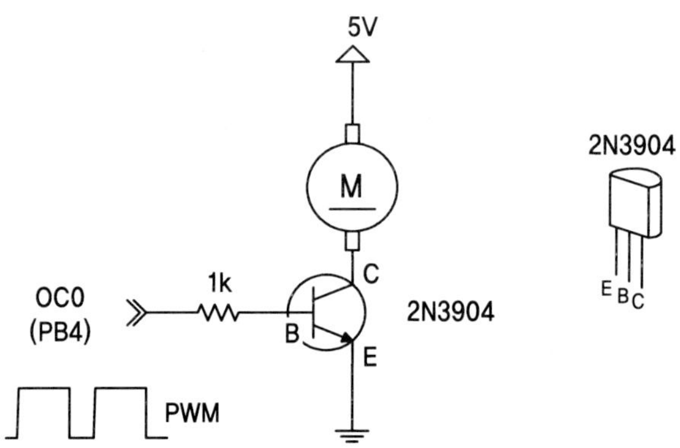

그림 8.10 소형 DC 모터 연결

프로그램 prac8-4.c

```
//==========================================================
// 실습 8-4 : PWM 신호로 LED 밝기 조절
//==========================================================

#include <avr/io.h>
#include <avr/interrupt.h>
#include <util/delay.h>

#define DEBOUNCING_DELAY     20      // msec

void msec_delay(int n);              // 시간 지연 함수
static unsigned char duty = 125;     // 초기 듀티비

ISR(INT0_vect)                       // 외부 인터럽트 0 서비스루틴
{
     duty += 5;                      // 듀티비 5 증가
     if(duty >= 250) duty = 250;

     msec_delay(DEBOUNCING_DELAY);
     while(~PIND & 0x01);            // 스위치 해제를 기다림
     msec_delay(DEBOUNCING_DELAY);
     EIFR = (1<<INTF0);              // INT0 인터럽트 플래그 리셋
}

ISR(INT1_vect)                       // 외부 인터럽트 1 서비스루틴
{
     duty -= 5;                      // 듀티비 5 감소
     if(duty <= 5) duty = 5;

     msec_delay(DEBOUNCING_DELAY);
     while(~PIND & 0x02);            // 스위치 해제를 기다림
     msec_delay(DEBOUNCING_DELAY);
     EIFR = (1<<INTF1);              // INT1 인터럽트 플래그 리셋
}
```

```
int main()
{
    DDRB |= (1<<DDB4);                    // PB4(OC0)를 출력으로 설정

    // 타이머/카운터 0 설정, FAST PWM 모드, 타이머 정지

    TCCR0 = (1<<WGM01)|(1<<WGM00)|(2<<COM00);

    // 인터럽트 설정,ISC11:0=2, ISC01:0=2(하강 모서리)

    EICRA = (2<<ISC10)|(2<<ISC00);
    EIMSK = (1<<INT0) |(1<<INT1);   // 외부 인터럽트 0,1 허용

    sei();                                // 전역 인터럽트 허용

    TCCR0 |= (0x02<<CS00);                // 분주비 8로 타이머 시작

    while(1)
    {
        OCR0 = duty;            // PWM 신호의 듀티비를 바꾼다.
    }
}

//==============================================
// 시간 지연 함수
//==============================================

void msec_delay(int n)
{
    for(; n >0; n--)                      // 1msec 시간 지연을 n회 반복
        _delay_ms(1);                     // 1msec 시간 지연
}
```

CHAPTER 09

7-세그먼트의 동적 표시

9.1 동작 원리

7.5.3절 과제 2에서 사용한 7-세그먼트는 LCD와 더불어 마이크로컨트롤러의 응용에서 표시 장치로 빈번히 사용되는 장치이다. 이 장치는 FND(Flexible Numerical Display)중 하나로서 dot를 제외하면 숫자 표시를 위한 7개의 LED로 구성되어 있어 7-세그먼트라고 부른다. 7.5.3절에서 사용한 바와 같이 하나의 7-세그먼트를 구동하는데 8비트 출력 포트 1개가 필요하다. 일반적인 응용에서는 7-세그먼트에 표시하여야 하는 수의 자리수가 여러 개이어서 상당히 많은 출력 포트가 필요함을 알 수 있다. 4자리수를 표현하려면 4개의 출력포트, 즉 32개 출력 핀이 7-세그먼트 구동을 위해 사용되어야 한다. ATmega128은 53개의 입출력 핀을 제공하지만 32핀은 적은 수가 아니다. 이의 해결 방법 중 하나가 동적으로 7-세그먼트를 구동하는 것이다.

6.7절의 실습에서 관찰된 것처럼 LED 패턴의 회전을 빠른 속도로 하게 되면 눈의 잔상 효과 때문에 모든 LED가 켜져 있는 것처럼 보인다. 이를 이용하여 7-세그먼트를 한 순간에 1개씩 표시하고 아주 빠른 속도로 자리수를 돌아가면 모든 자리의 수가 한꺼번에 점등된 것으로 느낀다. 이런 방법을 동적 표시(Dynamic Display) 방법이라 하고 앞의 방법을 정적 표시(Static Display) 방법이라 한다.

네 자리수를 Anode Common형 7-세그먼트로 동적 표시하기 위해 세그먼트를 켜고/끄고 할 수 있는 스위치를 장착한 그림 9.1의 회로를 고려하여 보자. 포트 A의 데이터 출력은 스위치가 ON되어 있는 7-세그먼트에 표시된다. 그림 9.1에서는 SW1이 ON되어 있으므로 해당하는 세그먼트-1에 포트 A의 데이터가 표시된다.

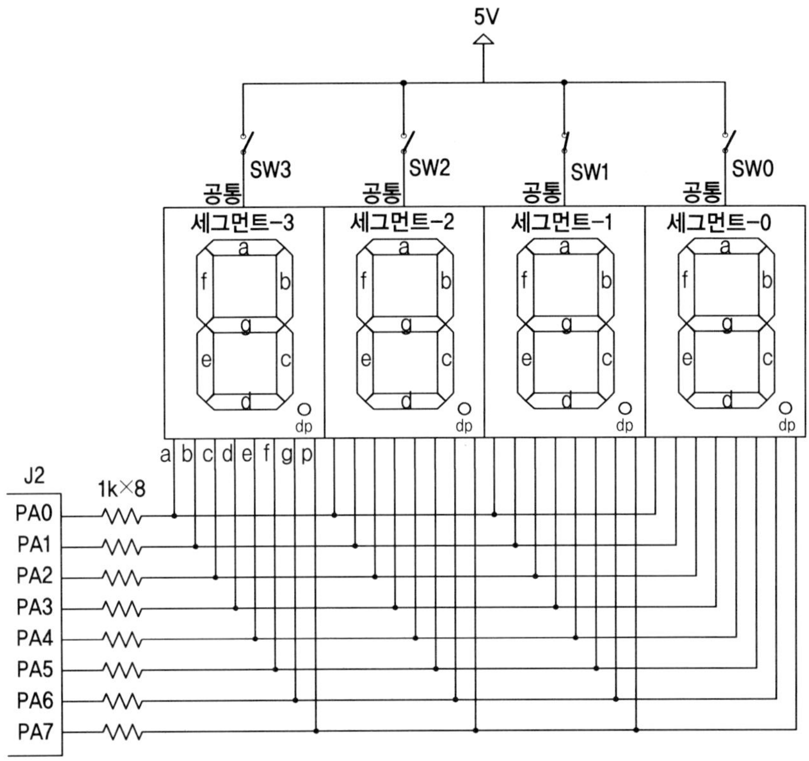

그림 9.1 동적 디스플레이를 위한 7-세그먼트 회로

다음 방법으로 스위치를 동작하고 포트 A에 데이터를 출력하여 보자.

(1) 스위치 SW0만 켜고, 숫자 4를 표시하기 위한 데이터를 포트 A에 출력
  ==> 세그먼트-0에 '4'가 표시
(2) 스위치 SW1만 켜고, 숫자 3을 표시하기 위한 데이터를 포트 A에 출력
  ==> 세그먼트-1에 '3'이 표시
(3) 스위치 SW2만 켜고, 숫자 8을 표시하기 위한 데이터를 포트 A에 출력
  ==> 세그먼트-2에 '8'이 표시
(4) 스위치 SW3만 켜고, 숫자 7을 표시하기 위한 데이터를 포트 A에 출력
  ==> 세그먼트-3에 '7'이 표시
(5) 순서 (1)부터 다시 시작

- 세그먼트-0부터 세그먼트-3으로 돌아가면서 '4', '3', '8', '7'이 표시된다. 수가 표시되는 간격은 스위치의 ON/OFF 간격과 일치한다.

- 스위칭 간격이 길면 '4', '3', '8', '7'순으로 돌아가면서 켜진다.
- 간격이 매우 짧으면 '4', '3', '8', '7'이 한꺼번에 켜져 있는 것처럼 보인다. 즉 4개의 7-세그먼트에 수 "7834"가 표시된다.

  ==> 스위칭 간격을 짧게 함으로써 동적 표시를 할 수 있다.
- 4자리수를 표시할 때 정적 표시 방법을 사용하면 4×8=32핀의 입출력이 필요하지만, 동적 표시를 하면 12개의 입출력 핀이 필요하다.

9.2 7-세그먼트의 동적 표시

그림 9.1의 기계적 스위치는 마이크로컨트롤러의 출력포트에서 0V또는 5V를 출력하는 것으로 대체할 수 있다.

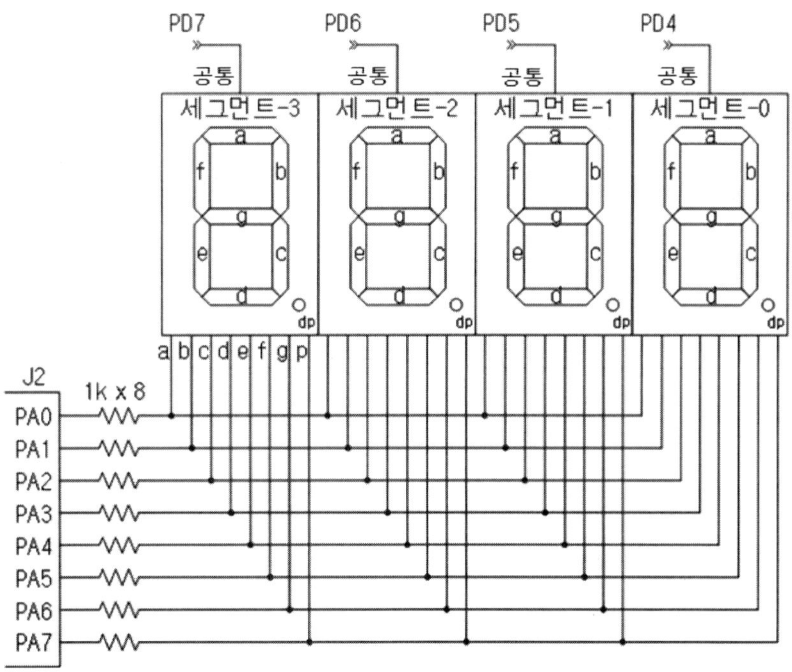

그림 9.2 4자리의 7-세그먼트를 동적 표시하기 위한 회로

- 각 7-세그먼트는 포트 D를 **제어 포트**로 사용하여 ON/OFF한다.
- 제어포트의 핀에서 5V가 출력되면 해당 7-세그먼트는 ON이 되고, 0V가 출력되면 해당 7-세그먼트는 OFF가 되므로 마이크로컨트롤러에서 켜고 싶은 7-세그먼트에 해당하는 출력 핀에 HIGH(5V)를, 그리고 끄고 싶은 7-세그먼트에는 LOW(0V)를 출력하면 된다.
- 표시하고 싶은 자리수의 7-세그먼트를 켜고 표시하고 싶은 수에 해당하는 표 9.1의 코드 값을 **데이터 포트**(그림에서는 포트 A)를 통해 출력하면 된다.

표 9.1은 7-세그먼트에 수를 표시하기 위해 포트-A로 출력하여야 할 코드를 보여주고 있다. 표 9.1은 핀에 1을 출력하면 LED가 켜지는 정논리의 코드값을 나타내는 반면 그림 9.2의 회로는 핀에 0을 출력하여야 LED가 켜지는 부논리이므로 7-세그먼트에 코드를 내보낼 때는 표 9.1의 코드에 비트별 NOT을 취하여 내보내야 한다.

예 그림 9.2의 회로에 십진수 7834를 표시하여 보자. 트랜지스터를 켜는 포트는 포트 D이고 코드를 출력하는 포트는 포트 A이다.

1) 포트 D에 0x10(0b00010000)을 출력한다(7-세그먼트 0을 켠다).
2) 포트 A에 **숫자4**에 해당하는 표 9.1의 코드 값 ~0x66을 출력한다.
3) 포트 D에 0x20(0b00100000)을 출력한다(7-세그먼트 1을 켠다).
4) 포트 A에 **숫자3**에 해당하는 표 9.1의 코드 값 ~0x4F을 출력한다.
5) 포트 D에 0x40(0b01000000)을 출력한다(7-세그먼트 2을 켠다).
6) 포트 A에 **숫자8**에 해당하는 표 9.1의 코드 값 ~0x7F를 출력한다.
7) 포트 D에 0x80(0b10000000)을 출력한다(7-세그먼트 3을 켠다).
8) 포트 A에 **숫자7**에 해당하는 표 9.1의 코드 값 ~0x07을 출력한다.
9) 절차 1)부터 다시 반복한다.

※ 그림 9.2의 회로는 4자리 7-세그먼트를 하나의 패키지에 집적한 WCN4-0036SR-A11(CD 데이터시트 참조)를 사용하면 구성이 편리하다.

표 9.1 7-세그먼트의 16진수 표시 코드값

테이블 위치	비트 위치 / 표시	D7 dp	D6 g	D5 f	D4 e	D3 d	D2 c	D1 b	D0 a	코드값
0		0	0	1	1	1	1	1	1	0x3F
1	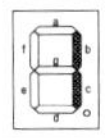	0	0	0	0	0	1	1	0	0x06
2		0	1	0	1	1	0	1	1	0x5B
3		0	1	0	0	1	1	1	1	0x4F
4	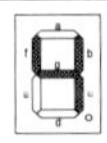	0	1	1	0	0	1	1	0	0x66
5	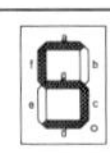	0	1	1	0	1	1	0	1	0x6D
6		0	1	1	1	1	1	0	1	0x7D
7	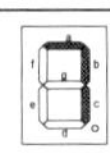	0	0	0	0	0	1	1	1	0x07
8	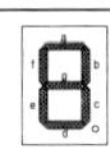	0	1	1	1	1	1	1	1	0x7F
9	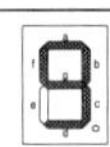	0	1	1	0	1	1	1	1	0x6F
10	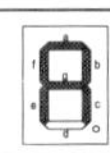	0	1	1	1	0	1	1	1	0x77
11		0	1	1	1	1	1	0	0	0x7C
12	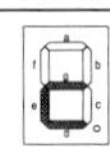	0	1	0	1	1	0	0	0	0x58
13	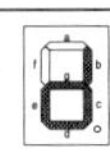	0	1	0	1	1	1	1	0	0x5E
14		0	1	1	1	1	0	0	1	0x79
15	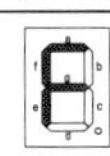	0	1	1	1	0	0	0	1	0x71
16	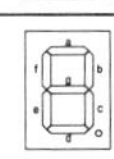	0	0	0	0	0	0	0	0	0x00

※ 위 코드값은 1을 출력하면 LED가 켜질 때의 값이다. 그림 9.2의 회로에서는 0을 출력할 때 LED가 켜지므로 위 코드 값에 비트별 NOT을 취하여 출력해야 한다.

9.3 동적 표시 프로그램 I

9.2절 예제를 실행하기 위해 프로그램 9.1을 작성할 수 있다.

- 표 9.1의 코드값은 6.4절과 같이 배열을 이용한 테이블로 구성하였다.
- 7-세그먼트에 출력할 데이터 역시 배열에 저장하였다.
- 하나의 자리수를 표시한 후 시간 지연을 준다. 시간지연이 너무 짧으면 표시가 너무 흐리고, 시간지연이 너무 길면 표시가 깜박인다(동영상 9.1).

실습 1
시간 지연을 1, 10, 20msec로 변경하고 화면표시를 관찰한다. (※ `_delay_ms()` 함수는 최대 16msec 지연을 할 수 있음을 유의할 것)

프로그램 9.1

```
#include <avr/io.h>
#include <util/delay.h>
static unsigned char SegTable[17] =
    {0x3F, 0x06, 0x5B, 0x4F, 0x66, 0x6D, 0x7D, 0x07,
     0x7F, 0x6F, 0x77, 0x7C, 0x58, 0x5E, 0x79, 0x71,
     0x00};
int main()
{
    unsigned char cnumber[4] = {4,3,8,7};
    int j=0;

    DDRA  = 0xFF;              // 포트 A를 출력으로 설정
    DDRD |= 0xF0;              // 포트 D의 상위 니블을 출력으로 설정
    while(1)
    {
        for(j=0; j<4; j++)
        {
                PORTD = (0x10<<j); // j-번째 세그먼트를 켠다.
                PORTA = ~SegTable[cnumber[j]];
                _delay_ms(5);          // 5msec 시간 지연
        }
    }
}
```

프로그램 9.1은 십진수 7834를 표시하기 위해 사용자가 배열에 {4, 3, 8, 7}을 저장하였다. 이처럼 어떤 10진수가 주어지면 자리수별로 배열에 저장하는 것을 고려하여 보자. 예와 같이 십진수 7834에 대해

```
7834 / 10  = 783 ... 4
             몫       └ 나머지 4 => 1자리       (cnumber[0])
783  / 10  = 78  ... 3
                      └ 나머지 3 => 10자리      (cnumber[1])
78   / 10  = 7   ... 8
                      └ 나머지 8 => 100자리     (cnumber[2])
7    / 10  = 0   ... 7
                      └ 나머지 7 => 1000자리    (cnumber[3])
```

이다. 위 연산에서 나머지가 각 자리수의 값을 나타내며, 몫이 0이 될 때까지 연산을 수행하면 된다. 위에서는 십진수로 표기하기 위하여 10으로 나누면서 연산을 하였다. 만약 16으로 나누면서 나머지를 취하면 16진수의 각 자리를 얻을 수 있다.

진법이 변수 radix로 주어졌을 때 부호 없는 2바이트 정수 num으로부터 각 자리수를 추출하여 배열에 저장하는 과정을 프로그램 9.2와 같이 작성할 수 있다.

프로그램 9.2

```
// num          : 부호 없는 2바이트 입력 변수(표시할 수)
// radix        : 진법
// cnumber[]    : 각 자리의 수를 저장할 배열

j = 0;                                  // 1-자리수
do
{
    cnumber[j++] = num % radix;         // 나머지
    num /= radix;                       // 몫
} while(num);                           // 몫이 0이 아니면 계속
```

프로그램 9.1과 9.2를 조합하면 부호 없는 2바이트 정수 num과 진법 radix를 인자로 받아 4자리수의 7-세그먼트에 동적으로 표시하는 함수를 프로그램 9.3과 같이 작성할 수 있다.

- 인자 num은 표시할 수, radix는 표시할 수의 진법을 나타낸다.

- 부호 없는 2바이트 정수의 최대값은 16진수로 0xFFFF이고 십진수로 65535이어서 각각 4자리수와 5자리수가 된다. 이를 저장하기 위하여 배열 cnumber[]의 크기를 5로 하였다.
- 십진수일 때 cnumber[j]는 10^j-자리수의 수를 저장하고 있다. 즉 cnumber[1]은 10^1=10자리의 수를 저장하고 있다.
- 7-세그먼트가 네 자리만 표시할 수 있어 다섯 자리 10진수의 최상위 자리는 표시되지 않는다.

프로그램 9.3

```
static unsigned char SegTable[17] = // 7-세그먼트 코드값
     {0x3F, 0x06, 0x5B, 0x4F, 0x66, 0x6D, 0x7D, 0x07,
      0x7F, 0x6F, 0x77, 0x7C, 0x58, 0x5E, 0x79, 0x71,
      0x00};
static unsigned char cnumber[5];  // 수를 저장할 배열

void Seg7DispNum(unsigned short num, unsigned short radix)
{
     int j;

     // cnumber[]를 ' '으로 저장
     for(j=0; j<5; j++) cnumber[j] = 16;

     // num의 각 자리를 분리하여 배열에 저장
     j=0;                        // 1자리를 가리킴
     do{
          cnumber[j++] = num % radix;        //나머지
          num /= radix;                      // 몫
     } while(num);

     for(j=0; j<4; j++)                 // 1자리부터 4개를 켠다.
     {
          // j-번째 세그먼트를 켠다.
          PORTD = (PORTD & 0x0F)|((0x10<<j) & 0xF0);
          PORTA = ~SegTable[cnumber[j]];
          _delay_ms(5);    // 5msec delay
     }
}
```

- 프로그램 9.3에서 제어포트 D에 출력하는 부분은 프로그램 9.2와는 달리 다음과 같이 작성하였다.

```
PORTD = (PORTD & 0x0F)|((0x10<<j) & 0xF0);
```

- 이는 포트 D의 하위 4비트는 7-세그먼트와는 상관없는 다른 부분에 사용할 수 있으므로 이 비트들의 출력은 변경시키지 않고 7-세그먼트의 제어 출력인 변경된 상위 4비트만 출력하기 위한 것이다.

◆ **C-언어의 함수**
- ▸ 특별한 일을 수행하는 코드 집합
- ▸ C-언어에서 프로그램 모듈화의 기초 구성체

◆ **함수의 정의**
- ▸ 함수 머리 부분 : ftype name(type1 v1, type2 v2, . . .)
  - ftype : 함수의 타입
    - 함수의 반환값의 데이터 형에 따라 명시(int, char 등)
    - 반환값이 없는 경우 "void"로 명시
    - 생략 시에는 "int"로 간주
  - name : 함수의 이름이며 함수 내용을 나타낼 수 있도록 지정
  - v1, v2 : 인자
    - 없을 수도 있고 여러 개의 인자가 있을 수도 있음
    - 인자 앞에는 인자의 데이터 형(int, char 등)을 지정
    (type1, type2는 각각 v1, v2의 데이터 형을 나타냄.)
- ▸ 함수 몸체
  - { } 안에 함수 기능 구현
  - 함수의 반환값
    - 하나를 가지며 return문으로 반환값 명시(예: return x;)
    - 반환값이 없는 경우 return 또는 생략

예
```
int add(int x, int y)
{
  return (x+y);
}
```

◆ **함수의 입출력**

함수에 필요한 데이터의 입력은 인자를 통해 전달받고, 함수의 결과 출력은 함수의 인자 또는 반환값으로 전달한다.

인자로 입력	- 다수의 입력을 받을 수 있다.
인자로 출력	- 다수의 출력을 할 수 있다.
반환값으로 출력	- 하나의 출력만 할 수 있다. 주로 함수의 수행 상태(성공, 실패) 등을 전달하는데 사용된다.

◆ **인자 입력과 반환값 출력**

▸ 함수는 인자를 통하여 함수 호출자의 정보를 입력받는다. 아울러 함수는 반환값으로 호출자에게 정보를 전달할 수 있다. 다음 그림은 함수 add()가 호출자로부터 두 값을 받아 덧셈을 한 후 덧셈 결과값을 반환값으로 호출자에 전달하는 과정을 보여준다.

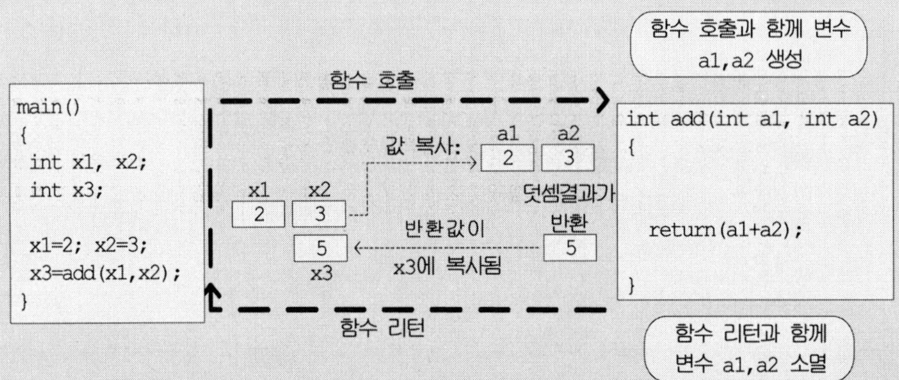

▸ 함수의 호출과 동시에 함수의 인자인 변수 a1과 a2는 생성된다.

▸ 호출자는 함수를 호출할 때 인자에 데이터 x1, x2를 전달한다. x1과 x2의 값은 함수의 인자 a1과 a2에 각각 복사된다.

▸ 함수는 두 인자의 덧셈을 수행하고 반환값을 호출자에 전달한다. 이때 그림과 같이 반환값을 받는 변수 x3이 있으면 반환값이 x3에 복사된다. 받는 변수가 없을 때 반환값은 사라진다.

▸ 함수의 인자 a1과 a2는 자동 변수이므로 함수가 리턴되면서 소멸된다.

◆ **인자 출력**

함수는 인자를 사용하여 함수의 정보를 호출자에게 전달할 수 있다. 이 방법은 다음 10.1.2절에서 설명할 것이다.

7-세그먼트 표시 기능은 유용하게 쓸 수 있는 기능이므로 관련 함수 및 데이터를 하나의 파일로 작성하여 다른 응용 프로그램에서 해당 파일을 프로젝트에 포함시키면 관련 함수들을 사용할 수 있도록 하자. 파일명은 기능을 나타낼 수 있는 것으로 선택하여 소스파일을 `seg7.c`라하고, 헤더파일을 `seg7.h`라 하여 작성한다. 소스파일에 포함되는 함수는 7-세그먼트 구동 프로그램임을 나타내기 위해 접두어 `Seg7`을 사용한다.

- 7-세그먼트 출력을 위한 포트 설정을 초기화 함수 `Seg7Init()`에서 수행하였다. 제어 포트와 데이터 포트는 매크로를 사용하여 정의한다. 제어 포트와 데이터 포트가 변경되면 해당 매크로만 변경하면 된다.
- 제어 출력으로 사용하는 비트는 매크로 `CONT_MASK`와 `OUTPUT_VALUE`를 사용하여 지정한다. `OUTPUT_VALUE`는 제어 출력으로 사용하는 비트 중 최하위 비트로 설정한다. 제어 출력으로 사용하는 포트의 비트가 변경되면 `CONT_MASK`와 `OUTPUT_VALUE`를 변경하면 된다. 7-세그먼트의 개수가 변경되면 `CONT_MASK`와 함께 `N_SEGMENT` 매크로도 함께 변경해야 한다.
- 7-세그먼트 코드값 테이블은 파일 내의 다른 함수에서도 사용할 수 있도록 외부 정적 변수로 선언하였다.
- 헤더파일의 선행처리기 `#ifndef - #endif`에 관해서는 다음 10장에서 설명할 것이다.

실습 2

프로그램 prac9-1.c는 부호 없는 2바이트 정수 `data`를 7-세그먼트에 표시하는 프로그램이다. 수는 `Seg7Init()`로 초기화한 후 표시를 할 수 있다. 7-세그먼트를 동적으로 표시하므로 seg7.c와 seg7.h를 프로젝트 폴더에 위치시킨 후 프로젝트에 seg7.c를 포함시키고 빌드를 하여 실행파일을 얻는다. 실행파일을 수행하여 본다(동영상 9.2). 아울러 prac9-1.c를 7-세그먼트에 숫자를 16진수로 표시하도록 변경하여 본다.

과제

1. 그림 9.2에서 7-세그먼트에 출력하는 포트를 포트 A에서 포트 B로 변경하여 회로를 구성하였을 때 seg7.c에서 변경하여야 할 부분을 기술하라.

2. 소스파일 seg7.c의 함수 `Seg7DispNum()`는 2바이트 부호 없는 정수를 7-세그먼트에 표시한다. 여기서는 문자열을 받아 7-세그먼트에 표시하는 함수 `Seg7DispStr()`을 작성하라. 단 문자열이 4자 이상일 경우 앞 네 문자만 표시한다. 그리고 문자 `'0'~'9'`, `'A'~'F'`, `'a'~'f'`는 수로 표시하고 나머지 문자는 블랭크를 표시한다. 즉 문자열 "Ca#023"을 `Seg7Dispstr()` 함수에 넘기면 다음과 같이 표시한다.

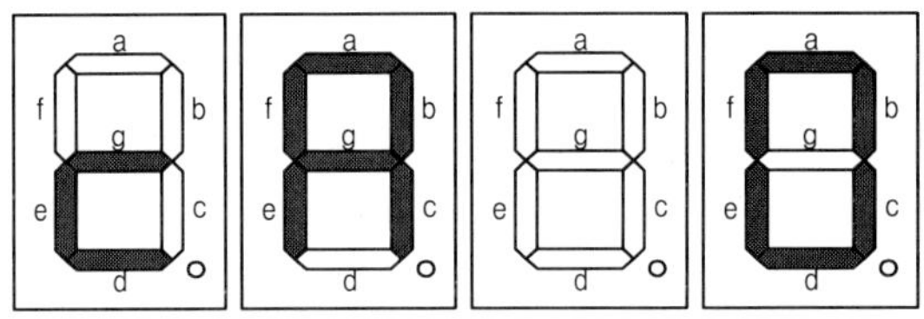

작성한 프로그램으로 문자열 "3a", "Aa#2"와 "Ca#023" 등 여러 문자를 표시하여 본다.

힌트 : 문자로부터 수는 다음 방식으로 구할 수 있다.

`'9'-'0' = 9,      'F'-'A' = 5,      'd'-'a'=3`

프로그램 prac9-1.c

```
#include <avr/io.h>
#include "seg7.h"                        // 7세그먼트 출력 프로그램 헤더파일

int main()
{
    unsigned short data=205;

    Seg7Init();                          // 7세그먼트 초기화

    while(1)
    {
        Seg7DispNum(data, 10);   // 십진수로 표시
    }
}
```

◆ C-언어에서 문자열(String)

▸ 문자열은 여러 문자의 집합을 나타낸다. C-언어에서 문자는 ' '를 사용하고 문자열은 " "을 사용하여 표시한다.

예 문자 : 'A', '1'
문자열 : "Micom", "A", "1"

▸ 문자열은 문자의 집합이므로 char형의 배열에 저장된다. 그러나 일반 배열과는 달리 문자열의 마지막은 NULL 문자('\0')로 끝난다(※ NULL **문자의 코드는** 0**이므로** '\0' = 0**이다**).

예 문자열 "Micom"은 다음과 같이 저장된다.

'M'	'i'	'c'	'o'	'm'	'\0'				

▸ 문자열의 마지막은 항상 NULL 문자로 끝나므로 "Micom"을 표시하는 글자의 수는 6개이다. 적어도 6개의 char형 배열이 필요하다.

▸ 문자열의 끝은 NULL 문자로 알 수 있으므로 **문자열을 지정할 때는 문자들을 저장하고 있는 배열의 첫 주소로 나타낸다.** 따라서 "Micom"은 이를 저장한 배열의 첫 주소를 나타낸다.

예
```
char ch;             // 문자
char *pch;           // 문자열을 가리키는 포인터

ch = 'A';            // ch에 'A'=0x41 저장
pch = "Micom";       // pch에 "Micom"을 저장한 배열 주소 저장
ch = pch[0];         // pch[0]:"Micom"의 0-번째 글자 'M'
ch = pch[1];         // pch[1]:"Micom"의 1-번째 글자 'i'

ch = "A";            // 에러임 : "A"는 배열의 주소
                     // 즉 char *형이므로 char형인
                     // ch에 저장할 수 없음
```

소스파일 seg7.c

```
//=================================================
// seg7.c : 4자리 7-세그먼트 동적 표시 프로그램
//=================================================
#include <avr/io.h>
#include <util/delay.h>
#include "seg7.h"                  // 7-세그먼트 구동 헤더파일

#define N_BUF         5            // 수를 저장할 버퍼의 크기
#define N_SEGMENT     4            // 7-세그먼트의 개수
#define SSEG_CONT     PORTD        // 7세그먼트 제어 포트
#define DDR_CONT      DDRD
#define SSEG_DATA     PORTA        // 7세그먼트 데이터 포트
#define DDR_DATA      DDRA

#define CONT_MASK     ((1<<PD7)|(1<<PD6)|(1<<PD5)|(1<<PD4))
                                   // 제어 포트로 사용하는 포트 마스크
#define OUTPUT_VALUE  (1<<PD4)     // 제어 포트 중 최하위 비트로 설정

//========================================================
// 수에 대한 7-세그먼트의 코드
// 마지막 코드 SegTable[16]은 세그먼트를 끄는 데 사용
//========================================================
static unsigned char SegTable[17] // 7-세그먼트 코드값
     = {0x3F, 0x06, 0x5B, 0x4F, 0x66, 0x6D, 0x7D, 0x07,
        0x7F, 0x6F, 0x77, 0x7C, 0x58, 0x5E, 0x79, 0x71,
        0x00};
//-----------------------------
// 자리수 별로 저장할 배열
// cnumber[0] : 1자리수 저장
// cnumber[1] : 10자리수 저장
// . . .
//-----------------------------
static unsigned char cnumber[N_BUF]={16};

//=====================================================
// 7-세그먼트의 제어/데이터 포트 초기화
//=====================================================
void Seg7Init()
{
```

```
    SSEG_CONT&= ~CONT_MASK; // 모든 7-세그먼트를 끈다.
    DDR_CONT |=  CONT_MASK; // 제어 포트의 상위 니블을
                            // 출력으로 설정

    DDR_DATA   = 0xFF;      // 데이터 포트는 모두 출력으로 설정
}

//==================================================
// 2바이트 부호 없는 정수를 받아 주어진 진법으로 네자리
// 7-세그먼트에 동적으로 표시하는 함수
//
//   입력 :  num   - 7-세그먼트에 표시할 수
//           radix - 사용 진법
//==================================================
void Seg7DispNum(unsigned short num, unsigned short radix)
{
    int j;
    //--------------------------------------------
    // cnumber[0] ~ cnumber[N_BUF-1]=16: 세그먼트를 끈다.
    //--------------------------------------------
    for(j=0; j<N_BUF; j++) cnumber[j] = 16;

    // num의 각 자리를 분리하여 배열에 저장
    j=0;                             // 1자리를 가리킴
    do{
        cnumber[j++] = num % radix;  //나머지
        num /= radix;                // 몫
    } while(num);

    for(j=0; j<N_SEGMENT; j++)       // 하위자리부터 표시한다.
    {
        // j-자리를 켠다.
        SSEG_CONT = ( SSEG_CONT & ~CONT_MASK) |
                    ((OUTPUT_VALUE<<j) & CONT_MASK) ;
        SSEG_DATA = ~SegTable[cnumber[j]];
        _delay_ms(5);    // 5msec delay
    }
}
```

헤더파일 seg7.h

```
//=============================================
// seg7.h : 7-세그먼트 구동 프로그램의 헤더파일
//=============================================
#ifndef __SEG7_H__
#define __SEG7_H__

void Seg7Init(void);
void Seg7DispNum(unsigned short num, unsigned short radix);

#endif
```

9.4 동적 표시 프로그램 II – 타이머/카운터 인터럽트 사용

프로그램 prac9-1.c를 수정하여 다음 동작을 하도록 프로그램 9.4를 작성하여 보자.

(1) data의 초기값은 0으로 한다.

(2) 1초마다 변수 data를 10씩 증가시켜 7-세그먼트에 표시한다.

프로그램 9.4

```
#include <util/delay.h>
#include "seg7.h"                        // 7세그먼트 동적 표시 헤더파일
void msec_delay(int n);                  // 시간 지연 함수
int main()
{
     unsigned short data=0;
     Seg7Init();                         // 7세그먼트 초기화
     while(1)
     {
          msec_delay(1000);              // 1초를 기다린다.
          data += 10;                    // data를 10 증가한다.
          Seg7DispNum(data, 10);         // 10진수로 표시
     }
}
void msec_delay(int n)                   // 시간 지연 함수
{
     for(; n >0; n--)                    // 1msec 시간 지연을 n회 반복
          _delay_ms(1);                  // 1msec 시간 지연
}
```

실습

프로그램 9.4를 실행하고 동작을 관찰한다.

프로그램 9.4를 수행하면 1초마다 갱신된 변수 `data`를 잠시 표시하고 사라진다 (동영상 9.2). 수를 7-세그먼트에 동적으로 표시하기 위해서는 잠시도 쉬지 않고 함수 `Seg7DispNum()`을 호출하여야 하지만 1초를 기다림으로서 그 동안 화면 표시가 되지 않기 때문이다.

9.3절에서 작성한 동적 표시 프로그램 seg7.c는 `main()` 함수에서 계속적으로 7-세그먼트에 표시를 해야 하므로 장시간의 시간 지연을 용납하지 않는다. 이 때문에 `main()` 함수에서 시간 지연을 줄 필요가 있을 때는 seg7.c를 사용할 수 없다. 해결책으로 7-세그먼트에 수를 동적으로 표시하는 일을 `main()` 함수가 아닌 인터럽트 서비스루틴이 처리하도록 하는 방법을 고려할 수 있다.

- 인터럽트 서비스루틴은 `main()` 함수와는 독립적으로 동작하기 때문에 주기적으로 7-세그먼트에 데이터를 쓰는 동작을 인터럽트 서비스루틴에 할당을 하면 `main()` 함수에서의 시간지연이 7-세그먼트의 동적 표시에 영향을 미치지 못한다.
- 프로그램 9.3으로부터 매끄러운 동적표시를 위해서는 5msec마다 7-세그먼트에 데이터를 내보내야 한다. 이를 위해 타이머/카운터 0의 CTC 모드를 사용하여 5msec마다 비교 일치 인터럽트를 걸게 한다(8.4.1절 (다) 참조).
- 함수 `Seg7DispNum()`에서 7-세그먼트에 수를 표시하였던 부분을 비교 일치 인터럽트 서비스루틴이 처리하도록 한다.

그림 9.3는 인터럽트 서비스루틴을 사용한 동적 표시 방법의 개념도를 나타낸다. 인터럽트를 사용한 동적 표시 프로그램의 소스파일은 iseg7.c에 헤더파일은 iseg7.h에 작성하고 함수의 접두어는 `ISeg7`을 사용한다. 여기서 'I'는 인터럽트를 사용한 동적 표시라는 의미이다.

- 초기화 함수 `ISeg7Init()`에서는 타이머/카운터 0이 CTC 모드로 동작하도록 하고 5msec 주기로 비교일치 인터럽트를 걸도록 설정한다.
- 그림 9.3에서 `main()` 함수가 함수 `ISeg7DispNum()`를 호출하여 415를 십진법으로 표시하라면 이 데이터가 `ISeg7DispNum()` 함수의 자동 변수인 num과 `radix`로 각각 복사된다.

- 함수 ISeg7DispNum()는 2바이트 변수인 num을 요구된 진법 radix에 따라 자리수별로 구별하여 cnumber[]에 저장한다. 그림 9.3에서는 십진수 415를 십진법으로 표시한다. 저장하는 동안 타이머/카운터 0의 비교일치 인터럽트를 금지한다.

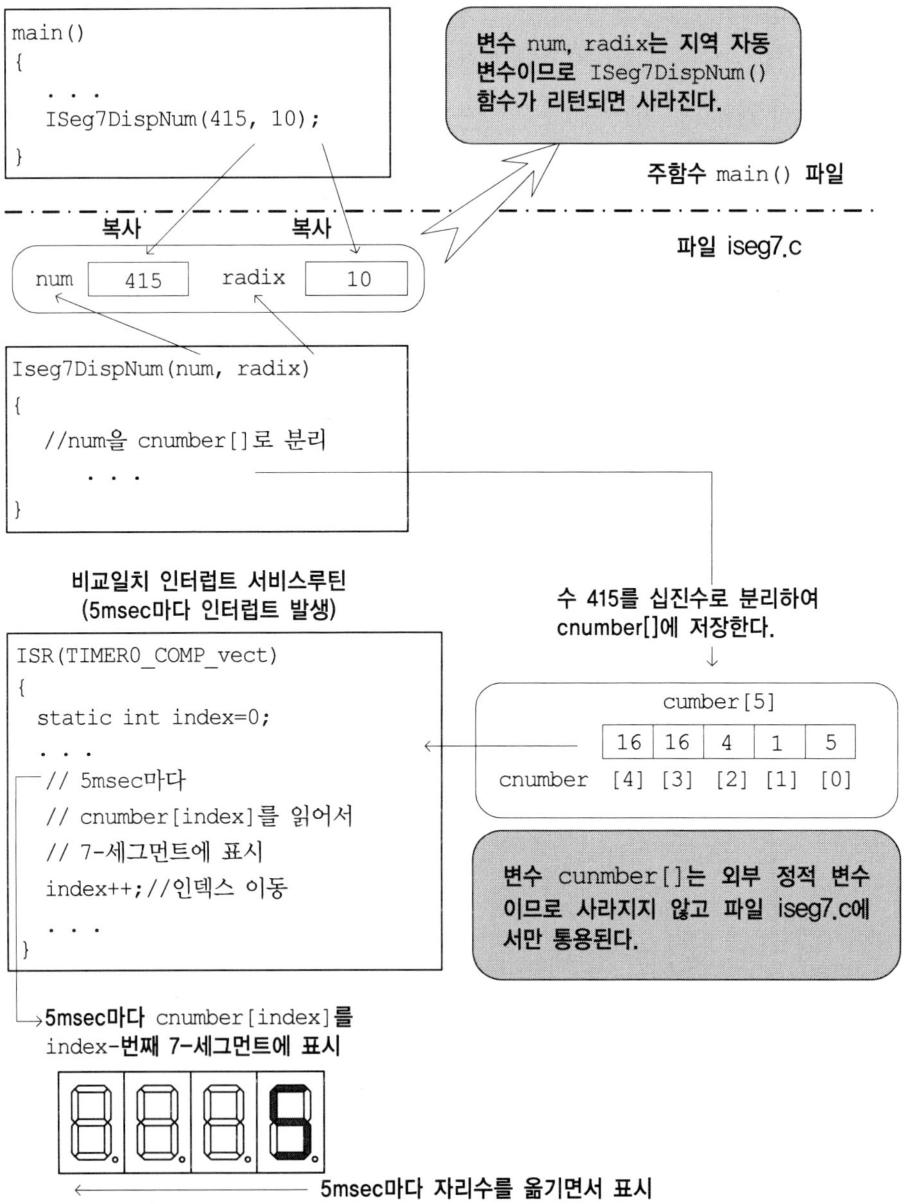

그림 9.3 인터럽트를 사용한 동적 표시

- 함수 Seg7DispNum()과는 달리 ISeg7DispNum()은 7-세그먼트에 값을 표시하지 않는다. 저장된 cnumber[]를 7-세그먼트에 표시하는 작업은 비교일치 인터럽트 서비스루틴으로 이양되었다.
- 배열 cnumber[]는 정적 외부 변수로 설정되어 있으므로 iseg7.c 내의 모든 함수는 cnumber[]의 값을 액세스할 수 있다. 따라서 함수 ISeg7DispNum()에서 설정한 cnumber[]를 인터럽트 서비스루틴에서도 읽을 수 있다.
- 비교일치 인터럽트 서비스루틴은 main() 함수와는 독립적으로 동작하며 초기화 함수인 ISeg7Init()의 설정에 따라 5msec마다 수행된다.
- 인터럽트 서비스루틴의 내부 정적 변수 index는 현재 표시하여야 할 자리수를 나타낸다. 인터럽트 서비스루틴이 한 번 수행될 때마다 이 변수는 한자리씩 이동하게 된다.
- 현재 표시하여야 할 수는 cnumber[index]이고 이를 표시하기 위해 7-세그먼트에 출력하여야 할 데이터는 SegTable[cnumber[index]]이다. 인터럽트 서비스루틴은 5msec마다 변수 index를 이동하면서 index-번째 7-세그먼트에 데이터 SegTable[cnumber[index]]를 출력하여 동적 표시를 작업을 독립적으로 수행한다.

인터럽트를 사용한 동적 표시 프로그램인 iseg7.c를 사용하여 프로그램 9.4를 새로 작성하면 프로그램 9.5와 같다.

- iseg7.c는 인터럽트를 사용하므로 초기화 후 함수 sei()를 호출하여 전역 인터럽트를 허용하여야 한다.

실습
프로그램 9.5를 수행하고 동작을 관찰하라(동영상 9.4).

과제

인터럽트를 사용하는 동적 표시 프로그램에 9.4절 과제에서 작성한 Seg7DispStr()와 유사한 동작을 하는 ISeg7DispStr() 함수를 추가하라. 그리고 처음 1초는 ISeg7DispNum() 함수를 사용하여 숫자 123을 표시하고 다음 1초는 ISeg7DispStr() 함수를 사용하여 "Ca#023"을 표시하고 이를 반복하는 프로그램을 작성하라.

프로그램 9.5

```
#include <avr/interrupt.h>
#include <util/delay.h>
#include "iseg7.h"                     // 인터럽트를 사용한 7세그먼트
                                       // 동적 표시 프로그램 헤더파일
void msec_delay(int n);                // 시간 지연 함수
int main()
{
    unsigned short data=0;

    ISeg7Init();                       // 인터럽트를 사용한
                                       // 7세그먼트 동적 표시 초기화
    sei();                             // 7-세그먼트 표시를 위해
                                       // 인터럽트를 허용한다.
    while(1)
    {
        msec_delay(1000);              // 1초를 기다린다.
        data += 10;                    // data를 10 증가한다.
        ISeg7DispNum(data, 10);        // 십진수로 표시
    }
}

void msec_delay(int n)
{
    for(; n >0; n--)                   // 1msec 시간 지연을 n회 반복
        _delay_ms(1);                  // 1msec 시간 지연
}
```

소스파일 iseg7.c

```
//==================================================
// iseg7.c :  인터럽트를 사용한 4자리
//            7-세그먼트 동적 표시 프로그램
//==================================================
#include <avr/io.h>
#include <avr/interrupt.h>

#include "iseg7.h"                  // 7-세그먼트 구동 헤더파일

#define N_BUF          5            // 수를 저장할 버퍼의 크기
#define N_SEGMENT      4            // 7-세그먼트의 개수
#define SSEG_CONT      PORTD        // 7세그먼트 제어 포트
#define DDR_CONT       DDRD
#define SSEG_DATA      PORTA        // 7세그먼트 데이터 포트
#define DDR_DATA       DDRA

#define CONT_MASK      ((1<<PD7)|(1<<PD6)|(1<<PD5)|(1<<PD4))
                                    // 제어 포트로 사용하는 포트 마스크
#define OUTPUT_VALUE (1<<PD4)       // 제어 포트 중 최하위 비트로 설정

//========================================================
// 수에 대한 7-세그먼트의 코드
// 마지막 코드 SegTable[16]은 세그먼트를 끄는 데 사용
//========================================================
static unsigned char SegTable[17] // 7-세그먼트 코드 값
    = {0x3F, 0x06, 0x5B, 0x4F, 0x66, 0x6D, 0x7D, 0x07,
       0x7F, 0x6F, 0x77, 0x7C, 0x58, 0x5E, 0x79, 0x71,
       0x00};
//------------------------
// cnumber[0] : 1자리수 저장
// cnumber[1] : 10자리수 저장
// . . .
//------------------------
static unsigned char cnumber[N_BUF]
    = {16,16,16,16,16};              // 초기에 모두 끈다.

//===================================================
// 7-세그먼트의 제어/데이터 포트 초기화 및 타이머/카운터 초기화
//===================================================
void ISeg7Init()
```

```
{
    SSEG_CONT &=~CONT_MASK;  // 모든 7-세그먼트를 끈다.
    DDR_CONT  |= CONT_MASK;  // 제어 포트의 상위 니블을 출력으로 설정
    DDR_DATA   = 0xFF;       // 데이터 포트는 모두 출력으로 설정

    // 타이머/카운터 0 비교일치 인터럽트 설정
    // 타이머/카운터 0은 CTC 모드로 동작
    TCCR0 = (1<<WGM01);      // CTC 모드/타이머 정지, OC0 핀 미사용
    OCR0  = 78;              // 5msec마다 비교일치 인터럽트 발생
    TIMSK |= (1<<OCIE0);     // 타이머 0 비교일치 인터럽트 허용
    TCCR0 |= 0x07;           // 분주비 1024로 타이머 시작
}

//=====================================================
// 2바이트 부호 없는 정수를 받아 주어진 진법으로 4자리
// 7-세그먼트에 동적으로 표시하는 함수
// (이 함수는 각 세그먼트에 표시할 숫자를 cnumber[] 배열에
//  저장만 한다. 실제 표시는 인터럽트 서비스루틴에서 수행한다.)
//    입력 :  num   - 7-세그먼트에 표시할 수
//            radix - 사용 진법
//======================================================
void ISeg7DispNum(unsigned short num, unsigned short radix)
{
    int j;

    TIMSK &= ~(1<<OCIE0);          // 타이머 0 비교일치 인터럽트 금지

    //-----------------------------------------------
    // cnumber[0] ~ cnumber[N_BUF-1] = 16: 세그먼트를 끈다.
    //-----------------------------------------------
    for(j=0; j<N_BUF; j++) cnumber[j] = 16;

    // num의 각 자리를 분리하여 배열에 저장

    j=0;                           // 1자리를 가리킴
    do{
        cnumber[j++] = num % radix;  //나머지
        num /= radix;                // 몫
    } while(num);

    TIMSK |= (1<<OCIE0);           // 타이머 0 비교일치 인터럽트 허용
}
```

```
//===================================================
// 인터럽트 서비스루틴
//
// 인터럽트가 걸릴 때마다 index가 가리키는 세그먼트에 데이터를
// 표시하고, index는 계속 회전 이동하게 된다.
//====================================================
//
ISR(TIMER0_COMP_vect)              // 카운터/타이머 0 비교일치 인터럽트
{
    static int index = 0;

    // 현재 index가 가리키는 자리수를 표시한다.

    SSEG_CONT = (SSEG_CONT & ~CONT_MASK) |
                ((OUTPUT_VALUE<<index) & CONT_MASK);
    SSEG_DATA = ~SegTable[cnumber[index]];

    index++;                            // 인덱스 이동
    if(index == N_SEGMENT) index = 0;
}
```

헤더파일 iseg7.h

```
//===========================================
// iseg7.h : 인터럽트를 사용한 7-세그먼트
//           동적 표시 프로그램의 헤더파일
//===========================================
//
#ifndef __ISEG7_H__
#define __ISEG7_H__

void ISeg7Init(void);
void ISeg7DispNum(unsigned short num, unsigned short radix);

#endif
```

CHAPTER

10

푸시 버튼 / 키패드 / 엔코더 스위치 입력

이 장에서는 마이크로컨트롤러의 입력 장치로 많이 사용되는 스위치 중 푸시 버튼 스위치, 키패드 및 엔코더 스위치 입력을 받는 방법에 대해 알아본다.

10.1 푸시 버튼 조작

6장에서 사용하였던 푸시 버튼은 손으로 누르는 동안 동작을 하고 손을 놓으면 내장 스프링에 의해 동작이 복귀하는 스위치이다. 푸시 버튼은 손을 놓으면 스위치가 열리는 a-접점, 손을 놓으면 스위치가 닫히는 b-접점 두 가지가 있다. 교재에서는 a-접점을 사용한다.

여기서는 7.5절에서 사용하였던 스위치 입력 회로에 하나를 더해 그림 10.1과 같이 세 개의 a-접점 푸시 버튼을 스위치로 사용하는 회로를 구성한다.

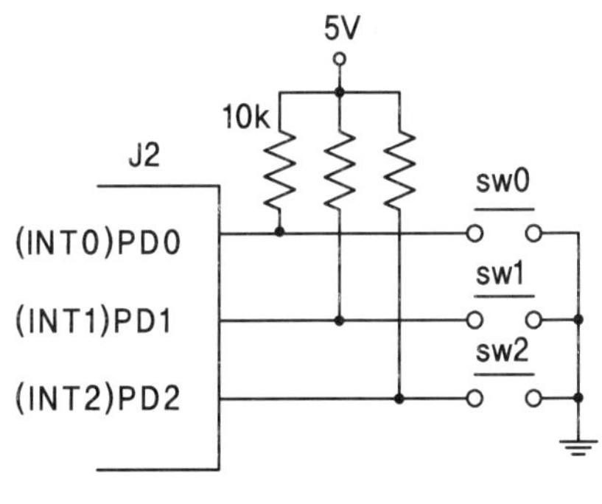

【그림 10.1】 스위치 회로

10.1.1 버튼 조작 프로그램(I)

다음과 같은 프로그램을 작성하여 보자.

(1) sw0을 누르면 7-세그먼트에 표시된 수를 1 증가한다.
(2) sw1을 누르면 7-세그먼트에 표시된 수를 2 증가한다.

출력 포트에서 0을 출력하는 핀을 PF0→PF1→PF2→PF3로 순환하면서 그때의 입력을 읽으면 각 열에서 어느 행의 버튼이 눌렸는지 판단할 수 있다. 순환하면서 키를 검사하는 것을 키 스캔(Key Scan)이라 한다. 출력 데이터 PF3:0와 입력 데이터 PF7:4를 조합하면 전체 16개 버튼 중 어느 것이 눌렸는지 판단할 수 있다.

표 10.1은 각 버튼 상태를 검사하기 위한 출력값과 버튼이 눌렸을 때의 입력값을 나타낸다. 표 10.1에서는 비트별 NOT 값으로 표현하였다. 각 버튼의 코드값은 입력값과 출력값을 각각 비트별 NOT을 취하고 두 값을 더하여 얻었다. 키패드를 스캔하여 표 10.1의 코드값을 얻는 것은 프로그램 10.3과 같이 작성할 수 있다.

프로그램 10.3

```
out = 0x01;                    // 3-열부터 스캔
for(i=0; i<4; i++)             // 스캔 시작
{
   PORTF = ~out;               // 출력 포트에 스캔 출력을 낸다.
   asm("nop"::);               // 동기화를 위해 1사이클 지연
   in = (~PINF) & 0xF0;        // 입력된 값의 상위 4비트를 취한다.
   if(in)                      // 키 입력이 있음
   {
      in += out;               // 출력과 입력을 조합하여 코드 생성
      break;                   // 입력이 있으므로 루프 탈출
   }
   out <<= 1;                  // 다음 스캔 코드로 변경
}
```

- 변수 out은 출력 포트에 출력할 데이터의 비트별 NOT을 한 값이다. 루프를 돌 때마다 왼쪽으로 1비트를 이동하여 다음 열을 스캔한다.
- 변수 in은 입력 포트로 읽은 값 중 상위 니블만을 취한 값이다.
- in에 0이 아닌 값이 읽히면 버튼이 눌러졌음을 의미하므로 출력과 입력을 조합(in += out)하고 루프를 빠져나온다.
- 여기서는 입력이 파악되면 바로 루프를 빠져나오므로 한 행에 두 개 이상의 버튼을 누르면 처음 발견되는 버튼만 입력된다. 그러나 한 열에 두 개 이상의 버튼을 누르면 두 버튼이 눌려있는 값으로 입력된다. 한 열에서도 단 하나의 버튼 입력을 갖도록 하려면 그에 대한 처리를 부가적으로 해 주어야 한다.
- **같은 포트에 대한 출력과 입력 사이에는 1사이클의 지연을 반드시 주어야 한다.**

프로그램 keypad.c는 프로그램 10.3을 바탕으로 스캔을 하면서 키패드 입력을 받는 프로그램을 완성한 것이다.

- 초기화 함수 `KeyInit()`에서 입출력 포트의 방향을 설정한다.
- 함수 `key_scan()`은 스캔을 하면서 현재 눌러진 버튼의 코드값을 반환한다.
- 디바운싱을 위하여 `key_scan()`은 시간 지연과 함께 두 번을 읽고 두 번 읽은 값이 같으면 입력을 받아들인다.
- 입력 함수 `KeyInput()`에서는 같은 버튼을 계속 누르고 있는 경우 입력이 되지 않는 것으로 판단한다. 이를 위해 정적 변수 `pin`을 도입하여 이전 코드값을 저장한다.
- 헤더파일에는 코드값을 표 10.1의 버튼 명으로 매크로를 정의하였다.
- 함수 `key_scan()`는 파일 keypad.c에서만 사용되므로 정적 함수로 작성하였다.

◆ 정적 함수

정적 변수와 유사하게 함수가 정의된 파일에서만 함수가 통용되고 외부에는 함수의 존재를 숨길 때 사용할 수 있다. 함수의 타입 앞에 `static`을 쓰면 정적함수가 된다.

예
```
static int func(int x, int y)
{
    . . .
}
```

프로그램 lab10-2.c는 키패드 입력을 받아 다음 동작을 한다.

(1) SW1을 누르면 7-세그먼트에 표시된 수를 1 증가한다.
(2) SW2를 누르면 7-세그먼트에 표시된 수를 2 증가한다.
(3) SW3을 누르면 7-세그먼트에 표시된 수를 3 증가한다.
(4) 여러 개의 스위치가 눌러지면 무시한다.

실습

프로그램 prac10-2.c와 keypad.c를 프로젝트에 포함시키고 키패드에서 SW1, SW2, SW3를 누르면서 프로그램을 수행을 한다.

JTAG 인터페이스는 포트 F를 사용하므로 실습을 수행하려면 JTAG를 불능시켜야 한다. 실습 수행이 안 되는 경우 5.5.5절에 따라 JTAG를 불능시킨다.

과제

1. 그림 10.3에서 풀업 저항을 제거하고 prac10-2.c를 수행하여도 정상적으로 동작을 한다. 이유를 설명하라.
2. 10.1.2절의 버튼 입력과 같이 키패드의 버튼을 0.5초 이상 누르면 계속 입력하는 것으로 받아들여 100msec마다 누른 키에 해당하는 증분으로 수를 증가시키도록 prac10-2.c와 keypad.c를 변경하라.
3. 프로그램 prac10-2.c를 키패드의 입력을 받아 그림 8.9의 LED 밝기를 조절하는 프로그램으로 변경하라(계속 누르는 입력도 받아들이도록 할 것).

프로그램 prac10-2.c

```
//==========================================================
// 실습 10.2 : 키패드  입력
//==========================================================
//
#include <avr/io.h>
#include <avr/interrupt.h>
#include <util/delay.h>
#include "iseg7.h"              // 7-세그먼트 구동
#include "keypad.h"             // 키패드 입력

int main()
{
    unsigned char  key;         // 입력값
    unsigned short data = 0;
    ISeg7Init();                // 7-세그먼트 초기화
    KeyInit();                  // 키패드 초기화
    sei();                      // 인터럽트 허용

    ISeg7DispNum(data, 10);
    while(1)
    {
        key = KeyInput();
        switch(key)
        {
        case SW1:                   // 스위치 1
             data +=1;
             break;
        case SW2:                   // 스위치 2
             data += 2;
             break;
        case SW3:                   // 스위치 3
             data += 3;
             break;
        default:
             break;
        }
        ISeg7DispNum(data, 10);
    }
}
```

헤더파일 keypad.h

```
#ifndef __KEYPAD_H__
#define __KEYPAD_H__

// 키패드 코드값
#define SW0     0x18    // 0-번째 행
#define SW1     0x14
#define SW2     0x12
#define SW3     0x11
#define SW4     0x28    // 1-번째 행
#define SW5     0x24
#define SW6     0x22
#define SW7     0x21
#define SW8     0x48    // 2-번째 행
#define SW9     0x44
#define SW10    0x42
#define SW11    0x41
#define SW12    0x88    // 3-번째 행
#define SW13    0x84
#define SW14    0x82
#define SW15    0x81
#define NO_KEY  0x00

// 함수 정의
void KeyInit(void);
unsigned char KeyInput(void);

#endif
```

소스파일 keypad.c

```
//=========================================================
// Keypad Matrix 인터페이스
//
// 포트 핀   D7  D6  D5  D4  D3  D2  D1  D0
// 키패드    I3  I2  I1  I0  O3  O2  O1  O0
//
//     In : 키패드 입력 핀
//     On : 키패드 출력 핀
//=========================================================

#include <avr/io.h>
#include <util/delay.h>
#include <stdio.h>

#include "keypad.h"

#define N_COL   4                        // 스캔할 키패드 열 수

#define KEY_OUT PORTF                    // keypad 출력 포트
#define KEY_IN  PINF                     // keypad 입력 포트
#define KEY_DIR DDRF                     // keypad 입출력 방향 레지스터

static unsigned char key_scan(void);
static unsigned char pin = NO_KEY;   // 이전 코드값
void KeyInit()
{
      KEY_OUT = 0xF0;         // 출력 초기값으로 0을 출력
      KEY_DIR = 0x0F;         // 하위 니블 ->출력, 상위 니블->입력
}
//==================================================
// 키패드의 스캔 코드값을 반환한다.
//
//     리턴 값 : 0이 아닐 때 : 스캔 코드값
//               0일 때      : 입력값이 없음
//==================================================
unsigned char KeyInput(void)
{
    unsigned char in, in1;

    in = key_scan();          // 키 스캔을 하여 코드값을 읽는다.
    while(1)
    {
```

```
        // 디바운싱 시간 지연
        _delay_ms(10);        _delay_ms(10); _delay_ms(10);
        in1 = key_scan();     // 한 번 더 읽는다.
        if(in==in1) break;
        in = in1;
    }

    if(!(in & 0xF0))          // 눌러진 키가 없음
    {
        pin =0;
        return 0;
    }

    if(pin == in)             // 같은 키를 계속 누르고 있음
        return 0;             // 새로운 키 입력이 없는 것으로 리턴

    pin = in;                 // 키 값을 저장함

    return in;                // 코드를 반환한다.
}

//-------------------------------------------
// 스캔 코드값을 리턴함
//-------------------------------------------
static unsigned char key_scan(void)
{
    unsigned char out, i, in;

    out = 0x01;         // 3-열부터 스캔

    for(i=0; i<N_COL; i++)
    {
        KEY_OUT = ~out;             // 출력 포트에 스캔 출력을 낸다.
        asm("nop"::);               // 1 사이클 지연

        in = (~KEY_IN) & 0xF0;      // 입력된 값의 상위 4비트를 취한다.
        if(in)                      // 키 입력이 있음
        {
            in += out;              // 출력과 입력을 조합하여 코드 생성
            break;                  // 입력이 있으므로 루프 탈출
        }
        out <<= 1;                  // 다음 스캔 코드값으로 변경
    }

    return in;                      // 스캔 코드값 반환
}
```

10.3 엔코더 스위치 입력받기

10.3.1 증분형 로터리 엔코더(Incremental Rotary Encoder)

그림 10.5는 8PPR(Pulse per Revolution) 발생하는 증분형 로터리 엔코더와 출력신호 형태를 보여준다. 광학형 엔코더는 각 스텝에 구멍을 뚫어 빛의 통과 유무로 출력신호가 발생되며 기계식 엔코더는 각 스텝을 접점으로 만들어 접점의 개폐 여부로 출력신호가 생성된다.

엔코더의 안쪽 라인이 A상을 바깥쪽 라인이 B상을 생성한다. 시계방향으로 회전하면 B상의 위상이 90도 앞서고 반시계방향으로 회전하면 A상의 위상이 90도 앞선다. 따라서 위상을 감시하면 회전방향을 알 수 있고, 펄스의 수를 세면 회전각을 알 수 있다.

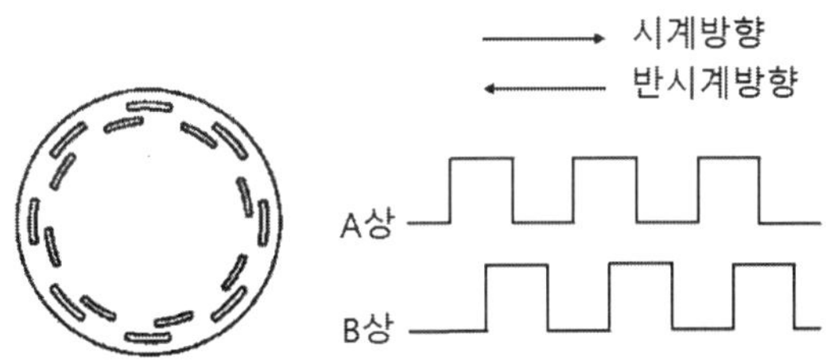

그림 10.5 8PPR 로터리 엔코더

그림 10.6은 기계식 엔코더를 사용한 Bourns PEC11 로터리 스위치이다. 손잡이는 무한 회전하며 그림 10.5의 접점 형태에 따라 A/B상이 개폐된다.

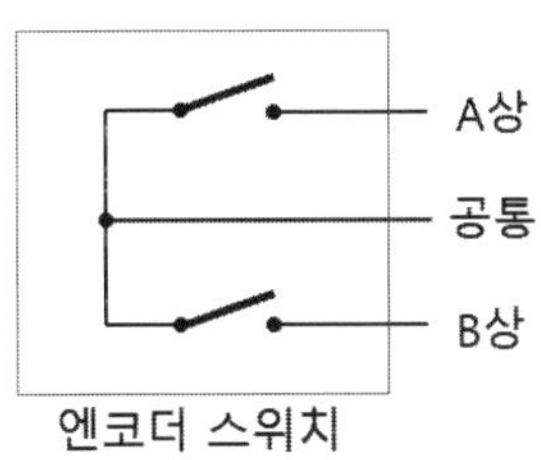

그림 10.6 기계식 로터리 엔코더 스위치

10.3.2 엔코더 스위치 입력 받기

마이크로컨트롤러에서 스위치의 개폐를 알기 위해 그림 10.7과 같이 A상과 B상에 풀업을 한다. 아울러 기계적 접점의 회전에 따라 많은 잡음이 발생하므로 그림 10.7에서 잡음을 제거하도록 커패시터를 사용하였다. 하지만 채터링은 발생할 수 있으므로 디바운싱을 고려하여야 한다.

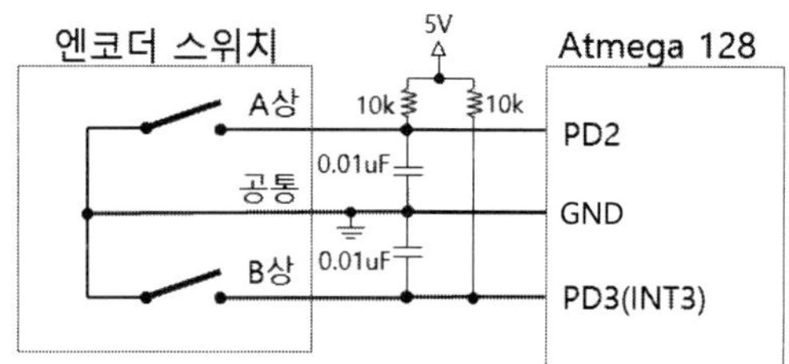

그림 10.7 엔코더 스위치 연결도

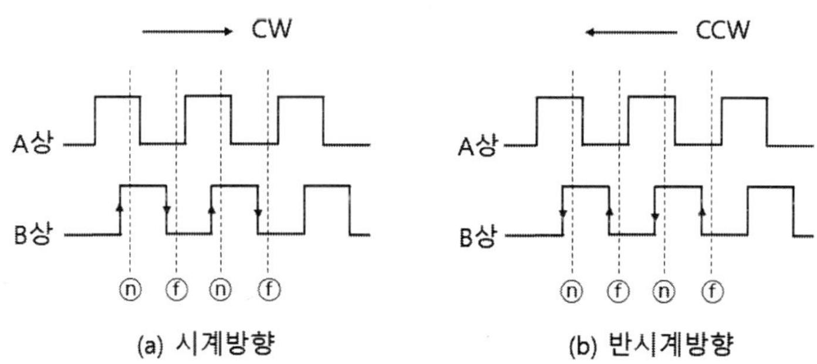

그림 10.8 엔코더 스위치 입력 신호

그림 10.8은 손잡이를 돌렸을 때 방향에 따라 각 상에서 읽히는 신호를 보여준다. 회전 방향은 B상의 상승/하강 모서리에서 A상의 상태를 검사하여 알 수 있으며 표 10.2에 정리하였다. 그림에서 ⓝ과 ⓕ는 손잡이가 멈추는 위치를 말한다. 엔코더 스위치 종류에 따라 ⓝ과 ⓕ 두 위치에서 멈추거나, ⓝ에서만 멈춘다. 두 위치 멈춤의 경우는 상승/하강 모서리 모두에서, 한 위치 멈춤의 경우는 상승 모서리에서만 방향 및 손잡이 위치를 계산하여야 한다. 이 장에서는 두 위치 멈춤 엔코더 스위치를 고려한다.

표 10.2 **회전방향에 따른 신호 형태**

B상	A상	회전방향
상승모서리	ON	시계방향
	OFF	반시계방향
하강모서리	OFF	시계방향
	ON	반시계방향

프로그램 10.4는 외부 인터럽트 3에 대한 인터럽트 서비스 루틴을 보여 준다.

- 그림 10.5의 회로에 따라 B상이 PD3핀에 연결되어 있으므로 외부인터럽트 3(INT3)의 상승/하강모서리 감지를 사용한다.
- 정적 변수 enc_count는 현재 스위치 위치를 나타내고, enc_dir은 회전 방향을 나타낸다.
- 인터럽트 발생이 상승모서리인지 하강모서리인지 판단은 EICRA 레지스터에서 ISC30:1비트를 검사하여 알 수 있다.
- 인터럽트 감지 모서리 판단 후 B상 신호를 읽어 회전 방향을 결정하고 enc_dir 변수에 시계방향이면 1을 반시계방향이면 -1을 저장한다.
- 방향이 결정되면 상승 모서리일 때는 하강 모서리 인터럽트로, 하강 모서리일 때는 상승 모서리 인터럽트로 변경한다.
- 스위치 디바운싱을 위해 일정시간 지연 후 채터링에 의해 발생할 수 있는 인터럽트 플래그를 지우고 종료한다(7.5.1절 (3) 참조).

프로그램 10.4

```
static short enc_dir = 0;                // 회전 방향
static short end_count = 0;              // 위치

ISR(INT3_vect)
{
   unsigned char in;

   in = PIND;                            // 포트 신호를 읽는다.

   if((EICRA & (3<<ISC30)) == (3<<ISC30))
   {  // B상의 상승모서리 인터럽트
      if(in & (1<<PD2))                  // A 신호를 읽어 방향 감지
         enc_dir = 1;                    // cw 회전
      else
         enc_dir =-1;                    // ccw 회전

      EICRA &= ~(3<<ISC30);
      EICRA |=  (2<<ISC30);              // 하강모서리 인터럽트로 변경
   }
   else
   {  // B상의 하강모서리 인터럽트
      if(in & (1<<PD2))                  // A 신호를 읽어 방향을 감지
         enc_dir = -1;                   // ccw 회전
      else
         enc_dir = 1;                    // cw 회전

      EICRA |=  (3<<ISC30);              // 상승모서리 인터럽트로 변경
   }

   enc_count += enc_dir;

   _delay_ms(DEBOUNCING_DELAY);          // 디바운싱
   EIFR   = (1 << ENC_INT);              //  채터링에 의한 플래그 지움
}
```

[소스파일 encoder_sw.c]는 프로그램 10.4를 바탕으로 두 위치 멈춤 엔코더 스위치의 위치 및 방향을 계산하는 프로그램을 작성한 것이다.

- 프로그램 10.4와 달리 인터럽트 서비스 루틴에서 디바운싱 시간 지연전에 자기 자신에 대한 인터럽트를 금지한 후 인터럽트를 허용하는 함수 `sei()`를 호출한다.
- `sei()`를 호출 전에 자기 자신에 대한 인터럽트를 금지함으로써 현재 수행 중인 인터럽트의 우선순위를 가장 낮게 한다. 자세한 사항은 29.2절에서 다루도록 한다. 가장 낮은 우선순위를 가짐으로써 디바운싱 시간 지연 중 발생하는 인터럽트는 즉시 처리될 수 있게 되어 디바운싱 시간지연이 다른 인터럽트 처리에 방해가 되지 않도록 한다.
- 현재 엔코더 스위치 상태를 나타내는 변수인 `enc_dir`과 `enc_count`는 항상 동시에 변경되거나 읽어야 한다. 이는 두 변수를 읽어 들이는 중에 인터럽트가 발생하여 변수 값을 변경시키는 경우를 금지하여야 함을 의미한다. 이를 위해 두 변수를 변경하는 함수 `EncoderSwReset()`와 두 변수를 읽는 함수 `EncoderSwCount()` 내에서 두 변수를 변경하거나 읽기 전에 인터럽트를 금지하고, 종료 후 다시 인터럽트를 허용한다.

[소스파일 encoder_sw.c]은 다음 함수를 제공한다.

void EncoderSwInit(void)

설명 : 입력 핀들을 입력 방향으로 설정하고, 해당 인터럽트를 허용하도록 비트를 세트하여 엔코더 스위치 입력을 초기화 한다. 스위치 위치는 0으로 초기화된다.

void EncoderSwReset(short val)

설명 : 스위치 위치를 `val`값으로 리셋한다.

입력 : `val` - 스위치 리셋 위치

short EncoderSwCount(short *cnt)

설명 : 스위치 위치와 회전방향을 읽어 들인다. 이 함수 호출 후에 회전방향은 0으로 리셋된다.

출력 : `*cnt` - 스위치 회전 위치를 나타낸다. 시계방향 1스텝 움직이면 1증가하고 반시계방향이면 1감소한다.

반환값 : 스위치 회전 방향을 반환한다.

-1 : 반시계방향 회전
0 : 함수 호출 후 스위치 회전이 없었음
1 : 시계방향 회전

[프로그램 prac10_3.c]은 현재 스위치 위치를 읽어 7-세그먼트에 표시하는 프로그램이다.

실습

그림 10.7과 같이 엔코더 스위치를 연결하고 prac10–3.c, iseg7.c와 encoder_sw.c를 프로젝트에 포함시켜 빌드 후 프로그램을 수행한다.

과제

한 위치 멈춤 엔코더 스위치에 사용할 수 있도록 encoder_sw.c를 변경하라.

프로그램 [prac10–3.c]

```
#include <util/delay.h>

#include <stdio.h>

#include "iseg7.h"                          // 7-세그먼트 구동
#include "encoder_sw.h"

int main()
{
    short en_count;                         // 엔코더 위치
    short en_dir;                           // 엔코더 방향

    ISeg7Init();                            // 7-세그먼트 초기화
    EncoderSwInit();                        // 엔코더 스위치 초기화

    EncoderSwReset(100);                    // 엔코더 위치를 100으로 리셋

    sei();                                  // 인터럽트 허용

    while(1)
    {
        if((en_dir = EncoderSwCount(&en_count)))
        {
            // 스위치가 회전하였음
            ISeg7DispNum(en_count, 10);
        }
    }
}
```

소스파일 encoder_sw.c

```
//===============================================================
//  증분형 로터리 엔코더 스위치 입력
//     Encoder : Bourns PEC 11
//
//  포트 입력핀
//     PD2 : 엔코더 A상
//     PD3 : 엔코더 B상[INT3(외부인터럽트 3) 사용]
//===============================================================

#include <avr/io.h>
#include <util/delay.h>
#include <avr/interrupt.h>

#include "encoder_sw.h"

#define ENC_IN                  PIND    // 엔코더 입력 포트
#define ENC_DIR                 DDRD    // 엔코더 방향 레지스터

#define ENC_PHASE_A             PD2
#define ENC_PHASE_B             PD3

#define ENC_INT_vect  INT3_vect         // 인터럽트 벡터 번호
#define ENC_INT                 INT3    // 인터럽트 소스
#define ENC_ISC                 ISC30   // 인터럽트 감지모드 비트

#define ENC_IN_MASK
((1<<ENC_PHASE_A)|(1<<ENC_PHASE_B))

static short enc_count = 0;             // count value
static short enc_dir = 0;               // 0: 변화 없음, 1: 시계방향
                                        // -1: 반시계방향

#define DEBOUNCING_DELAY      5         // 디바운싱 지연(msec)

void EncoderSwInit(void)
{
    ENC_DIR  =~(ENC_IN_MASK);           // 포트 방향 설정

    //-----------------------------------------
    // 인터럽트 설정
    //-----------------------------------------
    //
```

```
if(ENC_IN & (1<<ENC_PHASE_B))
    {
        EICRA &=~(3 << ENC_ISC);
        EICRA |= (2 << ENC_ISC);        // 하강 모서리 인터럽트 감지
    }
    else
        EICRA |= (3 << ENC_ISC);        // 상승 모서리 인터럽트 감지

    EIMSK |= (1 << ENC_INT);            // 외부 인터럽트 허용
    EIFR  |= (1 << ENC_INT);            // 인터럽트 플래그 지움
}

//-------------------------------------------------
// 엔코더 위치를 리셋한다.
//
// 입력 :
//    val : 리셋 후 엔코더 위치
//-------------------------------------------------
void EncoderSwReset(short val)
{
    cli();                              // 인터럽트 금지
    enc_count = val;
    enc_dir   = 0;
    sei();                              // 인터럽트 허용
}

//-------------------------------------------------
// 엔코더 스위치의 현재 위치 및 방향을 읽는다.
//
//    출력 :
//         *count : 현재 엔코더 스위치의 위치
//
//    반환값: 최근 회전 방향을 반환한다.
//
//         -1 : 시계반대방향 회전
//          0 : 최근 함수 호출이후 회전이 없음
//          1 : 시계방향 회전
//-------------------------------------------------
//
short EncoderSwCount(short *count)
{
    short direction;
```

```
    cli();
    *count    = enc_count;
    direction = enc_dir;
    enc_dir = 0;                          // 회전방향 리셋
    sei();

    return direction;
}

//----------------------------------------
// 외부 인터럽트 서비스 루틴
//----------------------------------------
//
ISR(ENC_INT_vect)               // Interrupt Service Routine
{
    unsigned char in;

    in = ENC_IN;                          // 신호를 읽는다.

    if((EICRA & (3<<ENC_ISC)) == (3<<ENC_ISC))
    {    // 상승모서리 인터럽트
        if(in & (1<<ENC_PHASE_A))         // A 신호를 읽어 방향 감지
            enc_dir = 1;                  // cw 회전
        else
            enc_dir =-1;                  // ccw 회전

        EICRA &= ~(3<<ENC_ISC);
        EICRA |=  (2<<ENC_ISC);           // 하강모서리 인터럽트로 변경
    }
    else                                  // B상의 하강모서리 인터럽트
    {
        if(in & (1<<ENC_PHASE_A))         // A 신호를 읽어 방향을 감지
            enc_dir = -1;                 // ccw 회전
        else
            enc_dir = 1;                  // cw 회전

        EICRA |=  (3<<ENC_ISC);           // 상승모서리 인터럽트로 변경
    }
```

```
    enc_count += enc_dir;

    EIMSK &= ~(1 << ENC_INT);          // 자신의 인터럽트 불가능
    sei();                             // 다른 인터럽트는 가능

    _delay_ms(DEBOUNCING_DELAY);       // 디바운싱

    //-----------------------------------------------
    // 채터링에 의한 인터럽트 플래그를 지운다.
    //-----------------------------------------------
    EIFR  = (1 << ENC_INT);
    EIMSK |= (1 << ENC_INT);   // 자신의 인터럽트 허용
}
```

헤더파일 encoder_sw.h

```
#ifndef __ENCODER_SW_H__
#define __ENCODER_SW_H__

void  EncoderSwInit(void);
void  EncoderSwReset(short val);
short EncoderSwCount(short *cnt);

#endif
```

CHAPTER

11

Liquid Crystal Display(LCD) 장치

11.1 개요

마이크로컨트롤러를 사용하는 많은 기기에서 여러 가지 상태를 표시하기 위한 장치로서 LCD 표시 장치를 사용하고 있다. LCD 모듈은 디스플레이 드라이버와 디스플레이를 합한 것을 말한다. 마이크로컨트롤러는 드라이버에 데이터를 전달함으로써 LCD 화면에 정보를 표시할 수 있다.

LCD 표시 장치는 크게 문자형과 그래픽형 두 가지로 분류된다. 문자형은 드라이버 내에 글꼴을 가지고 있어 영문자나 숫자를 쉽게 표시할 수 있다. 그래픽형은 문자형에 폰트가 없는 한글 또는 그래픽을 표시할 수 있으나 문자형보다 사용하기 어렵다. 실습에서는 제어가 쉬운 문자형 LCD를 사용한다.

현재 시판되는 문자형 LCD 표시 장치의 드라이버로서 Hitachi사의 HD44780가 가장 많이 쓰인다. 여기서는 HD44780의 특성을 개략적으로 설명하고 LCD를 제어하는 프로그램을 작성하도록 한다. LCD 사용 프로그램은 C-언어의 작성 기법인 모듈화

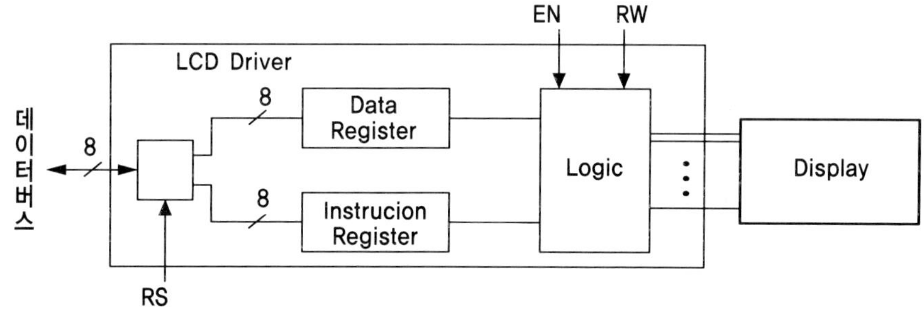

그림 11.1 LCD 드라이버의 개념적 구조

프로그램 방법으로 작성하여 이후 실습에서 LCD 프로그램 모듈을 계속적으로 사용할 수 있도록 하였다.

LCD 드라이버에 대한 자세한 사항은 HD44780의 Data Sheet 참고하기 바란다.

11.2 HD44780 LCD 드라이버

11.2.1 내부구조

그림 11.1은 LCD 드라이버의 개념적 구조를 나타낸다.

(1) 레지스터

LCD 모듈은 2개의 8비트 레지스터, Instruction Register(IR)와 Data Register(DR)를 가지고 있다.

- Instruction Register(IR) : 명령 레지스터
  화면의 지움, 화면 시프트 등 LCD 동작 명령을 내리거나 드라이버 내 DDRAM (Display Data RAM)과 CGRAM(Character Generator RAM) 주소를 설정하는 데 사용한다. 쓰기만 가능하다.
- Data Register(DR) : 데이터 레지스터
  화면에 표시할 데이터, 새로운 글꼴에 대한 데이터를 임시로 저장하는 레지스터이다. DR에 데이터를 쓰면 IR로 지정된 주소의 DDRAM 또는 CGRAM에 데이터가 전달된다. DR의 데이터를 읽으면 지정된 주소의 DDRAM 또는 CGRAM에 데이터가 CPU에 전달된다.

(2) Busy Flag(BF)

BF는 LCD가 다음 명령을 받을 수 있는지 상태를 나타낸다. BF=1이면 내부 동작 중인 상태로 명령을 받을 수 없다.

(3) Address Counter(AC) : 어드레스 카운터

어드레스 카운터는 DDRAM 어드레스 카운터와 CGRAM 어드레스 카운터가 있다.

각각 데이터 쓰기/읽기를 할 DDRAM과 CGRAM의 주소를 나타낸다. IR 레지스터에 주소를 써넣음과 동시에 해당 어드레스 카운터에 값이 세트된다. 각 RAM에 데이터를 써넣으면 어드레스 카운터는 자동적으로 1 증가(모드에 따라 1 감소)한다.

(4) 제어 신호

그림 11.1과 같이 세 개의 제어 신호가 있다.

- EN : 인에이블 신호이다.
- RS : DR 또는 IR 레지스터를 설정하는 신호이다.
- R/W : 읽기/쓰기 동작을 나타낸다.

신호 RS와 R/W의 조합에 따라 LCD는 다음 동작을 한다.

표 11.1 핀 설정에 따른 LCD 동작

RS	R/W	동작
0	0	IR을 선택하여 명령 쓰기(화면지움 등)
0	1	BF 읽기 / 어드레스카운터 읽기
1	0	DR을 선택하여 DDRAM 또는 CGRAM에 데이터 쓰기
1	1	DR을 선택하여 DDRAM 또는 CGRAM에서 데이터 읽기

(5) Display Data RAM(DDRAM)

DDRAM은 화면에 표시할 8비트 문자를 저장하는 곳으로 80x8 비트의 용량을 가진다. 화면에 표시되지 않는 영역의 RAM은 일반적인 메모리로 사용될 수 있다. 표 11.2는 2라인 16문자를 표시할 때 DDRAM의 주소와 화면 위치의 관계를 보여준다. DDRAM의 01번지에 글자 'A'를 쓰면 화면 0행 1열에 'A'가 나타난다(화면을 시프트하지 않았을 때).

표 11.2 DDRAM 주소와 화면 위치

화면 열	0	1	2	3	4	5	6	7	8	9	10	11	12	13	14	15	
DDRAM 주소	00	01	02	03	04	05	06	07	08	09	0A	0B	0C	0D	0E	0F	화면 0-행
	40	41	42	43	44	45	46	47	48	49	4A	4B	4C	4D	4E	4F	화면 1-행

* 프로그램의 편의성을 위하여 화면의 열과 행을 0부터 시작하였음

(6) Character Generator ROM(CGROM)

CGROM은 표 11.3의 8비트 문자 코드에 따라 5x8 도트 문자 또는 5x10 도트 문자를 발생시킨다. 표에서 (1)~(8)로 표시된 부분은 CGRAM 부분이며 사용자가 글꼴을 정의할 수 있다.

표 11.3 문자 코드와 글꼴 대응표

Lower 4 Bits \ Upper 4 Bits	0000	0001	0010	0011	0100	0101	0110	0111	1000	1001	1010	1011	1100	1101	1110	1111
xxxx0000	CG RAM (1)			0	@	P	`	p				ー	タ	ミ	α	p
xxxx0001	(2)		!	1	A	Q	a	q			。	ア	チ	ム	ä	q
xxxx0010	(3)		"	2	B	R	b	r			「	イ	ツ	メ	β	θ
xxxx0011	(4)		#	3	C	S	c	s			」	ウ	テ	モ	ε	∞
xxxx0100	(5)		$	4	D	T	d	t			、	エ	ト	ヤ	μ	Ω
xxxx0101	(6)		%	5	E	U	e	u			・	オ	ナ	ユ	σ	ü
xxxx0110	(7)		&	6	F	V	f	v			ヲ	カ	ニ	ヨ	ρ	Σ
xxxx0111	(8)		'	7	G	W	g	w			ァ	キ	ヌ	ラ	g	π
xxxx1000	(1)		(	8	H	X	h	x			ィ	ク	ネ	リ	√	x̄
xxxx1001	(2)		)	9	I	Y	i	y			ゥ	ケ	ノ	ル	⁻¹	y
xxxx1010	(3)		*	:	J	Z	j	z			ェ	コ	ハ	レ	j	千
xxxx1011	(4)		+	;	K	[	k	{			ォ	サ	ヒ	ロ	x	万
xxxx1100	(5)		,	<	L	¥	l	|			ャ	シ	フ	ワ	¢	円
xxxx1101	(6)		-	=	M	]	m	}			ュ	ス	ヘ	ン	£	÷
xxxx1110	(7)		.	>	N	^	n	→			ョ	セ	ホ	゛	ñ	
xxxx1111	(8)		/	?	O	_	o	←			ッ	ソ	マ	゜	ö	█

문자 코드 `0b00100001('!')`부터 `0b01111111('←')`까지는 ASCII 코드와 일치한다. C-언어에서 문자는 ASCII 코드로 표현하므로 문자를 화면에 표시하려면 C-언어에서 문자로 표현된 데이터를 LCD에 출력하면 된다.

> **예** C-언어에서 'A'는 표 11.3과 같이 0b01000001(0x41)과 표시되므로 다음 두 문장은 동일하다.
>
> ```
> x = 'A';    <==>    x = 0x41;
> ```

(7) Character Generator RAM(CGRAM)

LCD에는 몇 개의 글꼴을 사용자가 만들 수 있다. CGRAM에 사용자가 정의한 글꼴을 저장한다. 그림 11.2는 문자 코드, CGRAM 주소, 5x7 도트 사용자 글꼴과의 관계를 보여준다.

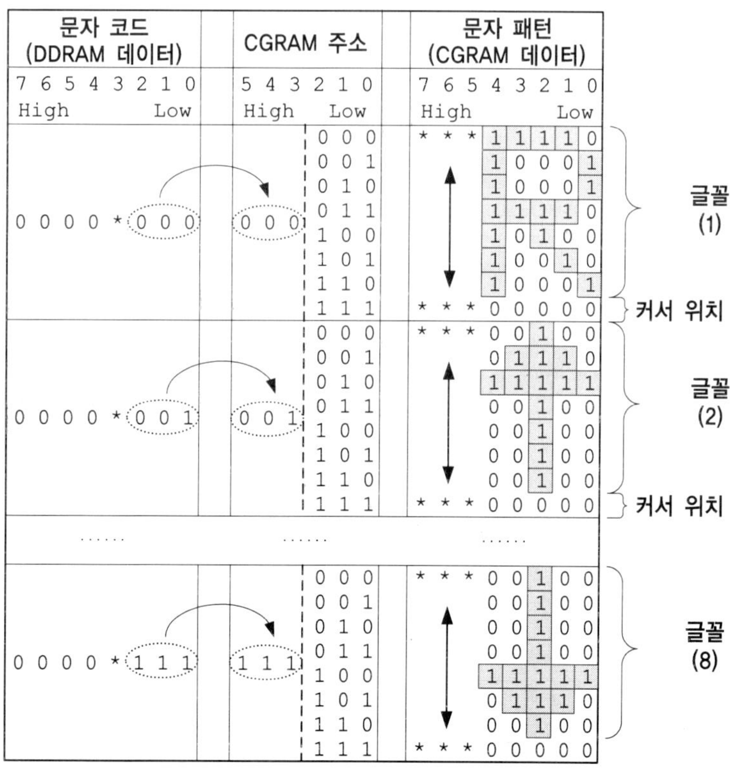

그림 11.2 문자 코드, CGRAM 주소 그리고 글꼴과의 관계

11.2.2 LCD 명령

▌표 11.4 ▌ LCD 명령

명령	코드										실행 시간
	RS	R/W	DB7	DB6	DB5	DB4	DB3	DB2	DB1	DB0	
화면 지움	0	0	0	0	0	0	0	0	0	1	1.52ms
커서 홈	0	0	0	0	0	0	0	0	1	*	1.52ms
엔트리 모드 세트	0	0	0	0	0	0	0	1	I/D	S	37μs
화면 ON/OFF 제어	0	0	0	0	0	0	1	D	C	B	37μs
커서/화면 이동	0	0	0	0	0	1	S/C	R/L	*	*	37μs
펑션 세트	0	0	0	0	1	DL	N	F	*	*	37μs
CGRAM 주소 설정	0	0	0	1	CGRAM 주소						37μs
DDRAM 주소 설정	0	0	1	DDRAM 주소							37μs
비지 플래그와 어드레스 카운터 읽기	0	1	BF	CGRAM/DDRAM 주소							0μs
CGRAM 또는 DDRAM에 데이터 쓰기	1	0	출력 데이터								37μs
CGRAM 또는 DDRAM의 데이터 읽기	1	1	입력 데이터								37μs

비트 설정

I/D : 0 - 커서 위치 감소, 1 - 커서 위치 증가
S : 0 - 화면 이동 없음, 1 - 화면 전체 이동
D : 0 - 화면 끔, 1 - 화면 켬
C : 0 - 커서 끔, 1 - 커서 켬
B : 0 - 커서 블링크 끔, 1 - 커서 블링크 켬
S/C : 0 - 커서 이동, 1 - 화면 이동
R/L : 0 - 왼쪽으로 이동, 1 - 오른쪽으로 이동
DL : 0 - 4비트 인터페이스, 1 - 8비트 인터페이스
N : 0 - 1-라인 디스플레이, 1 - 2-라인 디스플레이
F : 0 - 5x7 도트 문자, 1 - 5x10 도트 문자
BF : 0 - 명령 수행 가능, 1 - 명령 수행 불가능

11.2.3 LCD 인터페이스

마이크로컨트롤러와 LCD의 인터페이스는 4비트 인터페이스와 8비트 인터페이스 두 가지가 있다. 이는 사용하는 데이터 버스의 라인 수에 따라 구분이 된다. 8비트 인터페이스는 그림 11.1에 표시된 데이터 버스 8라인을 모두 사용하고, 4비트 인터페이스는 데이터 버스 라인 중 상위 4비트만 사용한다. 8비트의 데이터를 전달하기 위해 4비트씩 두 번에 걸쳐 상위 니블 그리고 하위 니블 순으로 전달된다.

여기서는 그림 11.3과 같이 4비트 인터페이스를 사용하여 범용 입출력 포트 C에 연결하도록 하자(※ 그림 4.1에 표시되어 있는 보드 상의 LCD 인터페이스는 메모리 버스를 사용하는 것으로 여기서는 사용하지 않는다).

그림 11.4는 4비트 인터페이스를 사용할 경우 데이터 및 명령어 쓰기/읽기 타이밍을 보여준다. 입출력 포트를 사용하여 LCD를 제어할 때 이 타이밍에 따라 포트의 입출력 신호를 제어하여야 한다.

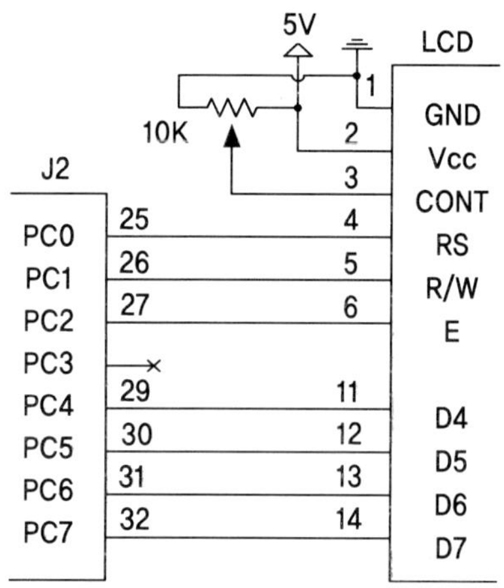

그림 11.3 키트의 4비트 LCD 인터페이스

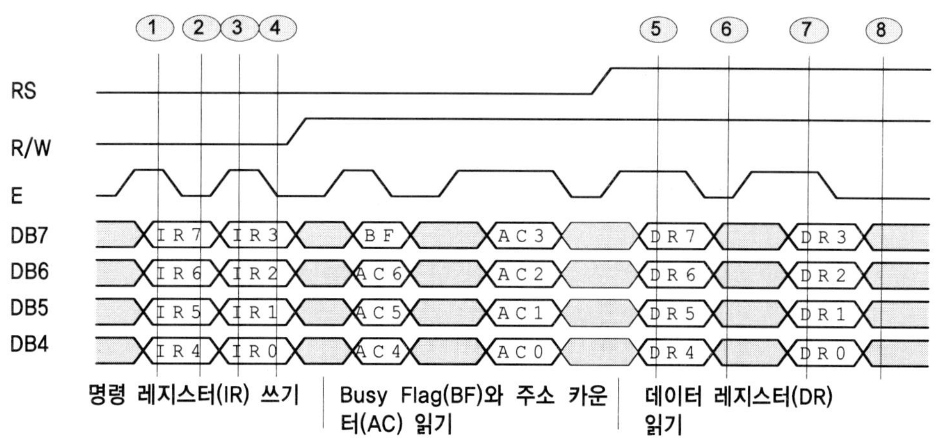

그림 11.4 4비트 인터페이스의 명령/데이터 입출력 타이밍

11.2.4 초기화

4비트 인터페이스를 사용할 때 LCD 모듈의 초기화 과정은 그림 11.5와 같다.

그림 11.5 4비트 인터페이스 LCD 초기화 과정

11.3 LCD 제어 프로그램

11.3.1 모듈화 프로그래밍

LCD는 데이터를 화면에 표시하여 사용자에게 필요한 정보를 제공할 목적으로 사용되므로 대부분의 마이크로컨트롤러의 응용에 사용된다고 볼 수 있다. 따라서 한 번 LCD 제어 프로그램을 작성하면 여러 응용에서 계속적으로 사용할 수 있다.

프로그램의 재사용에 있어서 중요한 것은 **(1) 프로그램을 모듈화하여 LCD 제어 모듈만 있으면 LCD를 사용할 수 있고, (2) 11.2절의 내용과 같은 LCD의 제어에 관한 자세한 사항을 몰라도 프로그램을 사용할 수 있어야 한다.**

- 모듈화란 각 기능별로 프로그램을 작은 부분으로 나누는 것을 말한다. 모듈이 가져야 할 기본적 조건은
  - 기능적으로 다른 모듈들과 독립적으로 존재함
  - 독립성 유지를 위해 데이터를 다른 모듈과 공유하지 않음

  로 표현된다. 한마디로 독립성이다. 독립성이 유지되지 않으면 LCD를 사용할 때 LCD 제어 모듈 외에 다른 모듈을 부가적으로 사용하여야 한다. 독립성의 유지로 재사용 항목 (1)을 구현할 수 있다.
- 모듈은 하향식 설계(Top-Down) 방식에 의해 세부 모듈로 다시 구분한다. 각 세부 모듈 역시 모듈 간 독립성을 유지도록 하는 것이 바람직하나, 각 세부 모듈은 엄밀한 독립성을 유지 못할 수도 있다.
- 각 세부 모듈은 C-언어의 함수로 구현한다. LCD 제어에 대한 자세한 사항을 함수 내에서 처리되도록 하면 어떤 기능이 필요한 때 기능을 수행하는 세부 모듈명(즉, 함수명)만 알면 해당 모듈(함수)을 호출하기만 하면 된다. LCD를 초기화할 때 초기화 함수만 호출하면 되지 그림 11.5의 초기화 과정을 이해할 필요가 없다. 재사용 항목 (2)는 자세한 기능적 사항을 함수가 처리하도록 함으로써 충족시킬 수 있다.

모듈의 독립성으로 얻을 수 있는 장점은 다음과 같이 기술할 수 있다.

- 프로그램 작성이 쉽다.
- 프로그램 이해가 쉽다.
- 오류정정이 간단하다.
- 동시 개발이 가능하다.

프로그램 모듈을 C-언어로 구현할 때 다음 세 부분으로 구성된다.

.c 프로그램 파일	: 세부 모듈을 구현한 함수의 모음
.h 헤더파일	: 프로그램 모듈을 사용할 때 필요한 사항 (함수의 정의, 명령의 정의 등)을 포함
설명서	: 모듈의 사용 방법, 기능 등을 기술. 간단한 경우는 헤더파일의 주석문으로 대체 가능

프로그램의 독립성을 위하여 각 부분별로 지켜야 할 사항은 다음과 같다.

- 내부 데이터는 외부로부터 숨김
  - 전역 변수의 사용 금지
- 내부적으로만 사용하는 세부 모듈을 외부에 숨김
  - static을 사용하여 정적 함수로 작성
- 헤더파일에는 외부에서 꼭 알아야만 할 사항만 첨부

11.3.2 프로그램 설계

LCD는 화면에 필요한 데이터를 표시하기 위해서 사용한다. LCD의 기능은 다른 장치(예: 직렬 통신 장치)와는 독립적인 기능들이므로 LCD만 전용으로 제어하는 프로그램 모듈을 만들 수 있다. 이를 LCD 제어 모듈이라 하자.

LCD 제어 모듈이 외부 프로그램에 제공하여야 할 기능을 분류하여 보자.

(1) 초기화 기능
(2) 화면 동작 제어 기능
(3) 문자 표시 기능
- 1 문자 표시 기능
- 문자열 표시 기능
- 표시 위치 이동 기능

(4) 사용자 글꼴 등록 기능

위와 같이 외부에 공개될 기능을 수행하기 위해 모듈 내부에서 수행되어야 할 기능은 표 11.4와 그림 11.4를 고려하면 5가지로 분류할 수 있다.

(1) 명령 레지스터(IR)에 명령 쓰기
(2) DDRAM 또는 CGRAM에 데이터 쓰기

(3) 비지 플래그 읽기
(4) DDRAM 또는 CGRAM 읽기
(5) 시간 지연

위에서 (4)의 읽기는 LCD 드라이버 내부 레지스터를 데이터를 저장하는 메모리로 사용하는 것이다. 여기서는 사용하지 않는 기능이므로 모듈 함수로서 작성하지 않는다.

우선 내부 기능을 함수로 작성하자. 함수의 역할은 함수에 필요한 데이터를 호출자로부터 받아 정해진 기능을 수행하고 수행 결과를 호출자에게 전달하는 것이다. 따라서 함수를 작성할 때는

- 함수가 수행하여야 할 기능
- 이를 수행 하기위해 호출자로부터 받아야 할 입력
- 수행 결과로 호출자에게 전달하여야 할 함수의 출력

을 정의하여야 한다. 이 정의로부터 입력을 위한 함수의 인자, 출력을 위한 함수의 인자 또는 반환값을 선택한다.

11.3.3 내부 함수 작성

(1) 명령 레지스터에 명령 쓰기 함수

표 11.4에서 명령 레지스터에 전달할 명령은 여러 가지가 있다. 이 기능을 수행할 함수는 전달할 명령을 입력으로 받기로 한다. 함수의 수행 결과를 함수 호출자에게 알릴 필요가 없다. 이로부터 함수의 입출력을 다음과 같이 선정한다.

인자 입력 : LCD에 내릴 명령어로 1바이트 형 ==> char command
인자 출력 : 없음
반환값 : 없음 ==> void형

이로부터 함수 형태를 다음과 같이 선정한다.

```
static void write_command(char command)
{
        . . .
}
```

내부 함수이므로 정적 함수를 사용하여 외부에 함수를 숨긴다.

입력 인자 command가 다음과 같이 비트별로 표현된다 하면

```
비트 위치     D7  D6  D5  D4  D3  D2  D1  D0
command       b7  b6  b5  b4  b3  b2  b1  b0
```

표 11.4와 그림 11.4의 타이밍도를 참고하여 표 11.5와 같은 순서로 포트 C에 데이터를 출력하여야 한다.

표 11.5 LCD 명령쓰기를 위한 데이터 출력 순서

출력 포트 C 핀	D7	D6	D5	D4	D3	D2	D1	D0	
LCD 모듈 핀	D7	D6	D5	D4	x	E	R/W	RS	
출력 포트 C에 상위 니블 출력	b7	b6	b5	b4	0	1	0	0	<= 그림 11.4 ①
	b7	b6	b5	b4	0	0	0	0	<= 그림 11.4 ②
출력 포트 C에 하위 니블 출력	b3	b2	b1	b0	0	1	0	0	<= 그림 11.4 ③
	b3	b2	b1	b0	0	0	0	0	<= 그림 11.4 ④

- LCD 출력 포트 C를 매크로를 사용하여 LCD_PORT라고 정의하자.

```
#define LCD_PORT        PORTC
```

- 입력 변수 command의 상위 니블과 E, R/W, RS 신호로 데이터를 구성한다.

```
temp = (command & 0xF0)  | 0x04 ;
       ================    =====
              ⇩              ⇩
                           0  0  0  0  1  0  0
       command의 상위 니블   b7 b6 b5 b4 0  0  0  0
                 비트별 OR   ----------------------
       표 11.5의 데이터 ①    b7 b6 b5 b4 0  1  0  0
```

- 구성된 데이터를 LCD_PORT에 출력한다(그림 11.4 ①).

```
LCD_PORT = temp;                // (그림 11.4 ①)
```

- 표 11.5의 데이터 ②를 LCD_PORT에 출력한다(그림 11.4 ②).

```
LCD_PORT = temp   & ~0x04;      // (그림 11.4 ②)

       temp                  b7 b6 b5 b4 0  1  0  0
       ~0x04                 1  1  1  1  1  0  1  1
       비트별 AND            ----------------------
       표 11.5의 데이터 ②    b7 b6 b5 b4 0  0  0  0
```

- 입력 변수 command의 하위 니블과 E, R/W, RS 신호로 데이터를 구성한다.

```
temp = (command << 4)      |  0x04 ;
       ================       =====
              ⇩                 ⇩
                               0  0  0  0   0  1  0  0
       command의 하위 니블     b3 b2 b1 b0  0  0  0  0
              비트별 OR        -----------------------
       표 11.5의 데이터 ③      b3 b2 b1 b0  0  1  0  0
```

- 구성된 데이터를 LCD_PORT에 출력한다(그림 11.4 ③).

```
LCD_PORT = temp                 // (그림 11.4 ③)
```

- 표 11.5의 데이터 ④를 LCD_PORT에 출력한다(그림 11.4 ④).

```
LCD_PORT = temp   & ~0x04;      // (그림 11.4 ④)

       temp                    b3 b2 b1 b0  0  1  0  0
       ~0x04                   1  1  1  1   1  0  1  1
       비트별 AND              -----------------------
       표 11.5의 데이터 ④      b3 b2 b1 b0  0  0  0  0
```

이로부터 write_command() 함수를 완성하면 다음과 같다.

```
#define LCD_PORT                    PORTC

static void write_command(char command)
{
    char temp;                      // 임시 변수

    // 상위 니블 출력
    temp = (command & 0xF0) | 0x04;
    LCD_PORT = temp;                // RS=0, RW=0, E=1
    LCD_PORT = temp & ~0x04;        // RS=0, RW=0, E=0

    // 하위 니블 출력
    temp = (command << 4) | 0x04;
    LCD_PORT = temp;                // RS=0, RW=0, E=1
    LCD_PORT = temp & ~0x04;        // RS=0, RW=0, E=0
}
```

(2) DDRAM 또는 CGRAM에 데이터 쓰기 함수

표 11.4에서 1바이트 단위로 DDRAM 또는 CGRAM에 데이터를 쓴다. 데이터 쓰기 함수는 DDRAM 또는 CGRAM에 쓸 1바이트 데이터를 함수의 입력으로 받는다. 함수의 수행 결과를 함수 호출자에게 알릴 필요가 없다. 이로부터 함수의 입출력을 다음과 같이 선정한다.

인자 입력 : 1바이트 형 데이터 ==> char ch

인자 출력 : 없음

반환값 : 없음 ==> void형

이로부터 함수 형태를 다음과 같이 선정한다.

```
static void write_data(char ch)
{
      . . .
}
```

입력 인자 ch가 다음과 같이 비트별로 표현된다 하면

비트 위치	D7	D6	D5	D4	D3	D2	D1	D0
ch	c7	c6	c5	c4	c3	c2	c1	c0

DDRAM과 CGRAM에 데이터를 쓰려면 데이터 레지스터(DR)를 선택(RS=1)하여 LCD에 데이터를 쓰면 된다. 표 11.4와 그림 11.4의 타이밍도를 참고하면 표 11.6의 순서로 출력 포트 C에 데이터를 출력하여야 한다.

표 11.6 DDRAM 또는 CGRAM에 데이터 출력 순서

출력 포트 C 핀	D7	D6	D5	D4	D3	D2	D1	D0	
LCD 모듈 핀	D7	D6	D5	D4	x	E	R/W	RS	
출력 포트 C에 상위 니블 출력	c7	c6	c5	c4	0	1	0	1	<= 그림 11.4 ⑤
	c7	c6	c5	c4	0	0	0	1	<= 그림 11.4 ⑥
출력 포트 C에 하위 니블 출력	c3	c2	c1	c0	0	1	0	1	<= 그림 11.4 ⑦
	c3	c2	c1	c0	0	0	0	1	<= 그림 11.4 ⑧

※그림 11.4에서는 데이터 읽기를 나타내므로 데이터 쓰기를 하려면 R/W=0으로 하여야 한다.

write_command() 함수 작성과 같은 방법으로 표 11.6에 따라 write_ data() 함수를 완성하면 다음과 같다.

```
static void write_data(char ch)
{
    char temp;                          // 임시 변수

    // 상위 니블 출력
    temp = (ch & 0xF0) | 0x05;
    LCD_PORT = temp;                    // RS=1, RW=0, E=1
    LCD_PORT = temp & ~0x04;            // RS=1, RW=0, E=0

    // 하위 니블 출력
    temp = (ch << 4) | 0x05;
    LCD_PORT = temp;                    // RS=1, RW=0, E=1
    LCD_PORT = temp & ~0x04;            // RS=1, RW=0, E=0
}
```

(3) 비지 플래그 읽기 함수

비지 플래그 검사는 LCD가 현재 하고 있는 작업이 완료되었는지 판단을 하는 것이므로 작업 수행에 필요한 시간만 지연하여도 비슷한 효과를 얻을 수 있다. 여기서는 시간 지연으로 대체한다.

```
#include <util/delay.h>
static void check_busy(void)
{
    _delay_us(10); _delay_us(10); _delay_us(10);
    _delay_us(10); _delay_us(10);
}
```

표 11.4에 따르면 화면지움과 커서홈 명령을 제외한 모든 명령은 50μs 이내에 수행되므로 50μs 시간 지연을 주었다. 함수 `_delay_us()`는 WinAVR에서 라이브러리로 제공하는 함수이므로 헤더파일 "`util/delay.h`"를 첨부하여야 한다. 아울러 `_delay_us()` 함수의 최대 시간 지연은 16MHz 클록을 사용할 때 약 16μs이므로 10μs 시간 지연을 다섯 번 호출하였다.

(4) 시간 지연 함수

시간 지연 함수는 WinAVR의 시간 지연 라이브러리 함수를 사용한다. msec 단위

의 지연을 위해 _delay_ms(), μsec 단위의 지연을 위해 _delay_us() 함수를 사용한다.

11.3.4 LCD 모듈 함수 작성

여기서는 앞에서 작성한 내부 함수를 사용하여 LCD 제어 프로그램 즉, LCD 모듈을 구성하는 함수들을 하나의 파일에 모두 작성한다. 응용 프로그램들은 이 함수들을 호출하여 LCD에 문자를 표시할 수 있다.

- 구성 함수가 LCD 모듈의 일원이라는 것을 나타내기 위해 접두어 Lcd를 함수명에 사용하기로 한다.
- 표 11.4를 보면 명령의 각 비트를 적당히 세트/리세트하여 LCD에 여러 가지 명령을 내릴 수 있다. 실제로 LCD를 사용함에 있어서 모든 명령을 사용하는 것이 아니므로 많이 사용할 명령을 미리 분류하고 명령에 대한 코드값을 추출한다.

화면지움 명령	:	**코드값** 0b00000001 = 0x01
커서 홈	:	**코드값** 0b00000010 = 0x02
엔트리 모드	:	글자를 쓴 후 커서 위치가 증가함 ==> I/D = 1
		글자를 쓸 때 화면의 이동이 없음 ==> S = 0
		코드값 0b00000110 = 0x06
화면 켜기	:	화면 켬, 커서 끔, 블링크 끔 ==> D=1, C=0, B=0
		코드값 0b00001100 = 0x0C
화면 끄기	:	화면 끔, 커서 끔, 블링크 끔 ==> D=0, C=0, B=0
		코드값 0b00001000 = 0x08
커서 켜기	:	화면 켬, 커서 켬, 블링크 끔 ==> D=1, C=1, B=0
		코드값 0b00001110 = 0x0E
커서 끄기	:	화면 켜기와 같음
커서 왼쪽 이동	:	커서이동, 왼쪽 이동 ==> S/C=0, R/L=0
		코드값 0b00010000 = 0x10
커서 오른쪽 이동	:	커서이동, 오른쪽 이동 ==> S/C=0, R/L=1
		코드값 0b00010100 = 0x14
화면 왼쪽 이동	:	화면이동, 왼쪽 이동 ==> S/C=1, R/L=0
		코드값 0b00011000 = 0x18

```
화면 오른쪽 이동 : 화면이동, 오른쪽 이동        ==> S/C=1, R/L=1
                   코드값   0b00011100 = 0x1C
펑션 세트        : 4비트 인터페이스             ==> D/L = 0
                   2-line 화면                  ==> N = 1
                   5x7 도트 문자 사용           ==> F = 0
                   코드값   0b00101000 = 0x28
```

- 코드값으로는 명령의 의미를 파악하기 어려우므로 매크로를 사용하여 코드에 의미를 부여한다.

```
#define ALLCLR              0x01  // 화면을 지움
#define HOME                0x02  // 커서 홈
#define ENTMOD              0x06  // 엔트리모드
#define DISP_ON             0x0C  // 화면 켜기
#define DISP_OFF            0x08  // 화면 끄기
#define CURSOR_ON           0x0E  // 커서 켜기
#define CURSOR_OFF          0x0C  // 커서 끄기
#define CURSOR_LSHIFT       0x10  // 커서 왼쪽 이동
#define CURSOR_RSHIFT       0x14  // 커서 오른쪽 이동
#define DISP_LSHIFT         0x18  // 화면 왼쪽 이동
#define DISP_RSHIFT         0x1C  // 화면 오른쪽 이동
#define FUNSET              0x28  // 펑션 세트
```

여기서부터 11.3.1절에서 요구한 LCD 제어 프로그램의 기능을 작성하도록 하자.

(1) 초기화 함수 : LcdInit()

초기화를 위해 함수에 필요한 입력은 없으며 함수의 결과를 출력할 필요가 없다.

인자 입력 : 없음
인자 출력 : 없음
반환값 : 없음 ==> void형

그림 11.5의 초기화 과정을 따라 다음과 같이 작성한다. 여기서 그림 11.5에서 필요한 비트들은 N=1, F=0, I/D=1, S=0으로 앞의 명령어를 구성할 때와 같은 것을 사용한다.

```
#define   LCD_DDR      DDRC              // 방향 레지스터 정의

void LcdInit(void)                       // LCD 초기화 함수
{
    LCD_DDR  = 0xFF;                     // LCD 포트를 출력 포트로 설정

    _delay_ms(15);                       // 15msec delay
    write_command(0x30);                 // 0x30=0b00110000
    _delay_ms(5);                        // 5msec delay
    write_command(0x30);
    _delay_ms(1);                        // 1msec delay
    write_command(0x32);                 // 0x32=0b00110010

    LcdCommand(FUNSET);                  // FUNSET:0x28=0b00101000
    LcdCommand(DISP_OFF);                // DISP_OFF:0x08=0b00001000
    LcdCommand(ALLCLR);                  // ALLCLR:0x01=0b00000001
    LcdCommand(ENTMOD);                  // ENTMOD:0x06=0b00000110
    LcdCommand(DISP_ON);                 // 화면을 켠다.
}
```

- LCD를 연결한 포트는 출력 포트이므로 포트의 방향을 출력으로 하여야 한다. LCD 포트 방향 레지스터는 매크로를 사용하여 정의한다.

```
#define   LCD_DDR      DDRC              // 방향 레지스터 정의
```

- 함수에서 FUNSET을 출력하는 부분부터는 비지 플래그를 판별하여야 하므로 write_command() 함수 대신 비지 플래그를 판별하는 화면 동작 제어 함수인 LcdCommand()를 사용하였다. LcdCommand() 함수는 뒤에서 작성될 것이다.
- 함수의 마지막 문장은 그림 11.5에서는 표시되지 않은 과정이다. 이는 그림 11.5의 초기화 후 화면이 꺼져 있는 상태가 되므로 화면을 켜기 위함이다.

(2) 화면 동작 제어 함수(LcdCommand())

화면 동작 제어는 명령 레지스터에 앞에서 매크로로 정의된 명령을 IR에 쓰면 된다. 단 write_command() 함수로 명령을 쓰기 전에 비지 플래그를 판별하여 LCD에 명령을 쓸 수 있을 때를 기다려야 한다. 함수의 입출력은

인자 입력 : LCD에 내릴 명령어로 1바이트 형 ==> char command

인자 출력 : 없음

반환값 : 없음 ==> void형

```
void LcdCommand(char command)       // LCD 명령 함수
{
    checkbusy();                    // LCD 명령이 가능할 때까지 기다림
    write_command(command);         // 명령 전달
    if(command == ALLCLR || command == HOME)
        _delay_ms(2);
}
```

- checkbusy() 함수는 화면지움과 커서홈 명령의 시간 지연을 고려하지 않았으므로 이들 명령의 수행시간인 약 2ms(표 11.4 참조)를 고려하였다.
- 입력 command로 어떠한 1바이트 값을 입력해도 관계는 없으나, 의미가 있는 동작 명령을 주기 위해서는 앞에서 정의한 매크로를 사용하는 것이 좋다.

예
```
LcdCommand(ALLCLR);          // 화면을 지운다.
```

(3) 문자 표시 함수

(가) 한 문자 표시 함수(LcdPutchar())

문자를 화면에 표시하려면 DDRAM에 데이터를 출력하면 된다. 이는 write_data() 함수를 사용하면 되지만 데이터를 쓰기 전에 비지 플래그를 판별하여 데이터를 쓸 수 있을 때를 기다려야 한다. 함수의 입출력은

인자 입력 : 화면에 표시할 문자(1바이트 형 데이터) ==> char

인자 출력 : 없음

반환값 : 없음 ==> void형

```
void LcdPutchar(char ch)         // LCD에 문자 하나를 쓰는 함수
{
    checkbusy();                 // LCD 명령이 가능할 때까지 기다림
    write_data(ch);              // 데이터 전달
}
```

- 화면에 나타나는 문자는 표 11.3에 따라 출력된다.

예

```
LcdPutchar('A')              // 화면에 글자 'A'를 표시
LcdPutchar(0x41);            // 'A'=0x41=0b01000001
                             // 화면에 글자 'A'를 표시
```

(나) SRAM 영역의 문자열 표시 함수(LcdPuts())

SRAM 영역의 문자열 입력을 받아 LCD 화면에 표시한다. 입출력은

인자 입력 : SRAM 영역의 문자열 ==> char * str

인자 출력 : 없음

반환값 : 없음 ==> void형

'M'	'i'	'c'	'o'	'm'	'\0'	

↑
str

문자열 입력을 str로 받는다면 str이 가리키는 문자를 출력하고 str이 가리키는 위치를 다음으로 이동한다(str++). 이 동작을 NULL 문자를 만날 때까지 반복한다.

```
void LcdPuts(char *str)      // LCD에 문자열을 쓰는 함수
{
    while(*str)              // *str이 NULL 문자가 아니면 루프를 돈다.
    {
        LcdPutchar(*str);    // 문자 *str을 화면에 출력
        str++;               // str이 다음 문자를 가리킴
    }
}
```

(다) 표시 위치 이동(LcdMove())

앞의 함수 LcdPutchar()는 현재 DDRAM의 어드레스 카운터가 가리키는 위치에 문자를 출력하고 어드레스 카운터를 자동적으로 하나 증가시킨다. 따라서 LcdPutchar()는 이전에 쓴 문자 다음에 문자를 쓴다. 새로운 위치에 문자를 쓰려면 쓰기 전에 어드

레스 카운터를 새로운 위치로 이동시켜야 한다. 이는 표 11.4의 DDRAM의 주소 설정 명령으로 수행한다.

이 함수의 입력은 글자를 쓸 위치이다.

인자 입력 : 위치(행, 열) ==> char line, char pos
인자 출력 : 없음
반환값 : 없음 ==> void형

함수 내에서는 행, 열 데이터로부터 DDRAM의 주소를 계산하고 이를 LCD 명령으로 출력하면 된다. 표 11.2를 여기에 다시 표시하여 보면

화면 열	0	1	2	3	4	5	6	7	8	9	10	11	12	13	14	15	
DDRAM	00	01	02	03	04	05	06	07	08	09	0A	0B	0C	0D	0E	0F	화면 0-행
주소	40	41	42	43	44	45	46	47	48	49	4A	4B	4C	4D	4E	4F	화면 1-행

0행에 해당하는 DDRAM의 주소는 열과 같고 1행에 해당하는 DDRAM의 주소는 화면 열에 0x40을 더하면 된다.

- (line << 6)은 line=0일 때 0이고, line=1일 때 0b01000000 = 0x40이다.

```
void LcdMove(char line, char pos)    // line : 행, pos : 열
{
    char addr;

    addr = (line << 6) + pos;        // DDRAM의 주소 계산
    addr |= 0x80;               // 비트7을 세트 => DDRAM 주소 설정 명령

    LcdCommand(addr);                // 명령 전달
}
```

(4) 사용자 글꼴 등록 함수(LcdNewchar())

그림 11.2와 표 11.3을 참고하면 LCD에 새로운 글꼴을 문자 코드 0x00~0x0F에 심을 수 있다. 문자 코드로는 16개이지만 심을 수 있는 글꼴은 표 11.3에서 나타낸 바와 같이 8가지이다(표에서 왼쪽 열의 (1)~(8)로 표시된 부분). 문자 코드 0x00과

0x08은 같은 글꼴을 나타낸다. 유사하게 문자 코드 0x01~0x07는 문자 코드 0x09 ~0x0F와 같은 글꼴은 나타낸다.

그림 11.2로부터 5x7 도트 글자는 8개의 char형 배열로 표시할 수 있다. 다음 그림은 문자 'R'을 char형 배열 font[8]에 저장한 것을 보여준다.

글꼴

0	0	0	1	1	1	1	0
0	0	0	1	0	0	0	1
0	0	0	1	0	0	0	1
0	0	0	1	1	1	1	0
0	0	0	1	0	1	0	0
0	0	0	1	0	0	1	0
0	0	0	1	0	0	0	1
0	0	0	0	0	0	0	0

==>

char font[8]	
0x1E	font[0]
0x11	font[1]
0x11	font[2]
0x1E	font[3]
0x14	font[4]
0x12	font[5]
0x11	font[6]
0x00	font[7]

글꼴 등록 함수는 위와 같이 배열로 표현된 글꼴을 입력받아 문자 코드에 등록을 한다. 따라서 입력으로 글꼴 데이터 배열과 문자 코드를 받아야 한다. 이로부터 입출력은

인자 입력 : 글꼴 배열 ==> char *font(또는 char font[])
문자 코드값 ==> char ch
인자 출력 : 없음
반환값 : 없음 ==> void형

글꼴을 저장하기 위해서 글꼴 배열의 각 요소를 문자 코드에 대응하는 CGRAM의 주소에 저장하여야 한다. 따라서 문자 코드로부터 대응 주소를 계산하여야 한다. 그림 11.2로부터 문자 코드가 CGRAM 주소의 비트 3, 4, 5를 구성한다. 이는 문자 코드를 3비트 왼쪽으로 이동시키면 된다.

```
void LcdNewchar(char ch, char font[])        // 글꼴 등록 함수
{
    int i;

    ch <<= 3;
```

```
    ch |= 0x40;                   // 비트 6을 세트 => CGRAM 주소 설정

    LcdCommand(ch);               // CGRAM 주소 설정 =>LcdPutchar()로
                                  // 쓰는 글꼴을 CGRAM에 저장

    for(i=0; i<8; i++)            // 글꼴을 CGRAM에 저장한다.
        LcdPutchar(font[i]);
}
```

11.3.5 파일 작성

LCD 제어모듈의 헤더파일과 소스파일은 다음 사항들을 고려하여 작성하였으며 이름은 각각 lcd.h와 lcd.c이다.

(1) 헤더파일 작성

헤더파일의 작성에서 고려하여야 할 사항은 다음과 같다.

- 외부에서 호출하는 함수의 선언만 포함시키고, 내부 함수는 외부에서 접근하는 함수가 아니므로 헤더파일이 아니라 소스파일에서 선언한다.
- 매크로 역시 외부에서 사용하는 것만 헤더파일에 포함하고 내부용은 소스파일에서 정의한다.
  - 11.3.3절 (1)에서 사용한 매크로 LCD_PORT는 내부용이고
  - 11.3.4절에서 정의한 매크로들은 외부에서 LCD 명령을 내릴 때 사용하므로 외부용이다.
- 헤더파일 중복 첨부를 피하기 위해 선행처리기 #ifndef-#endif 쌍을 사용한다. 헤더파일의 중복을 피하기 위해 정의하는 매크로의 이름은 일반적으로 쓰지 않는 것을 택한다.

> **예** `__LCD_H__`

(2) 소스파일 작성

소스파일의 이름은 모듈의 내용을 반영하도록 채택하고 앞에서 작성한 내부 함수와 외부 함수 모두를 다음 사항을 고려하여 포함시킨다.

- 외부 함수의 정의는 모두 헤더파일에 포함되어 있으므로 헤더파일을 첨부하고 소스파일 내에는 내부 함수의 선언 및 내부용 매크로만 정의한다.
- 함수를 작성할 때 함수의 기능 및 입출력 관계를 주석문에 상세히 기록하여 함수의 사용 방법을 알 수 있도록 한다.

헤더파일 lcd.h

```
//==================================================
//  파일명 : lcd.h - LCD 제어 모듈의 헤더파일
//==================================================

#ifndef __LCD_H__
#define __LCD_H__

// LCD 제어 명령

#define ALLCLR              0x01    // 화면을 지운다.
#define HOME                0x02    // 커서를 홈으로 보낸다.
#define LN21                0xc0    // 커서를 2번째 라인의
                                    // 첫 번째에 위치시킴
#define ENTMOD              0x06    // entry mode
#define FUNSET              0x28    // function set
#define DISP_ON             0x0c    // 디스플레이를 켠다.
#define DISP_OFF            0x08    // 디스플레이를 끈다.
#define CURSOR_ON           0x0e    // 커서를 켠다.
#define CURSOR_OFF          0x0c    // 커서를 끈다.
#define CURSOR_LSHIFT       0x10    // 커서를 왼쪽으로 이동시킨다.
#define CURSOR_RSHIFT       0x14    // 커서를 오른쪽으로 이동시킨다.
#define DISP_LSHIFT         0x18    // 디스플레이를 왼쪽으로
                                    // 이동시킨다.
#define DISP_RSHIFT         0x1c    // 디스플레이를 오른쪽으로
                                    // 이동시킨다.

// LCD 제어 모듈 함수
void LcdInit(void);
void LcdCommand(char command);
void LcdMove(char line, char pos);
void LcdPutchar(char ch);
void LcdPuts(char* str);
void LcdNewchar(char ch, char font[]);

#endif    // __LCD_H__
```

프로그램 lcd.c

```
//=========================================================
//  LCD.C : LCD 구동 함수의 모음
//=========================================================
#include <avr/io.h>
#include <util/delay.h>
#include "lcd.h"

// LCD 포트 주소
#define LCD_PORT      PORTC
#define LCD_DDR       DDRC
// 내부 함수
static void checkbusy(void);
static void write_command(char command);
static void write_data(char ch);

//====================================
// 기능 : LCD Display를 초기화한다.
//====================================

void LcdInit(void)
{
     LCD_DDR = 0xFF;                  // LCD 포트를 출력으로 설정
     _delay_ms(15);
     write_command(0x30);
     _delay_ms(5);
     write_command(0x30);
     _delay_ms(1);
     write_command(0x32);

     LcdCommand(FUNSET);
     LcdCommand(DISP_OFF);
     LcdCommand(ALLCLR);
     LcdCommand(ENTMOD);

     LcdCommand(DISP_ON);             // 화면을 켠다.
}

//=====================================================
// LCD에 명령을 출력하는 함수
//
```

```
//    입력 : command - LCD에 내리는 명령
//           lcd.h에 정의된 명령을 사용할 것
//
//==================================================
void LcdCommand(char command)
{
    checkbusy();
    write_command(command);
    if(command==ALLCLR || command==HOME)
        _delay_ms(2);
}

//==================================================
// 현재 위치에 문자 하나를 출력한다.
//
//    입력 : ch - 화면에 쓸 문자 코드
//==================================================
void LcdPutchar(char ch)
{
    checkbusy();
    write_data(ch);
}

//==================================================
// 현재 위치에 문자열을 출력한다.
//
//    입력 : str - 출력할 문자열
//==================================================
void LcdPuts(char* str)
{
    while(*str)                 // *str이 NULL 문자가 아니면 루프를 돈다.
    {
        LcdPutchar(*str);       // 문자 *str을 화면에 출력
        str++;                  // str이 다음 문자를 가리킴
    }
}

//==================================================
// 글자를 쓸 위치를 지정된 위치(line, pos)로 이동시킨다.
// 입력 :  line - 화면의 행(0행부터 시작)
//         pos  - 화면의 열(0열부터 시작)
```

```
//==========================================================
void LcdMove(char line, char pos)
{
    pos = (line << 6) + pos;
    pos |= 0x80;                          // 비트 7를 세트한다.

    LcdCommand(pos);
}

//============================================
// 문자 코드 ch에 새로운 글꼴을 등록한다.
// 입력 : ch     - 문자 코드
//        font   - 글꼴 데이터
//============================================
void LcdNewchar(char ch, char font[])
{
    int i;

    ch <<= 3;                    // ch = ch << 3;과 같음
    ch |= 0x40;                  // 비트 6을 세트 => CGRAM 주소 설정

    LcdCommand(ch);              // CGRAM 주소 설정 =>LcdPutchar()로
                                 // 쓰는 글꼴을 CGRAM에 저장

    for(i=0; i<8; i++)           // 글꼴을 CGRAM에 저장한다.
        LcdPutchar(font[i]);
}

//============================================
// 명령 레지스터에 명령을 쓴다.
// 입력 : command - LCD에 내리는 명령 코드
//============================================
static void write_command(char command)
{
    char temp;

    //----------------
    // 상위 니블 출력
    //----------------
    temp = (command & 0xF0)|0x04;   //0x04 : RS=0(명령)
                                    // RW=0(쓰기),E=1
```

```
    LCD_PORT = temp;
    LCD_PORT = temp & ~0x04;        // E = 0

    //---------------
    // 하위 니블 출력
    //---------------
    temp = (command << 4) | 0x04;   // 0x04 :RS=0(명령)
                                    // RW=0(쓰기),E=1
    LCD_PORT = temp;
    LCD_PORT = temp & ~0x04;        // E = 0
    _delay_us(1);                   // LCD에 따라서 1 usec
                                    // 지연이 필요한 경우가 있음
}
//==========================================
// 데이터 레지스터에 명령을 쓴다.
// 입력 : ch - LCD에 쓸 데이터
//==========================================
static void write_data(char ch)
{
    unsigned char temp;

    //---------------
    // 상위 니블 출력
    //---------------
    temp = (ch & 0xF0)|0x05;        // 0x05:RS=1(데이터)
                                    // RW=0(쓰기),E=1
    LCD_PORT = temp;
    LCD_PORT = temp & ~0x04;        // E = 0

    //---------------
    // 하위 니블 출력
    //---------------
    temp = (ch << 4) | 0x05;        // 0x05:RS=1(데이터)
                                    // RW=0(쓰기),E=1
    LCD_PORT = temp;
    LCD_PORT = temp & ~0x04;        // E = 0
}

//==========================================
// 50usec의 시간 지연으로 BF 플래그 검사를 대체
//==========================================
```

```
//
static void checkbusy()
{
	_delay_us(10); _delay_us(10); _delay_us(10);
	_delay_us(10); _delay_us(10);
}
```

11.4 실습

프로그램 prac11-4I.c는 앞에서 작성한 LCD 제어 프로그램의 사용방법을 보여주는 프로그램이다(동영상 11.1).

- LCD를 사용하므로 프로젝트에 LCD 제어 프로그램의 소스파일인 lcd.c를 포함시켜야 한다.
- 프로그램에서 LCD 제어 함수와 매크로를 사용하기 위해서 lcd.h를 포함시켜야 한다.
- lcd.c와 lcd.h는 프로젝트가 있는 폴더에 있어야 한다.
- 문자열을 나타내는 `lcdtitle[]`과 `string[]`은 문자열이므로 `LcdPuts()` 함수를 사용하여 출력한다.

※ LCD 화면이 잘 보이지 않을 경우 그림 11.3의 회로에서 가변저항을 조작하여 화면의 명암을 조절한다.

프로그램 prac11-4II.c는 두 글꼴을 각각 문자 코드 0, 1에 등록하여 사용하는 방법을 보여주고 있다(동영상 11.2).

- 우선 글꼴 데이터를 구성하여야 한다. 여기서는 위로 향한 화살표와 아래로 향한 화살표 모양의 글꼴로부터 다음 데이터를 구성하고 이를 글꼴 등록 함수에 전달한다.

글꼴

0	0	0	0	0	1	0	0
0	0	0	0	1	1	1	0
0	0	0	1	1	1	1	1
0	0	0	0	0	1	0	0
0	0	0	0	0	1	0	0
0	0	0	0	0	1	0	0
0	0	0	0	0	1	0	0
0	0	0	0	0	0	0	0

==>

char font1[8]	
0x04	font1[0]
0x0E	font1[1]
0x1F	font1[2]
0x04	font1[3]
0x04	font1[4]
0x04	font1[5]
0x04	font1[6]
0x00	font1[7]

글꼴

0	0	0	0	0	1	0	0
0	0	0	0	0	1	0	0
0	0	0	0	0	1	0	0
0	0	0	0	0	1	0	0
0	0	0	1	1	1	1	1
0	0	0	0	1	1	1	0
0	0	0	0	0	1	0	0
0	0	0	0	0	0	0	0

==>

char font2[8]	
0x04	font2[0]
0x04	font2[1]
0x04	font2[2]
0x04	font2[3]
0x1F	font2[4]
0x0E	font2[5]
0x04	font2[6]
0x00	font2[7]

- 문자 코드 0은 일반적 문자열의 끝을 나타내는 NULL 문자로 사용하기 때문에 (페이지 168 참조) 문자 코드 0에 등록된 사용자 글꼴을 사용하기 위해 문자 코드 0을 사용하는 것은 바람직하지 않다. 따라서 문자 코드 0에 등록된 글꼴은 같은 글꼴을 나타내는 문자 코드 8로서 나타내는 것이 좋다.
- 프로그램 prac11-4ll.c에서 문자 코드 0과 1을 등록하고 처음에는 '↑'를 나타내기 위하여 문자코드 0을 변수 string[8]에 저장하였다. 그러나 '↑'는 나타나지 않는다. 이는 LcdPuts() 함수는 NULL 문자를 문자열의 끝으로 보고 NULL 문자열 바로 전까지만 화면에 표시하는데, 문자 코드 0, 즉 NULL 문자가 string[8]에 저장되기 때문이다.
- 프로그램 prac11-4ll.c을 다음과 같이 변경하여 수행하여 보자.

```
string[8] = 0;    ==> string[8] = 8;
```

'↑'가 나타난다(동영상 11.3). 이는 문자 코드 8이 문자 코드 0과 같은 글꼴을 가지기 때문이다.

과제

1. 프로그램 prac11-4l.c를 다음 동작을 하도록 변경한다.
   커서를 HOME으로 보낸 다음 커서를 켜고, 커서를 오른쪽으로 10번 왼쪽으로 10번 이동하도록 한다.
2. 다음 동작을 하도록 프로그램을 작성하라.
   처음 윗줄에 "Merry"가 한자씩 출력되고 잠시 후 "Christmas!"가 출력된 후 아랫줄에서 "Happy New Year!"가 역시 한자씩 출력된다. 이 문자 전체가 3번 깜빡거리고 전체가 모두 왼쪽으로 이동하여 없어진다. 그리고 다시 윗줄 중간에 "Merry Christmas!" 아랫줄 중간에 "Happy New Year!"가 계속 깜빡거린다.
3. LCD 화면의 1번째 라인 2번째 열에 "↕메카↕"를 표시하도록 프로그램 prac11-4l.c를 수정하고 수행하라.
4. 소스파일 lcd.c는 LCD를 포트 C에 연결하도록 작성되어 있다. LCD를 포트 A에 연결하고 동작시키려면 lcd.c에서 어느 부분을 어떻게 변경하여야 하는가?

프로그램 prac11-4l.c

```
//===============================================
//  실습 11.4.1 - LCD 제어 모듈 테스트
//===============================================
#include <avr/io.h>                    // I/O 레지스터정의
#include <util/delay.h>                // 시간 지연 함수
#include "lcd.h"                       // LCD 제어 프로그램 헤더파일

void msec_delay(int n);                // 시간 지연 함수
static char lcdtitle[] = "LCD Display";     // 실습 제목

int main()
{
     char i;
     char string[20];                  // 문자열을 구성할 배열

     LcdInit();                        // LCD 초기화
     LcdMove(0,0);                     // HOME
     LcdPuts(lcdtitle);                // 실습 제목을 쓴다.

     string[0]  = 'M';
     string[1]  = 'E';
```

```
    string[0]  = 1;                 // 문자 코드 1
    string[1]  = ' ';
    string[2]  = 'M';
    string[3]  = 'E';
    string[4]  = 'C';
    string[5]  = 'H';
    string[6]  = 'A';
    string[7]  = ' ';
    string[8]  = 0;                 // 문자 코드 0 = NULL 문자
    string[9] = '\0';               // NULL문자 : 문자열의 끝

    LcdMove(1,1); LcdPuts(string);

    while(1);
}
```

CHAPTER 12

타이머/카운터(II) : 16비트 타이머/카운터

12.1 16비트 타이머/카운터 1과 타이머/카운터 3

ATmega128은 16비트 타이머/카운터로 타이머/카운터 1과 타이머/카운터 3을 제공한다. 비트수 이외에 동작은 8비트 타이머/카운터와 매우 유사하다.

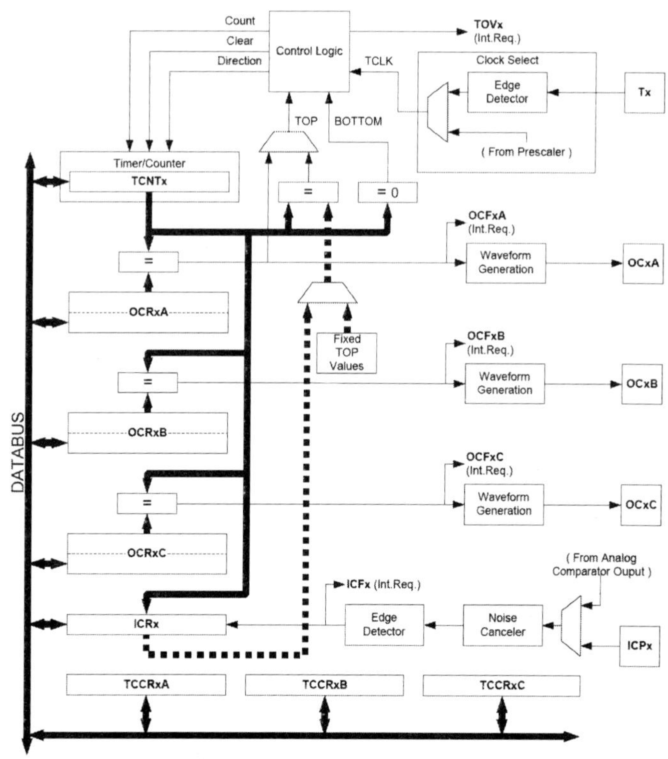

그림 12.1 16비트 타이머/카운터의 개략도

설명을 위해 몇 가지 용어를 정의하자.

BOTTOM	카운터값이 0이 되면 카운터가 BOTTOM에 도달했다고 한다.
MAX	16비트 타이머/카운터에 대해 카운터값이 0xFFFF(65535)가 되면 MAX에 도달했다 말한다.
TOP	카운터값이 최대값이 되었을 때 카운터가 TOP에 도달했다 말한다. 최대값은 0xFF, 0x1FF, 0x3FF, 0xFFFF이거나 비교레지스터 OCRnA(n=1,3)로 설정할 수 있다.

12.1.1 16비트 타이머/카운터의 개략도

그림 12.1은 ATmega128 매뉴얼의 16비트 타이머/카운터 개략도를 보여준다.

- 각 타이머는 3개의 출력 비교 레지스터를 가지고 있다. 이를 이용하여 각각 최대 3개의 PWM 신호를 생성할 수 있다.
- 타이머/카운터 1과 타이머/카운터 3은 8비트 타이머/카운터 2와 프리스케일러를 공유한다. 그러나 각 타이머에 대한 프리스케일 값은 독립적으로 설정할 수 있다.
- 각 타이머는 입력 캡처 유닛을 가지고 있어 입력 캡처 사건(ICP1, ICP3의 신호변화 또는 아날로그 비교기의 값 변화) 시점을 기록할 수 있다.

12.1.2 관련 레지스터

● **타이머/카운터 제어 레지스터 A (Timer/Counter-n Control Register A): TCCRnA(n=1,3)**

비트	7	6	5	4	3	2	1	0	
	COMnA1	COMnA0	COMnB1	COMnB0	COMnC1	COMnC0	WGMn1	WGMn0	TCCRnA
읽기/쓰기	R/W	R/W	R/W	R/W	R/W	R/W	R/W	R/W	
초기값	0	0	0	0	0	0	0	0	

- 비트 7:6 - COMnA1:0 : 비교일치 출력 모드
- 비트 5:4 - COMnB1:0 : 비교일치 출력 모드
- 비트 3:2 - COMnC1:0 : 비교일치 출력 모드

이 비트는 출력 핀 OCnA/OCnB/OCnC의 동작을 제어한다. 이 비트들 중 하나 이상의 비트가 세트되면 OCnA/OCnB/OCnC는 공유하는 범용 I/O 핀의 기능을 대신한다(OC1A:C는 각각 PB5:7과 핀을 공유하고 OC3A:C는 각각 PE3:5와 핀을 공유한다). 그러나 OCnA/OCnB/OCnC **핀을 사용하기 위해서는 공유 범용 I/O 핀의 방향을 출력으로 설정**하여야 한다.

표 12.1은 비 PWM 모드(Normal 모드와 CTC 모드)일 때 비트의 설정에 따른 출력 핀 OCnX의 동작 모드를 나타낸다.

표 12.1 비 PWM 모드일 때 비교출력 모드(n=1, 3 : X=A, B, C)

COMnX1	COMnX0	설명
0	0	범용 I/O로 동작한다. OCnX 핀은 연결되지 않는다.
0	1	비교일치가 될 때 OCnX 핀의 상태를 반전시킨다.
1	0	비교일치가 될 때 OCnX 핀에 0을 출력한다.
1	1	비교일치가 될 때 OCnX 핀에 1을 출력한다.

표 12.2는 Fast PWM 모드일 때 비트의 설정에 따른 출력 핀 OCnA/OCnB/OCnC의 동작 모드를 나타낸다.

표 12.2 Fast PWM 모드일 때 비교출력 모드(n=1,3 : X=A, B, C)

COMnX1	COMnX0	설명
0	0	범용 I/O로 동작한다. OCnX 핀은 연결되지 않는다.
0	1	WGMn3:0=15; 비교일치될 때 OCnA를 반전하고 OCnB/OCnC 핀은 연결되지 않고 범용 I/O로 동작한다. 다른 WGMn 세팅에는 OCnX는 범용 I/O로 동작한다.
1	0	비교일치가 될 때 OCnX 핀을 0으로 하고 TOP에서 1을 출력한다.
1	1	비교일치가 될 때 OCnX 핀을 1로 하고 TOP에서 0을 출력한다.

표 12.3은 Phase Correct(P.C.) PWM 모드와 Phase and Frequency Correct(P.F.C) PWM 모드일 때 비트의 설정에 따른 출력 핀 OCnA/OCnB/OCnC의 동작 모드를 나타낸다.

표 12.3 P.C. PWM 모드와 P.F.C. PWM 모드일 때 비교출력 모드 (n=1, 3 X=A, B, C)

COMnX1	COMnX0	설명
0	0	범용 I/O로 동작한다. OCnX 핀은 연결되지 않는다.
0	1	WGMn3:0=9 또는 14; 비교일치될 때 OCnA를 반전하고, OCnB/OCnC 핀은 연결되지 않고 범용 I/O로 동작한다. 다른 WGMn 세팅에는 OCnX는 범용 I/O로 동작한다.
1	0	카운터 증가 모드일 때 비교일치가 되면 OCnX 핀에 0을 출력한다. 카운터 감소 모드일 때 비교일치가 되면 OCnX 핀에 1을 출력한다.
1	1	카운터 증가 모드일 때 비교일치가 되면 OCnX 핀에 1을 출력한다. 카운터 감소 모드일 때 비교일치가 되면 OCnX 핀에 0을 출력한다.

- 비트 1:0 - WGMn1:0 : 파형 생성 모드(Waveform generation mode)
  이 비트는 TCCRnB의 WGMn3:2 비트와 함께 카운터의 계수 순서, TOP을 설정하는 방법 그리고 파형 생성 모드를 표 12.4와 같이 설정한다.

표 12.4 파형 생성 모드 비트 설명

모드	WGMn 3	WGMn 2	WGMn 1	WGMn 0	타이머/카운터 동작 모드	TOP	OCRnX 갱신 시점	TOVn 플래그 세트 시점
0	0	0	0	0	Normal	0xFFFF	즉시	MAX
1	0	0	0	1	P.C. PWM, 8비트	0x00FF	TOP	BOTTOM
2	0	0	1	0	P.C. PWM, 9비트	0x01FF	TOP	BOTTOM
3	0	0	1	1	P.C. PWM,10비트	0x03FF	TOP	BOTTOM
4	0	1	0	0	CTC	OCRnA	즉시	MAX
5	0	1	0	1	Fast PWM, 8비트	0x00FF	TOP	TOP
6	0	1	1	0	Fast PWM, 9비트	0x01FF	TOP	TOP
7	0	1	1	1	Fast PWM,10비트	0x03FF	TOP	TOP
8	1	0	0	0	P.F.C. PWM	ICRn	BOTTOM	BOTTOM
9	1	0	0	1	P.F.C. PWM	OCRnA	BOTTOM	BOTTOM
10	1	0	1	0	P.C. PWM	ICRn	TOP	BOTTOM
11	1	0	1	1	P.C. PWM	OCRnA	TOP	BOTTOM
12	1	1	0	0	CTC	ICRn	즉시	MAX
13	1	1	0	1	예약됨	-	-	
14	1	1	1	0	Fast PWM	ICRn	TOP	TOP
15	1	1	1	1	Fast PWM	OCRnA	TOP	TOP

타이머/카운터-n 제어레지스터 B (Timer/Counter n Control Register B): TCCRnB(n=1,3)

비트	7	6	5	4	3	2	1	0	
	ICNCn	ICESn	–	WGMn3	WGMn2	CSn2	CSn1	CSn0	TCCRnB
읽기/쓰기	R/W	R/W	R	R/W	R/W	R/W	R/W	R/W	
초기값	0	0	0	0	0	0	0	0	

- 비트 7 - ICNCn : 입력 캡처 잡음 제거기(Input Capture Noise Canceler)
  이 비트를 세트하면 입력 캡처 잡음 제거기를 활성화시킨다. 잡음 제거기가 활성화되면 입력 캡처 핀(ICPn)의 입력이 필터링된다. 필터 기능은 ICPn을 연속 네 번 샘플링한 값이 필요하다. 따라서 잡음 제거 기능이 활성화되면 입력 캡처는 4 클록 지연된다.

- 비트 6 - ICESn : 입력 캡처 모서리 선택(Input Capture Edge Select)
  이 비트는 캡처의 실제 사건을 트리거하기 위해 입력 캡처 핀(ICPn)의 어느 모서리를 사용할 것인지 선택한다. ICESn 비트에 0을 쓰면 하강 모서리를 트리거로 사용하고 1을 쓰면 상승 모서리를 트리거로 사용한다. ICESn의 세팅에 따라 캡처가 트리거되면 카운터값이 입력 캡처 레지스터 ICRn에 복사된다. 이 사건은 입력 캡처 플래그를 세트하고 인터럽트가 허용되어 있으면 입력 캡처 인터럽트를 발생시킨다.
- 비트 4:3 - WGMn3:2 : 파형 생성 모드
  표 12.4를 참조한다.
- 비트 2:0 - CSn2:0 : 클록 선택
  표 12.5에 비트에 따른 클록을 요약하였다.

표 12.5 타이머/카운터 n의 클록 선정(n=1, 3)

CSn2	CSn1	CSn0	설명
0	0	0	타이머/카운터 정지(클록 사용하지 않음)
0	0	1	$clk_{I/O}$(프리스케일링 없음)
0	1	0	$clk_{I/O}/8$(프리스케일링 입력)
0	1	1	$clk_{I/O}/64$(프리스케일링 입력)
1	0	0	$clk_{I/O}/256$(프리스케일링 입력)
1	0	1	$clk_{I/O}/1024$(프리스케일링 입력)
1	1	0	Tn 핀의 외부 클록 사용. 하강 모서리에서 클록을 함
1	1	1	Tn 핀의 외부 클록 사용. 상승 모서리에서 클록을 함

외부 클록 사용 모드를 사용하면 Tn핀이 출력 방향으로 설정되더라도 클록으로 동작한다.

● 타이머/카운터 n 제어레지스터 C (Timer/Counter n Control Register C): TCCRnC(n=1,3)

비트	7	6	5	4	3	2	1	0	
	FOCnA	FOCnB	FOCnC	–	–	–	–	–	TCCRnC
읽기/쓰기	W	W	W	R	R	R	R	R	
초기값	0	0	0	0	0	0	0	0	

- 비트 7:5 - FOCnX(n=1, 3, X=A, B, C) : Force Output Compare for Channel
  WGMn3:0 비트를 비 PWM 모드로 선택했을 때 이 비트들은 활성화된다. 이 비트에 1을 쓰면 파형 생성 유닛(Waveform Generation Unit)에 즉각적인 비교일치

를 전달한다. 출력 핀 OCnX의 값은 COMnX1:0 핀 세팅에 따라 변한다. FOCnX 비트의 세트는 인터럽트를 발생시키지 않는다.

● **타이머/카운터 n(Timer Counter n): TCNTnH, TCNTnL(n=1,3)**

비트	7	6	5	4	3	2	1	0	
	TCNTn[15:8]								TCNTnH
	TCNTn[7:0]								TCNTnL
읽기/쓰기	R/W	R/W	R/W	R/W	R/W	R/W	R/W	R/W	
초기값	0	0	0	0	0	0	0	0	

16비트 타이머/카운터 레지스터 TCNTn은 두 개의 8비트 레지스터로 구성되어 있다. 각각 상위 바이트 TCNTnH와 하위 바이트 TCNTnL이다.

● **출력 비교 레지스터 nX(Output Compare Register nX): OCRnXH, OCRnXL(n=1,3, X=A,B,C)**

비트	7	6	5	4	3	2	1	0	
	OCRnX[15:8]								OCRnXH
	OCRnX[7:0]								OCRnXL
읽기/쓰기	R/W	R/W	R/W	R/W	R/W	R/W	R/W	R/W	
초기값	0	0	0	0	0	0	0	0	

16비트 출력 비교 레지스터 OCRnX는 두 개의 8비트 레지스터로 구성되어 있다. 각각 상위 바이트 OCRnXH와 하위 바이트 OCRnXL이다. OCRnX는 타이머/카운터 레지스터 TCNTn과 지속적으로 비교된다. 비교일치는 출력 비교일치 인터럽트를 발생할 때 또는 OCnX 핀에 파형을 출력할 때 사용된다.

● **입력 캡처 레지스터 n(Input Capture Register n): ICRnH, ICRnL(n=1,3)**

비트	7	6	5	4	3	2	1	0	
	ICRn[15:8]								ICRnH
	ICRn[7:0]								ICRnL
읽기/쓰기	R/W	R/W	R/W	R/W	R/W	R/W	R/W	R/W	
초기값	0	0	0	0	0	0	0	0	

16비트 입력 캡처 레지스터 ICRn은 두 개의 8비트 레지스터로 구성되어 있다. 각각 상위 바이트 ICRnH와 하위 바이트 ICRnL이다. ICRn은 ICPn 핀(또는 타이머/카운

터 1에 대해서는 아날로그 비교 출력 핀)에 사건이 발생하는 시점에 타이머/카운터 TCNTn으로 갱신된다. 그리고 이 레지스터의 값은 카운터의 TOP을 설정하는데 사용될 수 있다.

● 타이머/카운터 인터럽트 플래그 레지스터 (Timer/Counter Interrupt Flag Register): TIFR

비트	7	6	5	4	3	2	1	0	
	OCF2	TOV2	ICF1	OCF1A	OCF1B	TOV1	OCF0	TOV0	TIFR
읽기/쓰기	R/W	R/W	R/W	R/W	R/W	R/W	R/W	R/W	
초기값	0	0	0	0	0	0	0	0	

● 확장 타이머/카운터 인터럽트 플래그 레지스터 (Extended Timer/Counter Interrupt Flag Register): ETIFR

비트	7	6	5	4	3	2	1	0	
	–	–	ICF3	OCF3A	OCF3B	TOV3	OCF3C	OCF1C	ETIFR
읽기/쓰기	R/W	R/W	R/W	R/W	R/W	R/W	R/W	R/W	
초기값	0	0	0	0	0	0	0	0	

- TIFR 비트 5, ETIFR 비트 5 – ICFn(n=1,3) : 입력 캡처 플래그(Input Capture Flag)
  ICPn 핀에 캡처 사건이 발생했을 때 이 플래그는 세트된다. WGMn3:0를 ICRn 레지스터가 TOP으로 사용되도록 설정하면 ICFn 플래그는 카운터가 TOP에 도달했을 때 입력 캡처 플래그가 세트된다. 이 플래그는 해당 인터럽트 서비스루틴이 수행되면서 자동으로 지워진다. 이 비트를 지우는 다른 방법으로 ICFn 비트에 1을 쓰면 플래그가 지워진다.
- TIFR 비트 4:3, ETIFR 비트 5:3, 비트 1:0 – OCFnX(n=1,3, X=A,B,C) : 타이머/카운터 n 출력 비교 X 일치 플래그(Output Compare X Match Flag)
  타이머 값 TCNTn과 비교 레지스터 값 OCRnX가 같을 때 플래그 OCFnX가 세트된다. 이 플래그는 해당 인터럽트 서비스루틴이 수행되면서 자동으로 지워진다. 이 비트를 지우는 다른 방법으로 OCFnX 비트에 1을 쓰면 플래그가 지워진다.
- TIFR 비트 2, ETIFR 비트 2 – TOVn(n=1,3) : 타이머/카운터 n 오버플로 플래그 (Timer/Counter 1 Overflow Flag)
  이 플래그 세팅은 WGMn3:0 비트의 세팅에 좌우된다. 표준 모드와 CTC 모드에서는 타이머 값 TCNTn에 오버플로가 생길 때 플래그 TOVn이 세트된다. 다른

WGMn3:0 세팅에 대한 TOVn 비트의 세팅은 표 12.4를 참조하기 바란다.

이 플래그는 해당 인터럽트 서비스루틴이 수행되면서 자동으로 지워진다. 이 비트를 지우는 다른 방법으로 TOVn 비트에 1을 쓰면 플래그가 지워진다.

● 타이머/카운터 인터럽트 마스크 레지스터 (Timer/Counter Interrupt Mask Register): TIMSK

비트	7	6	5	4	3	2	1	0	
	OCIE2	TOIE2	TICIE1	OCIE1A	OCIE1B	TOIE1	OCIE0	TOIE0	TIMSK
읽기/쓰기	R/W	R/W	R/W	R/W	R/W	R/W	R/W	R/W	
초기값	0	0	0	0	0	0	0	0	

● 확장 타이머/카운터 인터럽트 마스크 레지스터 (Extended Timer/Counter Interrupt Mask Register): ETIMSK

비트	7	6	5	4	3	2	1	0	
	–	–	TICIE3	OCIE3A	OCIE3B	TOIE3	OCIE3C	OCIE1C	ETIMSK
읽기/쓰기	R	R	R/W	R/W	R/W	R/W	R/W	R/W	
초기값	0	0	0	0	0	0	0	0	

- TIMSK 비트 5, ETIMSK 비트 5 – TICIEn(n=1,3) : 타이머/카운터 n 입력 캡처 인터럽트 허용(Input Capture Interrupt Enable)
  TICIEn 비트가 1이고 SREG 레지스터의 I 비트가 1이면 입력 캡처 인터럽트를 허용한다. TIFR 또는 ETIFR의 ICFn 플래그가 세트되면 해당 인터럽트 서비스루틴이 실행된다.
- TIMSK 비트 4:3, ETIMSK 비트 4:3, 비트 1:0 – OCIEnX(n=1,3, X=A,B,C) : 타이머/카운터 n 출력 비교일치 X 인터럽트 허용(Timer/Counter Output Compare X Match Interrupt Enable)
  OCIEnX 비트가 1이고 SREG 레지스터의 I 비트가 1이면 타이머 n 출력 비교일치 X 인터럽트를 허용한다. 출력 비교일치 인터럽트는 타이머 값 TCNTn과 비교 레지스터 값 OCRnX가 같을 때, 즉 출력 비교 플래그 OCFnX가 세트될 때 발생한다.
- TIMSK 비트 2, ETIMSK 비트 2 – TOIEn(n=1,3) : 타이머 n 오버플로 인터럽트 허용(Timer/Counter Overflow Interrupt Enable)
  TOIEn 비트가 1이고 SREG 레지스터의 I 비트가 1이면 타이머 오버플로 인터럽트를 허용한다. 타이머 오버플로 인터럽트는 타이머 값 TCNTn가 오버플로가 생길 때, 즉 타이머/카운터 오버플로 플래그 TOVn이 세트될 때 발생한다.

● 특수 기능 IO 레지스터(Special Function IO Register): SFIOR

비트	7	6	5	4	3	2	1	0	
	TSM	–	–	–	ACME	PUD	PSR0	PSR321	SFIOR
읽기/쓰기	R/W	R	R	R	R/W	R/W	R/W	R/W	
초기값	0	0	0	0	0	0	0	0	

- 비트 7 - TSM : 타이머/카운터 동기 모드(Timer/Counter Synchronization Mode)
  8비트 타이머/카운터를 참조한다.
- 비트 0 - PSR321 : 프리스케일러 리셋 타이머/카운터 1, 2, 3(Prescaler Reset Timer/Counter 1, 2, 3)
  이 비트가 1로 세트되면 타이머/카운터 1, 2, 3의 프리스케일러가 리셋된다. TSM 비트가 1일 때를 제외하고 표준적으로 이 비트는 하드웨어에 의해 즉시 0으로 지워진다. 타이머/카운터 1, 2, 3은 같은 프리스케일러를 사용하므로 이 비트의 조작은 타이머/카운터 1, 2, 3 모두에 영향을 미친다.

12.1.3 16비트 레지스터 조작

타이머/카운터 1과 타이머/카운터 3의 동작 설정에 필요한 레지스터 TCNTn, OCRnX, ICRn은 16비트 레지스터이다. 8비트 CPU인 ATmega128은 8비트 데이터 버스를 사용하므로 16비트 레지스터를 직접적으로 동시에 읽기/쓰기를 할 수 없다. 그러나 ATmega128은 그림 12.2와 같이 8비트 임시 레지스터를 사용하여 16비트 레지스터를 동시에 읽기/쓰기가 가능하도록 하였다.

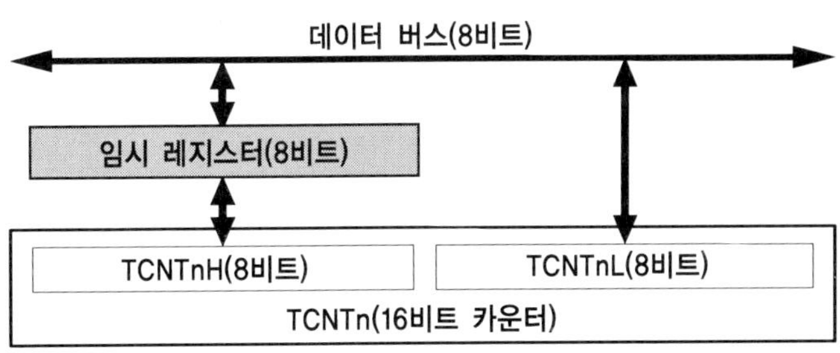

그림 12.2 임시 레지스터를 사용한 16비트 레지스터 읽기/쓰기

• 16비트 레지스터를 바이트 단위로 쓸 때는 상위 바이트, 하위 바이트 순으로 써야 한다. 먼저 쓴 상위 바이트는 임시 레지스터에 저장되고 하위 바이트를 쓸 때 임시 레지스터와 하위 바이트 값이 16비트 레지스터에 동시에 써진다.

예
```
unsigned char data_l, data_h;
TCNT1H = data_h;
TCNT1L = data_l;
```

• 16비트 레지스터를 바이트 단위로 읽을 때는 하위 바이트, 상위 바이트 순으로 읽어야 한다. 하위 바이트를 읽을 때 16비트 레지스터의 상위 바이트 값이 임시 레지스터에 동시에 저장된다. 상위 바이트를 읽으면 임시 레지스터 값이 읽힌다.

예
```
unsigned char data_l, data_h;
data_l = TCNT1L;
data_h = TCNT1H;
```

• C-언어에서 2바이트 변수를 사용하여 16비트 레지스터를 읽기/쓰기를 할 때는 컴파일러에 따라 상위 바이트와 하위 바이트를 읽기/쓰기를 하는 순서가 다를 수 있으므로 매우 조심해서 사용하여야 한다.

WinAVR 컴파일러 : 16비트 정수형으로 읽기/쓰기를 할 수 있다.

예
```
unsigned short data;
data = TCNT1;            // 카운터 1 읽기
TCNT1 = data;            // 카운터 1 값 쓰기
TCNT3 = data;            // 카운터 3 값 쓰기
```

CodeVisionAVR 컴파일러 : I/O 레지스터에 정의된 레지스터(3장 그림 3.5, 표 3.1 참조)는 16비트 정수형으로 읽기/쓰기를 할 수 있다.

예
```
unsigned short data;
data = TCNT1;               // 카운터 1 읽기
TCNT1 = data;               // 카운터 1 값 쓰기
```

확장 I/O 레지스터에 정의된 레지스터(3장 그림 3.5, 표 3.1 참조)에 대해서는 16비트 레지스터의 정의를 제공하지 않는다. 따라서 바이트별 연산을 수행하여야 한다.

예 확장 I/O 레지스터인 TCNT3에 대해서는 다음과 같이 작성한다.
```
unsigned short data;
// 하위 바이트, 상위 바이트 순으로 읽기를 하여야 한다.
data  = (unsigned short) TCNT3L;
data += (unsigned short) TCNT3H << 8;
// 상위 바이트, 하위 바이트 순으로 쓰기를 하여야 한다.
TCNT3H = (unsinged char) (data >> 8);
TCNT3L = (unsigned char) data;
```

확장 I/O 레지스터에 속하는 16비트 레지스터는 다음과 같다.

OCR1C, TCNT3, OCR3A, OCR3B, OCR3C, ICR3

이들 16비트 레지스터는 다음 8비트 레지스터로 구성되어 있다.

OCR1CH, OCR1L, TCNT3H, TCNT3L, OCR3AH, OCR3AL,
OCR3BL, OCR3BH, OCR3CL, OCR3CH, ICR3L, ICR3H

12.1.4 동작 모드

16비트 타이머의 동작 모드는 TCCRnA, TCCRnB 레지스터의 WGMn3:0 비트와 COMnX1:0 비트로 설정한다.

(1) 표준 모드(n=1,3)

- TCCRnA, TCCRnB 레지스터의 WGMn3:0=0으로 설정하는 가장 간단한 동작 모드이다.
- 타이머/카운터 값 TCNTn은 항상 증가하며 값이 16비트의 최대값(TOP = 0xFFFF)을 지나면 바닥(BOTTOM=0x0000)부터 다시 카운트를 시작한다.
- TCNTn이 0xFFFF에서 0x0000으로 변할 때 0x0000이 되는 시점에서 오버플로가 발생하고 오버플로 플래그 TOVn이 세트된다.
- 출력 비교 레지스터 OCRnX를 사용하여 주어진 시점에 출력 비교일치 인터럽트를 발생시킬 수 있다. 그러나 출력 비교 레지스터를 사용하여 파형을 생성하는 것은 과도한 CPU 시간을 소비하기 때문에 권고되지 않는다.

(2) CTC(Clear Timer on Compare Match) 모드(n=1,3)

- TCCRnA, TCCRnB 레지스터의 WGMn3:0=4 또는 WGMn3:0=12로 설정하는 동작 모드이다.
- WGMn3:0=4일 때는 TOP 값을 OCRnA 레지스터로 설정하고 WGMn3:0=12일 때는 ICRn 레지스터로 설정하는 동작 모드이다.
- 타이머/카운터 값 TCNTn는 TOP까지 증가하고 이후 TCNTn는 0으로 지워지고, WGMn3:0 설정에 따라 출력 비교 인터럽트 플래그 OCFnA 비트 또는 입력 캡처 인터럽트 플래그 ICFn 비트가 세트된다.
- 출력 핀 OCnA의 동작은 COMnA1:0의 값으로 제어한다(표 12.1). OCnA 핀에 출력을 하려면 공유 범용 I/O 핀의 방향을 출력으로 설정해야 한다.

그림 12.3은 CTC 모드에서 COMnA1:0=1로 설정되었을 때 출력 핀, 비교일치 인터럽트, 입력 캡처의 동작을 보여준다. 그림 12.3에서 조그만 수평바는 TCNTn이 TOP과 일치할 때를 나타낸다. TCNTn이 TOP과 일치하면 TCNTn이 0으로 지워지고 WGMn3:0 설정에 따라 비교일치 인터럽트 플래그 OCFnA 또는 ICFn이 세트된다. 동시에 COMnA1:0=1 세팅에 따라 출력 핀 OCnA의 값은 반전(Toggle)된다.

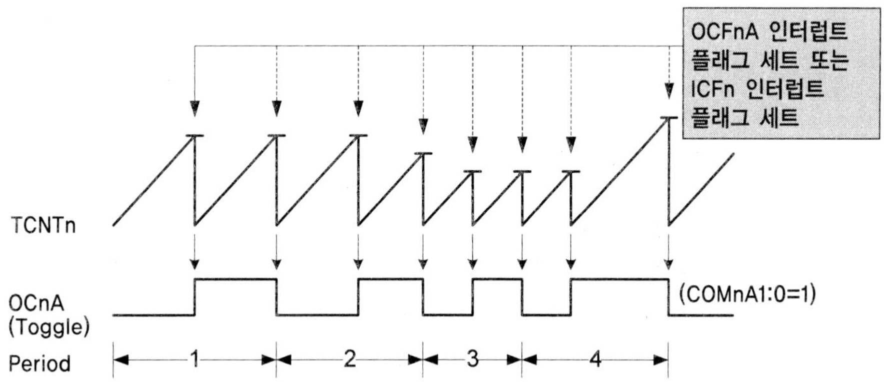

그림 12.3 CTC 모드 티이밍도

- 생성되는 파형의 주파수는 TOP으로 설정할 수 있다. TOP에 따른 주파수는 8장 식 (8.3)과 (8.4)와 같은 방법으로 구할 수 있다.
  - WGMn3:0=4일 때 TOP = OCRnA

    WGMn3:0=12일 때 TOP = ICRn

주기 : $T_{OCn} = 2 \cdot N \cdot (TOP + 1) / f_{clk\_I/O}$ sec (12.1)

주파수 : $f_{OCn} = f_{clk\_I/O} / (2 \cdot N \cdot (TOP + 1))$ Hz (12.2)

여기서 N은 프리스케일러 값으로 N=1, 8, 64, 256, 1024이다.

(3) Fast PWM 모드(n=1,3, X=A,B,C)

이 모드는 그림 8.1과 같은 비대칭형 PWM 신호를 만들어 낸다.

- 비교 레지스터 OCRnA, OCRnB, OCRnC를 사용하여 최대 3개의 PWM 신호를 발생시킬 수 있다.
- TCCRn 레지스터의 WGMn3:0=5,6,7,14,15로 설정하는 동작 모드이다. TOP은 표 12.4의 동작 모드에 따라 설정된다.
- 타이머/카운터 값 TCNTn은 항상 증가하며 TOP을 지나면 바닥(BOTTOM=0x00)부터 다시 카운트를 시작한다. 이때 OCRnX와 TOP이 업데이트되고 오버플로 인터럽트 플래그 TOVn이 세트된다. 그리고 모드에 따라 OCFnA 또는 ICFn 플래그가 세트된다. 타이머/카운터 값이 PWM 생성을 위한 톱니파를 형성한다.
- 타이머/카운터 값 TCNTn는 TOP과 일치될 때와 TCNTn이 0이 될 때 COMnX1:0 값

의 설정(표 12.2)에 따라 핀 OCnX에 신호를 출력한다. 단 OCnX에 출력을 하려면 해당 공유 I/O포트 핀을 출력으로 설정하여야 한다.

그림 12.4는 Fast PWM 모드에서 출력 핀의 동작을 보여준다.

- 생성되는 PWM 신호의 반송주파수는 TOP으로 설정할 수 있다. TOP에 따른 주파수는 8장 식 (8.5)와 (8.6)과 같은 방법으로 구할 수 있다.
  - WGMn3:0=5,6,7일 때 각각 TOP = 0x00FF, 0x01FF, 0x03FF
    WGMn3:0=14일 때 TOP = ICRn
    WGMn3:0=15일 때 TOP = OCRnA

주기 : $T_{OCn} = N \cdot (TOP + 1) / f_{clk\_I/O}$ sec (12.3)

주파수 : $f_{OCn} = f_{clk\_I/O} / (N \cdot (TOP + 1))$ Hz (12.4)

여기서 N은 프리스케일러 값으로 N=1, 8, 64, 256, 1024이다.

- PWM 신호의 듀티비는 출력 비교 레지스터 값으로 설정할 수 있다.
  COMnX1:0=2일 때

  듀티비(%) = (OCRnX+1) / (TOP+1) × 100(%)
- FAST PWM 모드의 최대 해상도는 16비트 즉, 2^{16}=65536등분이다.

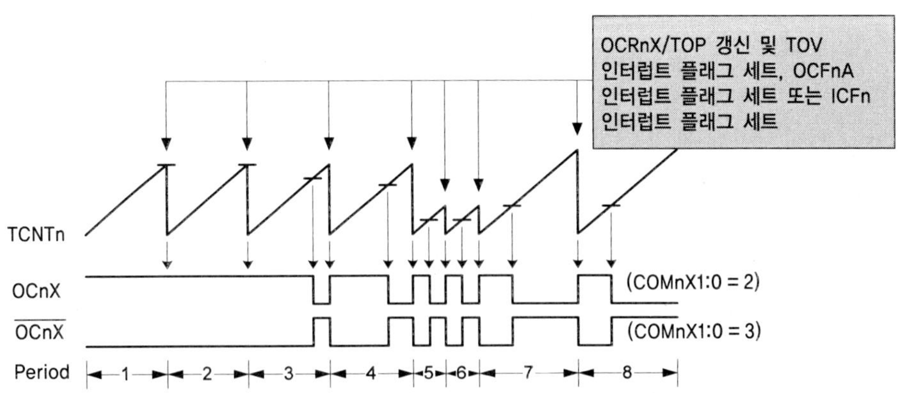

그림 12.4 Fast PWM 모드 타이밍도

(4) Phase Correct PWM 모드

이 모드는 그림 12.2와 같은 대칭형 PWM 신호를 만들어 낸다. 신호의 대칭 특성으로 모터의 구동에 적합하다.

- TCCRn 레지스터의 WGMn3:0=1,2,3,10,11로 설정하는 동작 모드이다.
- 타이머/카운터 값 TCNTn은 TOP까지 증가하였다가 BOTTOM까지 감소하며 삼각파를 형성한다. 타이머/카운터 값이 0이 될 때 오버플로 플래그 TOVn이 세트된다. OCRnX 값은 TCNTn이 TOP이 될 때 업데이트가 되고 모드에 따라 OCFnA 또는 ICFn 플래그가 세트된다.
- 타이머/카운터 값 TCNTn는 TOP과 일치될 때 증가 모드와 감소 모드에서 COMnX1:0 값의 설정(표 12.2)에 따라 핀 OCnX에 출력을 한다. 단 OCnX에 출력을 하려면 해당 공유 I/O포트 핀을 출력으로 설정하여야 한다.

그림 12.5는 Phase Correct PWM 모드에서 출력 핀의 동작을 보여준다. 주파수가 일정할 경우는 대칭형 PWM 신호를 생성하지만 주파수가 변하는 주기 2와 주기 3에서는 대칭성이 깨진다.

- 생성되는 PWM 신호의 반송주파수는 TOP으로 설정할 수 있다. TOP에 따른 주파수는 8장 식 (8.7), (8.8)과 같은 방법으로 구할 수 있다.
  - WGMn3:0=1,2,3일 때　　　각각 TOP = 0x00FF, 0x01FF, 0x03FF
    WGMn3:0=10일 때　　　TOP = ICRn
    WGMn3:0=11일 때　　　TOP = OCRnA

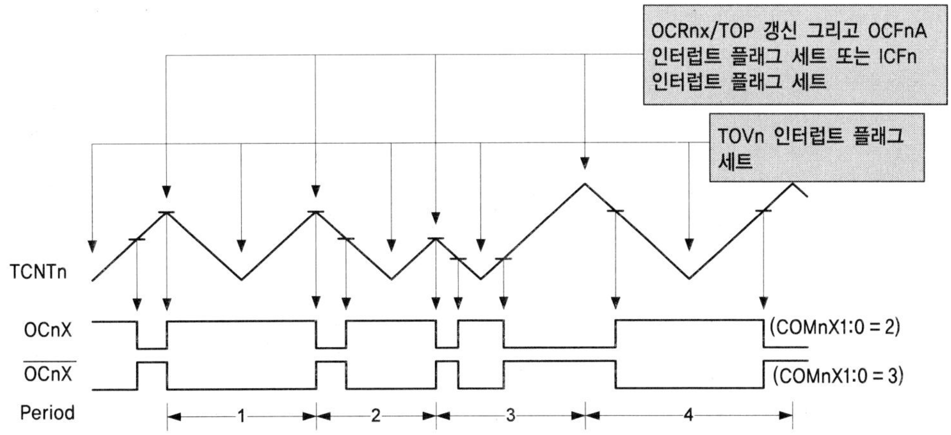

그림 12.5 Phase Correct PWM 모드 타이밍도

주기 : $T_{OCn} = 2 \cdot N \cdot TOP / f_{clk\_I/O}$ sec (12.5)

주파수 : $f_{OCn} = f_{clk\_I/O} / (2 \cdot N \cdot TOP)$ Hz (12.6)

여기서 N은 프리스케일러 값으로 N=1, 8, 64, 256, 1024

- PWM 신호의 듀티비는 출력 비교 레지스터 값으로 설정할 수 있다.
  COMnX1:0=2일 때

$$듀티비(\%) = OCRnX / TOP \times 100(\%)$$

- Phase Correct PWM 모드의 최대 해상도는 16비트 즉, 65536등분이다.
- Phase Correct PWM 모드의 PWM 신호 반송주기는 Fast PWM 모드의 약 두 배이다.

(5) Phase Frequency Correct PWM 모드

이 모드는 OCRnX와 TOP이 업데이트가 되는 시점을 제외하고 Phase Correct PWM 모드와 동일하다. 그림 12.6은 Phase Frequency Correct PWM 모드에서 출력 핀의 동작을 보여준다.

- Phase Correct PWM 모드와는 달리 주파수가 변할 때도 신호의 대칭성은 유지된다.
- OCRnX와 TOP은 TCNTn이 BOTTOM이 될 때 업데이트된다.

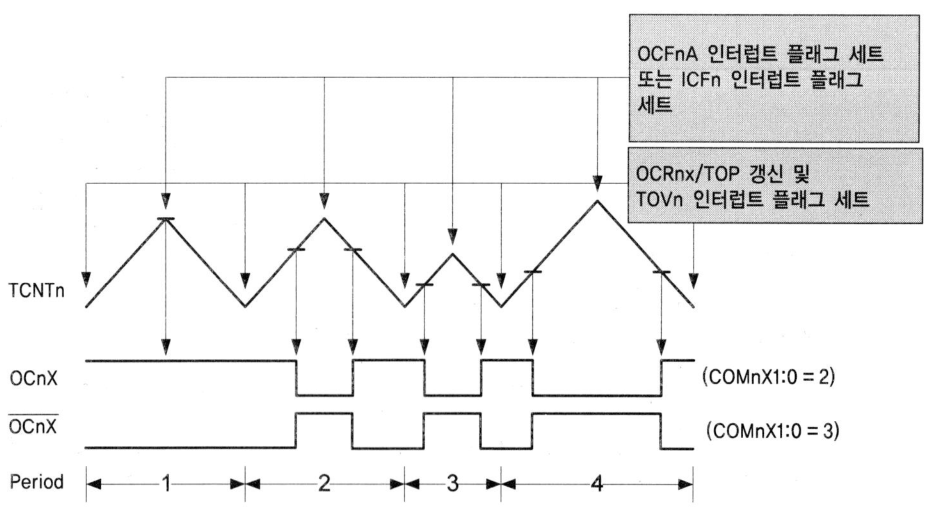

【그림 12.6】 Phase Frequency Correct PWM 모드 타이밍도

12.2 16비트 타이머/카운터 실습

12.2.1 주기적으로 LED 패턴 이동하기

여기서는 8장에서 8비트 타이머/카운터를 사용하여 수행하였던 LED 패턴 이동 실습을 16비트 타이머/카운터를 사용하여 수행하여 보자. 타이머/카운터가 16비트인 것을 제외하고는 사용 방법은 거의 비슷하다.

16비트임에 따라 측정할 수 있는 시간은 8비트보다 매우 길다. 최대주기 T_{max}는 8장과 유사하게 계산할 수 있다.

$$T_{max} = 65536 \cdot N / f_{clk\_I/O}$$

표 12.6은 16MHz 클록을 사용할 때 분주비에 따른 최대주기를 나타낸다.

표 12.6 분주비에 따른 인터럽트 최대 발생주기

분주비(N)	1	8	64	256	1024
최대주기 (msec)	4.096	32.768	262.144	1048.576	4194.304

여기서는 타이머/카운터 1 오버플로를 이용해서 LED의 패턴을 주기적으로 이동하여 보자. 단 다음 기능을 부여하도록 하자.

- 패턴 이동주기는 스위치를 사용해서 50msec~1000msec까지 50msec 간격으로 조절이 가능하도록 하자.
- 설정주기를 LCD에 표시하도록 하자.

최대 1000msec까지 주기를 설정하기 위해 표 12.6으로부터 분주비를 256으로 정한다. 주어진 주기는 8.4.1절 (1)과 같은 방법으로 주어진 시간 후에 인터럽트를 발생시킬 수 있다.

우선 T_s msec 후에 인터럽트를 발생시키려면 T_s msec에 해당하는 클록 수를 계산하여야 한다. 이를 변수 icount라 하면

$$\text{icount} = T_s \times 16 \times 1000 / N = T_s \times 16 \times 1000 / 256 \qquad (12.7)$$

따라서 16비트 타이머는 0xFFFF에서 오버플로가 일어나므로 타이머에

$$\text{TCNTn} = \text{0xFFFF} - \text{icount} + 1 \qquad (12.8)$$

을 설정하고 타이머를 동작시키면 T_s msec 후에 인터럽트가 발생한다.

주어진 시간 T_s msec에 대해 C-언어로 타이머 값을 계산할 때 다음 사항을 고려하여야 한다. 시간 T_s값을 변수 ts로 받아 타이머 레지스터 TCNTn에 설정할 값 timer를 계산하는 프로그램을 고려해보자.

(1) 마이크로컨트롤러에서 부동소수점 계산은 연산 시간이 많이 걸리므로 식 (12.7)과 같이 가능하면 모두 정수 계산을 하도록 한다.

(2) 정수 계산을 다음 네 가지로 수행하여보자. ts = 500일 때, 계산 방법에 따라 서로 다른 오차를 나타낸다(정수의 나눗셈은 정수로 계산된다).

(i) icount = ts*16*(1000/256) => icount = 24000

(ii) icount = ts *(16*1000/256) => icount = 31000

(iii) icount = (ts*16*1000)/256 => icount = 31250

※ 분자가 클 때 가장 오차가 작다. 따라서 계산을 할 때 분자가 가장 크게 되도록 프로그램 해야 한다.

(3) 식 (12.7)의 계산 결과가 0~65535이더라도 계산 중간 값들은 2바이트 정수형으로 표시할 수 없는 수이다. T_s=500, N=256의 경우를 보면

식 (12.7) ⟹ icount = (500 × 16000) / 256

분자는 8000000이다. 이 수를 표시하려면 부호 없는 4바이트 정수형인 unsigned long형을 사용하여야 한다. 따라서 오른쪽 항의 계산결과가 unsigned long형이도록 식 (12.7)을 다음과 같이 변경한다(255페이지 참조).

icount = ts × 16000UL / 256UL (12.9)

수를 표시할 때 접미어 U는 unsigned 그리고 L은 long형임을 나타낸다.

(4) unsigned long형과 연산 결과는 unsigned long형이므로 식 (12.9)의 오른쪽 항은 4바이트 정수형인 unsigned long형이다. 그러나 변수 icount는 unsigned short이므로 오른쪽 항을 형 변경한 후 icount에 저장하는 것이 바람직하다(255페이지 참조). 식 (12.9)는 다음과 같이 프로그램한다.

```
icount = (unsigned short)(ts × 16000UL / 256UL)
```

(5) 타이머/카운터 값을 timer 변수에 저장하면 식 (12.8)로부터

```
timer = 0xFFFF - icount+1
```

◆ C 언어에서 형 변경(Type Casting)

- char(1바이트)형 변수 A의 데이터를 short(2바이트)형 변수 B에 저장하는 경우를 고려해보자. 서로 변수의 형이 다르므로 다음과 같이 변수 A의 형을 short형으로 변경하여 저장하여야 한다.

```
B = (short) A;          // A=0x23일 때 B=0x0023
```

반대의 경우를 보자. 변수 B를 char로 변경하여 저장하여야 한다.

```
A = (char) B            // B=0x1223일 때 A=0x23
```

2바이트 변수를 1바이트로 변경하여야 하므로 상위 바이트의 데이터를 손실하게 된다. 위에서는 형의 변경을 명시적으로 표현하였으나 다음과 같이 명시적으로 표현하지 않으면 컴파일러가 자동적으로 왼쪽 변수의 형으로 변경하여 데이터를 저장한다.

```
B = A;          // A값을 short형으로 변경 후 B에 저장
A = B;          // B값을 char형으로 변경 후 A에 저장
```

두 번째 경우는 상위 바이트가 없어지므로 사용자가 의도하지 않았으면 프로그램의 오류가 된다. 이와 같은 오류는 발견하기 매우 어려우므로 형의 변경이 필요한 경우는 명시적으로 형의 변경을 나타내는 것이 좋다.

- 서로 다른 형의 데이터를 연산하면 바이트 수를 크게 차지하는 변수의 형으로 변경하여 연산되고 결과는 바이트 수를 가장 크게 차지하는 변수의 형이 된다. 변수 A와 B가 각각 char형과 short형일 때 A+B의 연산은 A 값을 short형으로 변경하여 계산되고 결과는 short형이 된다.

  A + (char)B 연산에서는 B 값을 char형으로 변경하였으므로 char형 변수의 계산이 된다.

  서로 다른 형의 연산이 발생하면 형의 변경은

  char → short → long → float

  순서로 이루어진다.

프로그램 prac12-21.c는 타이머/카운터 1 오버플로를 이용해서 LED의 패턴을 주기적으로 이동하는 프로그램이다. 패턴 이동주기는 스위치를 사용해서 50msec~1000msec까지 50msec 간격으로 조절이 가능하고 설정된 주기는 LCD에 표시된다. 초기 이동주기는 500msec이다.

LCD와 버튼 입력을 사용하므로 lcd.c, lcd.h, button.c, button.h를 프로젝트가 있는 폴더에 복사를 하고, 프로젝트에 lcd.c와 button.c를 첨부하여야 한다. 그리고 LED회로는 그림 6.2, 스위치 회로는 그림 10.1을 사용한다.

- 타이머/카운터 1 오버플로 인터럽트의 매크로는 표 7.2에서 `TIMER1_OVF_vect`이다.
- 타이머 1을 표준 모드, OC1A, OC1B, OC1C 핀을 사용하지 않을 때 타이머 제어 레지스터 TCCR1B의 각 비트는

  `COM1A1:0=0, COM1B1:0=0, COM1C1:0=0 WGM11:0=0`

  `==> TCCR1A=0`

  `WGM13:2=0, CS12:0=0`(타이머 정지)

  `==> TCCR1B=0`
- 타이머 1 오버플로 인터럽트를 허용 `==> TIMSK=(1<<TOIE1)`
- 분주비 256로 타이머를 동작시키려면 `CS12:0=4`로 설정하면 된다.

  `==> TCCR1B |= (4<<CS10)`

그림 12.7 인터럽트에 의한 데이터 손상

- 프로그램 prac12-2I.c와 같이 동일한 변수 timer를 인터럽트 서비스루틴과 main()이 사용할 때는 그림 12.7에서 보여주는 인터럽트에 의한 변수의 손상을 고려하여야 한다.
  - ATmega128은 8비트 CPU이므로 항상 1바이트 단위로 연산을 수행한다. 2바이트 연산은 두 번의 1바이트 연산으로 수행한다.
  - 그림 12.7은 2바이트 연산(timer = temp;)을 수행 중 인터럽트에 의한 데이터의 손상을 보여주고 있다. 그림 12.7에서 연산 전에 각 변수에 저장되어 있는 값은 다음과 같다.

```
timer=0xFF67, temp=0x1234
```

  - 변수 timer는 main()에서 설정하고, 인터럽트 서비스루틴에서는 변수 timer 값으로 타이머 레지스터를 설정한다.
  - 정상적인 연산 수행 후에는 timer=0x1234이므로 타이머 레지스터 TCNT1 = 0x1234이어야 한다.
  - 그림 12.7의 오른쪽과 같은 비정상적인 경우를 보자. temp의 하위 바이트가 timer의 하위 바이트에 복사된 직후 인터럽트가 걸려 인터럽트 서비스루틴에서는 timer 변수 값은 0xFF34이다. 따라서 TCNT1=0xFF34가 설정되어 TCNT1는 손상된 데이터값을 가진다.
- 인터럽트에 의한 데이터 손상을 방지하기 위해서 main()과 인터럽트 서비스루틴이 같이 사용하는 변수를 main()에서 읽기/쓰기를 할 때는 인터럽트를 금지시켜야 한다.

```
cli();          // 인터럽트 금지
timer = temp;   // 변수 쓰기
sei();          // 인터럽트 허용
```

- 인터럽트의 금지는 가능한 짧은 시간 동안만 유지되어야 한다.

◆ 문장 "switch((in = BtnInput()))"은 두 가지 문장으로 구성되어 있다. 항상 가장 안쪽 괄호 "( )"부터 해석을 한다.

(1) "in = BtnInput();" : 버튼 입력을 받아 변수 in에 저장

(2) 변수 in을 가지고 switch 문장의 판별을 한다.

(3) 이는 다음과 동일하다.

```
in = BtnInput();
switch(in)
```

◆ **서식이 있는 출력 함수(printf, sprintf) 사용하기**

함수의 끝 글자 f는 서식(formatted)을 뜻한다. 두 함수 모두 동일한 서식에 따라 인쇄를 한다. 단 인쇄를 하는 장치가 다를 뿐이다.

printf() - 디폴트 장치에 출력한다. PC에서 디폴트 장치는 화면을 말한다. WinAVR 컴파일러에서는 디폴트 장치를 사용자가 지정하여야 한다(17.5절 참조).

sprintf() - 주어진 문자열에 인쇄를 한다. 문자열은 인쇄에 필요한 충분한 메모리를 가져야 한다.

과제

1. 매크로 CPU_CLOCK_KHZ를 다음과 같이 변경하고 수행하면서 LED 패턴 이동을 관찰하라.

```
#define CPU_CLOCK_KHZ        16000UL
        ==> #define CPU_CLOCK_KHZ   16000
```

   변경하기 전의 패턴 이동과 차이점 및 그 원인을 기술하라.

2. 표준 모드에서 비교 일치 인터럽트를 사용하여 프로그램 prac12-2l.c와 같은 동작을 하도록 프로그램을 작성하라.
3. CTC 모드를 사용하여 프로그램 prac12-2l.c와 같은 동작을 하도록 프로그램을 작성하라.

프로그램 prac12-2l.c

```
//=============================================================
// 실습 12.2.1 표준 모드에서 16비트 타이머의 오버플로를 이용한
//            주기적 LED 패턴 이동
//=============================================================

#include <avr/io.h>
#include <avr/interrupt.h>
#include <util/delay.h>
#include <stdio.h>

#include "lcd.h"                           // LCD 구동
#include "button.h"                        // 버튼 입력

#define CPU_CLOCK_KHZ        16000UL    // CPU 클록(KHz)
#define PRESCALE             256UL      // 프리스케일러 값

static unsigned char pattern[8]         // LED 패턴 테이블
     = {0xFE, 0xFD, 0xFB, 0xF7, 0xEF, 0xDF, 0xBF, 0x7F};
static volatile unsigned short timer;  // 타이머 설정값
static char lcd_title[] = "Timer(I)";

ISR(TIMER1_OVF_vect)        // 타이머 1 오버플로 인터럽트 서비스루틴
{
     static int index=0;                   // 패턴 인덱스

     TCNT1 = timer;                        // 타이머 프로그램
     PORTA = pattern[index++];             // 패턴 이동
     if(index==8) index=0;
}

int main()
{
     unsigned short icount, temp;
     unsigned short ts=500;                // 패턴 이동주기(msec)
     char string[10];

     // 범용 I/O 초기화
     DDRA  = 0xFF;                         // A 포트를 출력으로 설정
     PORTA = 0xFF;                         // LED를 끈다.

     // 버튼 입력 초기화
     BtnInit();
```

```
    // LCD 초기화
    LcdInit();
    LcdMove(0,2);           LcdPuts(lcd_title);
    LcdMove(1,0);           LcdPuts("Period(ms):");

    // 초기 타이머값 설정
    icount = (unsigned short) (ts*CPU_CLOCK_KHZ / PRESCALE);
    timer  = 0xFFFF - icount+1;

    // 타이머/카운터 1 설정
    TCCR1A = 0x00;                  // 표준 모드
    TCCR1B = 0x00;                  // 표준 모드, 타이머 정지
    TCNT1  = timer;                 // 타이머에 초기값 설정

    // 인터럽트 설정
    TIMSK = (1<<TOIE1);             // 타이머 1 오버플로 인터럽트 허용
    sei();                          // 전역 인터럽트 비트 세트
    TCCR1B |= (4<<CS10);            // 분주비 256으로 타이머 시작
    while(1)
    {
        unsigned char in;
        icount= (unsigned short) (ts*CPU_CLOCK_KHZ/PRESCALE);
        temp  = 0xFFFF - icount + 1;

        cli();                          // 전역 인터럽트 금지
        timer  = temp;
        sei();                          // 전역 인터럽트 허용
        sprintf(string, "%4d", ts);
        LcdMove(1,12);                  LcdPuts(string);

        // 버튼 입력을 받는다.
        switch((in=BtnInput()))
        {
        case BTN_SW0 :                  // 버튼 0입력
                ts += 50;
                break;
        case BTN_SW1:                   // 버튼 1입력
                ts -= 50;
                break;
        }

        if(ts <= 50)   ts = 50;
        if(ts >= 1000) ts = 1000;
    }
}
```

12.2.2 간단한 시계 만들기

프로그램 prac12-2ll.c는 프로그램 prac12-2l.c을 변경하여 500msec마다 인터럽트를 발생시켜 LCD에 간단한 시계를 구현한 프로그램이다.

여기서는 인터럽트에 의한 데이터 손상을 관찰하기 위해 0행에 "Mecha"를 써보자. 이를 위해 main() 함수의 while() 부분을 다음과 같이 변경하고 프로그램을 수행하여 보자.

```
while(1);        ==>     while(1){
                             LcdMove(0,0);
                             LcdPuts("Mecha");
                             _delay_ms(10);
                         }
```

- 의도대로 동작하지 않음을 알 수 있다(동영상 12.1). 이는 "Mecha"를 쓰는 중에 인터럽트가 걸리면 인터럽트 서비스루틴의 시각 표시 부분으로 점프하여 시각 표시를 하고 main() 함수로 되돌아와서 시각에 연속해서 "Mecha" 문자열 중 쓰지 못한 부분을 마저 쓰기 때문이다.
- 이를 방지하기 위해서 LCD에 표시를 하는 동안 인터럽트를 금지하여야 한다.

```
while(1)
{
    cli();                        // 인터럽트 금지
    LcdMove(0,0);       LcdPuts("Mecha");
    sei();                        // 인터럽트 허용
    _delay_ms(10);
}
```

- 위와 같이 변경하면 정상적으로 동작함을 볼 수 있다(동영상 12.2). 그러나 LCD에 문자를 표시하는 것은 수 msec가 걸리기 때문에 상당한 시간 동안 인터럽트가 금지되므로 바람직하지 않다. 여기서는 단지 예로서 보여주기 위해 작성한 프로그램임을 명심하여야 한다.

과제

프로그램 prac12-2ll.c는 분, 초만 표시한다(동영상 12.3). 이를 시, 분, 초 모두 표시하도록 변경하라.

프로그램 prac12-2ll.c

```
//============================================================
// 실습 12.2.2 : 간단한 시계
//============================================================

#include <avr/io.h>
#include <avr/interrupt.h>
#include <util/delay.h>
#include <stdio.h>
#include "lcd.h"

#define   CPU_CLOCK_KHZ      16000UL       // CPU 클록(KHz)
#define   PRESCALE           256UL         // 프리스케일러 값

#define MIN_POS              2             // 분의 위치
#define BLINK_POS      (MIN_POS+3)         // 깜박임 표시 위치

//=============================================
// 정적 변수
//=============================================
static volatile unsigned short timer;   // 타이머 설정 값

ISR(TIMER1_OVF_vect)         // 타이머 1 오버플로 인터럽트 서비스루틴
{
     static unsigned char  min=0;          // 분
     static unsigned char  sec=0;          // 초
     static unsigned char  blink_on=0;  // 깜박임의 현재 상태
     char time[20];

     TCNT1 = timer;

     if(blink_on)                          // 깜박임
     {
          sec++;
          if(sec >= 60)
          {
               sec = 0;
               min++;
          }
```

```
        // 분과 초를 쓴다.
        sprintf(time, "%3d:%2d", (unsigned int)min,
                                 (unsigned int)sec);
        LcdMove(1, MIN_POS);
        LcdPuts(time);
    }
    else
    {
        LcdMove(1, BLINK_POS);
        LcdPuts(" ");            // 블링크를 지운다.
    }
    blink_on = !blink_on; // blink_on값을 반전한다.
}

int main()
{
    unsigned short icount;
    unsigned short ts=500;          // 패턴 이동주기(msec)

    // LCD 초기화
    LcdInit();

    // 초기 타이머 값 설정
    icount = (unsigned short) (ts*CPU_CLOCK_KHZ/PRESCALE);
    timer  = 0xFFFF - icount + 1;

    // 타이머/카운터 0 설정
    TCCR1A = 0x00;                  // 표준 모드
    TCCR1B = 0x00;                  // 표준 모드, 타이머 정지
    TCNT1  = timer;                 // 타이머에 초기값 설정

    // 인터럽트 설정
    TIMSK = (1<<TOIE1);             // 타이머 1 오버플로 인터럽트 허용
    sei();                          // 전역 인터럽트 비트 세트

    TCCR1B |= (4<<CS10);            // 분주비 256으로 타이머 시작

    while(1);
}
```

12.2.3 PWM 신호로 2색 LED 색상 조절하기

여기서는 PWM 신호를 사용하여 2색 LED의 색을 조절하여 보자.

2색 LED

2색 LED에는 그림 12.8과 같이 적색과 녹색을 발광하는 LED가 두 개가 들어 있다. 단색 LED와는 달리 3개의 핀이 있다. 가운데 핀은 두 LED의 공통 단자이고 좌우 핀에 신호를 가하여 각 LED를 제어한다. 하나의 LED가 켜지면 신호에 따라 적색, 녹색으로 점등되며 두 LED를 동시에 켜면 오렌지색으로 점등된다. 공통 단자가 LED의 음극(Cathode) 또는 양극(Anode)임에 따라 Cathode Common형과 Anode Common형으로 나뉜다.

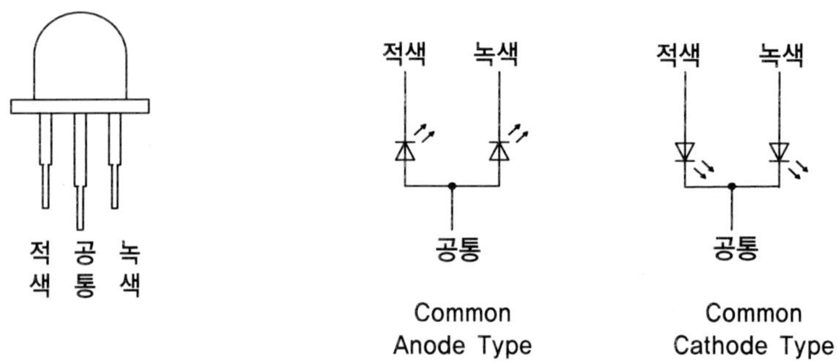

【그림 12.8】 2색 LED

PWM 신호로 두 색의 밝기를 각각 조절할 수 있다. 2색 LED의 색상은 두 LED 색의 합으로 나타나므로 각각의 밝기를 조절하여 색상을 조절할 수 있다. 타이머/카운터 1을 사용하기 위해 그림 12.9와 같이 LED를 OC1A 핀과 OC1B 핀에 연결하자.

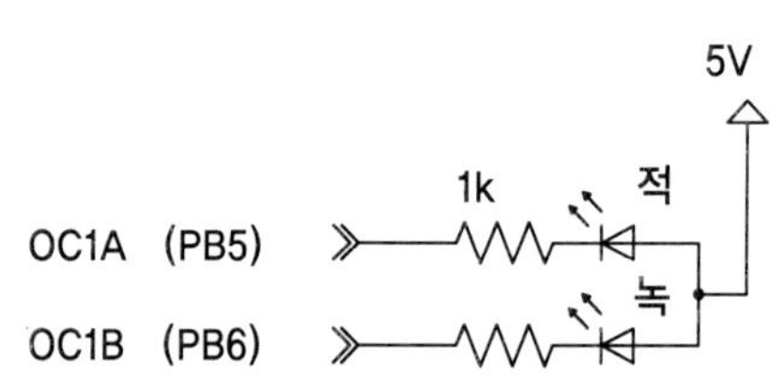

【그림 12.9】 PWM 신호에 2색 LED 연결

16비트 타이머/카운터 1을 사용하여 PWM 신호를 생성할 때 PWM 신호의 주파수 및 주기는 설정 TOP과 분주비에 따라 다르다. 여기서는 Fast PWM 모드를 사용하고 PWM 신호의 주파수를 10kHz로 설정한다.

- Fast PWM 모드를 사용할 때 분주비에 따라 설정할 수 있는 주파수는 식 (12.3)

과 (12.4)로부터 구할 수 있다.

주기 : $T_{OCn} = N \cdot (TOP + 1)/16 \times 10^6$ sec
주파수 : $f_{OCn} = 16 \times 10^6 / (N \cdot (TOP + 1))$ Hz

이다. 분주비 1로 하였을 때 TOP은

$$10\,kHz = 16 \times 10^6 / (TOP + 1) \Longrightarrow TOP = 16 \times 10^6 / (10 \times 10^3) - 1 = 1599$$

- OC1A(PB5), OC1B(PB6) 핀을 출력으로 설정 : PB5, PB6를 제외한 PORTB의 핀은 방향을 보존한다.

  ==> `DDRB |= ((1<<DDB5)|(1<<DDB6));  // (=0b01100000)`

- FAST PWM 모드의 설정 : `WGM13:0=14`

  ==> `WGM11:0=2, WGM13:2=3`

  출력 핀 OC1A의 모드 설정 : `COM1A1:0 = 2`
  출력 핀 OC1B의 모드 설정 : `COM1B1:0 = 3`
  출력 핀 OC1C의 모드 설정 : `COM1C1:0 = 0`
  타이머 정지 : `CS12:0 = 0`

  ==> `TCCR1A = (2<<COM1A0)|(3<<COM1B0)|(2<<WGM10);`
  ==> `TCCR1B = (3<<WGM12);`

- 타이머를 분주비 1로 시작 : `CS12:0 = 1`
  TCCR1B의 CS12:0 비트들만 1로 변경하여야 하므로
  ==> `TCCR1B |= (1<<CS10); // TCCR1B = (1<<CS10)`가 아님

프로그램 prac12-2lll.c는 16비트 타이머를 사용하여 LED의 색을 조절하는 프로그램이다. 색 조절은 버튼을 사용한다. 사용하는 장치는 LCD, 버튼, 7-세그먼트이므로 해당하는 파일을 프로젝트에 첨부하여 프로그램을 수행한다.

- 변수 pduty를 도입하여 duty비가 변경될 때만 새로운 값으로 듀티비를 설정하고 LCD와 7-세그먼트에 표시를 한다.

과제

스위치 회로 그림 10.1에 버튼 1개를 추가하고 버튼 4개를 사용하여 적색과 녹색의 밝기를 각각 조절할 수 있도록 프로그램 prac12-2lll.c를 변경하라.

프로그램 prac12-2III.c

```
//===========================================================
// 실습 12.2.3 : PWM 신호로 2색 LED 색 조절
//===========================================================
#include
<avr/io.h>
#include <avr/interrupt.h>
#include <util/delay.h>
#include <stdio.h>

#include "lcd.h"                        // LCD 구동
#include "button.h"                     // 버튼 입력
#include "iseg7.h"                      // 7-세그먼트 구동(인터럽트 사용)

#define TOP_VALUE          1599         // 10kHz에 해당하는 TOP

static char lcdtitle[] = "Color Control";

int main()
{
     unsigned char in;
     char string[20];                   // LCD에 쓸 문자열 버퍼
     unsigned short duty;               // 설정 듀티비
     unsigned short pduty;              // 듀티비의 이전 값

     // 장치 초기화
     BtnInit();                         // 버튼 입력 초기화
     LcdInit();                         // LCD 초기화
     ISeg7Init();                       // 7-세그먼트 구동 초기화

     // 제목 쓰기
     LcdMove(0,0);       LcdPuts(lcdtitle);
     LcdMove(1,0);       LcdPuts("Duty : ");

     DDRB |=((1<<DDB5)|(1<<DDB6)); // PB5(OC1A),PB6(OC1B)를
                                        // 출력으로 설정

     // 타이머/카운터 1 설정(FAST PWM 모드 14)
     TCCR1A = (2<<COM1A0)|(3<<COM1B0)|(2<<WGM10);
     TCCR1B = (3<<WGM12);
```

```
    // FAST PWM의 TOP은 ICR1으로 설정
    ICR1 = TOP_VALUE;       // 10kHz
    pduty = 0;
    duty =  760;            // 듀티비의 초기값을 설정
    OCR1A = duty;           // OCR1A의 PWM 신호의 듀티비를 바꾼다.
    OCR1B = duty;           // OCR1B의 PWM 신호의 듀티비를 바꾼다.
    sei();                  // 7세그먼트 표시를 위해 인터럽트 허용
    TCCR1B|=(1<<CS10);      // 분주비 1로 타이머 시작

    while(1)
    {
        if(duty != pduty)                   // 듀티비가 새로 설정됨
        {
            OCR1A = duty;                   // OCR1A의 PWM 듀티비 설정
            OCR1B = duty;                   // OCR1B의 PWM 듀티비 설정
            pduty = duty;                   // 이전 듀티비에 저장

            sprintf(string, "%4d", duty);
            LcdMove(1,8);
            LcdPuts(string);                // 듀티비를 LCD에 쓴다.
            ISeg7DispNum(duty, 10);         // 듀티비를 10진수로
                                            // 7-세그먼트에 쓴다.
        }

        switch((in=BtnInput()))             // 버튼 입력을 받는다.
        {
        case BTN_SW0:
            duty += 20;
            break;
        case BTN_SW1:
            duty -= 20;
            break;
        default:
            break;
        }

        if(duty >= 1500) duty = 1500;
        if(duty <= 20)   duty = 20;
    }
}
```

12.3 출력 비교 변조기(Output Compare Modulator)

출력 비교 변조기(Output Compare Modulator)는 반송주파수로 변조된 파형을 생성한다. 변조기는 16비트 타이머/카운터 1의 출력 비교 유닛 C와 8비트 타이머/카운터 2의 출력 비교 유닛(8장 참조)을 사용한다. 변조기가 활성화되면 그림 12.10과 같이 두 출력 비교 채널의 출력이 변조된다.

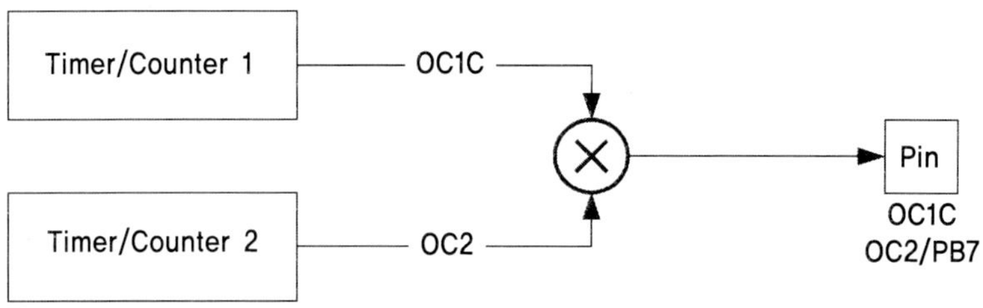

【그림 12.10】 출력 비교 변조기

출력 비교 유닛 1C(OC1C)와 출력 비교 유닛 2(OC2)는 출력을 위해서 출력 포트 B의 PB7 핀을 공유한다. 출력 비교 유닛 1C와 출력 비교 유닛 2 중 하나가 활성화되었을 때(즉 COMnx1:0 비트가 0이 아닐 때), 활성화된 출력 비교 유닛의 출력이 포트 B의 출력을 대신한다. OC1C와 OC2가 동시에 활성화되었을 때 출력 비교 변조기는 자동으로 활성화된다.

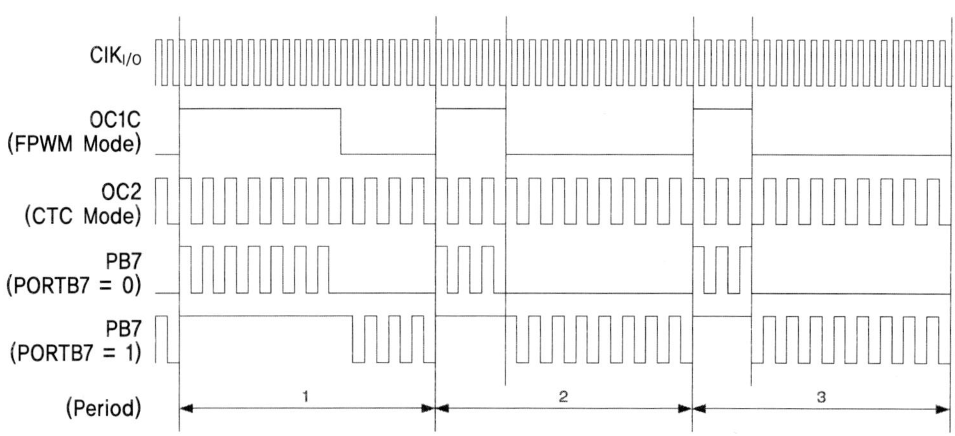

【그림 12.11】 출력 비교 변조기 타이밍도

변조 방식은 논리합(AND)과 논리곱(OR)이 있으며 PORTB7 비트로 변조방식을 선택한다. PORTB7=0이면 논리합, PORTB7=1이면 논리곱이다.

그림 12.11은 출력 비교 변조 출력의 타이밍도를 나타낸다. 타이머/카운터 1은 FAST PWM 모드로 타이머/카운터 2는 상태를 반전하도록 설정(COM21:0=1)한 CTC 모드로 선택하였다. 타이머/카운터 2는 반송 신호를 제공하고 변조 신호는 타이머/카운터 1의 출력 비교 유닛 C로 생성된다.

PB7 핀에 생성되는 출력을 보면 OC1C의 PWM 신호 해상도는 변조에 의해 감소된다. 감소비는 반송 신호(OC2)의 한 주기당 시스템 클록($clk_{I/O}$)의 수와 같다. 그림 12.11에서 감소비는 2로 해상도가 1/2로 줄어든다. 해상도 감소는 PORTB7=0일 때 PB7의 두 번째와 세 번째 주기를 보면 알 수 있다. 두 번째 주기에서 OC1C가 HIGH인 시간이 세 번째 주기보다 길지만 PB7의 출력은 같은 시간동안 HIGH가 된다.

프로그램 prac12-3.c는 출력 비교 변조기를 사용하여 그림 12.11과 유사한 출력을 만들어 낸다.

프로그램 prac12-3.c

```
#include <avr/io.h>

int main()
{
    //=====================================================
    // 타이머/카운터 1 설정 : Fast PWM 모드, 타이머 정지
    // OC1C 핀 사용(비교일치가 될 때 반전)
    //=====================================================
    TCCR1A = (2<<WGM10)|(2<<COM1C0);
    TCCR1B = (3<<WGM12);
    ICR1   = 0xFF;                  // PWM 반송주기 설정
    OCR1C = 0x7F;                   // PWM 듀티비 설정(50%)

    //=====================================================
    // 타이머/카운터 2 설정 : CTC 모드, 타이머 정지
    // OC2핀 사용(비교일치가 될 때 반전)
    //=====================================================
    TCCR2 = (1<<WGM21)|(1<<COM20);
    OCR2 = 1;                       // 반송 신호 주기 설정

    //=====================================================
    // OC1C 핀과 OC2 핀을 사용하도록 설정하면 출력 비교 변조기는
    // 자동적으로 활성화된다.
    // 출력 핀을 사용하기 위해서는 포트 B의 핀 7을 출력으로 방향
    // 설정하고, 변조 방법에 따라 PORTB에 비트 7을 설정한다.
    //=====================================================
    DDRB  |= (1<<DDB7);         // (OC1C/OC2/PB7)를 출력으로 설정
    PORTB &=~(1<<DDB7);         // 변조 방법 설정

    //=====================================================
    // 타이머를 시작하여 변조를 시작한다.
    //=====================================================
    TCCR1B |= (1<<CS10);
    TCCR2  |= (1<<CS20);

    while(1);
}
```

ATmega128의 타이머/카운터 요약

기능		8비트 타이머		16비트 타이머	
		타이머 0	타이머 2	타이머 1	타이머 3
프리 스케일러		1, 8, 32, 64, 128, 256, 1024	1, 8, 64, 256, 1024	1, 8, 64, 256, 1024	1, 8, 64, 256, 1024
타이머 모드	Normal	제공	제공	제공	제공
타이머 모드	CTC 주기	OCR0	OCR2	OCR1A	OCR3A
타이머 모드	Fast PWM 주기 설정	주기 변경 불가	주기 변경 불가	0xFF,0x1FF, 0x3FF OCR1A,ICR1	0xFF,0x1FF, 0x3FF, OCR3A,ICR3
타이머 모드	Phase Correct 주기 설정	주기 변경 불가	주기 변경 불가	0xFF, 0x1FF, 0x3FF, OCR1A, ICR1	0xFF, 0x1FF, 0x3FF, OCR3A, ICR3
타이머 모드	Phase Freq.설정	모드 없음	모드 없음	OCR1A, ICR1	OCR3A, ICR3
타이머값 레지스터		TCNT0 (8비트)	TCNT2 (8비트)	TCNT1 (16비트)	TCNT3 (16비트)
출력 비교 레지스터		OCR0 (8비트)	OCR2 (8비트)	OCR1A/B/C (16비트)	OCR3A/B/C (16비트)
출력 핀		OC0 (PB4)	OC2 (PB7)	OC1A/B/C (PB5, 6, 7)	OC3A/B/C (PE3, 4, 5)
타이머 제어 레지스터		TCCR0	TCCR2	TCCR1A/B/C	TCCR3A/B/C
타이머 오버플로 플래그		TOV0 (TIFR)	TOV2 (TIFR)	TOV1 (TIFR)	TOV3 (ETIFR)
출력 비교 일치 플래그		OCF0 (TIFR)	OCF2 (TIFR)	OCF1A/B/C (TIFR,ETIFR)	OCF3A/B/C (ETIFR)
마스크 레지스터		TIMSK (OCIE0, TOIE0)	TIMSK (OCIE2, TOIE2)	TIMSK(TICIE1, OCIE1A, OCIE1B) ETIMSK(OCIE1C)	ETIMSK(TICIE2, OCIE3A, OCIE3B, OCIE3C)
입력 캡처		없음	없음	ICR1(16비트)	ICR3(16비트)
입력 캡처 핀		없음	없음	ICP1(PD4)	ICP3(PE7, INT7)
외부 카운터 입력 핀		TOSC2/TOSC1 (PG3/PG4)	T2(PD7)	T1(PD6)	T3(INT6, PE6)

CHAPTER 13

타이머/카운터(III) : 주파수 측정

13.1 개요

앞 장에서는 타이머/카운터를 마이크로컨트롤러의 신호 출력에 사용하였으나 이 장에서는 마이크로컨트롤러의 입력 신호를 측정하는 데 사용한다.

마이크로컨트롤러로 시스템을 구성함에 있어서 외부의 물리량을 측정하기 위해 많은 센서를 사용한다. 마이크로컨트롤러는 센서의 값을 읽어 들여 처리하게 되는데, 센서들의 출력은 종류에 따라 아날로그 신호, 디지털값, 펄스 주파수, PWM 신호 등 다양한 형태로 제공된다. 이 장에서는 여러 신호 중 펄스의 주파수 또는 PWM 신호로 전달되는 정보를 타이머/카운터를 사용하여 측정하여 본다.

13.2 555 타이머를 사용하여 펄스 만들기

실험에 사용되는 펄스와 PWM 신호는 555 타이머를 사용하여 구현한다. 555 타이머에 대한 자세한 사항은 데이터 시트를 참고하기 바라며 여기서는 실습에 사용될 두 가지 동작에 대해서만 설명한다.

13.2.1 단안정 동작(Monostable Operation)

이 모드에서 555 타이머의 기능은 One-shot 펄스를 구현하는 것이다. 회로는 그림 13.1과 같으며 구현되는 펄스는 그림 13.2와 같다.

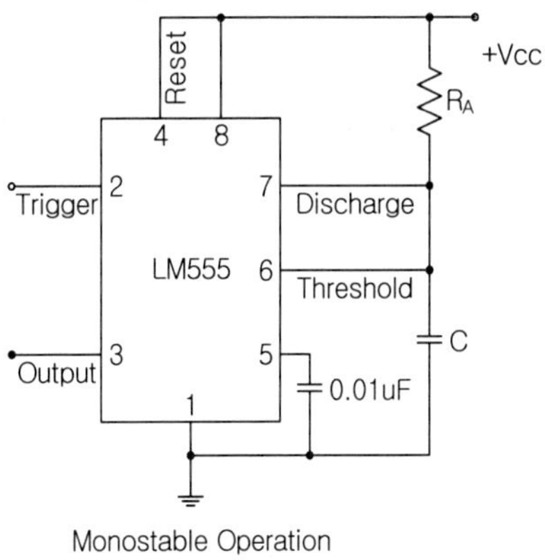

그림 13.1 단안정 회로

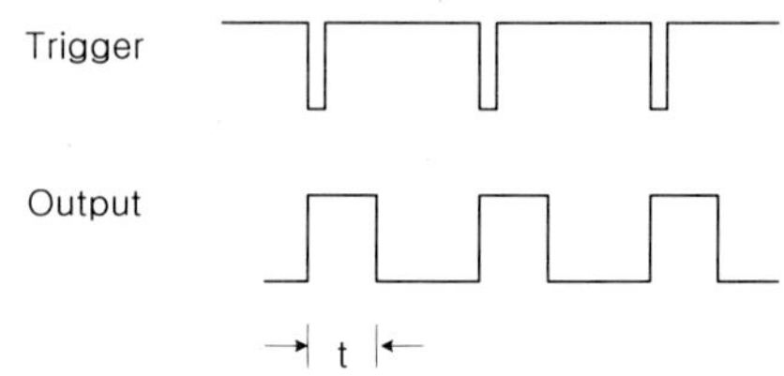

그림 13.2 단안정 파형

Trigger 핀에 그림 13.2와 같은 Trigger 펄스를 주면 Output 단자에 펄스폭이 t인 1개의 펄스가 만들어진다. 이때 t는 다음과 같이 주어진다.

$$t = 1.1\ R_A\ C \tag{13.1}$$

13.2.2 비안정 동작(Astable Operation)

그림 13.3과 같이 회로를 연결하면 스스로 Trigger 펄스가 발생하여 555는 계속되는 펄스를 만들어내는 Multi-vibrator로 동작한다.

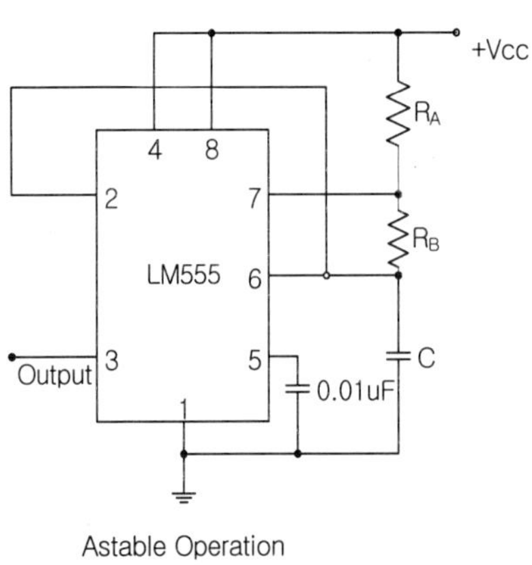

그림 13.3 비안정 회로

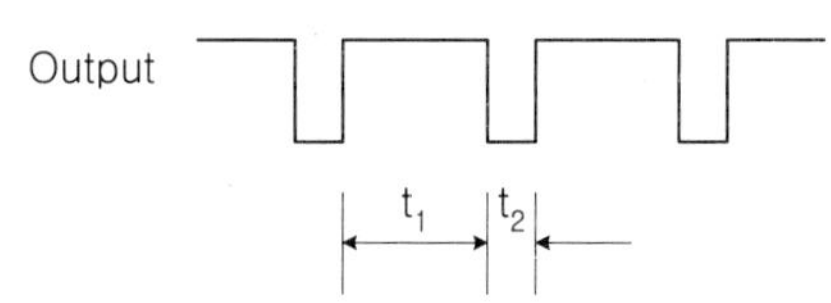

그림 13.4 비안정 파형

그림 13.4는 출력되는 펄스를 보여준다. 이때 t_1과 t_2는 R_A, R_B와 C에 의해 결정되며 다음과 같다.

$$t_1 = 0.693(R_A + R_B)C \ , \ t_2 = 0.693(R_B)C \tag{13.2}$$

따라서 펄스의 주기는(sec) :

$$T = t_1 + t_2 = 0.693(R_A + 2R_B)C \tag{13.3}$$

주파수는(Hz) :

$$f = \frac{1}{T} = \frac{1}{0.693(R_A + 2R_B)C} \tag{13.4}$$

듀티비(%)

$$D = \frac{t_1}{T} = \frac{(R_A + R_B)}{(R_A + 2R_B)} \times 100 \tag{13.5}$$

13.3 펄스 주파수 측정–방법 1

13.3.1 측정 방법

펄스 신호의 주파수는 단위 시간당 입력되는 펄스의 개수이므로 그림 13.5와 같이 주어진 시간에 펄스의 개수를 계수하면 된다. 이를 위해 두 개의 타이머/카운터가 필요하다. 여기서는 타이머/카운터 1을 시간 측정을 위한 타이머로 사용한다(물론 8비트 타이머 0, 타이머 2를 사용할 수도 있다). 타이머/카운터 3은 펄스의 개수를 세는 카운터로 사용한다. 이를 위해 입력 펄스를 타이머/카운터 3의 외부 입력 핀 T3(PE6)에 연결한다.

주파수 측정은 측정 시간 T_s가 클수록 정확하나 측정 시간이 길어져 시간 지연이 커진다.

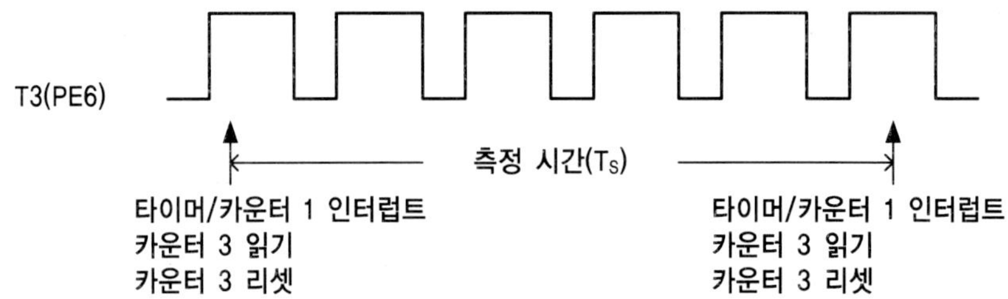

그림 13.5 펄스의 주파수 측정 방법 I

그림 13.5의 측정 방법을 요약하면 다음과 같다.

(1) 타이머/카운터 1을 사용하여 주어진 시간 T_s msec마다 인터럽트를 걸도록 한다. 인터럽트로는 표준 모드에서 오버플로, 비교일치 인터럽트 또는 CTC 모드를 사용할 수 있다. 여기서는 표준 모드에서 비교일치 인터럽트를 사용하기로 한다(8비트 타이머의 비교일치 인터럽트를 사용한 주기적 인터럽트 발생은 8.4.1절 방법 (2)에서 설명하였으므로 이를 참고하기 바란다).

(2) 타이머/카운터 1 인터럽트 서비스루틴에서 타이머/카운터 3의 값을 읽고 카운터 3을 리셋하여 다시 계수를 시작하도록 한다. 이때 읽은 값이 T_s msec 동안 입력된 펄스의 수를 나타낸다.

13.3.2 프로그램

우선 프로그램이 다음 기능을 제공하도록 작성하여 보자.

(1) 측정 시간의 초기값은 500msec이고 그림 10.1의 버튼을 사용하여 50msec씩 가감을 하면서 50~1000msec까지 변경 가능하고 측정 시간은 LCD에 표시된다.

(2) 7-세그먼트에 측정 시간 동안 계수된 펄스 수를, LCD에 신호의 주파수를 Hz 단위로 표시한다.

위 기능을 수행하기 위해 우선 각 타이머/카운터를 동작시키기 위한 레지스터값을 구해보자.

- 타이머/카운터 1 : 표 12.6에는 분주비에 따른 16비트 타이머의 최대 인터럽트 주기가 나타나 있다. 내부 클록을 사용하여 500msec 시간을 측정하여야 하므로 표 12.6으로부터 분주비 256이 적절하다.
- 타이머/카운터 1은 내부 클록을 사용하는 타이머로서, 표준 모드, 256 분주비로

동작한다. 그리고 출력 핀 OC1A를 사용하여 측정 중임을 표시한다. 이에 대한 설정은

```
WGM13:0 = 0(표준 모드),  COM1A1:0 = 1(비교일치마다 반전)
CS12:0 = 0(타이머 정지)
==> TCCR1A = (1<<COM1A0);       // (0b01000000)
    TCCR1B = 0x00;              // (0b00000000)
```

타이머 시작일 때 CS12:0 =4

```
==> TCCR1B |= (4<<CS10);        // (0b00000100)
```

타이머 1 비교일치 A 인터럽트 허용(OCIE1A 비트 세트)

```
==> TIMSK |= (1<<OCIE1A);
```

출력 핀 OC1A의 사용을 위한 공유 핀 PB5의 출력 방향 설정

```
==> DDRB |= (1<<DDB5);          // (0b00100000)
```

- 타이머/카운터 3은 외부 클록을 사용하는 카운터로서 표준 모드, 외부 신호의 상승 모서리를 클록 신호로 한다. 출력 핀 OC3A/B/C는 사용하지 않는다.

```
WGM33:0 = 0(표준 모드), COM3X1:0 = 0(X=A,B,C)
CS32:0 = 0(타이머 정지)
==>   TCCR3A = 0x00(0b00000000)
      TCCR3B = 0x00(0b00000000)
```

타이머 시작일 때 CS32:0 =7(외부 신호의 상승 모서리에서 클록)

```
==>   TCCR3B |= (7<<CS10);      // (0b00000111)
```

타이머/카운터 1의 비교일치 A 인터럽트 서비스루틴에서는 주기적으로 인터럽트를 발생시키도록 하여야 하고(8.4.1절 (2) 참조) 그림 13.5에서 나타낸 작업을 수행하여야 한다. 프로그램 prac13-3.c는 그림 13.5의 측정 방법으로 펄스의 주파수를 측정하는 프로그램이다.

- 변수 timer는 ts msec에 해당하는 클록 수이다.
- 타이머/카운터 3으로 읽어들인 펄스 수 n_pulse는 인터럽트에 의한 데이터 손상(그림 12.7 참조)을 막기 위해 인터럽트를 금지하고 지역 변수 pulse에 복사를 한다. LCD에 표시하는 주파수는 Hz 단위이므로 즉 1초당 계수된 펄스 수이므로 pulse를 Hz 단위의 주파수로 변경한다.

```
hz = (unsigned short)(pulse * 1000UL / ts);
```

프로그램 prac13-3.c

```
//==========================================================
// 실습 13.3 : 주파수 측정 I(주어진 시간 동안 펄스 수 계수)
//==========================================================

#include <avr/io.h>
#include <avr/interrupt.h>
#include <util/delay.h>
#include <stdio.h>

#include "lcd.h"                        // LCD 구동
#include "button.h"                     // 버튼 입력
#include "iseg7.h"                      // 7-세그먼트 구동(인터럽트)

#define  CPU_CLOCK_KHZ    16000UL // CPU 클록(kHz)
#define  PRESCALE         256UL   // 프리스케일러 값

static volatile unsigned short timer;       // 타이머 설정값
static volatile unsigned short n_pulse=0;   // 측정한 펄스 수

ISR(TIMER1_COMPA_vect)                  // 비교일치 A 인터럽트 서비스루틴
{
    OCR1A += timer;                     // Ts msec 후에 인터럽트

    n_pulse  =  TCNT3;                  // 타이머/카운터 값 읽기
    TCNT3 = 0x00;                       // 타이머/카운터 3 리셋
}

int main()
{
    unsigned short ts=500;          // 측정 시간(msec)
    unsigned short pulse, ltimer;
    unsigned short hz;              // 주파수(Hz)
    unsigned char  in;
    char string[10];

    // 장치 초기화
    BtnInit();
    LcdInit();
    ISeg7Init();
```

```
// LCD 초기화
LcdMove(0,0);          LcdPuts("Meas(msec):");
LcdMove(1,0);          LcdPuts("Freq.(Hz) :");

// 초기 타이머값 설정
timer = (unsigned short) (ts*CPU_CLOCK_KHZ/PRESCALE);

// 초기 측정 시간 설정 및 표시
sprintf(string, "%4u", ts);
LcdMove(0,11);         LcdPuts(string);

// 타이머/카운터 1 설정
TCCR1A = (1<<COM1A0);          // 표준 모드, OC1A 핀 사용
DDRB |= (1<<DDB5);             // OC1A 핀과 공유 핀인 PB5를 출력
TCCR1B = 0x00;                 // 표준 모드, 타이머 정지
TIMSK |= (1<<OCIE1A);          // 타이머 1 비교일치 A 인터럽트 허용
OCR1A = timer;                 // 다음 인터럽트 설정

// 타이머/카운터 3 설정
TCCR3A = 0x00;                 // 표준 모드, 출력핀 미사용
TCCR3B = 0x00;                 // 표준 모드, 타이머 정지

// 타이머 인터럽트 허용 및 타이머/카운터 시작
sei();                         // 전역 인터럽트 비트 세트
TCCR1B |= (4<<CS10);           // 분주비 256으로 타이머 시작
TCCR3B |= (7<<CS30);           // 외부 클록으로 시작

while(1)
{
    switch((in=BtnInput()))
    {
    case BTN_SW0:
      ts += 50;
      break;
    case BTN_SW1:
      ts -= 50;
      break;
    default:
      break;
    }

    if(ts >= 1000) ts=1000;
```

```
        if(ts <= 50) ts = 50;
        ltimer = (unsigned short) (ts*CPU_CLOCK_KHZ
                                          /PRESCALE);
        cli();                          // 전역 인터럽트 금지
        timer = ltimer;                 // 측정주기 변경
        pulse = n_pulse;                // 펄스 수 복사
        sei();                          // 전역 인터럽트 허용

        sprintf(string, "%4u", ts);          // 측정 시간 표시
        LcdMove(0,11);   LcdPuts(string);

        hz = (unsigned short) (pulse*1000UL/ts);
        sprintf(string, "%5u", hz);          // 주파수 표시
        LcdMove(1,11);  LcdPuts(string);

        ISeg7DispNum(pulse, 10);    // 7-세그먼트에 표시
    }
}
```

13.3.3 실습

실습을 위해 555 타이머를 비안정 모드로 회로를 구성한다. 커패시터 C와 저항 R_B는

$$C = 0.1\mu F\ ,\ R_B = 1\ k\Omega$$

이고 저항 R_A는 다음과 같이 $1\,k\Omega$ 저항과 가변 저항을 직렬로 연결한다.

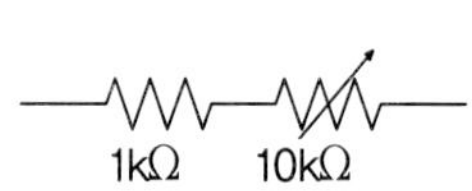

555 타이머의 Output 단자를 ATmega128의 T3(PE6) 단자에 연결한다.

프로그램 prac13-3.c를 수행하면 LCD에는 측정 시간과 측정한 펄스의 주파수, 7-세그먼트에는 측정시간동안 계수된 펄스 수가 표시되고 OC1A 핀에 연결된 2색 LED가 측정 시간과 동기되어 점멸된다(동영상 13.1). 가변 저항을 돌림에 따라 주파수 값이 변한다.

과제

1. 프로그램 prac13-3.c를 수행하면 인터럽트 서비스루틴에서 주파수를 측정할 때마다 측정값이 조금씩 변해서 LCD의 데이터가 계속적으로 변화되어 값을 읽기가 어렵다. 좀 더 안정된 데이터 표시를 위해 최근에 측정한 5번의 값을 평균하여 LCD에 표시하도록 프로그램을 변경하라.
2. 오실로스코프로 T3 단자의 신호를 측정하면 펄스의 정확한 주파수를 알 수 있다. 오실로스코프로 측정한 펄스의 주파수와 LCD에 표시되는 주파수를 비교하여 본다(프로그램의 정확도를 알 수 있다).
3. 가변저항은 0~10kΩ까지 변화하므로 R_A는 1~11kΩ 범위에서 변한다. R_A가 최대/최소일 때 식 (13.4)를 사용하여 펄스의 주파수를 계산하라. R_A의 최대/최소값에서 계산된 주파수와 LCD에서 표시되는 주파수를 비교한다. 오차의 원인을 기술하라.
4. 프로그램 prac13-3.c는 타이머/카운터 1의 표준 모드에서 출력 비교일치 인터럽트 A를 사용하여 주파수 측정 시간을 설정하였다. 이를 CTC 모드로 구현하도록 프로그램을 변경하고 수행하라.

13.4 입력 캡처를 사용한 펄스 주파수 측정-방법 2

13.4.1 입력 캡처 유닛

주파수를 측정하는 두 번째 방법은 그림 13.6과 같이 펄스의 상승 모서리(또는 하강 모서리)를 감지하여 모서리간의 시간 즉 펄스의 주기를 측정하는 것이다. 신호의 모서리는 신호가 변화하는 순간을 나타내며 이를 사건(Event)이라 부른다. 사건 발생은 7.4절에서 다루었던 외부 인터럽트 또는 16비트 타이머/카운터의 입력 캡처 유닛을 사용하여 감지할 수 있다.

외부 인터럽트의 경우 사건 발생시 인터럽트가 발생되어 인터럽트 서비스루틴에서 사건처리를 할 수 있도록 한다. 입력 캡처 역시 사건 발생시 인터럽트를 유발시킬 수 있으며 부가적으로 사건이 발생한 시점을 기록할 수 있다. 사건이 발생하면 그 순간의 타이머값(TCNTn 레지스터의 내용)이 입력 캡처 유닛의 ICRn 레지스터에 자동적으로 저장되어 사건 발생 시점이 기록된다.

입력 캡처 유닛에서 사건 시점의 기록은 자동적으로 이루어지기 때문에 소프트웨어적인 처리가 필요하지 않아 기록을 위한 시간 지연이 거의 없다. 반면 외부 인터럽트를 사용하여 시간을 기록하려면 인터럽트 서비스루틴에서 타이머값을 읽어 들이는 과정을 소프트웨어적으로 수행하여야 하므로 시간 지연이 불가피하다. 따라서 주파수 측정과 같이 모서리간의 시간을 정밀하게 측정하여야 하는 경우는 입력 캡처 기능을 사용하는 것이 효과적이다.

표 13.1과 같이 입력 캡처 유닛은 모두 ICPn 핀에 가해진 외부 신호를 신호원으로 가질 수 있다. 특히 타이머/카운터 1의 입력 캡처 유닛은 16장에서 다룰 아날로그 비교기출력을 신호원으로 선택할 수도 있다.

표 13.1 입력 캡처 유닛의 신호원

입력 캡처 유닛	신호원
타이머/카운터 1의 입력 캡처 유닛	- ICP1(PD4) 핀에 주어진 외부 신호 - 아날로그 비교기 출력(16장 참조)
타이머/카운터 3의 입력 캡처 유닛	- ICP3(PE7) 핀에 주어진 외부 신호

13.4.2 측정 방법 및 프로그램

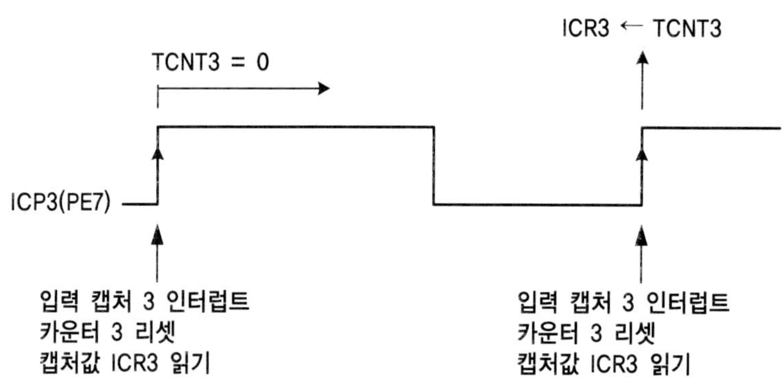

그림 13.6 펄스의 주파수 측정 방법 II

그림 13.6과 같이 상승 모서리에서 입력 캡처가 트리거 되도록 하면 상승 모서리에서 타이머값이 입력 캡처 레지스터 ICRn에 저장된다. 인터럽트가 걸릴 때마다 카운터를 리셋하면 다음 인터럽트에서 레지스터 ICRn에 저장된 값이 펄스의 주기 동안

계수된 내부클록 수가 된다. 이를 시간으로 환산하면 주기를 얻고, 주파수를 얻을 수 있다.

여기서는 입력 캡처를 위해 타이머/카운터 3을 사용하기로 한다. 표 12.6은 16비트 타이머를 사용할 때 분주비에 따라 타이머로 측정할 수 있는 최대주기를 나타낸다. 큰 분주비를 사용하면 낮은 주파수의 펄스 주기를 측정할 수 있으나 측정 시간의 정확도가 떨어진다.

13.3.2절과 같이 회로를 구성하였을 때 펄스의 주파수 범위는 1kHz~4.8kHz 정도이므로 주기의 최대값은 약 1msec이다. 표 12.6으로부터 분주비 1을 사용하면 이 주파수 범위의 신호를 측정할 수 있다.

- 타이머/카운터 3은 내부 클록을 사용하는 타이머로서, 표준 모드, 1분주비로 동작한다. 그리고 출력 핀은 사용하지 않는다. 레지스터 설정은

```
WGM33:0 = 0(표준 모드),  COM3X1:0 = 0(X=A,B,C)
CS32:0 = 0(타이머 정지), ICES3 = 1;(상승 모서리에서 캡처)
==>    TCCR3A = 0x00;            // (0b00000000)
       TCCR3B = (1<<ICES3);      // (0b01000000)
타이머 시작일 때 CS32:0 =1
==> TCCR3B |= (1<<CS30);         // (0b00000001)
타이머/카운터 3 입력 캡처 인터럽트 허용(TICIE3비트 세트)
==> ETIMSK |= (1<<TICIE3);       // (0b00100000)
```

- 타이머/카운터 3 입력 캡처 인터럽트의 매크로는 표 7.2로부터 TIMER3_CAPT_vect이다.

프로그램 prac13-4l.c는 타이머 3의 입력 캡처를 사용하여 펄스의 주기를 측정하는 프로그램이다. LCD에는 상승 모서리 캡처 사이에 계수된 클록 수와 이를 msec 단위로 환산한 주기를 표시한다.

- 상승 모서리 캡처 사이에 측정된 클록 수는 변수 n_clock에 저장된다.
- n_clock 변수는 2바이트 변수이므로 인터럽트에 의한 손상을 방지(12.2.1절 참조)하기 위하여 인터럽트를 금지한 후 지역 변수인 clock에 복사한다.
- 클록 수를 msec 단위의 시간, 즉 주기로 환산하면:

16MHz CPU 클록과 분주비 N을 사용할 때

클록 당 시간 : $N/(16\times10^{6})$ sec

이므로

클록 수 clock에 대한 시간은

$= (clock \times N/16)\times10^{-6}$sec

$= clock \times N/16\mu$sec

분주비 N=1이므로 μsec 단위의 주기는

period = clock/16

13.3.3절과 같은 회로를 사용하여 555 타이머의 output 핀 출력을 보드의 입력 캡처 핀 ICP3(PE7)에 연결하고 프로그램 prac13-4l.c를 수행하면 입력펄스의 주기가 LCD에 표시된다.

과제

1. 오실로스코프로 ICP3 단자의 신호를 측정하면 펄스의 정확한 주기를 알 수 있다. 오실로스코프로 측정한 펄스의 주기와 LCD에 표시되는 주기를 비교하여 본다.
2. 12.2.3절의 2색 LED 색상 조절 실습을 이용하여 555 타이머의 가변 저항을 가장 왼쪽으로 돌렸을 때 적색에서 시작하여 오른쪽으로 돌림에 따라 녹색이 진해져서 가장 오른쪽으로 돌렸을 때 녹색이 나타나도록 프로그램을 작성하라.

프로그램 prac13-4l.c

```
///==========================================================
// 실습 13.4.1 입력 캡처를 사용한 펄스 주기 측정
//==========================================================
//
#include <avr/io.h>                    // I/O 레지스터 정의
#include <avr/interrupt.h>
#include <stdio.h>
#include "lcd.h"                       // LCD 제어 프로그램 헤더파일

#define CPU_CLOCK_MHZ        16             // CPU 클록(MHz)
static volatile unsigned short n_clock=0;   // 상승모서리사이
                                            // 의 클록 수
```

```
ISR(TIMER3_CAPT_vect)         //타이머 3 입력 캡처 인터럽트 서비스루틴
{
    TCNT3 = 0x00;                         // 카운터 3 리셋
    n_clock  = ICR3;                      // 주기 측정
}
int main()
{
    unsigned short clock;                 // 상승 모서리 간 클록 수
    unsigned short period;                // 주기(usec)
    char string[10];

    // LCD 초기화
    LcdInit();
    LcdMove(0,0); LcdPuts("Count     :");
    LcdMove(1,0); LcdPuts("Period(us):");

    // 타이머/카운터 3 설정
    TCCR3A = 0x00;                // 표준 모드, 출력 핀 미사용
    TCCR3B = (1<<ICES3);          // 상승 모서리 캡처, 타이머 정지
    ETIMSK |= (1<<TICIE3);        // 타이머 3 입력 캡처 인터럽트 허용

    // 타이머 3 인터럽트 허용 및 타이머/카운터 3 시작
    sei();                        // 전역 인터럽트 비트 세트
    TCNT3 = 0x00;                 // 타이머 리셋
    TCCR3B |= (1<<CS30);          // 분주비 1로 타이머 시작

    while(1)
    {
        cli();                    // 전역 인터럽트 금지
        clock = n_clock;          // 클록 수 복사
        sei();                    // 전역 인터럽트 허용
        period = clock/CPU_CLOCK_MHZ;      // 주기(usec)

        sprintf(string, "%5ud", clock);    // 클록 수 표시
        LcdMove(0,11);
        LcdPuts(string);
        sprintf(string, "%5ud", period);   // 주기 표시
        LcdMove(1,11);
        LcdPuts(string);
    }
}
```

13.4.3 측정 정확도 향상을 위한 프로그램 수정

그림 13.6은 상승 모서리에서 타이머를 리셋하여 재시작시킨다. 이 경우 상승 모서리에서 CPU는 입력 캡처 인터럽트 서비스루틴까지 이동하여 타이머 리셋을 수행하는데, 이때 시간이 소요되므로 실제 상승 모서리가 발생한 시점에서 타이머가 재시작되는 시점까지 시간차가 발생한다. 이 시간차만큼 주기측정 오차가 발생된다. 이 오차를 없애기 위해서는 타이머를 재시작하지 않으면서 상승 모서리 시점을 측정하여 상승모서리 사이의 시간을 계산하여야 한다.

그림 13.7과 같이 타이머 3을 표준 모드로 동작시키고 입력 캡처를 사용하면 상승 모서리마다 그 시점의 시간이 ICR3에 저장된다. 이 값을 그림과 같이 부호 없는 2바이트 변수인 tcnt0, tcnt1, tcnt2, tcnt3에 저장하자. 타이머를 재시작하지 않기 때문에 그림과 같이 주기 측정동안 오버플로가 발생하기도 하고 발생하지 않기도 한다. 그림 13.7은 펄스 주기가 0x150 카운트인 경우를 나타내고 있고, 변수 tcnt0와 tcnt1 사이에는 오버플로가 발생하지 않고 변수 tcnt2와 tcnt3 사이에는 오버플로가 발생하였다.

타이머 오버플로가 발생하지 않았을 때: 펄스 주기는 나중에 측정한 tcnt1에서 먼저 측정한 tcnt0을 빼면 얻을 수 있다.

펄스 주기(count 단위) = tcnt1 - tcnt0
= 0x4A0 - 0x350 = 0x150

타이머 오버플로가 발생하였을 때 : 나중에 측정한 tcnt3이 이전에 측정한 tcnt2보다 작다. 따라서 위와 같이 펄스 주기를 계산하면 결과가 음수가 된다. 따라서 나중에 측정한 값에는 오버플로를 보정해주어야 하므로 측정값에 0x10000을 더해서 연산을 수행하여야 한다.

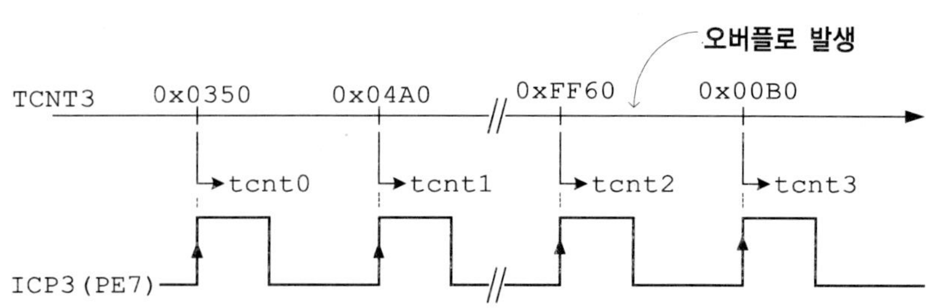

그림 13.7 표준 모드 동작일 때 상승 모서리에서 카운터값

```
펄스 주기(count 단위) = (0x10000+tcnt3) - tcnt2                    (13.2)
                    = (0x10000+0x00B0) - 0xFF60 = 0x150
```

식 (13.2)를 다시 고려해보면

```
펄스 주기 = (0x10000 + tcnt3) - tcnt2
         = tcnt3 + (0x10000 - tcnt2)
                   ----------------------------
                   tcnt2의 보수
         = tcnt3 + (tcnt2의 보수)                                  (13.3)
```

즉, 식 (13.3)은 식 tcnt3-tcnt2를 컴퓨터에서 계산하는 방법이 된다. 따라서 오버플로가 발생하더라도 펄스 주기를 얻기 위해서는 다음과 같이 프로그램하면 된다.

```
period = tcnt3 - tcnt2
```

이상으로 펄스 주기는 현 상승 모서리에서의 카운터 값에서 이전 상승 모서리에서 카운터 값을 빼면 얻을 수 있다. 따라서 그림 13.6은 그림 13.8과 같이 수정할 수 있다.

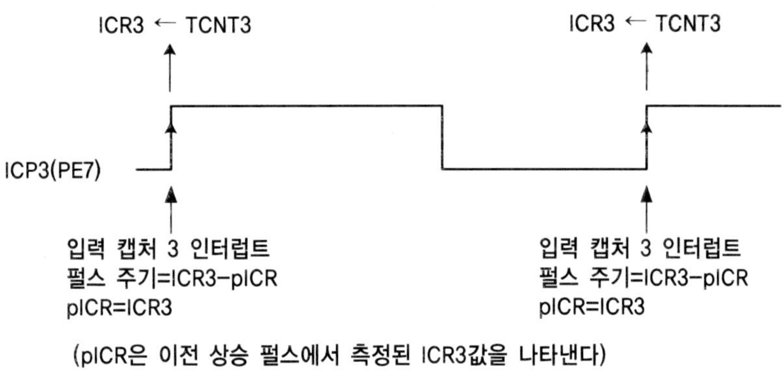

그림 13.8 타이머 재시작 없이 펄스주기 측정

프로그램 prac13-4ll.c는 그림 13.8의 방법에 따라 펄스의 주기를 측정하는 프로그램이다.

- 변수 pICR은 이전에 측정된 ICR3을 나타낸다. 이 변수는 인터럽트 서비스루틴이 종료되더라도 값을 보존하고 있어야 하므로 정적변수로 선언되었다.
- 측정된 펄스 주기는 prac13-4l.c보다 정확하지만 오차가 수 μsec이므로 오실로스코프로 관찰하기 쉽지 않다.

프로그램 prac13-4ll.c

```
//==============================================================
// 실습 13.4.2 입력 캡처를 사용한 펄스 주기 측정
// (타이머를 재시작하지 않음)
//==============================================================
//
#include <avr/io.h>                     // I/O 레지스터 정의
#include <avr/interrupt.h>
#include <stdio.h>
#include "lcd.h"                        // LCD 제어 프로그램 헤더파일

#define CPU_CLOCK_MHZ      16           // CPU 클록(MHz)
static volatile unsigned short n_clock=0;  // 상승모서리사이
                                           // 의 클록 수
ISR(TIMER3_CAPT_vect)          //타이머 3 입력 캡처 인터럽트 서비스루틴
{
    static unsigned short pICR=0;   // 이전에 측정된 ICR3값

    n_clock  = ICR3-pICR;           // 주기 계산
    pICR     = ICR3;                // 현 ICR3값을 저장
}

int main()
{
    unsigned short clock;           // 상승 모서리 간 클록 수
    unsigned short period;          // 주기(usec)
    char string[10];

    // LCD 조기화
    LcdInit();
    LcdMove(0,0); LcdPuts("Count     :");
    LcdMove(1,0); LcdPuts("Period(us):");

    // 타이머/카운터 3 설정
    TCCR3A = 0x00;              // 표준 모드, 출력 핀 미사용
    TCCR3B = (1<<ICES3);        // 상승 모서리 캡처, 타이머 정지
    ETIMSK |= (1<<TICIE3);      // 타이머 3 입력 캡처 인터럽트 허용
```

```
    // 타이머 3 인터럽트 허용 및 타이머/카운터 3 시작
    sei();                      // 전역 인터럽트 비트 세트
    TCNT3 = 0x00;               // 타이머 리셋
    TCCR3B |= (1<<CS30);        // 분주비 1로 타이머 시작

    while(1)
    {
        cli();                  // 전역 인터럽트 금지
        clock = n_clock;        // 클록 수 복사
        sei();                  // 전역 인터럽트 허용
        period = clock/CPU_CLOCK_MHZ;      // 주기(usec)

        sprintf(string, "%5ud", clock);    // 클록 수 표시
        LcdMove(0,11);
        LcdPuts(string);
        sprintf(string, "%5ud", period);  // 주기 표시
        LcdMove(1,11);
        LcdPuts(string);
    }
}
```

13.5 입력 캡처를 사용한 펄스폭 및 듀티비 측정

13.4.3절의 방법을 응용하면 그림 13.9와 같이 펄스의 상승 모서리와 하강 모서리 모두에서 입력 캡처 트리거를 하면 펄스폭 및 주기를 구할 수 있다.

- 상승 모서리 캡처 인터럽트에서 ICR3을 읽고 이전 상승 모서리에서 읽은 값과 차이로 펄스 주기를 계산한다. 현재 ICR3은 pICR에 저장하여 다음 모서리에서 이전 값으로 사용하도록 한다. 다음 캡처는 하강 모서리에서 발생하도록 하강 모서리 트리거로 변경한다. 입력 캡처의 트리거 모드를 변경하면 인터럽트 서비스루틴에서 소프트웨어적으로 입력 캡처 인터럽트 플래그 ICF3을 지워야 한다.
- 하강 모서리에서 타이머 값이 입력 캡처 레지스터 ICR3에 저장된다. ICR3에서 이전 상승 모서리에서 저장된 pICR를 빼면 펄스가 ON이 된 시간을 얻을 수 있다. 그리고 상승 모서리 트리거 모드로 변경하고 ICF3 플래그를 지운다.

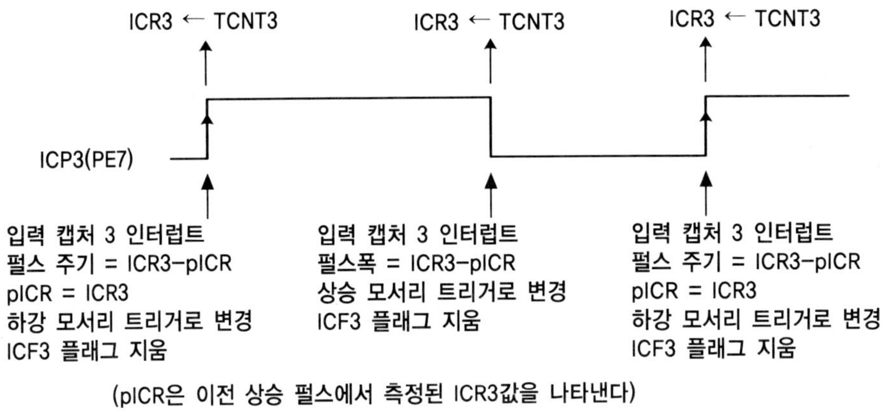

그림 13.9 펄스폭 및 듀티비 측정 방법

- 입력 신호의 듀티비는 다음과 같다.

$$\text{듀티비}(\%) = 100 \times \text{펄스폭} / \text{펄스 주기}$$

프로그램 prac13-5.c는 펄스폭 및 듀티비를 측정하는 프로그램이다. LCD에는 듀티비를 %단위로 펄스폭을 μsec 단위로 표시한다.

과제

오실로스코프로 펄스 신호를 측정하여 펄스폭과 듀티비를 측정한다. 이를 LCD에 표시된 값과 비교한다.

프로그램 prac13-5.c

```
//================================================================
// 실습 13.5 펄스폭 및 듀티비 측정
//================================================================
//
#include <avr/io.h>                    // I/O 레지스터 정의
#include <avr/interrupt.h>
#include <stdio.h>
#include "lcd.h"                       // LCD 제어 모듈의 헤더파일

#define  CPU_CLOCK_MHZ    16           // CPU 클록(MHz)

static volatile unsigned short on_clock=0;      // 펄스폭
static volatile unsigned short n_clock =1;      // 펄스 주기
static volatile unsigned short duty=0;

ISR(TIMER3_CAPT_vect) // 타이머3 입력캡처 인터럽트 서비스루틴
{
    static unsigned short pICR=0;      // 이전에 측정된 ICR3값

    if(TCCR3B & (1<<ICES3))            // 상승 모서리 캡처
    {
        n_clock  = ICR3 - pICR;        // 펄스 주기 계산
        duty = (unsigned short) (100UL * on_clock / n_clock);
        pICR = ICR3;                   // ICR3값 저장
        TCCR3B &= ~(1<<ICES3);         // 하강 모서리 캡처로 변경
    }
    else                               // 하강 모서리 캡처
    {
        on_clock  = ICR3 - pICR;       // 펄스폭 계산
        TCCR3B |= (1<<ICES3);          // 상승 모서리 캡처로 변경
    }

    ETIFR = (1<<ICF3);                 // ICF3 플래그 지움
}

int main()
{
    unsigned short on_clk, local_duty;
    unsigned short width;  // 펄스폭(usec)
    char  string[10];
```

```
    // LCD 초기화
    LcdInit();
    LcdMove(0,0);              LcdPuts("Duty(%) :");
    LcdMove(1,0);              LcdPuts("Width(us):");

    // 타이머/카운터 3 설정
    TCCR3A = 0x00;                // 표준 모드, 출력 핀 미사용
    TCCR3B = (1<<ICES3);          // 상승 모서리 캡처, 타이머 정지
    ETIMSK |= (1<<TICIE3);        // 타이머 3 입력 캡처 인터럽트 허용

    // 타이머 인터럽트 허용 및 타이머/카운터 3 시작
    sei();                        // 전역 인터럽트 비트 세트
    TCNT3 = 0x00;                 // 타이머 3 리셋
    TCCR3B |= (1<<CS30);          // 분주비 1로 타이머 3 시작

    while(1)
    {
        cli();                    // 전역 인터럽트 금지
        local_duty = duty;        // 듀티비 복사
        on_clk = on_clock;        // 펄스폭 복사
        sei();                    // 전역 인터럽트 허용

        width = on_clk/CPU_CLOCK_MHZ;  // usec 단위로 변경

        sprintf(string, "%5ud", local_duty);
        LcdMove(0,11);
        LcdPuts(string);
        sprintf(string, "%5ud", width);
        LcdMove(1,11);
        LcdPuts(string);
    }
}
```

CHAPTER 14

RC 서보모터 구동

14.1 RC 서보모터

RC 서보모터는 무선조종 비행기, 자동차등 원격 제어(Remote Control) 시스템의 작동기로서 주로 사용된다. RC 서보모터는 위치를 제어하는 시스템으로 입력선은 그림 14.1과 같이 전원선 2개와 신호선 1개로 구성되어 있다.

서보모터의 위치는 신호선에 가해지는 PWM 신호의 펄스폭으로 설정한다.

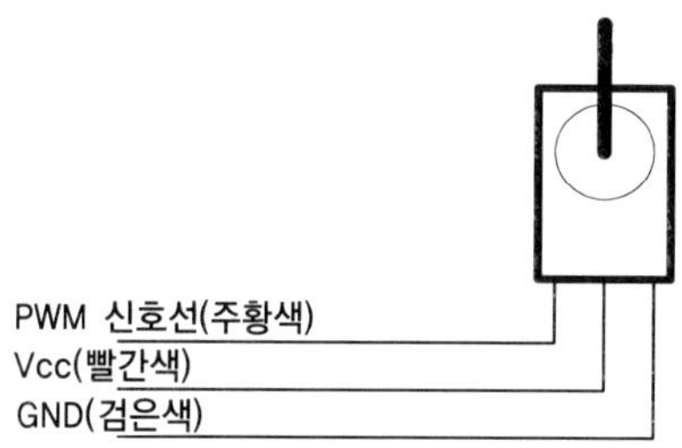

그림 14.1 RC 서보모터

- RC 서보모터는 10ms~20ms의 반송주기를 갖는 PWM 신호의 펄스폭을 조절하여 그림 14.2와 같이 각도를 제어할 수 있다.

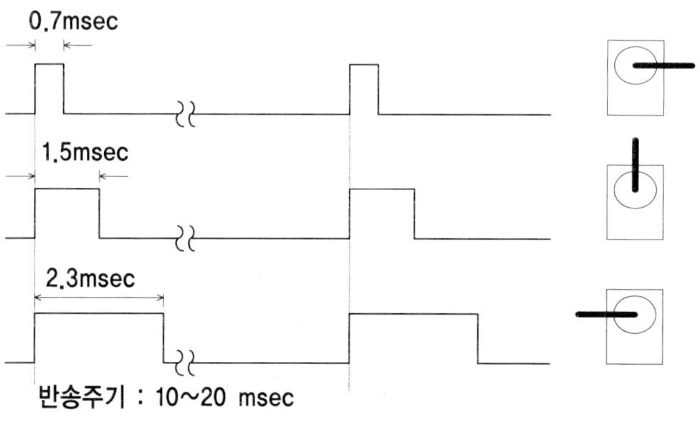

그림 14.2 RC 서보모터의 위치와 PWM 신호의 관계

- ON 시간이 1.5msec일 때 중립이며 0.7msec일 때 오른쪽으로 90도, 2.3msec일 때 왼쪽으로 90도 이동한다. -90도~+90도 범위 내에서 RC 서보의 변위는 펄스의 ON 시간에 비례한다.
- 펄스폭에 따른 서보의 위치는 그림 14.2와 다를 수 있으므로 정확한 동작을 위해서는 서보의 데이터 시트를 참조하기 바란다.
- 디지털 타입 RC 서보는 반송주기가 20msec보다 더 길더라도 정상적으로 동작이 가능하다. 단 반송주기가 길어지면 서보의 동작 지연이 따라서 커진다.

14.2 PWM 채널을 사용한 RC 서보 구동 실습

RC 서보를 구동하기 위해서는 PWM 신호를 발생시키면 되므로 12장에서 설명한 16비트 타이머/카운터의 PWM 구현 모드를 사용하면 된다.

- 생성할 PWM 신호의 반송주기는 그림 14.2로부터 10msec로 설정하자.
- 이에 대한 분주비는 타이머가 측정할 수 있는 최대 시간이 10msec보다는 크면서 가장 가깝도록 설정하여야 한다. 표 12.6으로부터 가장 적절한 분주비는 8이다.
- RC 서보에 명령을 입력할 때는 듀티비보다 펄스가 ON이 되는 펄스폭으로 설정하는 것이 편리하다. RC 서보를 구동할 펄스폭은 0.7msec~2.3msec이므로 펄스폭을 정수로 나타내기 위해 단위를 μsec로 한다.

식 (12.7)으로부터 시간이 T_m μsec로 주어졌을 때 필요한 클록 수를 계산할 수 있다.

$$\begin{aligned} \text{클록 수} &= T_m \times 16 \ / \ N \ (\text{N은 분주비: 8}) \\ &= T_m \times 2 \end{aligned} \qquad (14.1)$$

타이머/카운터 1은 비교 레지스터 OCR1A, OCR1B, OCR1C를 사용하여 3 채널의 PWM 신호를 생성할 수 있으므로 3개의 RC 서보를 구동할 수 있다. 위 고찰로부터 3 채널을 모두 사용할 때 타이머/카운터 1에 대한 레지스터 설정은 다음과 같다.

- FAST PWM 모드의 설정, ICR1로 TOP 값 설정 : WGM13:0=14
  출력 핀 OC1A의 모드 설정 : COM1A1:0 = 0x02
  출력 핀 OC1B의 모드 설정 : COM1B1:0 = 0x02
  출력 핀 OC1C의 모드 설정 : COM1C1:0 = 0x02
  타이머 정지 : CS12:0 = 0x00

```
==> TCCR1A = 0xAA;      // (=0b10101010)
==> TCCR1B = 0x18;      // (=0b00011000)
```

- 분주비 8로 하였을 때 반송주기 period μsec에 대한 TOP은 식 (14.1)로부터

```
TOP = 2×period
 ==> ICR1 = 2×period
```

- OC1A(PB5), OC1B(PB6), OC1C(PB7) 핀을 출력으로 설정: PB5, PB6, PB7을 제외한 PORTB의 핀은 방향을 보존한다.

```
==> DDRB |= 0xE0;          // (=0b11100000)
```

- 타이머를 분주비 8로 시작: CS12:0 = 0x02
  TCCR1B의 CS12:0 핀들만 0x02로 변경하여야 하므로

```
==> TCCR1B |= (2<<CS10);  // TCCR1B = (2<<CS10)가 아님
```

타이머/카운터 1의 Fast PWM 모드를 사용하여 3개의 RC 서보를 구동하는 프로그램을 rcservo.c와 rcservo.h에 수록하였다. rcservo.c 내의 함수는 RC 서보 구동과 관련된 함수임을 나타내기 위해 함수의 접두어로 RCServo를 사용하였다.

- 초기화 함수 RCServoInit()는 위 설정대로 타이머/카운터를 초기화한다.
- PWM 신호의 펄스폭을 설정하는 함수 RCServoSetOnWidth()는 각 RC 서보의 펄스폭을 onWidth[] 배열로 받는다. 입력 배열의 단위는 μsec이므로 식 (14.1)에 따라 출력 비교 레지스터 OCR1A, OCR1B, OCR1C를 설정한다.

◆ **배열과 포인터**

▸ C-언어에서 배열을 선언하면 정의된 배열 개수만큼의 메모리를 할당하고 배열 이름에 할당된 메모리의 첫 주소를 저장한다.

▸ 다음과 같이 선언한 배열을 고려해보자.

```
short array[4];        // 2바이트 변수 4개를 할당
```

이처럼 배열을 선언하면 그림과 같이 short형(2바이트) 변수 4개를 할당하고 배열명 array는 첫 번째 short형 변수를 가리킨다.

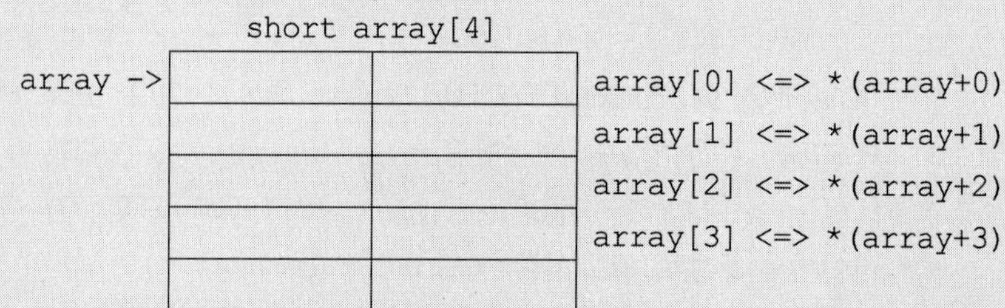

▸ 배열의 각 요소는 []를 사용하여 지정한다.

array[0] : 배열 array의 0-번째 요소

array[2] : 배열 array의 두 번째 요소

※ C-언어에서 셀 때는 항상 0부터 시작한다.

▸ 배열의 이름은 배열의 첫 주소를 저장하므로 포인터이다. 즉 array의 데이터 형은 "short *"이다. 따라서

array+1 : 주소 array로부터 1-번째 있는 short형 변수의 주소

==> *(array+1) : array에서 1-번째 있는 변수

즉 array[1]

▸ 배열과 포인터는 동일하므로 함수에서 배열을 인자로 선언할 때는 두 가지를 쓸 수 있다.

```
void func(short *ary)        // short형의 포인터
void func(short ary[])       // short형 배열
```

두 형태는 동일하다.

▸ 배열은 첫 주소만 알면 각 배열 요소를 알 수 있으므로 함수에 배열을 넘기고자 할 때는 배열의 첫 주소, 즉 배열의 이름만 넘긴다.

헤더파일 rcservo.h

```
#ifndef __RCSERVO_H__
#define __RCSERVO_H__

#define MIN_WIDTH         700        // 최소 펄스폭
#define MAX_WIDTH         2300       // 최대 펄스폭
#define NEUTRAL_WIDTH    (MAX_WIDTH+MIN_WIDTH)/2
                                     // 중립일 때 펄스폭
void RCServoInit(unsigned short period);
void RCServoSetOnWidth(unsigned short *width);

#endif
```

소스파일 rcservo.c

```
//=========================================================
// rcservo.c : 카운터/타이머 1 Fast PWM 모드로
//             RC servo 3채널 구동
//=========================================================

#include <avr/io.h>
#include "rcservo.h"

//================================================
// RC 서보 구동을 위한 초기화
//
// 타이머/카운터를 Fast PWM 모드 14 사용
// 주기 10msec
// 출력 핀 OC1A, OC1B, OC1C의 비교 출력 모드 2 사용
//      입력 : PWM 신호의 반송주기(usec)
//================================================
//
void RCServoInit(unsigned short period)
{
    unsigned short oncount;

    DDRB |= 0xE0;          // PB5(OC1A),PB6(OC1B),PB7(OC1C)를
                           // 출력으로 설정
```

```
    // 타이머/카운터 1 설정
    TCCR1A = 0xAA;          // FAST PWM 모드, OC1A/B/C
                            // 비교 출력 모드 2 사용
    TCCR1B = 0x18;          // WGM13:0 = 14(ICR1로 TOP 설정)

    // FAST PWM의 TOP은 ICR1으로 설정
    // TOP은 PWM의 주기로부터 설정

    ICR1 = period * 2;    // 주기 period usec

    //
    // 초기 펄스폭을 중립에 맞춘다.
    //
    oncount = NEUTRAL_WIDTH*2;

    OCR1A   = oncount;
    OCR1B   = oncount;
    OCR1C   = oncount;

    TCCR1B |= (2<<CS10);            // 분주비 8로 타이머 시작
}

//==========================================================
//      usec 단위로 펄스폭을 조절한다.
//      onWidth - 펄스폭 배열(usec 단위)
//==========================================================
//
void RCServoSetOnWidth(unsigned short *onWidth)
{
      OCR1A  = onWidth[0]*2;       // RC servo #0
      OCR1B  = onWidth[1]*2;       // RC servo #1
      OCR1C  = onWidth[2]*2;       // RC servo #2
}
```

프로그램 prac14-1.c는 rcservo.c의 함수를 사용하여 세 개의 RC 서보를 구동하는 프로그램이다. LCD에는 세 RC 서보에 가한 PWM 신호의 펄스폭을 μsec 단위로 표현하였고, RC 서보의 위치는 키패드의 SW0, SW1, SW4, SW5, SW8, SW9로 변경할 수 있도록 하였다(프로그램 수행을 위해 필요한 파일은 lcd.c, keypad.c, rcservo.c이다).

- `MAX_WIDTH`, `MIN_WIDTH`, `NEUTRAL_WIDTH`는 rcservo.h에서 정의된 매크로로 각각 최대, 최소 펄스폭과 중립일 때 펄스폭을 나타낸다.

실습을 위해 세 개의 RC 서보를 그림 14.3과 같이 연결한다. 그리고 실습 보드의 전원 단자에 외부 전원으로 5V를 가한다(USB 포트의 전원은 세 개의 서보모터를 구동하기에 용량이 부족하다).

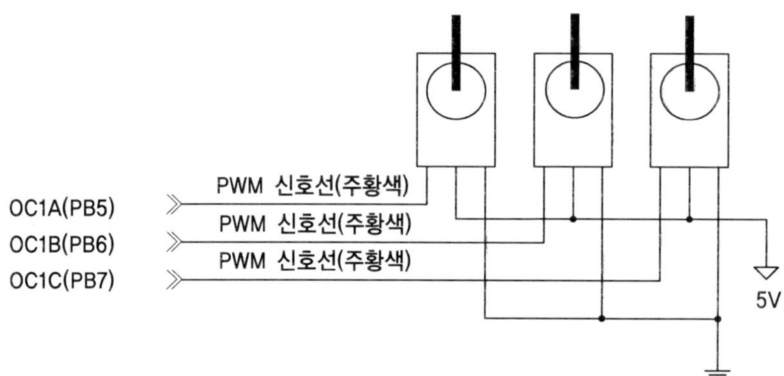

그림 14.3 RC-서보 연결

과제

1. PWM 신호의 반송주기를 5msec, 10msec, 30msec로 변경하여 실습을 수행하고 RC 서보의 동작을 관찰하라.
2. 프로그램 prac14-1.c에서는 펄스폭을 제어 입력으로 받는다. 이를 각도를 입력으로 받아 RC 서보를 제어하는 프로그램으로 변경하라.
   - 소스파일 rcservo.c에 RC 서보모터의 각도를 입력으로 받아 PWM 신호를 구현하는 함수를 작성하고 `main()` 함수에서 이를 사용하도록 한다.
   - 스위치 입력에 따른 각도의 증분은 1deg로 하고 RC 서보의 각도는 중립에 있을 때 0도, 왼쪽 회전일 때 음, 오른쪽 회전일 때 양으로 정의한다.

◆ 정수 계산에서 코딩에 따른 계산 정확도

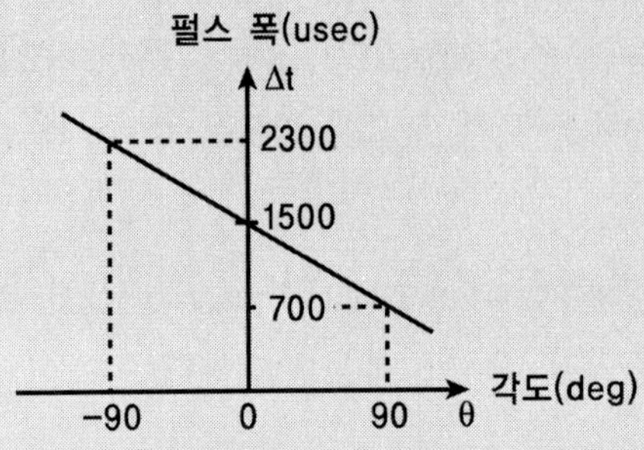

그림 14.2에서 각도와 펄스폭의 관계는 옆 그림과 같이 표현되고 이를 식으로 표시하면 다음과 같다.

$$\Delta t = -\frac{1600}{180}\theta + 1500$$
$$= -\frac{80}{9}\theta + 1500$$

ATmega128과 같이 부동소수점 계산 보조프로세서가 없는 마이크로프로세서의 프로그램 작성에서는 소수점 계산을 피하는 것이 원칙이다. 컴파일러가 부동소수점 연산을 제공하지만 계산 시간이 많이 소요되기 때문이다. 위 식에서 소수 계산을 피하기 위해 식을 분수로 표시한다. 이의 코딩을 다음과 같이 하여보자.

```
Dt = -80/9*theta + 1500          (1)
Dt = -80*theta/9 + 1500          (2)
```

theta=9일 때 (1)의 결과는

```
Dt = -80/9         * 9 + 1500 = 1428μsec(오차 있음)
     --------
     80/9=8.8..= 8
```

theta=9일 때 (2)의 결과는

```
Dt = -80*9         / 9 + 1500 = 1420μsec(오차 없음)
     --------
      720
```

※ 코딩에 따라 오차가 발생함을 알 수 있다. 곱셈과 나눗셈이 혼합되어 있을 때 곱셈을 모두 먼저 처리하여 분자를 크게 하면 정수 계산에서 오차를 줄일 수 있다.

프로그램 prac14-1.c

```
//=======================================================
// 실습 14.1 : PWM 신호로 RC Servo 구동
//=======================================================

#include <avr/io.h>
#include <util/delay.h>
#include <stdio.h>

#include "lcd.h"                        // LCD 구동
#include "keypad.h"                     // 키패드 구동
#include "rcservo.h"                    // RC 서보 구동(PWM 채널 사용)

int main()
{
    unsigned short width[3];            // 3 채널 RC-서보 펄스폭
    unsigned char key;
    char string[20];

    // 장치 초기화
    LcdInit(); KeyInit();
    RCServoInit(10000);                 // 반송주기 10000usec

    // 펄스폭을 중립 위치로 설정한다.
    width[0] = width[1] = width[2] = NEUTRAL_WIDTH;

    // LCD 표시
    LcdMove(0,0); LcdPuts("Ch0:");
    LcdMove(0,8); LcdPuts("Ch1:");
    LcdMove(1,0); LcdPuts("Ch2:");

    while(1)
    {
        switch((key=KeyInput()))
        {
        case SW0:
            width[0] += 10;     // 10usec 증가
            break;
        case SW1:
            width[0] -= 10;     // 10usec 감소
            break;
```

```
            case SW4:
                width[1] += 10;     // 10usec 증가
                break;
            case SW5:
                width[1] -= 10;     // 10usec 감소
                break;
            case SW8:
                width[2] += 10;     // 10usec 증가
                break;
            case SW9:
                width[2] -= 10;     // 10usec 감소
                break;
            default:
                break;
            }
            if(width[0] > MAX_WIDTH) width[0]=MAX_WIDTH;
            if(width[0] < MIN_WIDTH) width[0]=MIN_WIDTH;
            if(width[1] > MAX_WIDTH) width[1]=MAX_WIDTH;
            if(width[1] < MIN_WIDTH) width[1]=MIN_WIDTH;
            if(width[2] > MAX_WIDTH) width[2]=MAX_WIDTH;
            if(width[2] < MIN_WIDTH) width[2]=MIN_WIDTH;

            RCServoSetOnWidth(width); // 펄스폭 설정

            sprintf(string, "%4d", width[0]);
            LcdMove(0,4); LcdPuts(string);    // 채널 0 펄스폭 표시
            sprintf(string, "%4d", width[1]);
            LcdMove(0,12); LcdPuts(string);   // 채널 1 펄스폭 표시
            sprintf(string, "%4d", width[2]);
            LcdMove(1,4);  LcdPuts(string);   // 채널 2 펄스폭 표시
        }
}
```

14.3 타이머 1 비교일치 인터럽트를 사용하여 하나의 RC 서보 구동

그림 14.4는 인터럽트를 사용하여 PWM 신호를 구현하는 방법을 보여준다. PWM 신호의 주기 T_P는 일정하므로 T_{ON}이 정해지면 자동적으로 T_{OFF}도 정해진다.

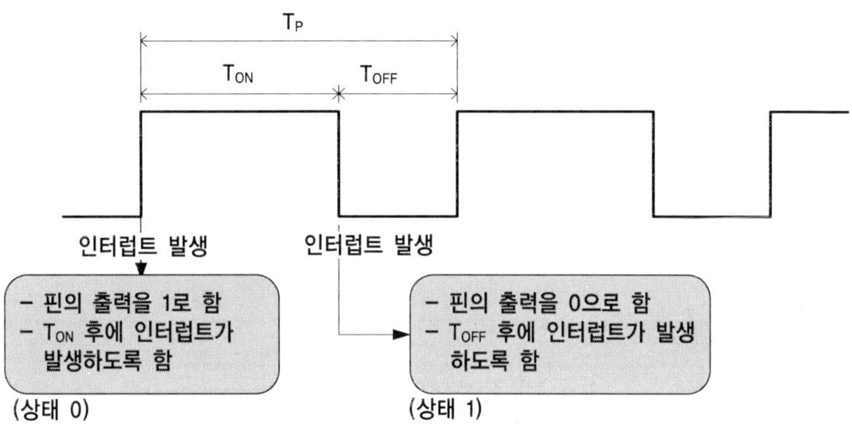

그림 14.4 인터럽트를 이용한 PWM 신호 생성

여기서는 타이머 1을 표준 모드로 동작시키면서 출력 비교일치 A 인터럽트를 사용하도록 하자. 그리고 14.2절과 같이 타이머 1의 분주비를 8로 설정한다.

(1) 시작 시점에서 핀의 출력을 1로 하고 T_{ON} 후에 인터럽트가 걸리도록 비교일치 레지스터 A를 설정한다.

(2) T_{ON} 후에 인터럽트가 걸리면 핀의 출력을 0으로 하고 T_{OFF} 후에 인터럽트가 걸리도록 비교일치 레지스터 A를 설정한다.

(3) T_{OFF} 후에 인터럽트가 걸리면 상태 0이 되면서 계속적으로 순환한다.

타이머 1의 표준 모드에서 비교일치 A 인터럽트를 사용해서 PWM 신호를 생성하여 RC 서보를 구동하는 프로그램을 소스파일 srcservo.c와 헤더파일 srcservo.h에 수록하였다. 함수의 접두어는 SRCServo를 사용하였다. 이 모듈은 단 하나의 RC 서보를 구동할 수 있다.

- T_P와 T_{ON}은 μsec 단위로 주어지면 그에 대한 클록 수는 식 (14.1)로부터

```
total_count = TP×2          (TP에 대한 클록 수)
on_count    = TON×2         (TON에 대한 클록 수)
```

- total_count와 on_count는 외부 정적 변수로 인터럽트 서비스루틴에서 이 값들을 이용하여 PWM 신호를 구현한다. total_count는 일정하므로 초기화 함수 SRCServoInit() 함수에서 설정하고 on_count는 SRCServoSetOnWidth() 함수에서 설정한다.
- srcservo.c에서 매크로 RCBIT는 PWM 신호를 출력한 핀을 나타낸다. 현재 설정으로는 PWM 신호는 포트 B의 핀5(PB5)에 출력된다.
- T_{OFF}에 해당하는 클록 값은 인터럽트 서비스루틴 내의 내부 정적 변수 off_count이다. PWM 신호 구현 시 T_{ON}과 T_{OFF}는 그림 14.4에서 상태 0에서 갱신되어야 하므로 인터럽트 서비스루틴에서는 상태 0일 때 on_count 값으로부터 off_count를 계산한다. 이 값은 상태 1일 때 T_{OFF} 후에 인터럽트가 발생하도록 비교레지스터 A를 설정하는데 사용된다.

실습

프로그램 prac14-2.c는 srcservo.c를 이용하여 하나의 RC 서보를 구동하는 프로그램이다. 서보의 위치는 그림 10.1의 버튼을 사용하여 설정한다. 필요한 파일은 srcservo.c, lcd.c, button.c이다. RC 서보를 srcservo.c의 설정에 따라 PB5에 연결하고 버튼을 눌러 RC 서보의 위치를 변경하는 실습을 수행한다.

프로그램 prac14-2.c

```
//=============================================================
// 실습 14.2: 타이머 1 비교일치 A 인터럽트를 이용한
//            하나의 RC Servo 구동
//=============================================================

#include <avr/io.h>
#include <avr/interrupt.h>
#include <util/delay.h>
#include <stdio.h>

#include "lcd.h"                    // LCD 구동
#include "button.h"                 // 버튼 입력
#include "srcservo.h"               // 인터럽트를 이용한 1개 RC 서보 구동
```

```
int main()
{
    unsigned short width;          // 3채널 RC-서보 펄스폭
    unsigned char button;
    char string[20];

    // 장치 초기화

    BtnInit();
    LcdInit();
    SRCServoInit(10000);           // 주기를 10000usec로 설정

    // 펄스폭을 중립위치로 설정한다.
    width = NEUTRAL_WIDTH;

    // LCD 표시
    LcdMove(0,0); LcdPuts("Ch0:");

    sei();                         // 인터럽트를 사용하는 장치를 위해
                                   // 인터럽트 허용
    while(1)
    {
        switch((button = BtnInput()))
        {
        case BTN_SW0:
                width += 50;       // 50usec 증가
                break;
        case BTN_SW1:
                width -= 50;       // 50usec 감소
                break;
        default:
                break;
        }

        if(width > MAX_WIDTH) width=MAX_WIDTH;
        if(width < MIN_WIDTH) width=MIN_WIDTH;

        SRCServoSetOnWidth(width);        // 펄스폭 설정

        // 채널 0 펄스폭 표시
        sprintf(string, "%4d", width);
        LcdMove(0,4); LcdPuts(string);
    }
}
```

헤더파일 srcservo.h

```
#ifndef __SRCSERVO_H__
#define __SRCSERVO_H__

#define MIN_WIDTH          700         // 최소 펄스폭
#define MAX_WIDTH          2300        // 최대 펄스폭
#define NEUTRAL_WIDTH   (MAX_WIDTH+MIN_WIDTH)/2
                                       // 중립일 때 펄스폭

void SRCServoInit(unsigned short period);
void SRCServoSetOnWidth(unsigned short width);

#endif
```

소스파일 srcservo.c

```
//=======================================================
// srcservo.c
// 타이머 1 비교일치 인터럽트 A를 사용하여 하나의 RC 서보 구동
//=======================================================

#include <avr/io.h>
#include <avr/interrupt.h>

#include "srcservo.h"

#define RCPORT  PORTB                  // RC 서보 포트
#define RCDIR   DDRB                   // RC 서보 포트 방향 레지스터
#define RCBIT   5                      // 비트 5를 출력 핀으로 함

//주기에 대한 클록 수
static volatile unsigned short total_count;
// On 시간에 대한 클록 수
static volatile unsigned short on_count;

//=========================================================
// 타이머/카운터를 표준 모드 0사용
// 비교일치 인터럽트 A 사용
// period: 주기(usec) ==> total_count 세트
//=========================================================
```

```
void SRCServoInit(unsigned short period)
{
    // 서보 출력 핀을 출력으로 설정
    RCDIR |= (0x01<<RCBIT);

    // 타이머/카운터 설정
    // 타이머와 타이머 출력 핀을 연결시키지 않는다.
    // COM1A=0, COM1B=0, COM1C=0
    // WGM13:0 = 0 : 표준 모드
    TCCR1A = 0x00;
    TCCR1B = 0x00;  // 타이머 정지

    //========================================
    // 주기 period usec에 대한 클록 수를
    // total_count에 저장한다.
    //========================================

    total_count = 2*period;
    on_count = 2*NEUTRAL_WIDTH;    // 중립 위치로 초기화

    //=======================================
    // 인터럽트 설정
    //=======================================
    TIMSK |= (1 << OCIE1A);          // 타이머 1 비교일치 A
                                     // 인터럽트 허용
    //=======================================
    // 분주비 8로 타이머/카운터 시작
    //=======================================
    TCCR1B |= (2<<CS10);
}

//==============================================
// 펄스폭을 설정한다.
// 입력 : onwidth - 펄스폭(usec 단위)
//==============================================

void SRCServoSetOnWidth(unsigned short onwidth)
{
    cli();
    on_count = onwidth * 2;
    sei();
}
```

```
//==================================================
// 타이머 1 비교일치 A 인터럽트 서비스루틴
//==================================================
ISR(TIMER1_COMPA_vect)
{
    static unsigned short off_count;
    static unsigned char  status=0;

    if(status == 0)                          // 상태 0
    {
        // on_count과  off_count를 갱신
        off_count = total_count - on_count;
        OCR1A += on_count;

        RCPORT |= (0x01 << RCBIT);    // HIGH를 출력
        status = 1;
    }
    else                                     // 상태 1
    {
        OCR1A += off_count;

        RCPORT &= ~(0x01 << RCBIT);   // LOW를 출력
        status = 0;
    }
}
```

14.4 타이머 1 비교일치 인터럽트를 사용하여 다수의 RC 서보 구동

14.2절에서는 16비트 타이머의 PWM 모드를 이용하여 3개의 RC 서보를 구동하였다. ATmega128은 2개의 16비트 타이머가 있으므로 총 6개의 RC 서보를 구동할 수 있다. 그 이상의 RC 서보를 구동하려면 타이머의 PWM 모드를 사용할 수 없다.

여기서는 14.3절에서 구현한 방법을 확장하여 6개 이상의 RC 서보를 구동하는 방법을 고려한다.

우선 디지털 타입 RC 서보는 반송주기가 20msec보다 더 길더라도 정상적으로 동작이 가능하다는 점에 착안하여 그림 14.5와 같이 각 서보에 순차적으로 PWM 신호를 출력하도록 하자. 이때 N개의 서보를 구동하면 각 PWM 신호의 결과적 반송주기는 N × (반송주기)가 된다. 아울러 RC 서보가 위치 정보를 얻는데 N × (반송주기)의 시간 지연이 발생한다.

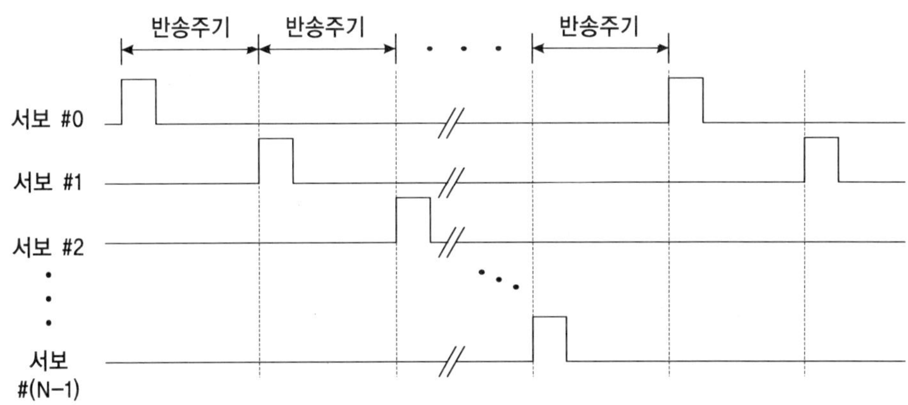

그림 14.5 순차적 구동

14.3절에서 작성하였던 srcservo.c를 확장해서 그림 14.5 방법으로 N개의 서보를 구동하는 프로그램을 작성해보도록 하자. srcservo.c의 타이머/카운터 비교일치 A 인터럽트 서비스루틴을 그림 14.6같이 변경한다. 여기서 서보 #j는 포트 B의 j-번째 핀에 연결되어 있다고 가정한다.

```
ISR(TIMER1_COMPA_vect)
{
      static unsigned short off_count;
      static unsigned char  status=0;
      static char ServoNumber = 0;

      if(status == 0)     // 상태 0
      {
            // on_count과  off_count를 갱신
            off_count = total_count-on_count[ServoNumber];
            OCR1A += on_count[ServoNumber];
            RCPORT |= (0x01 << ServoNumber);  // HIGH를 출력
            status = 1;
      }
      else
      {
            OCR1A += off_count;   // off_count가 되면 인터럽트
            RCPORT &= ~(0x01 << ServoNumber);  // LOW를 출력

            status = 0;
            ServoNumber++;                  // 다음 서보로 이동
            if(ServoNumber == N_SERVO) ServoNumber = 0;
      }
}
```

그림 14.6 수정된 인터럽트 서비스루틴

- 우선 N개의 서보를 구동하기 위한 정보를 저장하기 위해 배열을 사용하자. 우선 각 서보의 펄스폭을 설정하는 변수인 on_count를 N개의 배열로 변경한다.

  ```
  static volatile unsigned short on_count;
    ==> static volatile unsigned short on_count[N_SERVO];
  ```

  여기서 N_SERVO는 구동할 서보의 개수를 정의한 매크로이다.
- 인터럽트 서비스루틴에서 내부 정적 변수 ServoNumber는 현재 구동할 RC 서보의 번호를 나타낸다.
- status=0에서 번호가 ServoNumber인 서보를 구동할 PWM 신호를 생성한다. status=1일 때 ServoNumber를 이동시켜 status=0에서 다음 서보를 구동하도록 한다.
- 서보 개수를 나타내는 매크로 N_SERVO는 헤더파일에서 정의한다.

그림 14.6의 수정된 인터럽트 서비스루틴을 기본으로 하여 그림 14.5 방법으로 8

개의 RC 서보를 구동하는 프로그램을 소스파일 mrcservo.c, 헤더파일 mrcservo.h에 작성하였다. 함수의 접두어는 `MRCServo`를 사용하였다. mrcservo.c는 현재 8개의 RC 서보를 구동하도록 작성되어 있지만 더 이상의 RC 서보를 구동할 수 있도록 쉽게 확장할 수 있다.

실습

프로그램 prac14-3.c는 mrcservo.c를 이용하여 8개의 RC 서보를 구동하는 프로그램이다. 서보의 위치는 버튼을 사용하여 설정한다. 필요한 파일은 mrcservo.c, lcd.c, button.c이다. RC 서보를 mrcservo.c의 설정에 따라 포트 B에 연결하고 프로그램을 실행한다.

과제

1. 버튼을 누르면서 서보의 동작을 관찰하고 오실로스코프로 두 핀에서 나오는 신호를 관찰하라.
2. 현재 작성된 프로그램은 그림 14.5를 구현한 것이다. 이의 문제점은 서보의 수에 비례하여 RC 서보의 구동에 시간 지연이 발생한다. 만약 8개의 서보를 반송주기 10msec로 동작시키면 전체 시간 지연은 10 × 8 = 80msec의 시간 지연이 발생한다. 이를 보정하기 위하여 그림 14.7과 같이 작동되도록 하면 모듈의 성능을 향상시킬 수 있다. 새로운 서보에 대한 펄스 신호를 이전 서보에 대한 펄스가 하강하는 시점에서 발생키는 것이다. 그리고 서보 #0의 펄스는 20msec 주기를 갖도록 한다. 그림 14.7과 같은 동작을 하도록 모듈 mrcservo.c를 수정하라.

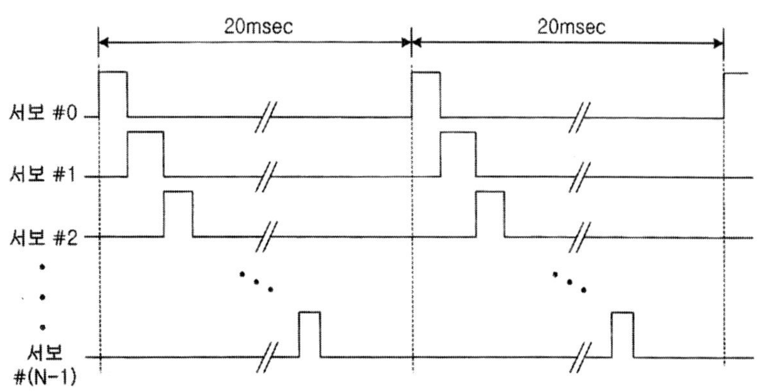

그림 14.7 향상된 순차적 구동 시퀀스

프로그램 prac14-3.c

```
//==========================================================
// 실습 14.3 : 인터럽트를 이용하여 다수 RC Servo 구동
//==========================================================
#include <avr/io.h>
#include <avr/interrupt.h>
#include <stdio.h>
#include "lcd.h"
#include "button.h"
#include "mrcservo.h"

int main()
{
    unsigned short width[N_SERVO]; // RC-서보 펄스폭
    unsigned short OnWidth, i;
    unsigned char button;
    char string[20];

    // 장치 초기화
    BtnInit();
    LcdInit();
    MRCServoInit(10000);         // 주기 10000usec로 설정

    // 펄스폭을 중립 위치로 설정한다.
    OnWidth = NEUTRAL_WIDTH;

    // LCD 표시
    LcdMove(0,0); LcdPuts("Ch0:");

    sei();              // 인터럽트를 쓰는 장치를 위해 전역 인터럽트 허용
    while(1)
    {
        switch((button=BtnInput()))
        {
        case BTN_SW0:
            OnWidth += 10; // 10usec 증가
            break;
        case BTN_SW1:
            OnWidth -= 10; // 10usec 감소
            break;
        default:
            break;
```

```
        }
        if(OnWidth > MAX_WIDTH) OnWidth=MAX_WIDTH;
        if(OnWidth < MIN_WIDTH) OnWidth=MIN_WIDTH;

        for(i=0; i<N_SERVO; i++) width[i] = OnWidth;

        MRCServoSetOnWidth(width);        // 펄스폭 설정

        // 펄스폭 표시
        sprintf(string, "%4d", OnWidth);
        LcdMove(0,4); LcdPuts(string);
    }
}
```

헤더파일 mrcservo.h

```
#ifndef __MRCSERVO_H__
#define __MRCSERVO_H__

#define N_SERVO        8

#define MIN_WIDTH     700          // 최소 펄스폭
#define MAX_WIDTH     2300         // 최대 펄스폭
#define NEUTRAL_WIDTH   (MAX_WIDTH+MIN_WIDTH)/2
                                   // 중립일 때 펄스폭
void MRCServoInit(unsigned short period);
void MRCServoSetOnWidth(unsigned short *width);

#endif
```

소스파일 mrcservo.c

```
//=========================================================
// mrcservo.c
// 타이머 1 비교일치 인터럽트 A를 사용하여 다수의 RC 서보 구동
//=========================================================
#include <avr/io.h>
#include <avr/interrupt.h>

#include "mrcservo.h"
#define RCPORT  PORTB               // RC 서보 포트
#define RCDIR   DDRB                // RC 서보 포트 방향 레지스터
```

```
static volatile unsigned short total_count;
static volatile unsigned short on_count[N_SERVO];

//=========================================================
// 타이머/카운터를 표준 모드 0사용
// 비교일치 인터럽트 A 사용
// 주기 period (usec) ==> total_count 세트
//=========================================================
void MRCServoInit(unsigned short period)
{
    int i;

    // 타이머/카운터 설정
    // 타이머와 타이머 출력핀을 연결시키지 않는다.
    // COM1A=0, COM1B=0, COM1C=0
    // WGM13:0 = 0 : 표준 모드
    TCCR1A = 0x00;
    TCCR1B = 0x00;  // 타이머 정지

    //========================================
    // 주기 period (usec)에 대한 count값을
    // total_count에 저장한다.
    //========================================
    total_count = 2*period;

    for(i=0; i<N_SERVO; i++)
    {
        on_count[i] = 2*NEUTRAL_WIDTH;  // 중립 위치로 초기화
        RCDIR |= (0x01 << i);           // 서보에 출력하는 핀을
                                        // 출력 방향으로 설정
    }
    //========================================
    // 인터럽트 설정
    //========================================
    TIMSK |= (1 << OCIE1A);// 타이머 1 비교일치 A 인터럽트 허용

    //========================================
    // 분주비 8로 타이머/카운터 시작
    //========================================
    TCCR1B 1= (2 << CS10);
}
```

```
//=================================================
// 펄스폭을 설정한다.
// 입력 : onwidth - 펄스폭 배열(usec 단위)
//=================================================
void MRCServoSetOnWidth(unsigned short *onwidth)
{
    int i;

    for(i=0; i<N_SERVO; i++)
        on_count[i] = onwidth[i] * 2;
}

//=================================================
// 타이머 1 비교일치 A 인터럽트 서비스루틴
//=================================================
ISR(TIMER1_COMPA_vect)
{
    static unsigned short off_count;
    static unsigned char  status=0;
    static int ServoNumber = 0;

    if(status == 0)                 // 상태 0
    {
        // on_count과  off_count를 갱신
        off_count = total_count - on_count[ServoNumber];
        OCR1A += on_count[ServoNumber];
        RCPORT |= (0x01 << ServoNumber);// HIGH를 출력

        status = 1;
    }
    else                            // 상태 1
    {
        OCR1A += off_count;         // off_count가 되면 인터럽트
        RCPORT &= ~(0x01 << ServoNumber);    // LOW를 출력

        status = 0;

        ServoNumber++;              // 다음 서보로 이동
        if(ServoNumber == N_SERVO) ServoNumber = 0;
    }
}
```

CHAPTER

15

아날로그 디지털 변환기

15.1 아날로그 디지털 변환기(Analog-to-Digital Converter)

아날로그 디지털 변환기는 이름 그대로 아날로그 전압 신호를 받아 마이크로컨트롤러가 인지할 수 있는 디지털 값으로 변환하는 장치이며, 영문 약자로 ADC라고 표기한다.

ADC의 사양 중 하나는 디지털값을 표시하는 비트 수이다. 10비트 ADC라 함은 아날로그 전압을 10비트의 디지털 수로 표시하는 것을 의미한다. 10비트를 사용하여 나타낼 수 있는 수의 개수는 2^{10}(=1024)이므로 10비트 ADC는 기준 전압을 1023(2^{10}-1) 등분하여 1024개의 디지털값으로 표시한다. 아울러 기준 전압을 1024개의 디지털값으로 분해할 수 있다 하여 1024 분해능(Resolution) 또는 10비트 분해능을 갖는

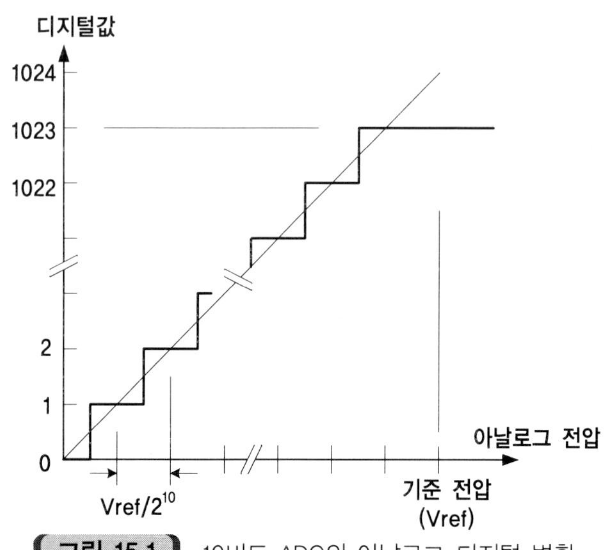

【그림 15.1】 10비트 ADC의 아날로그 디지털 변환

다고 말한다. 그림 15.1은 10비트 ADC가 아날로그 전압을 디지털값으로 변환하는 방법을 보여준다. 기준 전압을 1023등분하여 계단 형태로 아날로그전압을 디지털값으로 변환한다. 이처럼 연속적인 물리량을 등분하여 디지털값으로 나타내는 것을 양자화(Quantization)라 한다. 참고로 10비트 ADC가 기준 전압을 디지털로 변환하였을 때 2^{10}-1=1023임을 유의하기 바란다(1024는 10비트로 표시할 수 없음).

여러 개의 아날로그 신호를 디지털로 변환하려면 각 신호마다 ADC를 장착하여야 하지만 일반적으로는 그림 15.2와 같이 하나의 ADC와 멀티플렉서를 사용하여 여러 채널의 아날로그 신호를 디지털로 변환할 수 있도록 한다. 멀티플렉서는 스위치로서 선택된 채널의 신호를 ADC에 전달하도록 한다.

ADC에서 아날로그 신호를 변환하는 동안 신호는 일정한 값을 유지하고 있어야 한다. 샘플 & 홀드(Sample and Holder)는 그림 15.3과 같이 샘플한 신호를 아날로그-디지털 변환 기간 동안 유지시켜 신호가 올바로 변환되도록 한다. 따라서 멀티플렉서를 거친 신호는 샘플 & 홀드를 거쳐 ADC에 전달된다.

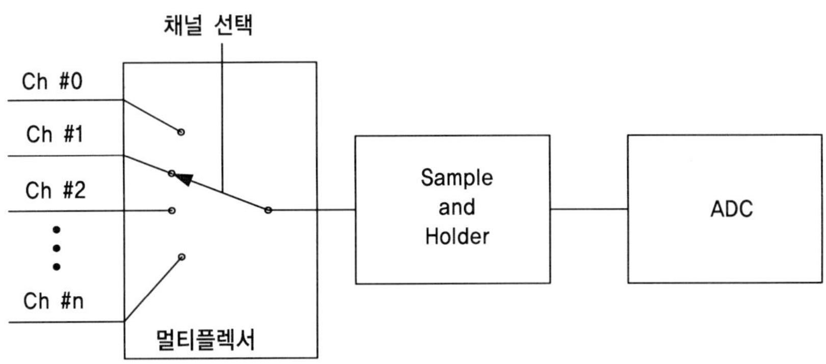

그림 15.2 일반적인 ADC의 구성

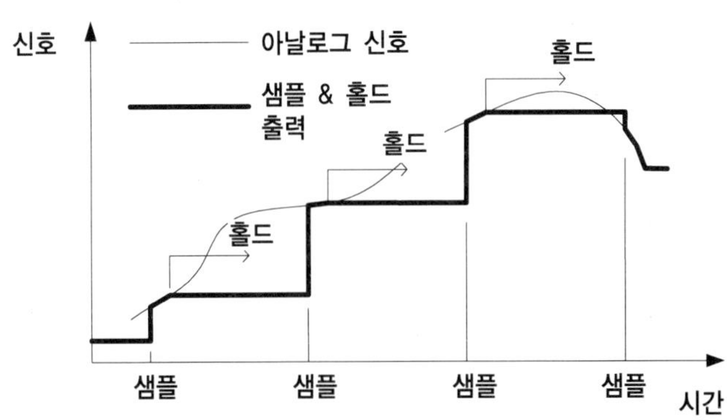

그림 15.3 아날로그 신호의 샘플 & 홀드

15.2 싱글엔드(Single-ended) 입력과 차동(Differential) 입력

신호를 입력받는 방법으로 싱글엔드(Single-ended) 입력과 차동(Differential) 입력이 있다. 싱글엔드 입력은 신호의 크기를 신호의 접지에 대하여 측정한다. 따라서 하나의 입력 신호를 위해 하나의 선이 필요하다. 반면 차동 입력에는 두 개의 선이 들어간다. 입력 신호는 두 선의 전압 차로 주어진다. 오른쪽 그림과 같이 신호선을 signal+와 signal−로 표시하면 입력신호는 다음과 같다.

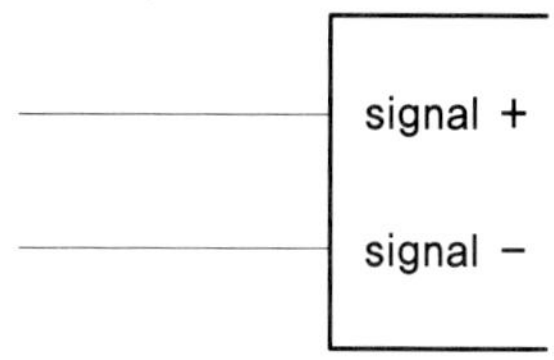

입력 신호 = (signal+) − (signal−)

차동 입력은 싱글엔드 입력에 비해 잡음에 강한 특성을 가진다. 싱글엔드 입력은 신호선이 잡음을 타면 입력에 잡음이 그대로 나타난다. 차동 입력을 사용할 경우 그림 15.4와 같이 두 신호선에 잡음이 공통으로 나타나게 되면 두 신호의 차에는 잡음이 제거된다.

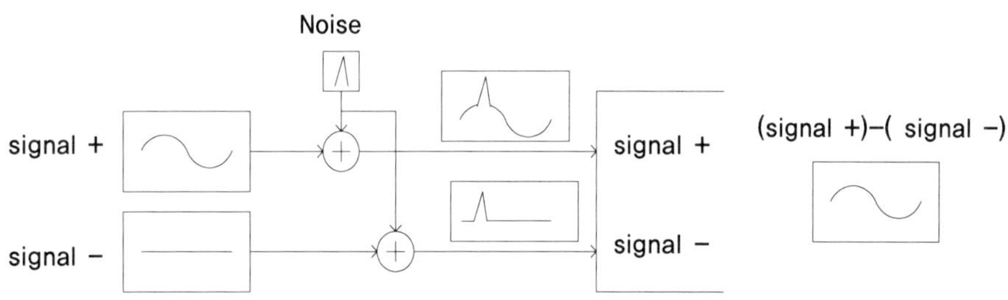

그림 15.4 차동 입력의 공통 모드 잡음 제거

두 신호선에 공통으로 나타나는 잡음을 공통 모드 잡음(Common Mode Noise)이라 한다. 차동 입력을 사용하면 공통 모드 잡음을 제거할 수 있다. 그러나 공통 모드가 아닌 잡음인 경우는 제거하지 못한다. 차동 입력의 경우 잡음에 강하므로 잡음이 많은 환경에서는 우수한 성능을 보여준다. 아울러 미세 신호를 측정할 때는 차동 입력을 사용하는 것이 좋다.

15.3 ATmega128의 ADC 채널

15.3.1 ATmega128의 ADC 사양

- 10비트 분해능
- 10~260μsec 변환 시간
- 최대분해능으로 15kSPS(kilo Samples Per Second)까지의 샘플링 속도
- 8채널의 싱글엔드 입력
- 7채널의 차동 입력
- 10x과 200x 이득을 갖는 2 채널의 차동 입력
- 2.56V 내부 기준 전압 선택 가능
- Free Running 또는 Single Conversion 모드
- ADC 변환 완료 시 인터럽트 발생
- Sleep Mode Noise Canceler

ATmega128은 축차근사형(Successive Approximation) 10비트 ADC를 제공한다. ADC는 8채널 아날로그 멀티플렉서에 연결되어 있어 8개의 싱글엔드 전압 입력을 받아들일 수 있다. ADC 전압 입력 핀은 포트 F의 핀을 공유하여 사용한다.

그리고 16개의 차동 입력 조합을 제공한다. 그 중 두 차동 입력은 프로그램 가능한 증폭 이득을 설정할 수 있다. 증폭 이득은 1x, 10x, 200x이며 ADC 변환 이전에 신호를 증폭한다.

싱글엔드 입력 모드에서는 단극성 신호(+신호)만 측정할 수 있으나 차동 입력 모드에서는 양극성 신호를 측정할 수 있다.

ATmega128는 2.56V의 내부 기준 전압을 제공하고 있다. ADC 변환 시 세 가지 기준 전압 중 하나를 선택할 수 있다. 2.56V 내부 기준 전압, AVCC 핀의 전압 그리고 AREF 핀에 가해지는 외부 기준 전압이다. 2.56V 내부 기준 전압 또는 AVCC 핀의 전압을 ADC 기준 전압으로 사용할 때는 AREF 핀과 접지사이에 커패시터를 달아서 AREF와 ADC 기준 전압을 분리하면 좋은 잡음 특성을 얻을 수 있다.

15.3.2 관련 레지스터

● ADC 멀티플렉서 선택 레지스터(ADC Multiplexer Selection Register): ADMUX

비트	7	6	5	4	3	2	1	0	
	REFS1	REFS0	ADLAR	MUX4	MUX3	MUX2	MUX1	MUX0	ADMUX
읽기/쓰기	R/W	R/W	R/W	R/W	R/W	R/W	R/W	R/W	
초기값	0	0	0	0	0	0	0	0	

- 비트 7:6 - REFS1:0 : 기준 설정 비트(Reference Selection Bits)

  이 비트의 설정에 따라 표 15.1과 같이 ADC 변환에 사용하는 기준 전압을 선택한다. ADC 변환 중에 이 비트들을 바꾸면 변환이 완료될 때까지 영향을 미치지 않는다. **AREF 핀에 외부 기준 전압을 가하면 내부 기준 전압 옵션을 사용할 수 없다.**

표 15.1 ADC의 기준 전압 선택

REFS1	REFS0	기준 전압 선택
0	0	AREF(내부 Vref를 끔)
0	1	AVCC(AREF 핀과 접지를 외부 커패시터로 연결)
1	0	예약됨
1	1	내부 2.56V 전압(AREF 핀과 접지를 외부 커패시터로 연결)

- 비트 5 - ADLAR : ADC 결과의 왼쪽 정렬(ADC Left Adjust Result)

  ADLAR 비트로 ADC 결과를 저장하는 방법을 선택한다. ADLAR을 1로 설정하면 ADC 결과는 왼쪽 정렬로 ADC 데이터 레지스터에 저장되고, 0으로 설정하면 오른쪽 정렬로 ADC 데이터 레지스터에 저장된다. 이 비트의 설정은 ADC 변환 중이더라도 즉시 영향을 미친다.
- 비트 4:0 - MUX4:0 : 아날로그 채널 및 이득 선택 비트(Analog Channel and Gain Selection Bits)

  이 비트의 설정으로 표 15.2와 같이 아날로그 채널 및 이득을 선택한다. ADC 변환 중에는 이 비트의 변경이 영향을 미치지 않는다.

표 15.2 입력 채널 및 이득 선택

MUX4:0		싱글엔드 입력	차동 입력 Signal +	차동 입력 Signal −	이득(GAIN)
0	00000	ADC0	N/A		
1	00001	ADC1			
2	00010	ADC2			
3	00011	ADC3			
4	00100	ADC4			
5	00101	ADC5			
6	00110	ADC6			
7	00111	ADC7			
8	01000	N/A	ADC0	ADC0	10x
9	01001		ADC1	ADC0	10x
10	01010		ADC0	ADC0	200x
11	01011		ADC1	ADC0	200x
12	01100		ADC2	ADC2	10x
13	01101		ADC3	ADC2	10x
14	01110		ADC2	ADC2	200x
15	01111		ADC3	ADC2	200x
16	10000		ADC0	ADC1	1x
17	10001		ADC1	ADC1	1x
18	10010		ADC2	ADC1	1x
19	10011		ADC3	ADC1	1x
20	10100		ADC4	ADC1	1x
21	10101		ADC5	ADC1	1x
22	10110		ADC6	ADC1	1x
23	10111		ADC7	ADC1	1x
24	11000		ADC0	ADC2	1x
25	11001		ADC1	ADC2	1x
26	11010		ADC2	ADC2	1x
27	11011		ADC3	ADC2	1x
28	11100		ADC4	ADC2	1x
29	11101		ADC5	ADC2	1x
30	11110	1.23V(VBG)	N/A		
31	11111	0V(GND)			

● ADC 제어 및 상태 레지스터(ADC Control and Status Register): ADCSRA

비트	7	6	5	4	3	2	1	0	
	ADEN	ADSC	ADFR	ADIF	ADIE	ADPS2	ADPS1	ADPS0	ADCSRA
읽기/쓰기	R/W	R/W	R/W	R/W	R/W	R/W	R/W	R/W	
초기값	0	0	0	0	0	0	0	0	

- 비트 7 - ADEN : ADC 가능(ADC Enable)

  이 비트에 1을 쓰면 ADC가 가능하게 되고, 0을 쓰면 ADC 기능이 꺼진다.
- 비트 6 - ADSC : ADC 변환 시작(ADC Start Conversion)

  단일 변환 모드(Single Conversion Mode)에서는 이 비트에 1을 쓰면 ADC 변환이 시작된다. Free Running Mode에서는 이 비트에 1을 쓰면 첫 변환을 시작한다. 이 비트는 ADC 변환 중에는 1로 세트되어 있고 변환이 종료됨과 동시에 0으로 세트된다.
- 비트 5 - ADFR : ADC Free Running Select

  이 비트에 1을 쓰면 ADC는 Free Running 모드로 동작한다. 이 모드에서는 ADC는 연속적으로 입력을 샘플하고 결과를 데이터 레지스터에 저장한다.
- 비트 4 - ADIF : ADC 인터럽트 플래그(ADC Interrupt Flag)

  ADC 변환이 완료되고 결과가 데이터 레지스터에 저장되면 이 비트가 세트된다. ADIE 비트와 레지스터 SREG의 I 비트가 세트되어 있으면 ADIF 비트가 세트될 때 인터럽트가 CPU에 걸린다. ADIF 비트는 해당 인터럽트 서비스루틴이 수행될 때 자동적으로 리셋된다. 다른 방법으로 ADIF 비트에 1을 쓰면 ADIF 비트는 리셋된다.
- 비트 3 - ADIE : ADC 인터럽트 허용(ADC Interrupt Enable)

  이 비트와 레지스터 SREG의 I 비트가 세트되어 있으면 ADIF 비트가 세트될 때 인터럽트가 CPU에 걸린다.
- 비트 2:0 - ADPS2:0 : ADC 프리스케일러 선택 비트

  이 비트로 XTAL 주파수와 ADC에 공급되는 클록 간의 나눗셈 인자(Division Factor)를 표 15.3과 같이 선택한다.

표 15.3 ADC 프리스케일러 선택

ADPS2	ADPS1	ADPS0	Division Factor
0	0	0	2
0	0	1	2
0	1	0	4
0	1	1	8
1	0	0	16
1	0	1	32
1	1	0	64
1	1	1	128

● **ADC 데이터 레지스터(ADC Data Register): ADCL, ADCH**
ADMUX 레지스터의 비트 ADLAR=0일 때(오른쪽 정렬):

비트	15	14	13	12	11	10	9	8	
	–	–	–	–	–	–	ADC9	ADC8	ADCH
	ADC7	ADC6	ADC5	ADC4	ADC3	ADC2	ADC1	ADC0	ADCL
	7	6	5	4	3	2	1	0	
읽기/쓰기	R	R	R	R	R	R	R	R	
	R	R	R	R	R	R	R	R	
초기값	0	0	0	0	0	0	0	0	
	0	0	0	0	0	0	0	0	

ADMUX 레지스터의 비트 ADLAR=1일 때(왼쪽 정렬):

비트	15	14	13	12	11	10	9	8	
	ADC9	ADC8	ADC7	ACD6	ADC5	ADC4	ADC3	ADC2	ADCH
	ADC1	ADC0	–	–	–	–	–	–	ADCL
	7	6	5	4	3	2	1	0	
읽기/쓰기	R	R	R	R	R	R	R	R	
	R	R	R	R	R	R	R	R	
초기값	0	0	0	0	0	0	0	0	
	0	0	0	0	0	0	0	0	

ADC 변환이 완료되면 변환 결과는 이 두 레지스터에 저장된다. ADMUX 레지스터로 차동 입력 모드를 선택하면 변환 결과는 **2의 보수로 이 두 레지스터에 저장된다.**

변환 결과를 읽을 때는 반드시 하위 바이트 ADCL 레지스터를 먼저 읽고 난 후 상위 바이트인 ADCH 레지스터를 읽어야 한다. C-언어를 사용할 경우 2바이트 변수를 사용하여 ADC 변환 값을 읽을 수 있다.

ADMUX 레지스터의 ADLAR 비트가 세트되면 변환결과는 왼쪽 정렬하여 레지스터 ADC에 저장되고, ADLAR 비트가 리셋되면 오른쪽 정렬하여 레지스터 ADC에 저장된다.

- 비트 9:0 - ADC9:0 : ADC 변환 결과(ADC Conversion Result)
  ADC 변환 결과를 저장한다.

15.4 ATmega128의 ADC 사용

15.4.1 ADC 클록 설정 및 변환 속도

- ATmega128의 ADC를 사용하여 아날로그 신호를 최대 분해능으로 디지털 변환하려면 50kHz~200kHz의 클록을 ADC에 공급하여야 한다.
- 시스템 클록은 이 주파수보다 훨씬 빠르므로 프리스케일러를 사용하여 주파수를 낮추어서 ADC에 공급하여야 한다. 공급주파수가 높을수록 변환 속도가 빠르므로 가능하면 주파수가 높도록 설정하는 것이 좋다.
- 선택 가능한 프리스케일러의 비는 표 15.3과 같다. 현재 사용하는 시스템 클록의 주파수는 16MHz이므로 ADC 클록의 주파수가 50kHz~200kHz이 되도록 하는 프리스케일러 비는 표 15.3에서 128뿐이다.

ADC 클록 = 16MHz / 128 = 125kHz

- ADCSRA 레지스터의 ADEN 비트가 세트된 후 첫 변환에는 25클록이 소요되고 다음의 정상 변환부터는 13클록이 소요된다. 따라서 정상 변환의 최대 변환 속도는 다음과 같다.

ADC 샘플 속도 = 125kHz / 13 = 9.6kSPS

여기서 kSPS는 kilo Samples per second를 나타낸다.

15.4.2 입력 채널 설정 및 기준 전압 선택

- ADC 변환기의 입력 채널은 레지스터 ADMUX의 MUX4:0 비트로 설정한다. 표 15.2는 선택할 수 있는 입력 채널과 입력 모드를 나타내고 있다. MUX4:0이 0~0x07 사이로 설정되어 있으면 싱글엔드 입력 모드이고 나머지는 차동 입력 모드를 나타낸다.
- ADC의 기준 전압은 레지스터 ADMUX의 REFS1:0 비트로 선택하며 표 15.1과 같이 다음 3가지 중 하나를 선택할 수 있다.

  AREF : AREF 핀에 걸린 전압
  AVCC : AVCC 핀에 걸린 전압
  내부전압 : CPU에서 생성한 2.56V의 전압

- AVCC 또는 내부 전압을 기준 전압으로 사용할 때는 AREF 핀과 접지를 외부 커패시터로 연결한다.
- AREF 핀에 전압이 걸리면 내부 전압을 기준 전압으로 사용할 수 없다.

15.4.3 AD 변환 값과 데이터 정렬

싱글엔드 입력 모드와 차동 입력 모드에 대해 서로 다른 방법으로 변환을 한다.

(1) 싱글엔드 입력

ATmega128의 ADC는 싱글엔드 입력 모드일 때 단극성(Unipolar) 입력(+전압)만 받아들일 수 있다. 그림 15.1은 싱글엔드 입력 모드일 때 입력 전압을 디지털값으로 변환하는 방법을 보여준다. 식으로 표현하면

$$\mathrm{ADC} = \frac{V_{\mathrm{IN}} \cdot 1024}{V_{\mathrm{REF}}} \qquad (15.1)$$

여기서 V_{IN} : 입력 전압, V_{REF} : 기준 전압, ADC : 변환된 디지털값을 나타낸다.

AD 변환 후 결과 값은 레지스터 ADC에 저장된다. 이때 저장되는 데이터의 정렬은 ADMUX 레지스터의 비트 ADLAR에 따라 결정된다. 예를 들어 기준 전압 V_{REF}=5V일 때 입력 전압이 V_{IN}=3V이면 변환 결과는

$$\mathrm{ADC} = \frac{3 \cdot 1024}{5} = 614 = \mathtt{0x266} = \mathtt{0b1001100110} \qquad (15.2)$$

이다. 비트 ADLAR에 따라 위 결과는 레지스터 ADC에 다음과 같이 저장된다.

ADLAR=0(오른쪽 정렬)

비트	15															0		십진수
ADC	0	0	0	0	0	0	1	0	0	1	1	0	0	1	1	0	=	614

ADLAR=1(왼쪽 정렬)

비트	15															0		십진수
ADC	1	0	0	1	1	0	0	1	1	0	0	0	0	0	0	0	=	614×2^6

- 십진수 값은 레지스터 ADC를 부호 없는 2바이트 정수로 읽었을 때의 값이다.
- 오른쪽 정렬하였을 때 레지스터 ADC의 값은 변환 값 (15.2)와 동일하나 왼쪽 정렬하였을 때는 오른쪽 정렬값을 왼쪽으로 6비트 이동한 것과 같다. 따라서 레지스터 ADC의 값은 변환 값의 2^6=64배이다.

◆ 십진법에서 왼쪽으로 한자리 이동하면 원래 수의 10배가 오른쪽으로 한자리 이동하면 원래 수의 1/10배가 된다.

10 ==> 100(왼쪽으로 한자리 이동)

10 ==> 1(오른쪽으로 한자리 이동)

◆ 유사하게 이진법에서 왼쪽으로 한자리 이동(1비트 이동과 같음)하면 원래 수의 2배가, 오른쪽으로 1비트 이동하면 원래 수의 1/2배가 된다. 따라서 왼쪽으로 n-비트 이동하면 2^n배가 되며, 오른쪽으로 n-비트 이동하면 $1/2^n$배가 된다.

- 오른쪽 정렬을 하였을 때는 레지스터 ADC의 부호 비트인 비트 15가 항상 0이므로 레지스터 ADC의 값은 항상 양의 정수이다. 따라서 레지스터 ADC를 부호 없는 2바이트 변수 또는 부호 있는 2바이트 변수 어느 것을 사용하여도 무방하다.

```
unsigned short result;
result = ADC;
```

```
short result;
result = ADC;
```

- 왼쪽 정렬을 하였을 때는 위의 예와 같이 변환 값에 따라 부호 비트인 비트 15가 1이 되는 경우가 있다. 이런 값을 부호 있는 2바이트 정수로 읽어들이면 결과는 음의 값을 나타내게 된다. 싱글엔드 입력은 양의 전압만 받으므로 결과가

오류이다. 따라서 왼쪽 정렬의 경우는 반드시 부호 없는 2바이트 정수로 읽어야 한다.

```
unsigned short result;          short result;
result = ADC;                   result = ADC;    // 결과 오류
```

• 이상으로 싱글엔드 입력에서는 오른쪽 정렬을 하는 것이 편리하다.

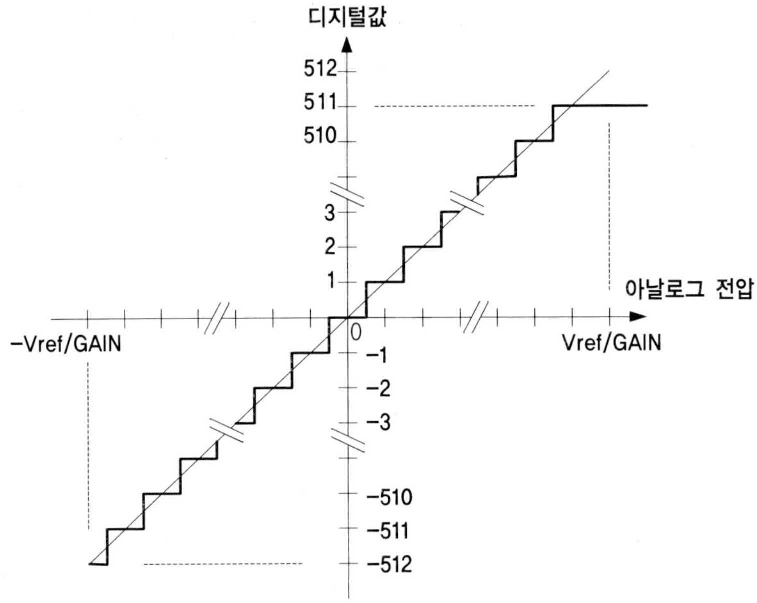

그림 15.5 차동 입력 모드에서 변환그래프

(2) 차동 입력

차동 입력 모드일 때 ATmega128의 ADC는 양극성(Bipolar) 입력(-/+전압)을 받아들인다. 그림 15.5는 차동 입력 모드에서 입력 전압을 디지털값으로 변환하는 방법을 보여준다.

이를 식으로 표현하면

$$\mathrm{ADC} = \frac{(V_{\mathrm{POS}} - V_{\mathrm{NEG}}) \cdot \mathrm{GAIN} \cdot 512}{V_{\mathrm{REF}}} \tag{15.3}$$

여기서 V_{POS}은 "signal +"단의 입력 전압, V_{NEG}은 "signal −"단의 입력 전압 그리고 GAIN은 증폭 이득을 나타낸다.

- 싱글엔드 입력 모드와 달리 양극성 신호를 받아들일 수 있고 입력에 대한 이득을 설정할 수 있다.
- 큰 이득을 설정하면 범위가 매우 작은 신호를 읽어들일 수 있다. 예를 들어 V_{REF}=5V, GAIN=200으로 설정하면 그림 15.5로부터 읽을 수 있는 신호의 범위는 -5V/200(=-25mV) ~ +5V/200(=25mV)이다. 매우 미약한 신호를 읽을 수 있다.

다음은 차동 입력 모드에서 데이터 정렬에 대해 알아보자. V_{REF}=5V, GAIN=1로 설정하였을 때 $V_{POS}-V_{NEG}$=3V, -3V인 경우를 고려 해보자. 식 (15.3)으로부터

3V : ADC = (3×512)/5 = 307 = 0b0100110011
–3V : ADC = (–3×512)/5 = -307 = 0b1011001101

-3V일 때 레지스터 ADC에 저장되는 이진수 값은 10비트 이진수의 보수로 나타난다 (0b0100110011의 보수 ==> 0b1011001100+1 = 0b1011001101). 데이터 정렬 방법에 따른 레지스터 ADC의 값은 다음과 같다.

(1) $V_{POS}-V_{NEG}$ = 3V:

ADLAR=0(오른쪽 정렬)

비트	15															0		십진수
ADC	0	0	0	0	0	0	0	1	0	0	1	1	0	0	1	1	=	307

↳ 부호 비트

ADLAR=1(왼쪽 정렬)

비트	15															0		십진수
ADC	0	1	0	0	1	1	0	0	1	1	0	0	0	0	0	0	=	307×2^6

↳ 부호 비트

(2) $V_{POS}-V_{NEG}$ = -3V:

ADLAR=0(오른쪽 정렬)

비트	15															0		십진수
ADC	0	0	0	0	0	0	1	0	1	1	0	0	1	1	0	1	=	717

↳ 부호 비트

ADLAR=1(왼쪽 정렬)

비트	15															0		십진수
ADC	1	0	1	1	0	0	1	1	0	1	0	0	0	0	0	0	=	-307×2^6

↳ 부호 비트

- 차동 입력 모드일 때는 양극성 전압을 읽어 들이므로 레지스터 ADC를 부호 있는 2바이트 정수로 읽는 것이 바람직하다. 앞의 우측 십진수 값은 레지스터 ADC를 부호 있는 2바이트 정수로 읽었을 때의 값이다.
- 오른쪽 정렬을 하였을 때 레지스터 ADC의 부호 비트인 비트15가 항상 0이므로 레지스터 ADC 결과 값은 항상 양의 값을 가진다. 따라서 입력 전압의 부호에 대한 정보를 잃어버린다. 특히 음의 전압을 읽었을 때 레지스터 ADC 결과값은 부호뿐 아니라 값도 원래의 데이터값을 보존하지 못한다.
- 왼쪽 정렬을 하면 결과 값은 부호에 대한 정보를 보존하고 있으며 전압의 부호에 관계없이 결과 값은 변환 값의 2^6=64배이다.
- 따라서 차동 입력 모드일 때는 왼쪽 정렬을 택하고 다음과 같이 부호 있는 정수로 읽어 들인 후 64로 나누면 된다.

```
short result;                      // 부호 있는 2바이트 정수
ADMUX |= (1<<ADLAR);               // 왼쪽 정렬
. . . . . .
result = ADC;                      // 왼쪽 정렬로 데이터 입력
result = result/64;                // 64로 나누어 데이터 획득
```

- 이상으로 차동 입력 모드에서는 왼쪽 정렬이 편리하다.

15.5 실습

실습 보드의 회로도를 보면 ADC의 기준 전압으로 사용할 수 있는 AREF 핀에 대한 회로는 그림 15.6과 같다. AREF 핀에 Vcc가 걸려 있는 상태이므로 내부 2.56V를 기준 전압으로 사용할 수 없다(표 15.1 참조).

- 내부 2.56V 전원을 기준 전압으로 사용하기 위해 실습 보드에서 저항 R2를 제거한다(그림 4.1 참조).

- 내부 전원은 입력 전압에 따라 차이가 나기 때문에 R2를 제거한 후 AREF의 전압을 측정하여 V_{REF}로 사용하도록 한다.
- Vcc를 기준 전압으로 사용하려면 표 15.1을 참고로 하여 AVCC를 기준 전압으로 사용하도록 한다.

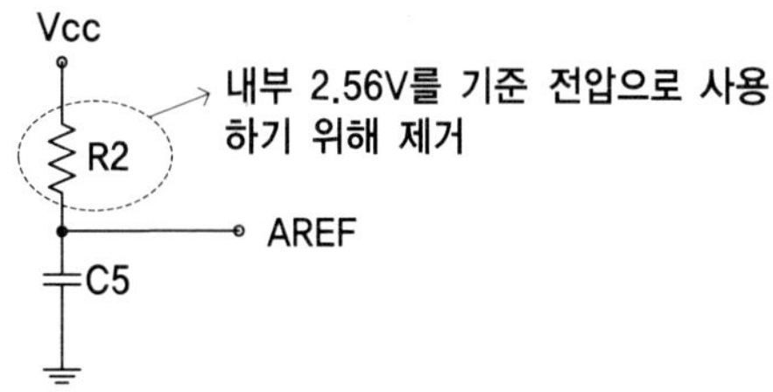

그림 15.6 보드의 AREF 입력 회로

실습을 위해 아날로그 전원 입력 회로를 그림 15.7과 같이 구성한다. 프로그램 prac15-5.c는 기준 전압으로 내부 전압을 사용하여 채널0~채널3의 입력 전원을 싱글엔드 입력 모드로 읽고 변환 결과를 LCD에 표시하는 프로그램이다. 내부 2.56V를 기준 전압으로 사용하므로 측정 가능한 입력 전원 범위는 0~2.56V이다.

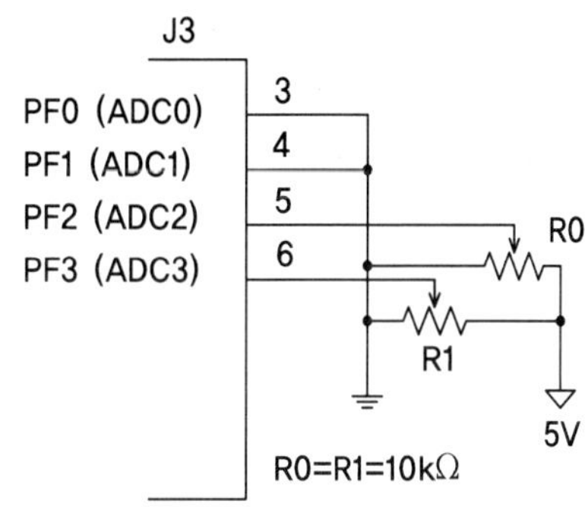

그림 15.7 아날로그입력회로

> JTAG 인터페이스는 포트 F를 사용하므로 실습을 수행하려면 JTAG를 불능시켜야 한다. 실습 수행이 안 되는 경우 5.4.6절에 따라 JTAG를 불능시킨다.

- 프리스케일러비 설정 및 ADC 사용 설정을 위해 ADCSRA 레지스터 설정
  - 프리스케일러비 128(표15.3) : `ADPS2:0 = 7`
  - ADC 사용 허용 : `ADEN = 1`

  ⟹ `ADCSRA = (1<<ADEN) | (7 << ADPS0);`
- AD 변환을 위해 먼저 레지스터 ADMUX를 설정한다. 변환 파라미터는 다음과 같다.
  - 내부 2.56V 기준 전압(표15.1) : `REFS1:0 = 3`
  - 우측 데이터 정렬 : `ADLAR = 0`
  - 채널-i를 변환 : `MUX4:0 = i`

  ⟹ `ADMUX = (3 << REFS0) | (i << MUX0);`
- AD 변환은 ADCSRA 레지스터의 ADSC 비트를 세트함으로써 시작된다.

  ⟹ `ADCSRA |= (1<<ADSC);`
- AD 변환 종료는 ADCSRA의 ADIF 플래그를 검사하여 인지한다. 변환이 종료되면

ADIF가 세트된다.

```
==> while(!(ADCSRA & (1<<ADIF)));
```

- 플래그 ADIF는 자동으로 리셋되지 않으므로 변환 종료 후 플래그 비트에 1을 써서 수동으로 플래그를 리셋하여야 한다.

```
==> ADCSRA |= (1<<ADIF);
```

실습
PF2, PF3 핀에 걸리는 전압이 1.25V가 되도록 가변 저항 R0과 R1을 조절하고 프로그램 prac15-5.c를 수행한다.

과제

여기서 기준 전압은 프로그램 prac15-5.c를 수행한 후 측정된 AREF의 전압을 V_{REF}로 사용하도록 한다.

1. 위 실습에서 LCD에 표시되는 각 채널의 AD 변환 값과 식 (15.1)로 계산되는 AD 변환 값을 비교하라.
2. 가변 저항 R1을 변화시키면서 PF3에 걸리는 전압을 측정하고 LCD에 표시되는 변환 값과 식 (15.1)의 계산 값을 비교하라.
3. 7-세그먼트를 연결하고 7-세그먼트에는 ADC 변환 값을 16진수로 표시하고 LCD에는 측정 전압을 표시하라. 그리고 가변 저항 R1을 변화시키면서 PF3에 측정되는 전압과 LCD에 표시되는 전압을 비교하라. 단 전압의 단위는 mV로 하고 전압 계산 시 정수 계산만을 하도록 한다(계산식에 2.56과 같은 부동소수점을 포함시키지 말 것).
4. PF2에 1.25V가 걸리도록 가변 저항 R0을 조절한다. 그리고 PF2에 상대적인 PF3의 전압을 이득=1인 차동 입력으로 읽도록 프로그램 prac11-5.c를 변경한다. 단 LCD에는 상대적 전압의 AD 변환 값과 측정된 전압 값(mV 단위)을 표시하도록 한다. 가변 저항 PF3을 변화시키면서 PF2에 대한 PF3의 상대 전압을 측정하고 계산된 AD 변환 값 및 전압과 LCD에 표시되는 AD 변환 값 및 전압을 비교 검토하라(멀티미터로 상대 전압을 측정하려면 '–'단자를 PF2에 '+'단자를 PF3에 연결하여 상대 전압을 측정한다).
5. 기준 전압을 AVCC를 사용하도록 프로그램 prac15-5.c를 변경하고 과제 2를 수행하라.

프로그램 prac15-5.c

```
//=============================================================
// 실습 15-5: A/D 변환기 : 싱글엔드 입력 실습
//=============================================================
//
#include <stdio.h>
#include <avr/io.h>
#include <util/delay.h>

#include "lcd.h"                            // LCD 모듈

#define N_CHANNEL      4                    // 4채널을 사용한다.
void msec_delay(int n);                     // 시간 지연 함수

int main()
{
    short adresult[N_CHANNEL];
    char  string[20];
    int   i;

    LcdInit();                              // LCD 초기화

    //========================================================
    // 프리스케일비를 128로 하고 ADC를 사용하도록 한다.
    //========================================================
    //
    ADCSRA = (1<<ADEN) | (7 << ADPS0);

    while(1)
    {
       for(i=0; i<N_CHANNEL; i++)
       {
           // 멀티플렉서 설정
           //
           //  - 기준 전압으로 내부 2.56V 사용,
           //  - 결과를 레지스터에 오른쪽 정렬하여 저장.
           //  - 싱글엔드 입력으로 i-번째 ADC 채널 설정.
           ADMUX = (3 << REFS0) | (i << MUX0);
           // 채널-i의 입력을 AD 변환을 시작한다.
           ADCSRA |= (1 << ADSC);                  // AD 변환 시작
```

```
            while(!(ADCSRA & (1<<ADIF)));  // 변환 종료를 기다림
            ADCSRA |= (1<<ADIF);           // ADIF 플래그 지움

            // 채널-i의 변환 결과를 읽는다.
             adresult[i] = ADC;
        }

        //
        // LCD에 각 채널의 변환 값을 표시한다.
        //
        sprintf(string, "0:%4d", adresult[0]);
        LcdMove(0,0); LcdPuts(string);

        sprintf(string, "1:%4d", adresult[1]);
        LcdMove(0,8); LcdPuts(string);

        sprintf(string, "2:%4d", adresult[2]);
        LcdMove(1,0); LcdPuts(string);

        sprintf(string, "3:%4d", adresult[3]);
        LcdMove(1,8); LcdPuts(string);

        msec_delay(500);        // 시간 지연
    }
}

void msec_delay(int n)
{
    for(; n >0; n--)                    // 1msec 시간 지연을 n회 반복
        _delay_ms(1);                   // 1msec 시간 지연
}
```

CHAPTER

16

아날로그 비교기(Analog Comparator)

16.1 ATmega128의 아날로그 비교기 기능

아날로그 비교기는 양 입력 핀인 AIN0와 음 입력 핀인 AIN1의 입력 전압을 비교한다. AIN0와 AIN1은 다음 핀들과 공유된다.

AIN0 : PE2, XCK0
AIN1 : PE3, OC3A

양 입력 핀 AIN0에 걸리는 전압이 음 입력 핀 AIN1에 걸리는 전압보다 높으면 아날로그 비교기 출력인 ACO 비트가 세트된다. 아날로그 비교기 출력은 타이머/카운터 1의 입력 캡처 기능의 트리거 신호로 사용될 수 있다. 아울러 비교기 출력은 아날로그

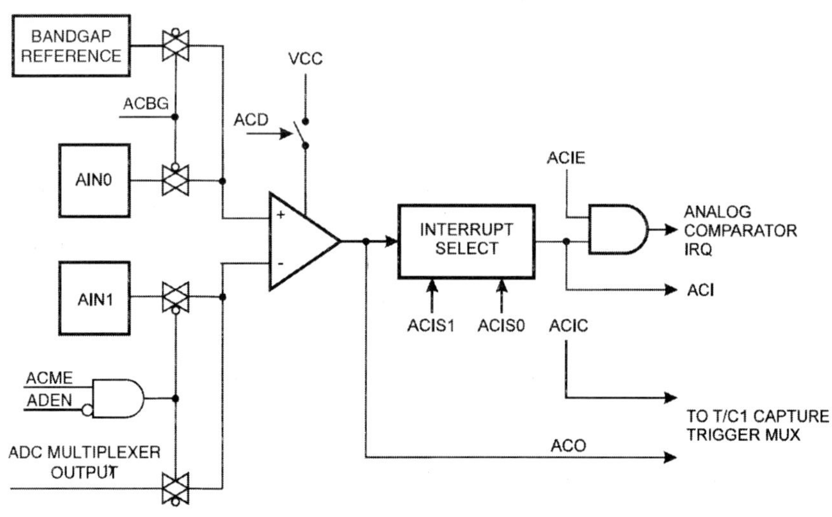

그림 16.1 ATmega128의 아날로그 비교기 블록선도

비교기 인터럽트를 발생시키는 신호로도 사용될 수 있다. 사용자는 비교기 출력의 상승 모서리, 하강 모서리, 상승/하강 모서리에서 인터럽트를 발생시키도록 설정할 수 있다. 그림 16.1은 ATmega128 매뉴얼의 아날로그 비교기 블록선도를 나타내며 내부적인 로직을 보여주고 있다.

16.2 관련 레지스터

● 특수 기능 IO 레지스터(Special Function IO Register): SFIOR

비트	7	6	5	4	3	2	1	0	
	TSM	–	–	–	ACME	PUD	PSR0	PSR321	SFIOR
읽기/쓰기	R/W	R	R	R	R/W	R/W	R/W	R/W	
초기값	0	0	0	0	0	0	0	0	

- 비트 3 - ACME : 아날로그 비교기 멀티플렉서 가능
  (Analog Comparator Multiplexer Enable)

  이 비트가 1로 세트되고 ADC가 불능(ADCSRA 레지스터의 ADEN 비트가 0일 때)이면 ADC 멀티플렉서로 아날로그 비교기의 음 입력(Negative Input)을 선택한다. 이 비트가 0으로 세트되면 AIN1 핀의 입력이 비교기의 음 입력으로 사용된다.

● 아날로그 비교기 제어 및 상태 레지스터 (Analog Comparator Control and Status Register): ACSR

비트	7	6	5	4	3	2	1	0	
	ACD	ACBG	ACO	ACI	ACIE	ACIC	ACIS1	ACIS0	ACSR
읽기/쓰기	R/W	R/W	R	R/W	R/W	R/W	R/W	R/W	
초기값	0	0	N/A	0	0	0	0	0	

- 비트 7 - ACD : 아날로그 비교기 불능(Analog Comparator Disable)

  이 비트에 1을 쓰면 아날로그 비교기에 전원 공급이 끊긴다. 이 비트는 아날로그 비교기를 끄기 위해 언제라도 세트될 수 있다. 이 기능으로 Active와 Idle 모드에서 전력 소모를 줄일 수 있다. 이 비트를 변경할 때는 ACSR 레지스터의 ACIE 비트를 지워서 인터럽트를 불능화하여야 한다. 그렇지 않을 경우 이 비트

가 변경될 때 인터럽트가 발생한다.

- 비트 6 - ACBG : 아날로그 비교기 Bandgap 선택
  (Analog Comparator Bandgap Select)

이 비트에 1을 쓰면 고정된 bandgap 기준 전압이 아날로그 비교기의 양 입력(Positive Input)으로 대체된다. 이 비트를 지우면 AIN0 핀의 입력이 아날로그 비교기의 양 입력으로 작용한다. Bandgap 전압은 ATmega128 매뉴얼의 Internal Voltage Reference를 참고하기 바란다.

- 비트 5 - ACO : 아날로그 비교기 출력(Analog Comparator Output)

아날로그 비교기의 출력은 동기되고 ACO에 직접적으로 연결된다. 동기화는 1-2 클록 사이클의 시간 지연을 유발한다.

- 비트 4 - ACI : 아날로그 비교기 인터럽트 플래그
  (Analog Comparator Interrupt Flag)

비교기 출력이 ACS1과 ACS0에 의해 정의된 인터럽트 모드를 유발할 때 하드웨어에 의해 이 비트는 세트된다. ACIE 비트와 SREG 레지스터의 I비트가 세트되어 있을 경우 인터럽트 플래그가 세트되면 아날로그 비교기 인터럽트 서비스루틴이 수행된다. 인터럽트 서비스루틴이 수행될 때 이 비트는 지워진다. 또는 ACI는 이 비트에 1을 쓰면 지워진다.

- 비트 3 - ACIE : 아날로그 비교기 인터럽트 허용
  (Analog Comparator Interrupt Enable)

ACIE 비트와 SREG 레지스터의 I-비트가 세트되어 있으면 아날로그 비교기 인터럽트가 활성화된다. 이 비트가 0으로 지워지면 인터럽트는 불능이 된다.

- 비트 2 - ACIC : 아날로그 비교기 입력 캡처 허용
  (Analog Comparator Input Capture Enable)

이 비트를 1로 세트하면 타이머/카운터 1 내의 입력 캡처 기능이 아날로그 비교기에 의해 유발되도록 한다. 이 경우 비교기 출력은 입력 캡처의 입력으로 직접 연결되며 타이머/카운터 1의 입력 캡처 인터럽트의 잡음 제거기(Noise Canceler)와 모서리 선택 기능(Edge Select Feature)이 비교기 출력에 적용된다. 이 비트가 0으로 지워지면 아날로그 비교기와 입력 캡처 사이의 연결고리가 없어진다. 비교기가 타이머/카운터 1의 입력 캡처 인터럽트를 유발하려면 TIMSK 레지스터의 TICIE1 비트가 세트되어야 한다.

- 비트 1,0 - ACIS1, ACIS0 : 아날로그 비교기 인터럽트 모드 선택
  (Analog Comparator Interrupt Mode Select)

이 비트들로 어떠한 비교 사건이 아날로그 비교기 인터럽트를 유발하는가를 결

정한다. 표 16.1은 비트 설정에 따른 인터럽트 모드를 보여준다.

표 16.1 ACIS1/ACIS0 세팅

ACIS1	ACIS0	인터럽트 모드
0	0	출력이 변경될 때 비교기 인터럽트
0	1	예약됨
1	0	출력의 하강 모서리에서 비교기 인터럽트
1	1	출력의 상승 모서리에서 비교기 인터럽트

16.3 아날로그 비교기 멀티플렉서 입력 설정

ADC7:0 핀 중 하나를 아날로그 비교기의 음 입력으로 선택할 수 있다. 선택할 때 ADC의 멀티플렉서를 사용한다. 이 기능을 사용하기 위해서는 ADC를 사용하면 안 된다. 아날로그 비교기 멀티플렉서 가능 비트(SFIOR 레지스터의 ACME 비트)가 세트되고 ADC가 꺼졌을 때(ADCSRA 레지스터의 ADEN 비트가 0일 때) 표 16.2와 같이 아날로그 비교기의 음 입력을 대체할 수 있다. ACME가 지워졌거나 ADEN이 세트되어 있으면 AIN1의 입력이 아날로그 비교기의 음 입력으로 사용된다.

표 16.2 아날로그 비교기 멀티플렉서 입력

ACME	ADEN	MUX2:0	아날로그 비교기 음 입력
0	x	xxx	AIN1
1	1	xxx	AIN1
1	0	000	ADC0
1	0	001	ADC1
1	0	010	ADC2
1	0	011	ADC3
1	0	100	ADC4
1	0	101	ADC5
1	0	110	ADC6
1	0	111	ADC7

CHAPTER

17

범용 동기/비동기 직렬 송수신기(USART)

17.1 USART를 이용한 직렬 통신

직렬 통신(Serial Communication)은 하나의 신호선을 통하여 데이터를 전달하는 통신 방법을 말한다. USART(Universal Synchronous and Asynchronous serial Receiver and Transmitter)는 직렬 통신 방법으로 데이터를 전달하는 장치로 수신부와 송신부가 각각 하나의 신호선을 사용한다. 그림 17.1과 같이 송신부는 통신 상대방의 수신부에 수신부는 상대방의 송신부에 연결한다.

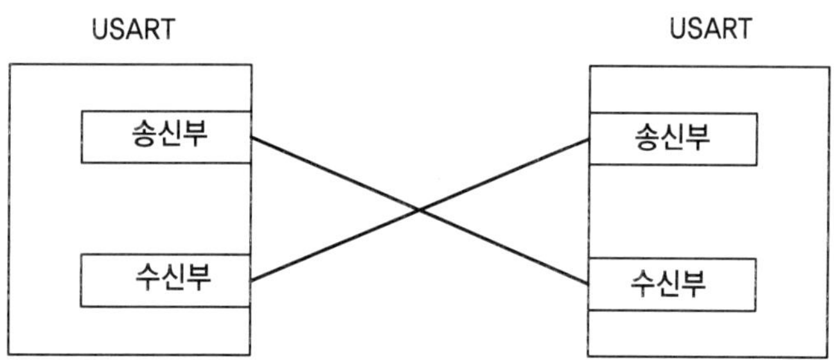

그림 17.1 USART 연결

송신부와 수신부가 각각의 신호선을 사용하므로 데이터의 송신과 수신을 동시에 할 수 있다. 이러한 통신 방식을 전이중방식(Full Duplex)이라 한다. 말을 하면서 상대방의 말을 들을 수 있는 전화는 전이중방식이다. 이에 비해 워키토키와 같이 송신과 수신을 동시에 할 수 없는 방식을 반이중방식(Half Duplex)이라 한다.

한국어만 사용하는 사람이 영어만 사용하는 사람과 서로 의사소통을 할 수 없는 것과 마찬가지로 양자 간에 데이터를 교환하는 통신에서 데이터를 해석하는 규약이 서로 다르면 통신을 할 수 없다. 통신에서는 송신부는 정해진 규약에 따라 데이터를 구성하여 전달하고 수신부 역시 같은 규약에 따라 수신 데이터를 해석해야 한다. 이러한 규약을 프로토콜(Protocol)이라 한다.

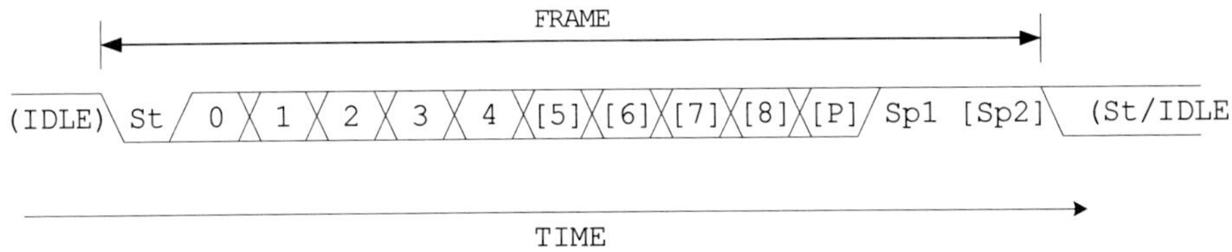

St	시작 비트, 항상 Low
(n)	데이터 비트(0-8)
P	패리티 비트(홀수 또는 짝수)
Sp	정지 비트, 항상 High
IDLE	통신 라인(RxD, TxD)에 데이터가 전송되지 않음, 항상 High
[ ]	옵션을 나타냄

그림 17.2 전송 프레임 형식

통신 프로토콜은 역할에 따라 여러 층으로 구분되어 있으며 데이터 전송을 직접 담당하는 하드웨어 인터페이스가 가장 하위층을 구성한다. 하드웨어 인터페이스인 USART는 데이터를 그림 17.2와 같은 프레임으로 전달된다.

프레임의 각 요소는 비트를 나타내며 시간에 따라 순서대로 전송된다. 직렬 전송 프레임은 동기 비트(시작 비트와 정지 비트)와 함께 1문자의 데이터 비트로 정의된다. 이에 더해 오류 검출을 위한 패리티 비트를 옵션으로 선택할 수 있다. 그림 17.2에서 [ ]로 표시되는 비트는 옵션을 나타낸다. ATmega128의 USART는 그림 17.2의 옵션 조합에 따라 다음 30개의 프레임 형식을 지원한다.

- 1 시작 비트
- 5,6,7,8 또는 9 데이터 비트
- 패리티 없음, 짝수 패리티, 홀수 패리티(none, even, odd)
- 1 또는 2 정지 비트

일반적으로 1문자는 1바이트, 즉 8비트로 이루어지나 문자의 종류가 제한되는 경우는 5, 6 또는 7비트로만 표시될 수도 있다. 이에 따라 데이터 비트의 개수를 옵션으로 설정한다. USART는 그림 17.1과 같이 1 : 1 통신을 기본적으로 지원하나 ATmega128은 9 데이터 비트를 사용하여 1:다수 통신이 가능한 다중 프로세서 통신 모드도 제공한다. 교재에서는 다중 프로세서 통신 모드는 다루지 않는다. 필요한 경우는 ATmega128 매뉴얼을 참조하기 바란다.

- 그림 17.2에서와 같이 프레임은 항상 Low인 시작 비트로 시작한다.
- 이후 데이터를 나타내는 데이터 비트가 옵션에 따라 최대 9비트까지 전송된다.
- 패리티를 사용하도록 옵션이 설정되어 있으면(짝수 또는 홀수) 정지 비트 전에 패리티 비트가 삽입된다.
- 프레임은 항상 High인 정지 비트로 종료된다.
- 한 프레임이 완전히 종료된 후에 바로 다음 프레임이 전송되거나 또는 IDLE 모드로 전환된다.

패리티 비트

통신은 양자 간의 데이터 교환이므로 전송 중에 데이터가 손상될 수 있다. 따라서 수신부에서는 수신된 데이터의 오류를 검사할 수 있는 방법이 필요하다. 패리티 검사는 오류 검사 방법 중 하나이다.

USART 옵션에서 패리티를 사용하도록 선택하면(짝수 또는 홀수 패리티) 패리티비트는 다음과 같이 프레임 데이터 비트의 배타적 논리합(Exclusive OR)으로 생성된다.

$$P_{even} = d_{n-1} \oplus \ldots \oplus d_3 \oplus d_2 \oplus d_1 \oplus d_0 \oplus 0 \quad : \text{짝수 패리티}$$
$$P_{odd} = d_{n-1} \oplus \ldots \oplus d_3 \oplus d_2 \oplus d_1 \oplus d_0 \oplus 1 \quad : \text{홀수 패리티}$$

여기서 $\oplus$는 배타적 논리합을 나타낸다. 생성된 패리티 비트는 데이터 비트와 정지 비트 사이에 삽입된다.

패리티 비트를 생성하는 방법을 수식으로 표현하면 위와 같이 표시되지만 실제로는 매우 간단하게 설명될 수 있다.

- 짝수 패리티를 설정하면 데이터 비트와 패리티 비트 중 1인 비트의 개수가 짝수가 되도록 패리티 비트를 설정한다.

데이터	패리티 비트(짝수 패리티)	데이터 비트와 패리티 비트 중 1인 비트의 개수
0b00010100	0	2 - 짝수
0b00010101	1	4 - 짝수

- 홀수 패리티를 설정하면 데이터 비트와 패리티 비트 중 1인 비트의 개수가 홀

수가 되도록 패리티 비트를 설정한다.

데이터	패리티 비트(홀수 패리티)	데이터 비트와 패리티 비트 중 1인 비트의 개수
0b00010100	1	3 - 홀수
0b00010101	0	3 - 홀수

패리티를 사용하여 오류를 검출하는 방법은 그림 17.3과 같다.

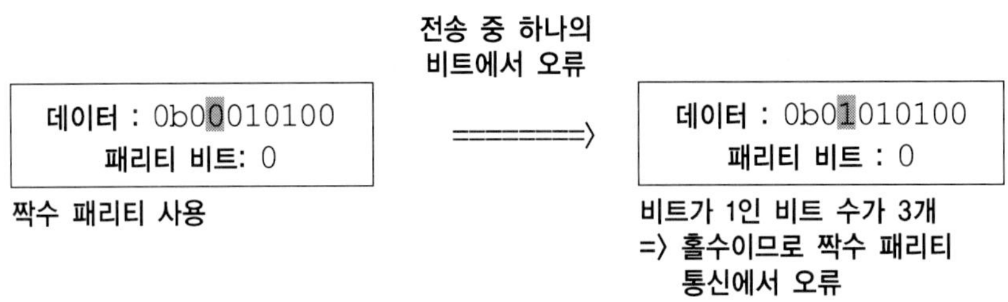

그림 17.3 패리티를 사용한 오류 검출

- 그림 17.3과 같이 짝수 패리티를 사용하여 전송한 데이터에 하나의 비트가 손상된 경우 수신 측에서 비트가 1인 수를 세어보면 홀수가 나온다. 짝수 패리티를 사용하므로 전송 도중 오류가 발생하였음을 알 수 있다.
- 짝수 개의 비트에서 오류가 생기면 패리티를 사용하여 오류를 검출할 수 없다.
- 패리티 오류는 하드웨어에서 검사하고 오류 시 플래그를 세트한다.

동기 통신과 비동기 통신

그림 17.2에서 하나의 프레임은 여러 비트로 구성된다. 시작/정지 비트는 프레임 간 구분을 위해 사용된다. 그러나 프레임 내의 비트는 시간으로 구분한다. 프레임의 전송 속도가 정해지면 비트 간의 시간 간격을 알 수 있으므로 시간을 사용하면 각 비트를 구분할 수 있다. 시간을 측정하기 위해 두 가지 방법을 사용할 수 있다.

(1) **동기(Synchronous) 통신** : 통신 두 당사자의 시계를 동기시켜 서로 같은 시간을 사용하도록 한다. 같은 시간을 사용하므로 송신부와 수신부 각각에서 프레임 내의 데이터를 구분하는 데 오차가 없다. 그러나 이 방법을 사용하기 위해서는 데이터 전송선과 더불어 동기 신호선이 추가적으로 필요하다. 이러한 통신 방법을 동기 통신이라 한다. USART의 동기 통신에서는 마스터(Master)로 지정된 USART가 통신 상대방인 슬레이브(Slave) USART에 동기 신호인

클록 신호를 전달한다.

(2) **비동기(Asynchronous) 통신** : 동기 통신과는 달리 송신부와 수신부가 각각의 시계를 사용하므로 두 시계는 동기되어 있지 않다. 두 시계가 정확히 서로 일치하지 않아서 프레임 내의 비트를 구분하는 시간 간격이 서로 다르다. 하지만 한 프레임을 전송하는데 걸리는 시간은 매우 짧아서 두 시계 간의 오차를 무시할 수 있다. 이 방법을 비동기 통신이라 한다. 이때 시간 신호선이 달리 필요하지 않다.

ATmega128의 직렬 통신 장치는 동기/비동기 통신 모두를 지원하므로 USART(**U**niversal **S**ynchronous and **A**synchronous serial **R**eceivcr and **T**ransmitter)이고, 비동기 통신만을 지원하는 장치는 UART(**U**niversal **A**synchronous serial **R**eceiver and **T**ransmitter)라 불린다.

17.2 ATmega128의 USART

17.2.1 USART 사양

ATmega128에서 제공하는 USART의 주요사양은 다음과 같다.

- 전이중(Full Duplex) 동작
- 동기/비동기 동작
- 마스터 또는 슬레이브로 동기 통신
- 고해상도 보레이트(Baud Rate) 생성기
- 5, 6, 7, 8 또는 9 데이터 비트와 1 또는 2 정지 비트를 사용하는 프레임 지원
- 홀수/짝수 패리티 비트 생성 및 하드웨어로 패리티 검사
- 데이터 오버런 검출
- 프레임 오류 검출
- 다중 프로세서 통신 모드

ATmega128은 위 사양의 USART를 두 개 제공한다. 각각 USART0와 USART1이라 부른다. 각 USART가 데이터 통신을 위해 사용하는 핀은 표 17.1과 같다.

표 17.1 USART가 사용하는 핀

	USART0		USART1	
	사용 핀	공유 기능	사용 핀	공유 기능
수신 핀	RXD0	PE0	RXD1	PD2
송신 핀	TXD0	PE1	TXD1	PD3
동기통신 클록 핀	XCK0	PE2	XCK1	PD5

동기 통신 클록 핀은 비동기 모드에서는 사용하지 않는다.

17.2.2 관련 레지스터

● **USARTn 입출력 데이터 레지스터(I/O Data Register) : UDRn(n=0,1)**

비트	7	6	5	4	3	2	1	0	
	RXBn[7:0]								UDRn(읽기)
	TXBn[7:0]								UDRn(쓰기)
읽기/쓰기	R/W	R/W	R/W	R/W	R/W	R/W	R/W	R/W	
초기값	0	0	0	0	0	0	0	0	

USARTn 송신 데이터 버퍼 레지스터(Transmit Data Buffer Register) TXBn과 USARTn 수신 데이터 버퍼 레지스터(Receive Data Buffer Register) RXBn은 같은 I/O 주소를 공유하므로 이들을 UDRn 레지스터라 부른다. UDRn에 데이터를 쓰면 이는 TXBn에 저장되며, UDRn을 읽으면 RXBn에 저장된 데이터가 읽힌다.

송신이 가능하도록 설정되어 있을 때 데이터를 송신 데이터 버퍼 레지스터에 쓰면 데이터가 송신된다. 수신된 데이터는 수신 데이터 버퍼 레지스터에 저장된다.

● **USARTn 제어 및 상태 레지스터 A(USARTn Control and Status Register A): UCSRnA**

비트	7	6	5	4	3	2	1	0	
	RXCn	TXCn	UDREn	FEn	DORn	UPEn	U2Xn	MPCMn	UCSRnA
읽기/쓰기	R	R/W	R	R	R	R	R/W	R/W	
초기값	0	0	1	0	0	0	0	0	

- 비트 7 - RXCn : USART 수신 완료(Receive Complete)
  이 플래그 비트는 수신 데이터 버퍼(UDRn)에 읽지 않은 데이터가 있을 때 세트되고 버퍼가 비어 있을 때(즉, 읽지 않은 데이터가 없을 때) 지워진다. 데이터 수신이 불능으로 세트되어 있을 때 수신 버퍼는 비워지며 결과적으로 RXCn 비트는 0으로 지워진다. RXCn 플래그는 수신 완료 인터럽트(Receive Complete Interrupt)를 발생시킬 수 있다(RXCIEn 비트 참조).
- 비트 6 - TXCn : USART 송신 완료(Transmit Complete)
  이 플래그 비트는 송신 데이터 버퍼(UDRn)의 데이터가 송신되고 버퍼가 비어 있을 때 세트된다. TXCn 플래그는 송신 완료 인터럽트(Transmit Complete Interrupt)가 발생되면 자동적으로 지워지며 또는 이 비트에 1을 쓰면 지워진다. TXCn 플래그는 송신 완료 인터럽트를 발생시킬 수 있다(TXCIEn 비트 참조).
- 비트 5 - UDREn : USART 데이터 레지스터 빔(Data Register Empty)
  UDREn 플래그는 송신 버퍼(UDRn)에 데이터를 쓸 수 있음을 나타낸다. 이 비트가 1이면 버퍼가 비어 있음을 나타내고 결과적으로 데이터를 쓸 수 있다. 플래그는 데이터 레지스터 빔(Data Register Empty) 인터럽트를 발생시킬 수 있다(UDRIEn 비트 참조).
- 비트 4 - FEn : 프레임 오류(Frame Error)
  수신 버퍼에 저장된 다음 문자에 프레임 오류가 발생했을 때, 즉 다음 문자의 처음 정지 비트가 0일 때 이 비트가 세트된다. 이 비트는 수신 버퍼(UDRn)를 읽을 때까지 유효하다. 수신 데이터의 정지 비트가 1일 때 이 비트는 0이 된다. UCSRnA에 쓸 때는 이 비트는 항상 0이 된다.
- 비트 3 - DORn : 데이터 오버런(Data Overrun)
  데이터 오버런이 감지되면 이 비트는 세트된다. 데이터 오버런은 수신 버퍼(UDRn)가 차고(2 문자) 수신 시프트 레지스터에 새 글자가 대기 중이고 새로운 시작 비트가 감지될 때 나타난다. 이 비트는 수신 버퍼(UDRn)를 읽을 때까지 유효하다. UCSRnA에 쓸 때는 이 비트는 항상 0이 된다.
- 비트 2 - UPEn : 패리티 오류(Parity Error)
  수신 버퍼의 다음 문자에 패리티 오류가 있고 패리티 검사를 가능하게 하였을 때(UPMn1=1) 이 비트는 세트된다. 이 비트는 수신 버퍼(UDRn)를 읽을 때까지 유효하다. UCSRnA에 쓸 때는 이 비트는 항상 0이 된다.
- 비트 1 - U2Xn : 전송 속도 배가(Double the USART Transmission Speed)
  이 비트는 비동기 동작에만 영향을 미친다. 동기 동작에서는 이 비트에 0을 써야 한다. 이 비트에 1을 쓰면 보레이트(Baud Rate) 분주기의 분주비를 16에서 8로 줄여서 비동기 통신의 송신 속도를 2배로 늘린다.

- 비트 0 - MPCMn : 다중 프로세서 통신 모드
(Multi-Processor Communication Mode)
이 비트는 다중 프로세서 통신 모드를 가능하게 한다. 이 비트에 1을 쓰면 USART 수신부가 수신한 프레임 중 주소 정보를 담고 있지 않은 것은 모두 무시된다. 송신부는 이 비트의 세팅에 영향을 받지 않는다.

● USARTn 제어 및 상태 레지스터 B(USARTn Control and Status Register B): UCSRnB

비트	7	6	5	4	3	2	1	0	
	RXCIEn	TXCIEn	UDRIEn	RXENn	TXENn	UCSZn2	RXB8n	TXB8n	UCSRnB
읽기/쓰기	R/W	R/W	R/W	R/W	R/W	R/W	R	R/W	
초기값	0	0	0	0	0	0	0	0	

- 비트 7 - RXCIEn : RX 완료 인터럽트 허용(RX Complete Interrupt Enable)
이 비트에 1을 쓰면 RXC 플래그가 세트될 때 인터럽트를 가능하게 한다. USART 수신 완료 인터럽트(Receive Complete Interrupt)는 RXCIEn 비트가 1이고 SREG의 전역 인터텁트 허용 플래그가 1로 세트되어 있고 UCSRnA의 RXC 비트가 세트되어 있을 때 발생된다.
- 비트 6 - TXCIEn : TX 완료 인터럽트 허용(TX Complete Interrupt Enable)
이 비트에 1을 쓰면 TXC 플래그가 세트될 때 인터럽트를 가능하게 한다. USART 송신 완료 인터럽트(Transmit Complete Interrupt)는 TXCIEn 비트가 1이고 SREG의 전역 인터텁트 허용 플래그가 1로 세트되어 있고 UCSRnA의 TXC 비트가 세트되어 있을 때 발생된다.
- 비트 5 - UDRIEn : USART 데이터 레지스터 빔 인터럽트 허용(USART Data Register Empty Interrupt Enable)
이 비트에 1을 쓰면 UDREn 플래그가 세트될 때 인터럽트를 가능하게 한다. USART 데이터 레지스터 빔 인터럽트는 UDRIEn 비트가 1이고 SREG의 전역 인터텁트 허용 플래그가 1로 세트되어 있고 UCSRnA의 UDRE 비트가 세트되어 있을 때 발생된다.
- 비트 4 - RXENn : 수신부 가능(Receiver Enable)
이 비트에 1을 쓰면 USARTn 수신부를 가능하게 한다. 수신부가 가능하게 되면

수신 입력 핀인 RxDn은 공유하는 입출력 포트의 기능을 정지하고 직렬 통신의 입력 포트 역할을 한다. 수신부의 기능 정지는 수신 버퍼를 비우고 FEn, DORn과 UPEn 플래그를 지운다.

- 비트 3 - TXENn : 송신부 가능(Transmitter Enable)

  이 비트에 1을 쓰면 USARTn 송신부를 가능하게 한다. 송신부가 가능하게 되면 송신 출력 핀인 TxDn은 공유하는 입출력 포트의 기능을 정지하고 직렬 통신의 출력 포트 역할을 한다. 이 비트를 0으로 하여 송신부 불능을 시키더라도 송신부의 실제 기능 정지는 현재 송신 중이거나 송신될 데이터의 송신이 완료될 때까지 연기된다. 기능 정지가 되었을 때 TxDn 핀은 입출력 포트로 동작한다.

- 비트 2 - UCSZn2 : 문자 크기(Character Size)

  UCSZn2 비트는 UCSRnC의 UCSZn1:0 비트와 함께 송신부와 수신부이 사용하는 프레임의 데이터 비트의 개수(문자 크기)를 결정한다.

- 비트 1 - RXB8n : 수신 문자 비트 8(Receive Data Bit 8)

  RXB8n은 9-data 비트로 통신을 할 때 수신 문자의 9번째 데이터 비트를 나타낸다. 이 비트는 반드시 UDRn로부터 하위 비트를 읽기 전에 읽어야 한다.

- 비트 0 - TXB8n : 송신 문자 비트 8(Transmit Data Bit 8)

  TXB8n은 9-data 비트로 통신을 할 때 송신 문자의 9번째 데이터 비트이다. 이 비트는 반드시 UDRn에 하위 비트를 쓰기 전에 써야 한다.

● USARTn 제어 및 상태 레지스터 C(Control and Status Register C): UCSRnC

비트	7	6	5	4	3	2	1	0	
	–	UMSELn	UPMn1	UPMn0	USBSn	UCSZn1	UCSZn0	UCPOLn	UCSRnC
읽기/쓰기	R/W	R/W	R/W	R/W	R/W	R/W	R/W	R/W	
초기값	0	0	0	0	0	1	1	0	

- 비트 7 - 예약 비트

  향후 사용을 위해 예약된 비트이다. 향후에 개발될 장치와 호환성을 위해 UCSRnC 레지스터에 데이터를 쓸 때는 이 비트에 0을 쓰도록 한다.

- 비트 6 - UMSELn : USART 모드 선택(USART Mode Select)

  이 비트로 비동기 모드 동작과 동기 모드 동작을 선택한다.

표 17.2 UMSELn 비트 설정

UMSELn	모드
0	비동기 모드
1	동기 모드

- 비트 5:4 - UPMn1:0 : 패리티 모드(Parity Mode)

  이 비트는 패리티 생성과 검사를 가능하게 하고 패리티 형태를 설정한다. 만약 가능하게 설정되면 패리티를 자동으로 생성하여 송신 데이터의 각 프레임에 패리티 비트를 붙여서 송신한다. 수신부는 수신된 데이터에 패리티 값을 생성하고 UPMn0 설정과 비교한다. 일치하지 않으면 UCSRnA 레지스터의 UPEn 플래그가 세트된다.

표 17.3 UPMn 비트 설정

UPMn1	UPMn0	패리티 모드
0	0	불능
0	1	(예약)
1	0	가능, 짝수 패리티
1	1	가능, 홀수 패리티

- 비트 3 - USBSn : 정지 비트 선택(Stop Bit Select)

  이 비트는 송신부에서 삽입할 정지 비트의 수를 선택한다. 수신부는 이 비트의 설정을 무시한다.

표 17.4 USBSn 비트 설정

USBSn	정지 비트 수
0	1-비트
1	2-비트

- 비트 2:1 - UCSZn1:0 : 문자 크기(Character Size)

  UCSZn1:0는 UCSRnB 레지스터의 UCSZn2 비트와 함께 송신부와 수신부에서 사용하는 프레임 내의 문자의 비트 수(문자 크기)를 설정한다.

표 17.5 UCSZn 비트 설정

UCSZn2	UCSZn1	UCSZn0	문자 크기
0	0	0	5비트
0	0	1	6비트
0	1	0	7비트
0	1	1	8비트
1	0	0	예약
1	0	1	예약
1	1	0	예약
1	1	1	9비트

- 비트 0 - UCPOLn : 클록 극성(Clock Polarity)

  이 비트는 동기 모드에만 사용된다. 비동기 모드를 사용할 때는 이 비트에 0을 쓴다. UCPOLn 비트는 데이터 출력 변화, 데이터 입력 샘플과 동기 클록(XCKn) 사이의 관계를 설정한다.

표 17.6 UCPOLn 비트 설정

UCPOLn	송신 데이터 변화 시점 (TxDn 핀의 출력)	수신 데이터 샘플 시점 (RxDn 핀의 입력)
0	XCKn의 상승 모서리	XCKn의 하강 모서리
1	XCKn의 하강 모서리	XCKn의 상승 모서리

● USART 보레이트 레지스터(USART Baud Rate Register): UBRRnL과 UBRRnH

비트	15	14	13	12	11	10	9	8	
	–	–	–	–	UBRRn[11:8]				UBRRnH
	UBRRn[7:0]								UBRRnL
	7	6	5	4	3	2	1	0	
읽기/쓰기	R	R	R	R	R/W	R/W	R/W	R/W	
	R/W	R/W	R/W	R/W	R/W	R/W	R/W	R/W	
초기값	0	0	0	0	0	0	0	0	
	0	0	0	0	0	0	0	0	

- 비트 15:12 - 예약 비트

  향후 사용을 위해 예약된 비트이다. 향후에 개발될 장치와 호환성을 위해 UBBRnH

레지스터에 데이터를 쓸 때는 이 비트에 0을 쓰도록 한다.

- 비트 11:0 - UBRRn11:0 : USARTn 보레이트 레지스터(USARTn Baud Rate Register)

  USARTn의 보레이트를 설정하는 12비트 레지스터이다. USARTn의 보레이트에서 UBRRnH은 상위 4비트를 UBRRnL은 하위 8비트를 나타낸다. 송신 또는 수신 도중 보레이트가 변경되면 데이터가 손상된다. 하위 바이트인 UBRRnL 레지스터에 데이터를 쓰게 되면 즉각적으로 보레이트 프리스케일러값이 갱신된다.

17.2.3 USART의 데이터 전송률 설정

USART를 사용하기 위해서는 사용할 옵션(데이터 비트 수, 패리티, 정지 비트 수)을 선택하여 설정하여야 할 뿐 아니라 데이터를 전송하는 속도도 함께 설정하여야 한다.

보레이트는 데이터 프레임의 각 비트의 전송률로 정의되며 단위는 bit per second (bps)를 가진다. 보레이트로부터 전송되는 각 비트간의 시간 간격이 정해지므로 비동기 모드와 동기 마스터 모드에서는 시간을 측정할 시계가 필요하다. 이는 CPU의 시스템 클록(수정발진자의 클록과 동일)과 레지스터 UBRRn를 사용하여 생성한다. 보레이트 BAUD, 시스템 클록 주파수 f_{OSC}, 레지스터 UBRRn의 관계는 표 17.7로 주어진다.

표 17.7 보레이트 레지스터의 설정

작동 모드	보레이트 계산식	UBRRn값 계산식
비동기 표준 모드	$BAUD=\frac{f_{OSC}}{16(UBRRn+1)}$	$UBRRn=\frac{f_{OSC}}{16\ BAUD}-1$
비동기 2배 전송 속도 모드	$BAUD=\frac{f_{OSC}}{8(UBRRn+1)}$	$UBRRn=\frac{f_{OSC}}{8\ BAUD}-1$
동기 Master 모드	$BAUD=\frac{f_{OSC}}{2(UBRRn+1)}$	$UBRRn=\frac{f_{OSC}}{2\ BAUD}-1$

표 17.8은 f_{OSC} = 16MHz일 때 비동기 표준 모드와 2배 전송 속도 모드에서 일반적으로 많이 쓰이는 보레이트와 대응되는 UBRRn 값을 나타내고 오차는 설정된 보레이트에 대해 실제 보레이트의 오차를 나타낸다.

■ 표 17.8 ■ f_{OSC} =16MHz일 때 보레이트 및 UBRRn

보레이트	f_{OSC} = 16MHz			
	표준 모드(U2X = 0)		2배 전송 모드(U2X = 1)	
	UBRRn	오차	UBRRn	오차
2400	416	-0.1%	832	0.0%
4800	207	0.2%	416	-0.1%
9600	103	0.2%	207	0.2%
14.4K	68	0.6%	138	-0.1%
19.2K	51	0.2%	103	0.2%
28.8K	34	-0.8%	68	0.6%
38.4K	25	0.2%	51	0.2%
57.6K	16	2.1%	34	-0.8%
76.8K	12	0.2%	25	0.2%
115.2K	8	-3.5%	16	2.1%
230.4K	3	8.5%	8	-3.5%
250K	3	0.0%	7	0.0%
0.5M	1	0.0%	3	0.0%
1M	0	0.0%	1	0.0%
최고 전송 속도	1Mbps		2Mbps	

17.3 USART 사용 실습

17.3.1 보드 연결

여기서는 USART를 사용하여 두 ATmega128 보드 간 데이터 전송을 실습하여 보자. 그림 17.4와 같이 보드 A의 송신 핀 TXD0은 보드 B의 수신 핀 RXD0에 보드 A의 수신 핀 RXD0은 보드 B의 송신 핀 TXD0에 연결한다. 또한 보드 간에 전압 레벨을 맞추기 위하여 GND를 서로 연결한다.

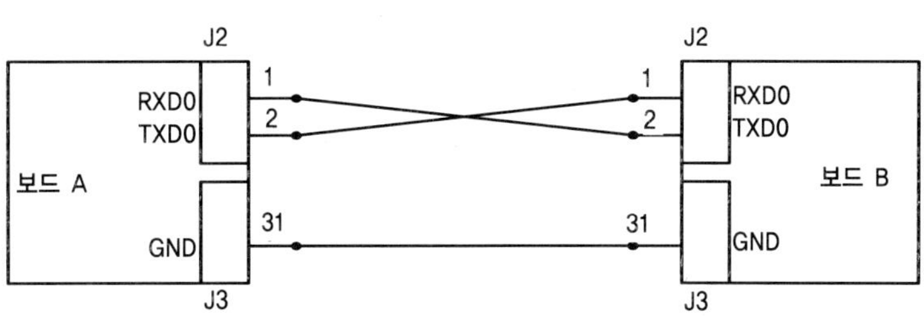

그림 17.4 직렬 통신을 위한 실습 보드 연결

실습에서는 다음 통신 규약을 사용하기로 한다.

데이터 비트	: 8비트
패리티	: 사용하지 않음
정지 비트	: 1비트
보레이트	: 38400

17.3.2 통신 프로그램 작성

프로그램 17.1은 위 규약으로 통신을 하도록 USART0를 초기화하는 함수이다. 보레이트는 함수의 인자로 받아들인다.

프로그램 17.1 초기화 함수

```
#define CPU_CLOCK_HZ          16000000UL    // 시스템 클록 주파수

void SerialInit(unsigned long baud /* 보레이트 */)
{
    unsigned short ubrr;

    // 보레이트 설정
    ubrr = (unsigned short)(CPU_CLOCK_HZ/(16*baud)-1);
    UBRR0H = (unsigned char) (ubrr >> 8);  // 상위 바이트
    UBRR0L = (unsigned char)  ubrr;        // 하위 바이트

    UCSR0B = (1<<RXEN0) | (1<<TXEN0);      // RX, TX 허용
    UCSR0C = (3<<UCSZ00);// 비동기, 1 정지 비트, 8데이터 비트
}
```

- 표 3.1을 보면 UBRR0H와 UBRR0L은 연속된 주소에 위치하고 있지 않으므로 2바이트 변수로 쓰기를 할 수 없고 바이트별로 분리하여 쓰기를 하여야 한다. 표 17.7에 따라 UBRRn 값을 계산하고 이를 상위 바이트와 하위 바이트로 분리하고 UBRR0H와 UBRR0L에 각각 저장한다.
- UCSR0B 레지스터의 RXEN0와 TXEN0 비트를 세트하여 수신/송신이 가능하도록 한다.

```
UCSR0B = (1<<RXEN0) | (1<<TXEN0);
```

- UCSR0C 레지스터에 옵션 설정

  비동기 모드 : UMSEL0 = 0 (표 17.2)

패리티 불능　:　UPM01:0 = 0　　(표 17.3)

1정지 비트　:　USBS0 = 0　　(표 17.4)

8데이터 비트　:　UCSZ02:0 = 3　　(표 17.5)

==> UCSR0C = (3 << UCSZ00);

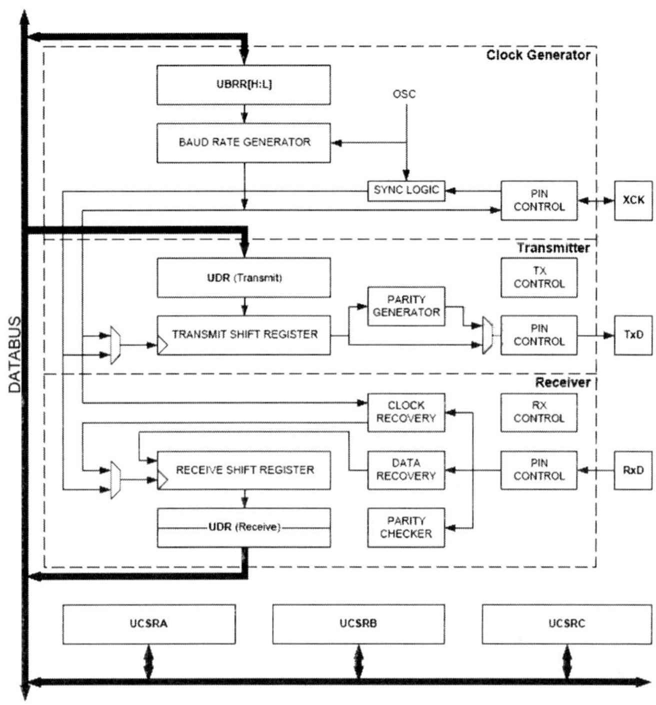

그림 17.5 USART 블록선도

그림 17.5는 ATmega128 매뉴얼의 USART 블록선도를 나타낸다. 우선 데이터 송신 방법을 보자.

- 전송한 1바이트 데이터를 송신부의 UDR 버퍼 레지스터에 쓰면 하드웨어적으로 시프트 레지스터(Shift Register)와 패리티 발생기가 그림 17.2의 프레임을 형성하여 TXD 핀으로 전송한다.
- 따라서 문자 전송을 위해 소프트웨어적으로는 데이터를 UDR 버퍼 레지스터에 쓰면 된다. 단 데이터가 전송되기 전에 다른 데이터를 UDR 버퍼 레지스터에 쓰면 이전 데이터가 손상되므로 버퍼가 비었을 때 새로운 데이터를 써야 한다.
- 레지스터 UCSR0A의 UDRE 플래그 비트를 검사하면 송신 버퍼 상태를 알 수 있다.

프로그램 17.2는 1바이트 문자를 송신하는 프로그램이다.

프로그램 17.2 한 문자 송신 함수

```
void SerialPutChar(char ch)
{
    while(!(UCSR0A & (1<<UDRE)));   // 송신 버퍼가 빌 때까지 기다림
    UDR0 = ch;                      // 버퍼에 문자를 쓴다.
}
```

그림 17.5를 참고하여 데이터 수신 방법을 보자.

- RXD 핀에 나타난 데이터는 패리티 검사기(Parity Checker), 데이터 복원기(Data Recovery)를 거친 후 시프트 레지스터가 1바이트 데이터를 구성하여 수신부 UDR 버퍼 레지스터에 쓴다.
- 수신 데이터를 읽으려면 소프트웨어적으로 버퍼 레지스터에 데이터가 있을 때 버퍼 내용을 읽으면 된다.
- 레지스터 UCSR0A의 RXC 플래그 비트를 검사하면 수신 버퍼에 데이터가 있는지 알 수 있다.

한 문자를 수신하는 함수를 프로그램 17.3과 같이 작성할 수 있다.

프로그램 17.3 한 문자 수신 함수

```
char SerialGetChar(void)
{
    char ch;

    while(!(UCSR0A & (1<<RXC)));   // 수신 버퍼에 문자가 찰 때까지
                                   // 기다림
    ch = UDR0;                     // 수신 버퍼의 문자를 읽는다.
    return ch;
}
```

파일 serial.c와 serial.h는 프로그램 17.1~17.3을 하나의 프로그램 모듈로 작성한 것이다. serial.c에서 `SerialGetString()`과 `SerialPutString()`은 다음 절에서 설명할 것이다. 응용 프로그램에서는 이 프로그램 모듈을 프로젝트에 포함시켜 실행파일을 만든다.

소스파일 serial.c

```
//===============================
// 비동기 직렬통신
//===============================
#include <avr/io.h>
#include "serial.h"

#define CPU_CLOCK_HZ    16000000UL        // 시스템 클록 주파수

//=============================================
// 직렬통신 포트 UART0를 주어진 보레이트로 초기화 한다.
//=============================================
//
void SerialInit(unsigned long baud /* 보레이트 */)
{
    unsigned short ubrr;

    // 보레이트 설정
    ubrr = (unsigned short)(CPU_CLOCK_HZ/(16*baud)-1);
    UBRR0H = (unsigned char) (ubrr >> 8);  // 상위바이트
    UBRR0L = (unsigned char)  ubrr;        // 하위바이트

    UCSR0B = (1<<RXEN0) | (1<<TXEN0);      // RX,TX 허용
    UCSR0C = (3<<UCSZ00);// 비동기, 1 정지비트, 8데이터비트
}

//=====================================
// 한 문자를 전송한다.
//=====================================
void SerialPutChar(char ch)
{
    while(!(UCSR0A & (1<<UDRE)));  // 버퍼가 빌 때를 기다림
    UDR0 = ch;                     // 버퍼에 문자를 쓴다.
}

//=====================================
// 한 문자를 수신하여 반환한다.
//=====================================
char SerialGetChar(void)
```

```
{
    char ch;

    while(!(UCSR0A & (1<<RXC)));    // 문자가 찰 때까지 기다림
    ch = UDR0;                      // 수신 버퍼의 문자를 읽는다.
    return ch;
}

//===============================================
// 문자열을 수신한다.
// 입력   : str - 수신한 문자열을 저장할 버퍼의 주소
// 반환값 : 수신한 문자의 수
//===============================================
int SerialGetString(char *str)
{
   char ch;
   int cnt=0;

   while(1)
   {
      while(!(UCSR0A & (1<<RXC))); // 문자가 찰 때까지 기다림
      ch = UDR0;

      SerialPutChar(ch);
      if(ch == '\r')
      {
         SerialPutChar('\n');
         break;
      }
      *str++ = ch;    cnt++;
   }
   *str = '\0';
   return cnt;
}

//===============================================
// 문자열을 송신한다.
// 입력   : str - 송신한 문자열을 저장할 버퍼의 주소
//===============================================
void SerialPutString(char *str)
{
```

```
    while(*str != '\0')
    {
        if(*str == '\n')  SerialPutChar('\r');

        SerialPutChar(*str++);
    }
}
```

헤더파일 serial.h

```
#ifndef __SERIAL_H__
#define __SERIAL_H__

void SerialInit(unsigned long baud);
void SerialPutChar(char ch);
char SerialGetChar(void);
int  SerialGetString(char str[]);
void SerialPutString(char str[]);

#endif
```

17.3.3 응용 프로그램 작성 및 실습

응용 프로그램으로 다음 기능을 하는 프로그램을 작성하여보자.

(1) 보드 A에서는 1바이트 데이터를 0부터 0.5초마다 1씩 증가시키며 전송하고 데이터값을 LCD에 표시한다.

(2) 보드 B에서는 1바이트를 수신하여 LCD의 0행에 수신 데이터를 십진수와 ASCII 글자를 표시한다. 그리고 수신 데이터를 분석하여 ASCII 코드로 대문자 알파벳 문자이면 "Alphabet", 소문자 알파벳 문자이면 "alphabet", 숫자이면 "Number", 이외의 데이터이면 "None"을 LCD의 1행에 표시하도록 하자.

프로그램 board_a.c와 board_b.c를 각각 보드 A와 B에서 수행한다.

실습
1. 각 실행파일을 보드 A와 보드 B에 각각 다운로드하고 수행한다. 2. 표 17.8을 참조하여 보레이트를 최대 전송 속도까지 단계적으로 증가시키면서 수행하여 본다.

프로그램 board_a.c

```
//==================================
// 보드 A
//==================================
#include <avr/io.h>
#include <util/delay.h>
#include <stdio.h>

#include "lcd.h"
#include "serial.h"

void msec_delay(int n);                    // 시간 지연 함수

int main(void)
{
    char string[16];
    unsigned char ch=0;

    LcdInit();
    SerialInit(38400);                     // 보레이트 38400로 초기화

    while(1)
    {
        SerialPutChar(ch); // 문자 전송

        sprintf(string, "Send : %3u", (unsigned) ch);
        LcdMove(0,1); LcdPuts(string);

        ch++;
        msec_delay(500);
    }
}
void msec_delay(int n)
{
    for(; n >0; n--)                       // 1msec 시간 지연을 n회 반복
        _delay_ms(1);                      // 1msec 시간 지연
}
```

프로그램 board_b.c

```
//==================================
// 보드 B
//==================================
#include <avr/io.h>
#include <stdio.h>
#include "lcd.h"
#include "serial.h"

int main(void)
{
    char string[16];
    unsigned char ch;

    LcdInit();
    SerialInit(38400);                  // 보레이트 38400로 초기화

    LcdMove(0,0); LcdPuts("Wait");
    while(1)
    {
        ch = SerialGetChar();       // 문자 수신

        sprintf(string, "Data : %3u %c", (unsigned)ch, ch);
        LcdMove(0,0); LcdPuts(string);

        LcdMove(1,0); LcdPuts("Type : ");
        if(ch >= 'A' && ch <= 'Z')
            LcdPuts("Alphabet");
        else if(ch >= 'a' && ch <= 'z')
            LcdPuts("alphabet");
        else if(ch >= '0' && ch <= '9')
            LcdPuts("Number  ");
        else
            LcdPuts("None    ");
    }
}
```

17.4 PC와 통신

17.4.1 RS-232C 규격

RS-232C는 국제적으로 표준화한 데이터 통신규격으로 직렬 전송 방식으로 통신을 할 때 통신회선에서 사용하는 전기적인 신호의 특성과 연결 장치의 형상 등 물리적인 규격을 정하고 있다. 일반적으로 추천규격(Recommended Standard)이라 하여 RS-232C라 하나 공식적인 명칭은 EIA-232C이다.

직렬 통신에 사용되는 USART의 신호는 보통 TTL 신호 레벨을 가지고 있기 때문에 노이즈에 약하고 통신거리에 제약이 있다. 원거리 통신을 위해 RS-232C는 신호 레벨을 정의하였다. RS-232C에서는 신호를 음 논리로 사용하여 "1" 신호는 -3V 이하 "0" 신호는 +3V 이상으로 규정하고 있다. 이렇게 신호의 레벨을 변환시켜주는 인터페이스 IC를 Line Driver/Line Receiver라 한다. RS-232외에도 대표적인 규격으로는 RS-422과 RS-485가 있다.

IBM PC는 직렬 통신의 전기규격으로 RS-232C를 사용하고 있다. 따라서 신호 레벨이 다른 ATmega128의 USART와는 직접 연결할 수 없다. 즉, Line Driver/Line Receiver가 ATmega128 보드 측에 필요하다. 실습 보드에서는 MAXIM사의 MAX232 Line Driver/Line Receiver를 사용하여 RS-232C 규격으로 신호 변환을 하고 이를 보드의 USART0와 USART1 커넥터를 통해 입출력하고 있다(그림 4.1 참조). 따라서 USART0 또는 USART1 커넥터와 PC의 직렬 포트를 그림 17.6과 같이 직접 연결하면 된다.

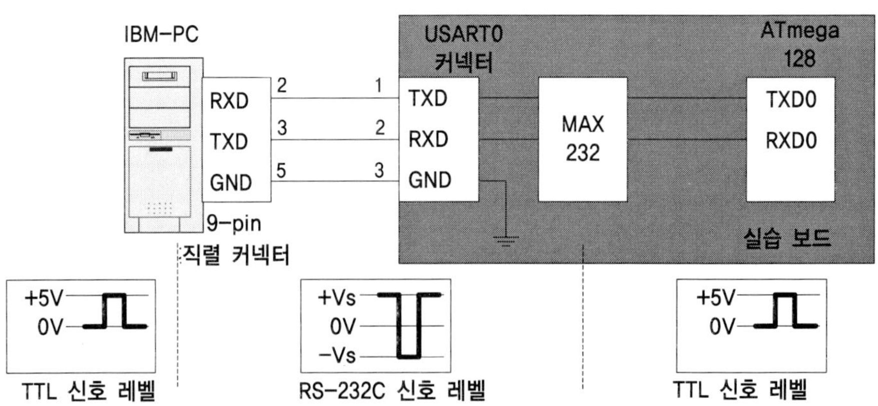

그림 17.6 IBM PC와 실습 보드의 연결

오른쪽 그림은 PC의 9-핀 커넥터를 보여준다. 실습 보드와 PC는 RXD, TXD 그리고 GND만을 그림 17.6과 같이 연결하면 된다.

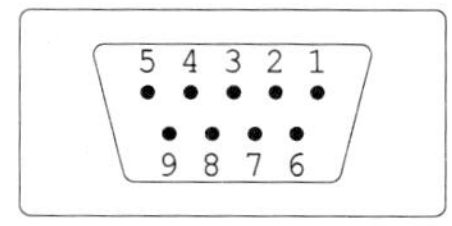

핀 2 : RXD
핀 3 : TXD
핀 5 : GND

17.4.2 PC의 하이퍼터미널을 이용한 직렬 통신

여기서는 윈도즈에서 제공하는 직렬 통신 프로그램인 하이퍼터미널을 이용하여 PC와 문자열을 주고받는 프로그램을 작성하여 보자.

윈도즈에서 [시작]→[모든프로그램]→[보조프로그램]→[통신]→[하이퍼터미널]을 클릭하면 "연결 설명" 창이 뜬다. 새 연결에 이름을 부여하고 확인을 누르면 "연결 대상" 창이 뜬다.

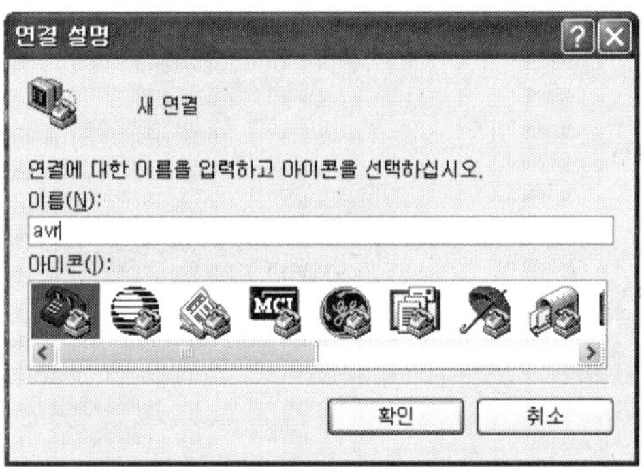

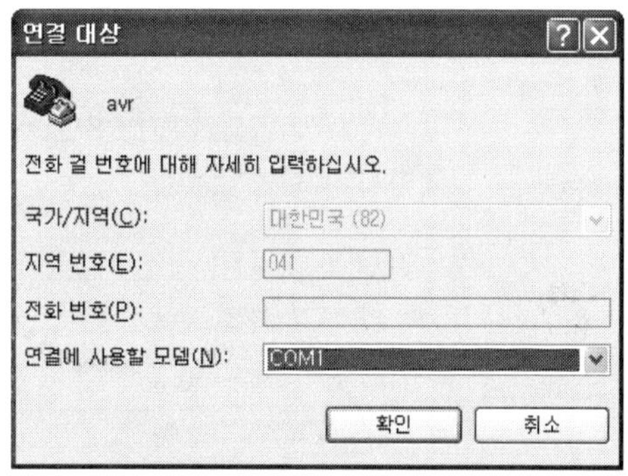

"연결에 사용할 모뎀"에 통신에 사용할 포트를 지정하고 [확인]을 누르면 "등록 정보" 창이 나타난다. "흐름 제어"를 "없음"으로 설정하고 나머지는 17.3.1절의 통신 옵션과 동일하도록 설정한다. [확인] 버튼을 누르면 통신 창이 나타난다.

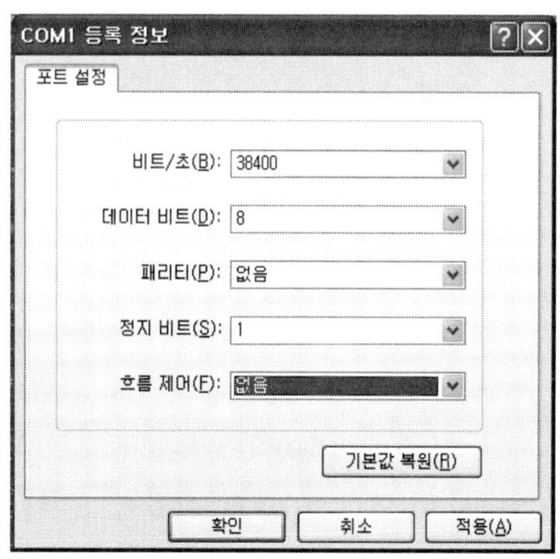

다음은 하이퍼터미널과 문자열을 주고받는 메커니즘을 알아보자. 우선 제어문자인 `'\r'`과 `'\n'`의 특성을 알 필요가 있다. "Carriage Return"이라 부르는 `'\r'`은 인쇄할 위치를 현재 라인의 처음으로 돌리는 제어문자이다. `'\n'`은 "Line Feed"

(또는 "New Line")이라 불리며 인쇄할 위치를 다음 행으로 보내는 제어문자이다.

하이퍼터미널에서 문자열을 전송하기 위해서는 (1) 키보드로 송신할 문자열을 입력하고, (2) 문자열 입력의 종료를 알리기 위해 [Enter]키 입력한다.

키보드를 누를 때 마다 해당 키의 ASCII 코드가 직렬 통신 포트를 통해 전달된다. [Enter]키에 해당하는 코드는 '\r'이다. 프로그램 17.4는 이렇게 전송된 문자열을 수신하는 함수이다.

프로그램 17.4 문자열 수신 함수

```
int SerialGetString(char *str)
{
    char ch;
    int cnt=0;

    while(1)
    {
        while(!(UCSR0A & (1<<RXC)));    // 한 문자를 기다림
        ch = UDR0;                      // 버퍼의 문자를 읽는다.

        SerialPutChar(ch);              // 읽은 문자를 반향한다.
        if(ch == '\r')
        {
            SerialPutChar('\n');
            break;
        }
        *str++ = ch;    cnt++;
    }

    *str = '\0';
    return cnt;
}
```

- 하이퍼터미널의 기본 설정에서는 키보드 입력이 화면에 표시되지 않는다. 키보드 입력이 화면에 나타나게 하기 위해서 수신한 문자를 하이퍼터미널에 반향(echo)하여야 한다.
- '\r'을 문자열의 종료로 인식한다. 단 '\r'만을 반향하면 하이퍼터미널의 인쇄위치는 현재 행의 처음으로만 돌아가기 때문에 다음 라인으로 넘기기 위해서 '\n'을 부가적으로 반향하여야 한다.
- '\r'은 통신에서 문자열의 종료를 나타내지만 C-언어에서 문자열의 마지막을

나타내지 않기 때문에 대신 '\0' 문자를 문자열 버퍼에 저장한다.

다음은 하이퍼터미널에 문자열을 전송하는 프로그램을 고려하여 보자. C 프로그램에서 문자를 인쇄할 때는 다음과 같은 형식으로 작성한다.

"serial test\n"

이는 "serial test"라는 문자를 인쇄한 후 다음 라인의 처음으로 가라는 뜻이다. 앞에서 언급한 바와 같이 다음 라인의 처음으로 가려면 '\r'과 '\n'이 필요하지만 '\n' 문자만을 쓴다. 프로그램 17.5는 이를 고려하여 문자열을 하이퍼터미널에 전송하는 함수이다.

- 문자열의 마지막인 '\0' 문자를 만날 때까지 문자를 전송한다.
- '\n'을 만나면 '\r'을 먼저 전송한다.

프로그램 17.4 문자열 송신 함수

```
void SerialPutString(char *str)
{
    while(*str != '\0')
    {
        if(*str == '\n')  SerialPutChar('\r');

        SerialPutChar(*str++);
    }
}
```

앞의 serial.c는 프로그램 17.4와 17.5를 포함하여 작성하였다.

실습

PC와 실습 보드를 그림 17.6과 같이 연결하고 프로그램 prac17-4.c를 수행한다. prac17-4.c는 하이퍼터미널에서 입력한 문자열을 받아 다시 하이퍼터미널에 표시하는 프로그램이다.

프로그램 prac17-4.c

```
//================================
// 실습 17-4
//================================
//
#include <avr/io.h>
#include "serial.h"

int main(void)
{
    char string[128];           // 문자열을 받은 버퍼

    SerialInit(38400);          // 보레이트 38400로 초기화

    while(1)
    {
        SerialPutString("Type : ");
        SerialGetString(string);

        SerialPutString("Echo : ");
        SerialPutString(string);
        SerialPutString("\n");
    }
}
```

과제

하이퍼터미널 속성에서 [설정]탭을 선택하고 <ASCII 설정> 버튼을 누르면 아래 오른쪽 화면이 나타난다. ASCII 설정에서 옵션을 다음과 같이 각각 설정하였을 때 prac17-4.c가 정상 동작하도록 serial.c를 변경하라.

1. <ASCII 보내기>에서 "줄 끝에 LF를 붙여 보냄"을 선택
2. 위에 더하여 "입력된 문자를 터미널 창에 표시"를 선택
3. <ASCII 받기>에서 "받는 줄 끝에 LF 붙임"을 선택

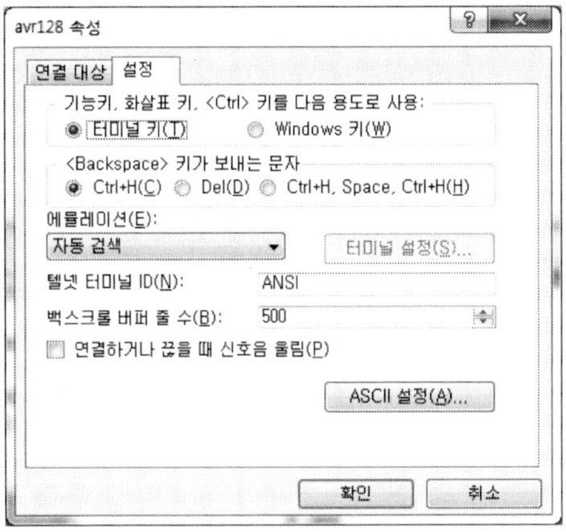

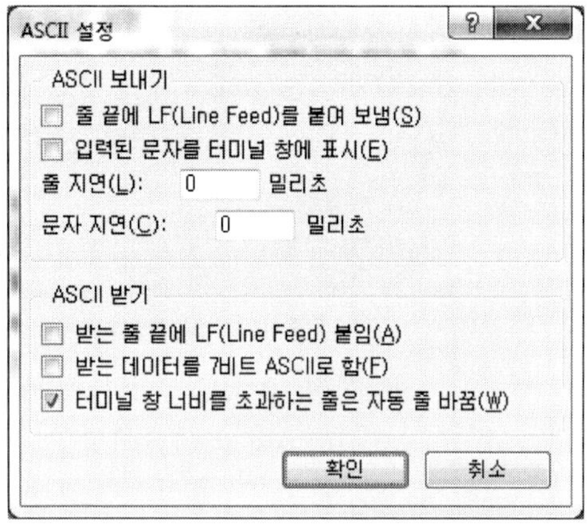

17.5 WinAVR의 표준 입출력 라이브러리 함수 사용하기

17.4절에서 작성한 `SerialGetString()` 함수는 문자열을 받을 수 있지만 기능이 매우 제한적이다. 예를 들어 [backspace]키를 사용하여 입력을 지울 경우 제대로 된 문자열을 입력받지 못한다. C-언어의 표준 라이브러리에서 제공하는 입출력 함수를 이용하면 좀 더 안정적으로 하이퍼터미널에 입출력을 할 수 있다.

17.5.1 표준 입출력 라이브러리 함수 printf()와 scanf() 활용

WinAVR C-컴파일러는 일반 C-컴파일러와 마찬가지로 표준 입출력 라이브러리를 제공한다. 흔히 C-프로그램에서 표준 입출력 장치에 입출력을 수행하는 함수인 `printf()`와 `scanf()`는 표준 입출력 라이브러리로 제공되는 함수이다.

PC에서는 표준 출력 장치가 모니터이고 표준 입력 장치는 키보드이므로 `printf()` 함수는 모니터에 결과를 출력하고 `scanf()` 함수는 키보드 입력을 받아들인다. 그러나 WinAVR은 표준 입출력 장치를 지정하고 있지 않다. 사용자가 표준 입출력 장치를 지정하여야 한다. 예를 들어 표준 출력 장치로 LCD를 사용할 수도 있고, 직렬 통신 포트의 출력 장치를 사용할 수도 있다. 이 절에서는 표준 입출력 장치로 직렬 통신 포트 USART0를 설정하여 통신 포트와 연결된 하이퍼터미널로 입출력을 하여 보도록 한다.

프로그램 usart0.c는 USART0 장치를 17.3.1절과 같은 규약을 사용하도록 USART0

장치를 초기화하고 표준 입출력 장치로 USART0 장치를 사용하도록 한다. 프로그램 prac17-5l.c는 `printf()` 함수로 하이퍼터미널에 출력을 `scanf()` 함수를 사용하여 PC의 키보드 입력을 받은 프로그램이다.

실습
그림 17.6과 같이 PC와 실습 보드를 연결하고 하이퍼터미널을 17.4.2절과 같이 설정한다. prac17-5l.c와 usart0.c로 프로젝트를 구성하고(앞의 serial.c는 필요 없음) 실행파일을 만들어서 실습 보드에 다운로드하고 실습을 수행한다.

- 표준 입출력 라이브러리를 사용할 때는 헤더파일 stdio.h를 포함시켜야 한다.
- 표준 입출력 라이브러리에는 표준 입출력 장치에 입출력을 하는 함수로 `printf()`, `scanf()` 외에도 다음 함수들이 있다.

  `puts()`, `gets()`, `putchar()`, `getchar()`
- usart0.c는 WinAVR의 예제프로그램인 c:WinAVR/share/doc/avr-libc1.4.4/stdiodemo/usart.c를 수정한 것이다.

하이퍼터미널을 연결한 상태에서 프로그램을 다운로드하면 하이퍼터미널이 오동작할 수 있다. 다운로드하기 전에 하이퍼터미널의 메뉴 [호출]→[연결끊기]를 하고 다운로드를 한다. 다운로드 후에 [호출]→[호출]을 선택하여 하이퍼터미널을 연결하도록 한다.

프로그램 prac17-5l.c

```
//==========================================================
// 실습17.5.1 - PC와 직렬 통신
//==========================================================
#include <avr/io.h>
#include <stdio.h>                    // 표준 입출력 헤더파일
#include "usart.h"

int main()
{
     int in;

     Usart0Init(38400);               // 보레이트 38400 설정
                                      // usart0를 표준 입출력 장치로 설정
     while(1)
     {
          printf("1. Menu #1\n");
          printf("2. Menu #2\n");
          printf("3. Menu #3\n");

          printf("메뉴를 선택하시오 # : ");
          scanf("%d", &in);

          if(in >= 1 && in <= 3)
                printf("\n\n선택된 메뉴 #%d\n\n", in);
          else
                printf("\n\n없는 메뉴 선택\n\n");
     }
}
```

소스파일 usart0.c

```
//=========================================================
// USART0을 초기화하고 표준 입출력 장치로 USART0를 사용하도록
// 한다.
//=========================================================

#include <stdint.h>
#include <stdio.h>
#include <avr/io.h>

#include "usart.h"

static FILE usart0_str = FDEV_SETUP_STREAM(Usart0Putchar,
                           Usart0Getchar, _FDEV_SETUP_RW);

//=========================================================
// 비동기 직렬 통신 초기화
//=========================================================
void Usart0Init(unsigned long baud /* 보레이트 */)
{
   unsigned short ubrr;          // Baud rate 설정
   ubrr = (unsigned long) (F_CPU/(16*baud)-1);
   UBRR0H = (unsigned char) (ubrr >> 8);
   UBRR0L = (unsigned char)  ubrr;

   UCSR0B = (1<<RXEN0) | (1<<TXEN0);   // RX, TX Enable
   UCSR0C = (3<<UCSZ00);               // 비동기, 패리티 없음,
                                       // 1 정지 비트, 8비트 데이터

   // 표준 입출력 장치로 직렬 통신 포트 설정
   stdout = stdin = stderr = &usart0_str;
}

//=========================================================
// Send character c down the USART0 Tx
//=========================================================
int Usart0Putchar(char c, FILE *stream)
{
   if (c == '\a')
   {
      fputs("*ring*\n", stderr);
      return 0;
   }
```

```
    if (c == '\n')
        Usart0Putchar('\r', stream);

    loop_until_bit_is_set(UCSR0A, UDRE);
    UDR0 = c;

    return 0;
}

//=====================================================================
// Receive a character from the USART0 Rx.
//=====================================================================
int Usart0Getchar(FILE *stream)
{
    uint8_t c;
    char *cp, *cp2;
    static char b[RX_BUFSIZE];
    static char *rxp;

    if (rxp == 0)
    {
        for (cp = b;;)
        {
            loop_until_bit_is_set(UCSR0A, RXC);
            if (UCSR0A & _BV(FE))
                return _FDEV_EOF;
            if (UCSR0A & _BV(DOR))
                return _FDEV_ERR;
            c = UDR0;

            /* behaviour similar to Unix stty ICRNL */
            if (c == '\r')
                c = '\n';

            if (c == '\n')
            {
                *cp = c;
                Usart0Putchar(c, stream);
                rxp = b;
                break;
            }
            else if (c == '\t')
                c = ' ';
```

```
if((c >=(uint8_t)' ' && c <=(uint8_t)'\x7e') ||
    c >=(uint8_t)'\xa0')
{
   if (cp == b + RX_BUFSIZE - 1)
      Usart0Putchar('\a', stream);
   else
   {
      *cp++ = c;
      Usart0Putchar(c, stream);
   }
   continue;
}

switch (c)
{
case 'c' & 0x1f:
   return -1;
case '\b':
case '\x7f':
   if (cp > b)
   {
      Usart0Putchar('\b', stream);
      Usart0Putchar(' ', stream);
      Usart0Putchar('\b', stream);
      cp--;
   }
   break;

case 'r' & 0x1f:
   Usart0Putchar('\r', stream);
   for (cp2 = b; cp2 < cp; cp2++)
      Usart0Putchar(*cp2, stream);
   break;

case 'u' & 0x1f:
   while (cp > b)
   {
      Usart0Putchar('\b', stream);
      Usart0Putchar(' ', stream);
      Usart0Putchar('\b', stream);
      cp--;
   }
```

```
            break;

        case 'w' & 0x1f:
            while (cp > b && cp[-1] != ' ')
            {
                Usart0Putchar('\b', stream);
                Usart0Putchar(' ', stream);
                Usart0Putchar('\b', stream);
                cp--;
            }
            break;
        }
    }
  }

  c = *rxp++;
  if (c == '\n')
      rxp = 0;
  return c;
}
```

헤더파일 usart.h

```
//=============================================
// 헤더파일 usart.h
//=============================================

#ifndef __USART_H__
#define __USART_H__

#include <stdio.h>
#include <stdint.h>

#define RX_BUFSIZE 80

void Usart0Init(unsigned long baud);
int Usart0Putchar(char c, FILE *stream);
int  Usart0Getchar(FILE *stream);

#endif
```

printf_min, scanf_min 라이브러리 사용

그림 17.7에서 라이브러리를 “”libprintf_min"와 “libscanf_min”을 추가하면 된다.

실행 프로그램 크기는 프로그램 빌드 후 출력 창의 마지막에 나타난다. 그림 17.9는 디폴트 라이브러리를 사용하였을 때 실습 17.5.1의 프로젝트를 빌드한 후 출력 창에 나타나는 실행파일의 메모리 크기를 나타낸다.

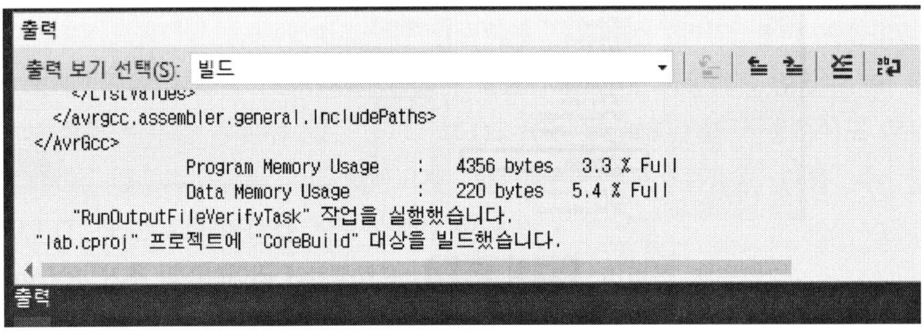

【그림 17.9】 실행파일의 사용 메모리 크기

표 17.10 라이브러리에 따른 프로그램의 사용 메모리 크기

사용 라이브러리	프로그램 메모리	데이터 메모리
printf_min, scanf_min	3452바이트	220바이트
printf, scanf	4356바이트	220바이트
printf_flt, scanf_flt	7162바이트	226바이트

표 17.10은 실습 17.5.1의 프로젝트를 빌드하였을 때 링크한 라이브러리의 종류에 따라 사용되는 메모리의 크기를 나타낸다. 링크 라이브러리에 따라 프로그램 메모리의 크기가 달라짐을 알 수 있다.

실습

프로그램 prac17-5ll.c는 부동소수점 데이터를 화면에 출력하는 프로그램이다. 라이브러리를 printf_flt, printf_min 및 디폴트 printf를 각각 사용하여 프로그램 prac17-5ll.c를 수행하면서 화면 출력을 관찰한다.

프로그램 prac17-5ll.c

```
//=============================================================
// 실습17.5.2 - printf 라이브러리 사용
//=============================================================
#include <stdio.h>              // 표준 입출력 헤더파일
#include "usart.h"

int main()
{
    float pi;

    Usart0Init(38400);          // 보레이트 38400 설정
                                // usart0를 표준 입출력 장치로 설정
    pi = 3.141592;

    printf("원주율 = %10.5f\n", pi);

    while(1);
}
```

CHAPTER

18

스텝모터 구동

18.1 스텝모터

일반적인 DC 모터나 AC 모터들의 속도 제어 또는 위치 제어를 위해서는 회전 속도 또는 회전각을 엔코더와 같은 센서로 측정하여 되먹임 제어(Feedback Control)를 하여야 한다. 따라서 부가적인 센서를 부착하여야 하므로 시스템의 구성이 번거로울 뿐 아니라 가격이 비싸게 된다. 그러나 스텝모터는 되먹임 제어를 사용하지 않고 펄스 신호를 사용해서 쉽게 속도 또는 위치를 제어할 수 있을 뿐 아니라 펄스 신호를 제어 신호로 사용하므로 마이크로컨트롤러와 접속이 쉬워 많이 사용되고 있다.

18.1.1 구동 방식

그림 18.1은 2상 스텝모터의 권선 구성을 나타낸다. 스텝모터를 구동하는 방법은 유니폴라(Unipolar) 방식과 바이폴라(Bipolar) 방식이 있으나 여기서는 유니폴라 방식만을 설명하기로 한다. 유니폴라 방식은 그림 18.2와 같이 센터 탭 중심으로 한쪽에

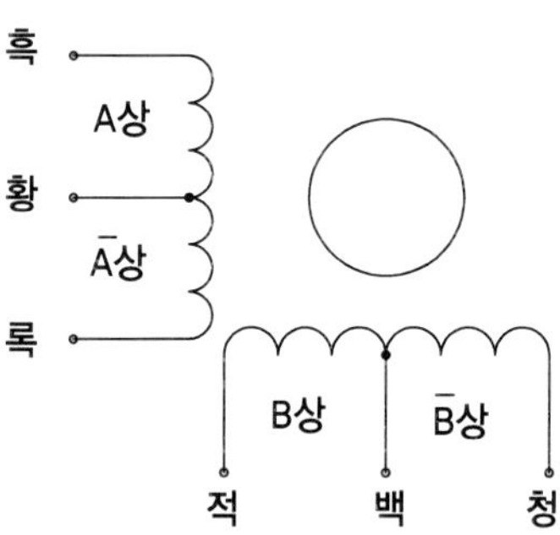

【그림 18.1】 2상 스테핑 모터의 권선 구성

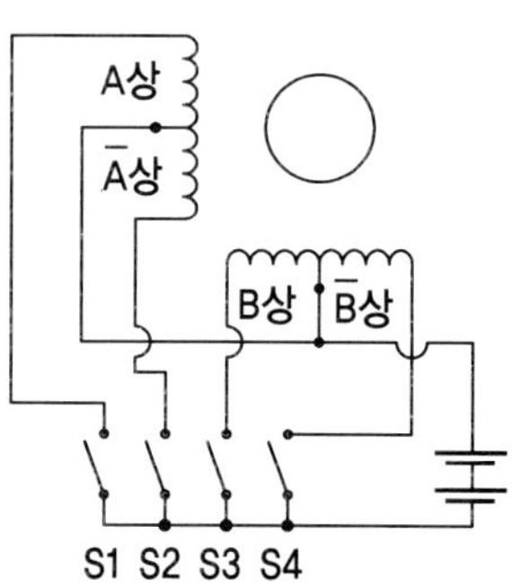

【그림 18.2】 유니폴라 구동 방식

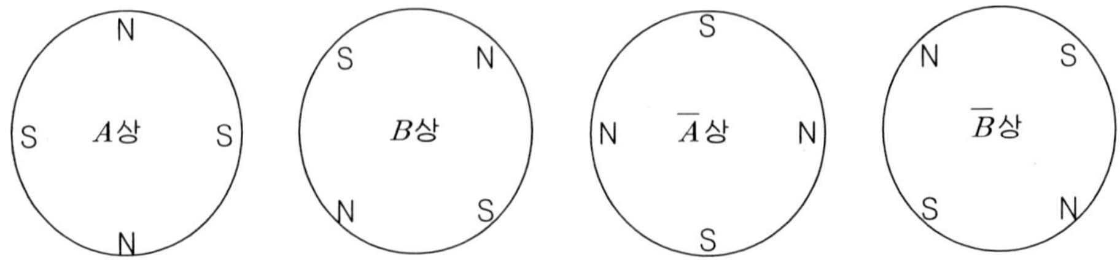

그림 18.3 각 상이 여자되었을 때 극의 모양

만 전류를 흘리는 방식이다. 그림 18.3은 각 상이 여자 되었을 때 형상을 보여준다.

1상 여자 방식은 그림 18.4와 같이 하나의 상을 여자시키면서 모터를 구동한다. $A \rightarrow B \rightarrow \overline{A} \rightarrow \overline{B}$ 의 순서로 각 상을 여자시켜 1스텝씩 이동하게 된다.

2상 여자 방식은 그림 18.5와 같이 2상씩 여자시키면서 모터를 구동한다. $AB \rightarrow B\overline{A} \rightarrow \overline{A}\,\overline{B} \rightarrow \overline{B}A$ 의 순서로 2상씩 여자시켜 나가는 방법이다. 이 역시 1스텝씩 이동하게 된다.

1상 여자 방식과 2상 여자 방식을 혼합하여 1-2상 여자 방식으로 구동하면 1/2스텝씩 이동시킬 수 있다.

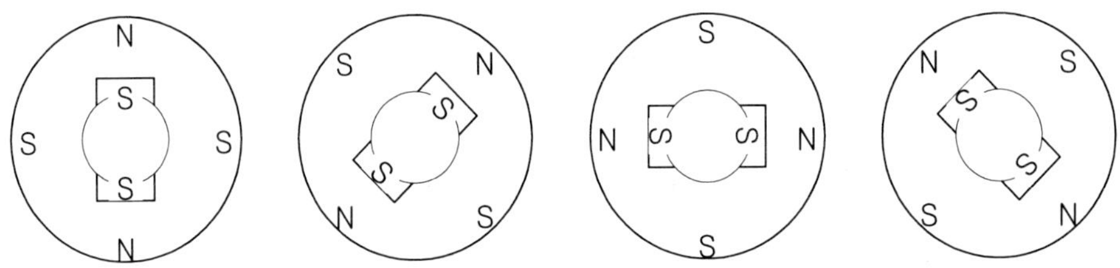

그림 18.4 1상 여자 구동 방식

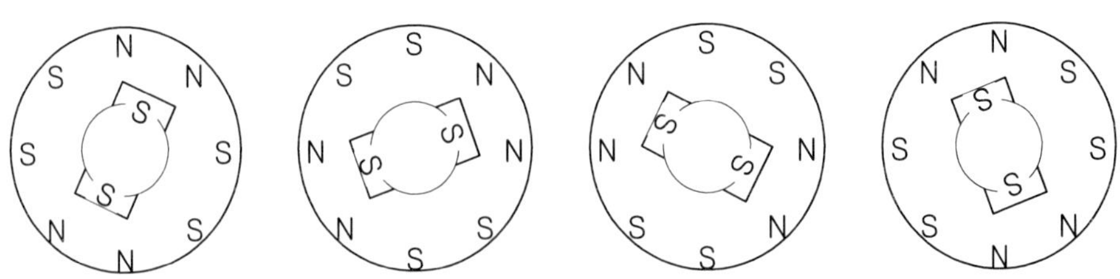

그림 18.5 2상 여자 구동 방식

그림 18.3~18.5에는 8개의 극점이 있어 단위 스텝각이 45°이다. 그러나 실제 스텝모터에는 그림 18.3보다 많은 극들이 존재한다. 일반적인 2상 유니폴라 방식의 스텝각은 1.8°이어서 200스텝을 이동하면 1회전한다.

각 여자 방식으로 스텝모터를 구동하기 위해 각 상에 출력되는 펄스의 시퀀스를 그림 18.6에 나타내었다.

스텝모터는 펄스가 가해질 때마다 이동하므로 스텝모터의 속도는 입력 펄스의 주파수에 비례한다. 그리고 가해진 펄스의 수를 알면 회전각을 알 수 있다. 이처럼 스텝모터는 속도 및 각도를 센서로 측정하지 않고 속도 및 위치를 제어할 수 있어 손쉽게 사용할 수 있다.

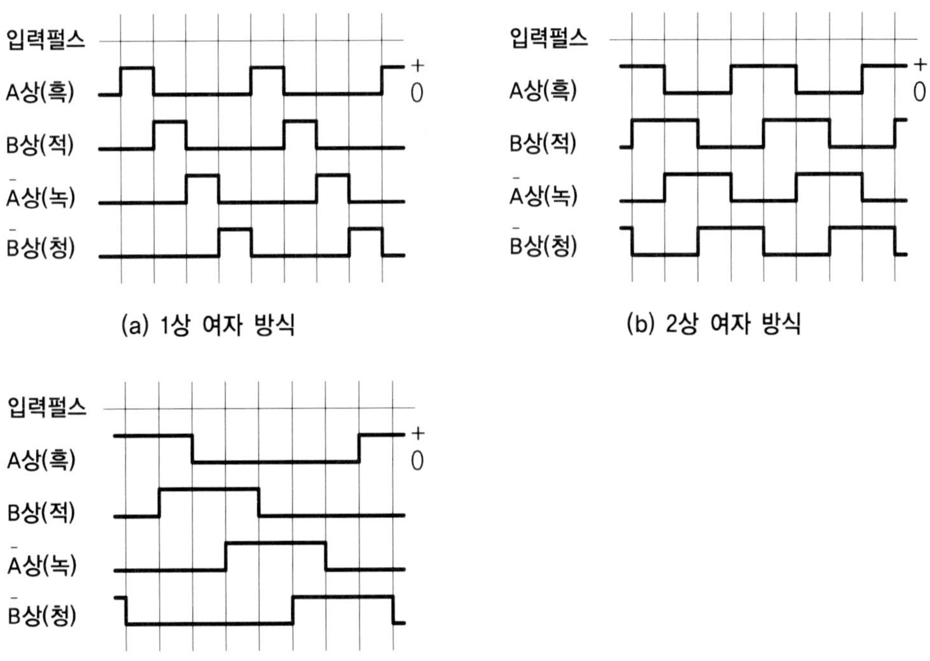

그림 18.6 2상 스텝모터의 구동 방식

18.1.2 동특성

그림 18.7은 스텝모터의 주파수-토크 특성의 한 예를 보여준다. 각 용어의 정의는 다음과 같다.

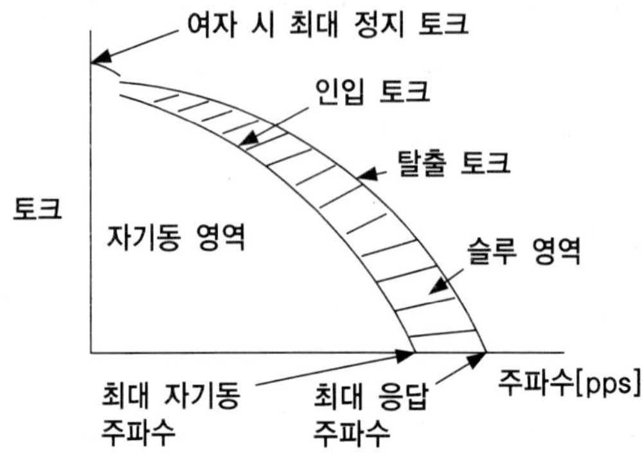

그림 18.7 주파수-토크 특성

(a) 주파수(Pulse Rate)
스텝모터를 구동하는 신호를 단위 시간당 펄스수로 표시한 것이며 일반적으로 pps(Pulse per Second) 단위를 쓴다.

(b) 자기동 영역(Start Stop Region)
외부에서 부여되는 신호에 동기해서 미스 스텝없이 기동, 정지, 역전을 할 수 있는 영역을 말한다.

(c) 최대 자기동 주파수(Max Start Stop Pulse Rate)
무부하로 외부에서 부여되는 신호에 동기해서 미스 스텝없이 기동, 정지, 역전할 수 있는 최대 주파수를 말한다.

(d) 슬루 영역(Slew Region)
자기동 영역을 초과하여 주파수를 서서히 높이고 있는 경우, 혹은 부하 토크를 증감시키고 있는 경우, 스텝모터가 동기를 잃지 않고 응답할 수 있는 영역을 말한다.

(e) 최대 응답 주파수(Max Slewing Pulse Rate)
슬루 영역에서 최대 응답주파수를 말한다.

(f) 인입 토크(Pull-in Torque)
동기회전으로 인입할 때 최대 토크를 말한다.

(g) 탈출 토크(Pull-out Torque)
자기동 영역을 초과해서 스텝모터가 동기를 잃지 않고 발생할 수 있는 최대 토크를 말한다.

자기동 영역 내에서 운전하는 경우는 기동, 정지, 역전을 할 수 있다. 주파수를 서서히 높여 가는 경우에는 탈출 토크 직전까지 운전할 수 있다. 주파수-토크 특성은 구동 방법, 여자 방법에 따라서 대폭적으로 다르다는 것을 주의할 필요가 있다.

스텝모터는 단계적인 동작을 반복하면서 회전하므로 관성부하의 크기에 따라 특성이 바뀐다. 관성부하가 커지면 자기동 주파수가 저하되고 자기동 영역이 좁아진다. 관성부하가 크고 슬루 영역에서 운전이 필요할 경우에는 가속, 감속시킬 필요가 있다.

18.1.3 구동 회로

그림 18.8은 포트 B의 하위 4비트를 사용하여 스텝모터를 구동하는 회로를 보여준다. 각 포트의 출력이 HIGH일 때 트랜지스터가 ON이 되어 해당 극이 여자된다. 인덕턴스 소자(코일)는 스위칭이 일어날 때 매우 큰 전압이 발생하므로 코일 양단에 다이오드를 설치하여 회로를 보호한다(스텝모터의 전원 Vcc는 외부 전원을 사용하도록 하고 외부 전원의 접지와 마이크로컨트롤러의 접지는 서로 연결하여야 한다).

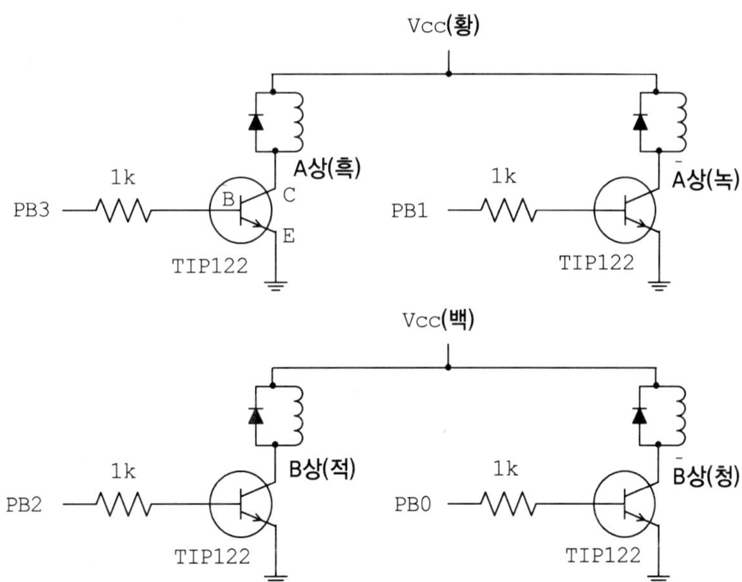

그림 18.8 구동 회로

▌표 18.1 ▌ 1상 여자 방식의 포트 값

순서	1상 여자 방식				포트 값
	A상	B상	/A상	/B상	
	PB3	PB2	PB1	PB0	PORTB
0	1	0	0	0	0x08
1	0	1	0	0	0x04
2	0	0	1	0	0x02
3	0	0	0	1	0x01
4	1	0	0	0	0x08
5	0	1	0	0	0x04
6	0	0	1	0	0x02
7	0	0	0	1	0x01

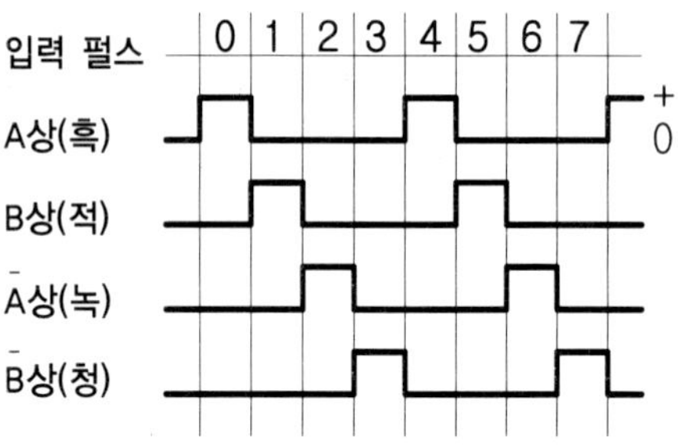

1상 여자 방식 펄스 시퀀스

▌표 18.2 ▌2상 여자 방식의 포트 값

순서	2상 여자 방식				포트 값
	A상	B상	/A상	/B상	
	PB3	PB2	PB1	PB0	PORTB
0	1	1	0	0	0x0C
1	0	1	1	0	0x06
2	0	0	1	1	0x03
3	1	0	0	1	0x09
4	1	1	0	0	0x0C
5	0	1	1	0	0x06
6	0	0	1	1	0x03
7	1	0	0	1	0x09

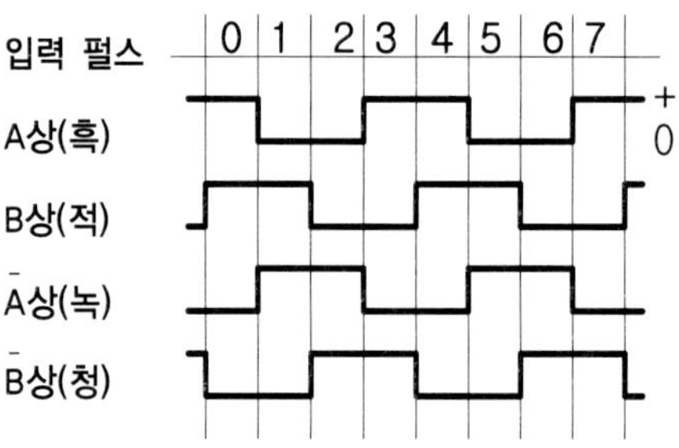

2상 여자 방식 펄스 시퀀스

▌표 18.3 ▌ 1-2상 여자 방식의 포트 값

순서	1-2상 여자 방식				포트 값
	A상	B상	/A상	/B상	
	PB3	PB2	PB1	PB0	PORTB
0	1	0	0	0	0x08
1	1	1	0	0	0x0C
2	0	1	0	0	0x04
3	0	1	1	0	0x06
4	0	0	1	0	0x02
5	0	0	1	1	0x03
6	0	0	0	1	0x01
7	1	0	0	1	0x09

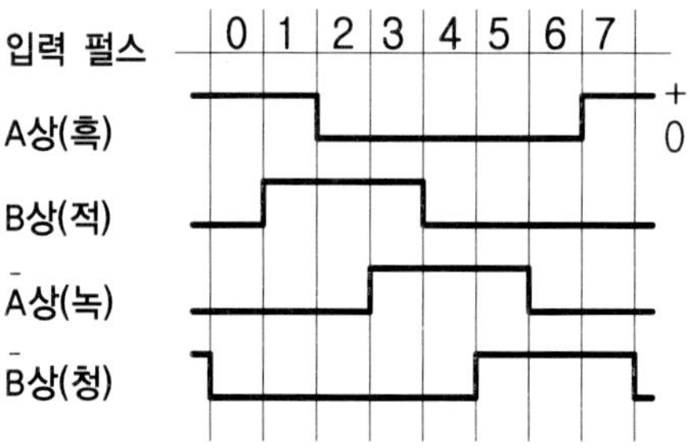

1-2상 여자 방식 펄스 시퀀스

18.2 스텝모터 구동 프로그램

18.2.1 펄스 출력 순서

표 18.1은 1상 여자 방식, 표 18.2는 2상 여자 방식으로 스텝모터를 구동할 때 출력해야 할 펄스 시퀀스로부터 포트 B로 출력하는 값을 보여주고 있다. 이로부터 정회전, 역회전에 대해 포트 B에 출력해야 할 데이터의 순서는 다음과 같다.

1상 여자 방식 :

정회전 시퀀스

0x08 → 0x04 → 0x02 → 0x01 → 0x08 → 0x04 → 0x02 → 0x01

역회전 시퀀스

0x08 ← 0x04 ← 0x02 ← 0x01 ← 0x08 ← 0x04 ← 0x02 ← 0x01

2상 여자 방식 :

정회전 시퀀스

0x0C → 0x06 → 0x03 → 0x09 → 0x0C → 0x06 → 0x03 → 0x09

역회전 시퀀스

0x0C ← 0x06 ← 0x03 ← 0x09 ← 0x0C ← 0x06 ← 0x03 ← 0x09

18.2.2 프로그램

18.2.1절로부터 일정한 패턴을 주기적으로 포트 B에 출력하면 스텝모터가 일정한 속도로 회전됨을 알 수 있다. 프로그램 관점에서 보면 일정한 패턴을 주기적으로 포트 A에 출력하여 LED의 패턴을 이동시키는 것과 같다. 따라서 LED 패턴 이동 프로그램인 6장의 프로그램 6.4에서 패턴을 표 18.1로 변경하고 출력 포트를 포트 B로 변경한 프로그램 18.1을 사용하면 스텝모터를 구동할 수 있다.

프로그램 18.1(프로그램 6.4의 변형)

```
#include <avr/io.h>
#include <util/delay.h>

void msec_delay(int n);
unsigned char pattern[8]
     = {0x08, 0x04, 0x02, 0x01, 0x08, 0x04, 0x02, 0x01};
int main()
{
     int i=0;                         // 패턴 인덱스
     DDRB  = 0xFF;                    // 포트 B를 모두 출력 포트로 설정
     PORTB = pattern[i];              // 처음 패턴으로 스텝모터에 출력
     while(1)                         // 무한루프
     {
          msec_delay(10);             // 0.01초 시간 지연
          if(++i==8)i=0;              // i를 증가하고 결과가 8이면 리셋
          PORTB = pattern[i];         // i-번째 패턴으로 출력
     }
}

void msec_delay(int n)
{
     for(; n >0; n--)                 // 1msec 시간 지연을 n회 반복
          _delay_ms(1);               // 1msec 시간 지연
}
```

- 표 18.2 또는 표 18.3을 사용하여 패턴을 구성하면 구동 방식을 바꿀 수 있다.
- 시간 지연을 변경하여 모터의 속도를 조절할 수 있다.
- 인덱스를 감소하도록 설정하면 회전 방향이 반대가 된다.

위 프로그램을 사용하면 스텝모터를 구동할 수는 있다. 하지만 모터의 위치 이동, 속도 변화 등 매우 다양한 스텝모터의 동작을 요구하는 응용 프로그램에서는 위와 같은 프로그램 방법은 적절하지 않다.

11장에서 작성한 LCD 구동 프로그램은 같이 관련 함수들을 하나의 파일에 작성함으로써 다른 응용 프로그램과는 독립적으로 사용할 수 있게 되었다. 이후 응용 프로그램에서 LCD 구동 파일인 lcd.c만 프로젝트에 포함시킴으로써 LCD를 쉽게 이용할 수 있었다. 이와 같은 프로그램 방법을 모듈화 프로그래밍이라 한다.

18.2.3 모듈화 프로그램

스텝모터를 구동하는 프로그램을 하나의 파일에 모두 작성하도록 하자. 스텝모터를 구동하고자 할 때는 이 파일을 프로젝트에 첨부하고 이 파일에서 제공하는 함수를 호출하여 모터를 구동하면 된다. 이처럼 하나의 파일에 필요한 모든 함수를 수록하여 독립적으로 사용할 수 있도록 하는 것을 프로그램의 모듈화라고 말하고 파일에서 제공하는 함수의 집합을 프로그램 모듈이라 말한다. 앞 장들에서 작성한 파일 lcd.c, keypad.c, button.c iseg7.c, rcservo.c, srcservo.c, mrcservo.c들은 모두 장치를 구동하기 위한 프로그램 모듈이다.

여기서는 스텝모터를 구동하는 스텝모터 구동 프로그램 모듈을 작성하여 보자. 모듈이 가져야 할 기능을 그림 18.9에 나타내었다. 여자 방식의 선택이 가능하고 1 스텝 정회전, 역회전 명령을 내릴 수 있고, 현재 스텝모터의 위치를 모듈로부터 얻을 수 있다.

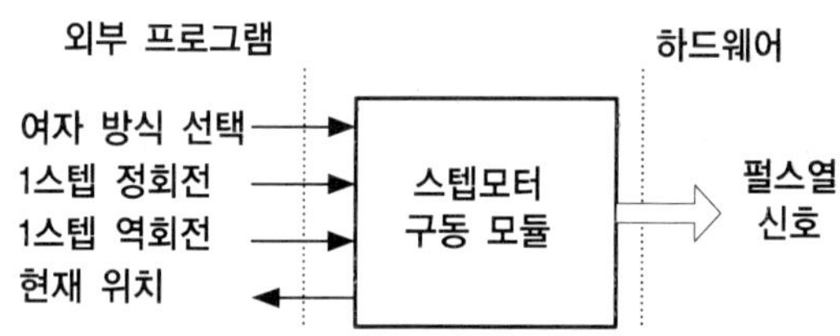

그림 18.9 스텝모터 모듈의 기능

모듈의 소스파일은 stepmotor.c, 헤더파일은 stepmotor.h로 하고 모듈의 접두어는 `Stepm`을 사용한다.

(1) 내부 데이터

여자 방식에 따라 정해진 펄스열을 포트에 출력해야 하므로 이를 배열에 저장한다. 그리고 18.2.1절에서 설명한 바와 같이 회전을 할 때마다 출력할 배열의 위치를 이동시키면 된다. 따라서 배열의 위치를 나타내는 변수가 하나 필요하다. 여기서는 `index`라는 변수를 사용한다. 아울러 현재 위치를 나타내는 변수 `position`을 도입한다. 이들 변수는 파일 내의 모든 함수에서 읽기/쓰기가 가능하도록 외부 정적 변수를 사용한다. 정적 변수를 사용하는 이유는 외부 파일의 함수가 이 데이터를 읽지 못하도록 하기 위함이다. 변수 `position`을 전역변수로 지정하면 외부에서 위치를 알 수 있지만, 아울러 외부에서 position값을 변경시킬 수 있어 모듈의 독립성이 상실된다.

```
#define N_PATTERN     8              // 펄스 패턴의 개수

static unsigned char phase1[N_PATTERN] =  // 1상 여자 방식
     {0x08, 0x04, 0x02, 0x01, 0x08, 0x04, 0x02, 0x01};
static unsigned char phase2[N_PATTERN] =  // 2상 여자 방식
     {0x0C, 0x06, 0x03, 0x09, 0x0C, 0x06, 0x03, 0x09};

static short index;                  // 현재 출력한 펄스의 인덱스
static short position;               // 현재 모터의 위치(스텝)
```

- phase1[], phase2[]는 각각 1상 여자, 2상 여자 방식에 대한 펄스 패턴을 저장한다.
- index는 현재 스텝모터에 출력해야 할 펄스 패턴을 가지고 있는 배열의 인덱스를 저장하고 있다. 즉 1상 여자 방식일 때 스텝모터에 현재 출력되는 펄스 패턴은 phase1[index]이다. index는 모터가 정회전하면 1 증가하지만 배열의 끝으로 가면 다시 0으로 돌아가는 순환 형태로 된다. 즉 정회전하면 0→1→2 → ...→7→0→...로 순환하여야 한다. 역회전일 경우 7→6→5→... →0 →7→6...순으로 순환하여야 한다.
- position 변수는 현재 스텝모터의 위치를 나타낸다. 이 변수는 정회전하면 스텝마다 1 증가하고 역회전하면 스텝마다 1 감소한다. index 변수와 달리 순환하지 않는다. 초기 위치에서 정회전 방향의 위치가 양이고 역회전 방향의 위치가 음이다. 따라서 이를 부호가 있는 변수로 선택하였다. 2바이트 변수이므로 -32768~32767 스텝까지 위치를 표시할 수 있다.

(2) 모듈 함수

초기화 함수 StepmInit()

초기화 함수에서 스텝모터의 구동 방식을 설정하기로 한다. 구동 방식에 따라 사용하여야 할 펄스 배열이 다르므로 포인터를 사용한다.

```
#define STEPMOTOR       PORTB       // 스텝모터를 연결한 포트
#define STEPDDR         DDRB
#define ONE_PHASE       1           // 1상 여자 방식
#define TWO_PHASE       2           // 2상 여자 방식

static unsigned char *pulse;        // 출력 배열을 가리키는 포인터

void StepmInit(unsigned char type)
{
    STEPDDR |= 0x0F;            // 포트의 하위 니블을 출력으로 방향 설정
    switch(type)
    {
        case ONE_PHASE:
            pulse = phase1;     // 1상 여자 방식 선택
            break;
        default:
            pulse = phase2;     // 2상 여자 방식 선택
            break;
    }

    index = 0;                  // 인덱스의 초기화
    position = 0;               // 위치의 초기화

    STEPMOTOR = pulse[0];       // 첫 펄스 패턴을 출력한다.
}
```

- 포인터 pulse를 도입하여 구동 방식에 따라 pulse가 다른 펄스 배열을 가리키도록 한다. 오른쪽 그림과 같이 pulse가 1상 여자 방식의 펄스 배열을 가리키도록 하면 pulse[index]는 1상 여자 방식의 펄스 배열의 phase1[index]와 동등하다. 마찬가지로 pulse가 2상 여자 방식의 펄스 배열을 가리키도록 하면 pulse[index]로 2상 여자 방식의 펄스열을 지정할 수 있다.

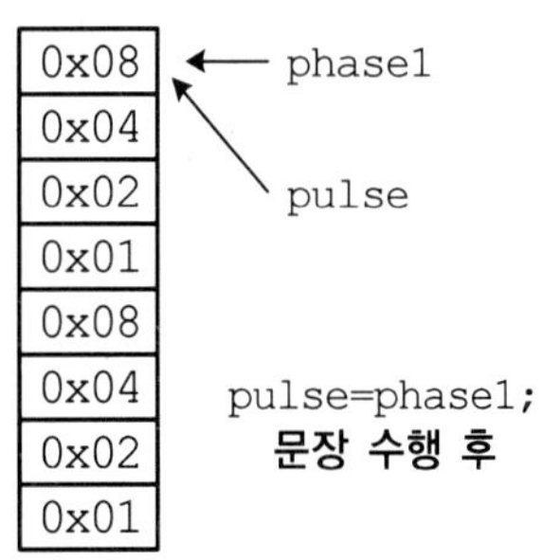

- 포인터 pulse의 형은 가리키고자 하는 배열과 같은 형이어야 한다.
- 인덱스와 위치를 초기화하고 모터에 첫 펄스 패턴을 출력한다.

1스텝 정회전 함수 StepmUp()

정회전시키기 위해서는 펄스열의 인덱스를 0, 1, 2, .., 7, 0, 1, 2,..순으로 이동시키면 된다. 아울러 위치를 1스텝 증가시킨다.

```
void StepmUp(void)
{
    // 인덱스를 증가한다.
    index++;
    if(index == N_PATTERN)          // 인덱스를 0,1,..,7,0,1,..
        index = 0;                  // 순으로 이동시킨다.

    STEPMOTOR = pulse[index];       // 포트에 펄스를 내보낸다.

    position++;                     // 1스텝 위치 증가
}
```

1스텝 역회전 함수 StepmDn()

과제

StepmDn() 함수를 작성하라.

현재 위치 출력 함수 StepmCurrentPos()

현재 스텝모터의 위치를 출력하는 함수이다. 위치를 인자 대신 반환값으로 출력한다.

```
short StepmCurrentPos()
{
    return position;
}
```

- 현재 위치는 position 변수가 가지고 있으므로 이 값을 반환한다.
- 함수를 사용하여 position값을 제공함으로써 외부에서 위치는 알 수 있지만 position값을 변경할 수는 없다.

소스파일 stepmotor.c는 앞의 함수들을 모아서 모듈화한 것이다. 스텝모터 모듈 stepmotor.c를 사용하면 프로그램 18.1의 동작은 다음 프로그램 18.2와 같이 작성하여 구현할 수 있다. 응용 프로그램을 작성하는 데 펄스 시퀀스와 같은 스텝모터의 내부적 사항을 알 필요가 없다.

프로그램 18.2

```
#include <avr/io.h>
#include <util/delay.h>
#include "stepmotor.h"

int main()
{
    StepmInit(ONE_PHASE);           // 1상 여자 방식 사용
    while(1)                        // 무한루프
    {
        msec_delay(10);             // 0.01초 시간 지연
        StepmUp();                  // 스텝모터 1스텝 이동
    }
}
void msec_delay(int n)
{
    for(; n >0; n--)                // 1msec 시간 지연을 n회 반복
        _delay_ms(1);               // 1msec 시간 지연
}
```

소스파일 stepmotor.c

```
//=============================================================
// stepmotor.c : 스텝모터 구동 모듈
//=============================================================
#include <avr/io.h>
#include "stepmotor.h"

#define STEPMOTOR       PORTB     // 스텝모터를 포트 B에 연결한다.
#define STEPDDR         DDRB
#define N_PATTERN       8         // 펄스 패턴 개수

// 여자 방식에 대한 펄스열
static unsigned char phase1[N_PATTERN]  =  // 1상 여자 방식
         {0x08, 0x04, 0x02, 0x01, 0x08, 0x04, 0x02, 0x01};
static unsigned char phase2[N_PATTERN]  =  // 2상 여자 방식
         {0x0C, 0x06, 0x03, 0x09, 0x0C, 0x06, 0x03, 0x09};

static unsigned char *pulse;      // 구동 방식에 따라 포트에
                                  // 출력할 배열을 가리키는 포인터
static short  index;              // pulse 배열의 인덱스
static short position;            // 현재 위치

//===========================================================
//   스텝모터 모듈을 초기화한다.
//
//   입력 : type - 스텝모터 구동 방식을 선택
//                 ONE_PHASE : 1상 여자 방식 선택
//                 그 외 경우  : 2상 여자 방식 선택
//===========================================================

void StepmInit(unsigned char type)
{
     STEPDDR |= 0x0F;            // 포트의 하위 니블을 출력으로 방향 설정
     switch(type)
     {
         case ONE_PHASE:
              pulse = phase1;   // 1상 여자 방식을 선택
              break;
         default:
              pulse = phase2;   // 디폴트로 2상 여자 방식 선택
     }
```

```
    index = 0;                    // 인덱스의 초기화
    position = 0;                 // 위치의 초기화

    STEPMOTOR = pulse[0];         // 첫 펄스 패턴을 출력한다.
}

//=====================================================
//   현재 스텝모터의 위치를 반환한다.
//
//   반환값 : 현재 스텝모터의 위치
//=====================================================

short StepmCurrentPos()
{
    return position;
}

//====================================================
//   스텝모터의 위치를 1스텝 정방향으로 이동한다.
//====================================================
//
void StepmUp(void)
{
    // 인덱스를 증가, 순환시킨다.
    index++;
    if(index == N_PATTERN)
        index = 0;

    STEPMOTOR = pulse[index]; // 포트에 펄스를 내보낸다.

    position++;                   // 1스텝 위치 증가
}

//====================================================
//   스텝모터의 위치를 1스텝 역방향으로 이동한다.
//====================================================

void StepmDn(void)
{
    // 과제
}
```

헤더파일 stepmotor.h

```
//=================================================================
// stepmotor.h : 스텝모터 모듈 헤더파일
//=================================================================

#ifndef __STEPMOTOR_H__
#define __STEPMOTOR_H__

//========================
// 구동 방식 선정
//========================
#define ONE_PHASE       1           // 1상 여자 방식
#define TWO_PHASE       2           // 2상 여자 방식
#define ONETWO_PHASE    3           // 1-2상 여자 방식

//========================
// 모듈함수
//========================
void  StepmInit(unsigned char type);
void  StepmUp(void);
void  StepmDn(void);
short StepmCurrentPos(void);

#endif
```

18.3 위치 이동 실습

스텝모터를 그림 18.8과 같이 연결한다. PC와 실습 보드를 그림 17.6과 같이 RS232C 케이블로 연결하고 윈도즈의 하이퍼터미널을 17.4.2절과 같이 수행한다.

프로그램 prac18-3.c는 하이퍼터미널에서 설정한 목적 위치까지 스텝모터를 이동시키는 프로그램이다. 필요한 프로그램 모듈은 lcd.c, usart0.c, 그리고 stepmotor.c이다.

과제

모듈 stepmotor.c는 1스텝 역회전시키는 함수가 작성되어 있지 않고, 적용 가능한 스텝모터의 구동 방식 1상 여자 방식과 2상 여자 방식이다. 1스텝 역회전 함수를 완성하고 아울러 1-2상 여자 방식으로도 구동이 가능하도록 프로그램을 수정한다. 그리고 여자방식을 변경하면서 모터를 회전시켜본다.

◆ **조건 연산자** `exp1 ? exp2 : exp3;`

이 문장은 exp1가 참이면 exp2를 수행하고 거짓이면 exp3를 수행한다. 프로그램 prac18-3.c에서

```
del_pos > 0 ? StepmUp() : StepmDn();
```

는

```
if(del_pos > 0)
        StepUp();
else
        StepDn();
```

과 동일하다. 매우 간편하게 표현할 수 있음을 알 수 있다.

조건 연산자에서 exp2와 exp3의 결과 값은 다른 변수에 저장할 수도 있다.

```
abs = x >= 0 ? x : -x;
```

이는

```
if(x >= 0)
    abs = x;
else
    abs = -x;
```

와 같다. 결과적으로 변수의 절대값을 계산하여 abs에 저장한다.

프로그램 prac18-3.c

```
//=========================================================
//  실습 18-3 : 스텝모터 위치 이동
//=========================================================
#include <avr/io.h>                     // I/O 레지스터 정의
#include <util/delay.h>                 // 시간 지연
#include <stdio.h>
                                        // 모듈 사용을 위한 헤더파일
#include "lcd.h"                        // LCD 제어 모듈
#include "usart.h"                      // 직렬 통신 모듈
#include "stepmotor.h"                  // 스텝모터 모듈

#define   DELAY       1                 // 시간 지연 1 msec

void msec_delay(unsigned int n);        // msec 단위 시간 지연 함수

int main()
{
     char  string[20];                  // LCD에 표시할 데이터 저장 버퍼
     short target_position;             // 목적지
     short del_pos;                     // 목적지와 현재 위치의 차이

     //=======================
     // 모듈을 초기화 한다.
     //=======================
     LcdInit();                         // LCD 초기화
     Usart0Init(38400);                 // 직렬 통신 초기화
     StepmInit(ONE_PHASE);              // 1상 여자 방식으로 초기화

     // 초기에는 목적 위치와 현재 위치를 같도록 한다.
     target_position = StepmCurrentPos();

     // LCD에 현재 위치 표시
     LcdMove(0, 0);   LcdPuts("Target  : ");
     LcdMove(1, 0);   LcdPuts("Position: ");
     sprintf(string, "%6d", target_position);
```

```
    LcdMove(1, 10); LcdPuts(string);

    while(1)
    {
        // 목적 위치를 키보드 입력으로 받는다.
        printf("목적 위치 입력(-32000~32000) : ");
        scanf("%d", &target_position);

        // 목적 위치를 LCD에 쓴다.
        sprintf(string, "%6d", target_position);
        LcdMove(0, 10); LcdPuts(string);

        // 모터를 목적 위치까지 회전시킨다.

        while((del_pos = target_position
                         - StepmCurrentPos()))
        {
          del_pos > 0 ? StepmUp() : StepmDn();
          msec_delay(DELAY);                // 속도 조절
        }

        // 현재 위치를 LCD에 표시한다.
        sprintf(string, "%6d", StepmCurrentPos());
        LcdMove(1, 10); LcdPuts(string);
    }
}

void msec_delay(unsigned int n)
{
    for(; n>0; n--)
        _delay_ms(1);
}
```

18.4 회전 속도 변환 실습

18.3절에서는 `msec_delay()` 함수를 호출하여 시간 지연을 주었다. 그러나 이 함수는 정확한 시간 지연을 주지 못하므로 실제 속도는 입력값과 다르다. 정확한 시간 지연을 위해서는 타이머를 사용하여야 한다. 프로그램 prac18-4.c는 타이머 인터럽트로 정확한 시간을 측정하여 스텝모터의 회전 속도를 제어하는 프로그램이다.

- sw0과 sw1을 사용하여 속도를 조절하고 sw2는 모터를 회전/정지시킬 때 사용한다. 스위치 회로는 그림 10.1과 같다.
- 스텝모터의 회전 속도는 펄스열의 출력 주파수와 동일하므로 프로그램에서는 출력 주기를 조절한다. 이는 타이머 1의 CTC 모드를 사용하여 펄스 출력 주기마다 비교일치 A 인터럽트를 걸게 하고 인터럽트 서비스루틴에서 스텝모터의 정회전, 역회전 함수를 호출하도록 하였다.
- 분주비를 8로 하였을 때 클록 당 시간은 0.5μsec이다. CTC 모드는 비교 레지스터 OCR1A로 TOP 값을 설정하므로 속도 변수 `vel`이 pps 단위로 주어질 때 OCR1A에 설정하여야 할 값은

```
OCR1A = (unsigned short) (2000000UL/vel);
```

  이다.
- 설정 속도가 양이면 정회전을 하고, 음이면 역회전을 한다.
- 설정 속도의 최저값은 타이머로 측정할 수 있는 최대 시간으로 결정되고 설정 속도의 최고값은 스텝모터의 탈조 속도에 의해 결정된다. 8분주일 때 타이머 1로 측정할 수 있는 최대 시간은 약 32msec이므로 최저 속도는 1000/32pps이다. 프로그램에서는 최저 속도를 50pps, 최고 속도를 2000pps로 설정하였다.

실습
구동 방식을 변화하면서 프로그램 prac18-4.c를 수행하라. 필요한 프로그램 모듈은 lcd.c, button.c, 그리고 stepmotor.c이다.

과제

그림 18.7에서와 같이 자기동 영역과 슬루 영역에서 모터의 탈조 속도는 다르다. 이를 확인하여 보도록 한다.

- 모터를 정지 상태에서 회전 속도를 설정한 후 모터를 회전시킨다. 이 방법으로 회전 속도를 변화시키면서 관찰하면 탈조 속도를 구할 수 있다. 이때 탈조 속도는 자기동 영역에서 탈조 속도이다.
- 모터가 회전하고 있는 상태에서 회전 속도를 서서히 변화시키면서 모터의 움직임을 관찰하면 슬루 영역에서 모터의 탈조 속도를 구할 수 있다.

탈조 속도를 구하고 비교 검토하라.

◆ **매크로 함수**

이제까지 매크로는 문장을 대체하는 용도로만 사용하였다. 그러나 프로그램 prac18-4.c에서와 같이 매크로를 인자를 넘길 수 있는 함수와 유사하게 사용할 수 있다. 인자를 사용하여 정의하는 매크로를 매크로 함수라 한다.

부호가 있는 변수의 절대값을 계산하는 문장을 고려해보자. 이는 조건 연산자를 사용하여 다음과 같이 표시할 수 있다.

```
y = a >= 0 ? a : -a ;          // y는 a의 절대값을 저장
```

이는 다음 매크로 함수를 정의하면

```
#define ABS(x)      x >= 0 ? x : -x      // 절대값
```

위 문장은 `y = ABS(a);`로 표시할 수 있다. 매크로 함수는 매크로의 본래 기능인 문장을 대체하면서 인자로 표시된 표현(여기서는 a)으로 정의의 인자 표현(여기서는 x)을 대체한다. 따라서

```
ABS(a)  <====>     a >= 0 ? a : -a
```

이므로

```
y=ABS(a); <====> y = a >= 0 ? a : -a ;
```

이다.

위 두 문장을 비교하면 좌측의 "y=ABS(a);"는 “변수 y는 변수 a의 절대값을 취한다.”는 의미를 명확히 알 수 있다.

◆ **매크로 함수를 사용할 때 주의할 점**

위에서 정의한 매크로 ABS(x)는 x의 절대값을 구하기 위해 정의하였다. 다음 문장을 고려해보자.

```
y = ABS(a+1);
```

이는 매크로의 정의에 따라 다음과 같이 대체된다.

```
y = a+1 >= 0 ? a+1 : -a+1 ;
```

a+1<0일 때 절대값은 -(a+1)이어야 하나 위 문장에서는 -a+1로 계산하여 틀린 값을 얻게 된다. 이와 같은 문제점을 피하기 위해 매크로 함수를 정의할 때 괄호를 사용하여 다음과 같이 정의하여야 한다.

```
#define ABS(x)          (x)>=0 ? (x) : -(x)
```

이와 같이 매크로 함수를 정의하면 "y=ABS(a+1);"은 다음과 같이 대체되어 올바른 계산을 하게 된다.

```
y = (a+1)>=0 ? (a+1) : -(a+1);
```

◆ **함수와 매크로 함수**

앞에서 설명한 매크로 함수는 일반 함수로도 같은 기능을 하도록 작성할 수 있다. 그러나 매크로 함수는 단순히 문장을 대체하는 것이므로 일반 함수보다 실행 속도가 빠르다. 하지만 복잡한 기능을 요구하는 함수를 매크로 함수로 작성하기가 힘들다.

◆ **자주 사용하는 매크로 함수**

```
#define ABS(x)          (x)>=0 ? (x) : -(x)    // 절대값
#define SIGN(x)         (x)< 0 ?  -1  :  1     // 부호
#define MAX(x,y)        (x)>(y) ? (x) : (y)    // 최대값
#define MIN(x,y)        (x)<(y) ? (x) : (y)    // 최소값
#define BIT_SET(x,n)    (x) |= 1<<(n)          // 변수 x의
                                               // 비트 n을 세트
#define BIT_CLEAR(x,n)  (x) &= ~(1<<(n))       // 변수 x의
                                               // 비트 n을 리셋
```

프로그램 prac18-4.c

```
//===========================================================
//  실습 18-4 : 스텝모터 속도 제어
//===========================================================

#include <avr/io.h>                    // I/O 레지스터 정의
#include <avr/interrupt.h>
#include <util/delay.h>
#include <stdio.h>
                                       // 모듈 사용을 위한 헤더파일
#include "lcd.h"                       // LCD 제어 모듈
#include "button.h"                    // 버튼 입력 모듈
#include "stepmotor.h"                 // 스텝모터 모듈

#define MAX_SPEED   2000               // 2000 pps 속도(최고 속도)
#define MIN_SPEED   50                 // 50 pps 속도(최저 속도)
#define ABS(x)      (x)>=0 ? (x) : -(x)         // 절대값
#define SIGN(x)     (x)<0 ? -1 : 1              // 부호

//===========================================================
// 타이머/카운터 1 비교일치 A 인터럽트 서비스루틴
//===========================================================
static volatile short direction=0;          // 스텝모터의 회전 방향

ISR(TIMER1_COMPA_vect)
{
    direction >= 0 ? StepmUp() : StepmDn();
}

int main()
{
    char string[20];                   // LCD에 표시할 데이터 저장 버퍼
    char button;                       // 버튼 입력
    unsigned char stop;                // 정지 플래그
    short vel_set = 500;               // 속도 설정값(pps)
    short vel;                         // 속도(양: 정회전, 음: 역회전)

    //=======================
    // 모듈을 초기화한다.
    //=======================
    BtnInit();
```

```
    LcdInit();                          // LCD 초기화
    StepmInit(ONE_PHASE);               // 스텝모터 모듈 초기화

    // LCD에 시간 지연 표시
    LcdMove(0, 0);  LcdPuts("Motor   : ");
    LcdMove(1, 0);  LcdPuts("Vel(pps): ");

    //================================
    //   타이머/카운터 1을 초기화한다.
    //================================
    TCCR1A = 0x00;                      // CTC 모드(OCR1A로 TOP 선택)
    TCCR1B = 0x08;                      // WGM13:0=4, 타이머 정지

    direction = SIGN(vel_set); // 모터의 회전 방향
    OCR1A = (unsigned short) (2000000UL/ABS(vel_set);  // TOP 설정

    // 인터럽트 설정
    TIMSK  |= (1<<OCIE1A);              // 타이머 1 비교일치 A 인터럽트 허용
    sei();                              // 전역 인터럽트 허용

    stop = 1;               // 모터가 정지된 상태에서 시작
                            // 타이머가 정지 상태이므로 모터는 정지 상태임
    while(1)
    {
        // 모터의 회전 상태를 표시한다.
        LcdMove(0, 10);
        stop ? LcdPuts("Stop   ") : LcdPuts("Rotate");

        // 설정 속도를 LCD에 표시한다.
        sprintf(string, "%6d", vel_set);
        LcdMove(1, 10); LcdPuts(string);

        // 입력을 기다림
        while((button=BtnInput()) == NO_BTN);

        // 속도를 변경함
        switch(button)
        {
        case BTN_SW0:
            vel_set += 50;      // 50 pps 증가
```

```
                if(vel_set>  MAX_SPEED) vel_set=MAX_SPEED;
                break;
            case BTN_SW1:
                vel_set -= 50;          // 50 pps 감소
                if(vel_set< -MAX_SPEED) vel_set=-MAX_SPEED;
                break;
            case BTN_SW2:               // 모터 정지, 회전 토글
                stop = !stop;           // 토글
                if(stop)
                    TCCR1B &=~(7<<CS10);    //타이머 정지
                else
                    TCCR1B |=(2<<CS10);     //8분주로 타이머 시작

                break;                  // 모터 동작 <=> 타이머 시작
            default:
                break;
            }

            vel = ABS(vel_set);         // 속도의 절대값을 얻는다.
            if(vel < MIN_SPEED) vel = MIN_SPEED;

            cli();                      // 전역 인터럽트 금지
            direction = SIGN(vel_set);          // 모터의 회전 방향

            // 인터럽트 주기 설정 <==> 속도 조절
            OCR1A = (unsigned short) (2000000UL/vel);
            sei();
        }
}
```

CHAPTER

19

DC 모터 구동

이 장에서는 H-bridge를 사용하여 PWM 신호로 DC 모터(직류 모터)의 정회전/역회전하는 방법과 포토 인터럽터를 사용하여 DC 모터의 회전속도를 측정하는 방법을 배운다. 이 실습에서 사용한 방법은 마이크로컨트롤러를 사용하여 DC 서보 모터를 구성하는 기초가 된다.

19.1 포토 인터럽터(Photo-interrupter)를 사용한 회전 속도 측정

그림 19.1은 포토 인터럽터의 구조와 작동 원리를 보여준다. 포토 인터럽터는 발광 다이오드와 포토 트랜지스터로 구성되어 있다. 발광 다이오드에서 빛을 발생시키며 이 빛이 포토 트랜지스터의 베이스에 닿으면 베이스에 전류가 흐르게 되어 트랜

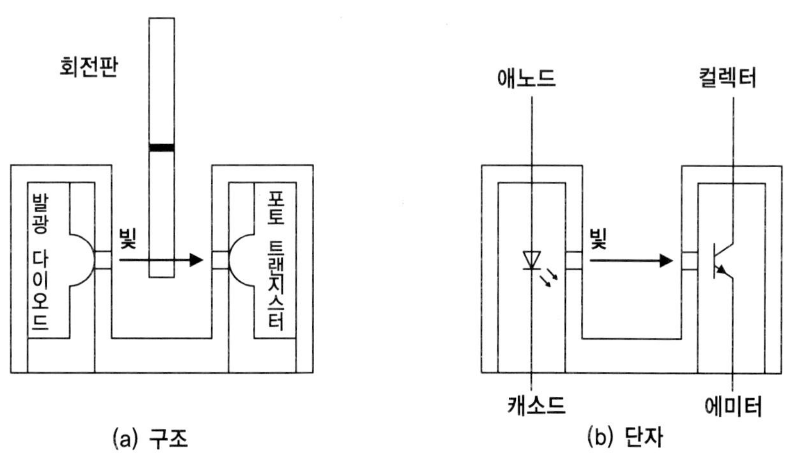

그림 19.1 포토 인터럽터

지스터가 켜지게 된다. 그림 19.1(a)와 같이 회전판이 발광 다이오드의 빛을 차단/통과하도록 하면 회전판의 회전 속도를 알 수 있다.

그림 19.2(a)와 같은 회전판을 모터 축에 연결하고 그림 19.2(b)와 같이 포토 인터럽터 회로를 구성하자. 회전판이 빛을 통과시키면 포토 트랜지스터의 베이스에 전류가 흘러 트랜지스터가 켜지며 따라서 출력을 0V가 된다. 회전판이 빛을 차단하면 포토 트랜지스터가 꺼지며, 즉 전류가 흐르지 않아 출력 단의 전압은 5V가 된다. 그림 19.2(a)의 회전판은 1회전 당 4번 빛을 차단하게 되므로 그림 19.2(c)와 같은 파형이 출력에서 관찰된다. 이 파형의 펄스의 개수를 13.3절 또는 13.4절의 방법을 사용하여 측정하면 모터의 회전수를 알 수 있다.

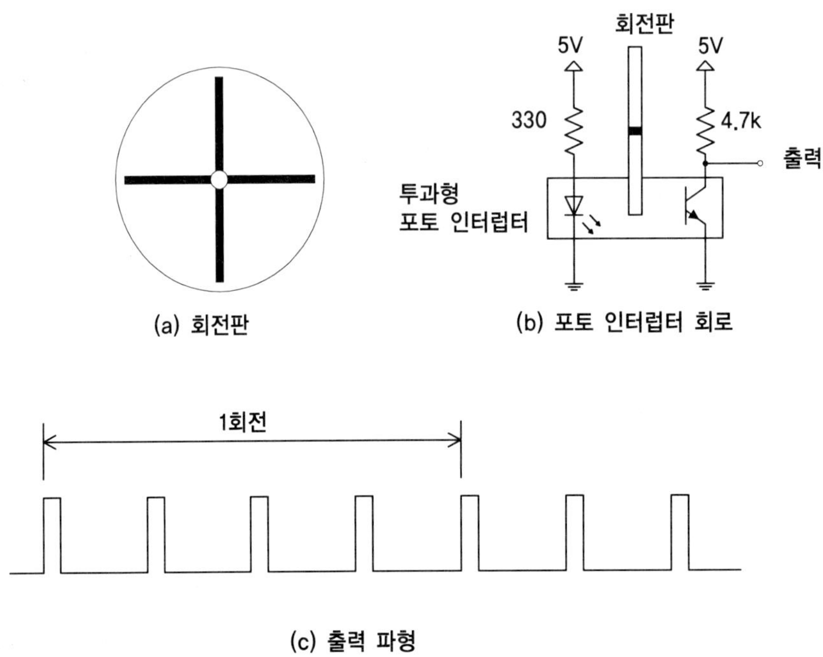

그림 19.2 모터의 회전수 측정

19.2 모터의 정회전/역회전 구동

그림 19.3은 PNP 트랜지스터를 스위치로 사용하는 회로를 보여준다. 모터는 트랜지스터의 컬렉터에 연결한다. PNP 트랜지스터는 베이스 전압이 에미터 전압보다 낮으면 트랜지스터가 켜지게 되므로 베이스에 5V 전압을 가하면 모터가 꺼지고 베이스에 0V 전압을 가하면 모터가 켜지게 된다.

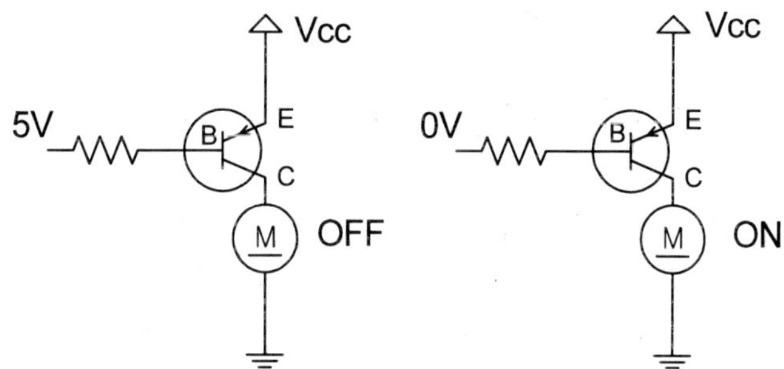

그림 19.3 PNP 트랜지스터를 사용한 스위칭

그림 19.4는 NPN 트랜지스터를 스위치로 사용하는 회로를 보여준다. 모터는 트랜지스터의 컬렉터에 연결한다. NPN 트랜지스터는 베이스 전압이 에미터 전압보다 높으면 트랜지스터가 켜지게 되므로 그림 19.3과는 달리 베이스에 0V 전압을 가하면 모터가 꺼지고 베이스에 5V 전압을 가하면 모터가 켜지게 된다.

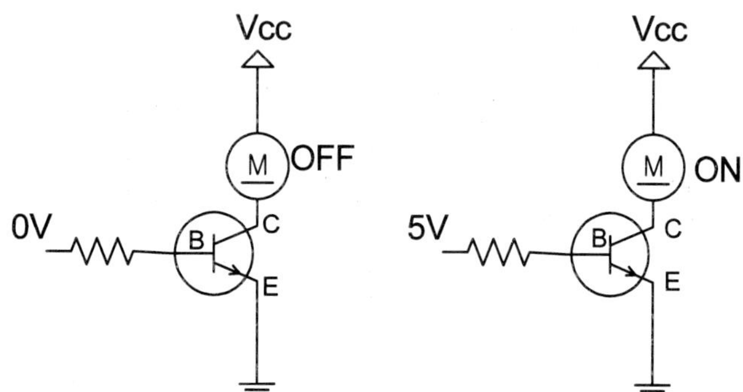

그림 19.4 NPN 트랜지스터를 사용한 스위칭

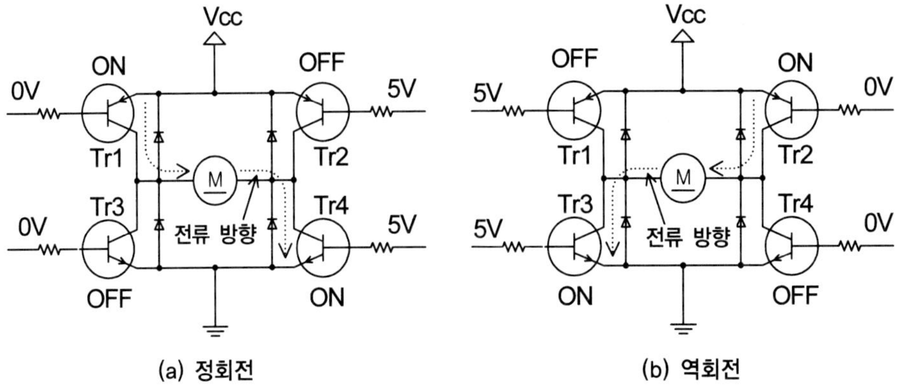

그림 19.5 H-bridge 회로를 사용한 DC 모터의 정회전/역회전

이와 같은 특성을 이용하여 그림 19.5와 같이 PNP, NPN 트랜지스터 각 2개로 H-bridge를 구성하면 단일 전원으로 DC 모터를 정회전/역회전시킬 수 있다. 위의 두 트랜지스터는 PNP형이고 아래 두 트랜지스터는 NPN형이다. 그림 19.5(a)는 정회전할 때 신호로, Tr1은 PNP형이므로 베이스에 0V를 가해 Tr1을 켜고, Tr4는 NPN형이므로 베이스에 5V를 가해 Tr4를 켠다. Tr2와 Tr3는 꺼진다. 따라서 전류는 그림 19.5(a) 방향으로 흐르게 되어 모터가 정회전하게 된다. 그림 19.5(b)는 정회전할 때와는 반대로 역회전할 때 신호로 Tr1과 Tr4를 끄고 Tr2와 Tr3를 켠다. 따라서 전류는 정회전과는 반대로 흐르게 되고 모터는 역회전한다.

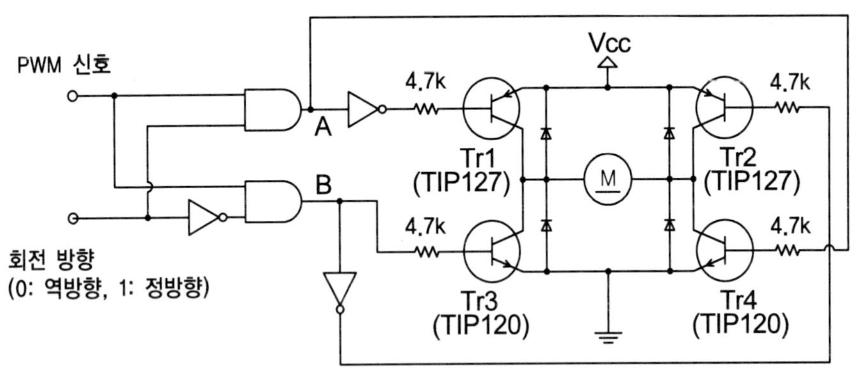

그림 19.6 모터의 구동 회로

그림 19.6은 모터 구동 회로를 보여주고 그림 19.7은 PWM 신호와 회전 방향 신호에 따른 그림 19.6의 A점, B점 그리고 각 트랜지스터의 상태를 보여준다.

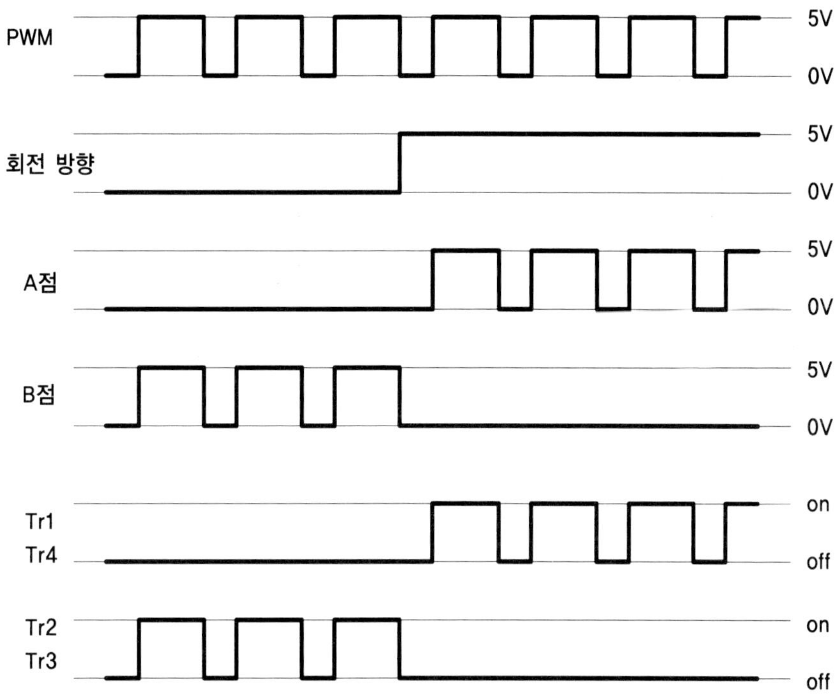

그림 19.7 각 점에서의 신호 형태

19.3 실습

(1) 그림 19.2(a) 같은 회전판을 만들고 소형 DC 모터에 장착한다. 소형 모터의 전원 Vcc는 외부 전원을 사용하고 외부 전원의 접지와 마이크로컨트롤러의 접지를 서로 연결한다.

(2) 그림 19.2(b)와 같이 회로를 구성하고 포토 인터럽터의 출력 단을 ATmega128 보드의 T3(PE6) 핀에 연결한다.

(3) 그림 19.6과 같이 회로를 구성하고 ATmega128 보드의 OC0(PB4)에 PWM 신호를 PB5 핀에 회전 방향 신호를 출력하도록 연결한다.

과제

1. 8.4.2절의 PWM 신호 출력 프로그램과 13.3절의 펄스 개수 측정 프로그램을 이용하여 모터의 속도와 방향을 가변하면서 모터의 속도, 설정 듀티비를 LCD에 표시하는 프로그램을 작성하라. 속도와 방향은 그림 10.1의 스위치 회로를 사용하여 설정하도록 한다. 단 PWM 신호는 Phase Correct 모드를 사용하여 생성하고 주파수는 1kHz 이상으로 하도록 한다.
2. 모터를 회전시키면서 포토 인터럽터의 출력 단을 오실로스코프로 측정하여 그림 19.2(c)와 같은 출력 파형이 나오는지 관찰하고 모터의 회전 속도를 계산하라. 이 값과 LCD 표시 값을 비교하여 LCD에 표시되는 모터 회전 속도의 정확성을 판단하라.
3. PWM 신호의 듀티비에 따른 모터의 속도를 관찰하고, 듀티비와 속도의 관계를 그래프로 표시하라.

CHAPTER

20

마이크로컨트롤러의 공압 응용

20.1 스탬핑 자동 기계

그림 20.1과 같이 공압 실린더를 사용하여 직육면체의 소재에 스탬핑 작업을 하는 전용 자동 기계를 제어하도록 하여보자.

공압 실린더는 솔레노이드를 ON/OFF 시킴으로서 팽창과 수축을 한다. 실린더 A에는 솔레노이드 A가 있으며 솔레노이드 A를 ON하면 실린더가 팽창하고 OFF하면 수축한다. 실린더 B와 C에도 각각 솔레노이드 B와 C가 있으며 실린더 A와 같은 방법으로 솔레노이드의 ON/OFF 동작이 적용된다.

자동 기계의 동작은 다음을 따르도록 한다.

(1) 소재는 중력식 소재 공급기에 의해서 공급되고 실린더에 의해 소재 이송 및 클램핑→스탬핑→축출 순서로 순차 작업이 이루어지도록 한다.

(2) 작업은 시작용 수동 푸시 버튼을 순간 조작함으로써 시작되고, 10 사이클이 완료되면 초기 위치에서 정지해야 한다.

(3) 작업 중에 리셋 버튼을 누르면 하던 동작을 멈추고 모든 실린더는 초기 위치로 돌아가야 한다.

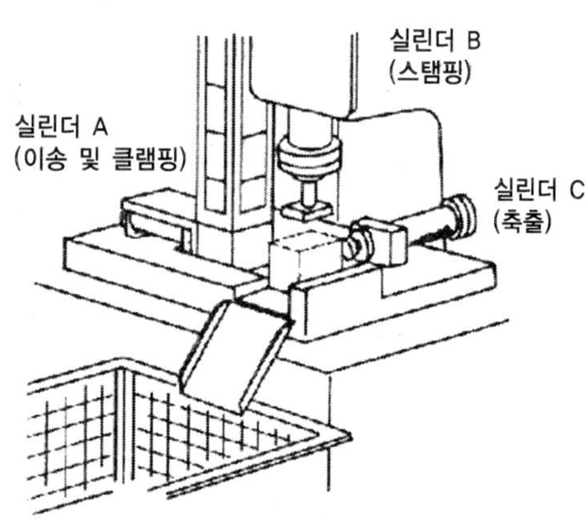

그림 20.1 스탬핑 자동 기계

20.2 구동 시퀀스

각 실린더의 위치를 알기 위해 실린더의 양단에 리밋 스위치를 설치하고 이를 각각 a0, a1, b0, b1, c0, c1이라 하자. 요구된 동작을 하기 위한 솔레노이드 동작과 스위치 상태는 그림 20.2로 표현된다.

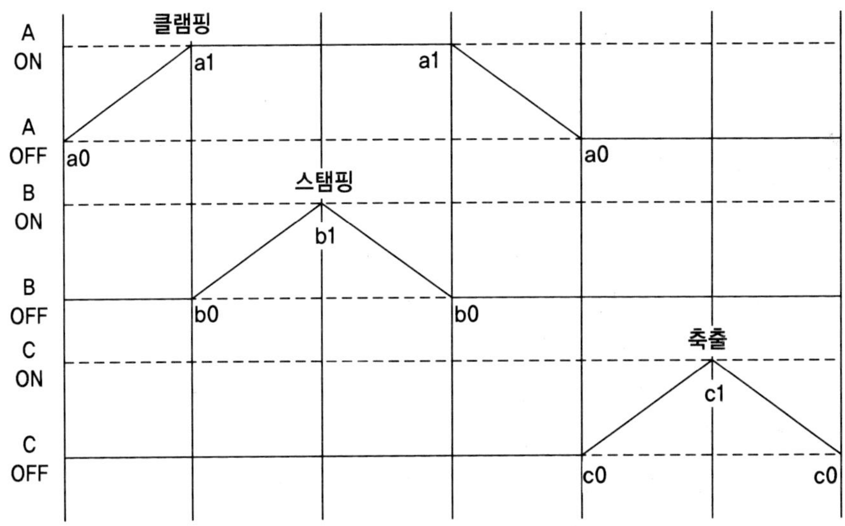

그림 20.2 한 사이클의 동작 시퀀스

(1) 솔레노이드 A, B, C를 OFF하여 모든 실린더를 홈으로 옮긴다.

(2) 스타트 스위치를 누르면 작업을 시작한다.

(3) 클램핑 : 솔레노이드 A를 ON하여 클램핑을 시작하고 스위치 a1이 ON될 때까지 기다린다. ==> 클램핑 완료

(4) 스탬핑 : 솔레노이드 B를 ON하여 스탬핑을 시작하고 스위치 b1이 ON될 때까지 기다린다. ==> 스탬핑 완료

(5) 축출 :

(가) 솔레노이드 B를 OFF하여 스탬핑을 풀고 스위치 b0가 ON될 때까지 기다린다.

(나) 솔레노이드 A를 OFF하여 클램프을 풀고 스위치 a0가 ON될 때까지 기다린다.

(다) 솔레노이드 C를 ON하여 축출을 시작하고 스위치 c1이 ON될 때까지 기

다린다.

(라) 솔레노이드 C를 OFF하여 축출 실린더를 원위치로 돌리고 스위치 c0가 ON될 때까지 기다린다.

(6) 10 사이클을 행하였으면 과정 (2)로 돌아간다.

(7) 공정 중에 리셋 스위치를 누르면 작동 중인 공정을 멈추고 과정 (1)로 돌아간다.

20.3 솔레노이드 구동

- 마이크로컨트롤러 출력 포트로는 솔레노이드를 직접 구동할 수 없다(전류 부족).
- 그림 20.3과 같이 트랜지스터를 전자스위치로 사용하여 솔레노이드를 구동한다.

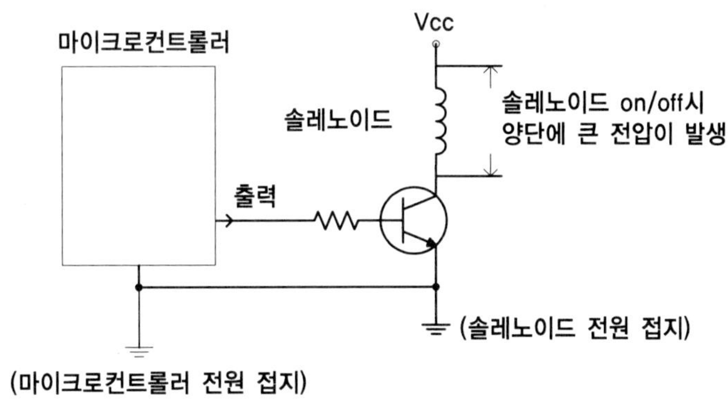

그림 20.3 솔레노이드의 구동

시스템 내에서 서로 다른 전원을 사용할 때 각 전원의 접지는 서로 연결하여야 한다. 따라서 마이크로컨트롤러의 전원 접지와 솔레노이드 전원의 접지를 서로 연결하여야 한다.

- 솔레노이드는 특성 상 ON/OFF될 때 양단에 매우 큰 전압이 유기되어 트랜지스터를 파괴할 수 있다. 트랜지스터를 보호하기 위해 그림 20.4와 같이 솔레노이드 양단에 다이오드를 설치한다. 이러한 다이오드를 프리-휠(Free-Wheel) 다이오드라 한다.

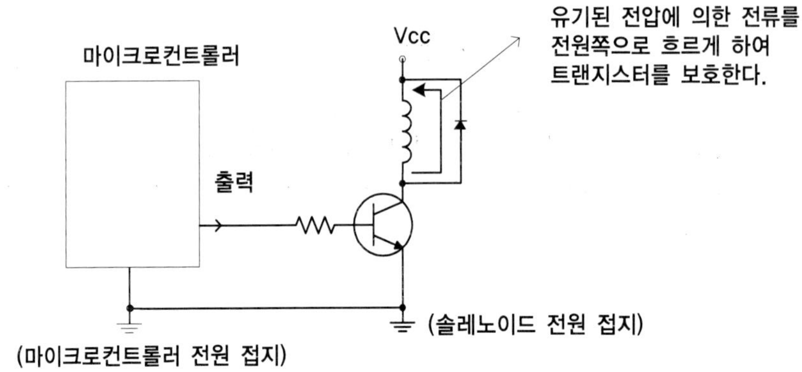

그림 20.4 프리-휠 다이오드 설치

- 솔레노이드를 ON/OFF시킬 때 큰 전압이 발생하므로 솔레노이드 전원부에 큰 잡음이 발생한다. 마이크로컨트롤러 전원 접지와 솔레노이드 전원 접지가 서로 연결되어 있으므로 이 잡음이 마이크로컨트롤러의 전원부에 전달되어 마이크로컨트롤러를 오동작시킬 수 있다.
- 이를 방지하기 위해 서로의 전원을 격리시킬 필요가 있다(두 전원의 접지를 연결하지 않도록 하여야 한다).
- 전원의 격리를 위해 포토 커플러(Photocoupler)를 사용한다. 포토 커플러는 그림 20.5와 같이 포토 트랜지스터(Photo Transistor)와 발광 다이오드(LED)로 구성되어 있다.

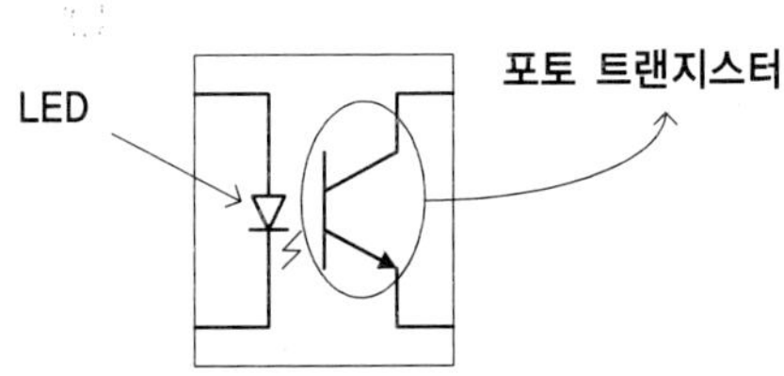

그림 20.5 포토 커플러

포토 트랜지스터는 베이스에 빛이 가해지면 ON이 된다. 따라서 포토커플러에서는 LED를 제어하여 포토 트랜지스터를 ON/OFF한다. 그림 20.6과 같이 신호가 빛으로 전달되므로 LED를 켜는 전원과 포토 트랜지스터의 전원의 접지를 서로 연결할 필요가 없다. ==> LED의 전원과 포토 트랜지스터의 전원을 서로 격리한다.

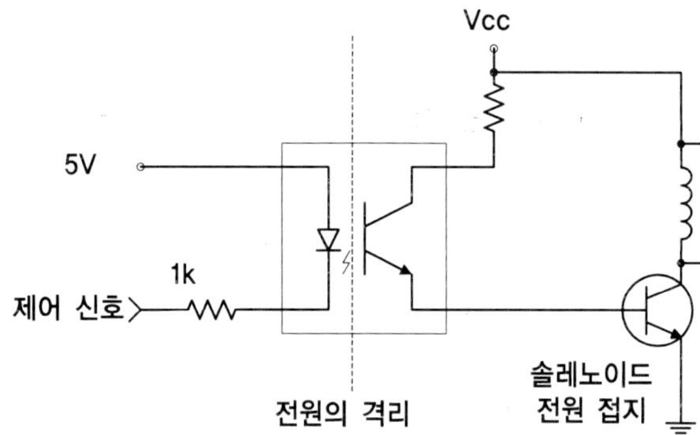

그림 20.6 포토 커플러를 사용한 솔레노이드 구동회로

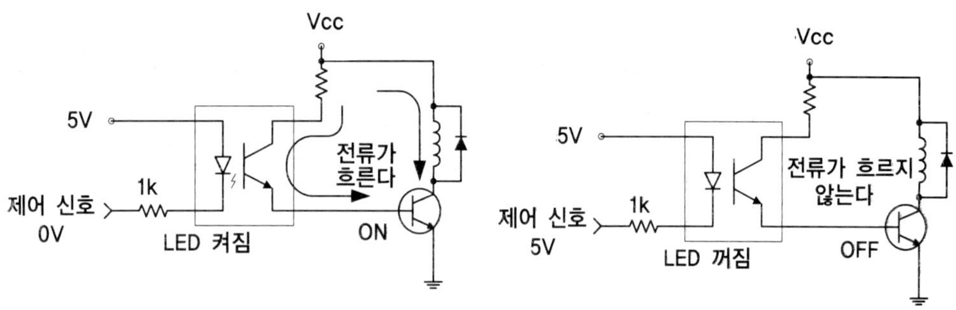

(a) 솔레노이드 ON (b) 솔레노이드 OFF

그림 20.7 제어 신호에 따른 솔레노이드 동작

- 그림 20.7(a)와 같이 제어 신호가 0V이면 LED가 켜지고 따라서 포토 트랜지스터가 켜진다. 포토 트랜지스터를 따라 흐르는 전류는 솔레노이드 구동 트랜지스터를 ON시켜서 솔레노이드가 ON된다.
- 그림 20.7(b)와 같이 제어 신호가 5V이면 LED가 꺼지고 따라서 포토 트랜지스터는 꺼진다. 솔레노이드 구동 트랜지스터의 베이스에 전류가 흐르지 않아 솔레노이드 구동 트랜지스터는 OFF가 되고 결과적으로 솔레노이드는 OFF가 된다.
- 그림 20.4와 그림 20.6의 회로를 결합하여 그림 20.8과 같이 마이크로컨트롤러로 솔레노이드를 제어하는 회로를 구성한다.

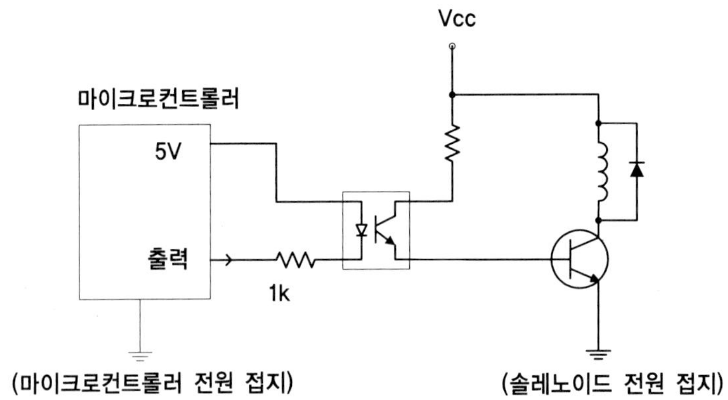

그림 20.8 포토커플러를 사용한 마이크로컨트롤러와 솔레노이드 연결

- 마이크로컨트롤러에서 0V를 출력하면 LED가 켜지고 솔레노이드 구동 트랜지스터의 베이스에 전류가 흘러 솔레노이드가 여자된다.
- 마이크로컨트롤러에서 5V를 출력하면 LED가 꺼지고 솔레노이드 구동 트랜지스터의 베이스에 전류가 흐르지 않아 솔레노이드가 꺼진다.

20.4 전압 레벨이 다른 신호를 입력받기

산업현장에서 사용하는 시스템은 전원으로 5V보다는 24V 직류 전원을 주로 사용한다. 다음 그림과 같이 그림 6.6의 스위치 입력 회로와 그림 19.2(b)의 포토 인터럽

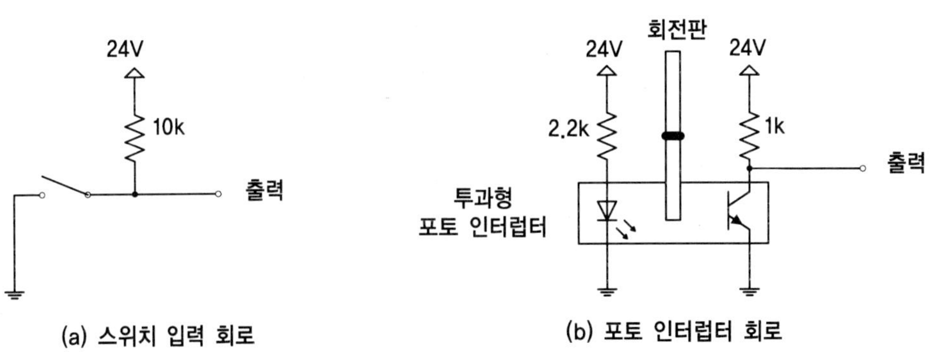

그림 20.9 24V 전원을 사용한 입력 회로

터 회로를 그림 20.9처럼 24V 전원을 사용할 때를 고려하여 보자.

그림 20.9(a)에서는 스위치가 열렸을 때 출력은 24V이고 그림 20.9(b)에서는 트랜지스터가 꺼졌을 때 출력은 24V이다. 이 전압 레벨은 마이크로컨트롤러가 받아들일 수 없어 마이크로컨트롤러가 다룰 수 있는 5V 전압 레벨 신호로 변환하여야 한다. 앞의 20.3절에서 사용하였던 포토 커플러를 사용하면 24V 신호를 5V 신호로 변환할 수 있을 뿐 아니라 대잡음 성능을 높일 수 있다. 24V 전원은 잡음 요인인 모터의 회전, 솔레노이드 구동 등에 사용되므로 잡음이 발생할 여지가 매우 크다. 포토 커플러를 사용하면 앞 절에서 언급한 바와 같이 24V 전원과 마이크로컨트롤러의 5V 전원이 격리되므로 24V 전원을 통해 들어올 수 있는 잡음이 마이크로컨트롤러에 전달되는 것을 차단할 수 있다.

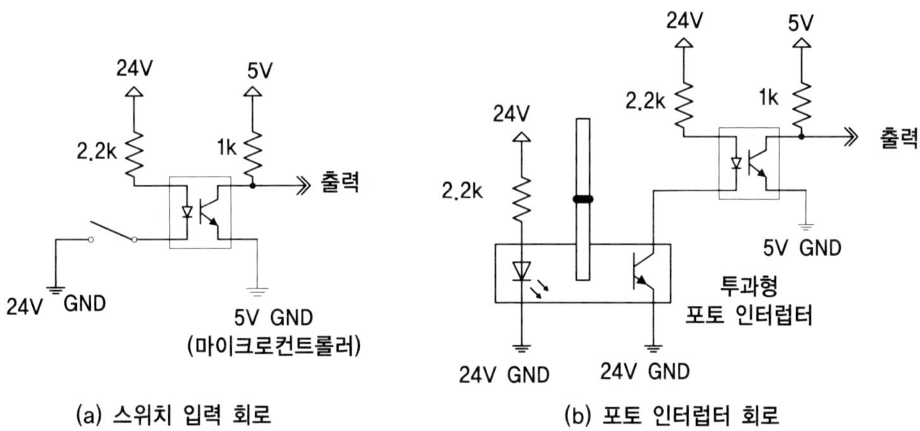

그림 20.10 포토 커플러를 사용한 입력 회로

그림 20.10은 포토 커플러를 사용하여 스위치 입력과 포토 인터럽터 회로를 구성한 것이다.

- 그림 20.10(a)에서 스위치가 열려 있으면 포토 커플러의 LED는 꺼지고 따라서 포토 트랜지스터는 꺼진 상태가 되어 출력은 5V가 된다. 스위치가 닫히면 LED가 켜져서 포토 트랜지스터가 켜지고 5V 전원에 1kΩ 저항을 통하여 전류가 흐른다. 따라서 출력은 0V가 된다(실제로는 0V가 아니고 포토 트랜지스터의 에미터와 컬렉터 사이의 전압이 된다. 그러나 이 전압은 마이크로컨트롤러가 논리 0으로 받아들이는 신호이므로 편의상 0V라고 하였다).
- 그림 20.10(b)도 같은 방법으로 출력 신호가 발생된다.

20.5 공압 회로 구성을 위한 인터페이스 회로

공압 실린더의 상태를 알기 위한 리밋 스위치 회로는 그림 20.11과 같이 구성한다. 시스템의 제어 버튼인 Start/Reset 버튼도 24V 전원을 사용하여 같은 방법으로 구성하였다.

기계 동작에 필요한 솔레노이드를 구동하기 위하여 포토 커플러를 사용하여 그림 20.12와 같이 회로를 구성한다. 여기서는 24V 구동 솔레노이드를 사용한다. 마이크로컨트롤러를 구동하는 5V 전원과 솔레노이드를 구동하는 24V 전원은 전기적으로 격리되어 있어야 한다.

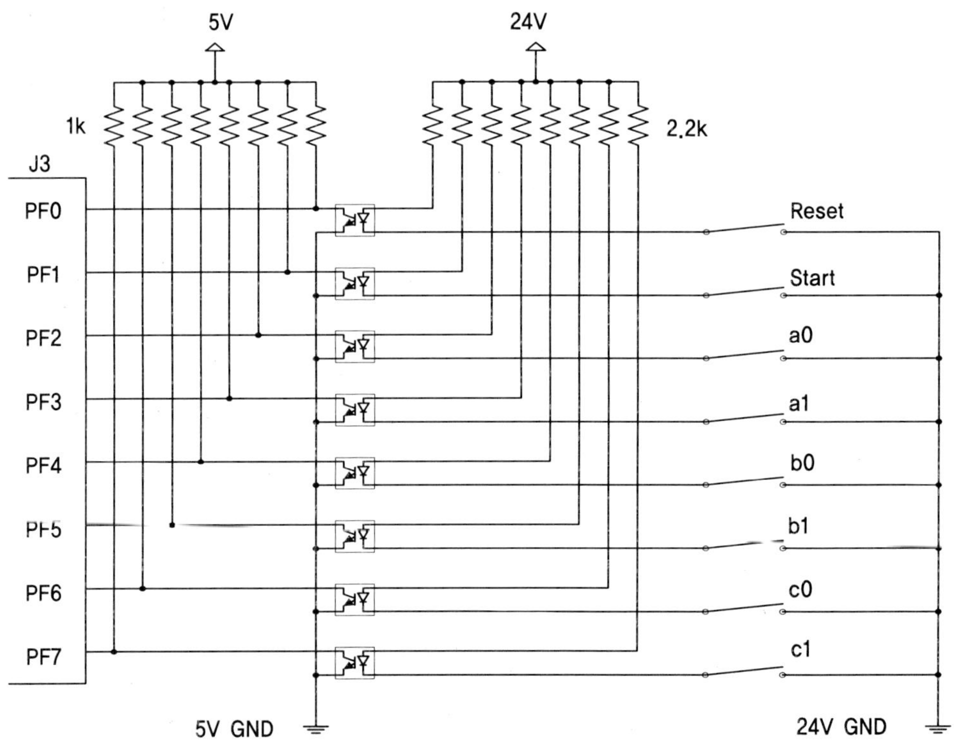

그림 20.11 스위치 입력 회로

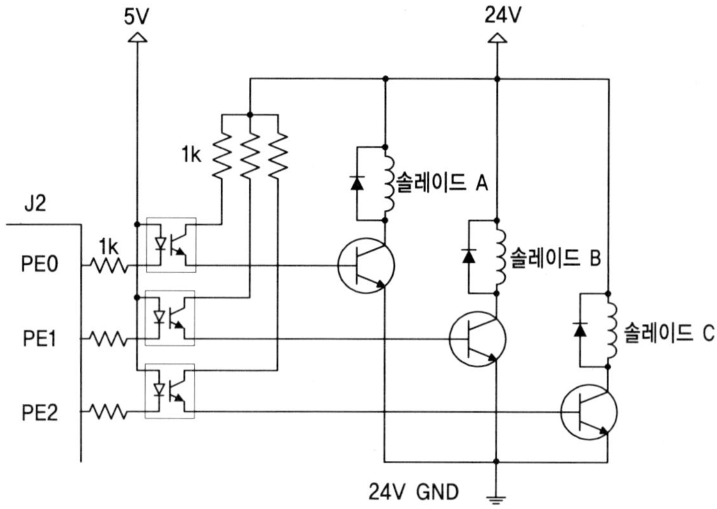

【그림 20.12】 솔레노이드 인터페이스 회로

20.6 프로그램

이 절의 예와 같이 입출력 접점이 많은 경우 매크로를 활용하여 각 접점에 의미를 부여하는 것이 프로그램 작성에 도움을 준다.

스위치 입력

소스파일 switch.c의 함수 `SwitchInput()`는 10장에서 설명한 방법으로 그림 20.11 회로의 스위치 입력을 받아 눌러진 스위치에 해당하는 코드를 반환한다. 그림 20.11의 스위치 회로에서 스위치 a1은 포트 F의 비트 3에 연결되어 있으므로 스위치 a1이 눌러져 있으면 `SwitchInput()` 함수는 `0x08`를 반환한다. 따라서 스위치 a1의 상태는 다음 문장으로 파악할 수 있다.

```
SwitchInput() & 0x08
```
(20.1)

결과가 참이면 스위치 a1이 눌러졌음을 나타낸다. 그러나 문장 (20.1)이 스위치 a1의 상태를 검사하는 것이라고 생각하기 힘들다. 다음과 같이 매크로를 정의하자.

```
#define SW_A1 (1<<3)    // 0x08 = (1<<3) - 비트3
```

위 매크로를 사용하면 문장 (20.1)은 다음과 같이 쓸 수 있다.

```
SwitchInput() & SW_A1
```
(20.2)

스위치 a1의 상태를 파악하는 문장임을 쉽게 파악할 수 있다. 한편 스위치 a1은 클램핑 실린더가 클램핑을 완료한 것을 나타내는 센서이다. 이를 나타내기 위해 매크로를 다음과 같이 한 번 더 정의하자.

```
#define SW_CLAMP_ON       SW_A1
```

문장 (20.2)는 다시 다음과 같이 쓸 수 있다.

```
SwitchInput() & SW_CLAMP_ON
```
(20.3)

문장 (20.3)은 클램핑이 완료된 것을 검사하는 것임을 알 수 있다. 스위치 또는 센서 여러 개가 있을 때는 이처럼 매크로를 사용하여 현재 검사하는 스위치 또는 센서가 어떤 상태를 점검하는 것인지를 명시적으로 표현하는 것이 필요하다. 헤더파일 switch.h에는 그림 20.11의 각 스위치에 대해 매크로를 정의하였다.

솔레노이드 출력

클램핑 실린더를 동작시키는 솔레노이드는 포트 E의 비트 0에 연결되어 있다. 이를 반영하기 위해 다음과 같이 매크로를 정의한다.

```
#define CLAMPING_SOL (1<<0)          // 비트 0
```

클램핑 실린더를 팽창시켜 클램프를 하려면 솔레노이드를 ON시켜야 한다. 솔레노이드를 ON시키려면 해당 비트를 0으로 하여야 하므로 이는 다음 문장으로 표현할 수 있다.

```
PORTE &= ~CLAMPING_SOL
```

위 문장에 클램핑을 시작한다는 의미를 부여하기 위해 다음과 같이 매크로를 정의할 수 있다.

```
#define CLAMP_ON()     PORTE &= ~CLAMPING_SOL
```
(20.4)

클램프를 풀려면 솔레노이드를 OFF시켜야 하고 따라서 해당 비트를 1로 하여야 한다. 문장 (20.4)와 유사하게 매크로를 정의할 수 있다.

```
#define CLAMP_OFF()    PORTE |=  CLAMPING_SOL                    (20.5)
```

헤더파일 solenoid.h에는 위와 같이 각 솔레노이드의 동작을 매크로로 정의하였다.

프로그램 lab20.c

20.1절에서 요구한 동작에 따르면 동작 중 리셋 버튼을 누르면 동작을 정지하여야 하므로 공압 실린더의 리밋 스위치를 검사할 때 동시에 리셋 버튼의 상태도 검사하여야 한다. 이는 다음 문장으로 구현할 수 있다.

```
do{
       var= SwitchInput();
}while(!(var & (SW_CLAMP_ON | SW_RESET)));                  (20.6)
```

위 문장은 CLAMP ON 스위치 또는 Reset 버튼이 눌러지면 do-while 루프를 빠져 나오게 되어 두 스위치 중 하나가 눌러질 때까지 기다리게 된다. 이와 같은 문장은 계속적으로 사용되므로 다음과 같이 매크로 함수를 정의하면 유용하게 사용할 수 있다.

```
#define WAIT_PRESS(var, sw)   do{    \
                                  var= SwitchInput(); \
                              }while(!(var & (sw)))
```

- 문장 (20.6)은 줄 바꿈을 하고 있지만 이를 매크로로 정의할 때는 한 줄에 정의를 하여야 한다. 한 줄로 쓰기에 너무 길어서 줄을 바꾸어야 할 때는 '\'를 사용한다. '\'는 다음 줄이 현재 줄과 연결된 것임을 나타낸다.

프로그램 lab20.c는 그림 20.2의 순서에 따라 솔레노이드를 구동한다.

- LCD에는 현재 진행 중인 공정을 "Clampping", "Stampping", "Extracting"을 표시하고 7-세그먼트에는 현재 작업한 총 개수를 표시한다.

JTAG 인터페이스는 포트 F를 사용하므로 실습을 수행하려면 JTAG를 불능시켜야 한다. 실습 수행이 안 되는 경우 5.4.6절에 따라 JTAG를 불능시킨다.

소스파일 lab20.c

```
//=====================================================
// 실습 20 - 공압 응용
//=====================================================

#include <avr/io.h>
#include <avr/interrupt.h>
#include <util/delay.h>
#include <stdio.h>

#include "lcd.h"
#include "iseg7.h"
#include "switch.h"
#include "solenoid.h"

//=====================================================
// 매크로 정의
//=====================================================
//-------------------------------------------------------
// 스위치 입력(sw)을 기다린다. 입력 스위치값은 변수 var에 저장
//-------------------------------------------------------
#define WAIT_PRESS(var, sw)  do{   \
                                 var= SwitchInput();   \
                             }while(!(var & (sw)))
static char title[] = "Pneumatic App.";

int main()
{
    unsigned short Total = 10;
    unsigned short icount = 0;
    unsigned char  sw;

    //=========================
    // 장치 초기화
    //=========================
    //
    LcdInit();                  // LCD 초기화
    ISeg7Init();                // 7세그먼트 초기화
    SwitchInit();               // 스위치 입력 초기화
    SolenoidInit();             // 솔레노이드 출력 포트 초기화
```

```
sei();                  // 7세그먼트 표시를 위해 전역 인터럽트 허용

while(1)
{
    LcdCommand(ALLCLR);
    LcdMove(0,1);   LcdPuts(title);

    ISeg7DispNum(icount, 10); // 7 세그먼트에 표시

    //==========================================
    // 공압 실린더를 초기 위치로 돌린다.
    //==========================================
    //
    CLAMP_OFF();
    STAMP_OFF();
    EXTRACT_OFF();

    // 실린더가 초기 위치로 올 때까지 기다린다.
    WAIT_PRESS(sw, SW_CLAMP_OFF);
    WAIT_PRESS(sw, SW_STAMP_OFF);
    WAIT_PRESS(sw, SW_EXTRACT_OFF);

    LcdMove(1,1);   LcdPuts("READY      ");

    //=======================================
    // 스타트 신호를 기다린다.
    //=======================================
    WAIT_PRESS(sw, SW_START);
    icount = 0;

    while(icount < Total)
    {
        icount++;

        ISeg7DispNum(icount, 10);
        //-----------------------------
        // 실린더 A를 팽창하여 클램핑을 한다.
        // 스위치 A1이 눌러지면 클램핑 완료
        //-----------------------------
        LcdMove(1,1);   LcdPuts("Clampping  ");
        CLAMP_ON();
```

```
WAIT_PRESS(sw, SW_CLAMP_ON | SW_RESET);
// 리셋 스위치를 눌렀으면 공정을 멈춘다.
if(sw & SW_RESET) break;

//--------------------------------
// 실린더 B를 팽창하여 스탬핑을 한다.
// 스위치 B1이 눌러지면 클램핑 완료
//--------------------------------
LcdMove(1,1);   LcdPuts("Stamping  ");
STAMP_ON();
WAIT_PRESS(sw, SW_STAMP_ON | SW_RESET);

// 리셋 스위치를 눌렀으면 공정을 멈춘다.
if(sw & SW_RESET) break;

//---------------------------------
// 실린더 B를 당겨서 스탬핑을 푼다.
// 스위치 B0가 눌러지면 당김 완료
//---------------------------------
LcdMove(1,1);   LcdPuts("Restore    ");
STAMP_OFF();
WAIT_PRESS(sw, SW_STAMP_OFF | SW_RESET);

// 리셋 스위치를 눌렀으면 공정을 멈춘다.
if(sw & SW_RESET) break;

//----------------------------------
// 실린더 A를 당겨서 클램핑을 푼다.
// 스위치 A0가 눌러지면 당김 완료
//----------------------------------

CLAMP_OFF();
WAIT_PRESS(sw, SW_CLAMP_OFF | SW_RESET);

// 리셋 스위치를 눌렀으면 공정을 멈춘다.
if(sw & SW_RESET) break;

//------------------------------------
// 실린더 C를 팽창하여 축출한다.
// C1이 눌러지면 축출 완료
//------------------------------------
```

```
            LcdMove(1,1);   LcdPuts("Extracting ");
            EXTRACT_ON();
            WAIT_PRESS(sw, SW_EXTRACT_ON | SW_RESET);
            // 리셋 스위치를 눌렀으면 공정을 멈춘다.
            if(sw & SW_RESET) break;

            //------------------------------------
            // 축출이 완료되면 실린더 C를 당긴다.
            // C0가 눌러지면 당김 완료
            //------------------------------------
            EXTRACT_OFF();
            WAIT_PRESS(sw, SW_EXTRACT_OFF | SW_RESET);

            // 리셋 스위치를 눌렀으면 공정을 멈춘다.
            if(sw & SW_RESET) break;
        }
    }
}
```

헤더파일 switch.h

```
//==========================================
// switch.h - 스위치 입력
//==========================================
#ifndef __SWITCH_H__
#define __SWITCH_H__
//==================================================
// 사용포트 정의

//==================================================
#define SW_INPORT    PINF          // 스위치 입력 포트
#define SW_DDR       DDRF
//==================================================
// 스위치 정의
//==================================================
#define SW_RESET     (1<<0)        //리셋   스위치 - 비트 0
#define SW_START     (1<<1)        //스타트 스위치 - 비트 1
#define SW_A0        (1<<2)        //클램핑 리밋 스위치 A0-비트 2
#define SW_A1        (1<<3)        //클램핑 리밋 스위치 A1-비트 3
#define SW_B0        (1<<4)        //스탬핑 리밋 스위치 B0-비트 4
#define SW_B1        (1<<5)        //스탬핑 리밋 스위치 B1-비트 5
#define SW_C0        (1<<6)        //축출   리밋 스위치 C0-비트 6
#define SW_C1        (1<<7)        //축출   리밋 스위치 C1-비트 7
#define SW_MASK (SW_RESET | SW_START | SW_A0 | SW_A1 \
                    | SW_B0 | SW_B1 | SW_C0 | SW_C1 )

#define SW_CLAMP_OFF               SW_A0
#define SW_CLAMP_ON                SW_A1
#define SW_STAMP_OFF               SW_B0
#define SW_STAMP_ON                SW_B1
#define SW_EXTRACT_OFF             SW_C0
#define SW_EXTRACT_ON              SW_C1
//================================================
// 함수
//================================================
void SwitchInit(void);
unsigned char SwitchInput(void);

#endif                             // __SWITCH_H__
```

소스파일 switch.c

```
#include <avr/io.h>
#include <util/delay.h>

#include "switch.h"

void SwitchInit(void)
{
	SW_DDR &= ~(SW_MASK);	// 스위치 입력 핀을 입력으로 설정
}

//==============================================================
// 스위치 입력을 받는다(계속 누르고 있을 때는 입력이 없는 것으로
//                    판단한다).
// 리턴 값 : 0          - 입력이 없음(계속 누르고 있는 상태 포함)
//          이외        - 스위치 입력(헤더파일 참조)
//==============================================================
unsigned char SwitchInput(void)
{
	static unsigned char psw=0;	// 이전 스위치 값
	unsigned char sw, sw1;

	sw = ~SW_INPORT & SW_MASK;	// 스위치 입력을 받는다.

	while(1)	// 연속 두 번 읽은 값이 같을 때까지 루프를 돈다.
	{
		_delay_ms(10); _delay_ms(10); _delay_ms(10);
		sw1 = ~SW_INPORT & SW_MASK;		// 한 번 더 읽는다.

		if(sw == sw1)		// 두 번 읽은 값이 같으면 신호가
				break;	// 안정화된 것으로 판단한다.
		sw = sw1;
	}
	if(sw == psw) return 0;		// 이전 값과 같으므로 눌러진 상태
	psw = sw;			// 이전 값을 저장한다.

	return sw;			// 스위치 입력값을 리턴
}
```

헤더파일 solenoid.h

```
//==================================================
// 공압 응용 - 솔레노이드 정의 헤더파일
//==================================================
#ifndef __SOLENOID_H__
#define __SOLENOID_H__

#define SOL_PORT                PORTE   // 솔레노이드 포트
#define SOL_DDR                 DDRE

//==================================================
// 솔레노이드 정의
//==================================================
#define CLAMPING_SOL            (1<<0) // 클램핑 실린더 솔레노이드
#define STAMPING_SOL            (1<<1) // 스탬핑 실린더 솔레노이드
#define EXTRACTING_SOL          (1<<2) // 축출  실린더 솔레노이드
#define SOL_MASK  (CLAMPING_SOL | STAMPING_SOL | \
                                         EXTRACTING_SOL)

//==================================================
// 엑츄에이터 동작 정의
//==================================================
#define CLAMP_ON()              (SOL_PORT &= CLAMPING_SOL)
#define CLAMP_OFF()             (SOL_PORT |= CLAMPING_SOL)

#define STAMP_ON()              (SOL_PORT &= STAMPING_SOL)
#define STAMP_OFF()             (SOL_PORT |= STAMPING_SOL)

#define EXTRACT_ON()            (SOL_PORT &= EXTRACTING_SOL)
#define EXTRACT_OFF()           (SOL_PORT |= EXTRACTING_SOL)

//==================
// 함수
//==================
void SolenoidInit(void);

#endif                          // __SOLENOID_H__
```

소스파일 solenoid.c

```
//=========================================================
// switch.c - 스위치 입력
//=========================================================

#include <avr/io.h>
#include <util/delay.h>

#include "solenoid.h"

void SolenoidInit(void)
{
	// 솔레노이드 연결 핀을 모두 출력으로 설정한다.
	SOL_DDR  |= SOL_MASK;
	// 솔레노이드를 모두 끈다.
	SOL_PORT |= SOL_MASK;
}
```

제 3 부

ATmega128 고급 활용

CHAPTER

21

Serial Peripheral Interface(SPI)

21.1 개요

Serial Peripheral Interface(SPI)는 CPU와 다수의 CPU들 또는 CPU와 다수의 주변 장치들 사이에 고속으로 데이터를 동기 전송하는 데 사용되는 직렬 통신 방법 중 하나이다.

그림 21.1은 마스터 장치와 하나의 슬레이브 장치의 연결 방법을 보여준다. SPI 통신 모듈에는 시프트 레지스터(Shift Register)가 있다. 시프트 레지스터는 레지스터 내의 데이터를 1비트씩 이동하면서 1비트를 출력하는 장치이다. SPI 모듈 내의 시프트 레지스터 데이터 크기는 장치에 따라 다르다. ATmega128의 SPI 통신 모듈은 8비트 시프트 레지스터로 구성되어 있다. SCK는 동기 통신을 위한 클록으로서 마스터에서 제공한다. /SS는 Slave Select를 나타내는 마스터의 출력으로서 마스터가 LOW

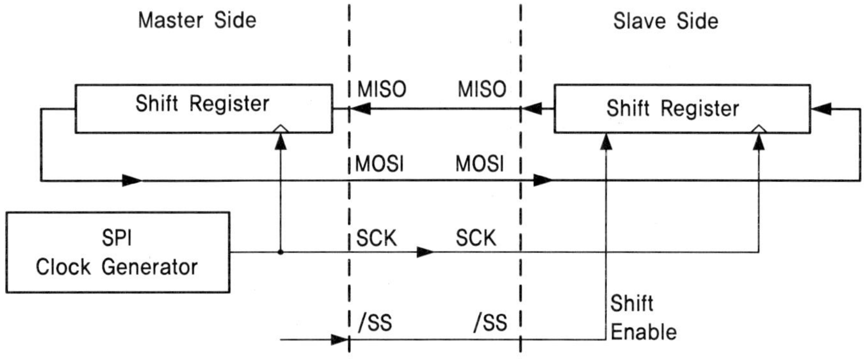

그림 21.1 SPI 통신의 마스터/슬레이브 연결

를 출력하면 슬레이브는 활성화되어 마스터/슬레이브 간 통신이 가능해진다. 마스터가 /SS에 HIGH를 출력하면 슬레이브는 자신의 MISO, MOSI, SCK 핀을 Hi-Z 상태로 변경하면서 비활성화된다.

통신은 항상 마스터가 시작한다. 마스터는 통신을 시작하기 전에 /SS 핀에 LOW를 출력하고 시프트 레지스터에 전송할 데이터를 쓴다. SPI 모듈의 시프트 레지스터는 데이터를 이동시키면서 클록 사이클마다 1비트씩 MOSI(Master Out-Slave In) 핀을 통하여 슬레이브에 전송하는 동기 통신을 한다. 슬레이브에 전송된 비트는 슬레이브 SPI 모듈의 시프트 레지스터에 1비트씩 밀리면서 저장된다. 이때 슬레이브의 시프트 레지스터에 있던 내용은 MISO(Master In-Slave Out) 핀을 통하여 마스터에 전송된다. 따라서 슬레이브가 통신을 시작하기 전에 데이터를 슬레이브의 시프트 레지스터에 저장을 하면 마스터에 데이터를 전송할 수 있다. 슬레이브가 마스터에 데이터를 전송할 필요가 없을 때는 MISO 핀을 연결할 필요가 없다.

SPI 통신에 사용되는 핀의 이름은 제조사에 따라 다른 이름을 사용함을 유의하기 바란다.

SPI 통신은 하나의 마스터와 다수의 슬레이브 간에 통신을 할 수 있다. 마스터와 다수 슬레이브의 연결은 두 가지 방법을 사용할 수 있다. 먼저 그림 21.2와 같이 연결하여 다수 슬레이브와 통신하는 방법을 고려하여 보자. 그림 21.2는 2개 이상의 슬레이브로 확장이 가능하다. 마스터의 MISO, MOSI, SCK는 각 슬레이브의 MISO, MOSI, SCK와 순서대로 연결되어 있다. 슬레이브를 선택하는 /SS 핀은 슬레이브가 하나인 그림 21.1과는 달리 슬레이브 수만큼 마스터가 사용한다. 마스터는 통신하고 싶은 슬레이브에 해당하는 /SS 핀을 LOW로 하면 해당 슬레이브만 활성화되고 나머지 슬레이브는 비활성화되기 때문에 원하는 슬레이브와 통신할 수 있다. 항상 하나의 슬레이브만

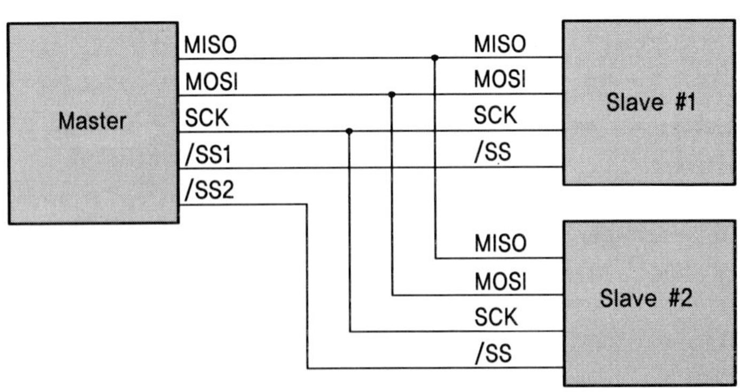

그림 21.2 마스터와 다수 슬레이브 간의 SPI 통신 연결

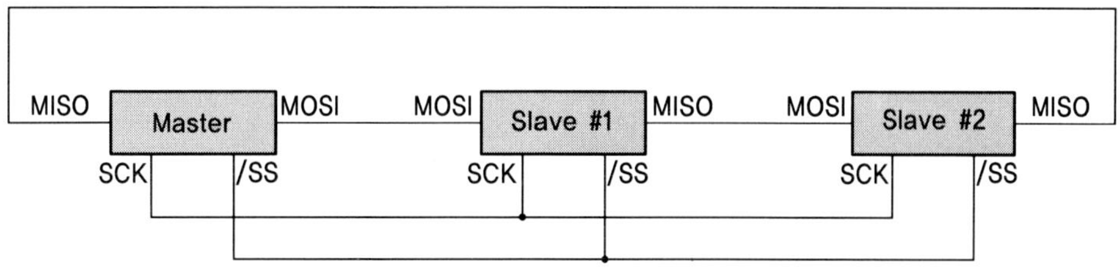

그림 21.3 Daisy-Chain 방식으로 마스터와 다수 슬레이브 연결

활성화가 되도록 마스터는 /SS 핀들을 제어하여야 한다.

다음 방법은 그림 21.3과 같이 슬레이브의 출력을 다음 슬레이브의 입력으로 연결하고 마지막 슬레이브 출력을 마스터의 입력과 연결하는 방법이다. 이런 연결 방법을 Daisy-Chain 방식이라 한다. 슬레이브를 선택하는 /SS는 모두 공유하고 있기 때문에 마스터가 통신을 시작하면 모든 슬레이브가 활성화되어서 통신이 가능하게 된다. 마스터가 데이터를 전송하면 슬레이브#1에 데이터가 전달된다. 이때 슬레이브#1의 시프트 레지스터에 있는 데이터는 다음 슬레이브에 전달된다. 다수의 슬레이브가 연결되어 있으면 슬레이브#(n-1)의 시프트 레지스터의 데이터는 다음 슬레이브#n에 전달되고, 마지막 슬레이브의 데이터는 마스터에 전달된다. 이 방법을 사용하면 마스터가 n-번째 슬레이브에 데이터를 전달하기 위해서는 n-번의 데이터 전송이 필요하다.

21.2 ATmega128의 SPI

21.2.1 특징

ATmega128이 제공하는 SPI 모듈은 다음과 같은 특징을 가지고 있다.

- 전이중방식 3-wire(MOSI, MISO, CLK) 동기 데이터 전송
- 마스터 모드 또는 슬레이브 모드 동작
- 데이터 전송의 비트 순서 변경 가능
- 7가지로 프로그램 가능한 비트 전송률
- 전송 종료 인터럽트 플래그
- 쓰기 충돌 플래그를 이용한 충돌 방지

- Idle Mode에서 Wake-up
- 전송 속도를 2배로 높일 수 있는 마스터 SPI 모드

21.2.2 관련 레지스터

SPI 제어 레지스터(SPI Control Register): SPCR

비트	7	6	5	4	3	2	1	0	
	SPIE	SPE	DORD	MSTR	CPOL	CPHA	SPR1	SPR0	SPCR
읽기/쓰기	R/W	R/W	R/W	R/W	R/W	R/W	R/W	R/W	
초기값	0	0	0	0	0	0	0	0	

- 비트 7 - SPIE : SPI 인터럽트 허용(SPI Interrupt Enable)
  이 비트를 세트하면 SREG 레지스터의 비트 I가 세트되어 있는 경우 SPCR 레지스터의 SPIF 비트가 세트될 때 SPI 인터럽트가 처리된다.
- 비트 6 - SPE : SPI 허용(SPI Enable)
  SPI 기능을 사용하려면 이 비트를 세트하여야 한다.
- 비트 5 - DORD : 데이터 순서(Data Order)
  이 비트가 1이면 데이터의 최하위 비트가 먼저 송신된다. 이 비트가 0이면 최상위 비트가 먼저 송신된다.
- 비트 4 - MSTR : 마스터/슬레이브 선택(Master/Slave Select)
  이 비트가 1이면 SPI는 마스터 모드로, 0이면 슬레이브 모드로 동작한다. MSTR이 1로 세트되어 있는 동안 /SS 핀이 입력으로 설정되고 /SS 핀에 LOW 입력이 들어오면 MSTR은 지워지고 SPSR의 SPIF 비트가 세트된다.
- 비트 3 - CPOL : 클록 극성(Clock Polarity)
  이 비트가 1이면 Idle 상태일 때 SCK는 HIGH를 유지한다. 반면 CPOL이 0이 되면 Idle일 때 LOW를 유지한다. 표 21.1은 CPOL의 기능을 보여준다(그림 21.4와 그림 21.5 참조).

표 21.1 CPOL의 기능

CPOL	앞 모서리(Leading edge)	뒷 모서리(Trailing edge)
0	상승	하강
1	하강	상승

- 비트 2 - CPHA : 클록 위상(Clock Phase)

  이 비트의 세팅은 데이터가 SCK의 앞 모서리에서 또는 뒷 모서리에서 샘플이 되는지 결정한다. CPHA의 기능은 표 21.2에 나타내었다(그림 21.4와 그림 21.5 참조).

표 21.2 CPHA의 기능

CPHA	앞 모서리(Leading edge)	뒷 모서리(Trailing edge)
0	샘플	셋업
1	셋업	샘플

- 비트 1,0 - SPR1, SPR0 : SPI 클록 속도 선택 1, 0
  (SPI Clock Rate Select 1 and 0)

  두 비트는 마스터로 설정된 장치의 SCK 속도를 제어한다. SPR1과 SPR0는 슬레이브에는 영향을 미치지 않는다. SCK와 오실레이터 클록 주파수 f_{osc}의 관계는 표 21.3에 나타내었다.

표 21.3 SCK와 클록 주파수의 관계

SPI2X	SPR1	SPR0	SCK 주파수
0	0	0	$f_{osc}/4$
0	0	1	$f_{osc}/16$
0	1	0	$f_{osc}/64$
0	1	1	$f_{osc}/128$
1	0	0	$f_{osc}/2$
1	0	1	$f_{osc}/8$
1	1	0	$f_{osc}/32$
1	1	1	$f_{osc}/64$

● SPI 상태 레지스터(SPI Status Register): SPSR

비트	7	6	5	4	3	2	1	0	
	SPIF	WCOL	–	–	–	–	–	SPI2X	SPSR
읽기/쓰기	R	R	R	R	R	R	R	R/W	
초기값	0	0	0	0	0	0	0	0	

- 비트 7 - SPIF : SPI 인터럽트 플래그(SPI Interrupt Flag)
  직렬 전송이 완료되었을 때 SPIF 플래그가 세트된다. SPCR 레지스터의 SPIE 비트가 세트되어 있고 전역 인터럽트가 허용되어 있으면 이 플래그가 세트될 때 SPI 인터럽트가 발생된다. SPI가 마스터 모드로 동작할 때 핀 /SS가 입력으로 설정되고 입력으로 LOW 신호가 가해지면 SPIE 플래그가 역시 세트된다. 이 플래그 비트는 인터럽트 서비스루틴을 수행하면 하드웨어에 의해 지워진다. 다른 방법으로 SPIF 플래그가 세트되었을 때 SPI 상태 레지스터(SPSR)를 읽은 다음 SPI 데이터 레지스터(SPDR)를 읽으면 SPIF가 지워진다.
- 비트 6 - WCOL : 충돌 플래그 쓰기(Write COLision flag)
  데이터 전송 중에 SPI 데이터 레지스터(SPDR)에 데이터를 쓰게 되면 WCOL 비트가 세트된다. WCOL 비트는(SPIF 비트와 함께) SPI 상태 레지스터(SPSR)를 읽은 다음 SPI 데이터 레지스터(SPDR)를 읽으면 지워진다.
- 비트 5:1 - 예약 비트
- 비트 0 - SPI2X : SPI 속도 배가 비트(Double SPI Speed Bit)
  SPI가 마스터 모드로 동작할 때 이 비트를 세트하면 SPI의 속도가 두 배로 된다. 이는 최소 SCK 주기가 2 CPU 클록 주기와 같다. SPI가 슬레이브 모드로 동작할 때 SPI 속도는 $f_{osc}/4$ 또는 이하 동작만이 보장된다.

● **SPI 데이터 레지스터(SPI Data Register): SPDR**

비트	7	6	5	4	3	2	1	0	
	MSB							LSB	SPDR
읽기/쓰기	R/W	R/W	R/W	R/W	R/W	R/W	R/W	R/W	
초기값	x	x	x	x	x	x	x	x	

SPI 데이터 레지스터는 SPI 시프트 레지스터와 레지스터 파일 사이의 데이터 전송에 사용된다. 이 레지스터에 데이터 쓰기로 데이터 전송을 시작한다. 이 레지스터를 읽으면 시프트 레지스터의 수신 버퍼의 데이터를 읽을 수 있다.

21.2.3 동작

(1) 동작 모드

레지스터 SPCR의 SPE 비트를 세트하면 SPI가 활성화 된다. 아울러 SPI 통신에서는 그림 21.1과 같이 마스터와 슬레이브로 구분되며, 이는 레지스터 SPCR의 MSCR 비트로서 선택한다. 이때 SPI와 관련된 MOSI, MISO, SCK, /SS 핀의 입출력 방향은 표 21.4에 따라 정의된다. 표에서 "사용자 정의"로 정의된 핀은 사용자가 용도에 맞게 설정하여야 한다는 것을 의미한다. 사용자 정의에 관해서는 21.3절에서 예제를 사용하여 설명할 것이다.

표 21.4 SPI 핀의 설정

핀(공유 핀)	마스터 모드에서 방향	슬레이브 모드에서 방향
/SS(PORTB.0)	사용자 정의	입력
SCK(PORTB.1)	사용자 정의	입력
MOSI(PORTB.2)	사용자 성의	입력
MISO(PORTB.3)	입력	사용자 정의

ATmega128의 SPI는 레지스터 SPCR의 MSCR 비트로서 마스터 모드 또는 슬레이브 모드로 설정할 수 있으며 모드에 따라 SPI 통신 관련 핀들의 역할이 달라진다.

슬레이브 모드

SPI가 슬레이브로 선택되면 슬레이브 선택 핀인 /SS는 항상 입력으로 설정된다. /SS 핀이 LOW로 유지되는 동안 SPI는 활성화되고 MISO는 사용자가 출력으로 설정하면 출력으로 동작한다. 반면 SCK와 MOSI는 입력으로 설정된다. /SS 핀에 HIGH 신호가 걸리면 MISO를 포함한 모든 핀은 입력으로 동작하며 SPI는 외부에서 전송한 데이터를 받지 못하는 수동적 상태가 된다. /SS 핀이 HIGH 상태로 변하면 SPI 슬레이브는 즉시 전송 및 수신 로직을 리셋하고, 시프트 레지스터에 남아 있는 일부 수신된 데이터를 버린다.

마스터 모드

SPI가 마스터로 선택되면 /SS 핀의 방향은 사용자가 결정할 수 있다. /SS 핀이 출력으로 설정되면 이 핀은 SPI 시스템에는 영향을 미치지 않는 범용 출력으로서 동작한다. 일반적으로 마스터의 /SS 핀은 슬레이브 SPI의 /SS 핀에 신호를 전달하는 역할을 하도록 결선된다.

/SS 핀이 입력으로 설정되면 SPI가 마스터로 정상적 동작을 하기 위해서 /SS 핀은 HIGH로 유지되어야 한다. SPI가 마스터로 설정되고 /SS 핀이 입력으로 선택되었을

때 /SS 핀이 외부 장치에 의해 LOW로 떨어지면 SPI 시스템은 외부의 다른 마스터가 이 장치를 슬레이브로 선택하고 데이터를 전송하려는 것으로 해석한다. 이러한 버스 경쟁을 피하기 위해서는 SPI 시스템은 다음 행동을 수행한다.

1. 레지스터 SPCR의 MSTR 비트를 지워서 슬레이브 모드로 변경한다. SPI가 슬레이브로 됨에 따라 MOSI와 SCK 핀은 입력으로 전환된다.
2. 레지스터 SPSR의 SPIF 비트가 세트되어서 SPI 인터럽트가 허용되고 SREG의 I 비트가 세트되어 있으면 인터럽트 서비스루틴이 수행된다.

따라서 SPI가 마스터 모드에서 인터럽트를 사용한 데이터 전송을 하는 중에 /SS 핀이 외부에 의해 LOW로 떨어질 가능성이 있을 때 인터럽트 서비스루틴은 MSTR 비트를 항상 검사하여야 한다. 만약 MSTR 비트가 지워지면 사용자는 SPI 마스터 모드로 재설정을 하여야만 한다.

(2) 데이터 모드

데이터 전송에 관하여 클록 SCK의 위상과 극성은 표 21.4와 같이 4가지 조합을 가지며 이는 레지스터 SPCR의 CPOL과 CPHA 비트로 선택할 수 있다.

그림 21.4와 21.5는 ATmega128 매뉴얼의 SPI 데이터 전송 형식을 보여준다. 클록 위상을 결정하는 비트인 CPHA가 0일 경우는 /SS 핀이 0으로 떨어진 후 첫 번째 모서리에서 데이터를 샘플하는 반면 CPHA=1일 때는 /SS 핀이 0으로 떨어진 후 두 번째 모서리에서 데이터를 샘플한다.

클록 극성 비트인 CPOL과 클록 위상 결정 비트인 CPHA가 같을 때는 상승 모서리에서 샘플되고, 다를 때는 하강 모서리에서 샘플되도록 시스템이 동작한다. 마스터 및 슬레이브 SPI들은 모두 같은 위상과 극성을 갖도록 설정되어야 한다.

표 21.5의 모드 0은 그림 21.4에 나타나 있다. /SS 핀이 0으로 떨어지자 시프트 레지스터의 1비트가 밀려나가고(셋업) CPHA=0, CPOL=0이므로 클록의 첫 번째 모서리인 상승 모서리에서 데이터가 샘플된다. 다음 비트는 클록의 반대 모서리인 하강 모서리에서 밀려나가고 다음 모서리인 상승 모서리에서 샘플된다. 이처럼 시프트 레지스터의 데이터를 미는 것과 이를 샘플하는 것 사이에 시간을 줌으로써 안정화된 신호가 전달되도록 한다. 나머지 모드들도 유사하게 동작한다.

표 21.5 CPOL과 CPHA의 기능

	앞 모서리	뒷 모서리	SPI 모드
CPOL=0, CPHA=0	샘플(상승)	셋업(하강)	0
CPOL=0, CPHA=1	셋업(상승)	샘플(하강)	1
CPOL=1, CPHA=0	샘플(하강)	셋업(상승)	2
CPOL=1, CPHA=1	셋업(하강)	샘플(상승)	3

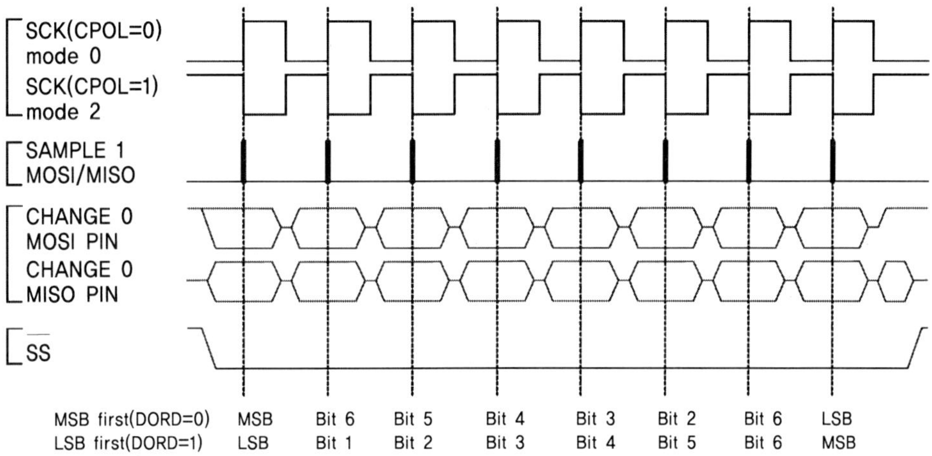

그림 21.4 CPHA=0일 때 SPI 전송 형식

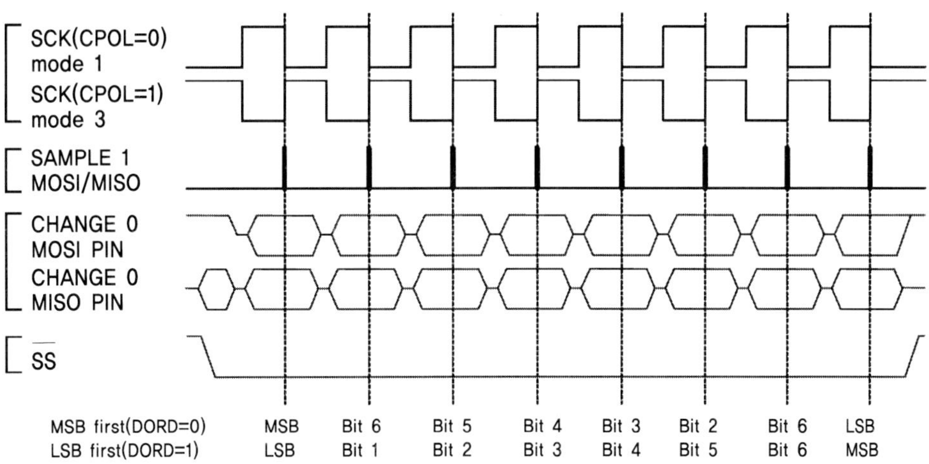

그림 21.5 CPHA=1일 때 SPI 전송 형식

21.3 SPI 구동 모듈

SPI 구동 모듈은 소스파일 spi.c와 헤더파일 spi.h로 구성된다. 모듈에서 제공하는 함수는 다음과 같다.

int spi_init(int32_t spi_clk, uint16_t bit_order, int16_t mode)

설명 : SPI 통신 채널을 마스터로 초기화한다.

입력 : spi_clk - SPI 채널의 통신 속도(hz 단위)

bit_order - 데이터 전송 비트 순서

MSBFIRST : 상위비트 먼저

LSBFIRST : 하위비트 먼저

mode - SPI모드 (표 21.4참조)

SPI_MODE0, SPI_MODE1, SPI_MODE2, SPI_MODE3

반환값 :

음수 : 입력값으로 초기화할 수 없음

이외 : 정상

int spi_slave_init(uint16_t bit_order, uint16_t mode)

설명 : SPI 통신 채널을 슬레이브로 초기화한다.

입력 : bit_order - 데이터 전송 비트 순서

MSBFIRST : 상위비트 먼저

LSBFIRST : 하위비트 먼저

mode - SPI모드 (표 21.4참조)

SPI_MODE0, SPI_MODE1, SPI_MODE2, SPI_MODE3

반환값 :

음수 : 입력값으로 초기화할 수 없음

이외 : 정상

uint8_t spi_transfer_byte(uint8_t val)

설명 : 8비트 데이터를 슬레이브에 전송한다.

입력 : val - 전송할 8비트 데이터

반환값 : 데이터 전송 후 슬레이브에서 읽은 8비트 데이터

uint16_t spi_transfer_word(uint16_t val)

설명 : 16비트 데이터를 슬레이브에 전송한다.

입력 : val - 전송할 16비트 데이터

반환값 : 데이터 전송 후 슬레이브에서 읽은 16비트 데이터

void spi_transfer_block(uint8_t *buffer, uint8_t n)

설명 : n 바이트 데이터를 전송한다.

입력 : buffer - 전송할 데이터 블록의 첫 주소
n - 전송할 데이터의 바이트 수

출력 : buffer - 데이터 블록은 슬레이브에서 읽은 데이터로 채워짐.

uint8_t spi_slave_read_byte(uint8_t out)

설명 : 슬레이브가 8비트 데이터를 읽는다.

입력 : out - 데이터를 읽을 때 마스터에 전송할 8비트 데이터

반환값 : 마스터로부터 읽은 8비트 데이터

uint16_t spi_slave_read_word(uint16_t out)

설명 : 슬레이브가 16비트 데이터를 읽는다.

입력 : out - 데이터를 읽을 때 마스터에 전송할 16비트 데이터

반환값 : 마스터로부터 읽은 16비트 데이터

- 데이터형 uint8_t 및 uint16_t는 typedef 지시어를 사용하여 새로 선언된 형으로 헤더파일 stdint.h에 선언되어 있다. stdint.h는 헤더파일 io.h를 포함하면 자동적으로 포함된다.
- stdint.h가 소스파일에 포함이 되면 데이터형 uint8_t, uint16_t을 프로그램 내에서 사용할 수 있다. stdint.h에서 선언한 데이터형은 다음과 같다.

```
int8_t      : 부호 있는 8비트 정수
int16_t     : 부호 있는 16비트 정수
int32_t     : 부호 있는 32비트 정수
int64_t     : 부호 있는 64비트 정수

uint8_t     : 부호 없는 8비트 정수
uint16_t    : 부호 없는 16비트 정수
uint32_t    : 부호 없는 32비트 정수
uint64_t    : 부호 없는 64비트 정수
```

- 새로운 형을 사용하여 부호 없는 32비트 정수를 나타내는 기본형 'unsinged long int'을 줄여서 'uint32_t'로 편리하게 사용할 수 있을 뿐 아니라 형 자체에서 32비트 형임을 명시적으로 표현하고 있다.

- SPI 모듈에서 spi_transfer_byte(), spi_transfer_word(), spi_transfer_word()는 마스터가 슬레이브로 데이터를 밀어내는 함수들이다. SPI는 그림 21.1과 같이 마스터가 슬레이브에 데이터를 밀어내면 슬레이브에 저장된 데이터가 마스터로 밀려나오는 구조이다. 따라서 마스터에서 슬레이브에 데이터를 전송하는 경우와 슬레이브의 데이터를 읽을 경우 모두 이들 함수를 사용한다.

◆ **typedef 지시어:**

- 'typedef'는 새로운 데이터형을 정의할 때 사용하는 지시어이다.

  typedef <기존 데이터형> <새 데이터형>;

- C-언어는 기본적으로 표 5.1에 나타난 데이터형 만을 제공한다. 그러나 이들 기본 데이터형이 사용하기에 불편하거나 변수의 데이터형을 명시적으로 표현을 하지 못할 수 있다.

예
```
unsigned long int ul; // 데이터 형이 너무 길어서 불편
char x;      // x는 포트-A에 출력할 값을 저장하는 변수라 하면
             // 8bit 변수이어야 한다. 그러나 char형은 변수
             // x가 8bit임을 명시적으로 표현하고 있지 않다.
```

- 'typedef' 키워드(keyword)를 사용하여 위 사항을 해결할 수 있다.

예 unsigned long int 데이터형을 ulong으로 줄여서 표기:
```
typedef unsigned long int ulong;
```

예 char형을 부호 있는 8bit 변수로 표기
```
typedef char int8_t;        // 8비트 정수를 명시적으로 표시
```

예 unsigned short형을 부호 없는 16bit 변수로 표기
```
typedef unsigned short uint16_t; // 부호 없는 16비트
                                 // 정수를 명시적으로 표시
```

- typedef는 함수 밖에서 사용하여야 한다.

```
typedef unsigned char uint8_t;      // uint8_t형 선언
main()
{
      uint8_t x;                    // 부호 없는 8비트 정수
      . . .
      PORTA = x;
}
```

- typedef를 사용한 새로운 형 선언은 주로 헤더파일에서 이루어진다.

헤더파일 spi.h

```
#ifndef __SPI_H__
#define __SPI_H__

//------------------------------
// Definition of byte order
//------------------------------
#define MSBFIRST                0
#define LSBFIRST                1

//------------------------------
// Clock Divider
//------------------------------
#define SPI_CLOCK_DIV2          0x04
#define SPI_CLOCK_DIV4          0x00
#define SPI_CLOCK_DIV8          0x05
#define SPI_CLOCK_DIV16         0x01
#define SPI_CLOCK_DIV32         0x06
#define SPI_CLOCK_DIV64         0x02
#define SPI_CLOCK_DIV128        0x03

//------------------------------
// Data Mode
//------------------------------
#define SPI_MODE0               0x00    // CPOL=0, CPHA=0
#define SPI_MODE1               0x01    // CPOL=0, CPHA=1
#define SPI_MODE2               0x02    // CPOL=1, CPHA=0
#define SPI_MODE3               0x03    // CPOL=1, CPHA=1

//------------------------------
// Entry
//------------------------------
//
int      spi_init(int32_t spi_clk, uint16_t bit_order,
                  uint16_t mode);
uint8_t  spi_transfer_byte(uint8_t val);
uint16_t spi_transfer_word(uint16_t val);
void     spi_transfer_block(uint8_t *buffer, uint8_t n);
void     spi_setBitOrder(int order);
void     spi_setClockDivider(int divider);
void     spi_setDataMode(int mode);
```

```
int     spi_slave_init(uint16_t bit_order, uint16_tmode);
uint8_t  spi_slave_read_byte(uint8_t val);
uint16_t spi_slave_read_word(uint16_t val);

#endif /* __SPI_H__ */
```

소스파일 spi.c

```
//=====================================================
// spi.c
//
// SPI bus interface
//=====================================================

#include <avr/io.h>
#include "spi.h"

#define SPI_DDR                 DDRB
#define SPI_PORT                PORTB
#define SSBAR                   PB0
#define SCK                     PB1
#define MOSI                    PB2
#define MISO                    PB3
//---------------------------------------------------------
// Initialize SPI channel as master
//
// input:
//   spi_clk     - clock speed of spi channel(hz)
//   bit_order   - data transfer bit order
//                  (MSBFIRST, LSBFIRST)
//   mode - spi mode
//              (SPI_MODE0, SPI_MODE1, SPI_MODE2, SPI_MODE3)
// return:
//   negative - fail
//---------------------------------------------------------

int spi_init(int32_t spi_clk, uint16_t bit_order,
             uint16_t mode)
{
    int divider;

    if(bit_order > 2) return -1;
```

```
if(mode > 3) return -1;

divider = F_CPU / spi_clk;

if(divider <= 1)          return -1;
if(divider > 128)         return -1;

//----------------------------------------------------
// SPI 마스터모드로 세팅하면 MISO핀은 입력으로 자동 설정
// 되지만 SCK와 MOSI핀은 출력으로 사용자가 설정하여야 한다.
//----------------------------------------------------
// SCK와 MOSI를 출력
SPI_DDR |= ((1<<SCK)|(1<<MOSI))|(1<<SSBAR))
SPI_DDR &= ~(1<<MISO);              // MISO를 입력으로 설정
SPI_PORT |= (1<<SSBAR);

//----------------------------------------------------
// SPI를 마스터로 활성화한다.
//----------------------------------------------------
SPCR = ((1<<SPE) | (1<<MSTR));

//----------------------------------------------------
// Set the divider
//----------------------------------------------------
if(divider <= 2)
   spi_setClockDivider(SPI_CLOCK_DIV2);
else if(divider <= 4)
   spi_setClockDivider(SPI_CLOCK_DIV4);
else if(divider <= 8)
   spi_setClockDivider(SPI_CLOCK_DIV8);
else if(divider <= 16)
   spi_setClockDivider(SPI_CLOCK_DIV16);
else if(divider <= 32)
   spi_setClockDivider(SPI_CLOCK_DIV32);
else if(divider <= 64)
   spi_setClockDivider(SPI_CLOCK_DIV64);
else
   spi_setClockDivider(SPI_CLOCK_DIV128);

spi_setBitOrder(bit_order);
spi_setDataMode(mode);
```

```
    return 0;
}
//-----------------------------------------------------------
// Initialize SPI channel as slave
//
// input:
//        bit_order           - data transfer bit order
//        mode                - spi mode
// return:
//        negative - wrong bit order, or wrong mode
//-----------------------------------------------------------
//
int spi_slave_init(uint16_t bit_order, uint16_t int mode)
{
    if(bit_order > 2) return -1;
    if(mode > 3) return -1;
    //-------------------------------------------------
    // 슬레이브로 세팅하면 MOSI, SCK, /SS핀은 입력으로 자동
    // 설정되지만 MISO 핀은 출력으로 사용자가 설정하여야 한다.
    //-------------------------------------------------
    SPI_DDR |= (1<<MISO);           // MISO를 출력으로 설정

    //-------------------------------------------------
    // SPI를 슬레이브로 활성화한다.
    //-------------------------------------------------
    SPCR = (1<<SPE);

    spi_setBitOrder(bit_order);
    spi_setDataMode(mode);

    return 0;
}

//-------------------------------------------------
// transfer 8bit data to slave
//
// input:
//        val - 8bit data to be transferred
// return:
//        value read from slave
//-------------------------------------------------
//
```

```
uint8_t spi_transfer_byte(uint8_t val)
{
    SPDR = val;                     // set the data buffer
    while(!(SPSR & (1<<SPIF)));     // wait until sending
                                    // data is done
    return SPDR;
}

//------------------------------------------------
// transfer 16bit data to slave
//
// input:
//        val - 16bit data to be transferred
// return:
//        value read from slave
//------------------------------------------------
//
uint16_t spi_transfer_word(uint16_t val)
{
    int16_t rtn;                    // return value

    SPDR = (int8_t) (val & 0xff);   // set the data buffer
                                    // with lower byte
    while(!(SPSR & (1<<SPIF)));     // wait until sending
                                    // data is done
    rtn = SPDR;                     // read lower byte

    SPDR = (int8_t) (val >> 8);     //  set  the  data  buffer
                                    // with higher byte
    while(!(SPSR & (1<<SPIF)));     // wait until sending
                                    // data is done
    rtn |= ((int16_t) SPDR) << 8;   // read higher byte

    return rtn;
}

//------------------------------------------------------
// transfer block data to slave
//
// input:
//   buffer - pointer to block data buffer transferred
//   n      - number of bytes to be transferred
```

```
// output:
//   buffer - buffer is replaced with data read from slave
//-----------------------------------------------------------
//
void spi_transfer_block(uint8_t *buffer, uint8_t n)
{
    int i;

    for(i=0; i<n; i++)
    {
        SPDR = buffer[i];
        while(!(SPSR & (1<<SPIF)));  // wait until sending
                                     // data is done
      buffer[i] = SPDR;              // read data
    }
}

//-----------------------------------------------------
// Set the order of the bits shifted
//
//   input:
//       order - 0(MSBFISRT): for MSB first
//               1(LSBFISRT): for LSB first
//-----------------------------------------------------
void spi_setBitOrder(int order)
{
    if(order)
        SPCR |=  (1<<DORD); // set DORD bit
    else
        SPCR &= ~(1<<DORD); // clear DPRD bit
}

//-------------------------------------
// Set clock divider
//   input:
//       divider - SPI_CLOCK_DIV2
//                 SPI_CLOCK_DIV4
//                 SPI_CLOCK_DIV8
//                 SPI_CLOCK_DIV16
//                 SPI_CLOCK_DIV32
//                 SPI_CLOCK_DIV64
```

```
//                  SPI_CLOCK_DIV128
//                  SPI_CLOCK_DIV2
//------------------------------------

void spi_setClockDivider(int divider)
{
    // set double speed bit
    if(divider & 0x04)
        SPSR |=  (1<<SPI2X);        // set SPI2X bit
    else
        SPSR &= ~(1<<SPI2X);        // clear SPI2X bit

    // set divider
    SPCR &= ~(3<<SPR0);             // clear clock speed bits
    SPCR |=(divider & 0x03) << SPR0;// set clock speed bits
}

//--------------------------------------------------
// Set Data Mode
//   input:
//       mode - SPI_MODE0    : CPOL=0, CPHA=0
//              SPI_MODE1    : CPOL=0, CPHA=1
//              SPI_MODE2    : CPOL=1, CPHA=0
//              SPI_MODE3    : CPOL=1, CPHA=1
//--------------------------------------------------

void spi_setDataMode(int mode)
{
    SPCR &= ~(3<<CPHA);              // clear mode bits
    SPCR |=  (mode & 0x03) << CPHA; // set mode bits
}
//--------------------------------------------------
// read 1 byte from master and send 1 byte to master
//
// Input : out - 1 byte data to be transfer to master
// Return : 1 byte data read from master
//--------------------------------------------------
//
uint8_t spi_slave_read_byte(uint8_t out)
{
    SPDR = out;
```

```
    while(!(SPSR & (1<<SPIF)));     // wait until receive
                                    // 1 byte data

    return SPDR;                    // read 1 byte data
}

//-------------------------------------------------------------
// read 1 word data from master and send 1 word to master
//
// Input : out - 1 word data to be transfer to master
// Return : 1 word data read from master
//-------------------------------------------------------------
//
uint16_t spi_slave_read_word(uint16_t out)
{
    uint16_t data;

    SPDR = (int8_t) (out & 0x00ff);
    while(!(SPSR & (1<<SPIF)));     // wait until receive
                                    // 1 byte data
    data = (int16_t) SPDR;          // read lower byte

    SPDR = (int8_t) (out >> 8);
    while(!(SPSR & (1<<SPIF)));     // wait until receive
                                    // 1 byte data
   data +=(((int16_t) SPDR)<<8);    // read higher byte

   return data;
}
```

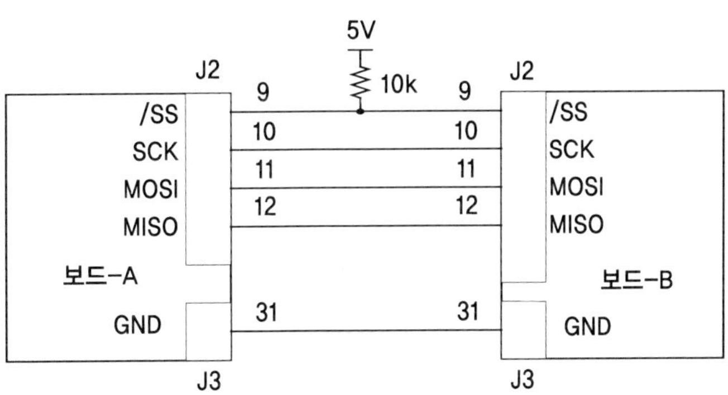

그림 21.6 일대일 SPI 통신을 위한 실습 보드 연결

21.4 일대일 SPI 통신 실습

그림 21.6은 그림 21.1에 따라 두 ATmega128 실습 보드가 서로 마스터-슬레이브 통신을 하도록 결선한 것이다. 보드 A는 마스터로 보드-B는 슬레이브로 사용할 것이다. 보드-B의 /SS(PB0)핀을 보드-A의 /SS(PB0)핀과 연결하여 마스터인 보드-A에서 /SS(PB0)을 사용하여 슬레이브인 보드-B의 SPI 통신포트를 활성화할 수 있다.

실습을 위해 마스터인 보드-A에 그림 11.3과 같이 LCD를 장착하고 그림 10.1과 같이 세 개의 푸시 버튼을 연결한다. 슬레이브인 보드-B에는 그림 6.2과 같이 LED를 연결한다.

각 보드가 다음 동작을 하도록 하여보자.

(1) 마스터인 보드-A에서는 보드-B의 LED를 점멸하는 주기를 버튼 입력으로 받아들이고 이를 LCD에 표시하는 한편 보드-B에 SPI를 사용하여 전송한다. 점멸주기는 2바이트 변수를 사용한다.

(2) 슬레이브인 보드-B에서는 보드-A로부터 수신한 점멸주기에 따라 장착된 LED를 점멸한다.

[프로그램 master.c]는 보드-A의 동작을 하도록 작성되었고, [프로그램 slave.c]는 보드-B의 동작을 하도록 작성되었다.

실습

1. 다음 순서로 프로그램을 각 보드에 다운로드한다.
   (1) 다음 파일로 구성된 프로젝트를 만들어 실행파일을 만들고 보드-A에 다운로드한다.
       master.c, spi_master.c, lcd.c(11장), button.c(10장)
   (2) 다음 파일로 구성된 프로젝트를 만들어 실행파일을 만들고 보드-B에 다운로드한다.
       slave.c, spi.c
2. 보드-A의 스위치를 누르면서 보드-B의 LED 점멸주기를 관찰한다.

프로그램 master.c

```
//============================================================
// 일대일 SPI 통신 실습
// 마스터 프로그램 - 슬레이브의 LED를 깜박이는 주기를 마스터에서
//                   버튼 입력을 받아 SPI를 사용하여 슬레이브에 전달
//============================================================
#include <stdio.h>
#include <avr/io.h>
#include <avr/interrupt.h>

#include "button.h"
#include "lcd.h"
#include "spi.h"

#define SelectSlave()       (PORTB &=  ~(1<<PB0))
#define ReleaseSlave()      (PORTB |=   (1<<PB0))

int main()
{
    char string[20];
    uint8_t  btn;
    uint16_t period;        // 점멸 주기(msec)
    uint16_t ex_period;     // 이전에 설정된 점멸 주기(msec)
    uint16_t slave_rtn;     // 슬레이브가 보낸 값

    LcdInit();              // LCD 초기화
    BtnInit();              // 버튼입력 초기화

    // SPI통신 초기화
    DDRB |= (1<<PB0);       // 슬레이브 활성화 핀을 출력으로 설정
    spi_init(400000, MSBFIRST, SPI_MODE0);

    period = 500;           // 500msec로 초기화
    ex_period = period;

    // 슬레이브를 켠후 버튼을 눌러 마스터를 동작시킨다.
    LcdMove(0,0);   LcdPuts("Turn on slave");
    LcdMove(1,0);   LcdPuts("Press any button");
    while(BtnInput() == NO_BTN);

    // LCD에 주기표시
```

```
    sprintf(string, "Master:%5umsec", period);
    LcdMove(0,0);    LcdPuts(string);

    // 초기값을 슬레이브에 전달하고
    // 슬레이브에서 받은 값을 LCD에 표시
    slave_rtn = SPIMasterWriteWord(period);

    sprintf(string, "Slave :%5umsec", slave_rtn);
    LcdMove(1,0);    LcdPuts(string);

    while(1)
    {
        while((btn = BtnInput())==NO_BTN);        // 버튼 입력

        switch(btn)
        {
        case BTN_SW0:
        period += 50;
        if(period > 2000) period = 2000;
           break;
        case BTN_SW1:
           period -= 50;
           if(period < 100) period = 100;
           break;
        }

        // 이전에 설정한 주기와 다르면 업데이트한다.
        if(period != ex_period)
        {
           SelectSlave();          // Slave를 활성화 한다.
           slave_rtn = spi_transfer_word(period);
           ReleaseSlave();         // Slave를 비활성화 한다.

           sprintf(string, "Master:%5umsec", period);
           LcdMove(0,0);    LcdPuts(string);
           sprintf(string, "Slave :%5umsec", slave_rtn);
           LcdMove(1,0);    LcdPuts(string);
           ex_period = period;
        }
    }
}
```

프로그램 slave.c

```
//=============================================================
// SPI 실습 : 슬레이브 프로그램
//
// 타이머 0을 CTC 모드로 동작시켜, 1msec마다 비교일치 인터럽트를
// 발생시키도록 한다. 인터럽트 서비스루틴에서 인터럽트 횟수를
// 세어 주어진 시간이 되면 LED의 상태를 반전시킨다.
//=============================================================

#include <avr/io.h>
#include <avr/interrupt.h>
#include "spi.h"

static volatile uint16_t period;     // 점멸주기(msec)

//---------------------------------------
// 타이머 0 인터럽트 서비스루틴
//---------------------------------------
ISR(TIMER0_COMP_vect)
{
    static uint16_t n_enter = 0;

    n_enter++;
    if(n_enter >= period)
    {
        n_enter = 0;
        PORTF = ~PORTF;       // LED상태 반전
    }
}

int main(void)
{
    uint16_t l_period = 500;

    // 장치 초기화
    DDRF  = 0xFF;                  // 포트 A를 출력으로 설정
    PORTF = 0xFF;                  // LED를 끈다

    // SPI를 슬레이브로 초기화
    spi_slave_init(MSBFIRST, SPI_MODE0);
```

```
    // SPI를 슬레이브로 초기화
    spi_slave_init(MSBFIRST, SPI_MODE0);

    TCCR0 = (1<<WGM01); // CTC모드
    OCR0  = 15;         // 1024분주비일때 약 1msec마다 비교일치인터럽트
    TIMSK = (1<<OCIE0);// 타이머/카운터0 비교일치 인터럽트 허용
    sei();

    //------------------------------------------
    // 마스터의 명령을 받으면 타이머를 동작시켜
    // LED를 점멸하도록 한다.
    //------------------------------------------
    period = l_period;        // 점멸주기 업데이트
    TCCR0 |= (7 << CS00);     // 1024분주비로 타이머 동작

    while(1)
    {
        // 점멸주기를 마스터로부터 받는다.
        l_period = spi_slave_read_word(period);

        // 주기 업데이트
        cli();
        period = l_period;
        sei();
    }
}
```

21.5 MPU-9250 9축 모션 센서 사용 예

21.5.1 MPU-9250 모션 센서 및 장치 연결

관성 센서(inertial sensor)는 각속도 또는 가속도를 측정하는 센서를 말한다. x/y/z축에 대해 각속도 및 가속도를 측정하는 3축 각속도계와 3축 가속도계를 가지고 있는 경우 6축 관성 센서라 하며 움직임을 감지하므로 모션 센서라 하기도 한다. 멀티콥터와 같이 공간 상에서 자세제어를 해야 할 경우 6축 관성 센서는 필수적 요소이다. 6축 관성 센서에 더해 3축 지자기 센서를 포함한 것을 9축 모션 센서라 한다. 표 21.5는 많이 사용되고 있는 InvenSence사의 모션 센서를 나타낸다.

표 21.5 InvenSence사 모션센서

모션센서	센서			인터페이스	
	가속도	각속도	지자기	SPI	I2C
MPU-6000	3축	3축	x	o	o
MPU-6050	3축	3축	x	x	o
MPU-9150	3축	3축	3축	x	o
MPU-9250	3축	3축	3축	o	o

MPU-6050과 MPU-9150은 I2C(22장 참조) 인터페이스만 제공하고 MPU-6000과 MPU-9250은 SPI 와 I2C 인터페이스를 모두 제공한다. 표 21.5의 모든 모션센서에 대해 가속도/각속도 센서 사용법은 거의 동일하므로 여기서 설명한 내용 및 프로그램을 약간 수정하면 표 21.5의 모든 모션 센서에 적용할 수 있다.

이 절에서는 SPI 통신 실습을 위하여 MPU-9250을 보드형태로 제작한 HW-GY-9250을 사용하도록 한다.

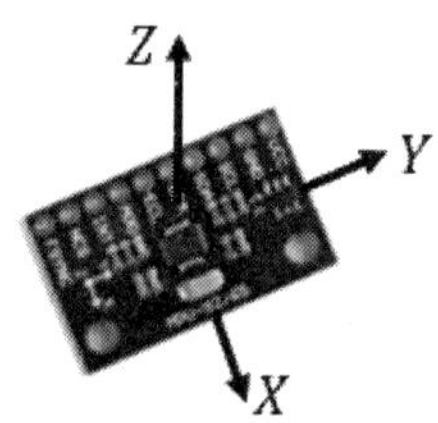

그림 21.7 HW-GY-9250

표 21.6 HW-GY-9250 핀

핀 명칭	용도
VCC	입력전압
GND	접지
SCL	I2C Serial Clock(SCL); SPI Serial Clock(SCLK)
SDA	I2C Serial Data(SDA); SPI Serial Data In(SDI)
AD0	I2C Slave Address LSB(AD0); SPI Serial Data Out(SDO)
NCS	Chip Select(SPI mode only)(/CS)
FSYNC	Frame synchronization digital input. Connected to GND if unused

표 21.6은 각 핀의 용도를 나타낸다. 핀 SCL, SDA, AD0는 SPI 버스와 I2C 버스 모두에서 사용한다. NCS핀은 SPI버스를 활성화하는 핀으로 이 핀을 Low로 설정하면 MPU-9250의 SPI 버스를 사용하는 것으로 SCL, SDA, AD0는 SPI 버스용으로 사용되고, 각각은 SPI버스의 SCLK, SDI, SDO핀으로 동작한다.

ATmega128과 HW-GY-9250을 그림 21.8과 같이 연결한다. 장치 선택 핀인 /CS와 연결하는 ATmega128의 핀은 사용자가 임의로 선정할 수 있다. 여기는 PB0핀과 연결하였다.

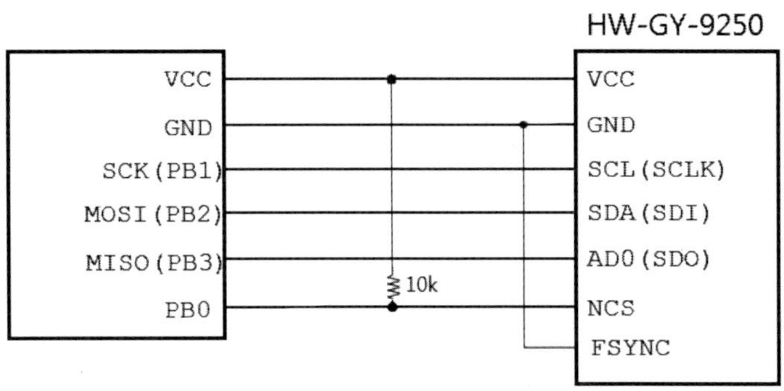

그림 21.8 장치 연결

21.5.2 MPU-9250 레지스터 맵

SPI와 같은 통신 인터페이스를 사용하여 마이크로컨트롤러와 연결하는 센서는 내부에 많은 레지스터를 가지고 있다. 마이크로컨트롤러는 레지스터에 데이터를 써서 명령을 전달하거나 레지스터 값을 읽어 센서의 상태 또는 측정값을 읽어 들인다. 따라서 센서 구동을 위해서 레지스터의 주소와 레지스터의 각 비트의 정의를 센서 데이터 시트에서 찾아 프로그램에 반영하여야 한다.

여기서는 MPU-9250 레지스터 중 기본적 구동을 위해 필요한 레지스터를 선별하여 나타내었다. 더 많을 기능이 필요한 경우는 데이터 시트를 참조하여 프로그램하면 된다.

● 레지스터 주소(0x1B) : GYRO_CONFIG

비트	7	6	5	4	3	2	1	0
	XG_ST	YG_ST	ZG_ST	GYRO_FS_SEL1:0		–	FCHIOCE_B1:0	
읽기/쓰기	R/W	R/W	R/W	R/W	R/W	R/W	R/W	R/W
초기값	0	0	0	0	0	0	0	0

• 비트 4:3 - GYRO_FS_SEL1:0 : 자이로센서의 측정범위를 설정한다.

SEL1:0	측정범위
00	±250 deg/s
01	±500 deg/s
10	±1000 deg/s
11	±2000 deg/s

● 레지스터 주소(0x1C) : ACCEL_CONFIG

비트	7	6	5	4	3	2	1	0
	XA_ST	YA_ST	ZA_ST	ACCEL_FS_SEL1:0		–	–	–
읽기/쓰기	R/W	R/W	R/W	R/W	R/W	R/W	R/W	R/W
초기값	0	0	0	0	0	0	0	0

• 비트 4:3 - SEL1:0 : 가속도센서의 측정범위를 설정한다.

SEL1:0	측정범위
00	±2 g
01	±4 g
10	±8 g
11	±16 g

● 센서 측정값 저장 레지스터

주소	비트	이름	기능
0x3B	[7:0]	ACCEL_XOUT_H	x축 가속도계 측정값의 상위바이트
0x3C	[7:0]	ACCEL_XOUT_L	x축 가속도계 측정값의 하위바이트
0x3D	[7:0]	ACCEL_YOUT_H	y축 가속도계 측정값의 상위바이트
0x3E	[7:0]	ACCEL_YOUT_L	y축 가속도계 측정값의 하위바이트
0x3F	[7:0]	ACCEL_ZOUT_H	z축 가속도계 측정값의 상위바이트
0x40	[7:0]	ACCEL_ZOUT_L	z축 가속도계 측정값의 하위바이트
0x41	[7:0]	TEMP_OUT_H	온도 측정값의 상위바이트
0x42	[7:0]	TEMP_OUT_L	온도 측정값의 하위바이트
0x43	[7:0]	GYRO_XOUT_H	x축 각속도계 측정값의 상위바이트
0x44	[7:0]	GYRO_XOUT_L	x축 가속도계 측정값의 하위바이트
0x45	[7:0]	GYRO_YOUT_H	y축 각속도계 측정값의 상위바이트

0x46	[7:0]	GYRO_YOUT_L	y축 가속도계 측정값의 하위바이트
0x47	[7:0]	GYRO_ZOUT_H	z축 각속도계 측정값의 상위바이트
0x48	[7:0]	GYRO_ZOUT_L	z축 가속도계 측정값의 하위바이트

각 상위바이트와 하위바이트로 16비트 데이터를 구성하여 측정값을 나타낸다. 측정값은 부호있는 16비트 데이터로 표시되며 앞의 레지스터로 설정된 최대 측정범위에서 데이터 값이 $\pm 2^{15}$이 된다.

※ 측정데이터의 상위바이트가 하위주소에 위치한다. 이는 ATmega128에서는 상위바이트가 상위주소에 위치하므로 데이터를 처리할 때 주의하여야 한다.

● **레지스터 주소(0x68) : SIGNAL_PATH_RESET**

비트	7	6	5	4	3	2	1	0
	–	–	–	–	–	GYRO_RST	ACCEL_RST	TEMP_RST
읽기/쓰기	R/W	R/W	R/W	R/W	R/W	R/W	R/W	R/W
초기값	0	0	0	0	0	0	0	0

- 비트 2 – GYRO_RST : Gyro Signal Path Reset
- 비트 1 – ACCEL_RST : Accelerometer Signal Path Reset
- 비트 0 – TEMP_RST : Temperature Sensor Signal Path Reset

● **레지스터 주소(0x6B) : PWR_MGMT_1**

비트	7	6	5	4	3	2	1	0
	H_RESET	SLEEP	CYCLE	GYRO_STANBY	PD_PTAT	CLKSEL2:0		
읽기/쓰기	R/W	R/W	R/W	R/W	R/W	R/W	R/W	R/W
초기값	1	0	0	0	0	0	0	0

- 비트 2 – DEVICE_RESET : 내부 레지스터를 디폴트값으로 리셋한다. 1을 이 비트에 쓰면 장치는 리셋되고, 이후 비트는 자동으로 0으로 지워진다.

21.5.3 MPU-9250의 SPI 통신

MPU-9250의 SPI 통신 특징은 다음과 같다.

1. 데이터는 상위비트에서 하위비트 순서로 전송된다.
2. 데이터는 SCLK의 상승모서리에서 샘플된다.
3. 데이터는 SCLK의 하강모서리에서 전송된다.
4. SCLK의 최대 주파수는 1MHz이다.
5. SPI 읽기/쓰기는 2바이트 이상을 전송하며 다음 표와 같이 첫 바이트는 주소 형식으로 전송되고 이후는 데이터 형식으로 전송된다. 주소형식에서 최상위 비트가 1이면 데이터 읽기, 0이면 데이터 쓰기를 나타낸다. 주소형식의 나머지 7비트는 MPU-9250의 레지스터 주소를 나타낸다. 데이터 형식은 쓰거나 읽은 데이터를 나타낸다.

SPI 주소 형식

비트 7	비트 6	비트 5	비트 4	비트 3	비트 2	비트 1
R/W	A6	A5	A4	A3	A2	A1

SPI 데이터 형식

비트 7	비트 6	비트 5	비트 4	비트 3	비트 2	비트 1
D7	D6	D5	D4	D3	D2	D1

21.5.4 MPU-9250 구동 모듈

구동모듈의 소스파일은 mpu9250_spi.c, 헤더파일은 mpu6500_spi.h에 작성하였으며 제공함수의 접두어는 MPU9250SPI를 사용하였다.

(1) 헤더파일

- 그림 21.8의 연결에서 PB0를 mpu9250 선택 핀으로 사용하므로 다음과 같이 매크로 함수를 정의하였다.

```
#define MPU9250SELECT     (1<<PB0)
#define MPU9250Release()  (MPU9250PORT |=  MPU9250SELECT)
#define MPU9250Select()   (MPU9250PORT &= ~MPU9250SELECT)
```

- 21.5.2절에 설명한 레지스터의 이름과 주소를 연결하는 매크로를 정의하였다.

(2) 내부함수 작성

MPU-9250의 레지스터에 데이터를 쓰거나 읽는 내부 함수를 우선 작성하였다.

1바이트 쓰기

- write_a_byte()함수는 MPU-9250 레지스터 주소에 1바이트를 변수를 쓰는 함수이다.
- 헤더파일에서 정의한 MPU9250Select() 매크로 함수를 사용하여 장치를 선택한다.
- spi.c의 1바이트 전송 함수를 사용하여 먼저 주소를 보내고 다음 데이터를 전송한다.

```
static void write_a_byte(uint8_t addr, uint8_t data)
{
	MPU9250Select();
	spi_transfer_byte(addr);
	spi_transfer_byte(data);
	MPU9250Release();
}
```

n바이트 읽기

- read_n_bytes()함수는 MPU-9250 레지스터 주소에서 n 바이트를 읽어서 버퍼에 저장하는 함수이다.
- spi.c의 1바이트 전송 함수를 사용하여 먼저 주소를 보내고 다음 데이터를 전송한다. 주소를 전송할 때 읽기 형식이므로 21.5.3절의 주소형식에 따라 최상위 비트를 1로 세트한다.
- SPI는 슬레이브에서 데이터를 읽으려면 마스터에서 데이터를 밀어내야 하므로 읽기 수만큼의 데이터를 슬레이브에 전송하고 이때 밀려 들어오는 데이터를 읽어야 한다. 이를 위해 spi.c에서 n 바이트를 전송하고 밀려오는 데이터를 버퍼에 저장하는 spi_transfer_block()함수를 사용하였다.

```
static void read_n_bytes(uint8_t addr, uint8_t *data, uint8_t n)
{
	MPU9250Select();
```

```
    spi_transfer_byte(addr | 0x80); // 읽기 모드
    spi_transfer_block(data, n);
    MPU9250Release();
}
```

(3) MPU-9250 구동함수

mpu9250_spi.c는 앞의 내부 함수를 사용하여 다음 구동 함수를 제공한다.

int MPU9250SPIInit(int32_t spi_clk)

입력 : spi_clk - SPI 채널의 통신 속도(hz 단위)

반환값 :

음수 : 입력값으로 초기화할 수 없음

이외 : 정상

설명 : 21.5.3절의 MPU-9250 SPI 통신 특징을 보면 상위비트를 먼저 보내고, 표 21.4절의 SPI통신 모드가 0임을 알 수 있다. 이에 다음과 같이 통신포트를 설정한다.

```
spi_init(spi_clk, MSBFIRST, SPI_MODE0);
```

void MPU9250SPISetAccRange(uint8_t range)

입력값 : range : 가속도계 측정범위설정 값

설명 : 가속도계 측정범위를 설정한다. 설정 값은 mpu9250spi.h에 정의되어 있으며 가능한 값은 다음과 같다. 초기화 때 설정값은 ACC_RANGE_2G이다.

```
#define ACC_RANGE_2G      0      // +/- 2g range
#define ACC_RANGE_4G      1      // +/- 4g range
#define ACC_RANGE_8G      2      // +/- 8g range
#define ACC_RANGE_16G     3      // +/- 16g range
```

void MPU9250SPISetGyroRange(uint8_t range)

입력값 : range : 각속도계 측정범위설정 값

설명 : 각속도계 측정범위를 설정한다. 설정 값은 mpu9250spi.h에 정의되어 있으며 가능한 값은 다음과 같다. 초기화 때 설정값은 GYRO_RANGE_250

이다.

```
#define GYRO_RANGE_250     0     // +/- 250 deg/s range
#define GYRO_RANGE_500     1     // +/- 500 deg/s range
#define GYRO_RANGE_1000    2     // +/- 1000 deg/s range
#define GYRO_RANGE_2000    3     // +/- 2000 deg/s range
```

void MPU9250SPIReadIMU(int16_t acc[], int16_t gyro[])

출력값 :

acc[] : 가속도계 측정값을 x,y,z축 순서로 저장.

gyro[]: 각속도계 측정값을 x,y,z축 순서로 저장.

설명 : 관성 센서의 측정값에 대한 MPU-9250 레지스터 값을 배열에 저장한다. 실제 측정 단위로 값을 얻으려면 설정한 측정범위를 고려하여 변환하여야 한다.

void MPU9250SPIReadIMU_f(float acc_f[], float gyro_f[])

출력값 :

acc_f[] : m/s/s 단위의 가속도계 측정값을 x,y,z축 순서로 저장.

gyro_f[]: rad/s 단위의 각속도계 측정값을 x,y,z축 순서로 저장.

설명 : 관성 센서의 측정값을 부동소수점 형식으로 읽어서 배열에 저장한다.

헤더파일 mpu9250_spi.h

```
//=========================================================
// mpu9250_spi.h
//   Driver for MPU9250 6Dof IMU (SPI interface)
//=========================================================
//
#ifndef __MPU9250_SPI_H__
#define __MPU9250_SPI_H__

#include <avr/io.h>

//-------------------------------
// MPU9250 Selection
//-------------------------------
//
```

```
#define MPU9250PORT              PORTB
#define MPU9250DDR               DDRB
#define MPU9250SELECT            (1<<PB0)

#define MPU9250Release()         (MPU9250PORT| = MPU9250SELECT)
#define MPU9250Select()          (MPU9250PORT& =~MPU9250SELECT)

//------------------------------
// Accelerometer Range
//------------------------------
//
#define ACC_RANGE_2G             0      // +/- 2g range
#define ACC_RANGE_4G             1      // +/- 4g range
#define ACC_RANGE_8G             2      // +/- 8g range
#define ACC_RANGE_16G            3      // +/- 16g range

//------------------------------
// Gyro Range
//------------------------------
//
#define GYRO_RANGE_250           0      // +/- 250  deg/sec range
#define GYRO_RANGE_500           1      // +/- 500  deg/sec range
#define GYRO_RANGE_1000          2      // +/- 1000 deg/sec range
#define GYRO_RANGE_2000          3      // +/- 2000 deg/sec range

//------------------------------
// Register Address(MPU9250)
//------------------------------
//
#define GYRO_CONFIG              0x1B
#define ACCEL_CONFIG             0x1C
#define ACCEL_XOUT_H             0x3B

#define SIGNAL_PATH_RESET        0x68
#define PWR_MGMT_1               0x6B
#define WHO_AM_I                 0x75

//--------------------------------
// Entry
//--------------------------------
//
```

```
int  MPU9250SPIInit(int32_t spi_clk);
void MPU9250SPISetAccRange(uint8_t range);
void MPU9250SPISetGyroRange(uint8_t range);
void MPU9250SPIReadIMU(int16_t acc[], int16_t gyro[]);
void MPU9250SPIReadIMU_f(float acc_f[], float gyro_f[]);

#endif   // __MPU9250_SPI_H__
```

소스파일 mpu9250_spi.c

```
//=============================================================
// mpu9250_spi.c
//   Driver for MPU9250 9Dof IMU (SPI interface)
//=============================================================
//
#include <avr/io.h>
#include <util/twi.h>
#include <util/delay.h>

#include <stdio.h>
#include <math.h>

#include "spi.h"
#include "mpu9250_spi.h"

static void write_a_byte(uint8_t addr, uint8_t data);
static void read_n_bytes(uint8_t addr, uint8_t *data,
                         uint8_t n);
int MPU9250SPIInit(int32_t spi_clk)
{
     MPU9250DDR |= MPU9250SELECT;   // make /CS pin output

     if(spi_init(spi_clk, MSBFIRST, SPI_MODE0) < 0)
          return -1;


     //------------------------------------------------
     // Reset MPU9250 (wake-up, reset and wait 100msec)
     //------------------------------------------------
```

```
    write_a_byte(PWR_MGMT_1, 1<<7);
    _delay_ms(10);_delay_ms(10);_delay_ms(10);
    _delay_ms(10);_delay_ms(10);_delay_ms(10);
    _delay_ms(10);_delay_ms(10);_delay_ms(10);
    _delay_ms(10);

    //-----------------------------------------------------
    // Reset signal path for SPI Interface
    //-----------------------------------------------------

    write_a_byte(SIGNAL_PATH_RESET, 7);
    _delay_ms(10);_delay_ms(10);_delay_ms(10);
    _delay_ms(10);_delay_ms(10);_delay_ms(10);
    _delay_ms(10);_delay_ms(10);_delay_ms(10);
    _delay_ms(10);

    write_a_byte(PWR_MGMT_1, 0);   // wake-up
    _delay_ms(10);

    return 0;
}

//-----------------------------------------------
// Set accelerometer measurement range
//
//   range :          0 : +/- 2g           ---- default
//                    1 : +/- 4g
//                    2 : +/- 8g
//                    3 : +/- 16g
//-----------------------------------------------

static float acc_scale  = 9.8/16384.;
static float gyro_scale = ((3.1415926/180.)/131.);

void MPU9250SPISetAccRange(uint8_t range)
{
   write_a_byte(ACCEL_CONFIG, range <<3);
   acc_scale = pow(2, range) * (9.8/16384.);
}
```

```
//------------------------------------------------
// Set gyro measurement range
//
//   range :           0 : +/- 250  deg/s     ---- default
//                     1 : +/- 500  deg/s
//                     2 : +/- 1000 deg/s
//                     3 : +/- 2000 deg/s
//------------------------------------------------

void MPU9250SPISetGyroRange(uint8_t range)
{
   write_a_byte(GYRO_CONFIG, range<<3);
   gyro_scale = pow(2, range) * ((3.1415926/180.)/131.);
}

//----------------------------------------------------
// Read IMU data
//
// Output:             acc[] : specific force
//                     gyro[]: angular velocity
//----------------------------------------------------

void MPU9250SPIReadIMU(int16_t acc[], int16_t gyro[])
{
    int i;
    uint8_t buf[14];
    uint8_t *ptr_acc, *ptr_gyro;

    read_n_bytes(ACCEL_XOUT_H, buf, 14);

    ptr_acc  = (uint8_t *) acc;
    ptr_gyro = (uint8_t *) gyro;

    for(i=0; i<6; i+=2)
    {
        ptr_acc[i]   = buf[i+1];
        ptr_acc[i+1] = buf[i];

        ptr_gyro[i]  = buf[i+8+1];
        ptr_gyro[i+1]= buf[i+8];
    }
}
```

```
//-------------------------------------------------
// Read IMU data
//
// Output:              acc[] : specific force(m/s/s)
//                      gyro[]: angular velocity(rad/s)
//-------------------------------------------------

void MPU9250SPIReadIMU_f(float acc_f[], float gyro_f[])
{
    int i;
    uint8_t buf[14];
    uint8_t *ptr_acc, *ptr_gyro;
    int16_t  acc[3], gyro[3];

    read_n_bytes(ACCEL_XOUT_H, buf, 14);

    ptr_acc  = (uint8_t *) acc;
    ptr_gyro = (uint8_t *) gyro;

    for(i=0; i<6; i+=2)
    {
        ptr_acc[i]   = buf[i+1];
        ptr_acc[i+1] = buf[i];

        ptr_gyro[i]  = buf[i+8+1];
        ptr_gyro[i+1]= buf[i+8];
    }

    acc_f[0] = acc_scale  * ( acc[0]);
    acc_f[1] = acc_scale  * ( acc[1]);
    acc_f[2] = acc_scale  * ( acc[2]);

    gyro_f[0] = gyro_scale * ( gyro[0]);
    gyro_f[1] = gyro_scale * ( gyro[1]);
    gyro_f[2] = gyro_scale * ( gyro[2]);
}

//=======================================================
//   write single byte.
//
//   addr : register address.(7bit address)
```

```
//   data : data to be written
//===========================================================
static void write_a_byte(uint8_t addr, uint8_t data)
{
     MPU9250Select();
     spi_transfer_byte(addr);
     spi_transfer_byte(data);
     MPU9250Release();
}

//===========================================================
//   read n bytes.
//
//   addr : register address(7bit address)
//   data : pointer to buffer where receiving data
//          are saved.
//   n    : number of data to be read
//===========================================================

static void read_n_bytes(uint8_t addr, uint8_t *data
                         uint8_t n)
{
    MPU9250Select();
    spi_transfer_byte(addr | 0x80); // send address for
                                    // reading
    spi_transfer_block(data, n);
    MPU9250Release();
}
```

21.5.5 MPU-9250 구동 실습

MPU-9250은 3축 가속도계와 3축 각속도계를 내장하고 있다. 가속도계는 이름과는 달리 가속도를 측정하는 것이 아니고 다음과 같은 물리량을 측정한다.

측정값 = 가속도 − 중력

이를 Specific Force라 한다. MPU-9250을 그림 21.7의 z-방향을 위로 향하게 하고 바닥에 정지하면 가속도가 없으므로 측정값은 음의 중력 즉 z-방향으로 1g, 즉 9.8 m/s^2이 출력된다.

[프로그램 prac21.c]는 그림 21.8과 같이 장치를 연결하였을 때 MPU-9250에서 측정 가속도를 하이퍼 터미널에 표시하는 프로그램이다.

- 그림 21.9와 같이 장치를 연결한다.
- 17.4절과 같이 PC와 ATmega128을 연결하고 하이퍼 터미널을 연다.

실습

(1) 다음 파일로 구성된 프로젝트를 만든다. prac21.c는 가속도를 정수형과 부동소수점 두 형태로 읽고 쓴다. 부동소수점을 표시하기 위해 17.5.2절과 같이 프로젝트 속성을 설정하고 실행파일을 만들어 다운로드한다.

```
prac21.c, mpu9250_spi.c spi.c, usart0.c(17장)
```

(2) HW-GY-9250보드를 회전시키면서 데이터를 관찰하라.

과제

가속도계의 측정범위를 변경시키고 실행하면 정수형 측정값과 부동소수점 측정값의 비율이 변경된다. 측정범위에 따른 비율을 구하라.

프로그램 prac21.c

```
//--------------------------------------------------
// prac21.c
// SPI 버스로 연결된 mpu9250 IMU 구동 실습
//--------------------------------------------------

#include <avr/io.h>
#include <util/delay.h>

#include "mpu9250_spi.h"
#include "usart.h"

void msec_delay(int n);

int main(void)
{
     int i;
     float acc_f[3], gyro_f[3];
     int16_t acc[3], gyro[3];
```

```
    Usart0Init(38400);
    MPU9250SPIInit(1000000L);        // Max. 1MHz

    printf("MPU9250(SPI) Test\n");

    i=0;
    while (1)
    {
        MPU9250SPIReadIMU(acc, gyro);
        MPU9250SPIReadIMU_f(acc_f, gyro_f);

        printf("%d: acc   = %10d  %10d  %10d\n", i,
               (int)acc[0],  (int)acc[1],  (int)acc[2]);
        printf("%d: acc_f = %10.5f  %10.5f  %10.5f\n", i,
                acc_f[0],  acc_f[1],  acc_f[2]);
        i++;
        msec_delay(500);
    }
}

void msec_delay(int n)
{
    while(n)
    {
        _delay_ms(1);
        n--;
    }
}
```

CHAPTER
22
TWI/I2C

22.1 Two-wire Serial Interface(TWI)

TWI 버스는 필립스에서 개발한 직렬 컴퓨터 버스이며 주로 저속의 주변 기기와 연결하는 데 사용된다. 이는 Inter-Integrated Circuit 버스라고도 하고 약자로 I2C 버스로 표시한다.

22.1.1 장치 연결

그림 22.1과 같이 TWI 버스는 저항으로 풀업된 두 선을 사용하며 최대 128개 장치를 이 버스에 연결할 수 있다. 각 장치는 Open-Collector 또는 Open-Drain으로 버스에 연결하여 TWI의 데이터 전송 원리인 Wired-AND 기능을 가능하도록 하여야 한다. 두 선 중 SCL선은 동기통신을 위한 클록을 전송하고 나머지 SDA선은 데이터 전송에 사용된다. 각 장치는 마스터와 슬레이브로 구분된다. 마스터는 데이터 전송을 시작하고 종료하는 장치이며 SCL 클록을 생성한다. 각 장치는 마스터가 될 수 있지만

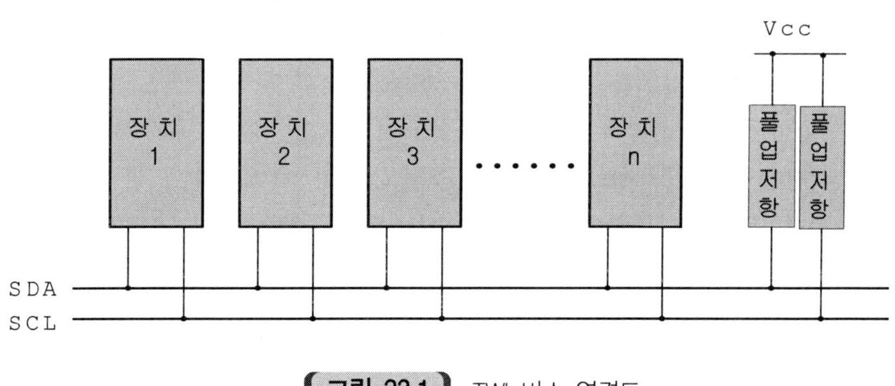

그림 22.1 TWI 버스 연결도

두 개 이상의 마스터가 동시에 버스를 점유하지는 못한다. 슬레이브는 다수 개가 존재할 수 있으며 각각은 고유의 주소를 가지고 있다. 마스터는 주소를 사용하여 슬레이브를 지정하며 지정된 슬레이브와 정보를 주고 받는다.

22.1.2 데이터 전송 및 프레임 형식

TWI 버스에서 전송되는 데이터 비트는 클록 펄스와 동기되어 전송되며 그림 22.2와 같이 클록(SCL)이 HIGH인 동안 데이터선(SDA)의 레벨은 안정하게 유지되어야 한다. 클록이 HIGH인 동안 데이터선의 레벨이 변동되는 경우는 전송시작 신호와 전송종료 신호를 전달할 때이다.

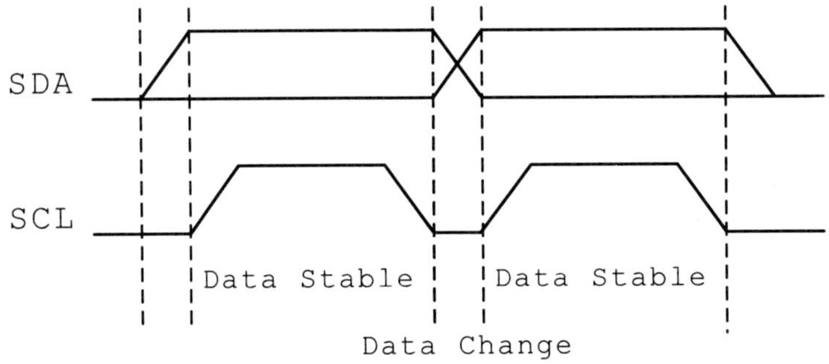

그림 22.2 데이터의 유효성

START/STOP 조건

마스터와 슬레이브의 데이터 전송은 마스터가 START 조건을 버스에 보내면서 시작되고 STOP 조건을 보내면서 종료된다. 그림 22.3과 같이 START 조건은 SCL 클록이 HIGH인 상태에서 SDA를 하강시키는 것이고 STOP 조건은 SCL 클록이 HIGH인 상태에서 SDA를 상승시키는 것이다. START와 STOP 조건 사이에는 버스가 바쁜(Busy) 것으로 간주되고 다른 마스터가 버스를 점유할 수가 없다. START와 STOP 사이에 마스터는 새로운 START 조건을 보낼 수 있으며 이를 REPEATED START 조건이라 한다. 이는 마스터가 버스의 점유를 놓지 않고 계속 데이터를 전송하고자 할 때 사용한다.

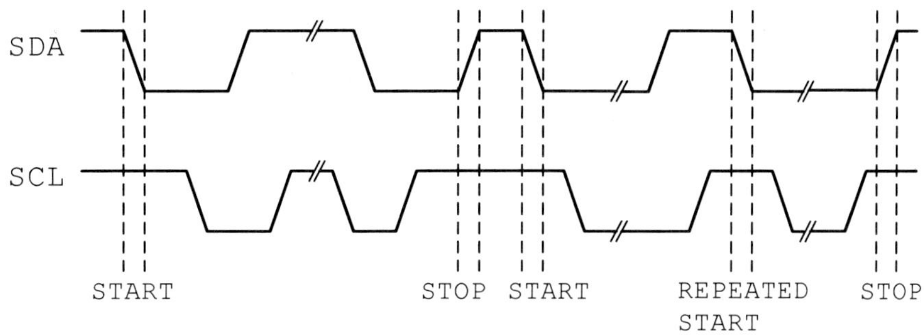

그림 22.3 START/STOP 조건

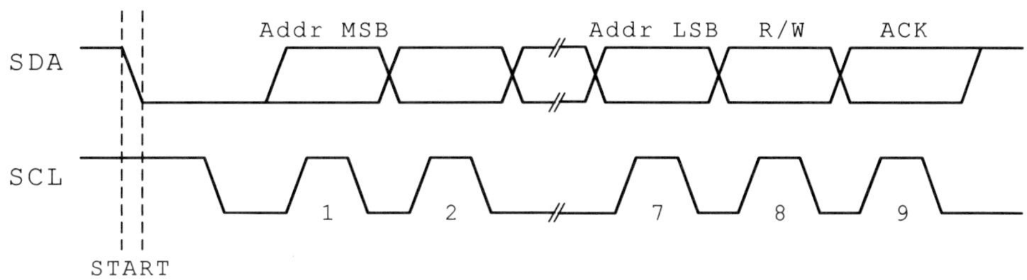

그림 22.4 주소 패킷 형식

주소 패킷 형식(Address Packet Format)

데이터를 전송할 때 여러 개의 정보를 한꺼번에 보낸다. 패킷은 정보의 묶음을 말한다. 마스터가 통신할 때는 정보를 교환하고자 하는 슬레이브 장치를 지정하여야 한다. 각 슬레이브 장치에는 주소가 할당되어 있으므로 마스터는 주소를 사용하여 슬레이브를 지정한다.

TWI에서 사용하는 모든 주소 패킷은 9비트의 길이를 가진다. 그림 22.4와 같이 주소 패킷은 7비트 주소, 1비트 READ/WRITE 제어비트, 1비트 응답신호(Acknowledgement)로 구성되어 있다. READ/WRITE 비트가 세트되어 있으면 마스터가 지정 장치로부터 데이터를 읽을 것(READ)이라는 것을, 리셋되어 있으면 지정 장치에 데이터를 쓸 것(WRITE)이라는 것을 나타낸다. 지정된 슬레이브가 마스터에 의해 지정된 것을 인식하면 슬레이브는 9번째 SCL 클록(ACK) 사이클에서 SDA를 LOW로 내려서 인지하였음을 마스터에 응답한다. 슬레이브는 바쁘거나 마스터의 요구에 응할 수 없을 때는 SDA를 HIGH로 유지한다. 이때 마스터는 STOP 조건을 전송하여 통신을 중지를 하거나 새로운 전송을 하기 위해 REPEATED START 조건을 전송할 수 있다. 슬레이브 주소와 READ 또는 WRITE 비트로 구성된 주소 패킷을 SLA+R 또는 SLA+W라 부른다.

주소 바이트의 전송은 최상위 비트부터 이루어진다. 슬레이브의 주소는 사용자에 따라 자유롭게 설정할 수 있다. 그러나 주소 0b0000000은 일반호출(General Call)을 위해 사용하도록 예약되어 있다.

일반호출이 전송되면 호출을 인식한 버스상의 슬레이브들은 ACK 사이클에서 응답신호로 SDA를 LOW로 내린다. 일반호출은 마스터가 모든 슬레이브에게 같은 메시지를 전달하고자 할 때 사용된다. WRITE 비트와 함께 일반호출이 전송되면 응답을 한 모든 슬레이브는 주소 패킷 후에 따라오는 데이터 패킷을 읽어 들인다. 여러 슬레이브가 동시에 서로 다른 데이터를 버스에 내놓으면 문제가 발생하기 때문에 READ 비트와 함께 일반호출이 전송되는 것은 무의미하다.

데이터 패킷 형식(Data Packet Format)

TWI에서 사용하는 모든 데이터 패킷은 그림 22.5와 같이 8 데이터 비트와 1비트 응답신호로 구성된 9비트 길이를 가진다. 데이터 비트는 최상위 비트부터 전송된다. 데이터 전송동안 마스터는 클록 및 START/STOP 조건을 만든다. 데이터의 수신자는 수신을 알리는 응답신호 ACK를 내보내야 한다. 응답신호로 수신자는 9번째 SCL 사이클에서 SDA 선을 LOW로 내린다. 수신자가 SDA 선을 HIGH 상태로 두면 응답이 없는 NACK 신호로 인식된다. 수신자가 마지막 데이터를 받았거나, 어떤 이유로 더 이상의 데이터를 수신하지 못할 때 수신자는 NACK 신호를 송신자에게 보내야 한다. 즉 ACK/NACK 신호는 송신자에 대한 수신자의 응답신호로 사용한다.

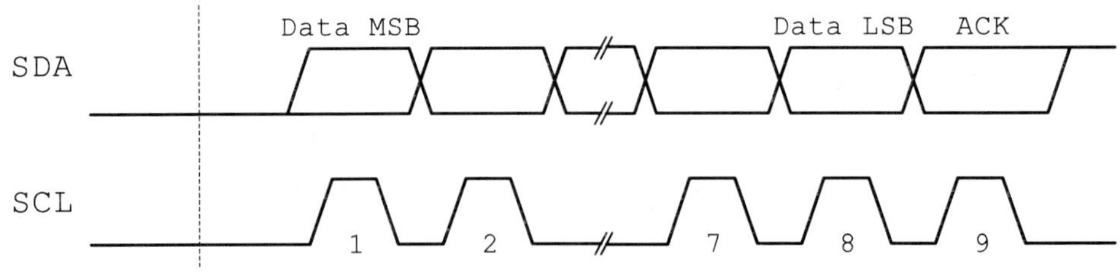

그림 22.5 데이터 패킷 형식

주소와 데이터 패킷 전송

그림 22.6은 전형적인 데이터 전송 형태를 보여준다. 데이터 전송은 START 조건 다음에 SLA+R/W의 주소 패킷이 전송되고, 이어서 하나 또는 다수의 데이터 패킷이 전송된다. 그리고 전송의 종료를 알리는 STOP 조건으로 이루어진다. START와 STOP 만으로 이루어진 빈 메시지는 허용되지 않는다.

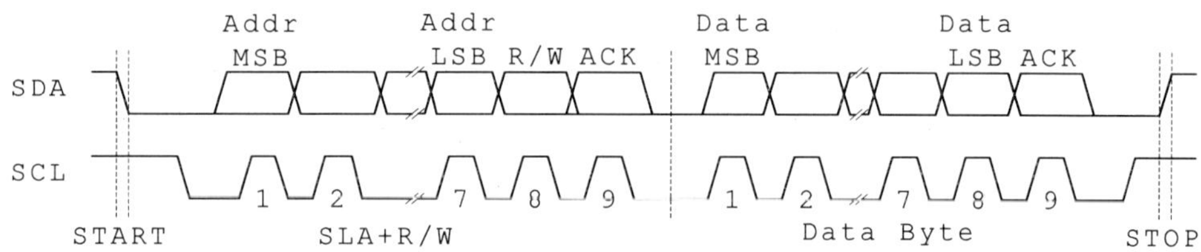

[그림 22.6] 전형적인 데이터 전송

22.2 ATmega128의 Two-wire Serial Interface

22.2.1 TWI 사양

ATmega128에서 제공하는 TWI의 주요사양은 다음과 같다.

- 마스터 또는 슬레이브로 동작 가능
- 각 장치는 송신자 또는 수신자로 동작 가능
- 7비트 주소로 128개의 서로 다른 슬레이브 장치 연결 가능
- 다중 마스터 중재(Multi-master Arbitration) 기능 제공
- 최대 400kHz 데이터 전송 속도

ATmega128에서는 마스터가 여러 개일 때 서로 간의 중재역할을 하는 기능을 제공하고 있으나 교재에서는 여러 마스터인 경우는 다루지 않는다.

22.2.2 관련 레지스터

● TWI 비트율 레지스터(TWI Bit Rate Register): TWBR

비트	7	6	5	4	3	2	1	0	
	TWBR7	TWBR6	TWBR5	TWBR4	TWBR3	TWBR2	TWBR1	TWBR0	TWBR
읽기/쓰기	R/W	R/W	R/W	R/W	R/W	R/W	R/W	R/W	
초기값	0	0	0	0	0	0	0	0	

- 비트 7:0 : TWI 비트율 레지스터(TWI Bit Rate Register)

  TWBR는 비트율 발생기를 위한 나누기 값을 선택한다. 비트율 발생기는 마스터 모드에서 SCL 클록 주파수를 발생시키는 주파수 분할기이다.

● TWI 제어 레지스터(TWI Control Register): TWCR

비트	7	6	5	4	3	2	1	0	
	TWINT	TWEA	TWSTA	TWSTO	TWWC	TWEN	–	TWIE	TWCR
읽기/쓰기	R/W	R/W	R/W	R/W	R	R/W	R	R/W	
초기값	0	0	0	0	0	0	0	0	

- 비트 7 - TWINT : TWI 인터럽트 플래그(TWI Interrupt Flag)

  TWI가 현재 작업을 종료하고 응용 소프트웨어의 응답을 기다릴 때 하드웨어에 의해 이 비트가 세트된다. SREG 레지스터의 I 비트와 TWCR의 TWIE 비트가 세트되어 있으면 이 플래그가 세트될 때 인터럽트 서비스루틴이 수행된다. TWINT 플래그가 세트되어 있는 동안 SCL의 LOW 신호 길이가 연장된다.

  TWINT 플래그는 소프트웨어에서 이 비트에 1을 써서 지워야만 한다. **이 플래그는 인터럽트 서비스루틴이 수행된다고 해서 자동적으로 지워지지 않는다.** 이 플래그를 지우면 TWI 오퍼레이션이 시작된다. 따라서 TWI 주소 레지스터(TWAR), TWI 상태 레지스터(TWSR)과 TWI 데이터 레지스터(TWDR)의 엑세스는 이 플래그를 지우기 전에 완료되어야 한다.
- 비트 6 - TWEA : TWI 응답 허용 비트(TWI Enable Acknowledge Bit)

  TWEA 비트는 응답 펄스의 생성을 제어한다. TWEA 비트가 1일 때 다음 조건이 만족되면 ACK 펄스가 생성된다.

1. 장치 자신의 슬레이브 주소를 수신하였을 때
2. TWAR 레지스터의 TWGCE 비트가 세트되어 있는 동안 일반 호출을 받았을 때
3. 마스터 수신 또는 슬레이브 수신 모드에서 한 바이트의 데이터를 수신했을 때

TWEA에 0을 쓰면 이 장치는 Two-wire 직렬 버스와 일시적으로 연결이 끊어진다. TWEA에 1을 쓰면 주소 인식이 재게된다.

- 비트 5 - TWSTA : TWI START 조건 비트(TWI Start Condition Bit)

  Two-wire 직렬 버스에서 마스터로 동작하기 위해 이 비트에 1을 쓴다. TWI 하드웨어는 버스를 사용할 수 있는지 검사하고 버스가 비어 있으면 버스에 START 조건을 보낸다. 그러나 버스가 비어 있지 않으면 TWI는 STOP 조건이 감지될 때까지 기다린 후 마스터가 되기 위해 새로운 START 조건을 만들어 낸다. TWSTA 비트는 START 조건을 전송한 후 소프트웨어에 의해 지워져야 한다.

- 비트 4 - TWSTO : TWI STOP 조건 비트(TWI Stop Condition Bit)

  마스터 모드에서 TWSTO 비트에 1을 쓰면 Two-wire 직렬 버스에 STOP 조건이 나간다. 버스에 STOP 조건이 나가면 TWSTO 비트는 자동적으로 지워진다. 슬레이브 모드에서 이 비트의 세트는 에러 조건에서 회복하기 위해 사용된다. 슬레이브 모드에서는 TWSTO를 세트하여도 STOP 조건이 생성되지는 않는다. 반면 TWI는 Well-defined Unaddressed 슬레이브 모드로 돌아가서 SCL과 SDA를 High-impedance 상태로 풀어준다.

- 비트 3 - TWWC : TWI 쓰기 충돌 플래그(TWI Write Collision Flag)

  TWINT가 0일 때 TWI 데이터 레지스터(TWDR)에 데이터를 쓰려는 시도를 하면 TWWC 비트가 세트된다. 이 플래그는 TWINT가 1일 때 TWDR 레지스터에 데이터를 쓰면 지워진다.

- 비트 2 - TWEN : TWI 허용 비트(TWI Enable Bit)

  TWEN 비트는 TWI 오퍼레이션을 가능하게 하고 TWI 인터페이스를 활성화한다. TWEN이 1로 세트되면 SCL과 SDA를 공유해서 사용하는 입출력 핀은 TWI의 SCL과 SDA로 사용되고 Slew-rate 제한기와 Spike 필터가 동작된다. 이 비트에 0이 써지면 현재 수행 중인 오퍼레이션에 관계없이 TWI는 꺼지고 모든 TWI 전송은 종료된다.

- 비트 1 - 예약 비트
- 비트 0 - TWIE : TWI 인터럽트 허용(TWI Interrupt Enable)

  SREG의 I 비트가 세트되어 있을 때, 이 비트를 1로 세트하면 TWINT 플래그가 세트될 때 인터럽트 서비스루틴이 수행된다.

● TWI 상태 레지스터(TWI Status Register): TWSR

비트	7	6	5	4	3	2	1	0	
	TWS7	TWS6	TWS5	TWS4	TWS3	–	TWPS1	TWPS0	TWSR
읽기/쓰기	R	R	R	R	R	R	R/W	R/W	
초기값	1	1	1	1	1	1	0	0	

- 비트 7:3 - TWS : TWI 상태(TWI Status)
  이 5비트는 TWI 로직과 Two-wire 직렬 버스의 상태를 반영한다. 이 비트들이 나타내는 상태는 22.2.3절에서 설명할 것이다.
- 비트 2 - 예약 비트
- 비트 1:0 - TWPS : TWI 프리스케일러 비트(TWI Prescaler Bits)
  2비트는 쓰기 읽기가 가능하며 비트율 프리스케일러를 제어한다.

표 22.1 TWI 비트율 프리스케일러

TWPS1	TWPS0	프리스케일러 값
0	0	1
0	1	4
1	0	16
1	1	64

● TWI 데이터 레지스터(TWI Data Register): TWDR

비트	7	6	5	4	3	2	1	0	
	TWD7	TWD6	TWD5	TWD4	TWD3	TWD2	TWD1	TWD0	TWDR
읽기/쓰기	R/W	R/W	R/W	R/W	R	R/W	R/W	R/W	
초기값	1	1	1	1	1	1	1	1	

- 비트 7:0 - TWD : TWI 데이터 레지스터(TWI Data Register)
  이 8비트는 전송되어야 할 다음 데이터 바이트 또는 Two-wire 직렬 버스 상에서 수신된 최근 데이터로 구성된다.

● TWI(슬레이브) 주소 레지스터(TWI (Slave) Address Register) : TWAR

비트	7	6	5	4	3	2	1	0	
	TWA6	TWA5	TWA4	TWA3	TWA2	TWA1	TWA0	TWGCE	TWAR
읽기/쓰기	R/W	R/W	R/W	R/W	R	R/W	R/W	R/W	
초기값	1	1	1	1	1	1	1	0	

- 비트 7:1 - TWA : TWI(슬레이브) 주소 레지스터(TWI(Slave) Address Register)
  TWI의 슬레이브 주소를 담고 있다.
- 비트 0 - TWGCE : TWI 일반 호출 인식 허용 비트(TWI General Call Recognition Enable Bit)
  이 비트를 1로 세트하면 Two-wire 직렬 버스 상에서 주어진 일반 호출의 인식을 가능하게 한다.

22.2.3 전송 모드

TWI는 다음 네 가지 모드 중 하나로 동작한다.

- 마스터 송신(Master Transmitter, MT)
- 마스터 수신(Master Receiver, MS)
- 슬레이브 송신(Slave Transmitter, ST)
- 슬레이브 수신(Slave Receiver, SR)

마스터 송신 모드

마스터가 데이터를 슬레이브 수신자에게 보내는 모드이다. 마스터가 주소 패킷을 버스에 보낼 때 SLA+W를 전송하면 마스터는 마스터 송신 모드로 동작한다. 주소 패킷을 따르는 데이터 패킷의 데이터를 마스터가 제공한다.

전송 순서는 (1) START 조건 전송, (2) 주소 패킷 SLA+W 전송, (3) 데이터 패킷 전송 순으로 한다. 데이터 패킷을 필요한 만큼 전송한 후 STOP 조건을 전송하여 통신을 종료하거나 REPEATED START 조건을 전송하여 통신을 계속할 수 있다. REPEATED START 조건 후에는 같은 슬레이브와 통신을 계속하거나 또는 새로운 슬레이브와 통신을 시작할 수 있다.

표 22.2는 마스터 송신 모드에서 패킷을 전송한 후 TWI 상태 레지스터 TWSR가 나타내는 상태를 보여준다. 표 22.2에서 1열은 TWSR 레지스터에서 프리스케일러 비트가 0일 때의 값을 나타낸다. 3열은 각 상태값에 대해 WinAVR 라이브러리에서 지정한 매크로를 나타낸다.

표 22.2 마스터 송신 모드에서 Status Code

Status Code(TWSR) 프리스케일러 비트는 0	TWI 장치의 상태	WinAVR의 매크로 설정
0x08	START 조건이 전송되었음	TW_START
0x10	REPEATED START 조건이 전송되었음	TW_REP_START
0x18	SLA+W가 전송되었고 ACK를 받음	TW_MT_SLA_ACK
0x20	SLA+W가 전송되었고 NOT ACK를 받음	TW_MT_SLA_NACK
0x28	데이터 바이트가 전송되었고 ACK를 받음	TW_MT_DATA_ACK
0x30	데이터 바이트가 전송되었으나 NOT ACK를 받음	TW_MT_DATA_NACK
0x38	SLA+W나 데이터 바이트 전송에서 버스 제어권 상실	TW_MT_ARB_LOST

마스터 수신 모드

슬레이브가 데이터를 보내 마스터가 데이터를 수신하는 모드이다. 마스터가 주소 패킷을 버스에 보낼 때 SLA+R를 전송하면 마스터는 마스터 수신 모드로 동작한다. 주소 패킷을 따르는 데이터 패킷의 데이터를 슬레이브가 제공한다.

데이터를 수신하는 마스터는 데이터 패킷을 받은 후 ACK 조건을 버스에 내보낸다. 그러나 마지막 데이터 패킷을 받은 후에는 마스터는 NACK 조건을 보낸다. 그리고 STOP 조건을 내보낸다.

표 22.3은 마스터 수신 모드에서 패킷을 전송/수신한 후 TWI 상태 레지스터 TWSR가 나타내는 상태를 보여준다. 표 22.3에서 1열은 TWSR 레지스터에서 프리스케일러 비트가 0일 때의 값을 나타낸다. 3열은 각 상태값에 대해 WinAVR 라이브러리에서 지정한 매크로를 나타낸다.

표 22.3 마스터 수신 모드에서 Status Code

Status Code(TWSR) 프리스케일러 비트는 0	TWI 장치의 상태	WinAVR의 매크로 설정
0x08	START 조건이 전송되었음	TW_START
0x10	REPEATED START 조건이 전송되었음	TW_REP_START
0x38	SLA+R 또는 NOT ACK 비트 전송시 버스 제어권 상실	TW_MR_ARB_LOST
0x40	SLA+R이 전송되었고 ACK를 받음	TW_MR_SLA_ACK
0x48	SLA+R이 전송되었고 NOT ACK를 받음	TW_MR_SLA_NACK
0x50	데이터 바이트가 수신되었고 ACK가 반환됨	TW_MR_DATA_ACK
0x58	데이터 바이트가 수신되었고 NOT ACK가 반환됨	TW_MR_DATA_NACK

슬레이브 송신 모드

TWI를 활성화하기 위해 TWCR 레지스터의 TWEN 비트를 1로 세트하여야 하고 주소 지정에 대한 응답을 위해 TWEA 비트도 1로 세트하여야 한다. 슬레이브로 동작하기 위해 TWSTA와 TWSTO 비트는 0으로 리셋되어야 한다.

TWAR과 TWCR 레지스터가 초기화되면 TWI는 자신의 주소가 마스터로부터 지정될 때까지 기다린다. 마스터가 보내는 7비트 주소 다음 비트가 "1"이면(SLA+R) 슬레이브 송신 모드가 되고 "0"이면(SLA+W) 슬레이브 수신 모드가 된다.

슬레이브 송신 모드에서는 데이터 바이트가 마스터 수신자에게 전달된다. 표 22.4는 데이터 패킷을 전송한 후 TWI 상태 레지스터 TWSR가 나타내는 상태를 보여준다. 표 22.4에서 1열은 TWSR 레지스터에서 프리스케일러 비트가 0일 때의 값을 나타낸다. 3열은 각 상태값에 대해 WinAVR 라이브러리에서 지정한 매크로를 나타낸다.

표 22.4 슬레이브 송신 모드에서 Status Code

Status Code(TWSR) 프리스케일러 비트는 0	TWI 장치의 상태	WinAVR의 매크로 설정
0xA8	SLA+R을 받았고 ACK가 반환됨	TW_ST_SLA_ACK
0xB0	마스터가 SLA+R/W를 전송할 때 버스제어권 상실; SLA+R을 받음; ACK가 반환됨	TW_ST_ARB_LOST_SLA_ACK
0xB8	TWDR의 데이터 바이트가 전송되었고 ACK를 받음	TW_ST_DATA_ACK
0xC0	TWDR의 데이터 바이트가 전송되었고 NOT ACK를 받음	TW_ST_DATA_NACK
0xC8	TWDR의 마지막 데이터 바이트가 전송되었고 (TWEA=0) ACK를 받음	TW_ST_LAST_DATA

슬레이브가 데이터를 전송할 때는 TWCR 레지스터의 TWEN 비트를 1로 세트하여야 한다. 만약 전송 중 TWEA 비트가 0으로 리셋되면 슬레이브가 마지막 데이터를 전송하는 것을 뜻한다. 이때 마스터 수신자의 응답에 따라 Status Code는 0xC0 또는 0xC8이 된다. TWI 통신 규약에서 수신자가 마지막 데이터 바이트를 수신하면 NACK로 응답하여야 한다. 마스터 수신자가 NACK로 응답하면 수신자가 마지막 데이터임을 인식한 것이고, 이때 코드는 0xC0이다. 만약 ACK로 응답하면 수신자가 마지막 데이터임을 인식하지 못하고 더 많은 데이터를 요구하는 것을 나타낸다. 이때 코드는 0xC8이다.

TWEA 비트가 0으로 리셋되면 슬레이브는 지정되지 않은 슬레이브 모드(Not Addressed Slave Mode)로 들어가서 마스터의 요구에 반응하지 않는다. 따라서 Status Code가 0xC8이면 슬레이브가 반응하지 않음에도 마스터는 SDA선의 신호를 데이터를 받아들이므로 데이터로서 모든 비트가 1인 데이터 바이트(즉 0xFF)를 읽게 된다.

슬레이브 수신 모드

TWI를 활성화하기 위해 TWCR 레지스터의 TWEN 비트를 1로 세트하여야 하고 주소 지정에 대한 응답을 위해 TWEA 비트도 1로 세트하여야 한다. 슬레이브로 동작하기위해 TWSTA와 TWSTO 비트는 0으로 리셋되어야 한다.

TWAR과 TWCR 레지스터가 초기화되면 TWI는 자신의 주소가 마스터로부터 지정될 때까지 기다린다. 마스터가 보내는 7비트 주소 다음 비트가 “1”이면(SLA+R) 슬레이브 송신 모드가 되고 "0"이면(SLA+W) 슬레이브 수신 모드가 된다.

슬레이브 수신 모드에서는 마스터 송신자가 전송한 데이터를 슬레이브가 수신한다. 표 22.5는 데이터 패킷을 수신한 후 TWI 상태 레지스터 TWSR가 나타내는 상태를 보여준다. 표 22.5에서 1열은 TWSR 레지스터에서 프리스케일러 비트가 0일 때의 값을 나타낸다. 3열은 각 상태값에 대해 WinAVR 라이브러리에서 지정한 매크로를 나타낸다.

표 22.5 슬레이브 수신 모드에서 Status Code

Status Code(TWSR) 프리스케일러 비트는 0	TWI 장치의 상태	WinAVR의 매크로 설정
0x60	SLA+W를 받았고 ACK가 반환됨	TW_SR_SLA_ACK
0x68	마스터가 SLA+R/W를 전송할 때 버스제어권 상실; SLA+W를 받음; ACK가 반환됨	TW_SR_ARB_LOST_SLA_ACK
0x70	일반호출을 받고, ACK가 반환됨	TW_SR_GCALL_ACK
0x78	마스터가 SLA+R/W를 전송할 때 버스제어권 상실; 일반호출을 받음; ACK가 반환됨	TW_SR_ARB_LOST_GCALL_ACK
0x80	SLA+W로 이미 주소지정됨. 데이터를 수신하고 ACK가 반환됨.	TW_SR_DATA_ACK
0x88	SLA+W로 이미 주소지정됨. 데이터를 수신하고 NOT ACK가 반환됨.	TW_SR_DATA_NACK
0x90	일반호출을 이미 받음. 데이터를 수신하고 ACK가 반환됨.	TW_SR_GCALL_DATA_ACK
0x98	일반호출을 이미 받음. 데이터를 수신하고 NOT ACK가 반환됨.	TW_SR_GCALL_DATA_NACK
0xA0	슬레이브로 주소 지정된 동안 STOP 조건 또는 REPEATED START 조건을 받음.	TW_SR_STOP

이외의 상태

표 22.6은 위 네 가지 모드에 대한 상태 이외에 TWI 상태 레지스터 TWSR가 나타내는 코드를 나타낸다.

표 22.6 이외의 Status Code

Status Code(TWSR) 프리스케일러 비트는 0	TWI 장치의 상태	WinAVR의 매크로 설정
0xF8	연관된 정보가 없음; TWINT=0	TW_NO_INFO
0x00	잘못된 START 또는 STOP조건으로 버스 오류	TW_BUS_ERROR

22.2.4 전송율

마스터 모드로 동작하면 TWI 버스의 SCL에 클록을 공급하여야 한다. SCL 클록의 주기는 TWI 비트 전송률 레지스터(TWBR)와 TWI 상태 레지스터(TWSR)의 프리스케일러 비트로 설정한다. 슬레이브로 동작할 때는 SCL 클록과 연관이 없지만 CPU의 클록이 SCL의 주파수보다 16배 이상 빨라야 한다.

SCL의 주파수는 다음 식으로 계산된다.

$$\text{SCL frequency} = \frac{\text{CPU Clock frequency}}{16 + 2(\text{TWBR}) \cdot 4^{\text{TWPS}}}$$

여기서

TWBR : TWBR 레지스터의 값(이 값은 10 이상으로 지정되어야 한다.)

TWPS : TWSR 레지스터의 프리스케일러 지정 비트 값

22.3 TWI(I2C) 구동 모듈

TWI(I2C) 구동 모듈은 소스파일 i2c.c와 헤더파일 i2c.h로 구성된다. 모듈에서 제공하는 함수는 다음과 같다.

void i2c_init(int32_t hz)

설명 : TWI(I2C) 통신 채널을 마스터로 초기화한다.

입력 : hz - TWI(I2C) 채널의 통신 속도(hz 단위)

int i2c_write_a_byte(uint8_t i2c_addr, uint8_t data, int with_stop)

설명 : 8비트 데이터를 지정된 주소의 I2C 장치에 쓴다.

입력 : i2c_addr - 장치 주소
data - 전송할 8비트 데이터
with_stop - 데이터 전송 후 STOP 조건의 전송 여부

반환값 : 음수 - I2C버스 오류로 시간 초과
이외 - 전송 성공

int i2c_write_n_bytes(uint8_t i2c_addr, uint8_t *buffer, int n, int with_stop)

설명 : n 바이트 데이터를 지정된 주소의 I2C 장치에 쓴다.

입력 : i2c_addr - 장치 주소
buffer - 전송할 데이터를 저장한 버퍼 주소
n - 전송할 바이트 수
with_stop - 데이터 전송 후 STOP 조건의 전송 여부

반환값 :
음수 - I2C 버스 오류로 시간 초과
이외 - 전송 성공

int i2c_read_n_bytes(uint8_t i2c_addr, uint8_t *data, int n)

설명 : n 바이트 데이터를 지정된 주소의 I2C 장치에서 읽는다.

입력 : i2c_addr - 장치 주소
data - 읽은 데이터를 저장할 버퍼 주소
n - 읽은 바이트 수

반환값 :
음수 - I2C 버스 오류로 시간 초과
이외 - 전송 성공

헤더파일 i2c.h

```
//=========================================================
// i2c.c
// I2C(TWI) bus interface
//=========================================================

#ifndef __I2C_H__
#define __I2C_H__

//-----------------------------------------------
// Entry
//-----------------------------------------------
//
void i2c_init(int32_t hz);
int  i2c_write_a_byte(uint8_t i2c_addr, uint8_t buffer,
     int with_stop);
int  i2c_write_n_bytes(uint8_t i2c_addr, uint8_t *buffer,
     int n, int with_stop);
int  i2c_read_n_bytes(uint8_t i2c_addr, uint8_t *data,
     int n);

#endif   // __I2C_H__
```

소스파일 i2c.h

```
//=========================================================
// i2c.c
// I2C(TWI) bus interface
//=========================================================

#include <avr/io.h>
#include <util/twi.h>
#include <util/delay.h>

#include "i2c.h"
//==================================================
// Initialize I2C bus
//   input:  hz - data transfer rate in Hz
//==================================================
void i2c_init(int32_t hz)
```

```
{
    TWSR = 1<<TWPS0;          // 비트율 프리스케일러값을 1로 한다.
    TWBR = (uint8_t) ((F_CPU/hz - 16L)/(2L*1L));
}

#define TIME_OUT_CNT          10
//============================================================
//  write a byte on I2C.
//
//  i2c_addr          : I2C address.
//  data              : data to write
//  with_stop         : 0 - do not send stop at the end,
//                      1 - send stop at the end
//  return :            0 - success
//              negative - fail to write
//============================================================
//
int  i2c_write_a_byte(uint8_t i2c_addr, uint8_t data,
    int with_stop)
{
    int time_out = TIME_OUT_CNT;

    while(1)
    {   // send START condition
        TWCR = (1<<TWINT) | (1<<TWSTA) | (1<<TWEN);
        // wait until START condition is sent.
        while(!(TWCR & (1<<TWINT)));

        // check if START condition is sent normally.
        if((TWSR & TW_STATUS_MASK) != TW_START) return -1;

        TWDR = (i2c_addr << 1);   // SLA_W : (i2c_addr << 1)
        TWCR = (1<<TWINT) | (1<<TWEN);     // send SLA_W.
        // wait until SLA_W is sent.
        while(!(TWCR & (1<<TWINT)));

        // check if slave returns acknowledgment
        if((TWSR & TW_STATUS_MASK) != TW_MT_SLA_ACK)
        {   // send STOP condition.
            TWCR = (1<<TWINT) | (1<<TWSTO) | (1<<TWEN);
            // wait until STOP condition is sent.
            while(TWCR & (1<<TWSTO));
```

```
                time_out--;
                if(time_out <= 0) return -2;
                _delay_us(10);
            }
            else
                break;
        }
        //-----------------------------------------------------
        // write data to slave
        //-----------------------------------------------------
        TWDR = data;
        TWCR = (1<<TWINT) | (1<<TWEN); // send data
        while(!(TWCR & (1<<TWINT)));   // wait until data is sent.

        // check if ACK is received from after sending data
        if((TWSR & TW_STATUS_MASK) != TW_MT_DATA_ACK)
            return -3;

      if(with_stop)              // send STOP condition
      {
         TWCR = (1<<TWINT) | (1<<TWSTO) | (1<<TWEN);
         // wait until STOP condition is sent and release bus
         while((TWCR & (1<<TWSTO)));

      }
      return 0;
}

//=============================================================
//   write n bytes on I2C.
//
//  i2c_addr   : I2C address.
//   buffer    : pointer to buffer
//   n         : number of bytes to be send
//   with_stop : 0 - do not send stop at the end,
//               1 - send stop at the end
//   return :
//               0 - success
//   negative     - fail to write
//=============================================================
//
```

```
int i2c_write_n_bytes(uint8_t i2c_addr, uint8_t *buffer,
                      int n, int with_stop)
{
    int i, time_out = TIME_OUT_CNT;

    while(1)
    {   // send START condition
        TWCR = (1<<TWINT) | (1<<TWSTA) | (1<<TWEN);

        // wait until START condition is sent.
        while(!(TWCR & (1<<TWINT)));
        // check if START condition is sent normally.
        if((TWSR & TW_STATUS_MASK) != TW_START)return -1;

        TWDR = (i2c_addr << 1);   // SLA_W : (i2c_addr << 1)
        TWCR = (1<<TWINT) | (1<<TWEN);    // send SLA_W.
        while(!(TWCR & (1<<TWINT)));

        // check if slave returns acknowledgment
        if((TWSR & TW_STATUS_MASK) != TW_MT_SLA_ACK)
        {   // send STOP condition.
            TWCR = (1<<TWINT) | (1<<TWSTO) | (1<<TWEN);
            // wait until STOP condition is sent.
            while(TWCR & (1<<TWSTO));

            time_out--;
            if(time_out <= 0) return -2;
            _delay_us(10);
        }
        else
            break;
    }

    for(i=0; i<n; i++)              // write data
    {
        // write i-th data to slave

        TWDR = buffer[i];
        TWCR = (1<<TWINT) | (1<<TWEN);    // send data
        while(!(TWCR & (1<<TWINT)));
```

```
        // check if ACK is received after sending data
        if((TWSR & TW_STATUS_MASK) != TW_MT_DATA_ACK)
            return -3;
    }

    if(with_stop)           // send stop condition
    {
        TWCR = (1<<TWINT) | (1<<TWSTO) | (1<<TWEN);
        // wait until STOP condition is sent.
        while((TWCR & (1<<TWSTO)));
    }

    return 0;
}

//=========================================================
//   read n bytes on I2C.
//
//   i2c_addr  : I2C address.
//   data      : pointer to buffer which stores data read
//   n         : number of bytes to be read
//   return :
//       0          - success
//     negative     - fail to write
//=========================================================
//
int i2c_read_n_bytes(uint8_t i2c_addr, uint8_t *data,
                     int n)
{
    int i, time_out = TIME_OUT_CNT;

    while(1)
    {   // send START or REPEATED START condition
        TWCR = (1<<TWINT) | (1<<TWSTA) | (1<<TWEN);
        // wait until START condition is sent.
        while(!(TWCR & (1<<TWINT)));
        // check if START condition is sent normally.
        if(!((TWSR & TW_STATUS_MASK) == TW_START ||
            (TWSR & TW_STATUS_MASK) == TW_REP_START))
            return -1;
```

```
        TWDR = (i2c_addr << 1) | 0x01;      // SLA_R
        TWCR = (1<<TWINT) | (1<<TWEN);      // send SLA_R.
        while(!(TWCR & (1<<TWINT)));

        if((TWSR & TW_STATUS_MASK) != TW_MR_SLA_ACK)
        {   // send STOP condition.
            TWCR = (1<<TWINT) | (1<<TWSTO) | (1<<TWEN);
            while(TWCR & (1<<TWSTO));
            time_out--;
            if(time_out <= 0) return -2;
            _delay_us(10);
        }
        else
            break;
    }

    for(i=0; i<n-1; i++)             // read data
    {
        // send ACK after receiving data
        TWCR = (1<<TWINT) | (1<<TWEA) | (1<<TWEN);
        while(!(TWCR & (1<<TWINT)));

        if((TWSR & TW_STATUS_MASK) != TW_MR_DATA_ACK)
            return -6;

        data[i] = TWDR;              // read data.
    }

    // if read the last byte, send NACK.
    TWCR = (1<<TWINT) | (1<<TWEN);
    while(!(TWCR & (1<<TWINT)));

    if((TWSR&TW_STATUS_MASK)!= TW_MR_DATA_NACK) return -7;

    data[i] = TWDR;                  // read the last data
    //----------------------------
    // send STOP condition.
    //----------------------------
    TWCR = (1<<TWINT) | (1<<TWSTO) | (1<<TWEN);
    while(TWCR & (1<<TWSTO));

    return 0;
}
```

22.4 MPU-9250 9축 모션 센서

22.4.1 MPU-9250의 TWI(I2C) 통신

여기서는 21장에서 사용하였던 MPU-9250을 TWI(I2C)버스를 사용하여 연결하고 센서를 구동하여 보자. ATmega128과 HW-GY-9250을 그림 22.7과 같이 연결한다. 주소 선택 핀 AD0은 GND를 연결하였고, /CS는 VCC에 연결하여 SPI 버스를 비활성화 하였다. 그리고 SCL과 SDA는 HW-GY-9250보드 내에 풀업 저항이 연결되어 있으므로 풀업 저항을 연결하지 않았다.

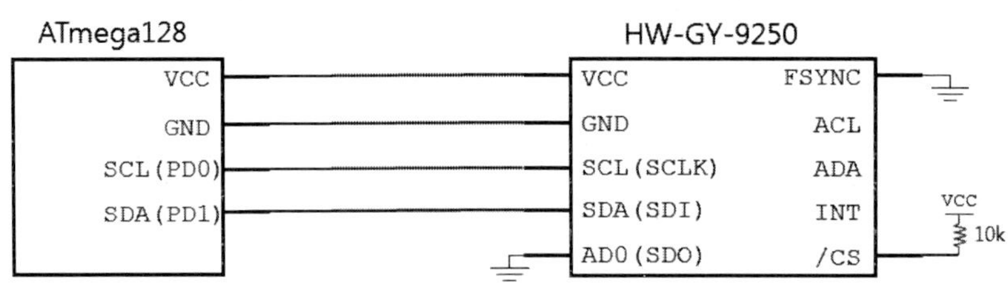

그림 22.7 MPU-9250의 TWI(I2C) 버스 연결

- MPU-9250의 I2C 모듈의 주소는 AD0=0일 때 0x68, AD0=1일 때 0x69이다. 최대 클록 속도는 400kHz이다.
- 이 절에서 작성한 프로그램은 I2C 버스를 사용하는 MPU-6000, MPU-6050, MPU-9150 모두에서 사용할 수 있다.

22.4.2 MPU-9250 구동 모듈

I2C를 사용하는 MPU9250의 구동모듈은 소스파일 mpu9250_i2c.c, 헤더파일은 mpu9250_i2c.h에 작성하였으며 제공함수의 접두어는 MPU9250I2C를 사용하였다.

(1) 헤더파일

- 헤더파일에는 MPU-9250의 TWI(I2C)버스의 주소를 매크로로 정의하였다.

```
#define MPU9250_I2C_ADDR  0x68  // if AD0 = 0
```

- 21.5.2절에 설명한 레지스터의 이름과 주소를 연결하는 매크로를 정의하였다.

(2) 내부함수 작성

MPU-9250의 레지스터에 데이터를 쓰거나 읽는 내부 함수를 우선 작성하였다.

1바이트쓰기

- write_a_byte() 함수는 MPU-9250 레지스터 주소에 1바이트를 변수를 쓰는 함수이다.
- 버퍼를 주소와 데이터로 채운 후 MPU-9250 주소에 2바이트를 쓴다.

```
static void write_a_byte(uint8_t addr, uint8_t data)
{
    uint8_t  buffer[2];

    buffer[0] = addr;
    buffer[1] = data;

    return(i2c_write_n_bytes(MPU9250_I2C_ADDR, buffer, 2, 1));
}
```

n바이트쓰기

- read_n_bytes() 함수는 MPU-9250 레지스터 주소에서 n 바이트를 읽어서 버퍼에 저장하는 함수이다.
- MPU-9250의 TWI(I2C) 주소로 MPU-9250의 레지스터 주소를 전송한다. 이때 레지스터에서 읽기 형식이므로 21.5.3절의 주소형식에 따라 최상위 비트를 1로 세트한다.

```
static int read_n_bytes(uint8_t addr, uint8_t *data, int n)
{
    // send addr without STOP condition
    if(i2c_write_a_byte(MPU9250_I2C_ADDR,
            addr|0x80, 0)<0) return -1;

    return(i2c_read_n_bytes(MPU9250_I2C_ADDR, data, n));
}
```

(3) MPU-9250 구동함수

mpu9250_spi.c는 앞의 내부 함수를 사용하여 다음 구동 함수를 제공한다.

int MPU9250I2CInit(int32_t i2c_clk)

입력 : i2c_clk - TWI(I2C) 채널의 통신 속도(hz 단위)

반환값 : 음수 : 입력 값으로 초기화할 수 없음

이외 : 정상

설명 : MPU-9250을 초기화한다. 이때 최대 통신속도는 400kHz이다.

int MPU9250I2CSetAccRange(uint8_t range)

입력값 : range : 가속도계 측정범위설정 값

반환값 : 음수 : I2C 버스 오류

이외 : 정상

설명 : 가속도계 측정범위를 설정한다. 설정 값은 mpu9250i2c.h에 정의되어 있으며 가능한 값은 다음과 같다. 초기화 때 설정값은 ACC_RANGE_2G이다.

```
#define ACC_RANGE_2G       0      // +/- 2g range
#define ACC_RANGE_4G       1      // +/- 4g range
#define ACC_RANGE_8G       2      // +/- 8g range
#define ACC_RANGE_16G      3      // +/- 16g range
```

int MPU9250I2CSetGyroRange(uint8_t range)

입력값 : range : 각속도계 측정범위설정 값

반환값 : 음수 : I2C 버스 오류

이외 : 정상

설명 : 각속도계 측정범위를 설정한다. 설정 값은 mpu9250spi.h에 정의되어 있으며 가능한 값은 다음과 같다. 초기화 때 설정값은 GYRO_RANGE_250이다.

```
#define GYRO_RANGE_250      0      // +/- 250 deg/s range
#define GYRO_RANGE_500      1      // +/- 500 deg/s range
#define GYRO_RANGE_1000     2      // +/- 1000 deg/s range
#define GYRO_RANGE_2000     3      // +/- 2000 deg/s range
```

int MPU9250I2CReadIMU(int16_t acc[], int16_t gyro[])

출력값 : acc[] : 가속도계 측정값을 x,y,z축 순서로 저장.

gyro[] : 각속도계 측정값을 x,y,z축 순서로 저장.

반환값 : 음수 : I2C 버스 오류

이외 : 정상

설명 : 관성 센서의 측정값에 대한 MPU-9250 레지스터 값을 배열에 저장한다. 실제 측정 단위로 값을 얻으려면 설정한 측정범위를 고려하여 변환하여야 한다.

int MPU9250I2CReadIMU_f(float acc_f[], float gyro_f[])

출력값 : acc_f[] : m/s/s 단위의 가속도계 측정값을 x,y,z축 순서로 저장.

gyro_f[] : rad/s 단위의 각속도계 측정값을 x,y,z축 순서로 저장.

반환값 : 음수 : I2C 버스 오류

이외 : 정상

설명 : 관성 센서의 측정값을 부동소수점 형식으로 읽어서 배열에 저장한다.

헤더파일 mpu9250_i2c.h

```
//==========================================================
// mpu9250_i2c.h
//   Driver for MPU9250 6Dof IMU (I2C interface)
//==========================================================
//
#ifndef __MPU9250_I2C_H__
#define __MPU9250_I2C_H__

#include <avr/io.h>

//-------------------------------
// MPU9250 address of I2C
//-------------------------------
#define MPU9250_I2C_ADDR     0x68    // if AD0 = 0
//#define MPU9250_I2C_ADDR   0x69    // if AD0 = 1

//-------------------------------
// Accelerometer Range
//-------------------------------
//
#define ACC_RANGE_2G         0       // +/- 2g range
#define ACC_RANGE_4G         1       // +/- 4g range
#define ACC_RANGE_8G         2       // +/- 8g range
#define ACC_RANGE_16G        3       // +/- 16g range

//-------------------------------
// Gyro Range
//-------------------------------
//
#define GYRO_RANGE_250       0       // +/- 250  deg/sec range
#define GYRO_RANGE_500       1       // +/- 500  deg/sec range
#define GYRO_RANGE_1000      2       // +/- 1000 deg/sec range
#define GYRO_RANGE_2000      3       // +/- 2000 deg/sec range

//-------------------------------
// Register Address (MPU9250)
//-------------------------------
//
#define GYRO_CONFIG          0x1B
#define ACCEL_CONFIG         0x1C
```

```
#define ACCEL_XOUT_H         0x3B

#define SIGNAL_PATH_RESET    0x68
#define PWR_MGMT_1           0x6B
#define WHO_AM_I             0x75

//----------------------------------
// Entry
//----------------------------------
//
int MPU9250I2CInit(int32_t spi_clk);
int MPU9250I2CSetAccRange(uint8_t range);
int MPU9250I2CSetGyroRange(uint8_t range);
int MPU9250I2CReadIMU(int16_t acc[], int16_t gyro[]);
int MPU9250I2CReadIMU_f(float acc_f[], float gyro_f[]);

#endif   // __MPU9250_I2C_H__
```

소스파일 mpu9250_i2c.c

```
//=======================================================
// mpu9250_i2c.c
//   Driver for MPU9250 6Dof IMU (I2C interface)
//=======================================================
//
#include <avr/io.h>
#include <util/twi.h>
#include <util/delay.h>

#include <stdio.h>

#include "i2c.h"
#include "mpu9250_i2c.h"

static int write_a_byte(uint8_t addr, uint8_t data);
static int read_n_bytes(uint8_t addr, uint8_t *data, int n);
int MPU9250I2CInit(int32_t i2c_clk)
{
    i2c_init(i2c_clk);
```

```
    //---------------------------------------------
    // Reset MPU9250(wake-up, reset and wait 100msec)
    //---------------------------------------------
    write_a_byte(PWR_MGMT_1, 1<<7);
    _delay_ms(10);_delay_ms(10);_delay_ms(10);
    _delay_ms(10);_delay_ms(10);_delay_ms(10);
    _delay_ms(10);

    //-----------------------------------------------
    // Reset signal path for I2C Interface
    //----------------------------------------------
    write_a_byte(SIGNAL_PATH_RESET, 7);
    _delay_ms(10);_delay_ms(10);_delay_ms(10);
    _delay_ms(10);_delay_ms(10);_delay_ms(10);
    _delay_ms(10);
    write_a_byte(SIGNAL_PATH_RESET, 0);

    _delay_ms(10);

    return 0;
}

//--------------------------------------------
// Set accelerometer measurement range
//
//   range :   0 : +/- 2g     ---- default
//             1 : +/- 4g
//             2 : +/- 8g
//             3 : +/- 16g
//--------------------------------------------
//
static float acc_scale  = 9.8/16384.;
static float gyro_scale = ((3.1415926/180.)/131.);

int MPU9250I2CSetAccRange(uint8_t range)
{
    if(write_a_byte(ACCEL_CONFIG, range <<3) <0)
        return -1;

    acc_scale = pow(2, range) * (9.8/16384.);
```

```
    return 0;
}

//-----------------------------------------------
// Set gyro measurement range
//
//   range :   0 : +/- 250  deg/s     ---- default
//             1 : +/- 500  deg/s
//             2 : +/- 1000 deg/s
//             3 : +/- 2000 deg/s
//-----------------------------------------------

int MPU9250I2CSetGyroRange(uint8_t range)
{
    if(write_a_byte(GYRO_CONFIG, range<<3) < 0)
        return -1;

    gyro_scale = pow(2, range) * ((3.1415926/180.)/131.);
    return 0;
}

//----------------------------------------------------
// Read IMU data
//
// Output:     acc[] : specific force
//             gyro[]: angular velocity
//----------------------------------------------------
int MPU9250I2CReadIMU(int16_t acc[], int16_t gyro[])
{
    int i;
    unsigned char buf[14];
    unsigned char *ptr_acc, *ptr_gyro;

    if(read_n_bytes(ACCEL_XOUT_H, buf, 14) < 0)
        return -1;

    ptr_acc  = (unsigned char *) acc;
    ptr_gyro = (unsigned char *) gyro;

    for(i=0; i<6; i+=2)
    {
```

```
        ptr_acc[i]  = buf[i+1];
        ptr_acc[i+1 ]       = buf[i];
        ptr_gyro[i] = buf[i+8+1];
        ptr_gyro[i+1]       = buf[i+8];
    }

    return 0;
}

//-----------------------------------------------------
// Read IMU data
//
// Output:     acc_f[] : specific force(m/s/s)
//             gyro_f[]: angular velocity(rad/s)
//-----------------------------------------------------

int MPU9250I2CReadIMU_f(float acc_f[], float gyro_f[])
{
    int i;
    unsigned char buf[14];
    unsigned char *ptr_acc, *ptr_gyro;
    int16_t  acc[3], gyro[3];

    if(read_n_bytes(ACCEL_XOUT_H, buf, 14) < 0) return -1;

    ptr_acc  = (unsigned char *) acc;
    ptr_gyro = (unsigned char *) gyro;

    for(i=0; i<6; i+=2)
    {
        ptr_acc[i]   = buf[i+1];
        ptr_acc[i+1] = buf[i];
        ptr_gyro[i]  = buf[i+1+8];
        ptr_gyro[i+1]= buf[i+8];
    }

    acc_f[0] = acc_scale  * ( acc[0]);
    acc_f[1] = acc_scale  * ( acc[1]);
    acc_f[2] = acc_scale  * ( acc[2]);
    gyro_f[0] = gyro_scale * ( gyro[0]);
    gyro_f[1] = gyro_scale * ( gyro[1]);
    gyro_f[2] = gyro_scale * ( gyro[2]);
```

```
    return 0;
}

//==========================================================
//   write single byte.
//
//   addr : register address
//   data : data to be written
//
//==========================================================
//
static int write_a_byte(uint8_t addr, uint8_t data)
{
    uint8_t  buffer[2];

    buffer[0] = addr;
    buffer[1] = data;

    return(i2c_write_n_bytes(MPU9250_I2C_ADDR,
                                        buffer, 2, 1));
}

//==========================================================
//   read n byte.
//
//   addr : register address.
//   data : pointer to buffer where data are saved.
//   n    : number of data to be read
//==========================================================

static int read_n_bytes(uint8_t addr, uint8_t *data, int n)
{
    // send addr without STOP condition
    if(i2c_write_a_byte(MPU9250_I2C_ADDR, addr | 0x80, 0)<0)
        return -1;

    return(i2c_read_n_bytes(MPU9250_I2C_ADDR, data, n));
}
```

22.4.3 MPU-9250 구동 실습

[프로그램 prac22.c]는 그림 22.7과 같이 장치를 연결하였을 때 MPU-9250에서 측정 가속도를 하이퍼 터미널에 표시하는 프로그램이다.

- 그림 22.7과 같이 장치를 연결한다.
- 17.4절과 같이 PC와 ATmega128을 연결하고 하이퍼 터미널을 연다.

실습

(1) 다음 파일로 구성된 프로젝트를 만든다. prac22.c는 가속도를 정수형과 부동소수점 두 형태로 읽고 쓴다. 부동소수점을 표시하기 위해 17.5.2절과 같이 프로젝트 속성을 설정하고 실행파일을 만들어 다운로드한다.

`prac22.c, mpu9250_i2c.c i2c.c, usart0.c(17장)`

(2) HW-GY-9250보드를 회전시키면서 데이터를 관찰하라.

과제

가속도계의 측정범위를 변경시키고 실행하면 정수형 측정값과 부동소수점 측정값의 비율이 변경된다. 측정범위에 따른 비율을 구하라.

프로그램 prac22.c

```
//=========================================
// prac22.c
// I2C 버스로 연결된 mpu9250 IMU 구동 실습
//=========================================

#include <avr/io.h>
#include <util/delay.h>

#include "mpu9250_i2c.h"
#include "usart.h"

void msec_delay(int n);

int main(void)
{
```

```
    int i;
    float acc_f[3], gyro_f[3];
    int16_t acc[3], gyro[3];
    Usart0Init(38400);
    MPU9250I2CInit(400);    // 400 KHz

    printf("MPU9250(I2C) Test\n");

    i=0;
    while (1)
    {
        MPU9250I2CReadIMU(acc, gyro);
        MPU9250I2CReadIMU_f(acc_f, gyro_f);

        printf("%d: acc   = %10d  %10d  %10d\n", i,
             (int)acc[0],  (int)acc[1],  (int)acc[2]);
        printf("%d: acc_f = %10.5f  %10.5f  %10.5f\n", i,
              acc_f[0],  acc_f[1],  acc_f[2]);
        i++;
        msec_delay(500);
    }
}

void msec_delay(int n)
{
    while(n)
    {
        _delay_ms(1);
        n--;
    }
}
```

CHAPTER

23

내부 EEPROM

23.1 EEPROM(Electrically Erasable Programmable ROM)

ATmega128은 내부에 100,000번의 읽기/쓰기가 가능한 4Kbyte의 EEPROM을 제공한다. EERPOM은 전원이 꺼져도 저장된 데이터가 지워지지 않는 비휘발성 메모리일 뿐 아니라 프로그램 실행 중 EEPROM에 데이터를 저장할 수 있어 매우 유용하게 사용할 수 있다.

예를 들어 속도 제어시스템을 고려해보자. 운행 중 설정 속도를 변경할 수 있다. 일반적으로 시스템을 껐다가 다시 켰을 때는 이전에 설정한 속도로 다시 시작하는 것이 편리하다. 이 경우 설정속도를 저장하는 변수는 변경이 가능하여야 하고, 전원이 꺼지더라도 값을 잃지 않아야 한다. EEPROM은 이런 목적에 알맞게 사용할 수 있다. 내부 EEPROM의 용량보다 더 필요한 경우는 22.3절과 같이 외부에 EEPROM을 연결하면 된다.

23.2 WinAVR에서 내부 EEPROM 사용

이 절에서는 WinAVR에서 제공하는 내부 EEPROM 관련 라이브러리 함수의 사용법을 간단히 알아보도록 한다. 자세한 사항은 avr-libc 매뉴얼 중 Module Documentation의 〈avr/eeprom.h〉를 참고하기 바란다.

내부 EEPROM 관련 함수 및 변수들을 사용하기 위해서는 다음 헤더파일을 프로그램에 포함시켜야 한다.

```
#include      <avr/eeprom.h>
```

내부 EEPROM을 나타내는 메모리 섹션은 .eeprom 섹션이므로 변수를 .eeprom 섹션에 위치시키면 EEPROM 변수가 된다. 변수를 .eeprom 섹션에 위치시키는 법은 다음과 같다(메모리 섹션에 관하여서는 25.5.1절을 참조하기 바란다).

<데이터형> <변수명> __attribute__((section(".eeprom")))

또는

<데이터형> <변수명> EEMEM

예

```
short temperature __attribute__((section(".eeprom")));
short temperature EEMEM;
int array[10] EEMEM;
```

다음은 내부 EEPROM과 관련된 매크로 및 함수들이다.

#define EEMEM __attribute__((section(".eeprom")))

#define eeprom_is_ready()

매크로 함수로 EEPROM 액세스가 가능한지 알리는 매크로 함수이다. 가능하면 1, 아니면 0이다.

uint8_t eeprom_read_byte(const uint8_t *addr)

EEPROM 주소 addr에서 1바이트를 읽어서 반환한다.

uint16_t eeprom_read_word(const uint16_t *addr)

EEPROM 주소 addr에서 2바이트를 읽어서 반환한다.

void eeprom_read_block(void* p_ram, const void *p_eeprom, size_t n)

EEPROM 주소 p_eeprom에서 n바이트를 읽어서 SRAM의 주소 p_ram에 저장한다.

void eeprom_write_byte (uint8_t *addr, uint8_t value)

1바이트 데이터 value를 EEPROM 주소 addr에 쓴다.

void eeprom_write_word(uint16_t *addr, uint16_t value)

2바이트 데이터 value를 EEPROM 주소 addr에 쓴다.

void eeprom_write_block(const void *p_ram, void *p_eeprom, size_t n)

SRAM의 주소 p_ram부터 n바이트 데이터를 EEPROM 주소 p_eeprom에 쓴다.

- EEPROM 쓰기/읽기 함수들은 내부에서 EEPROM 액세스가 가능한지 검사하므로 호출 전에 eeprom_is_ready()를 사용할 필요는 없다. 그러나 시간에 민감한 응용에서는 읽기/쓰기하기 전에 액세스가 가능한지를 점검하는 eeprom_is_ready()를 사용할 필요가 있다.
- 데이터형 uint8_t 및 uint16_t는 typedef 키워드를 사용하여 새로 선언된 형으로 헤더파일 stdint.h에 선언되어 있다. stdint.h는 헤더파일 io.h를 포함하면 자동적으로 포함된다.

프로그램 23.1은 속도제어기의 설정 속도를 EEPROM에 저장하는 예를 보여준다.

- EEPROM 변수는 일반 SRAM의 변수와 같은 방법으로 쓰거나 읽을 수 없고 eeprom_read_word() 함수 또는 eeprom_write_word() 함수 등을 사용하고 읽거나 쓰기를 하여야 한다.
- 프로그램을 시작할 때 EEPROM 변수인 vel_set를 읽어서 SRAM 변수 velocity에 저장한다.
- EEPROM은 0xFFFF로 초기화되므로 velocity 값을 0xFFFF와 비교하면 이전 설정에 의한 값인지 아닌지 알 수 있다(단 프로그램 23.1은 변수 vel_set 값이 정상적인 상태에서는 0xFFFF가 될 수 없음을 가정한 예이다).
- 이전에 저장한 적이 없으면 속도 변수 velocity를 0으로 초기화한다.

프로그램 23.1 EEPROM 사용 예제

```
#include <avr/io.h>
#include <avr/eeprom.h>                    // eeprom 헤더파일

static uint16_t vel_set EEMEM;             // EEPROM 변수 vel_set

int main()
{
     uint16_t velocity;

     // EEPROM의 vel_set 변수를 읽는다.
     velocity = eeprom_read_word(&vel_set);

     //===============================================
     // velocity가 0xffff이면 이전에 EEPROM 주소에
     // 데이터를 쓴 적이 없음을 말한다.
     //===============================================
     if(velocity == 0xffff)
     {    // 이전에 속도를 설정한 적이 없으므로 0으로 초기화
          velocity = 0;
     }
     while(1)
     {
          . . .
          // 필요에 따라 속도 설정값을 EEPROM에 저장한다.
          eeprom_write_word(&vel_set, velocity);
          . . .
     }
}
```

23.3 Brownout Detection을 사용한 EEPROM 데이터의 손상 방지

내부 EEPROM을 사용할 때 정상적으로 데이터를 저장했음에도 데이터가 이상하게 나오는 경우가 있다. 이는 전원을 켤 때 입력 전원이 정상 레벨에 도달하기까지 시간이 걸리므로 입력 전압이 정상 전압보다 낮은 경우가 발생하기 때문이다.

입력 전압이 낮을 때 EEPROM의 데이터가 손상될 수 있는 상황은 두 가지이다. 첫 번째는 정상적인 EEPROM 쓰기를 위해서는 최소 전압이 필요하나 이보다 낮은 경우이고, 두 번째는 전압이 낮을 때 CPU가 명령을 정상적으로 수행하지 못하는 경우이다.

이러한 EEPROM 데이터 손상은 ATmega128 내부의 Brown-out Detector(BOD)를 동작시킴으로서 쉽게 피할 수 있다.

다음과 같이 퓨즈 비트를 프로그램하면 BOD를 동작시킬 수 있다.

1. 타깃 보드를 연결하고 Atmel Studio에서 [도구]→[Device Programming]을 선택하여 창을 연다.
2. "Tool" 항목에서 "AVRISP mkII"항목을 선택하고 〈Apply〉버튼을 누른다음 왼쪽에서 "Fuses" 항목을 선택한다.

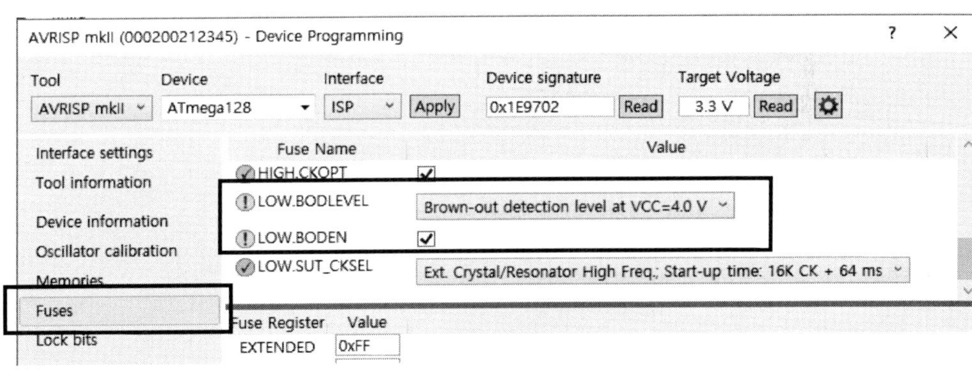

3. "LOW.BODEN"의 체크박스에 체크를 한다.
4. 5V로 동작하는 CPU는 "LOW.BODLEVEL"을 "Brown-out detection level at VCC=4.0V"로 선택하고 3.3V로 동작하는 CPU일 경우 "VCC=2.7V"를 선택한다.
5. "Program" 버튼을 눌러 퓨즈를 프로그램한다.

Brown-out detection을 활성화하였을 때 입력 전압이 설정치보다 확실하게 높지 않으면 마이크로컨트롤러는 동작하지 않는다. 전압 레벨을 4.0V로 하고 마이크로컨트롤러를 USB 전원으로 구동하게 되면 전압 레벨이 낮아 동작하지 않을 수 있다. Brown-out detection을 활성화하였을 때는 외부 전원을 사용하여 마이크로컨트롤러에서 요구하는 정격 전압을 공급하도록 하여야 한다.

CHAPTER

24

프로그램 메모리(플래시 메모리)

24.1 WinAVR에서 프로그램 메모리 사용

ATmega128 마이크로컨트롤러에서 데이터 메모리로 사용하는 SRAM의 용량은 제한적이기 때문에 귀중한 자원이다. C-언어에서 변수를 선언하면 변수는 이런 SRAM, 즉 데이터 메모리를 사용한다. 일반적으로 변수들은 프로그램 실행 중에 값이 계속 변하지만 특정 변수들은 프로그램 시작에서 종료까지 불변하는 상수 변수이다. 9.5절의 프로그램 iseg7.c에서 7-세그먼트의 패턴을 저장하는 변수 `SegTable[]`는 상수 변수이다. 이런 상수 변수는 프로그램 메모리인 플래시 메모리에 저장함으로써 SRAM 자원의 낭비를 막을 수 있다.

여기서는 WinAVR에서 상수 변수가 프로그램 메모리를 사용하도록 하는 방법을 간단하게 설명한다. 자세한 사항은 avr-libc 매뉴얼 중 Module Documentation의 〈avr/pgmspace.h〉를 참고하기 바란다.

프로그램 메모리 관련 함수 및 변수들을 사용하기 위해서는 다음 헤더파일을 프로그램에 포함시켜야 한다.

```
#include        <avr/io.h>
#include        <avr/pgmspace.h>
```

프로그램 메모리에 상수 변수를 선언하는 방법은 다음과 같다.

```
const <데이터형> <변수명> PROGMEM = <상수값>
```

예

```
const short constdata PROGMEM = 10;
const char Table[] PROGMEM = {1, 2, 3, 4, 5};
const char Title[] PROGMEM = "Lab #10";
```

프로그램 메모리와 관련하여 자주 사용하는 함수를 다음에 표시하였다.

#define pgm_read_byte(addr)

매크로 함수로 프로그램 메모리의 주소 addr에서 1바이트를 읽어 반환한다.

#define pgm_read_word(addr)

매크로 함수로 프로그램 메모리의 주소 addr에서 2바이트를 읽어 반환한다.

#define pgm_read_dword(addr)

매크로 함수로 프로그램 메모리의 주소 addr에서 4바이트를 읽어 반환한다.

void* memcpy_P (void *dest, PGM_VOID_P src, size_t n)

프로그램 메모리 주소 src부터 n바이트를 읽어 데이터 메모리 주소 dest에 저장한다.

입력 : dest - SRAM의 주소
src - 프로그램 메모리의 주소
n - 복사할 바이트 수

반환값 : SRAM 주소 dest를 반환한다.

프로그램 24.1은 LED에 점등 패턴을 출력하는 프로그램 6.4에서 LED 패턴을 프로그램 메모리에 저장하도록 수정한 프로그램이다. 프로그램 메모리 변수를 읽어 포트 A로 출력한다.

- LED 패턴은 프로그램 수행 도중 변하지 않으므로 데이터를 프로그램 메모리(플래시 메모리)에 저장하는 것이 효과적이다.
- 프로그램 메모리에 위치한 변수에는 쓰기를 할 수 없다.
- 프로그램 메모리에 위치한 변수는 일반 SRAM의 변수와 같은 방법으로 읽을 수 없고 pgm_read_byte() 함수 등을 사용하여 읽어야 한다.

프로그램 24.1 프로그램 메모리를 사용한 LED 패턴 출력

```
#include <avr/io.h>
#include <avr/pgmspace.h>
#include <util/delay.h>

//--------------------------------------
// LED 패턴을 플래시 메모리에 저장한다.
//--------------------------------------
const unsigned char pattern[8] PROGMEM
    = {0xFE, 0xFD, 0xFB, 0xF7, 0xEF, 0xDF, 0xBF, 0x7F};

void msec_delay(int n);

int main()
{
    int i=0;                          // 패턴 인덱스
    DDRA  = 0xFF;                     // 포트 A를 모두 출력 포트로 설정

    // 0-번째 패턴을 포트 A에 출력한다.
    PORTA = pgm_read_byte(&pattern[0]);

    while(1)                          // 무한루프
    {
        msec_delay(1000);             // 1초 시간 지연
        if(++i==8)i=0;                // i를 증가하고 결과가 8이면 리셋

        // i-번째 패턴을 포트 A에 출력
        PORTA = pgm_read_byte(&pattern[i]);
    }
}

void msec_delay(int n)
{
    for(; n>0; n--)
        _delay_ms(1);
}
```

24.2 프로그램 메모리를 사용한 데이터 메모리 절약 예제

여기서는 앞에서 작성하였던 모듈 프로그램을 프로그램 메모리를 사용할 수 있도록 변경하여 보자.

7-세그먼트 구동 프로그램 iseg7.c 수정

9.5절의 7-세그먼트 구동 프로그램 iseg7.c에서 7-세그먼트의 표시 패턴을 나타내는 데이터를 프로그램 메모리에 저장하면 SRAM의 메모리를 절약할 수 있다. 다음 프로그램 24.2는 iseg7.c의 표시 패턴을 프로그램 메모리에 저장하도록 수정한 것이다.

프로그램 24.2 프로그램 메모리를 사용하는 iseg7.c

```
. . .
#include <avr/pgmspace.h>      // 헤더파일 포함
. . .
// 패턴을 프로그램 메모리로 변경
static const unsigned char SegTable[17] PROGMEM =
{0x3F, 0x06, 0x5B, 0x4F, 0x66, 0x6D, 0x7D, 0x07,
 0x7F, 0x6F, 0x77, 0x7C, 0x58, 0x5E, 0x79, 0x71,0x00};
. . .
ISR(TIMER0_COMP_vect)          // 타이머 0 비교일치 인터럽트
{
     SSEG_CONT = ~(0x10<<index);
     SSEG_DATA =
          ~pgm_read_byte(&SegTable[cnumber[index]]);
     index++;
     if(index == N_SEGMENT) index = 0;
}
```

- 프로그램 24.2는 SegTable[]을 프로그램 메모리에 위치시켜서 17바이트의 데이터 메모리를 절약하였다.

LCD 구동 프로그램 lcd.c 수정

LCD에 표시하는 문자열 중 많은 것은 응용 프로그램의 제목, 오류 메시지 등과 같이 프로그램 실행 중에도 변하지 않는 것이 많다. 이런 경우 표시할 메시지는 프

로그램 메모리에 저장함으로써 제한된 용량의 데이터 메모리를 절약할 수 있다. 11장의 LCD 구동 프로그램 lcd.c에서는 문자열을 LCD에 표시하는 LcdPuts() 함수를 가지고 있다. 이는 데이터 메모리에 위치한 문자열을 LCD에 표시할 뿐 프로그램 메모리에 위치한 문자열은 표시하지 못한다.

LcdPuts_P()는 프로그램 메모리에 위치한 문자열을 LCD에 표시하는 함수이다.

프로그램 24.3 LcdPuts_P() 함수

```
void LcdPuts_P(PGM_P str)
{
    char c;
    while((c=pgm_read_byte(str)))
    {
        LcdPutchar(c);
        str++;
    }
}
```

LcdPuts_P() 함수를 lcd.c에 포함시키고, lcd.h에 다음 두 문장을 추가한다.

```
#include <avr/pgmspace.h>
void LcdPuts_P(PGM_P str);
```

프로그램 24.4는 LcdPuts_P() 함수를 사용한 예를 보여준다.

프로그램 24.4

```
#include <avr/io.h>
#include <avr/pgmspace.h>
#include <stdio.h>

#include "lcd.h"

// 실습 제목을 프로그램 메모리에 저장
static const char title[] PROGMEM = "Lab. #24";

int main()
{
    int i=0;
    char string[20];

    LcdInit();                  // Lcd 초기화

    LcdMove(0,0);
    LcdPuts_P(title);           // 프로그램 메모리 문자열 표시

    while(1)
    {
        sprintf(string, "count=%d", i++);
        LcdMove(1,0);
        LcdPuts(string);    // 데이터 메모리 문자열 표시
    }
}
```

CHAPTER

25

외부 메모리

25.1 외부 메모리

ATmega128은 내부 메모리로 4Kbyte를 제공하지만 응용에 따라서는 4Kbyte 이상 데이터 메모리가 필요한 경우가 있다. 이때 외부 메모리를 장착한다. CPU는 외부 메모리 액세스에 필요한 데이터와 주소를 표 25.1과 같이 입출력을 담당하는 핀들의 기능을 변경하여 외부 메모리에 제공한다.

입출력 포트 핀의 기능은 MCUCR 레지스터의 SRE 비트를 세트하여 외부 메모리 사용에 필요한 기능으로 변경한다. 포트 G는 메모리 제어 신호로 포트 C는 주소 버스의 상위 주소 신호로 사용한다. 그리고 포트 A는 주소 버스의 하위 주소와 데이터 신호로 사용한다. 따라서 외부 메모리를 사용할 경우 포트 A, 포트 C 그리고 포트 G를 입출력 포트로 사용할 수 없으므로 가용한 입출력 포트의 개수는 줄어들게 된다.

표 25.1 외부 메모리 사용 시 다기능 핀의 용도

핀 번호	핀 이름	기능	
		외부 메모리 미사용	외부 메모리 사용
33	PG0(/WR)	PG0	/WR(쓰기 신호)
34	PG1(/RD)	PG1	/RD(읽기 신호)
35~42	PC0(A8)~PC7(A15)	PC0~PC7(포트 C)	A8~A15(상위 주소)
43	PG2(ALE)	PG2	ALE
44~51	PA7(AD7)~PA0(AD0)	PA7~PA0(포트 A)	AD7~AD0(데이터 및 하위 주소)

25.2 관련 레지스터

MCU 레지스터(MCU Control Register): MCUCR

비트	7	6	5	4	3	2	1	0	
	SRE	SRW10	SE	SM1	SM0	SM2	IVSEL	IVCE	MCUCR
읽기/쓰기	R/W	R/W	R/W	R/W	R/W	R/W	R/W	R/W	
초기값	0	0	0	0	0	0	0	0	

- 비트 7 - SRE : 외부 SRAM/XMEM 사용 가능(External SRAM/XMEM Enable)
  SRE에 1을 쓰면 외부 메모리 인터페이스를 사용하도록 AD7:0 핀, A15:8 핀, ALE 핀, /WR 핀과 /RD 핀의 기능이 활성화된다. SRE 비트에 0을 쓰면 외부 메모리 인터페이스는 불능이 되고 각 핀은 정상적인 입출력 기능을 한다.
- 비트 6 - SRW10 : Wait-state 선택 비트(Wait-state Select Bit)
  다음 XMCRA의 SRW 비트와 함께 설명

외부 메모리 제어 레지스터 A(External Memory Control Register A) : XMCRA

비트	7	6	5	4	3	2	1	0	
	–	SRL2	SRL1	SRL0	SRW01	SRW00	SRW11	–	XMCRA
읽기/쓰기	R	R/W	R/W	R/W	R/W	R/W	R/W	R	
초기값	0	0	0	0	0	0	0	0	

- 비트 7 - 예약 비트
- 비트 6:4 - SRL2, SRL1, SRL0 : Wait-state 선택기 한계(Wait-state Selector Limit)
  서로 다른 외부 메모리 주소에 대해 다른 wait-state를 지정할 수 있다. 외부 메모리 주소 공간을 다른 wait-state를 갖는 두 섹터로 나눌 수 있다. 표 25.2는 SRL2, SRL1, SRL0 비트로 지정할 수 있는 각 섹터의 공간을 보여준다. SRL2, SRL1, SRL0 비트는 디폴트로 모두 0으로 세트되어 있어 모든 외부 메모리 주소 공간은 하나의 섹터로 간주된다. 모든 SRAM 주소 공간이 하나의 섹터로 지정되어 있으면 wait-state는 비트 SRW11과 SRW10로 지정한다.

표 25.2 SRL2:0에 따른 섹터 한계

SRL2	SRL1	SRL0	섹터 한계
0	0	0	하위 섹터 = N/A 상위 섹터 = 0x1100 - 0xFFFF
0	0	1	하위 섹터 = 0x1100 - 0x1FFF 상위 섹터 = 0x2000 - 0xFFFF
0	1	0	하위 섹터 = 0x1100 - 0x3FFF 상위 섹터 = 0x4000 - 0xFFFF
0	1	1	하위 섹터 = 0x1100 - 0x5FFF 상위 섹터 = 0x6000 - 0xFFFF
1	0	0	하위 섹터 = 0x1100 - 0x7FFF 상위 섹터 = 0x8000 - 0xFFFF
1	0	1	하위 섹터 = 0x1100 - 0x9FFF 상위 섹터 = 0xA000 - 0xFFFF
1	1	0	하위 섹터 = 0x1100 - 0xBFFF 상위 섹터 = 0xC000 - 0xFFFF
1	1	1	하위 섹터 = 0x1100 - 0xDFFF 상위 섹터 = 0xE000 - 0xFFFF

- 비트 1과 MCUCR의 비트 6 - SRW11, SRW10 : 상위 섹터의 wait-state 선택 비트(Wait-state Select Bits for Upper Sector)
  표 25.3과 같이 상위 섹터의 wait-state를 설정한다.
- 비트 3:2 - SRW01, SRW00 : 하위 섹터의 wait-state 선택 비트(Wait-state Select Bits for Lower Sector)
  표 25.3과 같이 하위 섹터의 wait-state를 설정한다.

표 25.3 Wait States(n=0, 1)

SRWn1	SRWn0	Wait States
0	0	Wait-state 없음
0	1	읽기/쓰기에서 1 사이클 지연
1	0	읽기/쓰기에서 2 사이클 지연
1	1	읽기/쓰기에서 2 사이클 지연을 하고 새 주소로 옮기기 전에 1 사이클 지연

- 비트 0 - 예약 비트

● 외부 메모리 제어 레지스터 B(External Memory Control Register B) : XMCRB

비트	7	6	5	4	3	2	1	0	
	XMBK	–	–	–	–	XMM2	XMM1	XMM0	XMCRB
읽기/쓰기	R/W	R	R	R	R	R/W	R/W	R/W	
초기값	0	0	0	0	0	0	0	0	

- 비트 7 - XMBK : 외부 메모리 Bus-keeper 가능(External Memory Bus-keeper Enable)

  XMBK를 1로 설정하면 AD7:0 라인의 Bus-keeper가 작동된다. Bus-keeper가 작동되면 AD7:0 라인의 정의된 논리 레벨을 보장한다. 레벨이 정의되지 않으면 tri-state를 유지하도록 한다.
- 비트 6:4 : 예약 비트
- 비트 2:0 - XMM2, XMM1, XMM0 : External Memory High Mask

  외부 메모리를 사용하도록 설정하면 포트 C의 핀들은 상위 주소 핀으로 사용된다. 그러나 외부 메모리로 60Kbyte를 모두 사용하지 않으면 포트 C의 일부를 주소 버스가 아니라 정상적인 입출력 포트로 사용할 수 있다. 이럴 때 XMM2, XMM1, XMM0 비트를 사용하여 표 25.4와 같이 포트 C의 핀을 정상 입출력 포트로 사용할 수 있도록 풀 수 있다.

표 25.4 정상 입출력 포트로 사용하도록 푸는 포트 C의 핀

XMM2	XMM1	XMM0	외부 메모리 주소의 비트 수	풀어진 포트 핀
0	0	0	8(60KB 공간 모두 사용)	없음
0	0	1	7	PC7
0	1	0	6	PC7-PC6
0	1	1	5	PC7-PC5
1	0	0	4	PC7-PC4
1	0	1	3	PC7-PC3
1	1	0	2	PC7-PC2
1	1	1	상위 주소 사용하지 않음	모든 포트 C

25.3 외부 메모리 연결

25.3.1 액세스 타이밍

그림 25.1은 wait-state가 없을 때 외부 메모리의 쓰기/읽기 타이밍도를 나타낸다. 포트 A를 통하여 그림 25.1과 같이 하위 주소와 데이터가 시간을 분할하여 전달된다.

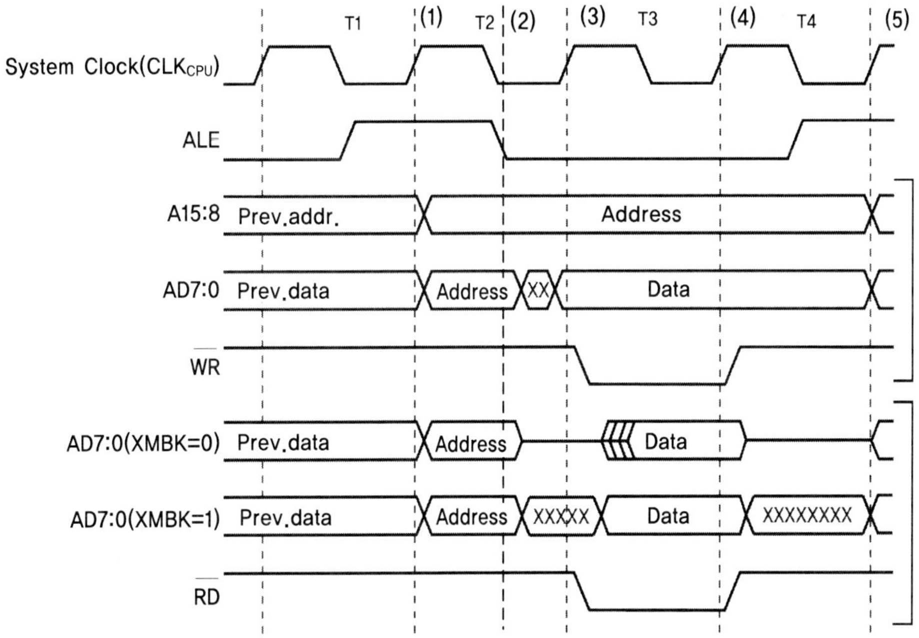

그림 25.1 외부 메모리의 쓰기/읽기 타이밍도(Wait-state가 없을 때)

위 타이밍도를 분석하면

(1) ALE(Address Latch Enable) 신호가 HIGH로 유지된 상태에서 쓰기(읽기) 사이클이 시작된다. A15:8에 상위 주소가 AD7:AD0에 하위 주소가 각각 전달된다.
(2) ALE 신호가 LOW로 떨어진다.
(3) AD7:AD0에 하위 주소 대신 데이터가 전달된다. 아울러 /WR(/RD) 신호를 LOW로 떨어뜨려 CPU가 데이터 쓰기(읽기)하는 것을 알린다.
(4) 쓰기(읽기) 신호가 HIGH가 된 후 ALE가 HIGH가 된다.
(5) 쓰기(읽기) 사이클이 종료되고 새로운 주소와 데이터 신호가 전달된다.

25.3.2 주소와 데이터의 분리

- 실제 CPU에서 데이터의 쓰기(읽기)는 /WR(/RD)가 LOW일 때이므로 (3)과 (4)사이에 하위 주소를 포함한 모든 주소 정보가 메모리에 전달되어야 한다.
- (3)와 (4) 사이에는 하위 주소 정보가 사라지므로 하위 주소 정보가 AD7:0 핀에 나타날 때 이를 저장하여 (3)~(4)에서 하위 주소 정보를 사용할 수 있어야 한다.
- 그림 25.1에서 ALE 신호의 하강 모서리 지점인 (2)가 하위 주소 정보가 AD7:0 핀에 나타나는 시점임을 알 수 있다. 따라서 (2)에서 AD7:0 핀에 나타나는 정보를 저장하면 된다.
- 래치는 Latch Enable이라는 신호에 따라 정보를 획득하고 저장하여 그 정보를 지속적으로 출력하는 장치를 말한다. ALE 신호를 Latch Enable 신호로 사용하면 (2)에서 하위 주소 정보를 저장하고 (3)~(4) 사이에 메모리에 제공할 수 있다.

그림 25.2는 래치를 이용하여 CPU와 메모리를 연결하는 방법을 보여주고 있다. 그림과 같이 래치를 이용하여 하위 주소 정보가 (1)~(4) 동안 메모리에 전달된다. 따라서 실제 데이터가 쓰기(읽기)되는 시점인 (3)~(4)에서 모든 주소 정보가 메모리에 전달된다.

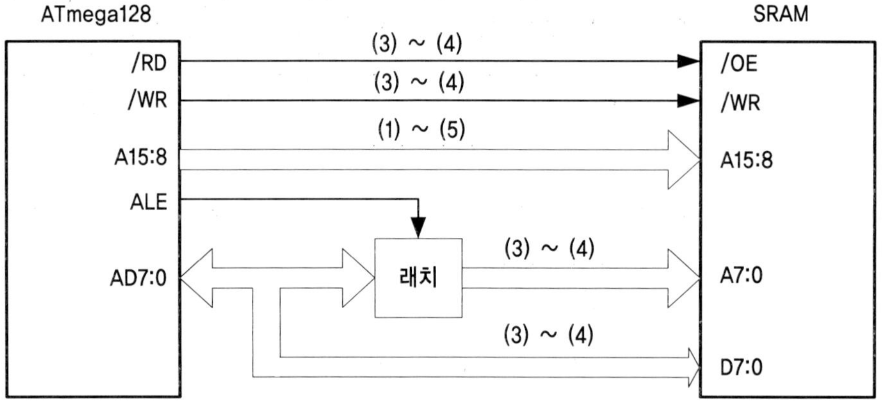

그림 25.2 래치를 이용한 외부 메모리 연결

25.3.3 실습 보드에서 CPU와 외부 데이터 메모리의 연결

그림 25.3은 실습 보드의 외부 데이터 메모리 연결 회로도를 나타낸다.

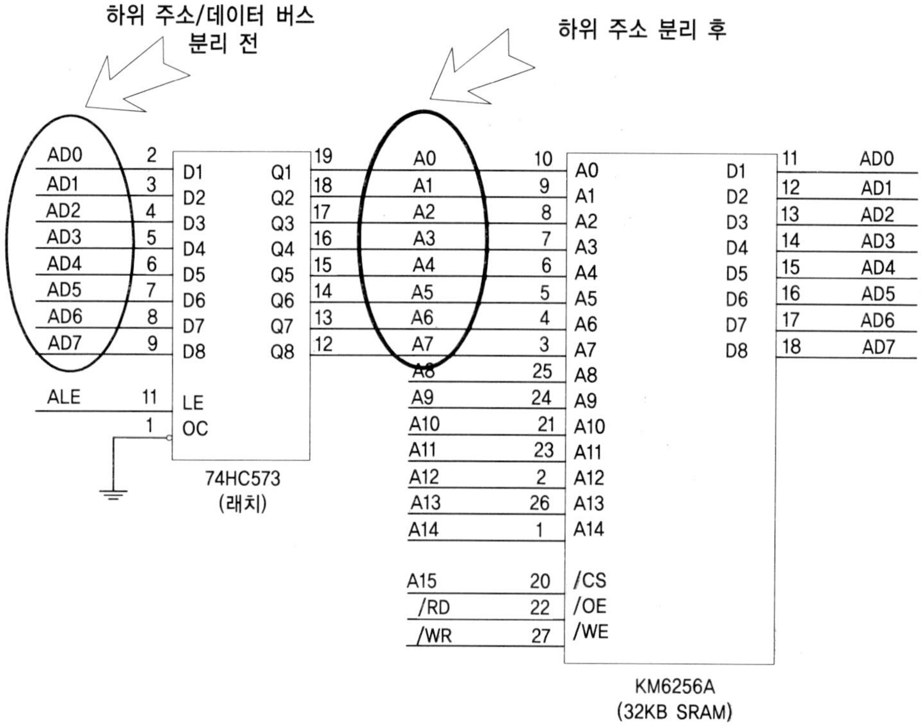

[그림 25.3] 외부 메모리 연결 회로도

각 부품의 기능을 살펴보면 다음과 같다.

74HC573 3-State Octal D-type Latch

74HC573 : TTL 이름

3-State : 출력 핀이 3가지 상태를 가짐을 나타낸다.

- HIGH - 논리 1(일반적으로 5V 출력을 냄)
- LOW - 논리 0(0V 출력을 냄)
- Z - High Impedance 상태(전기적으로 끊어진 상태임)

Octal : 8개의 래치가 들어 있음을 나타낸다.
(하위 주소 버스는 8비트이므로 8개의 래치가 필요하다.)

D-type Latch : D 플립플롭을 사용한 래치임을 나타낸다.

각 핀의 기능은 다음과 같다.

Dn : 입력 신호(n=1,2...8)
Qn : 래치 출력 신호(n=1,2...8)
LE : Latch Enable 신호로 하강 모서리에서 신호를 래치한다.
OC : Output Control 신호로 출력을 제어한다.

74HC573의 진리표는 다음과 같다.

표 25.5 74HC573의 진리표

Output Control (OC)	Latch Enable (LE)	데이터 (Dn)	출력 (Qn)
L	H	H	H
L	H	L	L
L	L	x	Q0
H	x	x	Z

H : 논리 1
L : 논리 0
Q0 : /LE의 하강 모서리에서 데이터값
x : Don't Care
Z : High Impedance(전기적으로 절연된 상태)

- 그림 25.3에서 OC는 접지되어(즉, L 신호) 있다.
- 그림 25.3에서 CPU의 ALE 신호가 래치의 LE 신호에 연결되어 있으므로 ALE의 하강 모서리에서 CPU의 ADn 신호가 래치되어 래치의 출력 Qn에 출력된다. 타이밍도로부터 ALE 신호의 하강 모서리에서 ADn 신호는 하위 주소 정보를 가지고 있으므로 래치는 하위 주소를 출력하게 된다.

KM6256A 32KB SRAM

32Kbyte를 갖는 Static RAM이다. 각 핀의 기능은 다음과 같다.

An(n=0,...,14) : SRAM 내부에 32Kbyte의 램이 존재한다. $32K = 32 \times 2^{10} = 2^{15}$이므로 이들 램을 지정하기 위해 필요한 주소 버스의 크기는 15비트임을 알 수 있다. 15개의 핀 A0~A14로 내부 램의 주소를 지정한다.
Dn(n=1,...,8) : 램에 쓰기/읽기 하는 8비트 데이터
/CS(Chip Select) : LOW 상태일 때 칩이 동작한다.

/OE(Output Enable) : /CS=0일 때 이 핀이 LOW이면 An으로 지정된 주소에 저장되어 있는 데이터를 Dn에 출력한다. 이 핀은 CPU의 /RD 핀에 연결되어 있으므로 CPU가 메모리에서 데이터를 읽고자 하면 램은 이에 반응하여 A0~A14로 지정된 주소의 데이터를 데이터 버스에 출력하고 이를 CPU가 읽게 된다.

/WE(Write Enable) : /CS=0일 때 이 핀이 LOW이면 Dn의 값을 읽어 An으로 지정된 주소에 저장한다. 이 핀은 CPU의 /WR 핀에 연결되어 있으므로 CPU가 메모리에 데이터를 쓰고자 하면서 데이터 버스에 정보를 올리면 램은 이에 반응하여 데이터를 읽고 A0~A14로 지정된 주소의 램에 저장한다.

25.3.4 외부 메모리의 주소 영역 할당

ATmega128은 외부 데이터 액세스를 위하여 주소 버스로 16비트를 사용한다. 이는 외부 메모리의 주소를 0000H~FFFFH까지 사용할 수 있음을 나타낸다. 그림 25.3에 장착된 32Kbyte 메모리는 이 주소 영역 중 일부인 32Kbyte를 사용하여야 한다. 64Kbyte 주소 영역 중 사용할 주소의 할당은 하드웨어로 구현하며 이를 주소 디코더(Address Decoder)라 한다.

그림 25.3에서 SRAM의 /CS 핀은 CPU 주소 버스의 A15와 연결되어 있다. 따라서 CPU가 SRAM 내의 메모리와 데이터를 주고받으려면 CPU는 다음과 같은 형태로 주소를 생성하여야 한다.

A15	A14	A13	A12	A11	A10	A9	A8	A7	A6	A5	A4	A3	A2	A1	A0
0	X	X	X	X	X	X	X	X	X	X	X	X	X	X	X

SRAM 내의 주소

/CS에 연결된 핀으로 0이어야 SRAM의 데이터를 사용할 수 있음

따라서 SRAM을 사용하여야 할 때 CPU가 사용할 수 있는 주소는
0000000000000000b(0000H)~0111111111111111b(7FFFH)로서 32Kbyte 영역이다.

- 그러나 3장 그림 3.5에서 나타난 바와 같이 0000H~10FFH까지는 내부 메모리와 I/O레지스터가 사용하므로 이 주소를 액세스할 때는 데이터와 주소가 외부로 전달되지 않는다.
- 즉, 이 영역의 외부 메모리는 사용할 수가 없다. 따라서 보드에 장착된 외부 메모리 32Kbyte 중 사용할 수 있는 영역은 1100H~7FFFH까지 약 28Kbyte만 사용할 수 있다.

25.3.5 Memory-mapped I/O 방식으로 입출력 장치 연결

외부 메모리를 사용하게 되면 입출력 장치인 포트 A, 포트 C, 포트 G를 사용할 수 없게 된다. 입출력 포트가 모자라게 되면 memory-mapped I/O 방식을 사용하여 입출력 장치를 연결할 수 있다. 이 방식으로 연결된 장치는 일종의 메모리로 간주되므로 장치의 주소를 알아야 한다. 이 주소는 SRAM과 마찬가지로 하드웨어 연결에 따라 정해진다. 이처럼 주소를 설정해주는 하드웨어 역시 주소 디코더이다. 실습 보드에서는 LCD를 memory-mapped I/O 방식으로 연결하고 4장 그림 4.1과 같이 LCD 인터페이스를 제공하고 있다. 11장과 달리 8비트 LCD 인터페이스를 사용한다. 그림 25.4는 연결 회로도를 보여준다.

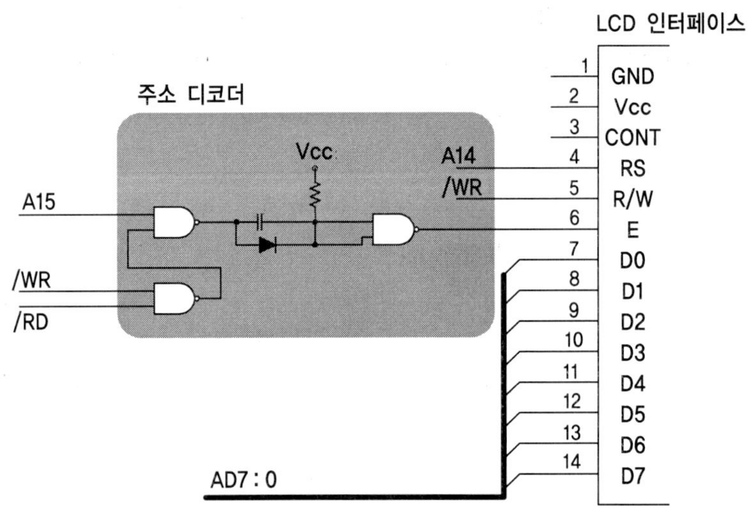

그림 25.4 Memory-mapped I/O를 사용한 LCD 인터페이스

그림 25.4에서 LCD 인터페이스의 신호 E가 HIGH일 때 LCD를 제어할 수 있다. 주소 디코더 회로에서 E가 HIGH이려면

A15 = 1이고 /WR = 0 또는 /RD = 0

이어야 한다. /WR 신호는 CPU가 메모리 쓰기, /RD 신호는 CPU가 메모리 읽기를 수행할 때 각각 0으로 떨어지고 아니면 1을 유지한다. 즉 A15가 1인 주소를 갖는 메모리에 읽기 또는 쓰기를 수행하면 데이터가 LCD에 전달된다.

LCD 인터페이스의 RS 신호에 따라 데이터 버스 D7:0에 있는 값이 명령어인지 데이터인지 나타낸다.

RS(=A14) = 0 : 명령어
RS(=A14) = 1 : 데이터

이로부터 LCD에 명령어를 전달할 때 주소 버스에 나타나야 하는 값은

15	14	13	12	13	12	11	10	9	8	7	6	5	4	3	2	1	0
1	0	x	x	x	x	x	x	x	x	x	x	x	x	x	x	x	x

x : Don't care

이다. 따라서 다음 범위의 어떤 주소를 사용하더라도 LCD에 명령을 전달할 수 있다.

1000000000000000b(8000H)~1011111111111111b(BFFFH)

유사하게 LCD에 데이터를 전달할 때 주소 버스에 나타나야 하는 값은

15	14	13	12	13	12	11	10	9	8	7	6	5	4	3	2	1	0
1	1	x	x	x	x	x	x	x	x	x	x	x	x	x	x	x	x

x : Don't care

이다. 즉 다음 범위의 주소를 사용하면 LCD에 명령을 전달할 수 있다.

1100000000000000b(C000H)~1111111111111111b(FFFFH)

이로부터 LCD가 사용하는 주소 범위는 표 25.6과 같다. LCD를 액세스할 수 있는 주소는 주소 범위 내의 어느 주소를 사용하여도 되지만 가장 낮은 주소를 사용하도록 프로그램하는 것이 일반적이다. 따라서 LCD 명령의 주소는 8000H를 데이터의 주소는 C000H를 사용하도록 한다.

표 25.6 LCD의 주소

	주소 범위	대표 주소
LCD 명령	8000H ~ BFFFH	8000H
LCD 데이터	C000H ~ FFFFH	C000H

- 표 25.6에서 LCD의 실제 주소 영역은 8000H~FFFFH로 외부 SRAM을 제외한 모든 외부 메모리 영역을 사용하고 있다. 이는 보드에서 제공하고 있는 LCD 인터페이스를 사용하면 어떠한 입출력 장치도 memory-mapped I/O를 사용하여 연결할 수 없음을 뜻한다.
- LCD외의 입출력 장치를 memory-mapped I/O 방식으로 연결하려면 보드에서 제공하는 LCD 인터페이스를 사용할 수 없다. 이 경우 LCD와 함께 새로운 입출력 장치를 모두 쓸 수 있는 주소 디코더를 설계하여야 한다.

25.4 외부 메모리 사용을 위한 레지스터 설정

CPU에 메모리 버스로 연결된 장치의 응답 속도가 느린 경우는 CPU가 읽기/쓰기를 할 때 시간 지연을 줌으로써 장치가 데이터를 주고받을 수 있다. 이러한 것을 wait-state를 준다고 한다. 1 사이클의 wait-state가 주어지면 그림 25.1에서 /WR 또는 /RD가 LOW로 떨어지는 (3)~(4)사이에 1 클록에 해당하는 시간 지연을 삽입한다.

실습 보드에서는 외부 메모리 영역에 SRAM과 LCD이 장착되어 있다. 각 장치의 필요한 wait-state는 장치의 특성으로부터 결정해야 하나, trial-error 방법으로도 알 수 있다. 여기서 LCD는 1 wait-state가 필요하다고 하자.

ATmega128은 외부 메모리 영역을 두 섹터로 나누고 각 섹터에 서로 다른 wait-state를 설정할 수 있다. 장착된 두 장치의 메모리 영역과 필요한 wait-state를 정리하면 다음과 같다.

표 25.7 연결 장치의 메모리 영역과 wait-state

장치	메모리 영역	섹터	필요 wait-state
SRAM	1100H~7FFFH	하위 섹터	없음
LCD	8000H~FFFFH	상위 섹터	1 사이클 wait-state

이로부터 외부 메모리를 사용하기 위한 레지스터 설정은 다음과 같다.

- 외부 메모리를 사용할 수 있도록 MCUCR의 비트 SRE = 1로 설정
- 표 25.7와 같이 섹터를 두 개로 나누려면 표 25.2로부터

  레지스터 XMCRA의 비트 SRL2:0 = 4
- 각 섹터에 필요한 wait-state는 표 25.3으로부터

  레지스터 MCUCR의 비트 SRW00 = 0

  레지스터 XMCRA의 비트 SRW10 = 1
- 이로부터 레지스터 설정은 다음과 같다.

```
XMCRA = (4<<SRL0);
MCUCR = (1<<SRE) | (1<<SRW10);
```

실습 보드와 같은 주소 영역을 갖는 외부 메모리를 사용하기 위해서는 프로그램 25.1의 함수 ExMemoryInit()를 호출하면 된다.

프로그램 25.1 외부 메모리 설정

```
#include <avr/io.h>

void ExMemoryInit()
{
    // 상위 섹터에 1 wait-state 추가
    XMCRA = (4<<SRL0);                  // 두 개의 섹터로 나눔
    MCUCR = (1<<SRE)|(1<<SRW10);        // 외부 메모리 사용
}
```

프로그램 25.1을 수행하면 외부 메모리를 사용할 수는 있으나 C-프로그램에서 외부 메모리를 활용하려면 다음 절에서 설명할 것과 같이 좀 더 많은 과정이 필요하다.

25.5 WinAVR에서 외부 메모리 사용

25.5.1 메모리 섹션

ATmega128 마이크로컨트롤러에서 사용하는 메모리는 프로그램 메모리, 데이터 메모리, EEPROM 그리고 외부 메모리가 있다. C-컴파일러는 메모리를 여러 섹션으로 나누고 프로그램 및 데이터 등을 종류에 따라서 정해진 섹션에 위치시킨다.

WinAVR에서 사용하는 메모리 섹션은 다음과 같다.

.text 섹션 : 프로그램이 위치하는 섹션으로 FLASH 프로그램 메모리 영역이다. 이 섹션은 다음에 설명할 .initN과 .finiN 섹션으로 세분화된다.

.initN 섹션(N=0,..,9)

C-프로그램의 main() 함수 시작 전에 C-프로그램 초기화를 수행하는 코드가 위치하는 섹션이다.

.finiN 섹션(N=0,..,9)

이 섹션에 위치한 코드 C-프로그램에서는 exit() 함수의 호출로 프로그램의 종료 후에 수행된다.

.data 섹션 : 초기화된 정적 변수 또는 전역 변수가 위치하는 섹션이다.

.bss 섹션 : 초기화되지 않은 정적 변수 또는 전역 변수가 위치한다. 프로그램이 시작될 때 이 섹션의 모든 변수는 0으로 초기화 된다.

.noinit 섹션 : .bss 섹션의 한 부분이다. 단 이 섹션의 변수는 0으로 초기화 되지 않는다.

.eeprom 섹션 : EEPROM 변수가 저장되는 영역이다.

그림 25.5는 변수 종류에 따라 위치하는 섹션을 보여주고 있다. 초기화하지 않는 전역 변수 gx1와 정적 변수 sx1은 .bss 섹션에 위치하고 초기화한 전역 변수 gx2와 정적 변수 y는 .data 섹션에 위치한다. 프로그램 자체는 .text 섹션에 저장된다.

```
#include <stdlib.h>
int gx1;                  // 초기화하지 않는 전역 변수 ==>.bss에 위치
int gx2=1;                // 초기화한 전역 변수 ==> .data에 위치
static int sx1;           // 초기화하지 않은 정적 변수 ==> .bss에 위치

main()
{
    int x;                // 자동 변수 ==> 스택에 위치
    static int y=0;       // 초기화한 정적 변수 ==>.data에 위치
    int *p;

    p = (int *) malloc(10); // heap에서 메모리 할당
    ...
}
```

그림 25.5 변수형에 따른 메모리 섹션

- 그림 25.5에서 앞에서 설명한 메모리 섹션에 위치하지 않는 변수는 자동 변수인 x와 p가 있다. 이들 자동 변수는 메모리 섹션에 위치하지 않고 스택에 위치한다.
- 그림 25.5에서 포인터 변수 p는 `malloc()` 함수를 호출하여 할당된 10바이트의 메모리를 가리킨다. `malloc()` 함수는 heap이라는 메모리 영역으로부터 메모리를 할당하게 된다. heap은 앞에서 말한 메모리 섹션에는 속하지 않는 부분이다.

스택(Stack) :

- 컴퓨터에서 스택은 데이터를 임시로 저장하는 메모리 공간을 말한다.
- 한 번 선언되면 프로그램이 종료될 때까지 존재하는 정적 변수나 전역 변수와는 달리 자동 변수는 함수가 호출되면 존재하다가 함수가 종료되면 사라지기 때문에 함수가 수행되는 동안만 임시적으로 존재한다. 따라서 C-컴파일러는 자동 변수를 모두 스택에 할당한다.
- 프로그램에서 함수의 호출은 빈번히 일어나므로 스택은 속도가 빠른 내부 메모리 영역에 위치시키는 것이 일반적이다.

25.5.2 스타트업(Startup) 코드

C-프로그램은 main() 함수 시작 전에 프로그램의 초기화를 수행하는 스타트업 코드를 수행한다. 이때 외부 메모리를 사용하는 변수가 있으면 그에 대한 초기화도 스타트업 코드에서 수행되므로 스타트업 코드에서 미리 외부 메모리를 사용하도록 설정하여야 한다. 즉 프로그램 25.1이 스타트업 코드에서 수행되도록 하여야 한다. 앞의 메모리 섹션의 구분으로 볼 때 .init1 섹션에 프로그램 25.1의 함수 ExMemoryInit() 를 위치시키면 된다. 특정 함수 ExMemoryInit()를 .init1 섹션에 위치시키는 방법은 __attribute__ 키워드를 다음과 같이 사용하는 것이다.

```
void ExMemoryInit(void) __attribute__ ((naked))
                        __attribute__ ((section (".init1")));
```

이를 프로그램 25.1에 부가하여 프로그램 exmem.c를 만들고 프로젝트에 추가하면 된다.

프로그램 exmem.c

```
#include <avr/io.h>
void ExMemoryInit(void) __attribute__ ((naked))
                        __attribute__ ((section (".init1")));
void ExMemoryInit()
{
    // 상위 섹터에 1 wait-state 추가
    XMCRA = (4<<SRL0);                  // 두 개의 섹터로 나눔
    MCUCR = (1<<SRE)|(1<<SRW10);        // 외부 메모리 사용
}
```

프로젝트에 파일을 포함시키면 .init1 섹션에 있는 스타트업 코드는 자동적으로 수행된다. 따라서 함수 ExMemoryInit()를 main() 함수에서 호출할 수 없다.

25.5.3 링커 옵션 설정

프로그램의 데이터가 저장되는 섹션은 .data 섹션과 .bss 섹션이다. 컴파일러는 외부메모리가 없는 것을 디폴트로 고려하기 때문에 그림 25.6과 같이 0x0100번지부터 .data 섹션과 .bss섹션을 이어서 위치시킨다. 그림에서 스택(stack)은 자동 변수가 위치하는 부분으로 스택의 시작은 내부 메모리의 가장 마지막인 0x10FF부터 시작한다. heap은 malloc() 함수로 동적 메모리 할당을 하는 영역이다.

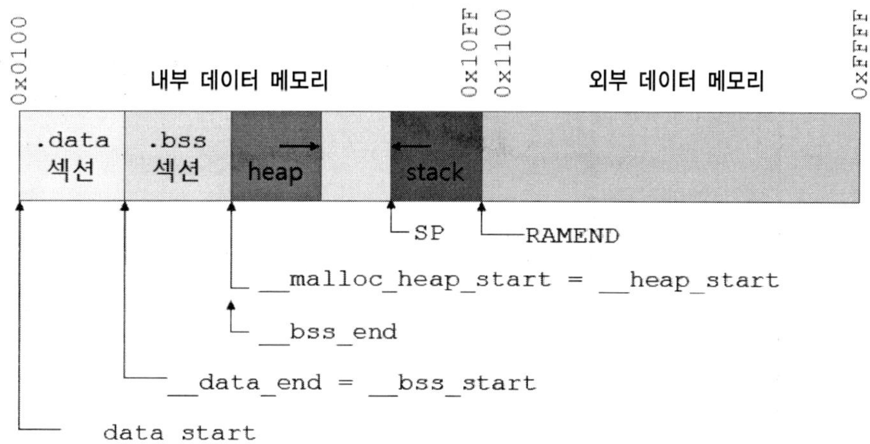

그림 25.6 디폴트 데이터 메모리 섹션

25.5.4 사용자 데이터 메모리 섹션

외부 데이터 메모리를 사용하기 위해서는 외부 데이터 메모리 영역에 사용자 데이터 섹션을 만들고, 컴파일러가 사용자 데이터 섹션에 변수를 위치시키도록 프로그램을 작성하여야 한다.

실습보드는 외부 메모리 영역이 0x1100~0x7FFF이므로 사용자 섹션 .mysec을 외부 메모리 영역 0x1100번지에 만들고, 프로그램에서 변수를 .mysec 섹션에 위치시켜 보자. 아울러 heap을 외부메모리 영역인 0x4000부터 0x7FFF 범위에 위치시키자.

(1) 외부 메모리 영역에 사용자 데이터 섹션 만들기

- [프로젝트]→[속성] 메뉴를 선택하여 프로젝트 속성 창을 열고 "Toolchain"/"AVR/GNU/Linker"/"Memory Settings"항목을 선택한다.

- "SRAM segment" 항목에서 <Add Item> 버튼 을 눌러 다음을 기입하여 0x1100 번지부터 사용자 섹션 .mysec을 생성한다.

```
.mysec=0x1100
```

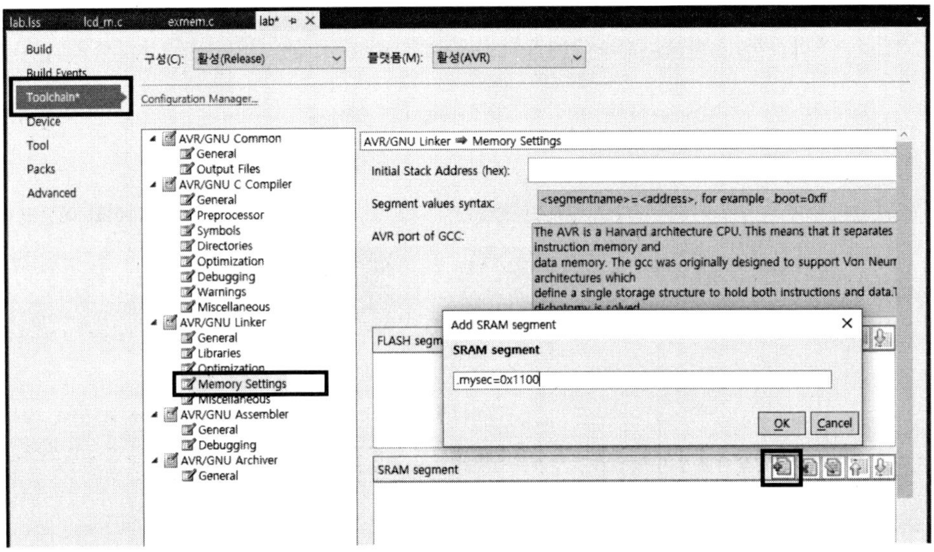

(2) 외부 메모리 영역에 heap 영역 할당하기

- 속성 창에서 "Toolchain"/"AVR/GNU/Linker"/"Miscellaneous"항목을 선택하고 "Other Linker Flags"창에 다음을 기입한다.

```
-Wl,--defsym=__heap_start=0x804000,-defsym=_heap_end=0x807FFF
```

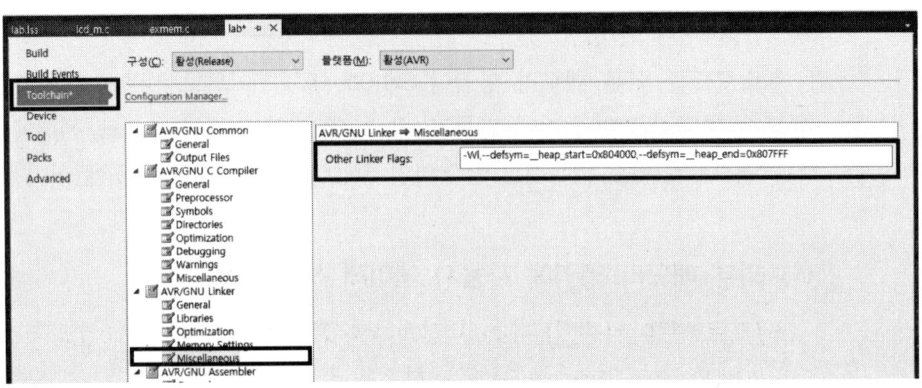

- ATmega128은 Harvard Architecture(2.10절 참조)을 사용하고 있기 때문에 데이터 메모리를 프로그램 메모리와 구분하기 위해 컴파일러가 주소에 옵셋을 준다. WinAVR은 데이터 메모리를 지정할 때 주소에 0x800000 옵셋을 준다.

(1)과 (2)를 설정하면 데이터 메모리 섹션은 그림 25.7과 같이 표현된다.

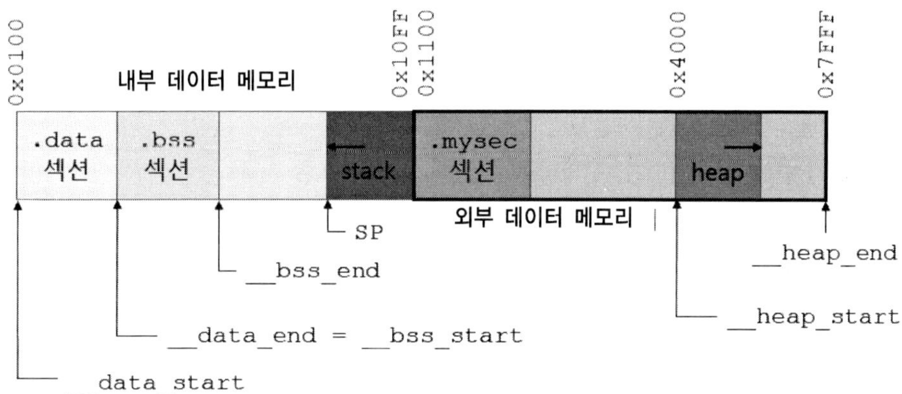

그림 25.7 사용자 데이터 메모리 섹션

(3) 사용자 섹션에 변수 위치시키기

사용자 섹션에 위치시킬 수 있는 변수는 정적변수 또는 전역변수이며 __attribute__ 키워드를 사용한다. [프로그램 25.2]는 사용자 섹션 .mysec에 정적변수 data를 위치시키는 방법을 보여준다.

프로그램 25.2

```
#include <avr/io.h>

static char data[8192]
        __attribute__((section(".mysec")));

int main()
{
     data[4096] = 0;
     . . .
}
```

- 배열 data를 위해 8Kbyte 메모리가 필요하므로 내부메모리만 사용하면 프로그램을 수행할 수 없다. 따라서 배열을 외부 메모리에 위치시켜야 한다.
- 외부 데이터 메모리에 있는 변수는 내부 데이터 메모리에 있는 변수보다 읽기/쓰기 속도가 늦기 때문에 연산 처리속도가 늦다. 따라서 프로그램을 작성할 때 속도가 매우 중요한 연산에는 외부 메모리 섹션에 위치한 변수는 사용하지 않는 것이 바람직하다.

25.6 외부 메모리 영역에 장착된 LCD 구동

여기서는 LCD를 4장 그림 4.1의 LCD 인터페이스에 장착하여 그림 25.4와 같이 memory-mapped I/O 방법으로 연결하였을 때 LCD를 구동하는 프로그램에 대해 알아보자.

표 25.8은 11장에서 이미 배운 바 있는 LCD 구동과 이 절에서 사용하는 LCD 구동의 차이점을 보여주고 있다. 11장에서는 그림 11.3과 같이 LCD를 포트 C로 연결하고 4 데이터 비트를 사용하는 반면 그림 25.4는 memory-mapped I/O로 연결하고 8 데이터 비트를 사용한다.

표 25.8 LCD 구동 방법의 차이

	인터페이스 데이터 비트	연결 방법
11장 구동 방법	4비트 인터페이스	포트 C 입출력 장치
25장 구동 방법	8비트 인터페이스	memory-mapped I/O

데이터 비트수의 차이는 LCD 초기화의 펑션 세트에서 반영된다. 표 11.4를 참조하면

8비트 인터페이스	==>	D/L = 1
2-line 화면	==>	N = 1
5x7 도트 문자 사용	==>	F = 0
코드값		0b00111000 = 0x38

이는 LCD 프로그램 모듈의 헤더파일 lcd.h에서 다음 매크로를 변경하면 된다.

```
#define FUNSET 0x28     ==>   #define FUNSET 0x38
```

다음은 연결 방법의 차이에 따른 LCD 프로그램 모듈의 변경에 대해 알아보자. Memory-mapped I/O를 사용하는 장치와 데이터를 주고받으려면 장치에 할당된 메모리 주소에 데이터를 직접 쓰거나 주소로부터 데이터를 읽어야 한다.

우선 C-언어에서 LCD 데이터를 쓰는 것을 고려해 보자. 표 25.6으로부터 LCD 데이터와 명령의 주소는 각각 0xC000와 0x8000이다.

- 데이터의 크기는 8비트이므로 변수형은 char형(또는 unsigned char형)이다.
- 또한 C-언어에서는 메모리의 주소를 포인터로 표시한다. 따라서 LCD 데이터 주소인 0xC000은 8비트 변수를 가리키는 포인터가 된다. 즉 데이터 주소의 변수형은 다음과 같다.

```
volatile char *
```

- 숫자 0xC000는 단순히 정수값을 나타내는 것으로 이를 "메모리상의 1바이트 변수를 가리키는 포인터"라는 것을 명시적으로 표시하기 위해 데이터의 형 변환(Type Casting)을 한다.

```
(volatile char *)    0xC000
(volatile char *)    0x8000
-----------------
      형 변환
```

> volatile이라는 키워드는 변수가 휘발성이라는 것으로 메모리의 내용이 외부에 의해 변경될 수 있다는 것을 말한다. 외부 입출력 장치의 내용은 외부 신호에 의해 변경될 수 있으므로 volatile 키워드를 반드시 사용하여야 한다.

C-언어에서는 다음 두 방법으로 특정 주소에 데이터를 쓰거나 읽을 수 있다.

(방법 1) 포인터 변수를 만들고 이의 값을 특정 주소로 초기화한다.

```
volatile char *pLcdData = (volatile char *)0xC000;
volatile char *PLcdComd = (volatile char *)0x8000;
char lcddata;
```

```
*pLcdData = 0x30;               // LCD에 데이터 0x30을 쓴다.
*PLcdComd = 0x38;               // LCD에 명령어 0x38을 쓴다.
lcddata   = *pLcdData;          // LCD의 데이터를 읽어 저장한다.
```

- pLcdData와 pLcdComd는 volatile char형 데이터를 가리키는 포인터 변수로 각각 0x8000와 0xC000번지를 가리킨다. 즉 LCD를 가리킨다.
- pLcdData와 pLcdComd가 가리키는 곳에 1바이트 데이터를 쓰는 것은 LCD에 데이터와 명령을 출력하는 것과 같고, pLcdData가 가리키는 곳의 데이터를 읽는 것은 LCD의 데이터를 읽는 것과 같다.

(방법 2) 특정 주소가 가리키는 곳에 직접 데이터를 쓰거나 읽는다.

쓰기 : 0xC000번지에 1바이트 데이터 쓰기

```
*(  (volatile char *) 0xC000 ) = 0x30
--  -----------------------
      ↳ 0xC000은 (volatile char)형을 가리키는 포인터
 ↳ 위 포인터가 가리키는 메모리
```

읽기 : 0xC000번지에서 1바이트 데이터 읽기

```
lcddata = *( (volatile char *) 0xC000 );
```

- 특정 번지에 데이터를 직접 쓰기/읽기할 수 있으나 문장으로 봐서는 0xC000에 데이터 쓰기/읽기를 하라는 것 뿐 연결된 장치의 종류를 알 수 없다. 이 경우 매크로를 사용하여 명시적으로 장치의 종류를 나타낼 수 있다.

```
#define LCD_DATA      *( (volatile char *) 0xC000)
#define LCD_CMD       *( (volatile char *) 0x8000)

LCD_DATA = 0x30;                // LCD 데이터 쓰기
LCD_CMD  = 0x38;                // LCD 명령 쓰기
lcddata  = LDC_DATA;            // LCD 데이터 읽기
```

여기서는 방법 2를 사용하여 11장의 lcd.c를 수정하여 보자. 11장에서는 그림 11.4의 타이밍을 맞추기 위해 프로그램 모듈의 내부 함수인 write_command()와 write_data() 함수를 작성하였다. 그러나 8비트 인터페이스를 사용하고 memory-mapped I/O를 사용하는 경우 메모리에 쓰기를 수행하면 LCD에서 요구하는 타이밍을 자동적으로 맞춘다(적당한 wait-state를 추가한 경우를 가정). 즉, 내부 함수를 작

성할 필요가 없고 LCD 주소에 직접 데이터와 명령어를 쓰면 된다.

11장의 lcd.c를 수정하려면 우선 (방법 2)를 사용하여 LCD_DATA와 LCD_COMMAND 매크로를 파일에 첨가하고, 내부 함수 write_command()와 write_data() 함수를 다음 매크로 함수로 대체하면 된다.

```
#define write_command(cmd)    LCD_COMMAND = (command)
#define write_data(ch)        LCD_DATA = (ch)
```

다음 lcd_m.h와 lcd_m.c는 memory-mapped I/O와 8비트 인터페이스를 사용하여 LCD를 연결하였을 때 LCD를 구동하는 프로그램 모듈이다.

LCD를 그림 4.1의 LCD 인터페이스에 연결하고 11장에서 수행한 프로그램 prac11-4.c를 수행하여 보자.

실습

1. 25.5.2절의 과정을 수행하여 외부 메모리를 사용할 수 있도록 한다.
2. 새로운 lcd_m.h와 lcd_m.c 그리고 prac11-4.c을 포함하여 프로젝트를 구성하고 실행한다. 단 prac11-4.c에서 포함시킨 헤더파일 lcd.h를 lcd_m.h로 변경한다.

- LCD를 장착하는 방법이 11장과 다르지만 LCD를 사용하는 11장의 응용 프로그램 prac11-4.c를 그대로 사용한다(헤더파일만 변경).
- 이는 LCD 구동 프로그램을 모듈 프로그램 방법으로 작성하여 LCD 구동 프로그램의 LCD의 데이터/명령어 쓰기와 같은 내부적인 변화가 응용 프로그램에 영향을 미치지 않기 때문이다(윈도즈에서 프린터가 바뀌면 프린터 드라이버만 새로 설치하면 된다. 프린터를 사용하는 응용 프로그램인 훈글의 문서를 변경할 필요가 없는 것도 드라이버가 모듈 프로그램이기 때문이다).

헤더파일 lcd_m.h

```
//===========================================================
//  파일명 : lcd.h - LCD 제어 모듈의 헤더파일(8비트 인터페이스)
//===========================================================

#ifndef __LCD_M_H__
#define __LCD_M_H__
// LCD 제어 명령

#define ALLCLR              0x01        // 화면을 지운다.
#define HOME                0x02        // 커서를 홈으로 보낸다.
#define LN21                0xc0        // 커서를 2번째 라인의
                                        // 첫 번째에 위치시킴
#define ENTMOD              0x06        // entry mode
#define FUNSET              0x38        // function set
#define DISP_ON             0x0c        // 디스플레이를 켠다.
#define DISP_OFF            0x08        // 디스플레이를 끈다.
#define CURSOR_ON           0x0e        // 커서를 켠다.
#define CURSOR_OFF          0x0c        // 커서를 끈다.
#define CURSOR_LSHIFT       0x10        // 커서를 왼쪽으로 이동시킨다.
#define CURSOR_RSHIFT       0x14        // 커서를 오른쪽으로 이동시킨다.
#define DISP_LSHIFT         0x18        // 디스플레이를 왼쪽으로
                                        // 이동시킨다.
#define DISP_RSHIFT         0x1c        // 디스플레이를 오른쪽으로
                                        // 이동시킨다.

// LCD 제어 모듈 함수

void LcdInit(void);
void LcdCommand(char command);
void LcdMove(char line, char pos);
void LcdPutchar(char ch);
void LcdPuts(char* str);
void LcdNewchar(char ch, char font[]);

#endif   // __LCD_H__
```

프로그램 lcd_m.c

```
//=============================================================
// LCD.C : LCD 구동 함수의 모음(Memory-mapped I/O 사용)
//=============================================================
#include <avr/io.h>
#include <util/delay.h>
#include "lcd_m.h"

// LCD 주소
#define LCD_DATA                *( (volatile char *) 0xC000)
#define LCD_CMD                 *( (volatile char *) 0x8000)

// 매크로 함수
#define write_command(cmd)      LCD_CMD  = (cmd)
#define write_data(ch)          LCD_DATA = (ch)
// 내부 함수
static void checkbusy(void);

//====================================
// LcdInit() : LCD Display를 초기화한다.
//====================================
void LcdInit(void)
{
     _delay_ms(15);
     write_command(0x30);
     _delay_ms(5);
     write_command(0x30);
     _delay_ms(1);
     write_command(0x32);

     LcdCommand(FUNSET);
     LcdCommand(DISP_OFF);
     LcdCommand(ALLCLR);
     LcdCommand(ENTMOD);

     LcdCommand(DISP_ON);            // 화면을 켠다.
}
//===========================================================
// LCD에 명령을 출력하는 함수
//    입력 : command - LCD에 내리는 명령
//           lcd.h에 정의된 명령을 사용할 것
```

```
//==================================================================
void LcdCommand(char command)
{
        checkbusy();
        write_command(command);
        if(command == ALLCLR || command == HOME)
                _delay_ms(2);
}
//==================================================================
// 현재 위치에 문자 하나를 출력한다.
//    입력 : ch - 화면에 쓸 문자 코드
//==================================================================
void LcdPutchar(char ch)
{
      checkbusy();
      write_data(ch);
}

//==================================================================
// 현재 위치에 문자열을 출력한다.
//    입력 : str - 출력할 문자열
//==================================================================
void LcdPuts(char* str)
{
      while(*str)             // *str이 NULL 문자가 아니면 루프를 돈다.
      {
           LcdPutchar(*str);   // 문자 *str을 화면에 출력
           str++;              // str이 다음 문자를 가리킴
      }
}

//==================================================================
// 글자를 쓸 위치를 지정된 위치(line, pos)로 이동시킨다.
// 입력 :  line - 화면의 행(0행부터 시작)
//          pos  - 화면의 열(0열부터 시작)
//==================================================================
//
void LcdMove(char line, char pos)
{
      pos = (line << 6) + pos;
      pos |= 0x80;                            // 비트 7를 세트한다.
```

```
    LcdCommand(pos);
}

//=========================================
// 글자 ch에 새로운 글꼴을 설정한다.
//=========================================
void LcdNewchar(char ch, char font[])
{
    int i;

    ch <<=  3;                   // shift left
    ch |=  0x40;                 // set bit 6 -> CG RAM address set
    LcdCommand(ch);

    for(i=0; i < 8; i++)
        LcdPutchar(font[i]);
}
//=====================================================
// 시간 지연으로 BF 플래그 검사를 대체
//=====================================================
static void checkbusy()
{
    _delay_us(10); _delay_us(10); _delay_us(10);
    _delay_us(10); _delay_us(10);
}
```

CHAPTER

26

외부 메모리 버스를 사용한 장치연결

외부 메모리를 사용하게 되면 입출력 장치인 포트 A, 포트 C, 포트 G를 주소 버스와 메모리 액세스 신호로 핀으로 사용하기 때문에 가용한 입출력 핀의 수가 줄어든다. 더 많은 입출력 핀이 필요할 경우는 메모리 버스를 사용하여 입출력 포트를 확장할 수 있다. 입출력 포트뿐 아니라 메모리 버스에는 다양한 장치를 연결할 수 있다.

26.1 주소 디코더

사용하는 ATmega128 실습 보드에는 그림 25.4와 같이 LCD를 메모리 버스를 사용하여 인터페이스하였다. 그러나 그림과 같은 주소 디코더를 사용하였을 때 LCD는 표 25.6에 표시된 바와 같이 외부 RAM을 제외한 모든 주소 영역을 차지하고 있다. 이런 경우 더 이상의 장치를 메모리 버스를 사용하여 CPU에 연결할 수가 없다. 여기서는 새로운 주소 디코더를 설계하여 다수의 장치를 메모리 버스로 연결할 수 있도록 하여본다.

새로운 디코더를 사용하게 되면 실습 보드에 있는 LCD 인터페이스를 사용할 수 없음을 유의하여야 한다. 디코더에 필요한 주소 버스와 데이터 버스는 그림 25.3의 래치에 의해 분리된 신호로 실습 보드의 J2와 J3 단자를 통해 얻을 수 있다(표 4.1 참조).

그림 26.1은 74HC138을 이용한 주소 디코더를 보여준다. 그림에서 A11, A12, A13, A14, A15는 주소 버스의 신호를 말한다. 74HC138은 3개의 입력을 받아 8개로 디코딩하는 소자로서 진리표는 표 26.1과 같다. 주소 입력 A, B, C에 따라 하나의 출력 핀만 LOW로 떨어진다.

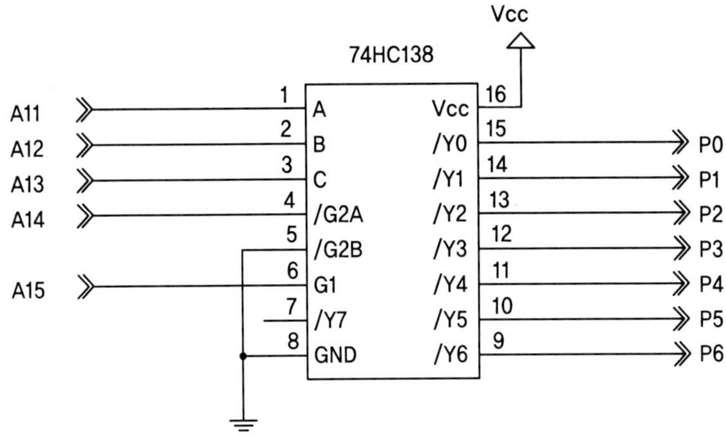

그림 26.1 74HC138을 이용한 주소 디코딩

표 26.1 74HC138의 진리표

INPUTS						OUTPUTS							
ENABLE			ADDRESS										
G1	/G2A	/G2B	A	B	C	/Y0	/Y1	/Y2	/Y3	/Y4	/Y5	/Y6	/Y7
x	x	H	x	x	x	H	H	H	H	H	H	H	H
L	x	x	x	x	x	H	H	H	H	H	H	H	H
x	H	x	x	x	x	H	H	H	H	H	H	H	H
H	L	L	L	L	L	L	H	H	H	H	H	H	H
H	L	L	L	L	H	H	L	H	H	H	H	H	H
H	L	L	L	H	L	H	H	L	H	H	H	H	H
H	L	L	L	H	H	H	H	H	L	H	H	H	H
H	L	L	H	L	L	H	H	H	H	L	H	H	H
H	L	L	H	L	H	H	H	H	H	H	L	H	H
H	L	L	H	H	L	H	H	H	H	H	H	L	H
H	L	L	H	H	H	H	H	H	H	H	H	H	L

x : Don't care

표 26.1로부터 그림 26.1의 출력 P0와 P1은 주소 입력이 다음과 같을 때만 LOW 출력을 가진다.

출력 P0 :

A15	A14	A13	A12	A11	A10	A9	A8	A7	A6	A5	A4	A3	A2	A1	A0
1	0	0	0	0	x	x	x	x	x	x	x	x	x	x	x

출력 P1 :

A15	A14	A13	A12	A11	A10	A9	A8	A7	A6	A5	A4	A3	A2	A1	A0
1	0	0	0	1	x	x	x	x	x	x	x	x	x	x	x

즉, 출력 P0는 CPU가 다음 주소 영역을 액세스할 때 LOW로 떨어진다.

0b1000000000000000(8000H)~0b1000011111111111(87FFH)

출력 P1이 LOW로 떨어지는 주소 영역은 다음과 같다.

0b1000100000000000(8800H)~0b1000111111111111(8FFFH)

그림 26.1의 출력 핀들의 주소 영역은 위와 같이 계산할 수 있고 이를 표 26.2에 나타내었다. 출력 핀의 주소는 주소 영역 내의 모든 주소를 사용할 수 있으나 편의상 처음 주소를 출력 핀의 주소로 사용하고 이를 표 26.2에서 대표 주소라고 명명하였다.

표 26.2 출력 핀의 주소 영역

출력 핀	주소 영역	대표주소
P0	8000H ~ 87FFH	8000H
P1	8800H ~ 8FFFH	8800H
P2	9000H ~ 97FFH	9000H
P3	9800H ~ 9FFFH	9800H
P4	A000H ~ A7FFH	A000H
P5	A800H ~ AFFFH	A800H
P6	B000H ~ B7FFH	B000H

26.2 입출력 포트 확장

다음은 주소 디코더의 출력을 사용하여 특정 메모리 번지에 입출력 포트를 연결하는 것을 고려하여 보자.

일반적으로 출력 포트는 CPU가 데이터를 출력 포트에 전달하면(데이터 쓰기) CPU가 다시 다른 데이터를 전달하기 전까지 출력 값을 계속 유지하고 있어야 한다. 이러한 기능을 하는 소자를 래치(Latch)라 한다.

반면에 입력 포트는 CPU가 데이터를 읽고자 할 때만 외부의 데이터를 CPU에 전달하고 아닐 때는 외부와의 연결을 끊어야 한다. 이러한 소자를 버퍼(Buffer)라 한다. 이런 소자가 외부와 연결을 끊는 상태를 high impedance 상태라 한다.

래치와 버퍼의 두 가지 기능을 모두 사용할 수 있는 소자로 그림 25.3에서 사용하였던 74HC573이 있다. 그림 25.3에서는 이 소자를 데이터와 주소 버스를 분리하기 위해 래치로 사용하였다. 그림 26.2는 74HC573을 두 개 사용하여 입력 포트와 출력 포트를 구성하고 입력 포트에는 스위치 입력을 출력 포트에는 LCD를 연결하였다.

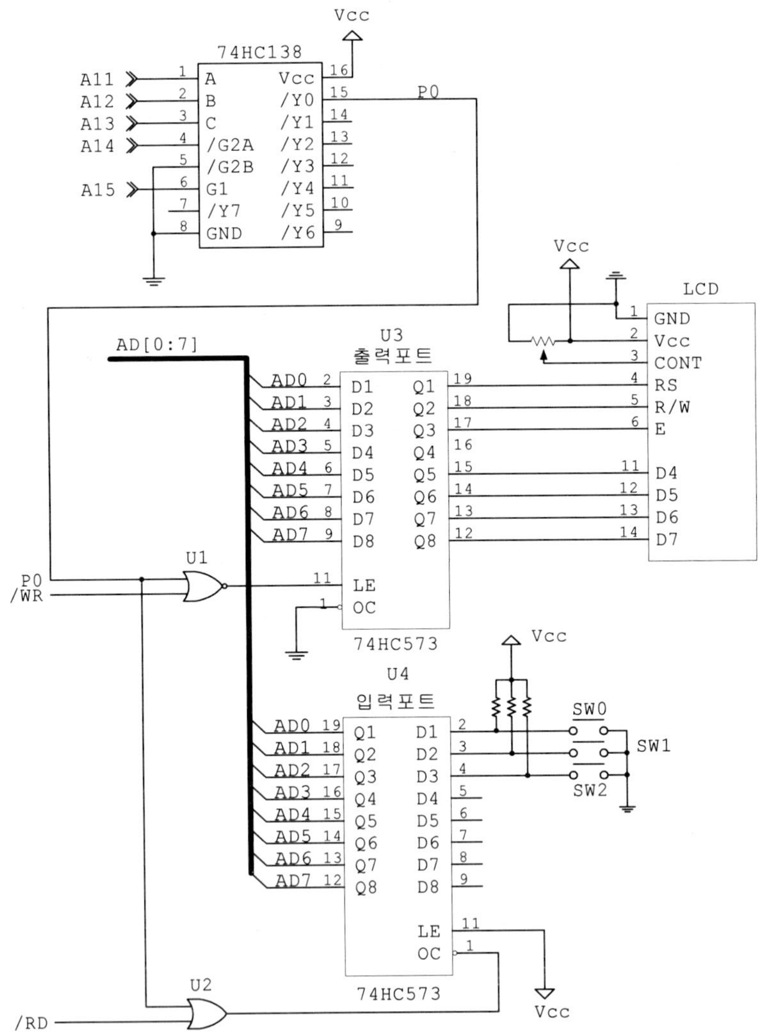

그림 26.2 메모리 버스를 사용한 입출력 장치 확장

표 26.3 74HC573의 진리표

Output Control (OC)	Latch Enable (LE)	데이터 (Dn)	출력 (Qn)
L	H	H	H
L	H	L	L
L	L	x	Q0
H	x	x	Z

H : 논리 1
L : 논리 0
Q0 : /LE의 하강 모서리에서 데이터값
x : Don't Care
Z : High Impedance(전기적으로 절연된 상태)

편의를 위해 74HC573의 진리표를 표 26.3에 다시 나타내었다. 그림 26.2에서 AD0~AD7은 CPU의 데이터 버스를 나타낸다. 입출력 포트 모두 주소 디코더의 출력 P0를 사용하고 있다.

우선 출력 포트를 살펴보자.

- 주소 8000H에 데이터를 출력하는 명령이 수행되면 주소 디코더의 출력 P0는 LOW로 떨어진다. 아울러 CPU의 /WR 신호가 LOW로 떨어진다.
- NOR 포트인 U1의 출력(LE)은 HIGH로 바뀐다. 74HC573(U3)의 OC 핀은 LOW에 연결되어 있으므로 표 26.3에 따라 CPU 데이터 출력이 외부에 전달된다.
- CPU의 주소 8000H에 데이터 출력이 종료되면 U1의 입력(P0, /WR) 중 적어도 하나는 HIGH가 되므로 U1의 출력(LE)은 LOW로 바뀐다. 표 26.3에 따르면 이때 U3는 LE가 HIGH일 때의 데이터를 래치하게 된다.
- 따라서 U3는 주소 8000H를 갖는 출력 포트로 동작한다.

다음은 입력 포트를 고려하여 보자.

- 74HC573(U4)의 LE 핀은 HIGH에 연결되어 있으므로 표 26.3에 따르면 OC 신호가 LOW이면 외부 신호를 CPU에 그대로 전달하고 OC 신호가 HIGH이면 Z 상태가 되어 외부 신호를 끊는다.
- 주소 8000H에서 데이터를 읽을 때만 P0와 /RD 신호가 LOW가 되어 OR 포트인 U2의 출력이 LOW가 되고 U4의 OC 신호가 LOW가 떨어진다. 즉 주소 8000H를 읽을 때만 U4는 데이터를 CPU에 전달하고 아닌 경우는 외부 신호를 차단한다.
- 따라서 U4는 주소 8000H를 갖는 입력 포트로 동작한다.

유사한 방법으로 8800H, 9000H,...의 주소에 입출력 포트를 확장할 수 있다.

주소 8000H를 갖는 입출력 포트에 데이터를 입출력할 때는 다음과 같이 작성하면 된다.

```
*((volatile char *)0x8000)= 0xFF;       // 출력 포트에 0xFF 출력
in = *((volatile char *) 0x8000);       // 입력 포트에서 데이터를
                                        // 읽어 변수 in에 저장
```

위 문장은 매크로를 사용하면 좀 더 편하게 사용할 수 있다.

```
#define INPORT    *((volatile char *) 0x8000)  // 입력 포트
#define OUTPORT   *((volatile char *) 0x8000)  // 출력 포트

OUTPORT = 0xFF;   // 8000H번지 출력 포트에 데이터 0xFF 출력
in = INPORT;      // 8000H번지 입력 포트의 데이터를 읽음
```

26.3 메모리를 사용한 입출력 포트 사용하기

그림 26.2에서 출력 포트에 LCD를 연결하였다. 그림 11.3 회로와 다른 점은 CPU의 출력 포트 대신에 메모리 버스를 사용하여 확장한 출력 포트를 사용하였다는 것이다. 이처럼 연결된 LCD를 구동하기 위해서는 11장에서 작성하였던 LCD 구동 프로그램 lcd.c를 약간만 수정하면 된다.

- LCD에 출력하는 데이터를 CPU의 출력 포트 PORTC 대신 주소 8000H의 출력 포트에 출력하므로 LCD_PORT 매크로를 다음과 같이 변경한다.

```
#define LCD_PORT      PORTC
  ==> #define LCD_PORT  *((volatile char *) 0x8000)
```

- 포트 C를 사용하지 않으므로 방향 설정이 필요 없다.

```
#define LCD_DDR       DDRC  ==> 삭제
```

- LcdInit() 함수에서 포트의 방향을 설정하는 문장을 삭제한다.

```
LCD_DDR = 0xFF     ==>         삭제
```

- 헤더파일 lcd.h는 변경할 필요가 없다.

프로그램 lcd_mp.c는 그림 26.2의 LCD를 구동하는 프로그램이다.

그림 26.2에서 스위치는 8000H번지의 입력 포트에 연결하였다. 그림 10.1 회로와 비교하면 CPU의 입력 포트 대신에 메모리 버스를 사용하여 확장한 입력 포트에 연결한 것이 다르다. 출력 포트의 경우와 마찬가지로 10장에서 사용하였던 버튼 입력 프로그램인 button.c를 약간 수정하면 그림 26.2의 스위치입력을 받을 수 있다.

- CPU의 입력 포트인 PORTD 대신 주소 8000H의 입력 포트로부터 입력을 받으므로 `BTN_PORT` 매크로를 다음과 같이 변경한다.

```
#define BTN_PORT      PORTD
  ==> #define BTN_PORT  *((volatile char *) 0x8000)
```

- 포트 D를 사용하지 않으므로 방향 설정이 필요 없다.

```
#define BTN_DDR     DDRD        ==> 삭제
```

- `BtnInit()` 함수에서 포트의 방향을 설정하는 문장을 삭제한다.

```
BTN_DDR &= ~(BTN_MASK);         ==> 삭제
```

- 헤더파일 button.h는 변경할 필요가 없다.

프로그램 button_mp.c는 그림 26.2의 스위치 입력을 받아들이는 프로그램이다.

실습

프로그램 prac26.c는 그림 26.2와 같이 회로를 구성하였을 때 스위치 입력을 받아 LCD에 출력을 하는 프로그램이다. 입출력 포트가 메모리 버스를 사용하기 때문에 25.5.4절에서 설명한 과정을 수행하고 button_mp.c와 lcd_mp.c를 프로젝트에 포함시켜야 프로그램이 동작을 한다.

프로그램 prac26.c

```
//==========================================
// 실습 26 : 메모리 버스를 사용한 입출력 장치 사용
//==========================================
#include <avr/io.h>
#include "lcd.h"
#include "button.h"

int main()
{
    unsigned char btn;          // 입력값

    LcdInit();
    BtnInit();

    while(1)
    {
        btn = BtnInput();
        switch(btn)
        {
        case BTN_SW0:           // 스위치 0
            LcdMove(0,0);       LcdPuts("SW0 Pressed");
            break;
        case BTN_SW1:           // 스위치 1
            LcdMove(0,0);       LcdPuts("SW1 Pressed");
            break;
        case BTN_SW2:           // 스위치 2
            LcdMove(0,0);       LcdPuts("SW2 Pressed");
            break;
        default:
            break;
        }
    }
}
```

프로그램 button_mp.c

```
#include <avr/io.h>
#include <util/delay.h>
#include "button.h"

#define BTN_INPORT *((volatile char*) 0x8000)

static unsigned char    psw=0; // 이전 스위치 값

void BtnInit(void)
{
}
//=======================================================
// 스위치 입력을 받는다(계속 누르고 있을 때는 입력이 없는 것으로
//                    판단한다).
// 리턴 값 : 0         - 입력이 없음(계속 누르고 있는 상태 포함)
//          이외-      - 스위치 입력(헤더파일 참조)
//=======================================================
//
unsigned char BtnInput(void)
{
    unsigned char sw, sw1;

    sw = ~BTN_INPORT & BTN_MASK;    // 스위치 입력을 받는다.
    while(1)  // 연속 두 번 읽은 값이 같을 때까지 루프를 돈다.
    {
        // 디바운싱 시간 지연
        _delay_ms(10); _delay_ms(10); _delay_ms(10);
        sw1 = ~BTN_INPORT & BTN_MASK;      // 한 번 더 읽는다.

        if(sw == sw1)           // 두 번 읽은 값이 같으면 신호가
            break;              // 안정화된 것으로 판단한다.
        sw = sw1;
    }
    if(sw == psw) return 0;     // 이전 값과 같으므로 눌러진 상태
    psw = sw;                   // 이전 값을 저장한다.
    return sw;                  // 스위치 입력값을 리턴
}
```

프로그램 lcd_mp.c

```
//===========================================================
//  lcd_mp.C : LCD 구동 함수의 모음
//===========================================================
#include <avr/io.h>
#include <util/delay.h>
#include "lcd.h"

// LCD 포트 주소
#define LCD_PORT   *((volatile char *) 0x8000)

// 내부 함수
static void checkbusy(void);
static void write_command(char command);
static void write_data(char ch);

//====================================
// 기능 : LCD Display를 초기화한다.
//====================================

void LcdInit(void)
{
    _delay_ms(15);
    write_command(0x30);
    _delay_ms(5);
    write_command(0x30);
    _delay_ms(1);
    write_command(0x32);

    LcdCommand(FUNSET);
    LcdCommand(DISP_OFF);
    LcdCommand(ALLCLR);
    LcdCommand(ENTMOD);

    LcdCommand(DISP_ON);            // 화면을 켠다.
}

//=====================================================
// LCD에 명령을 출력하는 함수
//
//   입력 : command - LCD에 내리는 명령
//                  lcd.h에 정의된 명령을 사용할 것
```

```
//
//==================================================
void LcdCommand(char command)
{
    checkbusy();
    write_command(command);
    if(command == ALLCLR || command == HOME)
        delay_ms(2);
}

//==================================================
// 현재 위치에 문자 하나를 출력한다.
//
//   입력 : ch - 화면에 쓸 문자 코드
//
//==================================================
void LcdPutchar(char ch)
{
    checkbusy();
    write_data(ch);
}
//==================================================
// 현재 위치에 문자열을 출력한다.
//
//   입력 : str - 출력할 문자열
//
//==================================================
void LcdPuts(char* str)
{
    while(*str)          // *str이 NULL 문자가 아니면 루프를 돈다.
    {
        LcdPutchar(*str);   // 문자 *str을 화면에 출력
        str++;              // str이 다음 문자를 가리킴
    }
}
//==================================================
// 글자를 쓸 위치를 지정된 위치(line, pos)로 이동시킨다.
// 입력 :  line - 화면의 행(0행부터 시작)
//         pos  - 화면의 열(0열부터 시작)
//==================================================
void LcdMove(char line, char pos)
```

```
{
    pos = (line << 6) + pos;
    pos |= 0x80;                // 비트 7를 세트한다.
    LcdCommand(pos);
}

//========================================
// 글자 ch에 새로운 글꼴을 설정한다.
//========================================
void LcdNewchar(char ch, char font[])
{
    int i;

    ch <<=  3;                  // shift left
    ch |=  0x40;                // set bit 6 => CG RAM address set
    LcdCommand(ch);

    for(i=0; i < 8; i++)
        LcdPutchar(font[i]);
}
//=====================================================
// 시간 지연으로 BF 플래그 검사를 대체
//=====================================================
static void checkbusy()
{
    _delay_us(10); _delay_us(10); _delay_us(10);
    _delay_us(10); _delay_us(10);
}

//========================================
// 명령 레지스터에 명령을 쓴다.
// 입력 : command - LCD에 내리는 명령 코드
//========================================
static void write_command(char command)
{
    char temp;

    //---------------
    // 상위 니블 출력
    //---------------
```

```
    temp = (command & 0xF0)|0x04;   //0x04 : RS=0(명령)
                                    // RW=0(쓰기),E=1
    LCD_PORT = temp;
    LCD_PORT = temp & ~0x04;        // E = 0
    //---------------
    // 하위 니블 출력
    //---------------
    temp = (command << 4) | 0x04;   // 0x04 :RS=0(명령)
                                    // RW=0(쓰기),E=1
    LCD_PORT = temp;
    LCD_PORT = temp & ~0x04;        // E = 0
    _delay_us(1);                   // LCD에 따라서 1 usec
                                    // 지연이 필요한 경우가 있음
}
//==========================================
// 데이터 레지스터에 명령을 쓴다.
// 입력 : ch - LCD에 쓸 데이터
//==========================================
static void write_data(char ch)
{
    unsigned char temp;

    //-----------------
    // 상위 니블 출력
    //-----------------
    temp = (ch & 0xF0)|0x05;        // 0x05:RS=1(데이터)
                                    // RW=0(쓰기),E=1
    LCD_PORT = temp;
    LCD_PORT = temp & ~0x04;        // E = 0

    //-----------------
    // 하위 니블 출력
    //-----------------
    temp = (ch << 4) | 0x05;        // 0x05:RS=1(데이터)
                                    // RW=0(쓰기),E=1
    LCD_PORT = temp;
    LCD_PORT = temp & ~0x04;        // E = 0
}
```

CHAPTER

27

Watchdog Timer

27.1 Watchdog Timer

마이크로컨트롤러를 사용하여 제어시스템을 구성할 때는 시스템이 당면할 수 있는 모든 경우를 대비해서 시스템이 정상 동작할 수 있도록 프로그램을 작성하게 된다. 하지만 실제 환경에서 시스템을 운영할 경우 미처 고려하지 못한 상황이 발생하여 시스템이 무한루프에 빠지거나 동작이 멈춰 버리는 경우가 발생할 수 있다. 이때 시스템을 다시 동작시키려면 시스템을 리셋하여야 한다. 시스템의 접근이 용이할 때는 시스템 리셋 버튼을 눌러 리셋할 수 있지만 원거리에서 운용되는 인공위성 같은 경우는 적용할 수가 없다. 와치독(Watchdog) 타이머는 이런 경우 마이크로컨트롤러가 스스로 리셋을 걸 수 있도록 하는 장치이다.

경비견을 뜻하는 와치독이 의미하는 바와 같이 와치독 타이머는 시스템의 오류를 감시하는 타이머이다. 와치독 타이머가 동작되면 일정 시간 후에 와치독 타이머가 시스템을 리셋한다. 따라서 시스템이 정상 동작하려면 와치독 타이머가 종료되기 전에 와치독 타이머를 리셋하여야 한다. 시스템이 정상 동작하지 않을 때는 와치독 타이머 리셋이 제대로 이루어지지 않아 시스템 리셋이 걸리게 된다. 이러한 방법으로 시스템의 오동작을 감시하게 된다.

와치독 타이머 리셋과 와치독 리셋은 혼동되기 쉬우므로 용어의 의미를 명확히 할 필요가 있다.

와치독 타이머 리셋 : 와치독 타이머를 리셋하여 타이머를 다시 시작하도록 함.
와치독 리셋 : 와치독 타이머의 종료에 따라 시스템에 걸리는 리셋

27.2 ATmega128의 Watchdog Timer

27.2.1 와치독 타이머

ATmega128의 와치독 타이머는 1MHz로 동작하는 독립된 내장 발진기로 구동된다. 와치독 타이머 프리스케일러 값으로 와치독 리셋 간격을 표 27.2와 같이 조정할 수 있다. 어셈블러 명령어인 WDR을 수행하면 와치독 타이머가 리셋된다. 이외에도 와치독이 불능되거나, 칩 리셋이 걸릴 때도 와치독 타이머는 리셋된다. 와치독 타이머를 리셋하기 전에 와치독 리셋 간격이 초과되면 ATmega128은 리셋된다.

의도하지 않은 와치독 불능이나 리셋 간격 변경을 막기 위해 3가지의 안전 레벨(Safety Level)을 퓨즈비트를 사용해서 설정할 수 있다. 관련 퓨즈비트는 그림 27.1의 M103C와 WDTON이다. 표 27.1은 퓨즈 설정에 따른 안전 레벨과 상태 변경방법을 보여준다. 안전 레벨 2에서 와치독은 항상 가능하여 불능시킬 수 없다. 표의 "지정된 순서"는 27.2.3절에서 설명하고 있다.

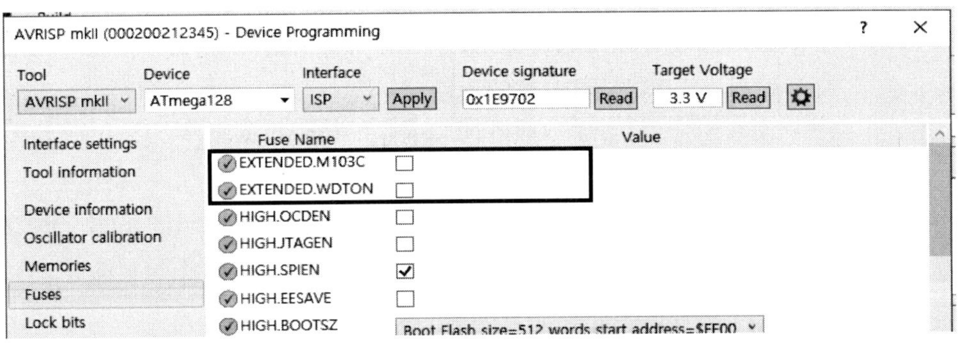

그림 27.1 와치독 관련 퓨즈비트

표 27.1 퓨즈비트 설정에 따른 안전 레벨

퓨즈		안전 레벨	WDT 초기상태	와치독 불능 방법	와치독 리셋 간격 변경 방법
M103C	WDTON				
미설정	미설정	1	불능	지정된 순서	지정된 순서
미설정	설정	2	가능	항상 가능	지정된 순서
설정	미설정	0	불능	지정된 순서	제한 없음
설정	설정	2	가능	항상 가능	지정된 순서

27.2.2 관련 레지스터

● MCU 제어 및 상태 레지스터(MCU Control and Status Register) : MCUCSR

비트	7	6	5	4	3	2	1	0	
	JTD	–	–	JTRF	WDRF	BORF	EXTRF	PORF	MCUCSR
읽기/쓰기	R/W	R	R	R/W	R/W	R/W	R/W	R/W	
초기값	0	0	0	각 비트 설명 참조					

- 비트 4 - JTRF : JTAG 리셋 플래그

  JTAG 명령 AVR_RESET에 의해 JTAG 리셋 레지스터가 1로 세트되어 시스템이 리셋되면 이 비트가 세트된다. 이 비트는 Power-on 리셋에 의해 또는 이 플래그 비트에 0을 쓰면 지워진다.
- 비트 3 - WDRF : 와치독 리셋 플래그

  와치독 리셋에 의해 시스템이 리셋되면 이 비트가 세트된다. 이 비트는 Power-on 리셋에 의해 또는 이 플래그 비트에 0을 쓰면 지워진다.
- 비트 2 - BORF : Brown-out 리셋 플래그

  Brown-out(23.3절 참조) 리셋에 의해 시스템이 리셋되면 이 비트가 세트된다. 이 비트는 Power-on 리셋에 의해 또는 이 플래그 비트에 0을 쓰면 지워진다.
- 비트 1 - EXTRF : 외부 리셋 플래그

  외부 리셋에 의해 시스템이 리셋되면 이 비트가 세트된다. 이 비트는 Power-on 리셋에 의해 또는 이 플래그 비트에 0을 쓰면 지워진다.
- 비트 0 - PORF : Power-on 리셋 플래그

  시스템에 전원이 공급되면 Power-on 리셋이 발생한다. Power-on 리셋에 의해 시스템이 리셋되면 이 비트가 세트된다. 이 비트는 해당 비트에 0을 써야 지워진다.

● 와치독 타이머 제어 레지스터(Watchdog Timer Control Register) : WDTCR

비트	7	6	5	4	3	2	1	0	
	–	–	–	WDCE	WDE	WDP2	WDP1	WDP0	WDTCR
읽기/쓰기	R	R	R	R/W	R/W	R/W	R/W	R/W	
초기값	0	0	0	0	0	0	0	0	

- 비트 7:5 : 예약 비트
- 비트 4 - WDCE : 와치독 변경 가능

  WDE 비트에 0을 쓸 때 이 비트는 1로 세트되어 있어야 한다. 그렇지 않으면 와치독은 불능이 되지 않는다. 이 비트에 1이 써지면 하드웨어는 4 사이클 후에 이 비트를 지운다. 안전 레벨(Safety Level) 1과 2에서 프리스케일러 비트를 변경할 때도 이 비트는 세트되어 있어야 한다.
- 비트 3 - WDE : 와치독 가능

  WDE 비트에 1을 쓰면 와치독 타이머가 동작하고, 0을 쓰면 와치독 타이머가 동작을 멈춘다. WDCE 비트가 세트되어 있을 때만 WDE 비트를 0으로 지울 수 있다. 각 안전 레벨에서 와치독 타이머를 불능시키는 순서는 27.2.3절에서 설명하고 있다.

  1. WDCE와 WDE 비트를 동시에 1로 세트한다. 와치독이 불능되기 전에 이미 WDE가 1로 세트되어 있더라도 이 비트에 1을 써야 한다.
  2. 4 사이클 내에 WDE에 0을 쓰면 와치독 타이머는 불능이 된다.

  안전 레벨 2에서는 위 과정을 거치더라도 와치독 타이머를 불능시킬 수 없다.
- 비트 2:0 - WDP2, WDP1, WDP0 : 와치독 타이머 프리스케일러 2,1,0

  WDP2, WDP1과 WDP0 비트는 와치독 타이머가 동작할 때 표 27.1에 따라 프리스케일 값을 정한다.

표 27.2 와치독 타이머 프리스케일 설정

WDP2	WDP1	WDP0	WDT 발진기 사이클 수	Vcc=3.0V에서 리셋 시간	Vcc=5.0V에서 리셋 시간
0	0	0	16K(16384)	14.8ms	14.0ms
0	0	1	32K(32768)	29.6ms	28.1ms
0	1	0	64K(65536)	59.1ms	56.2ms
0	1	1	128K(131072)	0.12s	0.11s
1	0	0	256K(262144)	0.24s	0.22s
1	0	1	512K(524288)	0.47s	0.45s
1	1	0	1024K(1048576)	0.95s	0.9s
1	1	1	2048K(2097152)	1.9s	1.8s

27.2.3 와치독 타이머 설정 변경을 위한 순서

(1) 안전 레벨 0

와치독 타이머가 불능인 상태로 초기화된다. 와치독 타이머를 가능하게 하려면 WDTCR 레지스터의 WDE 비트에 1을 쓰면 된다. 리셋 간격 역시 WDP2, WDP1, WDP0 비트에 설정값을 쓰면 된다. 그러나 와치독 타이머를 불능시키려면 다음 순서를 따라야 한다.

1. WDCE와 WDE 비트를 동시에 1로 세트한다. 와치독 타이머가 불능되기 전에 이미 WDE가 1로 세트되어 있더라도 이 비트에 1을 써야 한다.
2. 4 사이클 내에 WDE에 0을 쓰면 와치독 타이머는 불능이 된다.

(2) 안전 레벨 1

와치독 타이머가 불능인 상태로 초기화된다. 와치독 타이머를 가능하게 하려면 WDTCR 레지스터의 WDE 비트에 1을 쓰면 된다. 동작 중인 와치독 타이머를 불능시키거나 와치독 리셋 간격을 변경하려면 다음 순서를 따라야 한다.

1. WDCE와 WDE 비트를 동시에 1로 세트한다. 와치독 타이머가 불능되기 전에 이미 WDE가 1로 세트되어 있더라도 이 비트에 1을 써야 한다.
2. 4 사이클 내에 WDCE 비트를 0으로 하고 WDE에와 WDP에 원하는 값을 쓴다.

(3) 안전 레벨 2

이 레벨에서는 와치독 타이머는 항상 가능한 상태이므로 불능시킬 수 없다. 와치독 리셋 간격은 다음 순서를 따라 변경하여야 한다.

1. WDCE와 WDE 비트를 동시에 1로 세트한다. 와치독 타이머가 불능되기 전에 이미 WDE가 1로 세트되어 있더라도 이 비트에 1을 써야 한다.
2. 4 사이클 내에 WDCE 비트를 0으로 하고 WDP에 원하는 값을 쓴다.

27.3 WinAVR에서 와치독 사용

27.3.1 WinAVR 제공 함수

WinAVR에서는 앞에서 설명한 기능을 수행하는 매크로 함수를 다음과 같이 제공하고 있다.

#define wdt_reset()

와치독 타이머를 리셋한다.

#define wdt_disable()

주어진 절차에 따라 와치독 타이머를 불능시킨다.

#define wdt_enable(value)

주어진 절차에 따라 와치독 타이머를 가능하게 한다. 인자 `value`는 와치독 리셋 간격을 나타낸다. 리셋 간격을 설정할 때는 다음 매크로를 사용하도록 한다.

```
WDTO_15MS        // 리셋 간격 15ms
WDTO_30MS        // 리셋 간격 30ms
WDTO_60MS        // 리셋 간격 60ms
WDTO_120MS       // 리셋 간격 120ms
WDTO_250MS       // 리셋 간격 250ms
WDTO_500MS       // 리셋 간격 500ms
WDTO_1S          // 리셋 간격 1s
WDTO_2S          // 리셋 간격 2s
```

27.3.2 와치독 타이머 사용 예

프로그램 prac27-3l.c는 와치독 리셋 간격을 500ms로 하여 와치독을 가능하게 한 후 프로그램이 실행된다.

- 교재의 퓨즈세팅에 따르면 시스템의 안전 레벨은 1이므로 와치독 타이머 불능인 상태에서 시스템이 시작된다.
- 그림 10.1의 스위치 입력을 받아 와치독 타이머를 리셋하는 간격을 변화시킨다.
- 와치독 타이머을 리셋하는 간격이 와치독 리셋 간격보다 길면 시스템에 와치독에 의한 리셋이 걸린다.
- sw0을 누르면 와치독 타이머를 리셋하는 간격이 길어진다.

프로그램 prac27-3l.c

```
//===========================================================
// 실습 27.3.1(와치독 타이머)
//===========================================================

#include <stdio.h>
#include <avr/io.h>
#include <avr/wdt.h>
#include <util/delay.h>

#include "button.h"
#include "lcd.h"

void msec_delay(int n);

int main()
{
    char in, string[80];
    int intv = 100;

    BtnInit(); LcdInit();
    LcdMove(0,0);               LcdPuts("Watchdog Timer");
    wdt_enable(WDTO_500MS);         // 리셋시간을 500ms로 하고
                                    // 와치독을 가능하도록 함
    while(1)
    {
        in = BtnInput();
        switch(in)
        {
        case BTN_SW0:
                intv += 100;
                break;
        }

        sprintf(string, "Intv=%dms", intv);
        LcdMove(1,0);  LcdPuts(string);

        msec_delay(intv);
        wdt_reset();                // 와치독 타이머를 리셋한다.
    }
}
```

```
void msec_delay(int n)
{
    for(;n>0; n--)
        _delay_ms(1);
}
```

27.3.3 와치독 타이머를 사용한 소프트웨어 리셋 구현

ATmega128은 소프트웨어로 시스템을 리셋하는 방법을 제공하고 있지 않다. 하지만 와치독 타이머를 사용하면 소프트웨어 리셋을 구현할 수 있다. 프로그램 prac27-3ll.c 에서 버튼 sw2를 누르면 리셋시간을 500ms로 하고 와치독을 동작시킨다. 따라서 500ms 후에 시스템에 리셋이 걸린다.

프로그램 prac27-3ll.c

```
//===========================================================
// 실습 27.3.2(와치독 타이머를 이용한 소프트웨어 리셋)
//===========================================================
#include <avr/io.h>
#include <avr/wdt.h>

#include "button.h"
#include "lcd.h"
int main()
{
    unsigned char in;

    BtnInit(); LcdInit();
    LcdMove(0,0); LcdPuts("Watchdog Timer");

    while(1)
    {
        while((in = BtnInput()) == NO_BTN);
        switch(in)
        {
        case BTN_SW0:
             LcdMove(1,0); LcdPuts("SW0 pressed     ");
             break;
```

```
        case BTN_SW1:
            LcdMove(1,0); LcdPuts("SW1 pressed    ");
            break;
        case BTN_SW2:
            LcdMove(1,0); LcdPuts("Software Reset  ");
            wdt_enable(WDTO_500MS);
            break;
        }
    }
}
```

27.3.4 시스템에 리셋이 걸렸을 때 리셋 원인 나타내기

ATmega128을 리셋하는 원인으로는 (1) Power-on 리셋, (2) 외부 리셋, (3) BOD 리셋, (4) 와치독 리셋, (5) JTAG 리셋이 있다. 시스템이 시작한 후 MCUCSR 레지스터를 조사하면 리셋 원인을 알 수 있다. 이 경우 프로그램에서 가능하면 빨리 MCUCSR 레지스터값을 읽고 이를 0으로 지워야 한다. 따라서 리셋 원인을 읽는 루틴은 25.2.2절에 설명한 스타트업 코드에 위치시키는 것이 바람직하다.

다음 함수 get_mcucsr()은 코드를 .init3 섹션에 위치시켜 스타트업 코드에 위치하도록 한다.

- 변수 mcucsr_mirror에 시스템의 리셋 원인을 저장하였고 이 변수는 나중에 리셋 원인을 분석하는 데 사용될 수 있다.

프로그램 get_mcucsr.c

```
#include <stdint.h>
#include <avr/wdt.h>

unsigned char mcucsr_mirror
                __attribute__ ((section (".noinit")));
void get_mcucsr(void) __attribute__ ((naked))
                    __attribute__ ((section(".init3")));
void get_mcucsr(void)
{
    mcucsr_mirror = MCUCSR; // 리셋 원인을 읽는다.
    MCUCSR = 0;
}
```

실습

prac27-3lll.c는 실행 초기에 리셋 원인을 LCD에 표시한다. 실행 프로그램을 만들기 위해서는 프로젝트에 prac27-3lll.c, lcd.c, button.c 외에 위의 get_mcucsr.c를 포함시켜야 한다. 실행 프로그램을 다운로드한 후 다음을 수행하면서 화면에 나타나는 리셋 원인을 조사하여 본다.

(1) 전원을 공급하여 리셋을 건다.
(2) 외부 리셋 버튼을 눌러 리셋을 건다.
(3) sw2를 눌러 와치독 리셋을 건다.

프로그램 prac27-3lll.c

```
//=====================================================
// 실습 27.3.3 - 리셋 원인 조사
//=====================================================

#include <avr/io.h>
#include <avr/wdt.h>

#include "button.h"
#include "lcd.h"

extern unsigned char mcucsr_mirror;
int main()
{
   unsigned char in;

   BtnInit(); LcdInit(); LcdCommand(ALLCLR);

   if(mcucsr_mirror)
   {
      if(mcucsr_mirror & (1<<PORF))
         LcdMove(1,0); LcdPuts("Power On Reset");

      if(mcucsr_mirror & (1<<EXTRF))
         LcdMove(1,0); LcdPuts("Extern Reset  ");

      if(mcucsr_mirror & (1<<WDRF))
         LcdMove(1,0); LcdPuts("Watchdog Reset");
   }
```

```
    LcdMove(0,0);                    LcdPuts("Watchdog Timer");

    while(1)
    {
        while((in = BtnInput()) == NO_BTN);

        switch(in)
        {
        case BTN_SW0:
            LcdMove(0,0); LcdPuts("SW0 pressed     ");
            LcdMove(1,0); LcdPuts("                ");
            break;
        case BTN_SW1:
            LcdMove(0,0); LcdPuts("SW1 pressed     ");
            LcdMove(1,0); LcdPuts("                ");
            break;
        case BTN_SW2:
            LcdMove(0,0); LcdPuts("Reset later     ");
            LcdMove(1,0); LcdPuts("                ");
            wdt_enable(WDTO_500MS);
            break;
        }
    }
}
```

CHAPTER

28

실행 코드 최적화

28.1 WinAVR에서 코드 최적화

마이크로컨트롤러 프로그램을 작성할 때 다음 두 가지 사항을 고려하여야 한다.

- 실행 코드의 크기
- 실행 코드의 실행 속도

이상적인 것은 코드의 크기를 작게 하면서 실행 속도를 높이는 것이다. 이에 대한 일차적인 책임은 프로그램 작성자에게 있다. 어떤 일을 수행하는 순서 및 방법을 알고리듬(Algorithm)이라 하는데, 프로그래머가 사용하는 알고리듬에 따라 실행 코드의 크기 및 속도가 크게 좌우된다.

일단 소스 프로그램이 작성되면 고급언어로 작성된 프로그램을 기계어로 번역하는 컴파일 방법에 따라 실행 코드의 크기와 속도가 달라진다. 영어를 한글로 번역할 때 단 하나의 방법만 있는 것이 아닌 것처럼 컴파일러도 기계어로 번역할 때 여러 가지 방법을 사용할 수 있다. 사용자는 컴파일러의 최적화 옵션으로 번역 방법을 선택한다. WinAVR에서는 "Project Option" 창에서 최적화(Optimization) 옵션을 선택한다.

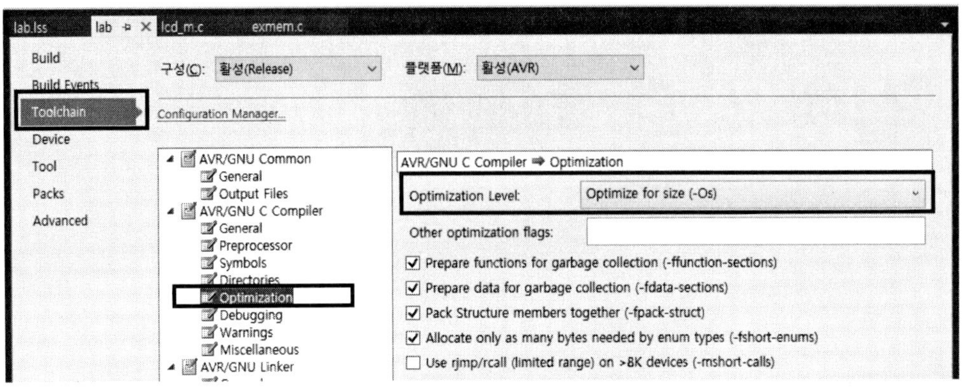

최적화 옵션으로 5가지를 선택할 수 있다.

-O0 : 최적화를 수행하지 않는다.

-O1 : 컴파일 시간을 많이 요구하는 최적화를 제외하고 코드 크기와 실행속도를 줄이도록 최적화를 수행한다.

-O2 : 코드 크기와 실행 속도를 타협하지 않는 범위에서 -O1 옵션보다 더 최적화를 수행한다.

-O3 : -O2 옵션보다 더 최적화를 수행한다.

-Os : 코드 크기를 최적화한다. 코드 크기를 증가시키지 않도록 -O2 최적화를 수행한다.

- -O0 옵션을 선택하여 생성된 코드는 다른 옵션에 비해 크기도 크고 실행 속도도 늦다. 이는 디버거를 사용할 때 사용되는 옵션이다. 이외의 옵션에 대해서는 컴파일러가 최적화를 수행한다. 최적화를 수행한 코드는 옵션에 관계없이 -O0 옵션으로 생성된 코드보다는 크기 및 실행 속도에서 우월하다.
- 최적화 번호가 높다고 해서 좋은 코드를 생성한다고 말할 수는 없다. 최적화란 기준에 따라 다르기 때문이다. 코드 크기를 기준으로 하였을 때 최적화라 함은 실행 속도에 관계없이 작은 실행 코드를 생성하는 것이고 실행 속도를 기준으로 하였을 때는 코드 크기에 상관없이 빠른 실행 속도를 나타내는 코드가 최적이기 때문이다. 최적화 옵션 선택은 사용자가 자기의 기준에 맞도록 선택하여야 한다.

코드 최적화 효과를 보기 위해 6장의 프로그램 prac6-4.c를 고려해 보자. 이는 1초마다 포트 A에 연결된 LED를 순차적으로 이동하여 점등을 한다. 이때 1초의 시간 지연은 시간 지연 함수 `msec_delay()` 내에서 헛루프를 돌면서 지연 효과를 구현한다. 헛루프가 도는 회수는 약 1초 지연을 얻도록 경험적으로 결정하였다. 이 프로그램에 대해 앞에서 설명한 코드 최적화 옵션을 적용하여 보자. 최적화를 수행하는 옵션 중 하나를 사용하면 -O0을 적용하였을 때의 코드보다 LED의 이동 시간 간격이 짧음을 알 수 있다. 즉 코드의 실행 시간이 빨라짐을 알 수 있다. 아울러 생성된 실행 코드 크기를 비교해보면 최적화를 수행한 코드가 매우 작음을 볼 수 있다.

일반적으로 최적화를 수행하지 않은 코드는 프로그램을 디버깅할 때 사용하고 디버깅이 끝나면 수행속도 및 크기에서 우월한 최적화된 코드를 사용하게 된다. 그런데 최적화를 수행하지 않은 코드는 성공적으로 수행되나 이를 최적화한 코드는 수행에서 오류가 생기는 경우가 종종 발생한다. 이를 원인별로 보면 세 가지 정도로 요약이 된다.

(1) 헛루프를 사용한 시간 지연을 이용하였을 때 : 11장의 LCD 구동 프로그램에서는 헛루프를 돌려 시간 지연을 얻는 `msec_delay()` 함수를 사용한다. 이때 얻는 시간 지연은 최적화 방법에 좌우가 된다. 최적화를 수행한 코드의 시간 지연은 최적화하지 않은 코드에 비해 짧게 되므로 LCD에서 요구하는 시간 지연보다 짧을 수 있으며 LCD가 정상적으로 구동되지 않을 수 있다. 이 경우는 부가적인 시간 지연을 주어 해결할 수 있다.

(2) 초기화되지 않은 변수를 사용할 때 : 최적화하지 않은 코드에서는 프로그램에서 초기화되지 않은 변수라 하더라도 내부적으로 0으로 초기화를 한 후 수행한다. 그러나 최적화된 코드는 이런 변수를 초기화하지 않으므로 쓰레기 값이 들어간 변수값으로 코드가 시작되어 오동작을 일으킨다. 이는 모든 변수를 초기화함으로써 해결할 수 있다(초기화되지 않은 변수를 사용하면 컴파일할 때 경고가 발생하므로 쉽게 알 수 있다).

(3) 최적화를 수행하면서 컴파일러가 사용하지 않는 변수를 제거할 때 오동작이 발생할 수 있다.

원인 (3)은 28.2절에서 자세하게 다루도록 하자.

28.2 코드 최적화와 volatile 키워드

프로그램 28.1은 8비트 타이머/카운터 0의 CTC 모드를 사용하여 10msec마다 인터럽트를 건다. 인터럽트 서비스루틴에서는 50번의 인터럽트마다 정적 변수인 `index`를 1씩 증가시키고, `index`가 짝수이면 LED를 끈다. 주함수 `main()`에서는 `index` 변수를 검사하여 홀수이면 LED 켠다.

프로그램 28.1의 정상적 동작은 0.5초마다 그림 6.2와 같이 포트 A에 연결된 LED가 점멸하는 것이다. 그러나

- -O0 옵션을 선택하여 최적화하지 않은 코드를 수행하면 정상적으로 동작한다.
- 최적화한 코드를 수행하면 정상적으로 동작하지 않는다.

프로그램 28.1의 외부 정적 변수 `index`는 인터럽트 서비스루틴에서는 값이 변하지만 `main()` 함수에서 `index` 변수의 값은 변하지 않는다. 최적화 옵션을 선택하면 컴파일러는 `index` 변수와 같이 `main()` 함수에서 변하지 않는 변수는 최초 한 번만 값을 평가하고 이후는 사용하지 않도록 컴파일한다. 따라서 인터럽트 서비스루틴에서 `index` 값이 변하지만 이는 `main()` 함수에서는 반영되지 않는다.

`volatile` 키워드는 인터럽트와 같은 외부 요인에 의해 변수가 변할 수 있음, 즉 휘발성임을 컴파일러에게 알려서 최적화 과정에서 변수가 소외되지 않도록 한다. 프로그램 28.1에서 `index` 변수 선언을 다음과 같이 변경한다.

```
static unsigned char index;
==> static volatile unsigned char index;
```

이후 최적화를 수행한 코드를 실행하면 정상적으로 수행된다.

- 외부 변수이면서 인터럽트 서비스루틴과 일반 함수에서 공용으로 사용하는 변수는 `volatile` 키워드를 사용하는 것이 바람직하다.

프로그램 28.1

```
#include <avr/io.h>
#include <avr/interrupt.h>

static unsigned char index = 0;

ISR(TIMER0_COMP_vect)
{
	static int n_enter = 0;

	if(++n_enter == 50)		// 500 msec
	{
		n_enter = 0;
		index++;
	}
	if(!(index & 0x01))
		PORTA = 0x00;		// index가 짝수이면 LED를 끈다.
}
int main()
{
	// 포트 A에 sink형으로 LED가 연결되어 있음
	DDRA = 0xFF;			// A 포트를 출력으로 설정

	TCCR0 = (1<<WGM01);		// 타이머/카운터 0 : CTC 모드
	OCR0  = 156;			// 10msec마다 비교일치 인터럽트 발생
	TIMSK = (1<<OCIE0);		// 비교일치 인터럽트 허용

	sei();				// 전역 인터럽트 허용
	TCCR0 |= 0x07;			// 분주비 1024로 타이머 시작

	while(1)
	{
		if(index & 0x01)
			PORTA = 0xFF;	// index가 홀수이면 LED를 끈다.
	}
}
```

CHAPTER

29

인터럽트 고급 활용

29.1 상호 배제에 의한 데이터 손상 방지 및 원자 단위 연산

어떤 함수가 인터럽트 서비스루틴 내의 데이터를 읽어오거나 변경시킬 때는 인터럽트 서비스루틴의 특성상 데이터를 외부 변수로 생성하여야 한다. 이때 유의하여야 할 첫 번째 사항은 28.2절에서 언급하였다. 두 번째 유의사항은 12.2.1절에서 잠시 언급하였던 데이터 손상(Data Corruption)에 관한 것이다(그림 12.7 참조). 여기서는 예를 통하여 데이터의 손상에 대하여 좀 더 자세히 알아보자.

프로그램 29.1은 타이머/카운터 0을 이용하여 msec 단위의 시간 지연을 구현한 것이다.

- 타이머/카운터를 CTC 모드로 동작시키고 1msec마다 비교일치 인터럽트가 발생하도록 한다.
- 인터럽트 서비스루틴에서는 외부 정적 변수인 count를 1msec마다 0이 될 때까지 1씩 감소시켜 나간다.
- count 변수는 인터럽트 서비스루틴과 DelayMsec() 함수에서 모두 사용하므로 volatile 변수로 선언하였다.
- DelayMsec() 함수는 입력 인자로 받은 변수 ms 값을 count에 저장한다. count는 1msec마다 감소하므로 이 값이 0으로 되면 ms msec가 지난 것으로 판단할 수 있다. 따라서 DelayMsec() 함수는 요구한 ms msec가 지나면 리턴을 한다.

프로그램 29.1 불완전한 시간 지연 함수

```
#include <avr/io.h>
#include <avr/interrupt.h>
static volatile unsigned short count;
void DelayInit(void)
{
    TCCR0  = (1<<WGM01);    // CTC 모드 설정
    OCR0   = 15;            // 1024 분주비일 때 약 1msec마다 비교일치
    TIMSK  = (1<<OCIE0);    // 타이머 0 비교일치 인터럽트 허용
    TCCR0 |= (7 << CS00);   // 1024 분주비로 타이머 동작
}
// msec 단위 시간 지연 함수
void DelayMsec(unsigned short ms)
{
    count = ms;
    while(ms)               // count가 0이 될 때까지 기다린다.
        ms = count;
}
ISR(TIMER0_COMP_vect)       // 타이머 0 인터럽트 서비스루틴
{
    if(count) count--;      // count가 0이 될 때까지
                            // 1msec마다 감소시킨다.
}
```

프로그램 29.2는 LED가 6장 그림 6.2와 같이 연결되어 있을 때 프로그램 29.1의 시간 지연 함수를 사용하여 LED를 이동시키는 프로그램이다. 이에 대해 다음과 같은 현상을 관찰할 수 있다.

- 예와 같이 시간 지연을 250msec로 하였을 때는 250msec마다 일정하게 LED가 옆으로 이동하는 것을 눈으로 확인할 수 있다(동영상 29.1).
- 시간 지연을 300msec로 변경하여 보자. LED의 이동이 불규칙함을 볼 수 있다(동영상 29.2).

여러 가지 시도를 하여보면 255msec 이하에서는 정상적으로 동작을 하지만 256 msec 이상에서는 비정상적으로 동작을 한다(아주 짧은 시간 지연이나 아주 긴 시간 지연에서는 눈으로 관찰하기는 어려움). 이는 인터럽트에 의한 데이터 손상 때문이다.

프로그램 29.2 시간 지연을 이용한 LED 이동

```
#include <avr/io.h>
#include <avr/interrupt.h>

void DelayInit(void);
void DelayMsec(unsigned short ms);

int main(void)
{
    unsigned char i=0;        // LED id

    DDRA  = 0xFF;             // 포트 A를 출력으로 설정
    DelayInit();              // 시간 지연 함수 초기화
    sei();                    // 시간 지연 함수 동작을 위해 인터럽트 허용
    while(1)
    {
        PORTA = ~(0x01 << i);         // LED를 이동
        if(++i==8) i=0;
        DelayMsec(250);               // 시간 지연
    }
}
```

그림 29.1은 시간 지연을 300msec로 하였을 때 DelayMsec() 함수와 인터럽트 서비스루틴 내의 변수 ms와 count를 보여준다. 그림에서는 count 변수가 256 (=0x100)으로 감소되었을 때 인터럽트에 의해 발생할 수 있는 데이터 손상을 보여 주고 있다.

- 그림 29.1은 count 값이 감소하여 count=0x100일 때 DelayMsec() 함수의 ms=count; 문장을 수행하는 순간을 보여준다.
- ATmega128은 8bit CPU이므로 2바이트 변수인 count를 ms에 한 번에 복사하지 못하고 1바이트(8비트)씩 복사하게 된다. 우선 count의 하위 바이트, 0x00이 ms의 하위 바이트에 복사된다.
- 그림 29.1은 하위 바이트가 복사된 후 비교일치 인터럽트가 발생한 경우를 보여준다. 인터럽트 서비스루틴에서 count 변수는 감소하여 0x00FF가 된다.
- 인터럽트 서비스루틴 종료 후 인터럽트가 걸리기 전의 연산을 계속 수행하므로 count의 상위 바이트인 0x00을 ms의 상위 바이트에 복사한다.

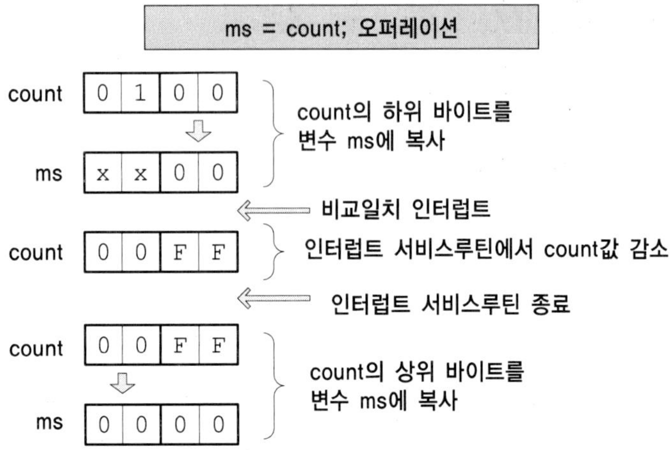

그림 29.1 인터럽트에 의한 데이터 손상

- 결과적으로 ms=0x0000이 저장되므로 함수 DelayMsec()의 while() 루프에서 빠져나온다. 따라서 원하는 시간 지연 300msec를 채우지 못하고 함수는 리턴된다.

시간 지연이 255msec 이내일 때는 변수의 하위 바이트만 변하게 되므로 인터럽트가 걸리더라도 정상적인 동작을 한다.

이러한 데이터 손상을 방지하기 위해서는 두 가지 방법을 사용할 수 있다.

(1) 첫 번째 방법으로 변수 ms와 count를 1바이트 변수로 한다.

```
static volatile unsigned short count;
     ==> static volatile unsinged char count;
void DelayMsec(unsigned short ms)
     ==> void DelayMsec(unsigned char ms)
```

두 변수를 1바이트 변수로 하더라도 C-언어의 ms = count; 문장은 어셈블리 언어로 1문장 이상으로 번역되기 때문에 이 과정에서도 인터럽트가 발생할 수 있다. 그러나 그림 29.1에서 보는 바와 같이 count값이 ms로 복사될 때 데이터가 손상될 우려는 없어서 정상적인 동작을 한다. 그러나 1바이트 변수로 함에 따라 최대 시간 지연은 255msec가 된다.

(2) 두 번째 방법으로는 2바이트 변수를 복사하는 동안 인터럽트를 금지하는 것이다. 프로그램 29.1의 DelayMsec() 함수를 프로그램 29.3과 같이 변경하는 것이다.

프로그램 29.3 수정된 DelayMsec() 함수

```
void DelayMsec(unsigned short ms)
{
    cli();                      // 인터럽트 금지
    count = ms;
    sei();                      // 인터럽트 허용
    while(ms)                   // count가 0이 될 때까지 기다린다.
    {
        cli();                  // 인터럽트 금지
        ms = count;
        sei();                  // 인터럽트 허용
    }
}
```

프로그램 29.1의 DelayMsec() 함수를 프로그램 29.3과 같이 수정한 후 프로그램 29.2를 실행하면 시간 지연을 300msec로 하여도 정상적으로 동작함을 알 수 있다.

방법 (2)와 같이 인터럽트를 금지하여 인터럽트에 의해 방해받지 않는 연산을 **원자 단위 연산**(Atomic Operation)이라 한다. 즉 방법 (2)는 2바이트 복사를 원자단위로 연산하도록 한 것이다.

앞 예제에서 변수 count는 인터럽트 서비스루틴과 main() 함수에서 호출한 DelayMsec()에서 동시에 접근을 할 수 있기 때문에 같은 데이터를 서로 변경할 수 있어 데이터의 손상이 발생할 수 있다. 인터럽트 서비스루틴이 수행될 때는 여러 인터럽트 서비스루틴이 같은 데이터를 접근하여 서로 변경을 하려고 할 수도 있다(다중 작업을 지원하는 RTOS를 사용할 때는 여러 작업이 같은 자원을 동시에 접근하여 변경을 시도하기도 함). 이때는 같은 데이터를 동시에 접근하지 못하도록 하는 **상호 배제**(Mutual Exclusion)가 필요하다. 상호 배제를 하는 방법은 여러 가지가 있으나 하나의 CPU를 사용하는 경우는 인터럽트 금지를 이용한 원자 단위 연산이 상호 배제를 위해 쉽게 사용할 수 있는 방법이다.

29.2 인터럽트의 우선순위 조정하기

7.2절의 표 7.1에는 인터럽트의 우선순위가 나타나 있다. 그러나 표 7.1의 우선순

위는 인터럽트가 동시에 걸려 있을 때 CPU가 처리를 하는 순서를 나타내고 실제로 처리되는 우선순위를 나타내지 않는다.

그림 7.5의 회로를 사용하면 sw0은 외부 인터럽트 0을 발생시키고 sw1은 외부 인터럽트 1을 발생시킨다. 프로그램 prac7-5ll.c를 수정하여 sw0와 sw1으로 그림 6.2와 같이 연결된 LED의 패턴을 좌우로 이동시키는 프로그램 29.4를 작성하였다.

- 다른 스위치가 떨어져 있을 때 스위치를 누르면 LED의 패턴이 스위치 입력에 따라 정상적으로 좌우로 이동한다.
- sw0이 눌러진 상태에서 sw1을 눌렀다/뗐다 하더라도 LED 패턴은 이동하지 않는다. 한편 sw1이 눌러진 상태에서 sw0을 눌렀다/뗐다 하더라도 LED 패턴은 역시 이동하지 않는다.
- sw1이 눌러진 상태에서는 INT1의 인터럽트 서비스루틴이 수행 중이다. 이때 sw0이 눌러지면 INT0의 우선순위가 높아 INT0의 인터럽트 서비스루틴이 수행될 것으로 생각되지만 수행되지 않는다.
- 프로그램 29.4에서는 동시가 아니면 먼저 발생되는 인터럽트의 우선순위가 높게 된다.

이런 현상의 이유는 일단 인터럽트 서비스루틴이 수행되면 인터럽트를 전역으로 금지시키기 때문이다. 그러면 인터럽트 서비스루틴이 수행될 때 인터럽트를 전역으로 허용하여 보자. 프로그램 29.4의 인터럽트 서비스루틴을 프로그램 29.5와 같이 인터럽트를 전역으로 허용하도록 변경하여보자.

- INT0의 인터럽트 서비스루틴이 수행 중이라도 인터럽트를 전역으로 허용하면 INT0 인터럽트가 다시 걸릴 수 있고 이때는 인터럽트 서비스루틴으로 재진입(reentrance)된다. 이것이 허용될 수도 있지만 7.5.1절에서 설명한 것과 같이 이 예제에서는 INT0이 금지되어야 한다. 따라서 INT0을 금지하고 인터럽트를 전역 허용한다.

```
EIMSK &= ~(1<<INT0);      // INT0 인터럽트 금지
sei();
```

프로그램 29.4

```
#include <avr/io.h>                    // I/O 레지스터 정의
#include <avr/interrupt.h>             // 인터럽트 정의
#include <util/delay.h>                // 시간 지연 함수 헤더파일
static int index = 0;                  // 패턴 인덱스
static unsigned char pattern[8]        // LED 패턴 테이블
    = {0xFE, 0xFD, 0xFB, 0xF7, 0xEF, 0xDF, 0xBF, 0x7F};
int main(void)
{
    DDRA = 0xFF;                       // 포트 A를 출력 포트로 설정
    PORTA = pattern[index];            // 처음 패턴으로 LED를 켠다.

    EICRA = (2<<ISC00)|(2<<ISC10); // 하강 모서리 트리거
    EIMSK = (1<<INT0) | (1<<INT1); // INT0, INT1 허용

    sei();                             // 전역 인터럽트 허용

    while(1);                          // 무한루프
}
ISR(INT0_vect)                         // INT0 인터럽트 서비스루틴
{
    _delay_ms(10); _delay_ms(10);  // 디바운싱
    while(~PIND & 0x01);               // 스위치 해제를 기다림
    _delay_ms(10); _delay_ms(10);  // 디바운싱

    if(++index==8) index=0;            // 증가값이 8이면 0으로 리셋
    PORTA = pattern[index];            // LED를 켠다.

    EIFR = (1<<INTF0);                 // 인터럽트 플래그 INT0을 리셋
}

ISR(INT1_vect)                         // INT1 인터럽트 서비스루틴
{
    _delay_ms(10);  _delay_ms(10); // 디바운싱
    while(~PIND & 0x02);               // 스위치 해제를 기다림
    _delay_ms(10); _delay_ms(10);  // 디바운싱

    if(--index==-1) index=7;// 감소값이 -1이면 7로 리셋
    PORTA = pattern[index]; // LED를 켠다.

    EIFR = (1<<INTF1);       // 인터럽트 플래그 INT1을 리셋
}
```

- 인터럽트 서비스루틴이 종료되기 전에 INT0 인터럽트를 허용하여야 다시 스위치를 누르면 인터럽트 서비스루틴이 수행된다.

```
EIMSK |= (1<<INT0);       // INT0 인터럽트 허용
```

- INT1에 대해서도 같은 룰이 적용된다.
- 인터럽트 서비스루틴 내에서 인터럽트를 전역으로 허용하였으므로 index 변수는 INT0과 INT1의 인터럽트 서비스루틴에서 모두 변경시킬 수 있다. 따라서 index를 이동시키고, 포트의 불을 켜는 연산 동안은 index 값이 변하여서는 안 되므로 29.1절에서 설명하였던 상호 배제를 하여야 한다.
- 이번에는 sw0을 누르고 있는 동안 sw1을 눌렀다/뗐다 하면 sw1의 동작에 따라 LED의 패턴이 이동한다. 반대로 sw1을 누르고 있는 동안은 sw0의 동작에 따라 LED 패턴이 이동한다.
- 즉 나중에 발생하는 인터럽트가 우선순위가 높게 된다.

프로그램 29.4와 프로그램 29.5에서 관찰한 현상을 이용하면 인터럽트의 우선순위를 사용자가 조절할 수 있다. 프로그램 29.6과 같이 프로그램 29.4의 인터럽트 서비스루틴을 변경하여 보자.

- INT0의 인터럽트 서비스루틴에서는 INT0만을 금지시켰으므로 INT1 인터럽트가 걸리면 INT1의 인터럽트 서비스루틴이 수행되어야 한다.
- 반면 INT1의 인터럽트 서비스루틴에서는 INT0와 INT1을 금지시켰다. 따라서 INT1 인터럽트 서비스루틴이 수행될 때는 INT0의 인터럽트는 처리되지 못한다.
- 종합하면 INT1의 처리 중에는 INT0이 처리되지 못한다. 반면 INT0의 처리 중에는 INT1이 발생하면 처리되어야 한다. 즉 INT1이 INT0보다 우선순위가 높다.
- 스위치를 동작하여 보면 다음과 같다.
  - sw0을 누르고 있는 동안 sw1을 조작하면 sw1의 조작에 따라 LED 패턴이 이동한다.
  - sw1을 누르고 있는 동안 sw0을 조작하더라도 LED는 패턴이 이동하지 않는다.
  - 즉 sw1의 조작이 sw0의 조작보다 우선순위가 높다.

인터럽트 서비스루틴 내에서 다른 인터럽트를 허용하면 허용한 인터럽트보다 우선순위가 낮아진다. 반면 다른 인터럽트를 금지하면 금지한 인터럽트보다 우선순위가 높아진다.

프로그램 29.5

```
ISR(INT0_vect)                          // INT0 인터럽트 서비스루틴
{
    EIMSK &= ~(1<<INT0);                // INT0 인터럽트 금지
    sei();                              // 인터럽트 전역 허용

    _delay_ms(10); _delay_ms(10)        // 디바운싱
    while(~PIND & 0x01);                // 스위치 해제를 기다림
    _delay_ms(10); _delay_ms(10)        // 디바운싱

cli();   // 상호배제
    if(++index==8) index=0;             // 증가값이 8이면 0으로 리셋
    PORTA = pattern[index];             // LED를 켠다.
sei();

    EIFR  = (1<<INTF0);                 // 인터럽트 플래그 INT0을 리셋
    EIMSK |= (1<<INT0);                 // INT0 인터럽트 마스크 복원
}

ISR(INT1_vect)                          // INT1 인터럽트 서비스루틴
{
    EIMSK &= ~(1<<INT1);                // INT1 인터럽트 금지
    sei();                              // 인터럽트 전역 허용
    _delay_ms(10); _delay_ms(10);       // 디바운싱
    while(~PIND & 0x02);                // 스위치 해제를 기다림
    _delay_ms(10);_delay_ms(10);        // 디바운싱

cli();   // 상호배제
    if(--index==-1) index=7;            // 감소값이 -1이면 7로 리셋
    PORTA = pattern[index];             // LED를 켠다.
sei();

    EIFR  = (1<<INTF1);                 // 인터럽트 플래그 INT1을 리셋
    EIMSK |= (1<<INT1);                 // INT1 인터럽트 마스크 복원
}
```

프로그램 29.6

```
ISR(INT0_vect)                          // INT0 인터럽트 서비스루틴
{
    EIMSK &= ~(1<<INT0);
    sei();                              // 인터럽트 전역 허용

    _delay_ms(10); _delay_ms(10)        // 디바운싱
    while(~PIND & 0x01);                // 스위치 해제를 기다림
    _delay_ms(10); _delay_ms(10)        // 디바운싱

cli();    // 상호배제
    if(++index==8) index=0;             // 증가값이 8이면 0으로 리셋
    PORTA = pattern[index];             // LED를 켠다.
sei();

    EIFR = (1<<INTF0);                  // 인터럽트 플래그 INT0을 리셋
    EIMSK |= (1<<INT0);
}

ISR(INT1_vect)                          // INT1 인터럽트 서비스루틴
{
    EIMSK &= ~((1<<INT0)|(1<<INT1));
    sei();                              // 인터럽트 전역 허용

    _delay_ms(10);  _delay_ms(10);      // 디바운싱
    while(~PIND & 0x02);                // 스위치 해제를 기다림
    _delay_ms(10);_delay_ms(10);        // 디바운싱

cli();    // 상호배제
    if(--index==-1) index=7;            // 감소값이 -1이면 7로 리셋
    PORTA = pattern[index];             // LED를 켠다.
sei();

    EIFR = (1<<INTF1);                  // 인터럽트 플래그 INT1을 리셋
    EIMSK |= ((1<<INT0) | (1<<INT1));
}
```

자주 묻는 질문 (Frequently Asked Question)

Q.1 다운로드 속도가 너무 느리다.

답 : 사용 중에 가끔 AVR studio의 세팅이 변경되어 ISP 다운로드 속도가 갑자기 느려지는 경우가 종종 발생한다. 이때는 5.5.1장 (2)의 항목 3에 따라 ISP clock를 설정한다. 주파수는 2MHz가 적당하다.

Q.2 포트-F 또는 Analog to Digital Converter가 동작하지 않는다.

답 : 포트 F는 JTAG 핀과 공유해서 사용되므로 JTAG를 사용할 경우 사용할 수 없다. 따라서 그림 5.7의 퓨즈 설정에서 JTAGEN 항목을 해제하여 JTAG를 사용하지 않도록 한다.

Q.3 라이브러리의 시간 지연 함수 _delay_ms()를 사용하였는데 시간 지연이 맞지 않거나 컴파일 오류가 생긴다.

답 : 라이브러리의 시간 지연 함수는 CPU에 공급되는 클록 주파수를 기준으로 시간 지연을 만든다. 따라서 사용하는 클록 주파수를 컴파일러에 알려 주어야 한다. 이를 위해 5.5.1장 (2)의 항목 2에 따라 Frequency항에 사용하는 클록을 설정한다.

(1) 이 항을 설정하지 않으면 컴파일러는 F_CPU 매크로가 설정되어 있지 않다고 오류를 발생시킨다.

(2) 이 항이 실제 사용하는 클록과 다르면 시간 지연이 다르게 된다. 교재에서는 16MHz를 사용하므로, 16000000로 설정하여야 한다.

(3) _delay_ms() 함수 또는 _delay_us()는 지연할 수 있는 시간에

제한이 있다. `_delay_ms()`는 최대 지연시간이 262.14ms/F_CPU (MHz단위), `_delay_us()`는 최대 지연시간이 768ms/F_CPU(MHz 단위)이다. 이보다 큰 시간 지연을 요구하면 시간 지연이 맞지 않는다. 예를 들어 CPU 클록이 16MHz일 때 `_delay_ms()`의 최대 지연시간은 약 16msec이다. 따라서 `_delay_ms(100)`로 100msec 시간 지연을 주지 못한다.

Q.4 빌드 후 다음과 같은 메시지가 나타나면서 오류가 발생한다.

Undefined reference to 'LcdMove'

답 : 위 메시지는 `LcdMove()` 함수를 찾을 수 없다는 뜻으로 이 함수를 포함한 파일이 프로젝트에 포함되어 있지 않음을 나타낸다. `LcdMove()` 함수를 포함한 파일(교재에서는 lcd.c)을 프로젝트에 포함시킨다.

Q.5 다음과 같은 경고 메시지가 뜬다.

warning "Compiler optimizations disabled: functions from <util/delay.h> won't work as designed.

답 : 라이브러리의 시간지연함수, `_delay_ms()`와 `_delay_us()`는 컴파일 최적화 옵션이 디버그모드일 때는 정상적으로 동작하지 않는다. 그림 7.11에서 최적화 옵션을 -O0이 아닌 것으로 변경한다.

Q.6 컴파일러 최적화 옵션을 -O0이 아닌 것으로 선택하면 동작하지 않는다.

답 : 28장에서 컴파일러 최적화옵션과 주의할 점을 설명하였다.

Q.7 프로그램 빌드 후 다음 메시지가 나타난다.

c:/winavr-20100110/bin/../lib/gcc/avr/4.3.3 /../../../../avr/bin/ld.exe: : No such file: Invalid argument

답 : (1) 현재 AVR studio버전은 폴더명이나 파일명에 한글을 사용하면 폴더 또는 파일을 인지하지 못한다. 파일명 또는 파일이 속한 폴더명

에 한글이름이 있는지 검사하여 한글을 모두 영문 또는 숫자로 변경한다.

(2) 링커 옵션에 문제가 있는 경우도 있다. 이 경우는 그림 17.8에서 링커 옵션이 제대로 입력되었는지 검사한다.

Q.8 LCD화면에 글자가 나타나지 않는다.

답 : (1) LCD를 새로 장착을 하면 명암조절이 맞지 않아 화면에 글자가 표시되지 않을 수 있다. 그림 11.3의 회로에서 명암조절 가변저항을 조작하여 LCD의 명암을 조절하도록 한다.

(2) LCD는 제조사에 따라 동작속도가 다르다. LCD의 동작속도가 느린 경우 LCD가 동작하지 않을 수 있다. 이때는 lcd.c의 함수 `write_command()`와 `write_data()` 함수에서 데이터 전송 후 시간지연을 준다.

Q.9 프로그램을 다운로드 하거나, 리셋 버튼을 누르면 정상동작하나 전원을 ON하였을 때 오동작을 가끔 일으킨다.

답 : 전원을 공급하는 경우 전원이 0에서 정격전압까지 올라가게 되는데, CPU는 정격전압 전부터 동작을 시작할 수 있다. 정격전압으로 올라가기 전에는 장치들이 불안정할 수 있으므로 CPU의 오동작이 발생할 수 있다. 정격전압에 도달한 후에 CPU가 동작을 하도록 하기 위해서는 23.2절에 언급한 BOD를 동작하도록 퓨즈세팅을 하여야 한다.

Q.10 8x8 도트매트릭스와 4자리 7-세그먼트 사용이 유사한데 8x8 도트매트릭스를 구동할 때 트랜지스터를 사용하지 않는 이유는 무엇인가.

답 : ATmega128의 출력포트는 LED를 8개를 구동할 충분한 전류를 공급하고 있어(전류제한 저항에 따라 다르기는 하지만) 그림 9.3의 회로를 트랜지스터 없이 구성할 수도 있다. 교재에서는 트랜지스터를 사용하는 방법을 설명하기 위해 그림 9.3과 같이 회로를 구성하였다. 출력포트가 충분한 전류를 공급하지 못하는 CPU를 사용할 때는 트랜지스터를 사용하여 그림 9.3을 구성하여야 하고 8x8 도트매트릭스 회로 역시 트랜

지스터를 사용하도록 하여야 한다.

Q.11 ATmega128 CPU칩을 기판에 처음 장착한 후 동작하지 않는다.

답 : ATmega128은 공장에서 출고될 때 그림 5.7과 같이 퓨즈 세팅되어 있지 않아 교재의 프로그램이 동작하지 않는다. 그림 5.7과 같이 퓨즈 세팅을 하도록 한다.

Q.12 소프트웨어로 CPU를 리셋하는 방법이 있나요.

답 : 27장 와치독 타이머를 사용하면 소프트웨어로 리셋을 걸 수 있다.

실습 재료 목록

품명	수량	해당장	비고
ATmega128 v3.3보드(LCD 포함)	1개	모두	www.avrmall.com에서 구매
USBISP 3.0	1개	모두	상동
USB케이블(USBISP와 PC 연결)	1개	모두	상동
RS232C 직렬 통신 케이블	1개	17장 이후	상동
키패드 4x4	1개	모두	상동
8x8 도트 매트릭스	1개	모두	상동
5V 파워서플라이	1개	18,19	DC모터/스텝모터 구동
빵판(Bread Board)	1개	모두	
소형 5V DC모터	1개	8,12,19	
RC 서보모터	1개	14	
소형 2상 스텝모터	1개	18	
포터 인터럽터	1개	19	
4-digit Annode Common 7-세그먼트	1개	9장 이후	
LED	1개		
Annode Common 2 Color LED	1개	12	
푸쉬버튼 스위치 - A 접점	4개	모두	
PNP 트랜지스터 (2N3906)	4개	9	7-세그먼트 구동
NPN 트랜지스터(2N3904)	1개	8, 12	DC모터 구동
NPN 트랜지스터(TIP120)	6개	18, 19	DC모터, 스텝모터구동
PNP 트랜지스터(TIP127)	2개	19	DC모터 구동
74LS14(슈미트트리거)	1개	19	
74LS08(AND게이트)	1개	19	
10KΩ 저항	20개		
1KΩ 저항	20개		
4.7KΩ 저항	10개		
10KΩ 가변저항	2개		
다이오드	10개		
0.1uF 콘덴서(극성없는 것)	1개		
Bread 보드 연결용 전선			
리본케이블	1m		
만능기판	1개	19	
투명 아크릴판		19	
10핀 모렉스 컨넥터	4조	18,19	

찾아보기

[B]

[C]

[D]

[E]

[N]

[O]

[P]

[Q]

[R]

[S]

[T]

[U]

[ㄹ]

[ㅁ]

[ㅂ]

[ㅅ]

[ㅇ]

[ㅈ]

[ㅊ]

[ㅋ]